本书为研究阐释党的十九大精神国家社科基金重大专项项目“农地三权分置的实践探索与法律表达”（批准号：18VSJ061）的最终成果。

明德民法学文库

7

农地三权分置的法律表达

高圣平|著

NONGDI SANQUAN FENZHI DE
FALÜ BIAODA

法律出版社
LAW PRESS · CHINA
北京

图书在版编目(CIP)数据

农地三权分置的法律表达 / 高圣平著. -- 北京 :
法律出版社, 2023
(明德民法学文库)
ISBN 978 - 7 - 5197 - 7378 - 6

Ⅰ. ①农… Ⅱ. ①高… Ⅲ. ①农村 - 土地法 - 研究 -
中国 Ⅳ. ①D922.324

中国版本图书馆 CIP 数据核字(2022)第 238103 号

农地三权分置的法律表达
NONGDI SANQUAN FENZHI DE FALÜ BIAODA

高圣平 著

策划编辑 赵明霞
责任编辑 赵明霞
装帧设计 汪奇峰

出版发行 法律出版社
编辑统筹 法商出版分社
责任校对 王晓萍
责任印制 胡晓雅
经　　销 新华书店

开本 710 毫米 × 1000 毫米 1/16
印张 24 **字数** 410 千
版本 2023 年 4 月第 1 版
印次 2023 年 4 月第 1 次印刷
印刷 唐山玺诚印务有限公司

地址:北京市丰台区莲花池西里 7 号(100073)
网址:www.lawpress.com.cn
投稿邮箱:info@lawpress.com.cn
举报盗版邮箱:jbwq@lawpress.com.cn

销售电话:010 - 83938349
客服电话:010 - 83938350
咨询电话:010 - 63939796

书号:ISBN 978 - 7 - 5197 - 7378 - 6
定价:108.00 元

凡购买本社图书,如有印装错误,我社负责退换。电话:010 - 83938349

总　序

随着我国《民法典》的颁布，民法进入了一个法典化时代，民法学也迎来了繁荣和发展的新局面。习近平总书记指出，在《民法典》颁布后，要“坚持以中国特色社会主义法治理论为指导，立足我国国情和实际，加强对民事法律制度的理论研究，尽快构建体现我国社会主义性质，具有鲜明中国特色、实践特色、时代特色的民法理论体系和话语体系，为有效实施民法典、发展我国民事法律制度提供理论支撑”。[1] 这就为民法典时代的民法学研究指明了方向，中国民法学人开始了从“照着讲”向“接着讲”的努力。

40余年筚路蓝缕，中国特色社会主义民法体系探索之路的每一步都留下中国人民大学民法学人的脚印。中国人民大学法学院民商法教研室是新中国最早设立的专门从事民商法教学和研究的机构，国内第一个民法学硕士、博士学位授予点，最早接受民商法学博士后研究人员，已成为国内公认的培养高层次民商法人才的工作母机。1988年、2002年和2007年，中国人民大学民商法学科连续三次被列为国家重点学科。2000年，以民商法教研室为骨干的中国人民大学民商事法律科学研究中心成立，成为我国民商法领域唯一的教育部人文社会科学重点研究基地。在《民法典》编纂过程中，中心组织民法学人积极参与《民法典》的制定，献言献策，中心研究团队亦是学术界参与的主力军，充分发挥了参与国家重大立法的智库作用，为《民法典》的颁布作出了

---

〔1〕 习近平：《充分认识颁布实施民法典重大意义，依法更好保障人民合法权益》，载习近平：《论坚持全面依法治国》，中央文献出版社2020年版，第283页。

重要的贡献。人格权、侵权责任法的独立成编，功能主义担保观的确立等制度变革，都见证着人大民法学人的辛勤付出。

自佟柔先生起，在数十年持之以恒的研究中，人大民法学人始终秉持实践思维，志在面向中国实际、解决中国问题，相关研究亦因应时势之所需，既包括宏观视角下的立法体系论，亦关注微观领域下的规范解释论，初步建构起了对中国的民事法治具有解释力和回应力的民法学学术体系、学科体系和话语体系，为中国民法学研究立足中国，走向世界作出了杰出贡献。

为进一步推进民法各领域的理论研究和实务发展，推动民法典的真正落地，中国人民大学法学院与相关机构合作，共同推出"明德民法学文库"。纳入本文库的图书主要涉及以下几类：

第一，系统诠释中国民法的体系化著作。自 1950 年《婚姻法》颁布以来，新中国民事立法已走过七十年，随着民法典的问世，立足我国国情和实际，具有鲜明中国特色、实践特色、时代特色的民法理论体系已初步建立。鉴于此，本文库拟收录我国民法研究的重要体系化专著，系统阐述中国民法的价值追求、基本架构及具体理论、以期为有效实施民法典、发展我国民事法律制度提供坚实的理论支撑，亦向世界各国发出民法学研究的"中国声音"。

第二，专注民法典理解与适用的解释论佳作。"天下之事，不难于立法，而难于法之必行。"民法典的颁布不仅意味着立法论时代的谢幕，亦昭示着解释论时代的开端。法教义学视角下，规范文本是一切逻辑推理与实践适用的出发点。因此，本文库将立足实践立场与规范视角，对民法典理解与适用中的重难点问题进行解释论上的探究，以求实现民法法典化体系下外在规范体系和内在价值体系的自洽，举学术之力助益相关司法解释的出台，促进法律规范的真正落地。

第三，新时代民法重难点问题的研究性专著。当今世界，以区块链、大数据、云计算、人工智能、基因检测与基因编辑为代表的新一轮科技革命正风起云涌，深刻改变着既有的经济关系、政治关系和社会关系，也给以其作为主要调整对象的法律提出了新的挑战。作为市场经济基本法的民法，必须直面社会发展带来的民事权益保护的新旧问题。物债二分等传统问题历久弥新，非典型担保、个人信息保护、生物信息安全等新生问题方兴未艾，凡此种种都亟待理论与实务界的关注。为此，本文库将陆续出版系列研究性专著，立足基本理论，聚焦实践中的重难点问题，结合最新的比较法研究成果，系统全面地探讨新时代中国民法面对的新问题及新对策。

第四，世界各国最新立法、理论、实务译著。21 世纪以来经济社会的发展也给世界各国民法带来了新气象，自德国债法改革伊始，法国、日本等相继进行了债法、担保法领域的改革。他山之石可以攻玉,新时代各国民法变革的经验无疑会为我国民法的发展提供借鉴。本文库将组成专家委员会遴选各国民法学出版物,引进版权,并组织具有相应理论水准、业务知识和外语水平的专家学者进行翻译,汲取比较法之养分,在中国的民法学土壤上开出灿烂之花。

“道阻且长,行则将至;行而不辍,未来可期。”人大民法学人愿与读者携手并肩,一同推进中国民法学事业的新发展!

是为序。

序　言

2013 年 7 月，习近平总书记在湖北考察时指出，“深化农村改革，完善农村基本经营制度，要好好研究土地所有权、承包权、经营权三者之间的关系”。在此基础上，农地“三权”分置的基本内涵、权能内容逐步地得以明晰和丰富，土地经营权的确权和流转被置于“三权”分置的关键位置。农地“三权”分置的思想是新一轮农村土地制度改革的主要抓手，但仍面临如何转换为法言法语的困境。我国自 1978 年始的农村土地制度改革，其形成轨迹可归结为实践先行、政策指导和法律兜底的“三部曲”模式：农民基于基层实践的制度创新获得国家政权认可后，通过政策文件进行指导和推广，在实践中不断完善后交由法律文本做出最终提炼和回应，故而法律规范相较于农民的首创行为对体制障碍的突破呈现明显的滞后性。正因如此，在农地“三权”分置思想对我国农村土地制度的变革产生深远影响之时，对立法者而言，深入的实践考察和精准的政策解读，意义甚为深远。

在农村土地制度理论储备已渐丰富、立法技术趋于完善的当下，应对国家政策的实现导向法律规范层面，运用法律语言解读政策文件的革新思想及其要旨，以使立法、修法既符合政策意旨又具备法律理性。在政策层面提出农地“三权”分置思想之后，我和圣平教授在《法学研究》2014 年第 4 期上同时撰文予以辨析。圣平教授《新型农业经营体系下农地产权结构的法律逻辑》一文产生了较为深远的学术影响。此后，圣平教授对此问题进行了持续的、深入的研究，并承担了国家级重大课题，本书就是国家社科基金重大专项“农地三权分置的实践探索与法律表达”的最终成果。

在我看来，圣平教授对于农地“三权”分置法律表达的研究具有三大特点：

第一，坚持立法论和解释论并举的研究路径，形成了关于农地“三权”分置法律话语的表达体系。十余年来，圣平教授把自己的主要精力都放在农村土地制度的研究之上，积极参与了《新农村土地承包法》《土地管理法》《民法典》等重要法律的立法或修法过程，提供了诸多有益的思想和观点。他借助于直接参与《新农村土地承包法》起草论证和《民法典》物权编编纂机会，深入思考了农地“三权”分置的法律表达这一问题，前后发表近二十篇文章进行专题讨论。其中，关于以“母子权利结构”架构土地承包经营权和土地经营权之间的关系，维系土地承包经营权的身份属性并将其转让、互换范围仅限于本集体内部，将以招标、拍卖、公开协商等方式取得的“四荒地”的土地承包经营权重构为土地经营权，赋予土地经营权以登记能力，将“流转”的指称范围仅限于派生出土地经营权的情形，以及农地金融化等思想观点，被《新农村土地承包法》《民法典》所采纳。本书附论中，《农村土地承包法修正案草案一审稿述评》《农地“三权”分置改革与民法典物权编编纂》等，均是对《新农村土地承包法》与《民法典》草案的反思和建议，体现了典型的立法论特点。在《新农村土地承包法》《民法典》颁布施行后，如何妥当解释适用农地“三权”分置的法律规范为当务之急，圣平教授运用其深厚的解释论功底投入了解释论工作中，提出了诸多妥贴的结论，对《新农村土地承包法》《民法典》的实施助益良多。

第二，对妥当定性与定位农地“三权”以及处理“三权”关系之难点问题，进行了积极、有益的探索，形成了自成一体的学术架构。农地“三权”分置改革的总体要求是：“科学界定‘三权’内涵、权利边界及相互关系，逐步建立规范高效的‘三权’运行机制，不断健全归属清晰、权能完整、流转顺畅、保护严格的农村土地产权制度。”圣平教授无论是在农村集体土地所有制的改革问题，还是土地承包权的性质问题，抑或土地经营权性质的认识，都提出了自己独到的见解。他关于“土地所有权—土地承包经营权—土地经营权”的理论证成较为充分，具有较强说服力。他认为，集体所有权主体应该是农民集体而非集体经济组织，在农村集体土地所有制的改革中应构建集体所有权权能，应首先区分集体所有权的私权权能和集体经济组织的公法职能，应增加管理权能作为集体土地所有权的权能，应在立法上扩充集体土地所有权的处分权能，这些观点是实践需要厘清的，也是理论上应当关注的。同时他还认为，在农地“三权”分置之下，政策术语中的“土地承包权”实际上就是我国实定法上所称的“土地承包经营权”。《新农村土地承包法》中土地经营权性质上属于债权，理由是土地利用关系既可定性为物权，也可定性为债权，完全依赖政策选择。赋予土地经营权以登记能力，并不能得出登记的土地经营权即属物权、未登记的土地经营权即属债权的结论。虽然本人认为：

从历史理性和民法总则确立特别法人后，集体经济组织应明确为集体所有权主体，而非“代表”主体，在该组织体作为特别法人的运行规则逐步完善和明晰后，集体所有权主体在法律上虚位、权能难以落实和与成员权关系不甚明晰的问题将迎刃而解；而经营土地的主体所取得的权利如定性为债权，则“效力和稳定性较弱，不利于长期投入，无法进行抵押融资扩大生产，进而影响土地利用效率乃至农业现代发展”。正所谓君子和而不同，圣平教授的上述观点仍不乏创新性，体现了可贵的独立思想和深入思考。而圣平教授认为《新农村土地承包法》将政策文件直接嵌入法律之中，缺乏体系化考量，没有厘清“三权”的权利边界和相互关系，也没有准确区分农民集体、承包农户和经营主体的不同利益诉求，颇值商榷。对此，本人深以为然。

第三，认定农地“三权”分置既是理论热点，更是实践难题，在立法和理论研究后，最需回应来自实践的呼声。新型农业经营体系是在坚持集体土地所有权之下构建的，这是新一轮土地制度改革的政治逻辑和经济逻辑。而集体土地所有权的本质，就是农村社区的成员集体在对本集体土地不可分割的共同所有的基础上，实现成员个人的利益。从“包产到户”“包干到户”到“以家庭联产承包为主的责任制和统分结合的双层经营体制”“以家庭承包经营为基础、统分结合的双重经营体制”再到农地“三权”分置，农村基本经营制度的改变，带来了农地产权结构的适度调整。农地“三权”分置的法律构造最终得到了《新农村土地承包法》《民法典》等法律的认可。这既是乡村现状、农户分化、土地权利安排、土地流转与租赁市场、农户经营规模差异、农业经营主体、农作方式、农户资本形成方式、农业发展方法等社情民意发生变化后的实践回应，也是理论有所创新的结果。圣平教授关于农地“三权”分置的法律表达首要考量了理论问题，即农地“三权”分置的理论表达要充分、妥当和自洽，准确定性与定位农地“三权”并考量“三权”之间的法律逻辑关系。同时，他更关注实践问题，回应实践需求，满足实践需要，引领实践创新，如本书中关于农地信托流转的法律构造问题和农地“三权”分置背景下的农地金融化问题，均具有独到有效的实践指导性。

随着《新农村土地承包法》和《民法典》的先后颁行，农地“三权”分置入法的过程虽已基本结束，但司法实践和社会实践中，仍有大量问题需要结合来自阡陌乡野的解释予以证成回应，我和同行们一样，期待着圣平教授对农地“三权”分置法律表达问题的深入持续研究，为中国“三农”之国家决策、立法完善和实践应用贡献更多的智识。

陈小君[*]

* 广东外语外贸大学“云山工作室”首席专家、土地法制研究院教授。

缩略语表

本书中所使用的缩略语,其全称如下:

简　　称	全　　称
《农村土地承包法》	《中华人民共和国农村土地承包法》(2009 年 8 月 27 日第十一届全国人民代表大会常务委员会第十次会议第一次修正)(已被修改)
《新农村土地承包法》	《中华人民共和国农村土地承包法》(2018 年 12 月 29 日第十三届全国人民代表大会常务委员会第七次会议第二次修正)
《农村土地承包法修正案草案(一审稿)》	2017 年 10 月 31 日在第十二届全国人民代表大会常务委员会第三十次会议审议的《中华人民共和国农村土地承包法修正案(草案)》
《农村土地承包法修正案草案(二审稿)》	2018 年 10 月 22 日在第十三届全国人民代表大会常务委员会第六次会议才第二次审议的《中华人民共和国农村土地承包法修正案(草案)》
《乡村振兴促进法》	《中华人民共和国乡村振兴促进法》(2021 年 4 月 29 日第十三届全国人民代表大会常务委员会第二十八次会议通过)
《民法典》	《中华人民共和国民法典》(2020 年 5 月 28 日第十三届全国人民代表大会第三次会议通过)
《物权法》	《中华人民共和国物权法》(2007 年 3 月 16 日第十届全国人民代表大会第五次会议通过)
《合同法》	《中华人民共和国合同法》(1999 年 3 月 15 日第九届全国人民代表大会第二次会议通过)

续表

简　称	全　称
《民事诉讼法》	《中华人民共和国民事诉讼法》(2021 年 12 月 24 日第十三届全国人民代表大会常务委员会第三十二次会议第四次修正)
《农业法》	《中华人民共和国农业法》(2012 年 12 月 28 日第十一届全国人民代表大会常务委员会第三十次会议第二次修正)
《土地管理法》	《中华人民共和国土地管理法》(2019 年 8 月 26 日第十三届全国人民代表大会常务委员会第十二次会议第三次修正)
《草原法》	《中华人民共和国草原法》(2021 年 4 月 29 日第十三届全国人民代表大会常务委员会第二十八次会议修改)
《渔业法》	《中华人民共和国渔业法》(2013 年 12 月 28 日第十二届全国人民代表大会常务委员会第六次会议第四次修正)
《农民专业合作社法》	《中华人民共和国农民专业合作社法》(2017 年 12 月 27 日第十二届全国人民代表大会常务委员会第三十一次会议修订)
《农村土地承包经营纠纷调解仲裁法》	《中华人民共和国农村土地承包经营纠纷调解仲裁法》(2009 年 6 月 27 日第十一届全国人民代表大会常务委员会第九次会议通过)
《土地承包解释》	最高人民法院《关于审理涉及农村土地承包纠纷案件适用法律问题的解释》(法释〔2005〕6 号,经法释〔2020〕17 号修改)
1982 年中央一号文件	中共中央批转《全国农村工作会议纪要》(1982 年 1 月 1 日)
1983 年中央一号文件	中共中央《关于印发〈当前农村经济政策的若干问题〉的通知》(1983 年 1 月 2 日)
1984 年中央一号文件	中共中央《关于一九八四年农村工作的通知》(1984 年 1 月 1 日)
1985 年中央一号文件	中共中央、国务院《关于进一步活跃农村经济的十项政策》(1985 年 1 月 1 日)
1986 年中央一号文件	中共中央、国务院《关于一九八六年农村工作的部署》(1986 年 1 月 1 日)
2004 年中央一号文件	中共中央、国务院《关于促进农民增加收入若干政策的意见》(2003 年 12 月 31 日)
2005 年中央一号文件	中共中央、国务院《关于进一步加强农村工作提高农业综合生产能力若干政策的意见》(2004 年 12 月 31 日)

续表

简　　称	全　　称
2006 年中央一号文件	中共中央、国务院《关于推进社会主义新农村建设的若干意见》(2005 年 12 月 31 日)
2007 年中央一号文件	中共中央、国务院《关于积极发展现代农业扎实推进社会主义新农村建设的若干意见》(2006 年 12 月 31 日)
2008 年中央一号文件	中共中央、国务院《关于切实加强农业基础建设进一步促进农业发展农民增收的若干意见》(2007 年 12 月 31 日)
2009 年中央一号文件	中共中央、国务院《关于 2009 年促进农业稳定发展农民持续增收的若干意见》(2008 年 12 月 31 日)
2010 年中央一号文件	中共中央、国务院《关于加大统筹城乡发展力度进一步夯实农业农村发展基础的若干意见》(2009 年 12 月 31 日)
2011 年中央一号文件	中共中央、国务院《关于加快水利改革发展的决定》(2010 年 12 月 31 日)
2012 年中央一号文件	中共中央、国务院《关于加快推进农业科技创新持续增强农产品供给保障能力的若干意见》(2011 年 12 月 31 日)
2013 年中央一号文件	中共中央、国务院《关于加快发展现代农业进一步增强农村发展活力的若干意见》(2012 年 12 月 31 日)
2014 年中央一号文件	中共中央、国务院《关于全面深化农村改革加快推进农业现代化的若干意见》(2014 年 1 月 19 日)
2015 年中央一号文件	中共中央、国务院《关于加大改革创新力度加快农业现代化建设的若干意见》(2015 年 2 月 1 日)
2016 年中央一号文件	中共中央、国务院《关于落实发展新理念加快农业现代化实现全面小康目标的若干意见》(2015 年 12 月 31 日)
2017 年中央一号文件	中共中央、国务院《关于深入推进农业供给侧结构性改革加快培育农业农村发展新动能的若干意见》(2016 年 12 月 31 日)
2018 年中央一号文件	中共中央、国务院《关于实施乡村振兴战略的意见》(2018 年 1 月 2 日)
2019 年中央一号文件	中共中央、国务院《关于坚持农业农村优先发展做好“三农”工作的若干意见》(2019 年 1 月 3 日)
2020 年中央一号文件	中共中央、国务院《关于抓好“三农”领域重点工作确保如期实现全面小康的意见》(2020 年 1 月 2 日)

续表

简　　称	全　　称
2021年中央一号文件	中共中央、国务院《关于全面推进乡村振兴加快农业农村现代化的意见》(2021年1月4日)
2022年中央一号文件	中共中央、国务院《关于做好2022年全面推进乡村振兴重点工作的意见》(2022年1月4日)
十七届三中全会《决定》	中共中央《关于推进农村改革发展若干重大问题的决定》(2008年10月12日中国共产党第十七届中央委员会第三次全体会议通过)
十八届三中全会《决定》	中共中央《关于全面深化改革若干重大问题的决定》(2013年11月12日中国共产党第十八届中央委员会第三次全体会议通过)
《金融服务意见》	国务院办公厅《关于金融服务“三农”发展的若干意见》(2014年4月20日)
《土地经营权流转意见》	中共中央办公厅、国务院办公厅《关于引导农村土地经营权有序流转发展农业适度规模经营的意见》(2014年11月20日)
《深化农村改革综合性实施方案》	中共中央办公厅、国务院办公厅《深化农村改革综合性实施方案》(2015年11月2日)
《两权抵押指导意见》	国务院《关于开展农村承包土地的经营权和农民住房财产权抵押贷款试点的指导意见》(2015年8月10日)
《农地抵押试点暂行办法》	中国人民银行、中国银行业监督管理委员会、中国保险监督管理委员会、财政部、农业部《农村承包土地的经营权抵押贷款试点暂行办法》(2016年3月15日)
《三权分置意见》	中共中央办公厅、国务院办公厅《关于完善农村土地所有权承包权经营权分置办法的意见》(2016年10月30日)
《集体产权改革意见》	中共中央、国务院《关于稳步推进农村集体产权制度改革的意见》(2016年12月26日)
《土地承包长久不变意见》	中共中央、国务院《关于保持土地承包关系稳定并长久不变的意见》(2019年11月26日)
《农村土地承包经营权证管理办法》	《中华人民共和国农村土地承包经营权证管理办法》(2003年11月14日)
《土地经营权流转管理办法》	《农村土地经营权流转管理办法》(2021年1月26日)

目　录

第一章　农地“三权”分置理论的形成和发展

一、问题的提出：新型农业经营体系的农地产权结构

“农村基本经营制度是党的农村政策的基石。坚持党的农村政策，首要的就是坚持农村基本经营制度。”[1]“新形势下深化农村改革，主线仍然是处理好农民和土地的关系。最大的政策就是必须坚持和完善农村基本经营制度，决不能动摇。”[2]“完善农村基本经营制度，需要在理论上回答一个重大问题，就是农民土地承包权和土地经营权分离问题。”[3]党的十八大报告就明确指出，“坚持和完善农村基本经营制度，依法维护农民土地承包经营权、宅基地使用权、集体收益分配权，壮大集体经济实力，发展农民专业合作和股份合作，培育新型经营主体，发展多种形式规模经营，构建集约化、专业化、组织化、社会化相结合的新型农业经营体系”。加快构建新型农业经营体系，也是十八届三中全会《决定》针对当前农业农村发展新形势，根据同步推动新型工业化、信息化、城镇化、农业现代化的要求，提出的进一步深化农村改革的重大任务。[4] 习近平总书记再次强调，“加快构建新型农业经营体系，推动家庭经营、集体经营、合作经营、企业经营共同

---

〔1〕 习近平：《坚持和完善农村基本经营制度》（2013 年 12 月 23 日），载习近平：《论坚持全面深化改革》，中央文献出版社 2018 年版，第 70 页。

〔2〕 习近平：《在农村改革座谈会上的讲话》（2016 年 4 月 25 日），载习近平：《论坚持全面深化改革》，中央文献出版社 2018 年版，第 258 页。

〔3〕 习近平：《坚持和完善农村基本经营制度》（2013 年 12 月 23 日），载习近平：《论坚持全面深化改革》，中央文献出版社 2018 年版，第 73 页。

〔4〕 参见陈锡文：《加快构建新型农业经营体系》，载本书编写组编著：《〈中共中央关于全面深化改革若干重大问题的决定〉辅导读本》，人民出版社 2013 年版，第 189 页。

发展,提高农业经营集约化、规模化、组织化、社会化、产业化水平”[1]。

新型农业经营体系的构建离不开农地资源的高效配置。资源配置是经济学研究的核心问题。“经济学主要关注效率和公平,通常效率被排在首位。按照经济学逻辑,只有生产出足够的产品和服务,公平才会有物质基础。”[2]农村土地要素作为一种稀缺资源,其配置效率直接影响到土地经营利用的效益。在经济学上,产权本质上可以理解为一系列财产权利,主要包括所有权、占有权、使用权、收益权、处分权。[3] 而产权及其内部各项权利在不同主体之间的安排,即形成一定的产权结构。[4] 为保障土地等农业生产要素的流动,充分发挥市场在资源配置中的决定性作用,农地产权结构必须优化。

反映在法律上,土地产权的结构就成了土地财产权的体系和内容。在农地“两权”分离之下,我国农地产权的结构是在农村土地所有权之上构建土地承包经营权。在解释上,土地承包经营权即为在集体土地所有权之上所设定的权利负担。[5] 也就是说,新型农业经营体系是在坚持集体土地所有权之下构建的。这也是新一轮土地制度改革的政治逻辑和经济逻辑:中华人民共和国成立以来,社会主义制度成了我们一以贯之的理性选择,反映在经济制度上,生产资料的社会主义公有制是我国经济制度的基础。[6] 土地属于最重要的生产资料,自然也就采取了公有制,即全民所有制和集体所有制,反映在法权关系上,即为土地的国家所有权和集体所有权。[7] 而集体土地所有权的本质,就是农村一定社区的成员集体在对本集体土地

---

〔1〕 中共中央党史和文献研究院编:《习近平关于“三农”工作论述摘编》,中央文献出版社2019年版,第59~60页。

〔2〕 廖洪乐:《农地“两权”分离和“三权”分置的经济学与法学逻辑》,载《南京农业大学学报(社会科学版)》2020年第5期。

〔3〕 参见吴易风、关雪凌等:《产权理论与实践》,中国人民大学出版社2010年版,第185页。值得注意的是,“产权”一词是英文“property rights”的对译,该词还被译为“财产权”或“财产权利”,其意义无论是在法学界还是在经济学界均存在争议(相关争议参见刘伟、李风圣:《产权通论》,北京出版社1998年版,第3页以下;本注所引吴易风、关雪凌等书,第3页以下)。本书将之理解为与法学上“财产权”相当的概念。

〔4〕 参见陈志刚、曲福田:《农地产权结构与农业绩效:一个理论框架》,载《学术月刊》2006年第9期;徐美银:《我国农地产权结构与市场化流转:理论与实证分析》,载《华南农业大学学报(社会科学版)》2012年第4期。

〔5〕 在法律上,“农村土地”并不仅限于农民集体所有的土地,还包括“国家所有依法由农民集体使用的耕地、林地、草地,以及其他依法用于农业的土地”(《农村土地承包法》第2条)。原《土地管理法》第15条第1款中明定,“国有土地可以由单位或者个人经营,从事种植业、林业、畜牧业、渔业生产”;《物权法》第134条(位于第十一章“土地承包经营权”的章尾)规定:“国家所有的农用地实行承包经营的,参照本法的有关规定。”由此可见,土地承包经营权亦可在国有农用地上设立。本书讨论仅及于集体土地,特此叙明。

〔6〕 《宪法》第6条第1款规定:“中华人民共和国的社会主义经济制度的基础是生产资料的社会主义公有制,即全民所有制和劳动群众集体所有制。社会主义公有制消灭人剥削人的制度,实行各尽所能、按劳分配的原则。”

〔7〕 《宪法》第10条规定:“城市的土地属于国家所有。农村和城市郊区的土地,除由法律规定属于国家所有的以外,属于集体所有;宅基地和自留地、自留山,也属于集体所有。”

不可分割的共同所有的基础上,实现成员个人的利益。[1] 土地承包经营权内涵的丰富和发展,对我国农村土地改革以及经济体制改革均产生了重大影响。在实定法之下,土地承包经营权虽有占有、使用、收益等权能,但土地承包经营权的处分颇受限制,诸如土地承包经营权的转让需要达到一定的条件,土地承包经营权的抵押也举步难行。农地产权的残缺已经成了下一步农地制度发展的掣肘。为此,十八届三中全会《决定》指出:“坚持农村土地集体所有权,依法维护农民土地承包经营权,发展壮大集体经济。”习近平总书记也强调,“农村基本经营制度是乡村振兴的制度基础。要坚持农村土地集体所有,坚持家庭经营基础性地位,坚持稳定土地承包关系,完善农村产权制度,健全农村要素市场化机制,实现小农户和现代农业发展的有机衔接”[2]。

“创新农业经营主体意味着土地等农业生产要素必须实现流动和重新组合。要使农民无后顾之忧地流转承包土地的经营权,前提条件是,必须切实保障农户对承包土地的合法权利。”[3]由此可见,新型农业经营体系之下,土地利用关系的法权结构为土地承包经营权和土地经营权。习近平总书记指出的,“现在,承包经营权流转的农民家庭越来越多,土地承包权主体同经营权主体发生分离,这是我国农业生产关系变化的新趋势。这个变化对完善农村基本经营制度提出了新的要求。要不断探索农村土地集体所有制的有效实现形式,落实集体所有权、稳定农户承包权、放活土地经营权,加快构建以农户家庭经营为基础、合作与联合为纽带、社会化服务为支撑的立体式复合型现代农业经营体系”[4]。如此,梳理农地产权结构的变迁,对于法律上的准确表达尤为重要。

二、农地“两权”分离的政策演进与制度变迁

“中国农村土地改革是一个动态演进的过程,其演进逻辑不仅是社会制度变革的基本标志,更成为推动社会制度变革的重要力量。”[5]中华人民共和国成立以来,中国土地制度经历了一系列重大变革,土地公有、无偿使用制度运行数十年的结果是弊端丛生,改革的呼声一直不断。绝对化地理解和贯彻以土地公有制为核心的地权制度,其结果是土地的低效利用。土地利用关系的改革就成了农地产权结构变迁

〔1〕 参见韩松:《坚持农村土地集体所有权》,载《法学家》2014 年第 2 期。

〔2〕 中共中央党史和文献研究院编:《习近平关于“三农”工作论述摘编》,中央文献出版社 2019 年版,第 60 页。

〔3〕 陈锡文:《加快构建新型农业经营体系》,载本书编写组编著:《〈中共中央关于全面深化改革若干重大问题的决定〉辅导读本》,人民出版社 2013 年版,第 192 页。

〔4〕 中共中央党史和文献研究院编:《习近平关于“三农”工作论述摘编》,中央文献出版社 2019 年版,第 51 页。

〔5〕 张旭鹏、卢新海、韩璟:《农地“三权分置”改革的制度背景、政策解读、理论争鸣与体系构建:一个文献评述》,载《中国土地科学》2017 年第 8 期。

的主流。土地资源的稀缺性客观上便造成了土地所有权和利用权"两权"分离的可能。农地"两权"分离反映在民法上,表现为土地所有权之上为他人设立以用益为目的的土地承包经营权。但是,这样一种明白易懂的方法在我国仍然遇到了各种阻力,最后通过"从所有到利用"方面的多次论述,这一观念才在最终得到一般性的认可。[1] 但与之而来的制度重构并非那么顺畅。

(一)从政策到《民法通则》

1. 政策推进中的农地"两权"分离

改革开放以前,中国农村土地改革一直受到政策的驱动。其间,农村土地产权主要经历了以下几个阶段:其一,在1949年到1952年,"农民所有、农村使用"的阶段。这一阶段陆续颁布了《城市郊区土地改革条例》《关于划分农村阶级成分的决议》等系列文件,在废除地主阶级封建的土地所有制的基础上,实行农民所有的土地所有制。农村个体所有、自主经营的土地制度,有利于实现耕者有其田、提高农民的生产积极性,从而发展了农业生产。[2] 其二,在1953年到1956年,"农民所有、集体使用"的阶段。为了巩固农村土地改革成果、加快建立社会主义经济制度、保障粮棉油等重要农产品供给和积累工业化资本以及重塑农村社会结构和治理体系的需要,中央层面颁布了政务院(已变更)《关于实行粮食的计划收购和计划供应的命令》等规范文件,并通过设置初级农业合作社、高级农业合作社的方式,逐步地将土地使用权收归农村集体,确立了由集体统一经营和统一分配的产权模式。[3] 其三,在1956年到1978年,"三级所有,队为基础"的阶段。为继续扩大规模经营,全国范围内普遍建立了"政社合一"的人民公社制,将农地产权结构调整为集体所有、统一经营的模式。该阶段的1957年、1958年以及1961年先后兴起了三次"包产到户"的现象,但为避免个体农户失去土地的风险以及实现农业、手工业和资本主义工商业社会主义改造,中央颁布了《关于向全体农村人口进行一次大规模的社会主义教育的指示》《关于加强农村生产合作社的生产领导和组织建设的指示》等文件,阻止了生产经营向家庭经营模式的回归。[4]

集体所有、集体统一经营的方式当时设想得很好:公有制比私有制具有优越性;集体一起劳动能互相竞赛,人多士气高、力量大,劳动协作能创造出新的生产力;按

---

〔1〕 参见吕来明:《从归属到利用》,载《法学研究》1991年第6期;陈醇:《权利结构理论:以商法为例》,法律出版社2013年版,第62页。

〔2〕 参见李军国、赵晓强:《中国农村土地制度变迁的经验与启示》,载《中国经济报告》2020年第4期。

〔3〕 参见赵明正等:《百年来的中国农村土地制度变迁:回顾与展望》,载《农村.农业.农民(B版)》2022年第2期。

〔4〕 参见陈锡文、罗丹、张征:《中国农村改革40年》,人民出版社2018年版,第20~26页。

国家计划生产能符合社会需要，不会陷入无政府状态；集中土地、劳力、财力搞粮、棉、油生产，必然使农产品大幅度增加，满足国家和社会需要；集体生产大发展，农民必然共同富裕，不会出现贫富两极分化。[1] 但是，这一经营方式违背了农业生产的基本规律，不适应当时中国农村生产力发展水平，妨碍了农业生产的效率和效益；高度集中的计划管理模式抑制了劳动者的主动性和积极性；平均主义的分配模式挫伤了劳动的积极性。[2] 马克思指出，“经济的再生产过程，不管它的特殊性的社会性质如何，在这个部门内，总是同一个自然的再生产过程交织在一起的”[3]。而“农村劳动者的报酬与生产的最终结果挂钩，不仅不符合农业规律，更是泯灭农民的责任心”[4]。可见，只有回归农业家庭经营的模式，将生产责任制落实到个人，将个人的劳动报酬与个人的生产结果挂钩，才能充分地调动农民的生产积极性。参见表1。

表1　农地“两权”分离政策的形成

政策名称	政策内容(节选)
1979年9月28日中共中央《关于加快农业发展若干问题的决定》	二、人民公社、生产大队和生产队的所有权和自主权应该受到国家法律的切实保护，任何单位和个人都不得任意剥夺或侵犯它的利益。
1980年9月27日中共中央《关于进一步加强和完善农业生产责任制的几个问题》	六、当前，在一部分省区，在干部和群众中，对于可否实行包产到户(包括包干到户)的问题，引起了广泛的争论，为了有利于工作，有利于生产，从政策上做出相应的规定是必要的。
1982年中央一号文件	(四)不论实行何种类型的承包责任制，土地的承包必须力求合理。在实行包产到户、包干到户的地方，提倡根据生产的需要按劳力或人劳比例承包土地；由于劳力强弱、技术高低不同，承包土地的数量也可以不同。国家职工和干部不承包土地。社员承包的土地应尽可能连片，并保持稳定。这样才能充分调动社员的积极性，提高土地的利用率，并体现按劳分配的原则。集体可以留下少量机动地，暂由劳多户承包，以备调剂使用。为了保证土地所有权和经营权的协调与统一，社员承包的土地，必须依照合同规定，在集体统一计划安排下，从事生产。为了提高土地生产率，鼓励社员在承包土地上加工经营，应按照加工经营后增加的效益给以合理报酬。

〔1〕 参见郑有贵、李成贵主编：《一号文件与中国农村改革》，安徽人民出版社2008年版，第44页。
〔2〕 参见郑有贵、李成贵主编：《一号文件与中国农村改革》，安徽人民出版社2008年版，第45～47页。
〔3〕 马克思：《资本论》(第2卷)，人民出版社1975年版，第398～399页。
〔4〕 陈锡文、罗丹、张征：《中国农村改革40年》，人民出版社2018年版，第35页。

续表

政策名称	政策内容(节选)
	(五)要把完善生产责任制的工作和促进农业生产的全面发展目标密切联系起来。当前发展多种经营和商品生产,已成为广大群众的迫切要求,我们的工作必须紧紧跟上。正如一个县的领导同志所讲的:“责任制是启动器,多种经营是突破口,两个环子一齐抓,集体个人一齐上,生产力再次大解放。”生产队要因地制宜制订全面发展农、林、牧、副、渔、工、商的规划,有计划地做好劳动力的安排,并选择相应的生产责任制形式。即使在那些目前基本上实行分户经营的生产队,也应逐步量力而行地从事一些多种经营项目,如林场、茶场、果园、养殖场等,逐步发展专业分工和专业承包,逐步改变按人口平均包地、“全部劳力归田”的做法,把剩余劳力转移到多种经营方面来。 (六)实行各种承包责任制的生产队,必须抓好订立合同的工作,把生产队与农户、作业组、专业人之间的经济关系和双方的权利、义务用合同形式确定下来。这是集体经济管理工作的主要手段,必须认真做好。公共建设劳务、计划生育和统购派购任务也应纳入合同。合同可以由粗到细,形式要便于群众理解和接受。签订合同要民主协商,签订之后必须遵守。
1983 年中央一号文件	(三)稳定和完善农业生产责任制,仍然是当前农村工作的主要任务。 联产承包责任制迅速发展,绝不是偶然的。它以农户或小组为承包单位,扩大了农民的自主权,发挥了小规模经营的长处,克服了管理过分集中、劳动“大呼隆”和平均主义的弊病,又继承了以往合作化的积极成果,坚持了土地等基本生产资料的公有制和某些统一经营的职能,使多年来新形成的生产力更好地发挥作用。这种分散经营和统一经营相结合的经营方式具有广泛的适应性,既可适应当前手工劳动为主的状况和农业生产的特点,又能适应农业现代化进程中生产力发展的需要。在这种经营方式下,分户承包的家庭经营只不过是合作经济中一个经营层次,是一种新型的家庭经济。它和过去小私有的个体经济有着本质的区别,不应混同。因此,凡是群众要求实行这种办法的地方,都应当积极支持。当然,群众不要求实行这种办法的,也不可勉强,应当始终允许多种责任制形式同时并存。 完善联产承包责任制的关键是,通过承包处理好统与分的关系。以统一经营为主的社队,要注意吸取分户承包的优点。例如,有些地方在农副工各业统一经营的基础上,实行了“专业承包、包干分配”的办法,效果很好。以分户经营为主的社队,要随着生产发展的需要,按照互利的原则,办好社员要求统一办的事情,如机耕、水利、植保、防疫、制种、配种等,都应统筹安排,统一管理,分别承包,建立制度,为农户服务。 要建立和健全承包合同制。这是完善农业生产责任制的重要环节,也有利于正确处理国家、集体、个人三者关系,把国家对农产品的收购同对农民的生产资料、生活资料供应结合起来。

续表

政策名称	政策内容(节选)
1983年10月12日中共中央、国务院《关于实行政社分开建立乡政府的通知》	随着农村经济体制的改革,现行农村政社合一的体制显得很不适应。宪法已明确规定在农村建立乡政府,政社必须相应分开。
1984年中央一号文件	三、继续稳定和完善联产承包责任制,帮助农民在家庭经营的基础上扩大生产规模,提高经济效益。 (一)延长土地承包期,鼓励农民增加投资,培养地力,实行集约经营。 土地承包期一般应在十五年以上。生产周期长的和开发性的项目,如果树、林木、荒山、荒地等,承包期应当更长一些。在延长承包期以前,群众有调整土地要求的,可以本着“大稳定,小调整”的原则,经过充分商量,由集体统一调整。 鼓励土地逐步向种田能手集中。社员在承包期内,因无力耕种或转营他业而要求不包或少包土地的,可以将土地交给集体统一安排,也可以经集体同意,由社员自找对象协商转包,但不能擅自改变向集体承包合同的内容。转包条件可以根据当地情况,由双方商定。 对农民向土地的投资应予合理补偿。可以通过社员民主协商制定一些具体办法,例如给土地定等定级或定等估价,作为土地使用权转移时实行投资补偿的参考。对因掠夺经营而降低地力的,也应规定合理的赔偿办法。荒芜、弃耕的土地,集体应及时收回。 自留地、承包地均不准买卖,不准出租,不准转作宅基地和其他非农业用地。
1984年10月20日中共中央《关于经济体制改革的决定》	改变不适应我国农业生产力发展的体制,全面推行了联产承包责任制,发挥了八亿农民的巨大的社会主义积极性。 这几年城市改革的试验充分表明,农村实行承包责任制的基本经验同样适用于城市。
1985年中央一号文件	进一步改革农村经济管理体制,在国家计划指导下,扩大市场调节,使农业生产适应市场的需求,促进农村产业结构的合理化,进一步把农村经济搞活。 联产承包责任制和农户家庭经营长期不变。要继续完善土地承包办法和林业、牧业、水产业,乡镇企业的责任制。 有些合作经济采用了合股经营、股金分红的方法,资金可以入股,生产资料和投入基本建设的劳动也可以计价入股,经营所得利润的一部分按股分红。这种股份式合作,不改变入股者的财产所有权,避免了一讲合作就合并财产和平调劳力的弊病,却可以把分散的生产要素结合起来,较快地建立起新的经营规模,积累共有的财产。这种办法值得提倡,但必须坚持自愿互利,防止强制摊派。

续表

政策名称	政策内容(节选)
1986年中央一号文件	地区性合作经济组织,应当进一步完善统一经营与分散经营相结合的双层经营体制。家庭承包是党的长期政策,绝不可背离群众要求,随意改变。可是,有些地方没有把一家一户办不好或不好办的事认真抓起来,群众是不满意的。应当坚持统分结合,切实做好技术服务、经营服务和必要的管理工作。 由于各地社会经济条件差异较大,统分结合的内容、形式、规模和程度也应有所不同。在集体家底甚薄,生产比较单一,产品主要用于自给的地方,要从最基础的工作做起,切实帮助农户解决生产和流通中的困难,逐步充实合作内容。在经济比较发达,集体企业已有相当基础的地方,要充分利用统一经营、统一分配的条件,加强农业的基本建设和技术改造,适当调整经营规模,促使农工商各业协调发展。

改革开放以后,以家庭联产承包责任制为核心土地产权制度逐步经由地方实践和政策予以确立。改革开放初期,出现各种生产责任制形式,有专业承包、小组承包、家庭承包,有联产承包、包干到组、包干到户。1980年中共中央印发的《关于进一步加强和完善农业生产责任制的几个问题》所倡导的生产责任制是"专业承包联产计酬责任制"(俗称"包产到户"),"就是在生产队统一经营的条件下,分工协作,擅长农业的劳动力,按能力大小分包耕地;擅长林、牧、副、渔、工、商各业的劳动力,按能力大小分包各业;各业的包产,根据方便生产、有利经营的原则,分别到组、到劳力、到户;生产过程的各项作业,生产队宜统则统,宜分则分;包产部分统一分配,超产或减产分别奖罚;以合同形式确定下来当年或几年不变"。1978年春,安徽省凤阳县小岗生产队发展出了"包干到户"这种形式。因为"包干到户"既简便,农民自主权也较多,所以它能为广大农民所乐意接受。经过农民的自主选择,在1982年前后又从不同承包形式改为"包干到户",实行"包干到户"的生产队占全国生产队总数的90%以上。"包干到户"与"包产到户"有所不同:"包产到户"是在统一计划、经营、核算、分配下,计算好包产的产量、用工量、生产成本和上缴集体的比例等,这种方式计算很复杂,社员弄不清楚;而"包干到户",只根据土地质量算出产量,据此计算出征购粮数量和集体提留,不必包产,产量多少是承包户的事,产品也不纳入生产队统一分配,承包户只要完成国家征购任务,交了乡统筹和村提留,其余全归自己。这样任务明确,利益直接,方法简单,群众也放心。[1] 实践中,以"包干到户"为主要特征的农村土地承包经营的模式,可以取得除上交给国家和集体所有部分外的

〔1〕 参见郑有贵、李成贵主编:《一号文件与中国农村改革》,安徽人民出版社2008年版,第50~52页。

剩余收益(以享有剩余产生为主的权属关系),更好地去除了生产队内的平均主义,故而在大部分地方快速地取代了“包产到户”。

1982 年中央一号文件指出,生产责任制“是建立在土地公有基础上的,农户和集体保持承包关系,由集体统一管理和使用土地、大型农机具和水利设施,接受国家的计划指导,有一定的公共提留,统一安排烈军属、五保户、困难户的生活,有的还在统一规划下进行农业基本建设”。1983 年中央一号文件指出,“联产承包制”越来越成为农业生产责任制的主要形式。联产承包制“采取了统一经营与分散经营相结合的原则”,“以农户或小组为承包单位,扩大了农民的自主权,发挥了小规模经营的长处,克服了管理过分集中、劳动‘大呼隆’和平均主义的弊病,又继承了以往合作化的积极成果,坚持了土地等基本生产资料的公有制和某些统一经营的职能,使多年来新形成的生产力更好地发挥作用”,“在这种经营方式下,分户承包的家庭经营只不过是合作经济中一个经营层次,是一种新型的家庭经济”。“完善联产承包责任制的关键是,通过承包处理好统与分的关系。以统一经营为主的社队,要注意吸取分户承包的优点……以分户经营为主的社队,要随着生产发展的需要,按照互利的原则,办好社员要求统一办的事情,如机耕、水利、植保、防疫、制种、配种等,都应统筹安排,统一管理,分别承包,建立制度,为农户服务。”1984 年中央一号文件将“统一经营与分散经营相结合的原则”上升为体制,提出了完善统一经营和分散经营相结合的体制的要求,“为了完善统一经营和分散经营相结合的体制,一般应设置以土地公有为基础的地区性合作经济组织。这种组织,可以叫农业合作社、经济联合社或群众选定的其他名称;可以以村(大队或联队)为范围设置,也可以以生产队为单位设置;可以同村民委员会分立,也可以一套班子两块牌子。以村为范围设置的,原生产队的资产不得平调,债权、债务要妥善处理。此外,农民还可不受地区限制,自愿参加或组成不同形式、不同规模的各种专业合作经济组织”。由 1983 年的“原则”层面上升到“体制”层面,标志着统分结合的经营体制逐渐制度化。[1]

家庭联产承包责任制创造性地发展了集体所有制,形成了“统一经营与分散经营相结合”的体制。根据中央一号文件的表述,这一制度包括两个主要方面的内容,即以家庭为单位的分散经营和以集体为单位的统一经营,其中,以家庭承包为主要形式的分散经营是基础,以集体经济为主要形式的统一经营是主导。[2] 家庭承包

---

〔1〕 参见孔繁金:《改革开放以来我国“三农”若干问题研究——基于 1982 年至 2017 年中央一号文件的分析》,江西人民出版社 2018 年版,第 56 页。

〔2〕 参见孔繁金:《改革开放以来我国“三农”若干问题研究——基于 1982 年至 2017 年中央一号文件的分析》,江西人民出版社 2018 年版,第 53 页。

经营的建立与巩固主要体现在1982年和1983年两个中央一号文件之中。

从1979年中共中央《关于加快农业发展若干问题的决定》到1986年中央一号文件,[1]无不体现着土地承包制度的政策调整趋向于"两权"分离的产权结构。如1985年颁布的中央《关于进一步活跃农村经济的十项政策》指出,"以联产承包责任制为特征的合作制度,推动了农村劳力、资金、技术的流动和合理结合",坚持"按照自愿互利原则和商品经济要求,积极发展和完善农村合作制",以及"联产承包责任制和农户家庭经营长期不变"。此种产权结构"使农村与土地的关系发生转变、农民的收入与土地产出紧密相关,最大程度上调动了农村的积极性"[2]。紧随政策之后的是,法律层面对政策规范的确认、修改和制定,进而将政策予以法律化、固定化。

2.《民法通则》视野下的农地"两权"分离

首先在法律上明确规定家庭联产承包责任制的,是《草原法》(1985年)和《渔业法》(1986年)。其中,前者指出,"全民所有的草原、集体所有的草原和集体长期固定使用的全民所有的草原,可以由集体或者个人承包从事畜牧业生产"(第4条第3款);后者强调,"全民所有制单位使用的水面、滩涂,集体所有的水面、滩涂和集体所有制单位使用的全民所有的水面、滩涂,可以由集体或者个人承包,从事养殖生产"(第10条第2款)。就此际的农地产权结构,两法中均表达为"所有权"和"使用权"的分离(《草原法》第4条第4款、《渔业法》第10条第3款)。

《民法通则》(1986年)作为民事基本法首先对当时推行的家庭联产承包责任制作了肯定。该法在第五章"民事权利"的第一节"财产所有权和与财产所有权有关的财产权"之中用两条规定了"承包经营权"(第80条第2款、第81条第3款),明确将自土地所有权派生出的权利规定为"承包经营权",实现了土地所有权和土地承包经营权的"两权"分离,即土地所有权仍归集体所有,土地承包经营权则由集体经济组织按户均分包给农户自主经营。《民法通则》将"统一经营与分散经营相结合"的"家庭联产承包责任制"法律化,是我国农村经济体制改革的产物,在法学上和实践中都有极为重要的意义。[3] 紧随其后的《土地管理法》(1986年)对土地承包经营制及承包方的主要权利和义务等作了原则规定。该法也明确了按照承包合同的规定,并受到法律的保护。自此,农地产权的"两权"分离结构取得了法律上的确认,实践的展开也就有了法律上的依据(具体见表2)。

---

〔1〕 有关我国土地承包制的演进,参见丁关良:《土地承包经营权基本问题研究》,浙江大学出版社2007年版,第2页以下;张平华、李云波、张洪波:《土地承包经营权》,中国法制出版社2007年版,第4页以下;韩志才:《土地承包经营权研究》,安徽人民出版社2007年版,第12页以下。

〔2〕 张珂、张莹:《农地"三权分置"实施机制理论与实践研究》,黄河水利出版社2018年版,第3页。

〔3〕 参见《法学研究》编辑部编:《新中国民法学研究综述》,中国社会科学出版社1990年版,第329页。

表2　农地“两权”分离政策的法律化

法律名称	法律内容(节选)
《草原法》(1985年6月18日)(已被修改)	第4条　草原属于国家所有,即全民所有,由法律规定属于集体所有的草原除外。 全民所有的草原,可以固定给集体长期使用。全民所有的草原、集体所有的草原和集体长期固定使用的全民所有的草原,可以由集体或者个人承包从事畜牧业生产。 全民所有制单位使用的草原,由县级以上地方人民政府登记造册,核发证书,确认使用权。集体所有的草原和集体长期固定使用的全民所有的草原,由县级人民政府登记造册,核发证书,确认所有权或者使用权。 草原的所有权和使用权受法律保护,任何单位和个人不得侵犯。
《渔业法》(1986年1月20日)(已被修改)	第9条　国家鼓励全民所有制单位、集体所有制单位和个人充分利用适于养殖的水面、滩涂,发展养殖业。 第10条　县级以上地方人民政府根据国家对水域利用的统一安排,可以将规划用于养殖业的全民所有的水面、滩涂,确定给全民所有制单位和集体所有制单位从事养殖生产,核发养殖使用证,确认使用权。 全民所有制单位使用的水面、滩涂,集体所有的水面、滩涂和集体所有制单位使用的全民所有的水面、滩涂,可以由集体或者个人承包,从事养殖生产。 水面、滩涂的所有权和使用权受法律保护,任何单位和个人不得侵犯。
《民法通则》(1986年4月12日)(已失效)	第27条　农村集体经济组织的成员,在法律允许的范围内,按照承包合同规定从事商品经营的,为农村承包经营户。 第28条　个体工商户、农村承包经营户的合法权益,受法律保护。 第80条第2款　公民、集体依法对集体所有的或者国家所有由集体使用的土地的承包经营权,受法律保护。承包双方的权利和义务,依照法律由承包合同规定。 第81条第3款　公民、集体依法对集体所有的或者国家所有由集体使用的森林、山岭、草原、荒地、滩涂、水面的承包经营权,受法律保护。承包双方的权利和义务,依照法律由承包合同规定。
《土地管理法》(1986年6月25日)(已被修改)	第12条　集体所有的土地,全民所有制单位、集体所有制单位使用的国有土地,可以由集体或者个人承包经营,从事农、林、牧、渔业生产。 承包经营土地的集体或者个人,有保护和按照承包合同规定的用途合理利用土地的义务。 土地的承包经营权受法律保护。

续表

法律名称	法律内容(节选)
《农业法》(1993年7月2日)(已被修改)	第6条　国家稳定农村以家庭联产承包为主的责任制,完善统分结合的双层经营体制,发展社会化服务体系,壮大集体经济实力,引导农民走共同富裕的道路。 第11条　集体所有的土地依照法律属于村农民集体所有,由村农业集体经济组织或者村民委员会经营、管理。已经属于乡(镇)农民集体经济组织所有的,可以属于乡(镇)农民集体所有。 村农民集体所有的土地已经分别属于村内两个以上农业集体经济组织所有的,可以属于各该农业集体经济组织的农民集体所有。 第12条　集体所有的或者国家所有由农业集体经济组织使用的土地、山岭、草原、荒地、滩涂、水面可以由个人或者集体承包从事农业生产。国有和集体所有的宜林荒山荒地可以由个人或者集体承包造林。个人或者集体的承包经营权,受法律保护。发包方和承包方应当订立农业承包合同,约定双方的权利和义务。 第13条　除农业承包合同另有约定外,承包方享有生产经营决策权、产品处分权和收益权,同时必须履行合同约定的义务。承包方承包宜林荒山荒地造林的,按照森林法的规定办理。 在承包期内,经发包方同意,承包方可以转包所承包的土地、山岭、草原、荒地、滩涂、水面,也可以将农业承包合同的权利和义务转让给第三者。 承包期满,承包人对原承包的土地、山岭、草原、荒地、滩涂、水面享有优先承包权。 承包人在承包期内死亡的,该承包人的继承人可以继续承包。 第14条　农业集体经济组织或者村民委员会应当向承包土地、山岭、草原、荒地、滩涂、水面的个人或者集体提供生产服务。

进入20世纪90年代后,为稳定承包关系,全国范围内又开展了以土地所有权与土地使用权分离为基础的第二轮农村土地承包改革实践。这一阶段的政策文件,不断重申“以家庭联产承包为主的责任制,建立统分结合的双层经营体制”,并围绕着以下三个方面展开:其一,稳定土地承包关系。如1993年中共中央、国务院《关于当前农业和农村经济发展的若干政策措施》指出,“为了稳定土地承包关系,鼓励农民增加投入,提高土地的生产率,在原定的耕地承包期到期之后,再延长三十年不变。开垦荒地、营造林地、治沙改土等从事开发性生产的,承包期可以更长”;1996年国务院《关于抓好春耕生产和当前农村工作有关问题的通知》强调,“土地承包到期后,再延长三十年,这是一项重要的基本政策,要抓紧落实到户。2022年国家较大幅度地提高了定购粮的收购价格,这一政策,要在农村特别是粮食主产区广为宣传,做到家喻户晓,充分调动农民增加农业投入、种足种好粮食的积极性”。其二,允许土地承包经营权的流转。如1993年中共中央、国务院《关于当前农业和农村经济发展的若干政策措施》指出,“在坚持土地集体所有和不改变土地用途的前提下,经

发包方同意，允许土地的使用权依法有偿转让。少数第二、第三产业比较发达，大部分劳动力转向非农产业并有稳定收入的地方，可以从实际出发，尊重农民的意愿，对承包土地作必要的调整，实行适度的规模经营”。1994年中共中央、国务院《关于1994年关于农业和农村工作的意见》指出，“要认真研究在三十年的承包期内，如何发展多种形式的适度规模经营，研究土地使用权依法有偿转让的具体规则”。1995年国务院批转农业部《关于稳定和完善土地承包关系的意见的通知》（已失效）强调，“农村集体土地承包经营权的流转，是家庭联产承包责任制的延续和发展，应纳入农业承包合同管理的范围。在坚持土地集体所有和不改变土地农业用途的前提下，经发包方同意，允许承包方在承包期内，对承包标的依法转包、转让、互换、入股，其合法权益受法律保护，但严禁擅自将耕地转为非耕地。土地承包经营权流转的形式、经济补偿，应由双方协商，签订书面合同，并报发包方和农业承包合同管理机关备案”。其三，土地承包经营权的确权颁证。1997年农业部《关于认真贯彻落实〈关于进一步稳定和完善农村土地承包关系的通知〉的通知》指出，“延长土地承包期后，农村经济经营管理部门要认真组织填写由县或县以上人民政府统一印制的土地承包经营权证书，及时发放到每个农户，并做好有关档案管理工作”。1998年中共中央办公厅、国务院办公厅《关于做好1998年秋冬季农业和农村工作几个问题的通知》强调，“已经延长土地承包期的地方，要及时签订承包合同，发放土地承包经营权证书。第一轮承包已到期尚未开展延长土地承包期工作的地方，要及时开展这项工作。今冬各地要对延长土地承包期工作进行一次认真检查，发现问题及时解决”。这些规则使土地承包经营权得以明确的确认。

这一阶段，“土地所有权＋土地承包经营权”产权结构的推行，极大地调动了农民的生产积极性，较为充分地发挥劳动和土地的潜力。可以说，农村土地改革必须充分尊重人民群众的主体地位以及生产力发展的客观规律。“通过‘承包制’，实现了资产所有权与经营权的‘两权分离’”，“农村集体土地可以实行‘两权分离’的观点，实实在在的是由我国农村基层干部和农民群众在改革实践中创造出来的”[1]（具体见表3）。

〔1〕 陈锡文、罗丹、张征：《中国农村改革40年》，人民出版社2018年版，第42页。

表3　农地“两权”分离政策的进一步发展

政策名称	政策内容(节选)
1987年1月22日中共中央政治局发布的《把农村改革引向深入》	要进一步稳定土地承包关系。只要承包户按合同经营,在规定的承包期内不要变动,合同期满后农户仍可连续承包。已经形成一定规模、实现了集约经营并切实增产的,可以根据承包者的要求,签订更长期的承包合同。 土地联产承包责任制,是合作经济内部的责任制形式,发包土地的集体和承包土地的农户都要严格履行合同规定的义务。承包户应按合同规定使用土地,不得私自转为非农用途,并应向集体交纳提留,完成国家农产品订购任务;集体也要按合同规定向农户提供服务。
1990年12月30日中共中央《关于制定国民经济和社会发展十年规划和“八五”计划的建议》	继续深化农村改革。实行以家庭联产承包为主的责任制,建立统分结合的双层经营体制,是农村改革的重大成果,适应现阶段我国农村生产力水平,必须作为一项基本制度长期稳定下来,并不断加以完善。深化农村改革的重点,是积极发展社会化服务体系,健全和完善统分结合的双层经营体制,把集体经营的优越性和农民家庭经营的积极性结合起来,逐步壮大集体经济实力。在有条件的地区,根据农民自愿,可以因地制宜,采取不同形式实行适度规模经营。
1991年4月9日《中华人民共和国国民经济和社会发展十年规划和第八个五年计划纲要》	要继续深化农村改革,稳定和完善以家庭联产承包为主的责任制,积极发展多种形式的社会化服务体系,逐步壮大集体经济实力,健全统分结合的双层经营体制。有条件的地区可以因地制宜,实行不同形式的适度规模经营。
1991年11月29日中共中央《关于进一步加强农业和农村工作的决定》	把以家庭联产承包为主的责任制、统分结合的双层经营体制,作为我国乡村集体经济组织的一项基本制度长期稳定下来,并不断充实完善。 稳定和完善家庭承包经营,要认真完善土地和其他各业的承包合同管理,明确双方的权利、责任和义务。已经形成的土地承包关系,一般不要变动。
1992年2月19日国务院批转国家体改委《关于一九九二年经济体制改革要点的通知》	稳定、完善以家庭联产承包制为主的责任制和统分结合的双层经营体制。 家庭联产承包制是集体经济组织内部的责任制形式。各地要按照这一原则,稳定联产承包制,完善统分结合的双层经营体制,健全集体经济组织的各项规章制度。要从实际情况出发,采取多种形式,把家庭分散经营和集体统一经营有机结合起来,在稳定家庭承包经营的基础上,逐步充实统一经营的内容,搞好一家一户无法完成的生产经营服务和管理协调工作。

续表

政策名称	政策内容(节选)
1992年3月21日《关于一九九一年国民经济和社会发展计划执行情况与一九九二年计划草案的报告》	农村继续稳定家庭联产承包责任制,积极发展农业社会化服务体系,统分结合的双层经营体制不断完善。 要继续深化农村改革,稳定以家庭联产承包为主的责任制,不断完善统分结合的双层经营体制,积极发展社会化服务体系,逐步壮大集体经济实力。
1992年9月12日国务院批转农业部《关于加强农业承包合同管理意见的通知》(已失效)	我国农村普遍实行了以家庭联产承包为主的责任制,使亿万农民获得了生产经营的自主权,焕发出极大的生产热情,农村改革取得了举世瞩目的成就。党的十三届八中全会再次肯定了农村家庭联产承包责任制长期不变。
1993年11月4日国务院《关于印发〈九十年代中国农业发展纲要〉的通知》	继续稳定以家庭联产承包为主的责任制,不断完善统分结合的双层经营体制,积极发展农业社会化服务体系,从各地实际出发逐步壮大集体经济实力。不断加强农业基础,加大农业投入,改善农业基础设施,确保农业再上新台阶,满足国民经济持续、快速、健康发展的需要。
1993年11月5日中共中央、国务院《关于当前农业和农村经济发展的若干政策措施》	以家庭联产承包为主的责任制和统分结合的双层经营体制,是我国农村经济的一项基本制度,要长期稳定,并不断完善。 为了稳定土地承包关系,鼓励农民增加投入,提高土地的生产率,在原定的耕地承包期到期之后,再延长三十年不变。开垦荒地、营造林地、治沙改土等从事开发性生产的,承包期可以更长。为避免承包耕地的频繁变动,防止耕地经营规模不断被细分,提倡在承包期内实行“增人不增地、减人不减地”的办法。在坚持土地集体所有和不改变土地用途的前提下,经发包方同意,允许土地的使用权依法有偿转让。少数第二、第三产业比较发达,大部分劳动力转向非农产业并有稳定收入的地方,可以从实际出发,尊重农民的意愿,对承包土地作必要的调整,实行适度的规模经营。
1994年4月10日中共中央、国务院《关于1994年关于农业和农村工作的意见》	完善农村基本经营制度。重点抓好延长耕地承包期和土地使用权有偿转让等政策的贯彻落实。当前要特别注意两个问题:一是借机撕毁或变更尚未到期的承包合同;二是随意提高承包费,变相增加农民负担。要认真研究在30年的承包期内,如何发展多种形式的适度规模经营,研究土地使用权依法有偿转让的具体规则。实行“增人不增地、减人不减地”的地方,对可能出现的新情况和新矛盾,也要及早确定妥善的解决办法。

续表

政策名称	政策内容(节选)
1995年3月11日中共中央、国务院《关于做好1995年农业和农村工作的意见》	坚持稳定和完善农村基本经营制度,大力发展各种形式的一体化经济组织。 坚持实行以家庭联产承包为主的责任制和统分结合的双层经营体制,是党在农村的一项长期的基本政策。各地要认真按照中央的有关规定,在原有的土地承包期到期后,切实做好延长土地承包期的工作。要逐步完善土地使用权的流转制度。
1995年3月28日国务院批转农业部《关于稳定和完善土地承包关系的意见的通知》(已失效)	建立土地承包经营权流转机制。农村集体土地承包经营权的流转,是家庭联产承包责任制的延续和发展,应纳入农业承包合同管理的范围。在坚持土地集体所有和不改变土地农业用途的前提下,经发包方同意,允许承包方在承包期内,对承包标的依法转包、转让、互换、入股,其合法权益受法律保护,但严禁擅自将耕地转为非耕地。土地承包经营权流转的形式、经济补偿,应由双方协商,签订书面合同,并报发包方和农业承包合同管理机关备案。
1996年3月2日国务院《关于抓好春耕生产和当前农村工作有关问题的通知》	以家庭联产承包为主的责任制和统分结合的双层经营体制,是我国农村的一项基本经营制度,必须长期稳定并不断完善。土地承包到期后,再延长三十年,这是一项重要的基本政策,要抓紧落实到户。2022年国家较大幅度地提高了定购粮的收购价格,这一政策,要在农村特别是粮食主产区广为宣传,做到家喻户晓,充分调动农民增加农业投入、种足种好粮食的积极性。
1997年8月27日中共中央办公厅、国务院办公厅《关于进一步稳定和完善农村土地承包关系的通知》	在第一轮土地承包即将到期之前,中央就明确宣布,土地承包期再延长30年不变,营造林地和"四荒"地治理等开发性生产的承包期可以更长,并对土地使用权的流转制度作出了具体的规定。各地区一定要按照中央的政策规定执行。 土地承包期再延长30年,是在第一轮土地承包的基础上进行的。开展延长土地承包期工作,要使绝大多数农户原有的承包土地继续保持稳定。不能将原来的承包地打乱重新发包,更不能随意打破原生产队土地所有权的界限,在全村范围内平均承包。已经做了延长土地承包期工作的地方,承包期限不足30年的,要延长到30年。
1997年9月10日农业部《关于认真贯彻落实〈关于进一步稳定和完善农村土地承包关系的通知〉的通知》	为了加强土地承包的规范管理,我部拟定了土地承包经营权证书的样本内容,供各地参照印制,延长土地承包期后,农村经济经营管理部门要认真组织填写由县或县以上人民政府统一印制的土地承包经营权证书,及时发放到每个农户,并做好有关档案管理工作。延长土地承包期工作结束后,要制定有关制度,加强土地承包的规范管理。要把土地承包管理同农民负担管理结合起来,严格按照《通知》规定,把农民每年上交的土地承包费的提取和管理工作做好。

续表

政策名称	政策内容(节选)
1998 年 10 月 11 日中共中央办公厅、国务院办公厅《关于做好 1998 年秋冬季农业和农村工作几个问题的通知》	已经延长土地承包期的地方,要及时签订承包合同,发放土地承包经营权证书。第一轮承包已到期尚未开展延长土地承包期工作的地方,要及时开展这项工作。今冬各地要对延长土地承包期工作进行一次认真检查,发现问题及时解决。
1998 年 10 月 14 日中共中央《关于农业和农村工作若干重大问题的决定》	必须发展公有制为主体的多种所有制经济,探索和完善农村公有制的有效实现形式,使生产关系适应生产力发展要求。实行土地集体所有、家庭承包经营,使用权同所有权分离,建立统分结合的双层经营体制,理顺了农村最基本的生产关系。这是能够极大地促进生产力发展的农村集体所有制的有效实现形式。
1999 年 4 月 2 日国务院办公厅《关于印发全国土地利用总体规划纲要的通知》	国家始终坚持把农业放在经济工作首位,长期稳定农村基本政策,特别是延长土地承包期 30 年,为保护耕地、推进土地整理和开发提供了有利的政策环境;国民经济持续快速健康发展,综合国力不断增强,将会不断增加耕地保护和土地开发整理的资金投入,科学技术的发展为保护和合理利用土地资源提供了有力的技术保障。
1999 年 5 月 6 日国务院办公厅《关于加强土地转让管理严禁炒卖土地的通知》	以租赁或承包等其他方式取得的土地使用权,未经原出租或发包方同意,不得转让、出租、抵押或转包、分包。
1999 年 12 月 12 日国务院办公厅转发国务院三峡工程建设委员会办公室、移民开发局《关于做好三峡工程库区农村移民外迁安置工作若干意见的通知》	迁入地人民政府要给外迁农村移民及时颁发土地承包经营权证,落实土地承包权、生产自主权和经营收益权。
2000 年 1 月 16 日中共中央、国务院《关于做好二○○○年农业和农村工作的意见》	加强农村经营管理,把贯彻农村经济政策的工作制度化、经常化,是保证党的农村政策落到实处并长期稳定的重要环节。当前,要抓好土地承包、集体财务和农民负担管理,把这三方面的政策落实好,进一步保护和调动农民的积极性。 目前全国延长土地承包期工作已基本结束,加强土地承包管理,重点是建立健全承包合同的各项管理制度,建立合同档案,及时调处纠纷,组织合同兑现。对个别尚未完成延包工作的地方,要组织力量,加强指导,抓紧落实。没有颁发土地承包经营权证书的,必须尽快发放到户。要妥善解决延长土地承包期工作中的遗留问题,稳定土地承包关系。

续表

政策名称	政策内容(节选)
2000年3月1日最高人民法院《印发〈关于充分发挥审判职能作用为经济发展提供司法保障和法律服务的意见〉的通知》	落实"赋予农民长期而有保护的土地使用权"的政策,切实保护农户的土地承包权、生产自主权和经营收益权。要按照最高人民法院颁发的《关于审理农业承包合同纠纷案件若干问题的决定(试行)》,积极受理并处理好这类案件。要按照中央经济工作会议确定的调整农业结构的要求,在审理有关案件中,依法引导农民自觉履行调整任务。要严格依法审理因随意提高土地承包费、撕毁合同、一地多包、收回土地高价发包、缩短承包期等行为引起的纠纷案件,坚决纠正各种违法行为。
2001年1月11日中共中央、国务院《关于做好2001年农业和农村工作的意见》	农业结构调整要依据市场规律,尊重农民意愿,维护农户生产经营自主权。要坚持土地承包30年不变的政策,不能以任何借口侵害农民的土地承包权。生产什么,如何生产,只能由农民根据市场变化自主决策。
2001年3月15日《中华人民共和国国民经济和社会发展第十个五年计划纲要》	加快农村土地制度法制化建设,长期稳定以家庭联产承包经营为基础、统分结合的双层经营体制。在长期稳定土地承包关系的基础上,鼓励有条件的地区积极探索土地经营权流转制度改革。
2001年12月30日中共中央《关于做好农户承包地使用权流转工作的通知》	土地流转的主要是农户,土地使用权流转必须建立在农户自愿的基础上。在承包期内,农户对承包的土地有自主的使用权、收益权和流转权,有权依法自主决定承包地是否流转和流转的形式。这是农民拥有长期而有保障的土地使用权的具体体现。任何组织和个人不得强迫农户流转土地,也不得阻碍农户依法流转土地。由乡镇政府或村级组织出面租赁农户的承包地再进行转租或发包的"反租倒包",不符合家庭承包经营制度,应予制止。
2002年1月10日中共中央、国务院《关于做好2002年农业和农村工作的意见》	要认真落实农村土地承包政策,做到承包地面积、地块全部落实到户,为期30年的承包经营合同全部签订到户,土地承包经营权证书全部发放到户。按照依法、自愿、有偿的原则,加强对农村土地流转的引导和管理,严禁强行收回农户承包地搞土地集中。鼓励工商企业采取公司加农户和订单农业等方式投资农业,带动农户发展生产。
2002年3月15日《第九届全国人民代表大会第五次会议关于2001年国民经济和社会发展计划执行情况与2002年国民经济和社会发展计划的决议》	深化农村改革,稳定农村土地承包关系,搞好对土地流转的引导和管理。积极稳步发展小城镇,加强对乡镇企业的扶持和引导,有序推进农村剩余劳动力的转移。

续表

政策名称	政策内容(节选)
2003 年 3 月 18 日《第十届全国人民代表大会第一次会议关于第九届全国人民代表大会常务委员会工作报告的决议》	制定农村土地承包法,以法律的形式赋予农民长期而有保障的土地使用权,有利于保持党在农村的基本政策的连续性和稳定性,促进农村和农业的发展,维护农村的稳定。

就农村基本经营制度,1993 年制定的《农业法》明确规定了“以家庭联产承包为主的责任制”和“统分结合的双层经营体制”,并专章规定了“农业生产经营体制”的制度内容(第二章)。《宪法》1982 年(已被修改)第 8 条第 1 款原规定:“农村人民公社、农业生产合作社和其他生产、供销、信用、消费等各种形式的合作经济,是社会主义劳动群众集体所有制经济。参加农村集体经济组织的劳动者,有权在法律规定的范围内经营自留地、自留山、家庭副业和饲养自留畜。”1993 年《宪法修正案》将其修改为:“农村中的家庭联产承包为主的责任制和生产、供销、信用、消费等各种形式的合作经济,是社会主义劳动群众集体所有制经济。参加农村集体经济组织的劳动者,有权在法律规定的范围内经营自留地、自留山、家庭副业和饲养自留畜。”1993 年中共中央、国务院《关于当前农业和农村经济发展的若干政策措施》强调,“以家庭联产承包为主的责任制和统分结合的双层经营体制,是我国农村经济的一项基本制度,要长期稳定,并不断完善”。其后,中共中央、国务院《关于 1994 年农业和农村工作的意见》、国务院批转原农业部《关于稳定和完善土地承包关系的意见的通知》以及中共中央办公厅、国务院办公厅《关于进一步稳定和完善农村土地承包关系的通知》等文件决定实行并细化了“增人不增地、减人不减地”的政策规定。党的十五届三中全会通过的中共中央《关于农业和农村工作若干重大问题的决定》即明确指出,“要切实保障农户的土地承包经营权,生产自主权和经营收益权,使之成为独立的市场主体”,同时也提出了完善农村经营立法的要求:“要坚定不移地贯彻土地承包期再延长三十年的政策,同时要抓紧制定确保农村土地承包关系长期稳定的法律法规,赋予农民长期而有保障的土地使用权。”这一政策在随后修改的《土地管理法》(1998 年)中得到了及时的贯彻。[1] 该法确立了以土地承包经营权为核心的产

〔1〕《土地管理法》(1998 年)(已被修改)第 14 条规定:“农民集体所有的土地由本集体经济组织的成员承包经营,从事种植业、林业、畜牧业、渔业生产。土地承包经营期限为三十年。发包方和承包方应当订立承包合同,约定双方的权利和义务。承包经营土地的农民有保护和按照承包合同约定的用途合理利用土地的义务。农民的土地承包经营权受法律保护。在土地承包经营期限内,对个别承包经营者之间承包的土地进行适当调整的,必须经村民会议三分之二以上成员或者三分之二以上村民代表的同意,并报乡(镇)人民政府和县级人民政府农业行政主管部门批准。”

权结构,并对土地承包经营权的期限、当事人的主要权利和义务、调整承包土地的程序等作了具体规定。

1998年,中共十五届三中全会将“家庭联产承包责任制”改为了“家庭承包制”,删去“联产”和“责任”。1999年《宪法修正案》将《宪法》第8条第1款进一步修改为:“农村集体经济组织实行家庭承包经营为基础、统分结合的双层经营体制。农村中的生产、供销、信用、消费等各种形式的合作经济,是社会主义劳动群众集体所有制经济。参加农村集体经济组织的劳动者,有权在法律规定的范围内经营自留地、自留山、家庭副业和饲养自留畜。”至此,“家庭承包经营为基础、统分结合的双层经营体制”作为农村基本经营制度在宪法上得以确立。

不过,这些法律系因政策而动,而政策本身具有不稳定性和非强制性,〔1〕由此决定了法律中不可能对土地承包权制度作出详尽的规定。在解释论上,土地承包经营权的性质即成争议,物权说、债权说、复合权利说均有支持者。〔2〕

《民法通则》是在“财产所有权和与财产所有权有关的财产权”之下规定的土地承包经营权,依体系解释,其立法原意应是将之界定为物权,〔3〕但《民法通则》同时规定“承包双方的权利和义务,依照法律由承包合同规定”。这与物权法定原则中物权的内容须由法律规定的基本内涵不符,更多地体现为一种债权性质的规定。此后的制度发展无疑证明了这一点,不仅《土地管理法》《农业法》等相关法律均是将当事人之间的权利和义务留由土地承包合同去自由安排,而且司法实践中亦是按债法规则来处理土地承包经营权纠纷。〔4〕很多学者据此认为,土地承包经营权的内容是由合同确立的,承包经营本质上是一种联产承包合同关系,它仅仅发生在发包人与承包人之间,因此,土地承包经营权不具有对抗第三人的效力。基于联产承包合同的取得的土地承包经营权,属于债权性质。〔5〕此外,土地承包经营权的转让尚需经发包人同意,“这种转让形式完全是普通债权的转让方式”〔6〕。

---

〔1〕参见张平华、李云波、张洪波:《土地承包经营权》,中国法制出版社2007年版,第8页。

〔2〕参见屈茂辉:《用益物权制度研究》,中国方正出版社2008年版,第359页以下;丁关良、童日晖:《农村土地承包经营权流转制度立法研究》,中国农业出版社2009年版,第15页以下;张平华、李云波、张洪波:《土地承包经营权》,中国法制出版社2007年版,第31页以下;宋红松:《农地承包制的变迁与创新》,载王利明主编:《物权法专题研究》,吉林人民出版社2002年版,第1061页以下,第1076页以下;王金堂:《土地承包经营权制度的困局与解破——兼论土地承包经营权的二次物权化》,法律出版社2013年版,第38页以下。

〔3〕虽然在《民法通则》中没有使用“物权”一语,但在解释上,《民法通则》第五章第一节章名“财产所有权和与财产所有权有关的财产权”应是“物权”的同义语。参见佟柔主编:《民法原理》,法律出版社1986年版,第152页。

〔4〕参见梅夏英、高圣平:《物权法教程》,中国人民大学出版社2007年版,第214~215页。

〔5〕参见中国社会科学院法学研究所物权法研究课题组:《制定物权法的基本思路》,载《法学研究》1995年第3期。

〔6〕江平主编:《中国土地立法研究》,中国政法大学出版社1999年版,第309页。

现实的情况是,法律和政策对土地承包经营权的性质的界定不明晰,直接影响了土地承包经营的实践发展,甚至阻碍了农村土地的产权改革。一些地方的乡、村干部任意解除承包合同或到期不续签合同,使承包地失去土地使用权,或者在承包关系存续期间内,承包方与集体土地所有者之间在占有、使用、收益等权能上,权利义务关系不明确,[1]农民的土地承包经营权无法获得相应的法律保障。鉴于此,党的十三届八中全会通过的中共中央《关于进一步加强农业和农村工作的决定》指出,“把以家庭联产承包为主的责任制、统分结合的双层经营体制,作为我国乡村集体经济组织的一项基本制度长期稳定下来,并不断充实完善”。

（二）从《农村土地承包法》到《物权法》

1.《农村土地承包法》的出台

1999 年,国家将“农村集体经济组织实行以家庭承包经营为基础、统分结合的双层经营体制”写进宪法,将其作为我国农村的一项基本经济制度固定下来。党的十五届三中全会通过的中共中央《关于加强农业和农村工作若干重大问题的决定》明确提出:“要坚定不移地贯彻土地承包再延长三十年的政策,同时抓紧制定确保农村土地承包关系长期稳定的法律法规,赋予农民长期而又有保障的土地使用权。”《农村土地承包法》纳入九届人大的立法规划,并正式启动。[2] 制定《农村土地承包法》的目的就是具体落实宪法,保障我国农村以家庭承包为基础、统分结合的双层经营体制的长久稳定,赋予农民长期而有保障的土地使用权,依法维护农村土地承包当事人双方的合法权益,以促进农业、农村经济发展和农村社会稳定。[3]

在“稳定和完善的家庭承包经营为基础、充分结合的双层经营体制,赋予农民长期而有保障的土地使用权,维护农村土地承包当事人的合法权益,促进农业、农村经济发展和农村社会稳定”[4]立法宗旨的指导下,《农村土地承包法》对土地承包经营权的内容作了全面的规定。制定《农村土地承包法》坚持了以下原则:一是维护农村土地承包关系的长期稳定;二是土地承包要尊重大多数农民的意愿,坚持公开、公平、公正的原则,正确处理国家、集体、农民三者的利益关系;三是在稳定承包关系的基础上,支持和保护土地承包经营权依法自愿、有偿流转;四是注意与延包工作的实践相衔接,确认延包合同有效,该法实施后,凡符合国家有关规定的,不得再进行变

---

〔1〕 参见王卫国:《中国土地权利研究》,中国政法大学出版社 1997 年版,第 134 页。

〔2〕 参见柳随年:《关于〈中华人民共和国农村土地承包法(草案)〉的说明——2001 年 6 月 26 日在第九届全国人民代表大会常务委员会第二十二次会议上》,载《中华人民共和国全国人民代表大会常务委员会公报》2002 年第 5 期。

〔3〕 参见胡康生主编:《中华人民共和国农村土地承包法释义》,法律出版社 2002 年版,第 4 页。

〔4〕 《农村土地承包法》第 1 条。

更或者调整；五是原则性与灵活性相结合，考虑到各地情况差别很大，该法对一些问题只作原则性规定，给地方制定具体办法留有一定的空间。其在坚持土地集体所有的基础上，为切实保障土地承包关系的长期稳定，更好地保护农民的土地承包经营权，并与之后制定的《物权法》相衔接，该法将土地承包分为家庭承包和其他形式的承包。家庭承包是按照国家有关规定进行的、人人有份的承包，主要是耕地、林地和草地；其他形式的承包，即通过招标、拍卖和协商等进行的承包，主要是“四荒”等其他土地。对家庭承包的土地实行物权保护，土地承包经营权至少30年不变，承包期内除依法律规定外不得调整承包地，承包方不得收回承包地，土地承包经营权可以依法转让、转包、入股、互换等，可以依法继承。对其他形式承包的土地实行债权保护，当事人的权利义务、承包期和承包费等，均由合同议定，承包期内当事人也可以通过协商予以变更。草案分为总则、家庭承包、其他形式的承包、法律责任和附则共五章，突出家庭承包及土地承包经营权的保护和流转。[1] 参见表4。

表4 《农村土地承包法》出台后农地“两权”分离政策的发展

政策名称	政策内容(节选)
2003年10月14日中共中央《关于完善社会主义市场经济体制若干问题的决定》	完善农村土地制度。土地家庭承包经营是农村基本经营制度的核心，要长期稳定并不断完善以家庭承包经营为基础、统分结合的双层经营体制，依法保障农民对土地承包经营的各项权利。农户在承包期内可依法、自愿、有偿流转土地承包经营权，完善流转办法，逐步发展适度规模经营。
2004年中央一号文件	加快土地征用制度改革。各级政府要切实落实最严格的耕地保护制度，按照保障农民权益、控制征地规模的原则，严格遵守对非农占地的审批权限和审批程序，严格执行土地利用总体规划。要严格区分公益性用地和经营性用地，明确界定政府土地征用权和征用范围。完善土地征用程序和补偿机制，提高补偿标准，改进分配办法，妥善安置失地农民，并为他们提供社会保障。积极探索集体非农建设用地进入市场的途径和办法。

〔1〕 参见柳随年：《关于〈中华人民共和国农村土地承包法(草案)〉的说明——2001年6月26日在第九届全国人民代表大会常务委员会第二十二次会议上》，载《中华人民共和国全国人民代表大会常务委员会公报》2002年第5期。

续表

政策名称	政策内容(节选)
2004年4月30日国务院办公厅《关于妥善解决当前农村土地承包纠纷的紧急通知》	承包期内,除承包方全家迁入设区的市转为非农业户口的,不得收回农户的土地承包经营权。对外出农民回乡务农,只要在土地二轮延包中获得了承包权,就必须将承包地还给原承包农户继续耕作。 流转土地承包经营权是农民享有的法定权利,任何组织和个人不得侵犯和剥夺。要坚决制止和纠正各种违背农民意愿、强迫农民流转土地的做法。强迫农民流转承包土地的,流转关系无效,侵害承包方土地承包经营权的责任人应当承担民事责任,对擅自截留、扣缴流转收益的行为应予查处并退还款项。
2004年10月21日国务院《关于深化改革严格土地管理的决定》	基本农田要落实到地块和农户,并在土地所有权证书和农村土地承包经营权证书中注明。 在征地过程中,要维护农民集体土地所有权和农民土地承包经营权的权益。
2005年中央一号文件	认真落实农村土地承包政策。针对一些地方存在的随意收回农户承包地、强迫农户流转承包地等问题,各地要对土地二轮承包政策落实情况进行全面检查,对违反法律和政策的要坚决予以纠正,并追究责任。要妥善处理土地承包纠纷,及时化解矛盾,维护农民合法权益。尊重和保障农户拥有承包地和从事农业生产的权利,尊重和保障外出务工农民的土地承包权和经营自主权。承包经营权流转和发展适度规模经营,必须在农户自愿、有偿的前提下依法进行,防止片面追求土地集中。各省、自治区、直辖市要尽快制定农村土地承包法实施办法。
2005年10月11日中共中央《关于制定国民经济和社会发展第十一个五年规划的建议》	全面深化农村改革。稳定并完善以家庭承包经营为基础、统分结合的双层经营体制,有条件的地方可根据自愿、有偿的原则依法流转土地承包经营权,发展多种形式的适度规模经营。
2006年中央一号文件	稳定和完善以家庭承包经营为基础、统分结合的双层经营体制,健全在依法、自愿、有偿基础上的土地承包经营权流转机制,有条件的地方可发展多种形式的适度规模经营。
2006年1月31日国务院《关于解决农民工问题的若干意见》	保护农民工土地承包权益。土地不仅是农民的生产资料,也是他们的生活保障。要坚持农村基本经营制度,稳定和完善农村土地承包关系,保障农民工土地承包权益。不得以农民进城务工为由收回承包地,纠正违法收回农民工承包地的行为。农民外出务工期间,所承包土地无力耕种的,可委托代耕或通过转包、出租、转让等形式流转土地经营权,但不能撂荒。农民工土地承包经营权流转,要坚持依法、自愿、有偿的原则,任何组织和个人不得强制或限制,也不得截留、扣缴或以其他方式侵占土地流转收益。

续表

政策名称	政策内容(节选)
2006年3月14日《中华人民共和国国民经济和社会发展第十一个五年规划纲要》	稳定并完善以家庭承包经营为基础、统分结合的双层经营体制,有条件的地方可根据自愿、有偿的原则依法流转土地承包经营权,发展多种形式的适度规模经营,搞好土地承包流转中的仲裁服务。
2006年10月1日农业部、国家发展和改革委员会、财政部、商务部、中国人民银行、国家税务总局、中国证券监督管理委员会、中华全国供销合作总社《关于加快发展农业产业化经营的意见》	家庭承包经营既是我国农村的基本经营制度,又是农业产业化经营的基础。推进农业产业化经营必须始终坚持家庭承包经营制度,切实维护好农户的土地承包权、经营权和使用权。 在农户家庭经营基础上,进一步建立和完善农村土地承包经营权流转机制,使家庭承包经营的优越性与农业产业化经营的优势有机结合、相互促进,提高农业的规模效益。
2006年10月11日中共中央《关于构建社会主义和谐社会若干重大问题的决定》	推进农村综合改革,促进农业不断增效、农村加快发展、农民持续增收。坚持农村基本经营制度,保障农民土地承包经营的各项权利,发展农民专业合作组织,增强农村集体经济组织服务功能。
2006年12月17日中共中央、国务院《关于全面加强人口和计划生育工作统筹解决人口问题的决定》	鼓励男到女家落户,依法保护妇女的宅基地、房屋等继承权和土地承包权等权益。
2007年中央一号文件	坚持农村基本经营制度,稳定土地承包关系,规范土地承包经营权流转,加快征地制度改革。

这一阶段的政策发展主要集中于稳定土地承包关系、规范土地承包经营权流转方面。各政策文件反复强调,在"长期稳定并不断完善以家庭承包经营为基础、统分结合的双层经营体制"的基础上,要依法保障农民对土地承包经营的各项权利。针对一些地方存在的随意收回农户承包地、强迫农户流转承包地等问题,政策文件指出,"有条件的地方可根据自愿、有偿的原则依法流转土地承包经营权,发展多种形式的适度规模经营"。"流转土地承包经营权是农民享有的法定权利,任何组织和个人不得侵犯和剥夺。要坚决制止和纠正各种违背农民意愿、强迫农民流转土地的做法。强迫农民流转承包土地的,流转关系无效,侵害承包方土地承包经营权的责任人应当承担民事责任,对擅自截留、扣缴流转收益的行为应予查处并退还款项。"[1]

[1] 2004年4月30日国务院办公厅《关于妥善解决当前农村土地承包纠纷的紧急通知》。

2.《物权法》对农地“两权”分离政策的进一步确认

针对各地实践中对土地承包经营权保护不足、《农村土地承包法》对土地承包经营权定性不够明确的问题，我国《物权法》第十一章将土地承包经营权物权化，体现了党的十五届三中全会“要抓紧制定确保农村土地承包关系长期稳定的法律法规，赋予农民长期而有保障的土地使用权”的要求。[1]

《物权法》已在用益物权编中设专章规定了土地承包经营权，似乎结束了土地承包经营权性质上的争议，但在《新农村土地承包法》公布之前，土地承包经营权的二元化构造似乎仍是主流观点。该观点认为，以家庭承包方式取得的土地承包经营权在性质上属于物权；以招标、拍卖、公开协商等方式取得的土地承包经营权（以其他方式取得的土地承包经营权），经登记取得土地承包经营权证等证书的，在性质上属于物权；未登记、未取得有关证书的，在性质上属于债权。[2] 这一观点的主要依据在于《农村土地承包法》第 49 条。该条规定：“通过招标、拍卖、公开协商等方式承包农村土地，经依法登记取得土地承包经营权证或者林权证等证书的，其土地承包经营权可以依法采取转让、出租、入股、抵押或者其他方式流转。”论者据此认为：“通过其他方式取得的土地承包经营权，只有进行依法登记，承包方才能取得土地承包经营权的物权属性。”[3]“如果土地承包经营权人将其权利依法登记，则该权利具有了法定的公示方式。《农村土地承包法》第 49 条已经赋予依法登记取得土地承包经营权证等证书的其他方式承包土地承包经营权，以相应的物权效力。”[4]“当其他方式取得承包经营权经依法登记取得土地承包经营权证或者林权证等证书时，性质就发生了转变，由债权转变为用益物权，承包方有权依法流转其承包经营权。”[5] 由此，以其他承包方式取得的土地承包经营权，包括了债权性质的土地承包经营权和物权性质的土地承包经营权两种类型。本书作者对此不敢苟同。

依体系解释方法，《农村土地承包法》第 49 条的规定应结合《物权法》关于物权公示的基本规则进行解释。在我国《物权法》之下，通说认为，就依法律行为所引起

---

〔1〕 参见全国人大常委会法制工作委员会民法室编：《中华人民共和国物权法条文说明、立法理由及相关规定》，北京大学出版社 2007 年版，第 232 页。

〔2〕 参见王利明：《农村土地承包经营权的若干问题探讨》，载《中国人民大学学报》2001 年第 6 期；丁关良、童日晖：《农村土地承包经营权流转制度立法研究》，中国农业出版社 2009 年版，第 24 页；王崇敏、李建华：《物权法立法专题研究》，法律出版社 2012 年版，第 215 页；侯水平、黄果天等撰稿：《物权法争点详析》，法律出版社 2007 年版，第 279 页以下；韩志才：《土地承包经营权研究》，安徽人民出版社 2007 年版，第 145 页。

〔3〕 何宝玉：《其他方式的承包及其管理》，载刘坚主编：《〈农村土地承包法〉培训讲义》，中国农业出版社 2002 年版，第 108 页。

〔4〕 最高人民法院民事审判第一庭编：《最高人民法院农村土地承包纠纷案件司法解释理解与适用》，人民法院出版社 2005 年版，第 25 页。

〔5〕 王崇敏、李建华：《物权法立法专题研究》，法律出版社 2012 年版，第 215 页。

的不动产物权变动,我国系采"合意+公示登记"的模式,[1]但在例外情况下也认可其他物权变动模式。就以家庭承包方式取得的土地承包经营权而言,《物权法》第127条和《农村土地承包法》第22条的规定如出一辙,明文规定土地承包经营权自土地承包经营权合同生效时设立。这一规定属于不动产物权变动模式的特例,但符合我国农村的实际情况,因为"承包方案经村民会议或村民代表会议讨论同意,集体经济组织成员相对熟悉,承包的地块人所共知,能够起到相应的公示作用"[2]。就以其他承包方式取得的土地承包经营权而言,《物权法》未作明文规定,仅在其第133条援引了《农村土地承包法》及国务院的有关规定。《农村土地承包法》第49条的内容由此进入物权法。

在《农村土地承包法》第49条之下,登记[3]成了以其他承包方式取得的土地承包经营权的公示方法,但该条并未规定登记对于此种土地承包经营权设立的意义。学说上就此有不同观点:第一种观点认为,此种土地承包经营权的设立和转让采取意思主义,土地承包经营合同生效,土地承包经营权即设定。[4] 第二种观点认为,此种土地承包经营权的设立和转让采取登记生效主义,未经登记,此种物权不能设立。[5] 第三种观点采取折中说,即设立此种土地承包经营权采取意思主义,转让此种土地承包经营权采取登记要件主义。[6] 依《物权法》(用益)物权设立的一般规则,"合意加登记"就成了体系解释之下的妥适选择。[7] 依我国《物权法》第9条的规定,在法律没有作出另外规定的情况下,"不动产物权的设立、变更、转让和消灭,经依法登记,发生效力;未经登记,不发生效力"。准此,登记是以其他承包方式取得土地承包经营权的生效要件,经过依法登记的,土地承包经营权发生效力;未经登记的,土地承包经营权不发生效力。

这样,《农村土地承包法》第49条的规范意义也就明朗了,它并不是规定了两类(物权性的和债权性的)土地承包经营权,而仅仅只是特别规定了以其他承包方式取

---

〔1〕 参见梁慧星、陈华彬:《物权法》,法律出版社2010年版,第84页;王利明:《物权法研究》,中国人民大学出版社2013年版,第252页;崔建远:《物权:规范与学说——以中国物权法的解释论为中心》(上册)(第2版),清华大学出版社2021年版,第99页。

〔2〕 全国人大常委会法制工作委员会民法室编:《中华人民共和国物权法条文说明、立法理由及相关规定》,北京大学出版社2007年版,第127页。

〔3〕 该条中所谓"取得土地承包经营权证或者林权证等证书",对于物权的设立和判断几乎无意义,因为在《物权法》之下,仅有不动产登记簿才是物权归属和内容的根据,不动产权属证书仅仅只是权利人享有该不动产物权的证明(参见《物权法》第16条、第17条)。

〔4〕 参见房绍坤:《物权法用益物权编》,中国人民大学出版社2007年版,第80页。

〔5〕 参见屈茂辉:《用益物权制度研究》,中国方正出版社2005年版,第375页。

〔6〕 参见尹飞:《物权法·用益物权》,中国法制出版社2005年版,第319页。

〔7〕 参见王利明:《物权法研究》,中国人民大学出版社2013年版,第828页。

得的土地承包经营权有别于以家庭承包方式取得的土地承包经营权的公示方法——登记,且在《物权法》之下,登记是此种土地承包经营权的生效要件。未登记者,虽然不能设立此种土地承包经营权,但在《物权法》第15条所规定的合同与物权变动相区分的原则之下,是否登记并不影响土地承包经营合同的效力,承包人自可依土地承包经营合同寻求救济,这种救济在性质上即属债权上的救济。准此,以其他承包方式取得的土地承包经营权在性质上属于物权,未经依法登记者,此种物权不发生效力。在物权法定主义之下,只要是土地承包经营权,均属物权,不存在所谓债权性质的土地承包经营权。主流观点中所谓债权性质的土地承包经营权,实则土地承包经营权尚未设定、尚未生效,实不能称为“土地承包经营权”。

当然,土地承包经营权二元化构造论的主要依据还在于立法目的解释。《关于〈中华人民共和国农村土地承包法(草案)〉的说明》中指出:“对家庭承包的土地实行物权保护,土地承包经营权至少30年不变,承包期内除依法律规定外不得调整承包地,承包方不得收回承包地,土地承包经营权可以依法转让、转包、入股、互换等,可以依法继承。对其他形式承包的土地实行债权保护,当事人的权利义务、承包期和承包费等,均由合同议定,承包期内当事人也可以通过协商予以变更。”〔1〕对此需要说明的是:其一,在《农村土地承包法》立法之时,我国实定法上尚无物权概念。虽然学说上物权与债权的区分几乎无争议,且土地承包经营权的物权化也已成共识,〔2〕但该法并未明确土地承包经营权的物权属性,此前各种关于土地承包经营权性质的争论仍在持续。〔3〕其二,在法律解释方法的运用上,目的解释在一定程度上已经脱离了法律文本,因此,目的解释是在文本含义不清晰时的解释,当文本的意思明确时,通常不需要借助立法目的来明确其含义。〔4〕就《农村土地承包法》第49条而言,依文义解释、体系解释等方法已明确其含义,无须再借助立法目的解释。其三,即使是主张二元化构造论的学者,也认为已经依法登记的以其他承包方式取得的土地承包经营权亦具有物权性质,此观点也明显有悖立法说明中“对其他形式承包的土地实行债权保护”的论断,由此进一步证明了立法目的解释的局限性。

综上,从解释论出发,可以认为我国实定法上已经将农业经营体系下的土地利用关系表达为物权关系,不存在所谓债权性质的土地承包经营权。在创新农业经营

〔1〕柳随年:《关于〈中华人民共和国农村土地承包法(草案)〉的说明——2001年6月26日在第九届全国人民代表大会常务委员会第二十二次会议上》,载《中华人民共和国全国人民代表大会常务委员会公报》2002年第5期。

〔2〕参见何宝玉主编:《〈中华人民共和国农村土地承包法〉释义及实用指南》,中国民主法制出版社2002年版,第47页。

〔3〕参见张平华、李云波、张洪波:《土地承包经营权》,中国法制出版社2007年版,第32页。

〔4〕参见王利明:《法学方法论》,中国人民大学出版社2012年版,第418页。

体系的背景下,在立法上更应明确土地承包经营权的物权性质,以避免前述解释论上的争议。

(三)稳定土地承包关系的法律表达

就新型农业经营体系下的土地利用关系,必须坚持承包关系长期不变这一基本前提。对此,十七届三中全会《决定》就明确提出:"赋予农民更加充分而有保障的土地承包经营权,现有土地承包关系要保持稳定并长久不变。推进农业经营体制机制创新,加快农业经营方式转变。"2009 年中央一号文件指出,"抓紧修订、完善相关法律法规和政策,赋予农民更加充分而有保障的土地承包经营权,现有土地承包关系保持稳定并长久不变"。2010 年中央一号文件指出,"完善农村土地承包法律法规和政策,加快制定具体办法,确保农村现有土地承包关系保持稳定并长久不变"。2012 年中央一号文件指出,"加快修改完善相关法律,落实现有土地承包关系保持稳定并长久不变的政策"。十八届三中全会《决定》的表述是"稳定农村土地承包关系并保持长久不变"。这一表述与十七届三中全会《决定》中"现有土地承包关系要保持稳定并长久不变"基本相同,改变了此前"确保农村土地承包关系长期稳定"的提法。习近平总书记也强调,"现有农村土地承包关系保持稳定并长久不变,这是维护农民土地承包经营权的关键"[1]。

现有承包关系保持长久不变与稳定土地承包关系反映出了农地产权结构的基本特征。"政策强调土地承包经营权关系'稳定''长期保持不变',制度设计倾向于农户固定的使用承包地而非流转",土地承包关系趋于稳定。[2]

长久不变的政策内涵至少包括:其一,保持土地集体所有、家庭承包经营的基本制度长久不变。农村土地集体所有、家庭承包经营的基本制度有利于调动集体和农民积极性,对保障国家粮食安全和农产品有效供给具有重要作用,必须毫不动摇地长久坚持,确保农民集体有效行使集体土地所有权、集体成员平等享有土地承包经营权。要从我国经济社会发展阶段和各地发展不平衡的实际出发,积极探索和不断丰富集体所有、家庭承包经营的具体实现形式,不断推进农村基本经营制度完善和发展。其二,保持农户依法承包集体土地的基本权利长久不变。家庭经营在农业生产经营中居于基础性地位,要长久保障和实现农户依法承包集体土地的基本权利。农村集体经济组织成员有权依法承包集体土地,任何组织和个人都不能剥夺和非法限制。同时,要根据时代发展需要,不断强化对土地承包经营权的物权保护,依法保障农民对承包地占有、使用、收益、流转及承包土地的经营权抵押、担保权利,不断赋

〔1〕 中共中央党史和文献研究院编:《习近平关于"三农"工作论述摘编》,中央文献出版社 2019 年版,第 51 页。

〔2〕 参见徐超:《承包地"三权"运行制度研究》,法律出版社 2021 年版,第 17 页。

予其更加完善的权能。其三,保持农户承包地稳定。农民家庭是土地承包经营的法定主体,农村集体土地由集体经济组织内农民家庭承包,家庭成员依法平等享有承包土地的各项权益。农户承包地要保持稳定,发包方及其他经济组织和个人不得违法调整。鼓励承包农户增加投入,保护和提升地力。各地可在农民自愿的前提下结合农田基本建设,组织开展互换并地,发展连片种植。支持新型农业经营主体通过流转农户承包地进行农田整理,提升农业综合生产能力。[1]

尽管在学说上,利用他人土地的权利有物权性利用权和债权性利用权之分,[2]谓之土地利用的二元体系,但这些争论并未脱离对土地的利用。其中,前者即用益物权,后者即借用权或租赁权(依借用合同或租赁合同取得)。物权形态的土地利用权和债权形态的土地利用权自有其本质上的差异。首先,物权形态的土地利用权依循物权法定原则,其形态应由法律明确作出规定,当事人不得任意创设,但债权形态的土地利用权,本于契约自由原则,当事人只要不违反强制性规定,即可自由约定,如我国法上的临时用地、土地租赁等均属之。其次,物权形态的土地利用权系独立及纯粹的财产权,可以转让和继承,而债权形态的土地利用权以人的信用为基础,不具有可让与性及继承性。最后,物权形态的土地利用权,系对物之物权,仅为对所有权的限制,土地所有权人只负容忍利用权人用益其物的消极义务,而土地所有权人出借或出租其土地时,除应交付其土地供利用人使用之外,出租人在租赁期间更负有保持土地合于约定用益状态的积极义务。[3] 因此,使土地利用关系物权化,有利于巩固当事人之间的法律关系,并对抗第三人。[4]

由此可见,在新型农业经营体系下,农村土地承包关系既然稳定并长久不变,那么这种土地利用关系应表达为物权,只有表达为物权,才能有利于提高土地的生产力和可持续利用,才能使土地承包经营权得以流动,以促进适度规模经营,才能有利于解决目前广受诟病的集体土地所有权主体“虚位”及由此而产生的一系列问题。[5] 这种土地利用关系的法律表达并不因承包方式的不同而有分别。“这一时期农地承包权制度变迁的最大突破就是明确了农地承包权的物权属性”[6],实现了

---

〔1〕 参见《土地承包长久不变意见》。

〔2〕 参见谢在全:《民法物权论》(第5版),中国政法大学出版社2011年版,第426页;王泽鉴:《民法物权》(第2版),北京大学出版社2010年版,第277页。

〔3〕 参见谢在全:《民法物权论》(第5版),中国政法大学出版社2011年版,第426页。

〔4〕 参见王泽鉴:《民法物权》(第2版),北京大学出版社2010年版,第272页。

〔5〕 参见高圣平:《“稳定并长久不变”的土地承包经营权的权利构造与制度重塑——基于党的十七届三中全会文件的思考》,载中国社会科学院农村发展研究所宏观经济研究室主编:《农村土地制度改革:国际比较研究》,社会科学文献出版社2009年版,第251页。

〔6〕 张珂、张莹:《农地“三权分置”实施机制理论与实践研究》,黄河水利出版社2018年版,第10页。

土地承包经营权由债权向物权的转化。

在技术上,结合确权颁证制度,对土地承包经营权属进行登记确权和管理,进一步确定土地承包经营权的物权属性。2004 年实施的《农村土地承包经营权证管理办法》就明确规定了,农村土地承包经营权证是在承包合同生效后,由国家依法确认承包方享有土地承包经营权的法律凭证。[1] 2007 年《物权法》肯定了不动产登记簿是确定物权归属和内容的依据。2008 年的中央一号文件强调,"各地要切实稳定农村土地承包关系,认真开展延包后续完善工作,确保农村土地承包经营权证到户。加强农村土地承包规范管理,加快建立土地承包经营权登记制度"。2011 年农业部发布的《关于开展农村土地承包经营权登记试点工作的意见》则对具体推进土地承包经营权登记试点工作的原则、内容作了规定。2012 年的中央一号文件再次强调,"加快推进农村地籍调查,2012 年基本完成覆盖农村集体各类土地的所有权确权登记颁证,推进包括农户宅基地在内的农村集体建设用地使用权确权登记颁证工作,稳步扩大农村土地承包经营权登记试点,财政适当补助工作经费"。在持续推进农村集体土地所有权、集体建设用地使用权以及土地承包经营权登记的背景下,土地承包经营权经登记后,能够产生对抗第三人的效力,凸显了此种权利具有排他性的物权属性。

(四)完善农村基本经营制度的法律路径

完善农村基本经营制度一直是农村土地产权结构改革的根本目的。农村基本经营制度以家庭承包经营为基础,"在将来较长一段时期内,家庭承包经营的基础性地位应予维持"[2]。农村基本经营制度强调"统分结合",在 1984 年中央一号文件正式提出双层经营体制之时,所谓"统",指的是集体统一经营;所谓"分",指的是承包农户分散经营,即以集体土地所有权为基础,以地区性合作经济组织(农村集体经济组织)为依托,通过将家庭承包经营引入合作经济(集体经济),从而形成合作经济的两个经营层次。[3] 至 2008 年党的十七届三中全会召开,"统分结合"中"统"的内涵发生了重大的改变,不再局限于集体统一经营,而是"要采取多种形式来实现'统'的能力,既包括发挥集体经济组织,也包括农民自身的合作与联合组织、各种农业社会化服务组织,以及农业产业化经营中的龙头企业的作用"[4]。由此,这里的"统","从农村集体经济组

---

[1] 《农村土地承包经营权证管理办法》第 2 条规定:"农村土地承包经营权证是农村土地承包合同生效后,国家依法确认承包方享有土地承包经营权的法律凭证。农村土地承包经营权证只限承包方使用。"第 4 条规定:"实行家庭承包经营的承包方,由县级以上地方人民政府颁发农村土地承包经营权证。实行其他方式承包经营的承包方,经依法登记,由县级以上地方人民政府颁发农村土地承包经营权证。县级以上地方人民政府农业行政主管部门负责农村土地承包经营权证的备案、登记、发放等具体工作。"

[2] 杨一介:《论"三权分置"背景下的家庭承包经营制度》,载《中国农村观察》2018 年第 5 期。

[3] 参见谭贵华:《农村双层经营体制法律制度研究》,法律出版社 2015 年版,第 58 页。

[4] 陈锡文、罗丹、张征:《中国农村改革 40 年》,人民出版社 2018 年版,第 54 页。

织的统一经营发展为农村集体经济组织、农民专业合作社、农业企业、社会化服务组织等多元主体、多种形式并存的多方位统一经营”[1]。2009 年中央一号文件将稳定农村土地承包关系以及扶持农民专业合作社和龙头企业发展作为稳定完善农村基本经营制度的重要内容。2010 年中央一号文件继续从完善农村土地承包法规和政策等方面提出稳定和完善农村基本经营制度。2012 年中央一号文件关注的重点仍然是通过修改和制定法律的方式稳定和完善农村土地政策。参见表 5。

表 5　《物权法》出台后农地“两权”分离政策的发展

政策名称	政策内容(节选)
2007 年 10 月 15 日《高举中国特色社会主义伟大旗帜 为夺取全面建设小康社会新胜利而奋斗——在中国共产党第十七次全国代表大会上的报告》	深化农村综合改革,推进农村金融体制改革和创新,改革集体林权制度。坚持农村基本经营制度,稳定和完善土地承包关系,按照依法自愿有偿原则,健全土地承包经营权流转市场,有条件的地方可以发展多种形式的适度规模经营。
2007 年 12 月 26 日国务院《关于推进社会主义新农村建设情况的报告》	坚持农村基本经营制度,稳定和完善土地承包关系,按照依法自愿有偿原则,健全土地承包经营权流转市场,在有条件的地方培育发展多种形式适度规模经营的市场环境。
2008 年中央一号文件	坚持和完善以家庭承包经营为基础、统分结合的双层经营体制。这是宪法规定的农村基本经营制度,必须毫不动摇地长期坚持,在实践中加以完善。各地要切实稳定农村土地承包关系,认真开展延包后续完善工作,确保农村土地承包经营权证到户。加强农村土地承包规范管理,加快建立土地承包经营权登记制度。继续推进农村土地承包纠纷仲裁试点。严格执行土地承包期内不得调整、收回农户承包地的法律规定。按照依法自愿有偿原则,健全土地承包经营权流转市场。农村土地承包合同管理部门要加强土地流转中介服务,完善土地流转合同、登记、备案等制度,在有条件的地方培育发展多种形式适度规模经营的市场环境。坚决防止和纠正强迫农民流转、通过流转改变土地农业用途等问题,依法制止乡、村组织通过“反租倒包”等形式侵犯农户土地承包经营权等行为。稳步推进草原家庭承包经营,稳定渔民的水域滩涂养殖使用权。
2008 年 3 月 29 日国务院《关于印发 2008 年工作要点的通知》	坚持农村基本经营制度,稳定和完善土地承包关系,健全土地承包经营权流转市场,有条件的地方可以发展多种形式的适度规模经营。

[1] 丁关良:《巩固和完善农村基本经营制度》,载《中国党政干部论坛》2018 年第 9 期。

续表

政策名称	政策内容(节选)
2008年8月28日国务院《关于促进农民稳定增收情况的报告》	继续深化农村改革,为农民增收减负提供体制保障。坚持农村基本经营制度,稳定和完善土地承包关系,按照依法自愿有偿原则,健全土地承包经营权流转市场,引导农民依法以转包、转让等形式进行土地承包经营权流转,增加农民的土地收益和财产性收入。
2008年9月7日国务院《关于进一步推进长江三角洲地区改革开放和经济社会发展的指导意见》	全面深化农村改革。坚持农村基本经营制度,稳定和完善土地承包关系,按照依法、自愿、有偿的原则,健全土地承包经营权流转市场,有条件的地方可以适度发展多种形式的规模经营。
2008年10月15日中共中央《关于推进农村改革发展若干重大问题的决定》	完善土地承包经营权权能,依法保障农民对承包土地的占有、使用、收益等权利。加强土地承包经营权流转管理和服务,建立健全土地承包经营权流转市场,按照依法自愿有偿原则,允许农民以转包、出租、互换、转让、股份合作等形式流转土地承包经营权,发展多种形式的适度规模经营。有条件的地方可以发展专业大户、家庭农场、农民专业合作社等规模经营主体。土地承包经营权流转,不得改变土地集体所有性质,不得改变土地用途,不得损害农民土地承包权益。
2008年12月3日《最高人民法院印发〈关于为推进农村改革发展提供司法保障和法律服务的若干意见〉的通知》	对非法干预土地承包经营权流转的行为,应依法予以纠正。要按照十七届三中全会精神和相关法律的规定,准确界定土地承包经营权流转形式。以股份合作形式流转土地承包经营权的,要着重审查入股行为是否符合农民意愿,严防因股份合作导致农民丧失土地承包经营权。
2008年12月5日农业部《关于做好当前农村土地承包经营权流转管理和服务工作的通知》	在坚持农村基本经营制度和充分尊重农民土地承包经营权的前提下,允许农村土地承包经营权依法自愿有偿流转,是农业发展的客观要求,符合党在农村的一贯政策。平稳有序地流转土地承包经营权,有利于完善农民土地承包经营权权能,发展好实现好农民土地承包权益;有利于合理配置和充分利用土地资源,促进适度规模经营和现代农业发展;有利于解除农村劳动力非农就业的后顾之忧,促进农村劳动力转移,防止土地抛荒和粗放经营。近些年来,各级农业部门特别是农村经营管理部门为正确引导和规范农村土地承包经营权流转做了大量工作,发挥了重要作用。目前我国农村土地承包经营权流转总体是平稳健康的。但必须看到,随着土地承包经营权流转规模扩大、速度加快、流转对象和利益关系日趋多元,迫切需要加强管理和服务,以防止发生违背农民意愿强行流转、侵害农民土地承包权益、改变土地用途出现"非农化"与"非粮化"以及流转不规范引发纠纷等问题。各级农业部门要充分认识做好当前土地承包经营权流转管理和服务工作的重要性和紧迫性,增强责任感和使命感,把流转管理和服务作为新形势下维护农民土地承包权益,加强农村土地承包管理的重要任务,正确指导农村土地承包经营权流转平稳健康发展。

续表

政策名称	政策内容(节选)
2008 年 12 月 20 日国务院办公厅《关于切实做好当前农民工工作的通知》	对依据口头协议等方式进行短期流转且农民工要求收回土地承包经营权的,原则上应退还农民工。长期流转又有流转合同的,可依法由双方协商解决;双方有纠纷的,可通过法律程序解决。加强对土地承包经营权流转的管理和服务,农村土地流转要坚持依法、自愿、有偿的原则,任何组织和个人不得强制或限制,也不得截留、扣缴或以其他方式侵占返乡农民工的土地流转收益。积极推进土地承包纠纷调解仲裁工作,切实保障农民工的合法权益。
2009 年中央一号文件	稳定农村土地承包关系。抓紧修订、完善相关法律法规和政策,赋予农民更加充分而有保障的土地承包经营权,现有土地承包关系保持稳定并长久不变。强化对土地承包经营权的物权保护,做好集体土地所有权确权登记颁证工作,将权属落实到法定行使所有权的集体组织;稳步开展土地承包经营权登记试点,把承包地块的面积、空间位置和权属证书落实到农户,严禁借机调整土地承包关系,坚决禁止和纠正违法收回农民承包土地的行为。加快落实草原承包经营制度。 建立健全土地承包经营权流转市场。土地承包经营权流转,不得改变土地集体所有性质,不得改变土地用途,不得损害农民土地承包权益。坚持依法自愿有偿原则,尊重农民的土地流转主体地位,任何组织和个人不得强迫流转,也不能妨碍自主流转。按照完善管理、加强服务的要求,规范土地承包经营权流转。鼓励有条件的地方发展流转服务组织,为流转双方提供信息沟通、法规咨询、价格评估、合同签订、纠纷调处等服务。
2009 年 5 月 19 日国务院批转发展改革委《关于 2009 年深化经济体制改革工作意见的通知》(已失效)	开展农村土地承包经营权登记试点,建立健全土地承包经营权流转市场,加强流转管理和服务,发展适度规模经营。
2010 年中央一号文件	稳定和完善农村基本经营制度。完善农村土地承包法律法规和政策,加快制定具体办法,确保农村现有土地承包关系保持稳定并长久不变。继续做好土地承包管理工作,全面落实承包地块、面积、合同、证书“四到户”,扩大农村土地承包经营权登记试点范围,保障必要的工作经费。加强土地承包经营权流转管理和服务,健全流转市场,在依法自愿有偿流转的基础上发展多种形式的适度规模经营。严格执行农村土地承包经营纠纷调解仲裁法,加快构建农村土地承包经营纠纷调解仲裁体系。按照权属明确、管理规范、承包到户的要求,继续推进草原基本经营制度改革。稳定渔民水域滩涂养殖使用权。鼓励有条件的地方开展农村集体产权制度改革试点。

续表

政策名称	政策内容(节选)
2010年8月26日国务院《关于国家粮食安全工作情况的报告》	一是稳定和完善土地承包经营关系。建立健全土地承包经营权流转市场,按照依法自愿有偿原则,引导土地承包经营权流转,发展多种形式的适度规模经营。
2010年10月18日中共中央《关于制定国民经济和社会发展第十二个五年规划的建议》	完善农村发展体制机制。坚持和完善农村基本经营制度,现有农村土地承包关系保持稳定并长久不变,在依法自愿有偿和加强服务基础上完善土地承包经营权流转市场,发展多种形式的适度规模经营,支持农民专业合作社和农业产业化龙头企业发展,加快健全农业社会化服务体系,提高农业经营组织化程度。
2010年12月21日国务院《关于印发全国主体功能区规划的通知》	将基本农田落实到地块并在土地承包经营权登记证书上标注,严禁改变基本农田的用途和位置。
2010年12月27日国务院《关于严格规范城乡建设用地增减挂钩试点切实做好农村土地整治工作的通知》	增减挂钩试点和农村土地整治实施后,要依法及时办理土地确权、变更登记手续,发放土地权利证书及农村土地承包经营权证等,依法保障农民的土地权益。
2010年12月31日农业部《关于进一步推进国家现代农业示范区建设的通知》	要严格按照依法、自愿、有偿原则,合理引导农民进行土地流转,严禁借示范区建设之名,强迫农民流转土地承包经营权,强行推进规模经营。
2011年3月14日《中华人民共和国国民经济和社会发展第十二个五年规划纲要》	完善农村土地法律法规和相关政策,现有农村土地承包关系保持稳定并长久不变。搞好农村土地确权、登记、颁证工作,完善土地承包经营权权能,依法保障农民对承包土地的占有、使用、收益等权利。在依法自愿有偿和加强服务基础上完善土地承包经营权流转市场,发展多种形式的适度规模经营。
2011年7月27日农业部办公厅《关于开展农村土地承包法律政策贯彻执行情况检查的通知》	(二)履行农村土地承包管理职责情况,包括合同管理、土地承包经营权证书发放,以及农村土地承包经营权登记试点工作等。 (三)维护农民土地承包权益的情况,包括纠正和查处侵害农民土地承包经营权、损害农民土地承包合法权益情况、解决土地承包信访突出问题等。 (四)加强土地承包经营权流转管理和服务情况,包括加强管理、完善服务,健全土地承包经营权流转市场体系,促进多种形式适度规模经营等。

续表

政策名称	政策内容(节选)
2012 年中央一号文件	稳定和完善农村土地政策。加快修改完善相关法律,落实现有土地承包关系保持稳定并长久不变的政策。按照依法自愿有偿原则,引导土地承包经营权流转,发展多种形式的适度规模经营,促进农业生产经营模式创新。加快推进农村地籍调查,2012 年基本完成覆盖农村集体各类土地的所有权确权登记颁证,推进包括农户宅基地在内的农村集体建设用地使用权确权登记颁证工作,稳步扩大农村土地承包经营权登记试点,财政适当补助工作经费。加强土地承包经营权流转管理和服务,健全土地承包经营纠纷调解仲裁制度。加快修改土地管理法,完善农村集体土地征收有关条款,健全严格规范的农村土地管理制度。加快推进牧区草原承包工作。
2012 年 1 月 13 日国务院《关于印发全国现代农业发展规划(2011—2015 年)的通知》	在保持农村土地承包关系稳定并长久不变的前提下,推进农业经营体制机制创新,坚决防止以发展现代农业为名强迫农民流转土地承包经营权、改变土地农业用途,切实尊重农民意愿,维护农民利益。
2012 年 3 月 6 日国务院《关于支持农业产业化龙头企业发展的意见》	坚持家庭承包经营制度,充分尊重农民的土地承包经营权,健全土地承包经营权流转市场,引导发展适度规模经营;坚持遵循市场经济规律,充分发挥市场配置资源的基础性作用,尊重企业与农户的市场主体地位和经营决策权,不搞行政干预。
2012 年 11 月 8 日《坚定不移沿着中国特色社会主义道路前进　为全面建成小康社会而奋斗》	坚持和完善农村基本经营制度,依法维护农民土地承包经营权、宅基地使用权、集体收益分配权,壮大集体经济实力,发展农民专业合作和股份合作,培育新型经营主体,发展多种形式规模经营,构建集约化、专业化、组织化、社会化相结合的新型农业经营体系。
2012 年 11 月 23 日中共国土资源部党组《关于认真学习宣传贯彻党的十八大精神的通知》	依法维护农民土地承包经营权、宅基地使用权、集体收益分配权。改革征地制度,提高农民在土地增值收益中的分配比例。
2012 年 12 月 1 日国务院《关于印发服务业发展“十二五”规划的通知》	加强土地流转管理服务机构建设,培育壮大承包经营权流转中介服务组织,健全农村土地承包经营权流转市场服务体系。

续表

政策名称	政策内容(节选)
2013 年中央一号文件	稳定农村土地承包关系。抓紧研究现有土地承包关系保持稳定并长久不变的具体实现形式,完善相关法律制度。坚持依法自愿有偿原则,引导农村土地承包经营权有序流转,鼓励和支持承包土地向专业大户、家庭农场、农民合作社流转,发展多种形式的适度规模经营。 全面开展农村土地确权登记颁证工作。健全农村土地承包经营权登记制度,强化对农村耕地、林地等各类土地承包经营权的物权保护。用 5 年时间基本完成农村土地承包经营权确权登记颁证工作,妥善解决农户承包地块面积不准、四至不清等问题。

这些政策规范反映到法律层面,即是完善农村基本经营制度的法律路径。《物权法》第 124 条规定:"农村集体经济组织实行家庭承包经营为基础、统分结合的双层经营体制。农民集体所有和国家所有由农民集体使用的耕地、林地、草地以及其他用于农业的土地,依法实行土地承包经营制度。"《物权法》的规定不仅对《宪法》第 8 条第 1 款的规定进行了重申,而且还为完善农村基本经营制度确定了具体的法律路径。

在经事实证明农业集体统一经营不符合农业生产的基本规律之后,从"包产到户""包干到户"到"以家庭联产承包为主的责任制和统分结合的双层经营体制""以家庭承包经营为基础、统分结合的双重经营体制",农村基本经营制度发生了重大改变,[1]也带来了农地产权结构的适度调整。由基层群众创造出来的"两权"分离观念最终得到了《土地管理法》《农村土地承包法》《物权法》等法律的确认,这一农地产权结构由集体的土地所有权和承包农户的土地承包经营权构成。换言之,我国的农地产权结构已经在法律层面予以规范化和制度化。在派生出土地承包经营权之后,集体土地所有权的功能集中体现在增强生产服务、协调管理和资产积累等方面,[2]而土地承包经营权将承包农户对承包地的权利固定下来,并被赋予物权属性,如此极大地调动了农民生产积极性,适应了当时的农业生产力发展水平,取得了较好的制度绩效。[3]

但随着工业化和城镇化的稳步推进和农业分工分业的发展,农业劳动力和农业

---

〔1〕 关于农村基本经营制度的变迁,参见陈锡文、罗丹、张征:《中国农村改革 40 年》,人民出版社 2018 年版,第 32 页以下。

〔2〕 参见陈锡文、罗丹、张征:《中国农村改革 40 年》,人民出版社 2018 年版,第 44 页。

〔3〕 参见韩长赋:《土地"三权分置"是中国农村改革的又一次重大创新》,载《光明日报》2016 年 1 月 26 日,第 1 版。

人口的流动日益频繁，这些必然引发承包地的流转。同时，随着中国农业从提高土地生产率的精耕细作传统农业模式向以提高劳动生产率为主的现代农业发展模式的转变，农业经营的具体形式越来越趋于多样化。[1]“正是工业化和城市化，促成了正在发生的乡村形态变化和农业发展方式转变。”[2]这些具体体现在农村基础性地位、乡村现状、农户分化、土地权利安排、土地流转与租赁市场、农户经营规模差异、农业经营主体、农作方式、农户资本形成方式、农业发展方法等方面的重大变化。

在该背景下，中国农业的生产关系日益呈现出不适应甚至滞后的尴尬局面。一方面，20 世纪 80 年代初由地方实践创造的“包产到户”“包干到户”的改革，经由自下而上的政策推动、法律最终确认，集体所有家庭承包经营制度（经由集体所有权与农户承包经营权分离而成）成为我国农村的基本经济制度。另一方面，随着人口的大规模的非农化，事实上土地承包经营权的流转限于“熟人社会”的交易关系之中。据统计，截至 2015 年时，外出打工 6 个月以上的农民人数超过了 2.78 亿，这些离村人口在持有着农地承包权的同时，将其经营权直接或间接转给了其他农业经营者。但按照“两权”分离的产权结构，农户显然无法合法地将其承包经营权转让其他主体，导致现实中出现大量不规范、不合法的流转农地的现象。“土地流转不规范造成每年大量纠纷。2014 年产生土地流转纠纷 9.17 万件，比 2010 年上升 42.39 个百分点。”[3]与此同时，农地流转的不规范，也导致出现大量撂荒的现象。根据实证调研可以发现，安徽、湖南、四川、贵州等部分地方的农村土地流转后还面临“非粮化”和“非农业”的风险，严重危害了农村农业的可持续发展。

这一阶段的政策文件集中于农村基本经营制度的完善。2008 年中央一号文件提出在有条件的地方培育发展多种形式适度规模经营的市场环境的要求。2009 年中央一号文件提出鼓励有条件的地方发展流转服务组织，为流转双方提供信息沟通、法规咨询、价格评估、合同签订、纠纷调处等服务。扶持农民专业合作社和龙头企业发展。2010 年中央一号文件则明确要求着力提高农业生产经营组织化程度，在依法自愿有偿流转的基础上发展多种形式的适度规模经营，推动统一经营向发展农户联合与合作，形成多元化、多层次、多形式经营服务体系的方向转变。[4]

“农地流转中的非农化与非粮化，从社会经济发展上看，短期会影响我国的粮食

[1] 参见陈锡文、罗丹、张征：《中国农村改革 40 年》，人民出版社 2018 年版，第 51 ~ 55 页。

[2] 刘守英：《从“乡土中国”到“城乡中国”》，载《中国乡村发现》2016 年第 6 期。

[3] 刘守英：《土地流转与规模经营存在三大问题》，载《中国民商》2016 年第 3 期。

[4] 参见孔繁金：《改革开放以来我国“三农”若干问题研究——基于 1982 年至 2017 年中央一号文件的分析》，江西人民出版社 2018 年版，第 56 ~ 57 页。

安全,中期会影响我国的土地安全,长期则会影响到整个国家的经济安全。”[1]由此,集体土地所有权与土地承包经营权的“两权”分离越来越不适合我国农业的实践发展,进而逐渐演变出了集体土地所有权、农户承包权以及土地经营权“三权”分置的模式。对此,习近平总书记指出:“完善农村基本经营制度,需要在理论上回答一个重大问题,就是农民土地承包权和土地经营权分离问题。完善农村基本经营制度,要好好研究农村土地所有权、承包权、经营权三者的关系。”[2]

三、农地“三权”分置理论的提出和发展

(一)农地“三权”分置的早期实践

农地“三权”分置的产权结构不仅具有其政治、经济和社会基础,也是土地适度规模经营、提高农业生产效率和放开农地流转的必然结果。“‘三权分置’是顺应我国经济社会发展需要,为进一步完善农村土地产权制度,推动新型工业化、信息化、城镇化、农业现代化的产物。”[3]可以说,农地“三权”分置是回应我国农地产权制度发展的现实需求的产物。农地“三权”分置经历“地方实践→政策规范→法律确认”的过程。现阶段,已经被明确为中国经济发展阶段性转换期农村的基础性制度安排,这一改革将对农民土地权利、农业经营以及乡村转型都产生重大影响。[4]

事实上,土地所有权、承包权、经营权(使用权)“三权”分置(或“三权”分离)的提法由来已久。在推行家庭联产承包责任制之后不久,即有学者基于承包地由非承包农户耕作的事实,提出了“三权”分离的观点。[5] 学者间就“三权”分离产生的原因、“三权”分离下农地权利结构表现形态、“三权”分离的重大意义、“三权”分离下农地制度的发展等方面展开了有益的讨论。[6] 有些地方已出现了“三权”分离的大量实践。[7] 自20世纪90年代以后,浙江、安徽、重庆、四川、江西、上海、陕西等多地

---

[1] 黄伟:《农地流转中的非农化与非粮化风险及其规避》,载《当代经济管理》2014年第8期。

[2] 中共中央党史和文献研究院编:《习近平关于“三农”工作论述摘编》,中央文献出版社2019年版,第52~53页。

[3] 胡震、朱小庆吉:《农地“三权分置”的研究综述》,载《中国农业大学学报(社会科学版)》2017年第1期。

[4] 参见廖洪乐:《农地“两权”分离和“三权”分置的经济学与法学逻辑》,载《南京农业大学学报(社会科学版)》2020年第5期。

[5] 参见田则林、余义之、杨世友:《三权分离:农地代营——完善土地承包制、促进土地流转的新途径》,载《中国农村经济》1990年第2期;冯玉华、张文方:《论农村土地的“三权分离”》,载《经济纵横》1992年第9期等。关于学说史的观察,参见高海:《农用地“三权分置”研究》,法律出版社2017年版,第32页以下。

[6] 参见庄斌:《土地承包权与经营权分置制度研究:改革逻辑与立法选择》,中国社会科学出版社2018年版,第6~11页。

[7] 参见韩俊:《中国农村土地制度建设三题》,载《管理世界》1999年第3期;黄祖辉、王朋:《农村土地流转:现状、问题及对策——兼论土地流转对现代农业发出的影响》,载《浙江大学学报(人文社会科学版)》2008年第2期。

通过出台文件，探索农村土地所有权、承包权和经营权“三权”分离。典型的如浙江省委办公厅、浙江省人民政府办公厅发布的《关于积极有序推进农村土地经营权流转的通知》明确，“按照‘稳制活田、三权(所有权、承包权、经营权)分离，自主自愿、形式多样，市场契机、政府保障、加强管理、稳定推进’的方针，优化土地资源配置”；安徽省合肥市人民政府发布的《关于农村土地承包和经营权流转的意见》指出，“推进农村土地承包经营权流转，应当坚持在稳定农村土地家庭承包经营制度不变的基础上，鼓励农村集体土地的所有权、承包权、经营权相分离”；重庆市人民政府办公厅发布的原《关于加快农村土地流转促进规模经营发展的意见》(试行)(已失效)指出，坚持稳制、分权、放活的原则，“农村土地流转和发展规模经营，要稳定家庭承包经营体制，在不改变土地承包关系的前提下，试行土地所有权、承包权和土地使用权分离，创新流转机制，探索有效形式，放活土地使用权”；陕西省人民政府办公厅发布的《关于促进农村土地承包经营权流转的指导意见》指出，坚持“在保障农户土地承包权的同时将承包权与经营权相分离”的原则，实现农民依法、自愿、有偿流转承包权土地。〔1〕可见，“由‘两权分离’到‘三权分离’，无论是理论上还是在实践上却是有极其重要的意义”〔2〕。

此时，社会学界认为，土地承包经营权已经无法负载生计保障功能，在生产要素功能彰显的背景下，应该通过土地承包权和土地经营权的分离，建立农村的用地保障机制。〔3〕管理学界认为，土地承包经营权于农地规模经营和农业经营方式的转型无益，通过分离出经营权，与交易制度、管理制度更为匹配。〔4〕农业学界的研究者主要就“三权”分置的意义展开论述，在“三权”分置的背景下，农村农业的改革既不触动集体所有制的内核，又使土地流转规模、范围得到扩大，速度得到大幅度提升。〔5〕经济学界则认为，土地承包经营权所传达的所有与利用相分离的生产关系——“农村土地、农户承包、承包农户经营”发生了改变，出现了非承包户耕作承包地的情形，即“农村土地、农户承包、非承包农户经营”，为了传达这一生产关系的改变，在农地产权保护上即有了将土地承包经营权分离为承包权与经营权的必要，由此而出现了土地所有权、承包权和经营权的分离，其中，“土地所有权属于集体，承包

---

〔1〕关于前期实践探索的总结，参见高海：《农用地“三权分置”研究》，法律出版社 2017 年版，第 15 页以下；刘恒科：《承包地“三权分置”的权利结构和法律表达研究》，中国政法大学出版社 2018 年版，第 13 页以下。

〔2〕韩俊：《中国农村土地制度建设三题》，载《管理世界》1999 年第 3 期。

〔3〕参见叶兴庆：《新时代中国乡村振兴战略论纲》，载《改革》2018 年第 1 期。

〔4〕参见庄斌：《土地承包权与经营权分置制度研究：改革逻辑与立法选择》，中国社会科学出版社 2018 年版，第 8 页。

〔5〕参见郭晓鸣：《推进土地流转与适度规模经营需要高度关注四个问题》，载《农村经营管理》2014 年第 11 期。

权由后来的集体承包土地的农户持用,使用权则转移到土地的实际者手中"[1]。

虽然有这些理论与实践的创新,但在2001年起草《农村土地承包法》时,并没有采纳"三权"分离的观点。该法的立法说明中指出,"随着农业产业化和现代化进程的加快,今后工作的重点之一就是土地经营权流转的管理"[2],但该法是以土地承包经营权流转的法律构造来传达上述"农村土地、农户承包、非承包农户经营"的生产关系。[3] 这样,农地的产权结构就成了"集体的土地所有权+承包农户的土地承包经营权"。其中,集体土地所有权不能进行买卖或交易,其承载着维持土地公有制的功用;[4]而土地承包经营权则被定性为农户的"私权"(民事权利)。《物权法》进一步将土地承包经营权确认为一类"物权",并将土地承包经营权纳入统一的不动产登记提供了相应的规范基础。该法尽管仍然没有采纳"三权"分离的观点,但农地权利经由登记确权后,强化了既有的"路径依赖",即农地权属分离为集体土地所有权和土地承包经营权的产权结构。此种产权结构下,农地"三权"分置无法避免制度变迁所形成的路径依赖,反而是在"两权"分离的产权结构基础之上,继续强化和分离。

马克思主义认为,"生产力水平决定着产权结构和产权形式"[5]。农地产权结构的如此安排,既避免了土地私有化之嫌,又将农地产权的大部分权能界定给了集体成员,在一定程度上反映了当时家庭联产承包制之下农户承包集体土地并且实际经营其承包地所发生的生产关系,有效克服了集体经营情况下农业生产过程的外部性。[6] 如此极大地调动了农民生产积极性,[7]适应了当时的生产力发展水平,取得了较好的制度绩效。[8] 随着我国农村经济的发展,土地承包经营权与土地经营权的分离成为农地产权结构变革的重要方面。在实践中萌芽、发展、成熟的农地"三权"分置也带来了诸多产权改革的问题,这些亟须中央层面作出统一的回应和决策。

(二)农地"三权"分置思想的提出

在总结地方实践和地方规范的基础上,中央层面关注到了农地"三权"分置,并

---

〔1〕 冯玉华、张文方:《论农村土地的"三权分离"》,载《经济纵横》1992年第9期。

〔2〕 柳随年:《关于〈中华人民共和国农村土地承包法(草案)〉的说明——2001年6月26日在第九届全国人民代表大会常务委员会第二十二次会议上》,载《中华人民共和国全国人民代表大会常务委员会公报》2012年第5期。

〔3〕 虽然"流转"一语并非严格意义上的法律术语,但《农村土地承包法》赋予了其法律意义——农户作为土地承包经营权人(承包人)处分其土地承包经营权行为的总称。

〔4〕 参见《农村土地承包法》第4条;何宝玉主编:《〈中华人民共和国农村土地承包法〉释义及实用指南》,中国民主法制出版社2002年版,第47~48页。

〔5〕 詹王镇:《马克思主义土地产权理论及其在中国的实践研究》,合肥工业大学出版社2015年版,第64页。

〔6〕 参见张红宇、李伟毅:《人地矛盾、"长久不变"与农地制度的创新》,载《经济研究参考》2011年第9期。

〔7〕 参见叶兴庆:《集体所有制下农用地的产权重构》,载《毛泽东邓小平理论研究》2015年第2期。

〔8〕 参见韩长赋:《土地"三权分置"是中国农村改革的又一次重大创新》,载《光明日报》2016年1月26日,第1版。

提出了“三权”分置的改革方案。最早在 2013 年 7 月，习近平总书记在湖北考察时指出，“深化农村改革，完善农村基本经营制度，要好好研究土地所有权、承包权、经营权三者之间的关系”〔1〕。十八届三中全会《决定》指出，坚持农村土地集体所有权，依法维护农民土地承包经营权，赋予农民对承包地占有、使用、收益、流转及承包经营权抵押、担保权能，允许农民以承包经营权入股发展农业产业化经营。十八届三中全会《决定》还强调发展多种形式的规模经营，支持农民通过公开市场，将承包经营权向农业企业、农民合作社、家庭农场、专业大户流转。这里，虽然提出了丰富土地承包经营权权能的思想，但并未明确表述“三权”分置的思想。

2013 年 12 月，习近平总书记在中央农村工作会议明确指出：“改革前，农村集体土地是所有权和经营权合一，土地集体所有、集体统一经营。搞家庭联产承包制，把土地所有权和承包经营权分开，所有权归集体，承包经营权归农户，这是我国农村改革的重大创新。现在，顺应农民保留土地承包权、流转土地经营权的意愿，把农民土地承包经营权分为承包权和经营权，实现承包权和经营权分置并行，这是我国农村改革的又一次重大创新。这将有利于更好坚持集体对土地的所有权，更好保障农户对土地的承包权，更好用活土地经营权，推进现代农业发展。”〔2〕

2014 年中央一号文件首次在中央文件中指出：“在落实农村土地集体所有权的基础上，稳定农户承包权、放活土地经营权，允许承包土地的经营权向金融机构抵押融资。”至此可以认为，中央层面已经确认并正式提出了农地“三权”分置的改革。参见表 6。

表 6　农地“三权”分置思想的提出

政策名称	政策内容（节选）
2013 年 2 月 7 日国务院办公厅《关于落实中共中央国务院关于加快发展现代农业进一步增强农村发展活力若干意见有关政策措施分工的通知》	关于“抓紧研究现有土地承包关系保持稳定并长久不变的具体实现形式，完善相关法律制度”和“坚持依法自愿有偿原则，引导农村土地承包经营权有序流转，鼓励和支持承包土地向专业大户、家庭农场、农民合作社流转，发展多种形式的适度规模经营”的问题，由农业部会同中央农办、法制办、国土资源部、林业局等部门研究提出落实意见。
2013 年 2 月 8 日国务院办公厅《关于深化收入分配制度改革重点工作分工的通知》	按照依法自愿有偿原则，允许农民以多种形式流转土地承包经营权，确保农民分享流转收益。

〔1〕 中共中央党史和文献研究院编：《习近平关于“三农”工作论述摘编》，中央文献出版社 2019 年版，第 52 ~ 53 页。

〔2〕 习近平：《坚持和完善农村基本经营制度》（2013 年 12 月 23 日），载习近平：《论坚持全面深化改革》，中央文献出版社 2018 年版，第 73 页。

续表

政策名称	政策内容(节选)
2013年5月18日国务院批转发展改革委《关于2013年深化经济体制改革重点工作意见的通知》	建立健全农村产权确权、登记、颁证制度。依法保障农民土地承包经营权、宅基地使用权、集体收益分配权。
2013年6月27日国务院《关于农村金融改革发展工作情况的报告》	探索开展农村土地承包经营权、宅基地、农房等抵(质)押贷款业务。
2013年7月1日国务院办公厅《关于金融支持经济结构调整和转型升级的指导意见》	鼓励银行业金融机构扩大林权抵押贷款,探索开展大中型农机具、农村土地承包经营权和宅基地使用权抵押贷款试点。
2013年8月28日国务院《关于今年以来国民经济和社会发展计划执行情况的报告》	农村综合改革、农村土地承包经营权登记试点、农民合作社示范社创建、国有林场改革试点等工作稳步推进。
2013年11月12日中共中央《关于全面深化改革若干重大问题的决定》	坚持农村土地集体所有权,依法维护农民土地承包经营权,发展壮大集体经济。稳定农村土地承包关系并保持长久不变,在坚持和完善最严格的耕地保护制度前提下,赋予农民对承包地占有、使用、收益、流转及承包经营权抵押、担保权能,允许农民以承包经营权入股发展农业产业化经营。鼓励承包经营权在公开市场上向专业大户、家庭农场、农民合作社、农业企业流转,发展多种形式规模经营。
2014年中央一号文件	完善农村土地承包政策。稳定农村土地承包关系并保持长久不变,在坚持和完善最严格的耕地保护制度前提下,赋予农民对承包地占有、使用、收益、流转及承包经营权抵押、担保权能。在落实农村土地集体所有权的基础上,稳定农户承包权、放活土地经营权,允许承包土地的经营权向金融机构抵押融资。有关部门要抓紧研究提出规范的实施办法,建立配套的抵押资产处置机制,推动修订相关法律法规。切实加强组织领导,抓紧抓实农村土地承包经营权确权登记颁证工作,充分依靠农民群众自主协商解决工作中遇到的矛盾和问题,可以确权确地,也可以确权确股不确地,确权登记颁证工作经费纳入地方财政预算,中央财政给予补助。
2014年2月23日国务院办公厅《关于落实中共中央国务院关于全面深化农村改革加快推进农业现代化若干意见有关政策措施分工的通知》	关于"鼓励有条件的农户流转承包土地的经营权,加快健全土地经营权流转市场,完善县乡村三级服务和管理网络"的问题,由中央农办会同农业部、国土资源部、林业局等部门负责落实。

续表

政策名称	政策内容(节选)
2014 年 3 月 12 日中共中央、国务院《关于印发〈国家新型城镇化规划(2014—2020 年)〉的通知》	全面完成农村土地确权登记颁证工作,依法维护农民土地承包经营权。在坚持和完善最严格的耕地保护制度前提下,赋予农民对承包地占有、使用、收益、流转及承包经营权抵押、担保权能。
2014 年 4 月 20 日国务院办公厅《关于金融服务"三农"发展的若干意见》	制定农村土地承包经营权抵押贷款试点管理办法,在经批准的地区开展试点。慎重稳妥地开展农民住房财产权抵押试点。
2014 年 4 月 30 日国务院批转发展改革委《关于 2014 年深化经济体制改革重点任务意见的通知》	探索农村土地集体所有制的有效实现形式,落实集体所有权、稳定农户承包权、放活土地经营权,引导承包地经营权有序流转,赋予承包地经营权抵押、担保权能,扩大农村承包土地确权登记范围。
2014 年 7 月 24 日国务院《关于进一步推进户籍制度改革的意见》	完善农村产权制度。土地承包经营权和宅基地使用权是法律赋予农户的用益物权,集体收益分配权是农民作为集体经济组织成员应当享有的合法财产权利。加快推进农村土地确权、登记、颁证,依法保障农民的土地承包经营权、宅基地使用权。推进农村集体经济组织产权制度改革,探索集体经济组织成员资格认定办法和集体经济有效实现形式,保护成员的集体财产权和收益分配权。建立农村产权流转交易市场,推动农村产权流转交易公开、公正、规范运行。坚持依法、自愿、有偿的原则,引导农业转移人口有序流转土地承包经营权。进城落户农民是否有偿退出"三权",应根据党的十八届三中全会精神,在尊重农民意愿前提下开展试点。现阶段,不得以退出土地承包经营权、宅基地使用权、集体收益分配权作为农民进城落户的条件。
2014 年 9 月 12 日国务院《关于进一步做好为农民工服务工作的意见》	保障农民工土地承包经营权、宅基地使用权和集体经济收益分配权。做好农村土地承包经营权和宅基地使用权确权登记颁证工作,切实保护农民工土地权益。建立健全土地承包经营权流转市场,加强流转管理和服务。完善土地承包经营纠纷的调解仲裁体系和调处机制。深化农村集体产权制度改革,探索农村集体经济多种有效实现形式,保障农民工的集体经济组织成员权利。完善相关法律和政策,妥善处理好农民工及其随迁家属进城落户后的土地承包经营权、宅基地使用权、集体经济收益分配权问题。现阶段,不得以退出土地承包经营权、宅基地使用权、集体经济收益分配权作为农民进城落户的条件。

中央层面提出农地“三权”分置并非偶然，而是根植于我国农业发展之动因。“随着社会主义市场经济的发展，家庭联产承包责任制的边际效用不断递减、效率降低逐渐落后于农村生产力的发展水平，并给农村生产力的进一步发展带来了障碍。”[1]大量的研究表明，家庭分散经营具有如下弊端：生产规模过小，规模效益无法体现；组织化程度低，难以避免农业生产活动的盲目性；农产品的市场化增加了竞争风险，单一农户难以防范。[2] 随着工业化、城镇化的深入推进，农民就业和收入“非农化”现象不断涌现，承包地流转日益频繁，从而使以“承包主体与经营主体合一”为基础的土地承包经营权有了进一步分离的必要。根据农业农村部的统计，“至2016年年底农村已有30.8%的承包农户在流转承包地，35.1%的承包地流向其他经营主体，面积达到4.7亿亩”[3]。“家家包地、户户务农的局面发生变化，催生了专业大户、家庭农场、农民合作社、农业企业等各类新型经营主体，形成了集体拥有所有权、农户享有承包权、新型主体行使经营权的新格局，实现了‘集体所有、农户承包经营’的双层经营逐步向‘集体所有、农户承包、多元经营’的‘立体式复合型现代农业经营体系’转变。”[4]

在适度规模经营政策的指引下，土地承包经营权的流转成了无法回避的话题。在现行规则之下，土地承包经营权因其取得的身份性及其社会保障功能，流转较易受限制，难以适应适度规模经营的生产力发展要求，无法很好地解决土地资源的优化配置问题。土地承包经营权所承载的社会保障功能与利用效率之间存在内在矛盾，事实上已成为农村经济发展的制度性障碍。[5] 而且土地承包经营权流转后可能带来的原承包户就业和生活保障的风险，无法在现有农地产权结构中得到很好的说明和阐释。其时的土地承包经营权流转规则仅以小规模的农地流转为基础，无法适应和调整适度规模经营之下的农地流转的需要，一是经营主体所取得的权利效力较弱，保障力度不够，难以形成稳定的经营预期；二是经营主体无法以其取得的权利进行担保融资，扩大再生产，制约了正常的生产经营。[6]

同时，在构建新型农业经营体系的过程中，“决不能因为创新而使农户丧失其合

---

[1] 刘先江：《农村土地经营权流转的政治学分析》，载《政治学研究》2014年第4期。

[2] 参见马敬桂、查金祥：《我国农业双层经营体制的完善与创新》，载《农业经济》2004年第3期。

[3] 刘振伟：《完善农村土地承包法律制度》，载全国人大农业与农村委员会法案室编著：《农村土地承包法律制度研究》，中国法制出版社2017年版，第3页。

[4] 韩长赋：《土地“三权分置”是中国农村改革的又一次重大创新》，载《光明日报》2016年1月26日，第1版。

[5] 参见汪洋：《明清时期地权秩序的构造及其启示》，载《法学研究》2017年第5期。

[6] 参见耿卓：《农地三权分置改革中土地经营权的法理反思与制度回应》，载《法学家》2017年第5期。

法的土地承包经营权”[1]。于是，“集体所有权、农户承包权和土地经营权”等“三权”分置再次进入人们的视野，并被赋予了“就业保障的托底作用”“土地要素合理流转”“提升农业经营规模效益和竞争力”“创新农村土地集体所有制的有效实现形式”的政策目标。[2] 经济学界就“三权”分置渐成通说，[3]普遍以土地承包权与土地经营权的分离来传达我国当时法律上所规定的土地承包经营权流转。[4]

农地产权结构的分化在一定程度上体现着农地生产要素功能和社会保障功能的冲突，[5]体现着效率和公平两大价值的平衡。在“两权”分离之下，集体土地所有权派生出土地承包经营权。这一分离发生于集体与农户之间，是农户与集体之间农地产权的重新配置，[6]重置的是农地的社会保障功能，强调农地在本集体成员之间的公平分配，如此形成了“以生存保障为基础，以社会公平的价值理念为目标”的农地产权结构，[7]并通过土地承包经营权的物权性赋权，激发农户的生产积极性，极大地解放了农村生产力。在“三权”分置之下，在集体土地所有权与土地承包经营权分离的基础上，土地承包经营权派生出土地经营权，是承包农户和其他经营主体之间农地产权的重新配置。同时分割土地承包经营权的保障功能和财产功能，[8]承包农户的土地承包经营权不因派生出土地经营权而发生改变，其被赋予严格的身份属性，在一定程度上坚守了农户“不失地”的改革底线，体现着农地的社会保障功能；同时，土地经营权成为脱离身份属性的市场化权利，其自由流转解决农地的抛荒、适度规模经营以及抵押融资等问题。[9] 正是在“三权”分置之下，承包农户在享有稳定的土地承包经营权的同时，可以放心地去流转承包土地的经营权，[10]也正是脱离了身份樊篱的土地经营权的市场化流转，多元化的农业经营方式才得以发展，农地

---

〔1〕 陈锡文：《加快构建新型农业经营体系》，载本书编写组编著：《〈中共中央关于全面深化改革若干重大问题的决定〉辅导读本》，人民出版社2013年版，第192页。

〔2〕 参见韩长赋：《土地“三权分置”是中国农村改革的又一次重大创新》，载《光明日报》2016年1月26日，第1版。

〔3〕 参见陈锡文：《加快构建新型农业经营体系》，载本书编写组编著：《〈中共中央关于全面深化改革若干重大问题的决定〉辅导读本》，人民出版社2013年版，第193～194页。

〔4〕 参见黄祖辉、王朋：《农村土地流转：现状、问题及对策——兼论土地流转对现代农业发出的影响》，载《浙江大学学报》2008年第2期。

〔5〕 参见朱道林、王健、林瑞端：《中国农村土地制度改革与探讨——中国土地政策与法律研究圆桌论坛（2014）观点综述》，载《中国土地科学》2014年第9期。

〔6〕 参见尹成杰：《三权分置是农地制度的重大创新》，载《农村工作通讯》2015年第16期。

〔7〕 参见刘俊：《创新农地流转制度》，载《瞭望》2007年第44期。

〔8〕 参见宋志红：《农村土地“三权分置”改革：风险防范与法治保障》，载《经济研究参考》2015年第24期。

〔9〕 参见宋志红：《中国农村土地制度改革研究：思路、难点、制度建设》，中国人民大学出版社2017年版，第8页。

〔10〕 参见陈锡文：《加快构建新型农业经营体系》，载本书编写组编著：《〈中共中央关于全面深化改革若干重大问题的决定〉辅导读本》，人民出版社2013年版，第193～194页。

的利用效率才得以提高,集约化、组织化和社会化相结合的新型农业经营体系才得以构建。

(三)农地“三权”分置思想的发展

自2014年的中央一号文件在中央政策层面明确提出“落实农村集体所有权、稳定农户承包权、放活土地经营权”的思想后,党中央、国务院及有关部委相继出台了一系列的政策,进一步推进农地“三权”分置的实施。参见表7。

表7 农地“三权”分置思想的发展

政策名称	政策内容(节选)
2014年11月20日中共中央办公厅、国务院办公厅引发《关于引导农村土地承包经营权有序流转发展农业适度规模经营的意见》	坚持农村土地集体所有,实现所有权、承包权、经营权三权分置,引导土地经营权有序流转,坚持家庭经营的基础性地位,积极培育新型经营主体,发展多种形式的适度规模经营,巩固和完善农村基本经营制度。 抓紧研究探索集体所有权、农户承包权、土地经营权在土地流转中的相互权利关系和具体实现形式。按照全国统一安排,稳步推进土地经营权抵押、担保试点,研究制定统一规范的实施办法,探索建立抵押资产处置机制。
2014年12月23日国务院《关于推进新农村建设工作情况的报告》	深化农村改革。坚持稳定和完善农村基本经营制度,积极稳妥地推进农村土地制度改革,抓紧抓实农村土地承包经营权确权登记颁证工作,在稳步扩大试点的基础上,用5年左右时间基本完成。配合全国人大常委会抓紧修订土地承包法,赋予农民土地经营权抵押、担保权能,允许农民以经营权入股发展农业产业化经营。
2014年12月30日国务院办公厅《关于引导农村产权流转交易市场健康发展的意见》	随着农村劳动力持续转移和农村改革不断深化,农户承包土地经营权、林权等各类农村产权流转交易需求明显增长,许多地方建立了多种形式的农村产权流转交易市场和服务平台,为农村产权流转交易提供了有效服务。 各地要稳步推进农村集体产权制度改革,扎实做好土地承包经营权、集体建设用地使用权、农户宅基地使用权、林权等确权登记颁证工作。
2015年1月27日农业部、中央农村工作领导小组办公室、财政部、国土部、国务院法制办、国家档案局《关于认真做好农村土地承包经营权确权登记颁证工作的意见》	农村土地承包经营权确权登记颁证是集中开展的土地承包经营权登记,是完善农村基本经营制度、保护农民土地权益、促进现代农业发展、健全农村治理体系的重要基础性工作,事关农村长远发展和亿万农民切身利益。开展这项工作,有利于强化对农民土地承包经营权的物权保护,稳定农民土地经营的预期,增加农民的财产性收入;有利于保持土地承包关系稳定,激发农村生产要素的内在活力,促进土地经营权流转,发展农业适度规模经营。

续表

政策名称	政策内容(节选)
2015 年中央一号文件	加快构建新型农业经营体系。坚持和完善农村基本经营制度,坚持农民家庭经营主体地位,引导土地经营权规范有序流转,创新土地流转和规模经营方式,积极发展多种形式适度规模经营,提高农民组织化程度。鼓励发展规模适度的农户家庭农场,完善对粮食生产规模经营主体的支持服务体系。引导农民专业合作社拓宽服务领域,促进规范发展,实行年度报告公示制度,深入推进示范社创建行动。推进农业产业化示范基地建设和龙头企业转型升级。引导农民以土地经营权入股合作社和龙头企业。
2015 年 10 月 29 日中共中央《关于制定国民经济和社会发展第十三个五年规划的建议》	稳定农村土地承包关系,完善土地所有权、承包权、经营权分置办法,依法推进土地经营权有序流转,构建培育新型农业经营主体的政策体系。
2015 年 11 月 2 日《深化农村改革综合性实施方案》	坚持和完善农村基本经营制度。把握好土地集体所有制和家庭承包经营的关系,现有农村土地承包关系保持稳定并长久不变,落实集体所有权,稳定农户承包权,放活土地经营权,实行“三权”分置。 深化农村土地制度改革的基本方向是:落实集体所有权,稳定农户承包权,放活土地经营权。落实集体所有权,就是落实“农民集体所有的不动产和动产,属于本集体成员集体所有”的法律规定,明确界定农民的集体成员权,明晰集体土地产权归属,实现集体产权主体清晰。稳定农户承包权,就是要依法公正地将集体土地的承包经营权落实到本集体组织的每个农户。放活土地经营权,就是允许承包农户将土地经营权依法自愿配置给有经营意愿和经营能力的主体,发展多种形式的适度规模经营。
2015 年 11 月 29 日中共中央、国务院《关于打赢脱贫攻坚战的决定》	支持农民合作社和其他经营主体通过土地托管、牲畜托养和吸收农民土地经营权入股等方式,带动贫困户增收。
2016 年中央一号文件	稳定农村土地承包关系,落实集体所有权,稳定农户承包权,放活土地经营权,完善“三权”分置办法,明确农村土地承包关系长久不变的具体规定。继续扩大农村承包地确权登记颁证整省推进试点。依法推进土地经营权有序流转,鼓励和引导农户自愿互换承包地块实现连片耕种。
2016 年 2 月 2 日国务院《关于深入推进新型城镇化建设的若干意见》	完善土地经营权和宅基地使用权流转机制。加快推进农村土地确权登记颁证工作,鼓励地方建立健全农村产权流转市场体系,探索农户对土地承包权、宅基地使用权、集体收益分配权的自愿有偿退出机制,支持引导其依法自愿有偿转让上述权益,提高资源利用效率,防止闲置和浪费。

续表

政策名称	政策内容(节选)
2016年3月16日《中华人民共和国国民经济和社会发展第十三个五年规划纲要》	稳定农村土地承包关系,完善土地所有权、承包权、经营权分置办法,依法推进土地经营权有序流转,通过代耕代种、联耕联种、土地托管、股份合作等方式,推动实现多种形式的农业适度规模经营。
2016年3月25日国务院批转国家发展改革委《关于2016年深化经济体制改革重点工作意见的通知》	创新金融支农服务机制,慎重稳妥开展农村承包土地经营权和农民住房财产权抵押贷款试点,完善农业保险基层服务体系。
2016年10月17日国务院关于印发《全国农业现代化规划(2016—2020年)的通知》	稳定完善农村基本经营制度。稳定农村土地承包关系并保持长久不变,落实集体所有权,稳定农户承包权,放活土地经营权,完善"三权"分置办法。加快推进农村承包地确权登记颁证,力争2018年年底基本完成。
2016年10月18日农业部《关于推动落实农村一二三产业融合发展政策措施的通知》	鼓励发展股份合作,引导企业采取"保底收益+按股分红"等形式,探索形成以农户承包土地经营权入股的股份合作社、股份合作制企业利润分配机制,让农户分享加工、销售环节收益。强化龙头企业联农带农激励机制,国家相关扶持政策与利益联结机制相挂钩。健全风险防范机制,建立农户承包土地经营权流转分级备案制度,引导各地建立土地流转、订单农业等风险保障金制度,制定适合农村特点的信用评级方法体系等。
2016年10月30日中共中央办公厅、国务院办公厅《关于完善农村土地所有权承包权经营权分置办法的意见》	完善"三权"分置办法,不断探索农村土地集体所有制的有效实现形式,落实集体所有权,稳定农户承包权,放活土地经营权,充分发挥"三权"的各自功能和整体效用,形成层次分明、结构合理、平等保护的格局。
2016年11月23日国务院《关于印发"十三五"脱贫攻坚规划的通知》	支持各类新型经营主体通过土地托管、土地流转、订单农业、牲畜托养、土地经营权股份合作等方式,与贫困村、贫困户建立稳定的利益联结机制,使贫困户从中直接受益。
2016年12月17日国务院办公厅《关于进一步促进农产品加工业发展的意见》	扶持农民合作社、种养大户、家庭农场建设烘储、直供直销等设施,发展"农户+合作社+企业"模式,引导农民以土地经营权、林权和设施装备等入股农民合作社和企业。

续表

政策名称	政策内容(节选)
2016年12月30日国务院《关于印发国家人口发展规划(2016—2030年)的通知》	顺应农民保留土地承包权、流转土地经营权的意愿,实行所有权、承包权、经营权分置并行。
2016年12月26日中共中央、国务院《关于稳步推进农村集体产权制度改革的意见》	鼓励地方特别是县乡依托集体资产监督管理、土地经营权流转管理等平台,建立符合农村实际需要的产权流转交易市场,开展农村承包土地经营权、集体林权、“四荒”地使用权、农业类知识产权、农村集体经营性资产出租等流转交易。
2017年中央一号文件	深化农村集体产权制度改革。落实农村土地集体所有权、农户承包权、土地经营权“三权”分置办法。加快推进农村承包地确权登记颁证,扩大整省试点范围。
2017年3月31日国务院《关于建立粮食生产功能区和重要农产品生产保护区的指导意见》	发展适度规模经营。加大“两区”范围内的新型经营主体培育力度,优化支持方向和领域,使其成为“两区”建设的骨干力量。以“两区”为平台,重点发展多种形式的适度规模经营,健全农村经营管理体系,加强对土地经营权流转和适度规模经营的管理服务。
2017年4月13日国务院批转国家发展改革委《关于2017年深化经济体制改革重点工作意见的通知》	加快推进农村承包地确权登记颁证,扩大整省试点范围,细化和落实农村土地“三权”分置办法,培育新型农业经营主体和服务主体。开展土地经营权入股发展农业产业化经营试点。
2017年5月中共中央办公厅、国务院办公厅《关于加快构建政策体系培育新型农业经营主体的意见》	鼓励农民按照依法自愿有偿原则,通过流转土地经营权,提升土地适度规模经营水平。 总结土地经营权入股农业产业化经营试点经验,推广“保底收益＋按股分红”等模式。进一步完善订单带动、利润返还、股份合作等新型农业经营主体与农户的利益联结机制,让农民成为现代农业发展的参与者、受益者,防止被挤出、受损害。 稳步推进农村承包土地经营权和农民住房财产权抵押贷款试点,探索开展粮食生产规模经营主体营销贷款和大型农机具融资租赁试点。
2017年7月21日国务院《关于强化实施创新驱动发展战略进一步推进大众创业万众创新深入发展的意见》	探索实施农村承包土地经营权以及农业设施、农机具抵押贷款试点。

续表

政策名称	政策内容(节选)
2018年中央一号文件	完善农村承包地“三权”分置制度,在依法保护集体土地所有权和农户承包权前提下,平等保护土地经营权。农村承包土地经营权可以依法向金融机构融资担保、入股从事农业产业化经营。
2018年9月26日中共中央、国务院印发《乡村振兴战略规划(2018—2022年)》	落实农村土地承包关系稳定并长久不变政策,衔接落实好第二轮土地承包到期后再延长30年的政策,让农民吃上长效“定心丸”。全面完成土地承包经营权确权登记颁证工作,完善农村承包地“三权”分置制度,在依法保护集体所有权和农户承包权前提下,平等保护土地经营权。建立农村产权交易平台,加强土地经营权流转和规模经营的管理服务。
2018年10月23日最高人民法院印发《〈关于为实施乡村振兴战略提供司法服务和保障的意见〉的通知》	按照“落实集体所有权、稳定农户承包权、放活土地经营权”要求保护农村承包地的土地经营权依法有序流转。按照物权法、农村土地承包法等规定保护农民对承包土地享有的占有、使用、收益等法定权利。
2018年12月23日国务院《关于全国农村承包土地的经营权和农民住房财产权抵押贷款试点情况的总结报告》	农村土地所有权、承包权、经营权“三权”分置改革的推进使农地抵押贷款前置条件已经具备,农地抵押贷款业务形成了包括确权颁证、交易流转、抵押物价值评估和处置等在内的完整闭环,农地抵押贷款全面推开条件已经成熟。
2018年12月24日国务院《关于〈中华人民共和国国民经济和社会发展第十三个五年规划纲要〉实施中期评估报告》	完善承包地和宅基地“三权”分置制度是深化农村土地制度改革的首要任务。

2014年9月,习近平总书记在审议《关于引导农村土地承包经营权有序流转发展农业适度规模经营的意见》时,明确指出要“坚持农村土地集体所有的前提下,促进承包权和经营权的分离,形成所有权、承包权、经营权“三权”分置,经营权流转的格局”[1]。2014年11月,《土地经营权流转意见》明确地提出,要“坚持农村土地集体所有,实现所有权、承包权、经营权三权分置,引导土地经营权流转”,“抓紧研究探索集体所有权、农户承包权、土地经营权在土地流转中的相互权利关系和具体实现

〔1〕 中共中央党史和文献研究院编:《习近平关于“三农”工作论述摘编》,中央文献出版社2019年版,第56页。

形式"。2014 年 12 月，国务院办公厅发布的《关于引导农村产权流转交易市场健康发展的意见》也指出，农户承包土地经营权是现阶段可以通过市场流转交易的承包到户的农村资源性资产，农村集体土地所有权、集体土地承包权都不属于通过市场流转交易的农村产权。

2015 年中央一号文件更为具体地提出要"抓紧修改农村土地承包方面的法律，明确现有土地承包关系保持稳定并长久不变的具体实现形式，界定农村土地集体所有权、农户承包权、土地经营权之间的权利关系"。2015 年 8 月，国务院出台的《关于开展农村承包土地的经营权和农民住房财产权抵押贷款试点的指导意见》提出，"按照所有权、承包权、经营权三权分置和经营权流转有关要求，以落实农村土地的用益物权、赋予农民更多财产权利为出发点，深化农村金融改革创新"。农地"三权"分置改革成为推进农村金融改革的重要方面。2015 年 10 月，中共中央《关于制定国民经济和社会发展第十三个五年规划的建议》提出了以农地"三权"分置推动新型政策体系的构建，即"稳定农村土地承包关系，完善土地所有权、承包权、经营权的分置办法，依法推进土地经营权有序流转，构建培育新型农业经营主体的政策体系"。2015 年 11 月，中共中央办公厅、国务院办公厅联合印发《深化农村改革综合性实施方案》首次明确了"三权"的内涵，指出深化农村土地制度改革的基本方向是：落实集体所有权，稳定农户承包权，放活土地经营权。落实集体所有权，就是落实"农民集体所有的不动产和动产，属于本集体成员集体所有"的法律规定，明确界定农民的集体成员权，明晰集体土地产权归属，实现集体产权主体清晰的目标。稳定农户承包权，就是依法公正地将集体土地的承包经营权落实到本集体组织的每个农户。放活土地经营权，就是允许承包农户将土地经营权依法自愿配置给有经营意愿和经营能力的主体，发展多种形式的适度规模经营。

2016 年中央一号文件强调需要进一步完善农地"三权"分置的改革方案，并提出通过确权登记推进土地经营权的有序流转，即"维护进城落户农民土地承包权、宅基地使用权、集体收益分配权，支持引导其依法自愿转让上述权利""稳定农村土地承包关系，落实集体所有权，稳定农户承包权，放活土地经营权，完善'三权分置'办法，明确农村土地承包关系长久不变的具体规定。继续扩大农村承包地确权登记颁证整省推进试点。依法推进土地经营权有序流转，鼓励和引导农户自愿互换承包地块实现连片耕种"。2016 年 7 月，农业部印发《农村土地经营权流转交易市场运行规范》（试行）通知，对农村土地经营权流转交易市场工作进行指导，以依法推进土地经营权有序流转。为落实《两权抵押指导意见》要求，中国人民银行会同相关部门联合印发《农地抵押试点暂行办法》，从贷款对象、贷款管理、风险补偿、配套支持措施、试点监测评估等多方面，对金融机构、试点地区和相关部门推进落实“两权”抵押贷款试点明确了政策要求。

2016 年 10 月，中共中央办公厅、国务院办公厅联合印发《三权分置意见》，进一步明确了“三权”的内涵及其相互关系，是中央关于农地“三权”分置的重要文献。其中指出，完善“三权”分置的重大意义在于，“‘三权分置’是农村基本经营制度的自我完善，符合生产关系适应生产力发展的客观规律，展现了农村基本经营制度的持久活力，有利于明晰土地产权关系，更好地维护农民集体、承包农户、经营主体的权益；有利于促进土地资源合理利用，构建新型农业经营体系，发展多种形式适度规模经营，提高土地产出率、劳动生产率和资源利用率，推动现代农业发展”。完善“三权”分置的指导思想在于，“围绕正确处理农民和土地关系这一改革主线，科学界定‘三权’内涵、权利边界及相互关系，逐步建立规范高效的‘三权’运行机制，不断健全归属清晰、权能完整、流转顺畅、保护严格的农村土地产权制度，优化土地资源配置，培育新型经营主体，促进适度规模经营发展，进一步巩固和完善农村基本经营制度，为发展现代农业、增加农民收入、建设社会主义新农村提供坚实保障”。《三权分置意见》还从三个方面具体地指出了“三权”分置的格局，“始终坚持农村土地集体所有权的根本地位”“严格保护农户承包权”“加快放活土地经营权”，并明确了“三权”之间的关系：“农村土地集体所有权是土地承包权的前提，农户享有承包经营权是集体所有的具体实现形式，在土地流转中，农户承包经营权派生出土地经营权。支持在实践中积极探索农民集体依法依规行使集体所有权、监督承包农户和经营主体规范利用土地等的具体方式。鼓励在理论上深入研究农民集体和承包农户在承包土地上、承包农户和经营主体在土地流转中的权利边界及相互权利关系等问题。”

在此基础上，农地“三权”分置的基本内涵、权能内容逐步地获得明晰和丰富，土地经营权的确权和流转被置于“三权”分置的关键位置。2016 年 12 月 26 日，《集体产权改革意见》中要求，必须维护集体经济，土地经营权流转不得改变土地集体所有的性质。2017 年中央一号文件提出需要落实农地“三权”分置的具体办法，并且要求加快对农村承包地的确权登记，即“落实农村土地集体所有权、农户承包权、土地经营权‘三权分置’办法。加快推进农村承包地确权登记颁证，扩大整省试点范围”。2017 年 3 月，国务院发布的《关于建立粮食生产功能区和重要农产品生产保护区的指导意见》指出土地经营权流转作为多种形式适度规模经营权的着力点，即“重点发展多种形式的适度规模经营，健全农村经营管理体系，加强对土地经营权流转和适度规模经营的管理服务”。2017 年 4 月，国务院发布的《关于 2017 年深化经济体制改革重点工作意见的通知》明确了开展对土地经营权入股和抵押的试点，即

“开展土地经营权入股发展农业产业化经营试点”，“稳妥推进农村承包土地的经营权和农民住房财产权抵押贷款试点”。2017 年 10 月，党的十九大报告中提出，实施乡村振兴战略，要求巩固和完善我国农村基本经营制度，深化农村土地制度改革，完善承包地“三权”分置制度。2017 年 12 月，习近平总书记在《走中国特色社会主义乡村振兴道路》中对土地经营权提出了平等保护的要求，即“土地所有权、承包权、经营权‘三权分置’是重大制度创新和理论创新。要完善‘三权分置’制度，在依法保护集体土地所有权和农户承包权的前提下，平等保护土地经营权，理顺‘三权’关系”〔1〕。

2018 年中央一号文件继续强调，要巩固和完善我国的农村基本经营制度，完善农村承包地“三权”分置制度，要在依法保护农民集体土地所有权与农户承包权的基本前提之下，赋予土地经营权平等的保护力度。这也说明，“农村基本经营制度是乡村振兴的制度基础。要坚持农村土地集体所有，坚持家庭经营基础性地位，坚持稳定土地承包关系，完善农村产权制度，健全农村要素市场化配置机制实现小农户和现代农业发展有机衔接”〔2〕。2018 年 12 月，国务院发布的《关于全国农村承包土地的经营权和农民住房财产权抵押贷款试点情况的总结报告》总结了政策上对农地“三权”分置改革的具体规定，并提出修改和制定相关法律规范以落实“三权”分置，即“‘两权’抵押贷款业务以物权法、担保法、农村土地承包法等法律为支撑。中央关于‘三权分置’的意见明确承包农户有权依法依规就承包土地经营权设定抵押，但上述法律相关条款仍在修订”，“农村土地所有权、承包权、经营权‘三权分置’改革的推进使农地抵押贷款前置条件已经具备，农地抵押贷款业务形成了包括确权颁证、交易流转、抵押物价值评估和处置等在内的完整闭环，农地抵押贷款全面推开条件已经成熟”。紧随其后，国务院发布的《关于〈中华人民共和国国民经济和社会发展第十三个五年规划纲要〉实施中期评估报告》将完善承包地和宅基地“三权”分置制度作为深化农村土地制度改革的首要任务。农地“三权”分置的政策规范已经具备上升为法律规范的制度条件和经济条件。

（四）农地“三权”分置思想在法律上的确认

党的十八大以来，以习近平同志为核心的党中央对稳定和完善农村基本经营制度、深化农村集体土地制度改革提出一系列方针政策。党的十九大报告明确提出第

〔1〕 习近平：《走中国特色社会主义乡村振兴道路》（2017 年 12 月 28 日），载习近平：《论坚持全面深化改革》，中央文献出版社 2018 年版，第 398 页。

〔2〕 习近平：《走中国特色社会主义乡村振兴道路》（2017 年 12 月 28 日），载习近平：《论坚持全面深化改革》，中央文献出版社 2018 年版，第 397 页。

二轮土地承包到期后再延长三十年。从农业农村的现实情况看，随着富余劳动力转移到城镇就业，各类合作社、农业产业化龙头企业等新型经营主体大量涌现，土地流转面积不断扩大，规模化、集约化经营水平不断提升，呈现“家庭承包，多元经营”格局。农业产业化、水利化、机械化及科技进步等，都对完善农村生产关系提出新的要求。把实践检验行之有效的农村土地承包政策和成功经验及时转化为法律规范，是修改《农村土地承包法》首先要考虑的问题。适应农村生产力发展的新要求，稳定和完善适合国情的农村基本经营制度，是修改《农村土地承包法》的基本出发点。[1]

巩固和完善农村基本经营制度，深化农村土地制度改革，落实“三权”分置制度，是《新农村土地承包法》的主要任务。“三权”分置改革的核心问题是“家庭承包的承包户在经营方式上发生转变，即由农户自己经营，转变为保留土地承包权，将承包地流转给他人经营，实现土地承包经营权和土地经营权的分离，农户保留土地承包权”。据此，《新农村土地承包法》作了以下几个方面的修改：一是明确农村集体经济组织成员承包土地后，享有土地承包经营权，可以自己经营，也可以保留土地承包权，流转其承包地的土地经营权，由他人经营。二是明确对土地经营权流转的保护，国家保护承包方依法、自愿、有偿流转土地经营权，保护土地经营权人的合法权益，任何组织和个人不得侵犯。稳定农村土地承包关系并保持长久不变，有利于坚持和完善农村基本经营制度，坚持农村土地集体所有，坚持家庭经营基础性地位，坚持土地承包关系稳定，核心是维护农民土地权益。为此，《新农村土地承包法》规定，国家依法保护农村土地承包关系稳定并长久不变。为了给予农民稳定的土地承包经营预期，新法规定，耕地承包期届满后再延长 30 年。三是明确土地经营权人的权利，土地经营权人有权在合同约定的期限内占有农村土地，自主开展农业生产经营并取得收益。推进“三权”分置改革，关键是要明确和保护经营主体通过流转合同取得的土地经营权，保障其经营预期。实践中，不同经营主体对土地经营权登记颁证的需求存在差异，有的经营者希望能通过登记的方式获得长期稳定的土地经营权，而有的短期经营者则认为没有必要办理登记。笔者认为，有必要赋予土地经营的当事人一定的选择权，通过建立土地经营权的登记颁证制度，合理平衡各方权利义务，同时，规范农户收回土地经营权的行为。《新农村土地承包法》规定：“土地经营权流转期限为五年以上的，当事人可以向登记机构申请土地经营权登记。未经登记，不得对抗善意第三人。”同时，为避免承包方随意解除合同，《新农村土地承包法》增加

---

〔1〕 参见刘振伟：《关于〈中华人 民共和国农村土地承包法修正案(草案)〉的说明——2017 年 10 月 31 日在第十二届全国人民代表大会常务委员会第三十次会议上》，载《中华人民共和国全国人民代表大会常务委员会公报》2019 年第 1 期。

规定，承包方不得单方解除土地经营权流转合同，但受让方有法定情形的除外。四是明确土地经营权流转的内涵，包括明确土地经营权的流转方式、流转原则、流转价款、流转合同等具体程序和要求。[1] 参见表8。

表8　《新农村土地承包法》出台后农地“三权”分置思想的发展

政策名称	政策内容（节选）
2019年中央一号文件	完善落实集体所有权、稳定农户承包权、放活土地经营权的法律法规和政策体系。在基本完成承包地确权登记颁证工作基础上，开展“回头看”，做好收尾工作，妥善化解遗留问题，将土地承包经营权证书发放至农户手中。健全土地流转规范管理制度，发展多种形式农业适度规模经营，允许承包土地的经营权担保融资。总结好农村土地制度三项改革试点经验，巩固改革成果。
2019年2月中共中央办公厅、国务院办公厅印发《关于促进小农户和现代农业发展有机衔接的意见》	落实农村承包地所有权、承包权、经营权“三权”分置办法，保护小农户土地承包权益，及时调处流转纠纷，依法稳妥规范推进农村承包土地经营权抵押贷款业务，鼓励小农户参与土地资源配置并分享土地规模经营收益。
2019年4月15日中共中央、国务院《关于建立健全城乡融合发展体制机制和政策体系的意见》	完善农村承包地“三权”分置制度，在依法保护集体所有权和农户承包权前提下，平等保护并进一步放活土地经营权。健全土地流转规范管理制度，强化规模经营管理服务，允许土地经营权入股从事农业产业化经营。
2019年8月27日中央农村工作领导小组办公室、农业农村部、国家发展改革委、财政部、自然资源部、商务部、人民银行、市场监管总局、银保监会、全国供销合作总社、国家林草局《关于实施家庭农场培育计划的指导意见》	依法保障家庭农场土地经营权。健全土地经营权流转服务体系，鼓励土地经营权有序向家庭农场流转。推广使用统一土地流转合同示范文本。健全县乡两级土地流转服务平台，做好政策咨询、信息发布、价格评估、合同签订等服务工作。健全纠纷调解仲裁体系，有效化解土地流转纠纷。依法保护土地流转双方权利，引导土地流转双方合理确定租金水平，稳定土地流转关系，有效防范家庭农场租地风险。家庭农场通过流转取得的土地经营权，经承包方书面同意并向发包方备案，可以向金融机构融资担保。

[1] 参见胡可明：《全国人民代表大会宪法和法律委员会关于〈中华人民共和国农村土地承包法修正案（草案）〉修改情况的汇报——2018年10月22日在第十三届全国人民代表大会常务委员会第六次会议上》，载《中华人民共和国全国人民代表大会常务委员会公报》2019年第1期。

续表

政策名称	政策内容(节选)
2019 年 11 月 26 日中共中央、国务院《关于保持土地承包关系稳定并长久不变的意见》	完善落实农村土地所有权、承包权、经营权“三权”分置政策体系。不断探索农村土地集体所有制的有效实现形式,充分发挥所有权、承包权、经营权的各自功能和整体效用,形成层次分明、结构合理、平等保护的格局。深入研究农民集体和承包农户在承包地上、承包农户和经营主体在土地流转中的权利边界及相互权利关系等问题,充分维护农户承包地的各项权能。完善土地经营权流转市场,健全土地流转规范管理制度,探索更多放活土地经营权的有效途径。
2020 年中央一号文件	发挥全国农业信贷担保体系作用,做大面向新型农业经营主体的担保业务。推动温室大棚、养殖圈舍、大型农机、土地经营权依法合规抵押融资。
2020 年 9 月 14 日国务院办公厅《关于促进畜牧业高质量发展的意见》	银行业金融机构要积极探索推进土地经营权、养殖圈舍、大型养殖机械抵押贷款,支持具备活体抵押登记、流转等条件的地区按照市场化和风险可控原则,积极稳妥开展活畜禽抵押贷款试点。
2020 年 11 月 4 日国务院办公厅《关于防止耕地“非粮化”稳定粮食生产的意见》	鼓励和引导工商资本到农村从事良种繁育、粮食加工流通和粮食生产专业化社会化服务等。尽快修订农村土地经营权流转管理办法,督促各地区抓紧建立健全工商资本流转土地资格审查和项目审核制度,强化租赁农地监测监管,对工商资本违反相关产业发展规划大规模流转耕地不种粮的“非粮化”行为,一经发现要坚决予以纠正,并立即停止其享受相关扶持政策。
2021 年中央一号文件	坚持农村土地农民集体所有制不动摇,坚持家庭承包经营基础性地位不动摇,有序开展第二轮土地承包到期后再延长 30 年试点,保持农村土地承包关系稳定并长久不变,健全土地经营权流转服务体系。
2021 年 1 月 31 日中共中央办公厅、国务院办公厅印发《建设高标准市场体系行动方案》	完善集体产权资产评估、流转交易、担保等综合服务体系,加强农村土地经营权流转规范管理和服务。
2021 年 7 月 14 日最高人民法院《关于为全面推进乡村振兴加快农业农村现代化提供司法服务和保障的意见》	按照“落实集体所有权、稳定农户承包权、放活土地经营权”要求,依法审理农村土地“三权”分置纠纷案件,推进完善以家庭承包经营为基础、统分结合的双层经营体制,确保农村土地承包关系稳定并长久不变,维护农民集体、承包农户、经营主体的合法权益。依法审理涉土地经营权抵押权以及土地经营权流转合同等纠纷案件,保障农村土地经营权有序流转,推动家庭农场培育和农民合作社质量提升,助力现代农业经营体系建设。

续表

政策名称	政策内容(节选)
2021年10月22日农业农村部《关于促进农业产业化龙头企业做大做强的意见》	引导农户以土地经营权、劳动力、资金、设施等要素,直接或间接入股龙头企业,在保障农户基本权益基础上,建立精准评估、风险共担、利益共享的合作机制。
2021年11月12日国务院《关于印发“十四五”推进农业农村现代化规划的通知》	丰富集体所有权、农户承包权、土地经营权的有效实现形式,发展多种形式适度规模经营。加强农村土地承包合同管理,完善农村土地承包信息数据库和应用平台,建立健全农村土地承包经营权登记与承包合同管理的信息共享机制。探索建立土地经营权流转合同网签制度,健全土地经营权流转服务体系。
2021年11月27日自然资源部、农业农村部、国家林业和草原局《关于严格耕地用途管制有关问题的通知》	未经批准工商企业等社会资本不得将通过流转获得土地经营权的一般耕地转为林地、园地等其他农用地。
2022年1月14日农业农村部《关于落实党中央国务院2022年全面推进乡村振兴重点工作部署的实施意见》	稳步推进农村承包地改革。稳妥推进试点。做好第二轮土地承包到期后再延长30年试点,稳妥扩大试点范围,选择部分县开展整县延包试点。制定农村土地承包合同管理办法,推动中央、省、市、县农村土地承包信息数据库和应用平台互联互通。规范土地流转。开展农村土地经营权流转监测分析,指导各地依法健全工商企业等社会资本流转土地经营权资格审查、项目审核和风险防范制度。
2022年中央一号文件	抓好农村改革重点任务落实。开展第二轮土地承包到期后再延长30年整县试点。巩固提升农村集体产权制度改革成果,探索建立农村集体资产监督管理服务体系,探索新型农村集体经济发展路径。开展农村产权流转交易市场规范化建设试点。制订新阶段深化农村改革实施方案。

《新农村土地承包法》出台后,政策文件主要围绕做好第二轮土地承包到期后的延长工作、完善土地经营权流转市场、健全土地流转规范管理制度而展开。2019年中央一号文件不仅要求进一步强化对土地承包经营权的颁证确权,而且针对历史遗留问题、担保融资、非农化等问题提出了规范管理的基本要求,即“保持农村土地承包关系稳定并长久不变,研究出台配套政策,指导各地明确第二轮土地承包到期后延包的具体办法,确保政策衔接平稳过渡。完善落实集体所有权、稳定农户承包权、放活土地经营权的法律法规和政策体系。在基本完成承包地确权登记颁证工作基

础上,开展‘回头看’,做好收尾工作,妥善化解遗留问题,将土地承包经营权证书发放至农户手中。健全土地流转规范管理制度,发展多种形式农业适度规模经营,允许承包土地的经营权担保融资。总结好农村土地制度三项改革试点经验,巩固改革成果。坚持农村土地集体所有、不搞私有化,坚持农地农用、防止非农化,坚持保障农民土地权益、不得以退出承包地和宅基地作为农民进城落户条件,进一步深化农村土地制度改革”。2019 年 2 月,中共中央办公厅、国务院办公厅在《关于促进小农户和现代农业发展有机衔接的意见》中指出,要稳定和完善小农户土地政策,落实农村承包地所有权、承包权、经营权“三权”分置办法,保护小农户的土地承包权益。2019 年 3 月,习近平总书记在参加十三届全国人大二次会议河南代表团审议时,要求进一步完善和细化农地“三权”分置的产权权能和具体内涵,即“完善农村承包地‘三权分置’办法,发展多种形式农业适度规模经营,突出抓好家庭农场和农民合作社两类农业经营主体发展,支持小农户和现代农业发展有机衔接”[1]。2019 年 6 月,国务院发布的《关于促进乡村产业振兴的指导意见》指出,“允许权属清晰的农村承包土地经营权、农业设施、农机具等依法抵押贷款”。

2019 年 11 月,中共中央、国务院发布《关于保持土地承包关系稳定并长久不变的意见》除了澄清“保持农村土地承包关系稳定并长久不变”的模糊认识,并就此作出工作部署至为,进一步将完善和落实农村土地所有权、承包权、经营权“三权”分置的政策体系作为落实“长久不变”的基础工作。其一,不断探索农村土地集体所有制的有效实现形式,充分发挥所有权、承包权、经营权的各自功能和整体效用,形成层次分明、结构合理、平等保护的格局。其二,深入研究农民集体和承包农户在承包地上、承包农户和经营主体在土地流转中的权利边界及相互权利关系等问题,充分维护农户承包地的各项权能。其三,完善土地经营权流转市场,健全土地流转规范管理制度,探索更多放活土地经营权的有效途径。

随着农地“三权”分置改革的深入和推进,要求健全其相关的配套机制。统一的配套制度是保障农村土地经营权依法有序流转,以及协调农户承包权与土地经营权均衡发展的关键。2020 年中央一号文件对农地“三权”分置的社会化服务体系提出了新的要求,即“完善农村基本经营制度,开展第二轮土地承包到期后再延长 30 年试点,在试点基础上研究制定延包的具体办法。鼓励发展多种形式适度规模经营,健全面向小农户的农业社会化服务体系”。2020 年 5 月中共中央、国务院在《关于新时代加快完善社会主义市场经济体制的意见》中要求全面完善产权制度,包括具

[1] 中共中央党史和文献研究院编:《习近平关于“三农”工作论述摘编》,中央文献出版社 2019 年版,第 64 页。

体完善农村承包地"三权"分置制度。2020 年 11 月,国务院办公厅发布的《关于防止耕地"非粮化"稳定粮食生产的意见》指出,"尽快修订农村土地经营权流转管理办法,督促各地区抓紧建立健全工商资本流转土地资格审查和项目审核制度,强化租赁农地监测监管,对工商资本违反相关产业发展规划大规模流转耕地不种粮的'非粮化'行为,一经发现要坚决予以纠正,并立即停止其享受相关扶持政策"。2021 年中央一号文件对农地"三权"分置改革中土地承包经营权和土地经营权流转所需的交易平台建设提出了具体的要求,即"保障进城落户农民土地承包权、宅基地使用权、集体收益分配权,研究制定依法自愿有偿转让的具体办法。加强农村产权流转交易和管理信息网络平台建设,提供综合性交易服务"。2021 年 11 月,国务院关于印发的《"十四五"推进农业农村现代化规划的通知》也强调,"稳步推进农村承包地'三权分置'改革。有序开展第二轮土地承包到期后再延长 30 年试点,保持农村土地承包关系稳定并长久不变。丰富集体所有权、农户承包权、土地经营权的有效实现形式,发展多种形式适度规模经营。加强农村土地承包合同管理,完善农村土地承包信息数据库和应用平台,建立健全农村土地承包经营权登记与承包合同管理的信息共享机制。探索建立土地经营权流转合同网签制度,健全土地经营权流转服务体系"。2022 年中央一号文件则要求进一步展开农地"三权"分置改革中流转交易的试点,即"开展农村产权流转交易市场规范化建设试点"。

四、本章小结

从农村土地"两权"分离到"三权"分置的演变过程中,可以发现,凡是社会生产方式及人地关系发生急剧变动,必将导致土地关系和土地制度的改革。[1] 由十八届三中全会《决定》所昭示的新一轮土地制度改革,无疑是我国农业生产关系发展到现阶段的必然选择。在依法治国方针的指导下,新一轮土地制度改革涉及现有法律的修改,[2]而法律的修改则须有相应的理论支撑。不容忽视的是,在我国土地法制的演进中,法学并没有提供多少智识贡献,往往都是先有实践中自发的探索,政府主管部门再试点铺开,形成党的文件后,最后在经济学界和管理学界的

---

〔1〕 参见刘书楷:《纵论近现代世界各国土地制度改革理论研究的趋向》,载周诚、戚名琛、陈朝群主编:《中国土地经济问题研究》(中国土地学会土地经济分会第一届学术年会论文集),知识出版社 1992 年版,第 3 页。

〔2〕 参见姜大明:《建立城乡统一的建设用地市场》,载本书编写组编著:《〈中共中央关于全面深化改革若干重大问题的决定〉辅导读本》,人民出版社 2013 年版,第 123 页。狭义的土地制度改革即地权制度的改革,是指对不良地权制度所引起的不良土地占有与利用关系的改革,是对已有机制的改建与重构。参见刘书楷:《纵论近现代世界各国土地制度改革理论研究的趋向》,载周诚、戚名琛、陈朝群主编:《中国土地经济问题研究》(中国土地学会土地经济分会第一届学术年会论文集),知识出版社 1992 年版,第 4 页。

主导下启动法律的制定和修改。由此而形成的土地法制,缺失之处着实不少。如何借修改法律和解释法律的契机,厘清相关法理,并在此基础上,沟通土地制度改革的政治逻辑、经济逻辑和法律逻辑,纠正实践中的一些误解和偏差,无疑是法学界所面临的共同任务。

第二章　农地“三权”分置的法律结构

一、问题的提出

农地或者承包地“三权”分置，就是要“不断探索农村土地集体所有制的有效实现形式，落实集体所有权、稳定农户承包权、放活土地经营权”[1]，“改革前，农村集体土地是所有权和经营权合一，土地集体所有、集体统一经营。搞家庭联产承包制，把土地所有权和承包经营权分开，所有权归集体，承包经营权归农户，这是我国农村改革的重大创新。现在，顺应农民保留土地承包权、流转土地经营权的意愿，把农民土地承包经营权分为承包权和经营权，实现承包权和经营权分置并行，这是我国农村改革的又一次重大创新”[2]。这一改革思想由 2014 年中央一号文件正式提出，并经中共中央办公厅、国务院办公厅先后发布的《土地经营权流转意见》《深化农村改革综合性实施方案》《三权分置意见》等一系列文件具体化。农地“三权”分置已然成为新一轮农村土地制度改革的主要方向，[3]并将成为相关法律修改的重要理论基础。[4]

遗憾的是，从农地“三权”分置思想甫一提出，理论上就集体土地所有权、土地承包权和土地经营权“三权”分置的方式和程

[1] 习近平：《在中央农村工作会议上的讲话》，载中共中央文献研究室编：《习近平关于全面深化改革论述摘编》，中央文献出版社 2014 年版，第 65 页。

[2] 习近平：《在中央农村工作会议上的讲话》，载中共中央文献研究室编：《习近平关于全面深化改革论述摘编》，中央文献出版社 2014 年版，第 66 页。

[3] 参见孙中华：《关于农村土地“三权分置”有关政策法律性问题的思考》，载《农业部管理干部学院学报》2015 年第 1 期。

[4] 参见《中共中央、国务院关于加大改革创新力度加快农业现代化建设的若干意见》(2015 年 2 月)；刘振伟：《三权分置关键是土地经营权定性》，载《农村工作通讯》2015 年第 18 期。

度、分置后的权利属性以及内容等,尚未达成共识或多数意见。学者间就法律层面应进行"三权"分置的具体方式、确权的权利性质以及安排的具体内容和规则均有较大的分歧,这些直接影响到了《农村土地承包法》修改和我国《民法典》物权编编纂的进程。"'三权分置'改革显然是破解现行土地承包经营权流转难题、实现农业规模化经营权的一种策略",但其不仅改变了承包经营权和集体经济的实现方式,也改变了农村土地产权结构的配置方式。[1] 由此,如何最终在法律层面确定农地"三权"分置的产权结构,就成了摆在法学界面前的一大难题。

按照《三权分置意见》的概括,农地"三权"分置改革的总体要求是:"科学界定'三权'内涵、权利边界及相互关系,逐步建立规范高效的'三权'运行机制,不断健全归属清晰、权能完整、流转顺畅、保护严格的农村土地产权制度。"虽然农地"三权"分置的经济思想已经在政策文件中得以反映,但经济理论上并未就分置后的"三权"的权利属性和内容作出清晰的界定,各政策文件之中无论是形式上的文字表述还是实质上的思想内容,都存在较大的差异。经济学界普遍认为,"土地承包经营权是承包权和经营权的混合体"[2],面对承包农户不自己经营承包地的情况越来越多的现实,为顺应农民保留土地承包权、流转土地经营权的意愿,将土地承包经营权分为承包权和经营权,实现承包权和经营权分置并行。[3] 这种观点并得到了部分地方实践的支持。例如,吉林省探索建立农村土地所有权、承包权、经营权"三权"分置并行的具体实现方式,将农村土地所有权证书和承包经营权证书由"两证"分离成"三证",分别颁发农村土地集体所有权证、农户承包权证和土地经营权证。[4]

以上经济学的观点反映在了《新农村土地承包法》之中,并经由立法修订将政策规范上升为了法律规范。该法第9条明确了承包方承包土地后,享有的是土地承包经营权,并且该权利可以分解为承包权和经营权,即"保留土地承包权,流转其承包地的土地经营权"。此种分置的方式并没有明确土地承包权、土地经营权的性质和权能内容,也不利于厘清农村承包地的权利体系以及农地"三权"分置的权利结构。《新农村土地承包法》规定农地"三权"分置后,"三权"在运行中仍然存在问题,具体表现为"承包地'三权'之间的相互关系以及'三权'的权利结构依据未能理顺。这一缺陷反映在承包地'三权'运行制度的建构过程之中,则具体表现为承包地'三权'运行制度的体系与流转框架不健全、内涵和价值目标不明确、规则及配套制度不

[1] 参见房绍坤主编:《承包地"三权分置"的法律表达与实效考察》,中国人民大学出版社2018年版,第3页。

[2] 叶兴庆:《集体所有制下农用地的产权重构》,载《毛泽东邓小平理论研究》2015年第2期。

[3] 参见韩长赋等:《"三权分置"改革是重大制度创新》,载《人民日报》2014年12月22日,第2版;尹成杰:《三权分置是农地制度的重大创新》,载《农村工作通讯》2015年第16期。

[4] 吉林省委、省政府《关于引导农村土地经营权有序流转发展农业适度规模经营的实施意见》。

完善等问题”[1]。其后,《民法典》确认了《新农村土地承包法》关于土地经营权的规定,并部分修正了《新农村土地承包法》的不足,确立了“土地所有权→土地承包经营权→土地经营权”的法律结构。基于此,农地“三权”分置的法权结构已然确立。

二、“三权”分置之下农地产权结构的学说分歧

自2014年中央一号文件正式提出“三权”分置思想之后,法学界围绕“三权”分置的农地产权结构问题展开了深入的讨论,见解纷呈。有观点认为,“三权”分置政策所欲达到的目标,只需丰富土地承包经营权的权能即可达到,无须修改《农村土地承包法》上的既定承包地产权结构。[2] 但更多的主张是,“三权”分置政策必将导致承包地权利结构的调整,即便如此,也存在极大的分歧。

(一)三种主要观点

第一种观点全面接受产权经济学的权利束观念,直接将农地“三权”分置的权利结构表述为“土地所有权+土地承包权+土地经营权”等三种权利。[3] 至于土地承包权、土地经营权在性质上是物权还是债权,在这种观点内部还存在较大争议。一者认为土地承包权是成员权,土地经营权是债权。[4] 二者认为土地承包权是物权,土地经营权为债权。如根据当前的法律制度安排,农民集体土地所有权和农户土地承包权是物权,而土地经营权是债权,权利的效力差异明显。[5] 三者认为土地承包权和土地经营权均属于物权。分离后的土地经营权的定位应为物权,具体性质是用益物权,其权能主要表现为对承包地的独立占有、经营、收益和处分。土地承包权理应是一种实实在在的权利,具体来说,是一项独立的物权,性质也为用益物权。[6] 四者认为土地承包权是物权,土地经营权未提及。如土地经营权从土地承包经营权

〔1〕 徐超:《承包地“三权”运行制度研究》,法律出版社2021年版,第20页。

〔2〕 参见高圣平:《新型农业经营体系下农地产权结构的法律逻辑》,载《法学研究》2014年第4期;吴义龙:《“三权分置”论的法律逻辑、政策阐释及制度替代》,载《法学家》2016年第4期;韩松:《论民法典物权编对土地承包经营权的规定——基于“三权分置”的政策背景》,载《清华法学》2018年第5期。

〔3〕 参见孙中华:《关于农村土地“三权分置”有关政策法律性问题的思考》,载《农业部管理干部学院学报》2015年第1期;韩长赋:《土地“三权分置”是中国农村改革的又一次重大创新》,载《农村工作通讯》2016年第3期;韦鸿、王琦玮:《农村集体土地“三权分置”的内涵、利益分割及其思考》,载《农村经济》2016年第3期;马俊驹、丁晓强:《农村集体土地所有权的分解与保留——论农地“三权分置”的法律构造》,载《法律科学(西北政法大学学报)》2017年第3期等。

〔4〕 参见申惠文:《法学视角中的农村土地三权分离改革》,载《中国土地科学》2015年第3期。

〔5〕 参见陶钟太朗、杨遂全:《农村土地经营权认知与物权塑造——从既有法制到未来立法》,载《南京农业大学学报(社会科学版)》2015年第2期。

〔6〕 参见张力、郑志峰:《推进农村土地承包权与经营权再分离的法制构造研究》,载《农业经济问题》2015年第1期。

中分离出来，可以抵押担保，但作为物权的土地承包权依然不能抵押。[1]

第二种观点认为，“三权”分置应表述为“土地所有权 + 土地承包经营权 + 土地承包权”。主张土地承包权与土地承包经营权在权利主体、权利内容、权利性质以及侵权形态、救济方式和责任方式等方面均存在较大差异，两者应当分离。他们认为，土地承包经营权中包含土地承包权已造成理论上的混乱与纷争，导致土地承包经营权的功能超载，妨碍土地承包经营权的有序流转，影响承包人土地权益保护等，两者必须分离。[2]

第三种观点认为，“三权”分置应表述为“土地所有权 + 土地承包经营权 + 土地经营权”。[3] 这一观点中就土地经营权的性质又分为两派。物权派认为，依循多层权利客体的法理，土地经营权乃是土地承包经营权人设定的、以土地承包经营权为标的的权利用益物权，其与土地承包经营权属于不同层次客体上存在的用益物权，可以同时成立而并不冲突。其通过认可权利用益物权，土地承包经营权与土地经营权分置的制度设计完全可为用益物权体系所容纳。以设定土地经营权这一方式行使和实现土地承包经营权，将导致现行农地使用权流转方式类型的结构性整合以及农地融资方式、农地使用权继承的结构性变动。[4] 债权派认为，将土地经营权定性为物权，固可稳定土地经营关系，但却把土地托管、代耕代种等短期的利用关系也界定为物权，要求登记，一则与交易习惯不合，二则人为增加当事人之间的交易成本；定性为债权，虽貌似不若物权那样稳定，但却足以涵盖所有的流转关系，且手续简便从而节省交易成本。“放活土地经营权”的政策内涵在于赋予土地经营关系当事人更多的意思形成自由，不对流转方式、权利内容等作出不合理的限制，如此，将土地经营权界定为债权，更具有合理性。同时，如赋予土地经营权这一债权以登记能力，并采取登记对抗模式，让当事人自行根据交易需要选择是否登记，经登记的土地经营权不仅在当事人之间发生效力，而且可以对抗第三人，这样可以起到稳定经营主体的经营预期的作用。[5]

---

〔1〕 参见冯华、陈仁泽：《农村土地制度改革，底线不能突破》，载《人民日报》2013 年 12 月 5 日，第 2 版。

〔2〕 参见丁文：《论土地承包权与土地承包经营权的分离》，载《中国法学》2015 年第 3 期。

〔3〕 参见蔡立东、姜楠：《承包权与经营权分置的法构造》，载《法学研究》2015 年第 3 期；孙宪忠：《推进农村土地“三权分置”需要解决的法律认识问题》，载《行政管理改革》2016 年第 2 期；刘恒科：《“三权分置”下集体土地所有权的功能转向与权能重构》，载《南京农业大学学报(社会科学版)》2017 年第 2 期；高圣平：《农地三权分置视野下的土地承包权》，载《法学家》2017 年第 5 期等。

〔4〕 参见蔡立东、姜楠：《承包权与经营权分置的法构造》，载《法学研究》2015 年第 3 期。

〔5〕 参见温世扬、吴昊：《集体土地“三权分置”的法律意蕴与制度供给》，载《华东政法大学学报》2017 年第 3 期；高圣平：《承包地三权分置的法律表达》，载《中国法学》2018 年第 4 期；单平基：《“三权分置”中土地经营权债权定性的证成》，载《法学》2018 年第 10 期。

以上分歧的关键在于，农地“三权”分置之后，如何界定土地所有权、土地承包（经营）权和土地经营权三者的权利性质和内容。

（二）关于集体土地所有权的落实

农地“三权”分置改革的基本原则之一就是“守住政策底线”，即“坚持和完善农村基本经营制度，坚持农村土地集体所有，坚持家庭经营基础性地位，坚持稳定土地承包关系，不能把农村土地集体所有制改垮了，不能把耕地改少了，不能把粮食生产能力改弱了，不能把农民利益损害了”。始终坚持集体所有权的根本地位是处理好“三权”关系的前提。《三权分置意见》指出，“始终坚持农村土地集体所有权的根本地位。农村土地农民集体所有，是农村基本经营制度的根本，必须得到充分体现和保障，不能虚置”。根据2016年中央一号文件、2017年中央一号文件以及《集体产权改革意见》等文件精神，盘活农村集体资产、探索农村集体经济运行新机制，对于增强集体经济发展活力，引领农民逐步实现共同富裕具有深远历史意义。集体经济财产是农村经济发展和社会稳定的基础，激活集体经济财产是实现好、维护好、发展好广大农民根本利益的落脚点。《集体产权改革意见》指出“不能把集体经济改弱了、改小了、改垮了，防止集体资产流失；坚持农民权利不受损，不能把农民的财产权利改虚了、改少了、改没了，防止内部少数人控制和外部资本侵占”。而现有改革背景下，农村集体资产存在管理混乱、效率低下、流失严重等问题，集体经济缺乏有效实现形式，集体资产流失问题的解决已经迫在眉睫。

关于农村土地集体所有权的实际运行中的问题，学者一般认为首要问题是主体的虚置问题。有学者认为，就农村土地所有权，《物权法》第60条未敢突破现有法律规定，忠实延承了“三级所有”的规范模式，将各级“农民集体”定位为农村土地所有权主体，而由相应的“集体经济组织”代为行使所有权。〔1〕 在实践中，一般是由“村集体经济组织”代表村集体行使土地所有权，或者由“村内集体经济组织”代表村民小组行使土地所有权。此种规定不可避免地重蹈那一老生常谈的争论：所有权主体的虚位问题。〔2〕 还有学者认为，当前农村土地制度的困境主要是产权主体不明晰，中国农村土地制度实际上是一种多元产权结构，但是，多元产权结构中产权主体并不明晰，这是导致各种侵权事件发生的根源。〔3〕 有学者总结，集体土地所有权的实现困境主要包括：集体土地所有权主体立法缺失、集体土地所有权权能被过度限制、

---

〔1〕 参见陈小君：《农村土地制度的物权法规范解析——学习〈关于推进农村改革发展若干重大问题的决定〉后的思考》，载《法商研究》2009年第1期。

〔2〕 参见刘书楷：《构建我国农村土地制度的基本思路》，载《经济研究》1989年第9期。

〔3〕 参见阮建青：《中国农村土地制度的困境、实践与改革思路——“土地制度与发展”国际研讨会综述》，载《中国农村经济》2011年第7期。

集体土地所有权收益不当流失、集体土地所有权实现机制缺位。[1]

"农民集体"并不能在民法的概念体系中找到其位置,其法律内涵始终保持与集体所有权主体制度的紧密联系。而立法中,"农民集体"与农村集体经济组织一直保持极大的相关性,但两者之间的关系却未予明晰,对于农村集体经济组织也缺乏明确界定,因此学界质疑"两者实为一体,还是各自分立"?[2] 基于"农民集体"与农村集体经济组织的概念混同,实现农村集体经济组织法人化改造面临两大问题:(1)"农民集体"和农村集体经济组织两者皆与"集体所有权"存在紧密联系,那么,实现农村集体经济组织的法人化改造是否需要在重塑"农民集体"主体构造之基础上实现?(2)农村集体经济组织法人化改造是否为"农民集体"的"直接法人化"?有学者主张应当"重塑'农民集体',赋予其特殊法人地位以解决集体所有权主体缺位与虚化问题";[3]有学者进一步提出"由'农民集体'以土地使用权出资设立'农村集体经济组织'以规避经营失败导致的清偿危机"[4],但却未给予"农民集体"一个合适的民事主体地位——对于该种模式下"农民集体"属于何种民事主体未予回应。

农村土地集体所有权的缺陷还体现在其权能的不完全性上。有学者认为,农村土地问题主要体现在产权主体模糊、产权权能残缺、土地产权缺乏合理的流转机制、农民土地权利缺乏实现途径和保护机制以及城乡土地产权不对等方面。[5] 也有学者认为,集体所有权受制于经济条件,对其成员而言更多意味着义务而非权利,即使是在集体所有权的基础上设立的土地承包经营权的物权变动,也受到成员身份和集体封闭性的限制,而在取消农业税和保持土地承包经营权长期不变的当下,集体所有权的最终处分权能甚至也将被动摇。[6] 还有学者认为,当前农村集体所有权的管理权能缺失,因为农民集体土地所有权的性质决定了管理权能是集体土地所有权的必要权能,该管理权能包括集体成员的民主管理、民主监督和集体组织的执行管理、监督管理。[7]

总之,学界较为一致的观点是认为,主体制度残缺下的农村集体经济组织难以

---

〔1〕 参见杨青贵:《集体土地所有权实现的困境及其出路》,载《现代法学》2015 年第 5 期。

〔2〕 参见于飞:《"农民集体"与"集体经济组织":谁为集体所有权人?——风险界定视角下两者关系的再辨析》,载《财经法学》2016 年第 1 期。

〔3〕 参见管洪彦:《农民集体的现实困惑与改革路径》,载《政法论丛》2015 年第 5 期。

〔4〕 于飞:《"农民集体"与"集体经济组织":谁为集体所有权人?——风险界定视角下两者关系的再辨析》,载《财经法学》2016 年第 1 期。

〔5〕 参见阮建青:《中国农村土地制度的困境、实践与改革思路——"土地制度与发展"国际研讨会综述》,载《中国农村经济》2011 年第 7 期。

〔6〕 参见李国强:《论农地流转中"三权分置"的法律关系》,载《法律科学(西北政法大学学报)》2015 年第 6 期。

〔7〕 参见韩松:《论农民集体土地所有权的管理权能》,载《中国法学》2016 年第 2 期。

实现功能转型。现有“集体所有制”缺乏法律的直接规定，对于集体所有权的主体认定也未有明确标准，概念模糊导致集体所有权主体缺位、农民权利虚化，从根本上影响集体所有权制度功能的发挥。农村集体所有权被虚置化使“农民集体”作为集体所有权主体只能片面地承受所有权不当限缩的结果，却无力通过所有权行使获取收益；集体所有权的“有名无实”导致集体经济匮乏，使农村集体经济组织权利内容缺失、权利行使受限、集体统层利益实现缺位。“三权”分置呼吁的作为经营、服务主体的农村集体经济组织由于缺乏独立性和制度规范，其职能被其他组织形态所覆盖，导致其私法属性难以显现。农村集体经济组织作为制度协调的平台，系各级行政机构与农民对接的“桥梁”，政府的惠农政策落到实处需要农村集体经济组织的贯彻执行，但在实践中，由于集体经济组织实力有限，粮食直补资金直接补给集体成员，导致集体组织缺乏公共服务建设经济来源。政策与法律中对集体经济组织的忽视，导致其主体地位难以彰显、制度价值难以实现。

在农村集体土地所有制的改革方面，学者之间存在明显分歧：第一种观点是坚持和完善农村土地集体所有制；〔1〕第二种观点是实行国有化改造；〔2〕第三种观点是实行私有化改造；〔3〕第四种观点是建立农村土地产权制度的多重均衡。有学者就对现有农地制度的演进和区域差异给出了一个博弈论解释，该观点指出农地制度是国家和农户之间博弈的结果。〔4〕也有学者认为，农地制度创新的多样化源自地权本身具有多样性和各地的自然、经济和社会条件的很大差异，建立于其上的土地制度创新也不可能单一。〔5〕还有学者认为，重点对农地的集体产权进行私有化改革，而公益性土地资源包括森林、山岭、草原等则归国家所有。〔6〕

学者对于农村土地改革与完善的建议是多方面的，既涉及对农村土地集体所有权主体制度的完善，又关注农村土地权利的流转，还包括如何对农村土地资源进行

〔1〕 参见陈吉元：《完善联产承包责任制推动农业迈上新台阶》，载《经济研究》1989年第12期；刘书楷：《构建我国农村土地制度的基本思路》，载《经济研究》1989年第9期；周诚：《土地利用原则的市地适用》，载《中外房地产导报》2000年第3期。

〔2〕 参见魏正果：《我国农业土地国管私用论》，载《中国农村经济》1989年第5期；陆学艺：《农民工体制需要根本改革》，载《中国改革（农村版）》2003年第12期；刘俊：《农民专业合作社资本形成制度的设计与法律完善》，载《求索》2008年第11期。

〔3〕 参见文贯中：《中国现行土地制度的弊病及其对策》，载《科技导报》1988年第4期；杨小凯：《经济改革和宪政转轨：回应》，载《经济学（季刊）》2003年第3期；蔡继明：《中国的现代化、城市化与农地制度改革探析》，载《经济前沿》2005年第1期。

〔4〕 参见刘守英：《产权，行为与经济绩效》，载《经济社会体制比较》1992年第2期。

〔5〕 参见姚洋：《集体决策下的诱导性制度变迁——中国农村地权稳定性演化的实证分析》，载《中国农村观察》2000年第2期。

〔6〕 参见张新光：《中国农民特质问题的理论探讨——兼谈党和国家对9亿农民政策调整的问题》，载《农业经济问题》2004年第3期。

可持续利用。在农村土地所有权主体制度的完善上，学者指出，从集体土地所有权的制度环境和发展趋势出发，对农民集体予以法人制改造是一条现实路径。而将其以股份合作社法人的形式进行构造不仅具有历史基础、宪法依据和现实经验，且对相关制度的完善尤其具有优势。〔1〕从有效回应现实诉求和遵循渐进性改革路径来看，应主要从区分集体土地所有权主体的二元性、走出集体土地所有权私权法律性质定位的误区、进一步完善集体土地所有权行使规范、处理好集体土地所有权和土地承包经营权在土地征收中的关系等四个方面来完善集体土地所有权的改革。〔2〕学者认为，农地"三权"分置理论将所有权收益虚置，由土地承包权获得所有权的租金收益，一定程度上缓解了所有权界定模糊所导致的利益纠纷，也避免了更大的利益纠纷陷阱。〔3〕

有学者通过实证研究，对农村土地制度改革的具体案例进行了分析，总结了相关经验，并提出了建议。如北京大学国家发展研究院综合课题组通过对近年来成都市农村土地在确权后进行合法流转的大量案例进行调查研究发现，建立在合法转让权基础上的土地流转，可以为农民带来可观的收入，而农民收益的高低与其获得的财产权利强弱紧密相关。政府应该在界定和保护产权的同时，打破城乡要素流动壁垒，逐渐从直接参与土地交易中抽身而出，完成向"公共服务提供者"角色的转变。〔4〕从成都市城乡统筹实践来看，通过城乡统筹，成都市农村建设发生了很大变化，城乡收入差距缩小，城乡基本公共服务逐步均等化。〔5〕

还有更多的学者从农村土地财产权利的角度出发，为农村土地权利流转提出意见。有学者认为，要依据农村土地的不同用途和用途的改变所涉及的人群来具体分析其财产权利的实现形式。〔6〕还有学者认为，未来农村土地制度改革的方向，必须考虑现有的约束条件，要避开集体土地所有权公有或私有的陷阱，同时，还要将赋予农民长期而有保障的"土地使用权"的阶段目标，拓展为赋予农民长期而有保障的"土地财产权利"终极目标。〔7〕还有学者认为，针对当前农村土地面临的诸多难题，

---

〔1〕参见高飞：《集体土地所有权主体制度完善的意义探析》，载《中国集体经济》2009年第7期。

〔2〕参见张先贵：《农村集体土地所有权：有所为与有所不为》，载《西北农林科技大学学报（社会科学版）》2013年第4期。

〔3〕参见韦鸿、王琦玮：《农村集体土地"三权分置"的内涵、利益分割及其思考》，载《农村经济》2016年第3期。

〔4〕参见北京大学国家发展研究院综合课题组、李力行：《合法转让权是农民财产性收入的基础——成都市农村集体土地流转的调查研究》，载《国际经济评论》2012年第2期。

〔5〕参见贺雪峰：《南北中国：村庄社会结构视角的中国区域差异》，载《华中科技大学学报（社会科学版）》2013年第3期。

〔6〕参见张晓山：《乡村治理结构的改革》，载《科学决策》2006年第1期。

〔7〕参见王景新：《中国乡村新型合作经济组织：趋势、问题及政策建议》，载《中国乡村发现》2008年第1期。

根本的改革方向和目标是真正实现土地权利的物权化、财产化和资产化。[1]

“就农村制度实践而言，集体所有权统一经营是我国农村集体所有制的重要实现形式，是农村双层经营体制的重要组成部分。”“三权”分置改革特别需要发挥集体所有制功能优势，改变传统农户经营为主的“弱所有权、强经营权”的权利构造，重塑“村社层次的集体统筹经营，这是中国坚持农村集体所有制的重要原因”。[2] 改革开放以来，“分田单干”致使所有权虚置，如何在新的历史条件下，“落实集体所有权”“加强集体在统筹经营管理上的作用”，将是改革应极力解决的问题。

（三）关于土地承包权的保护

目前，学界对土地承包权的性质认识不一。部分学者以法律的逻辑性主张土地承包权为成员权，还有部分学者则以政策的逻辑性认可土地承包权的用益物权属性。主要观点如下：

第一种观点认为，土地承包权的性质为成员权。“成员权说”认为土地承包权实质上是农户享有的承包集体所有土地的资格权，是一种身份性质的权利，但尚不是一种实实在在的财产权。从某种意义上说，这种成员权属于自物权，可以抵押流转。有学者认为“土地承包经营权是计划经济向市场经济转型中的概念，已经不符合农村土地改革的实际情况。因此，在赋予农民更多财产权利政策的指引下，农民对集体土地的份额权日益强化，用成员权的概念更符合改革的精神”[3]。依据这种观点，承包农户一旦取得了土地承包经营权，作为一项过渡性权利的土地承包权就完成了自己的使命，将不复存在。将土地承包权定位为成员权，一方面，可以通过强化农村集体经济组织成员的身份认同，避免集体土地所有权主体缺位，促使其依法行使所有权以壮大集体经济；另一方面，成员权的确立也可以使农村集体经济组织成员分享集体利益的渠道畅通，实现农村集体经济组织成员享有的公平分配权。

第二种观点认为，土地承包权的性质为用益物权。土地承包权与土地经营权分离后，农户因集体成员资格而取得土地承包权，土地承包权是一种单独的物权性质的财产权，是一种实实在在的权利。理由如下：土地承包权的取得虽有身份限制，但其客体指向财产收益，因而是一种财产权，且土地承包权系从土地承包经营权中分离而来，后者本身是一项用益物权，土地承包权自其中分离出来后，自当延续此种物权属性。论者进一步认为“三权”分置中的土地承包权，实际上是土地承包经营权将土地经营权分离之后剩余权利的统称。因此，土地承包权与土地承包经营权具有一

〔1〕 参见唐茂华、陈丹：《中国农村土地制度变迁的政策过程及现实困境》，载《学术探索》2011 年第 1 期。
〔2〕 参见王亚华：《农业供给侧改革是稳中求进之基》，载《农村工作通讯》2017 年第 1 期。
〔3〕 申惠文：《法学视角中的农村土地三权分离改革》，载《中国土地科学》2015 年第 3 期。

体性和同质性,均为用益物权,待土地经营权回归承包人后,土地承包权与土地经营权共同恢复为土地承包经营权。将土地承包权界定为一种资格,混淆了土地承包权与农民身份的区别,更重要的是,它无法实现土地承包权独立的意义和价值。[1]

第三种观点认为,土地承包权不是一种独立的权利类型,而是受土地经营权限制的土地承包经营权的代称。学者认为,土地承包权只是集体经济组织成员权在土地分配上的一种特定化,不是一种独立的权利类型,“三权”分置中土地承包权在严格意义上仍是农民家庭或个人所享有的土地承包经营权,其只是因土地承包经营权的部分权能让渡于土地经营权而产生的新的权利内容,并非单纯承包土地一种权利资格。[2]

“严格保护农户承包权,就是要稳定现有土地承包关系并保持长久不变。”就“稳定现有土地承包关系并保持长久不变”的法律表达而言,涉及“稳定现有土地承包关系”和“保持长久不变”两个方面的内容。在土地利用的二元化区分之下,对于土地承包关系的稳定,立法上应将其确认并构造为物权。在农地“三权”分置之下,土地承包关系的法权形式为土地承包经营权,无论是实定法上还是政策导向上均属物权。但法律上采用的是债权形式主义,即承包农户与本集体之间土地承包经营合同成立、生效,土地承包经营权即为设定,登记在此并无实质层面的意义。这一制度安排契合了当前农村经济的现实,却不能满足农地适度规模经营以及发展农村农业的需要。《深化农村改革综合性实施方案》指出:“稳定农户承包权,就是要依法公正地将集体土地的承包经营权落实到本集体组织的每个农户。”《土地经营权流转意见》指出,“稳定完善农村土地承包关系”,就是要“健全土地承包经营权登记制度”“推进土地承包经营权确权登记颁证工作”。《三权分置意见》进一步指出:“扎实做好农村土地确权登记颁证工作。确认‘三权’权利主体,明确权利归属,稳定土地承包关系,才能确保‘三权分置’得以确立和稳步实施。”[3]

可以发现,稳定土地承包权的基本路径就是对土地承包经营权的确权登记。对此,原农业部、中央农村工作领导小组办公室、财政部等出台的《关于认真做好农村土地承包经营权确权登记颁证工作的意见》就明确提出,从展开土地承包经营权确权登记、确权确地以及对依照合同、建立登记簿并颁发证书等方面,进一步稳定土地承包关系。原农业部、财政部、原国土资源部、原国家测绘地理信息局发布的《关于

---

〔1〕 参见高飞:《“三权分置”下土地承包权的性质定位及其实现研究》,载《广西大学学报(哲学社会科学版)》2022 年第 1 期。

〔2〕 参见朱广新:《土地承包权与经营权分离的政策意蕴与法制完善》,载《法学》2015 年第 11 期。

〔3〕 《三权分置意见》“四、确保‘三权分置’有序实施”之“(一)扎实做好农村土地确权登记颁证工作”。

进一步做好农村土地承包经营权确权登记颁证有关工作的通知》进一步从各职能部门工作程序、管理服务、监督程序、数据库建设等方面，落实了农村土地承包经营权确权登记的指导原则。《不动产登记暂行条例》也明确将土地承包经营权应纳入不动产登记的范畴。“在这样的背景下，各地将土地承包经营权分批稳步纳入不动产统一登记的工作陆续开展，但目前尚缺足够的实践经验作为落实该工作的强力支撑。”〔1〕

（四）关于土地经营权的放活

农地“三权”分置之下，土地经营权是土地承包经营权派生出来的权利。既有立法已经将其定名为土地经营权，出于尊重既有政策和立法文件的选择的考虑，本书亦将之称为土地经营权。《深化农村改革综合性实施方案》指出：“放活土地经营权，就是允许承包农户将土地经营权依法自愿配置给有经营意愿和经营能力的主体，发展多种形式的适度规模经营。”《三权分置意见》中将土地经营权界定为“土地经营权人对流转土地依法享有在一定期限内占有、耕作并取得相应收益的权利”。由此可见，土地经营权似乎仅仅只是土地承包经营权派生出来的利用权利。但在农地“三权”分置所引起的农村土地权利的重构之中，这一观点还缺乏体系化的考虑。

在《农村土地承包法》和《物权法》以“土地承包经营权”一体保护承包农户和其他经营主体的土地承包关系的情况之下，实定法上所谓土地承包经营权，即指农业生产经营者以从事农业生产为目的，对集体所有或国家所有的由农民集体使用的土地进行占有、使用和收益的物权。在这里，土地承包经营权的主体是农业生产经营者，即从事农业生产的自然人、法人及其他组织。这一元化、二元化的制度安排无法区分两种不同土地承包经营权在权利设定及效力上的差异。在“三权”分置之下，土地承包经营权是具有身份性质的用益物权，《物权法》及《农村土地承包法》上所称的土地承包经营权即应重构，还原土地承包经营权的身份属性，即只有具备本集体成员身份的人才能取得土地承包经营权，其他经营主体即使取得以从事农业生产为目的的土地利用权利，也只是取得土地经营权，无论是在集体土地所有权还是土地承包经营权之上设定，均为土地经营权。由此可见，《物权法》以及《农村土地承包法》上土地承包经营权的设立方式——家庭承包方式和招标、拍卖、公开协商等其他承包方式的区分，即无实宜，后者应修改为土地经营权。准此，土地经营权是指经营主体（非承包农户）对农村土地依法享有在一定期限内占有、耕作并取得相应收益的权利。

---

〔1〕 张振华、徐頔飞等：《土地承包经营权纳入不动产统一登记关键问题务实探讨》，载《中国集体经济》2021年第27期。

学界对土地经营权性质的认识亦存在分歧,包括:

第一,"总括权利说"。此说认为,土地经营权并非具体化的单一权利,而是包括土地承包经营权在内的各种农地使用权的总称。[1] 土地经营权只是权能,既可以来自土地所有权,也可以来自土地承包经营权等用益物权,还可以来自租赁权,因此,土地经营权不是独立的民事权利,不是法律语言,也无法通过立法成为法律概念。[2]

第二,"两权说"。此说主张,土地经营权的性质因承包地流转形式的不同而存在差异,其中转让、互换产生土地承包经营权的让渡,具有物权性质;而转包、出租不产生土地承包经营权的让渡,具有债权性质。[3] "既允许债权属性的土地经营权,又允许物权属性的土地经营权"[4]。其主要理由在于:其一,就土地经营权互换、转让而言。在土地经营权互换条件下,两个农户家庭均保留土地承包经营权和土地经营权,且各自的土地承包权和土地经营权是合二为一、未发生分离的。在土地经营权转让条件下,受让方在获得转让方土地经营权的同时,也在承包期内拥有了土地承包权,受让方所获得的是物权性质的,是未发生土地承包权与土地经营权分离的完整的土地经营承包权。因此,在土地经营权互换和转让条件下,土地经营权是作为土地承包经营权的一部分,是具有物权性质的。其二,就土地经营权转包、出租、入股而言。在土地经营权转包条件下,原承包方只是从物权性质的土地承包经营权中分离出部分权能转移给受转包方,受转包方无法继受取得物权性质的土地承包权。在土地经营权出租条件下,承租方与出租方通过合同约定取得土地经营权,物权性质的土地承包权仍由出租方保留,出租方与承租方之间的农地租赁关系属于债权关系。在土地经营权入股条件下,土地承包权仍由农户掌握,土地股份合作社只拥有土地经营权;一旦土地股份合作社经营失败,需要解散,土地经营权复归农户并与土地承包权合二为一成为原物权性质的土地承包经营权。因此,土地经营权入股条件下的土地经营权具有相对性、短期性和意思自治性等特征,是债权性质的权利。[5]

第三,"债权说"。此说认为,若将土地承包经营权中分离出的土地经营权定性为物权,则违反了"一物一权"原则。因为"同一物上不能并存两个以上内容相近的

---

[1] 参见高飞:《"三权分置"下土地经营权的性质定位及其实现研究》,载《法治现代化研究》2021 年第 6 期。

[2] 参见申惠文、杜志勇:《稳定土地承包关系长久不变法律构建》,载《东南法学》2016 年第 2 期;申惠文:《法学视角中的农村土地三权分离改革》,载《中国土地科学》2015 年第 3 期。

[3] 参见孙中华:《关于农村土地"三权分置"有关政策法律性问题的思考》,载《农业部管理干部学院学报》2015 年第 1 期。

[4] 申惠文:《法学视角中的农村土地三权分离改革》,载《中国土地科学》2015 年第 3 期。

[5] 参见张毅、张红、毕宝德:《农地的"三权分置"及改革问题:政策轨迹、文本分析与产权重构》,载《中国软科学》2016 年第 3 期。

用益物权,在用益物权之上再设相近用益物权的安排,是人为地将法律关系复杂化,在存在物权和债权区分的情况下,这种安排是立法技术的倒退”[1]。土地经营权“是通过合同方式取得的,属于债权,不属于物权”[2]。“经营权人与承包权人是一种债权法律关系,更多地受《合同法》(已失效)约束。经营权的本权是基于土地流转合同意定原因而产生的,因而其本权是债权,为意定本权,不是物权。”[3]随着今后对经营主体保护的重视,土地经营权物权化属性可以得到加强,但其债权的“底色”和本质不会改变。[4]

其主要理由在于:其一,土地经营权物权说违背了一物一权原则。[5] 同一物上不能并存两个以上内容相近的用益物权,在用益物权之上再设相近用益物权的安排,是人为地将法律关系复杂化,在存在物权和债权区分的情况下,这种安排是立法技术的倒退。[6] 如果视土地经营权为用益物权,无异于建立“所有权—用益物权(所有权)—用益物权”的重叠结构,将导致我国现有物权体系的混乱。[7] 其二,与物权相比,土地经营权不具备物权性特征,不具有对抗第三人的效力;土地经营权存续期间由当事人通过流转合同约定,不以长期存续为原则;土地经营权再流转需得到发包方和承包农户的书面同意,不得随意流转;土地经营权流转在权利内容上,流入方只是“借用”了流出方的土地占有、使用等权能,流入方并没有获得物权性权能;土地经营权的获得需以支付相当的土地租金为对价,而物权不以对价为要素。[8] 其三,土地经营权物权化背离地权改革之初衷。基于农地承载的身份性,粮食安全、耕地保护等保障性职能以及我国城乡区隔的客观情势,赋予土地经营权物权效力势必加强经营者的竞争优势,可能导致对土地承包权甚至对集体土地所有权之侵蚀、颠覆。这将无形间推动农村土地私有化进程,不仅会导致违宪风险,还可诱发严重

---

〔1〕 陈小君:《我国农村土地法律制度变革的思路与框架——十八届三中全会〈决定〉相关内容解读》,载《法学研究》2014 年第 4 期。

〔2〕 最高人民法院行政审判庭编著、江必新主编:《中华人民共和国行政诉讼法及司法解释条文理解与适用》,人民法院出版社 2015 年版,第 91 页。

〔3〕 吴兴国:《承包权与经营权分离框架下债权性流转经营权人权益保护研究》,载《江淮论坛》2014 年第 5 期。

〔4〕 参见李伟伟、张云华:《土地经营权流转的根本属性与权能演变》,载《改革》2015 年第 7 期。

〔5〕 参见吴兴国:《承包权与经营权分离框架下债权性流转经营权人权益保护研究》,载《江淮论坛》2014 年第 5 期。

〔6〕 参见陈小君:《我国农村土地法律制度变革的思路与框架——十八届三中全会〈决定〉相关内容解读》,载《法学研究》2014 年第 4 期。

〔7〕 参见温世扬、吴昊:《集体土地“三权分置”的法律意蕴与制度供给》,载《华东政法大学学报》2017 年第 3 期。

〔8〕 参见李伟伟、张云华:《土地经营权流转的根本属性与权能演变》,载《改革》2015 年第 7 期。

的土地利益分配失衡,危及中国社会的平稳转型。[1]

第四,"物权说"。此说主张,土地经营权派生于土地承包经营权,从权利的稳定性和对抗性出发,应将其确立为物权,可以是独立平行的用益物权,也可以是次级用益物权(耕作权)。[2] 依循多层权利客体的法理,土地经营权是承包农户与经营主体依土地经营合同所设定的、以土地承包经营权为标的的用益物权,其与土地承包经营权属于不同层次客体上所设定的用益物权。[3] 经营主体所取得的权利如定性为债权,则"效力和稳定性较弱,不利于长期投入,无法进行抵押融资扩大生产,进而影响土地利用效率乃至农业的现代发展"[4]。

其主要理由在于:其一,从"三权"分置的政策内容来看,实现农民集体土地所有权、农户承包权、土地经营权的"三权"并立,必须要求"三权"之间具有效力上的对抗性、平等性,相互制衡,故必须将土地经营权塑造为与农民集体土地所有权、农户承包权同性质的物权。[5] 其二,从"三权"分置的改革目的来看,通过促进土地经营权的抵押和流转,来促进土地适度规模经营和现代农业发展,而无产者无恒心,债权属性的土地经营权因其对原承包农户的高度依赖性和权利的短期性与不稳定性,必然无法有效实现上述改革目的。[6] 只有赋予土地经营权物权地位,才能稳定土地经营权,充分调动土地经营权人的积极性,优化土地资源配置,[7]从而促进土地经营权更为高效而有序地流转。其三,从制度稳定性来看,虽然债权在权利流转方面具有相对较高的自由度,但物权可以通过物权法定原则来加强对新设土地经营权的强制性规范,且土地涉及国家的政治、经济制度等问题,非一般客体,所以在以较小

---

[1] 参见刘云生、吴昭军:《政策文本中的农地三权分置:路径审视与法权建构》,载《农业经济问题》2017年第6期。

[2] 参见高富平:《农地"三权分置"改革的法理解析及制度意义》,载《社会科学辑刊》2016年第5期;高圣平:《承包土地的经营权抵押规则之构建——兼评重庆城乡统筹综合配套改革试点模式》,载《法商研究》2016年第1期;韩学平:《"三权分置"下农村土地经营权有效实现的物权逻辑》,载《社会科学辑刊》2016年第5期;孙宪忠:《推进农地三权分置经营模式的立法研究》,载《中国社会科学》2016年第7期;崔建远:《民法分则物权编立法研究》,载《中国法学》2017年第2期;孔祥智:《"三权分置"的重点是强化经营权》,载《中国特色社会主义研究》2017年第3期;管洪彦、孔祥智:《农村土地"三权分置"的政策内涵与表达思路》,载《江汉论坛》2017年第4期;蔡立东、姜楠:《农地三权分置的法实现》,载《中国社会科学》2017年第5期;耿卓:《农地三权分置改革中土地经营权的法理反思与制度回应》,载《法学家》2017年第5期;齐恩平:《"农地经营权"权能界定及体系化构造》,载《甘肃社会科学》2018年第2期。

[3] 参见蔡立东、姜楠:《承包权与经营权分置的法构造》,载《法学研究》2015年第3期;孙宪臣:《论土地承包经营权的二元结构属性》,载《江西财经大学学报》2015年第5期;朱继胜:《论"三权分置"下的土地承包权》,载《河北法学》2016年第3期。

[4] 陈小君:《我国涉农民事权利入民法典物权编之思考》,载《广东社会科学》2018年第1期。

[5] 参见郑志峰:《当前我国农村土地承包权与经营权再分离的法制框架创新研究——以2014年中央一号文件为指导》,载《求实》2014年第10期。

[6] 参见陶钟太朗、杨遂全:《农村土地经营权认知与物权塑造——从既有法制到未来立法》,载《南京农业大学学报(社会科学版)》2015年第2期。

[7] 参见宋志红:《"三权分置"关键是土地经营权定性》,载《中国合作经济》2016年第10期。

的成本支出换得更为稳定的土地制度的考虑下，土地经营权应界定为用益物权。[1]其四，从土地经营权的功能定位来看，流转功能（可转让性和可抵押性）是物权的本质属性，是其处分权能的具体体现。[2] 进一步而言，如土地经营权为非物权，则土地经营权抵押无从谈起，[3]债权属性的土地经营权至多只能成为债权质押的标的。[4]

在这一学说之下，在土地经营权的物权化路径上有所差异，其中一种观点认为，土地经营权这种物权是与土地承包经营权或土地承包权独立平行的用益物权，[5]土地经营权一经设立，即独立于土地承包经营权和土地所有权。其主要理由在于：其一，就权利分离路径而言，土地承包经营权分离为土地承包权和土地经营权是根据物权的归属和利用结构原理进行的，土地承包权为静态归属物权，土地经营权为动态利用物权，两者可以结合成整体物权，也可以相分离而由不同主体支配，构成独立的物权状态。[6] 其二，“三权”分置的经济目的在于把“三权”在私权的范围内，在同一层次上一体保护，也就是在制度上应将土地经营权作为一种物权来对待，即土地经营权与土地承包权各自相互独立，处于同一效力层级。其三，土地经营权以实现流转人收益、促进农民增收和推动农业转型发展为功能地位，要保障实现其权利功能，就要求将其性质定为一种实实在在的权利，即独立的用益物权。[7]

另一种观点则认为，土地经营权是次级用益物权（耕作权）。[8] 其主要理由在于：其一，在土地承包经营权的基础上再设置一个用益物权（土地经营权），具有合法性。如《物权法》第136条就规定了在用益物权基础上再设置用益物权的可能性和合法性规则。而且《物权法》第5条规定的物权法定原则中的“法律”，并不是说只

---

〔1〕 参见陈耀东：《农地“三权分置”怎样与现行法律衔接》，载《人民论坛》2017年第11期。

〔2〕 参见韩学平：《“三权分置”下农村土地经营权有效实现的物权逻辑》，载《社会科学辑刊》2016年第5期。

〔3〕 参见陶钟太朗、杨环：《论“三权分置”的制度实现：权属定位及路径依赖》，载《南京农业大学学报（社会科学版）》2017年第3期；

〔4〕 参见宋志红：《民法典对土地承包经营制度的意义》，载《农村经营管理》2020年第11期。

〔5〕 参见潘俊：《农村土地承包权和经营权分离的实现路径》，载《南京农业大学学报（社会科学版）》2015年第4期；康纪田、师军惠：《论土地承包经营权分置的产权结构关系》，载《辽宁师范大学学报（社会科学版）》2015年第5期；李国强：《论农地流转中“三权分置”的法律关系》，载《法律科学（西北政法大学学报）》2015年第6期。

〔6〕 参见康纪田、师军惠：《论土地承包经营权分置的产权结构关系》，载《辽宁师范大学学报（社会科学版）》2015年第5期。

〔7〕 参见陈朝兵：《农村土地“三权分置”：功能作用、权能划分与制度构建》，载《中国人口·资源与环境》2016年第4期。

〔8〕 参见蔡立东、姜楠：《承包权与经营权分置的法构造》，载《法学研究》2015年第3期；朱广新：《土地承包权与经营权分离的政策意蕴与法制完善》，载《法学》2015年第11期；孙宪忠：《推进农村土地“三权分置”需要解决的法律认识问题》，载《行政管理改革》2016年第2期；朱继胜：《“三权分置”下土地经营权的物权塑造》，载《北方法学》2017年第2期。

能由“本法”规定，而不能由其他法律规定。《农村土地承包法》作为我国最高立法机关制定的法律，由其规定新的用益物权类型并无问题。[1] 其二，农民具有的土地承包经营权是长久不变的权利，具有相当长的期限，可以容纳次地上权（或称下级地上权）的存在，所以在其上设置一个新的用益物权不存在制度上的障碍，具有法理上的可行性。同时，在土地登记制度已在我国建立的背景下，土地经营者的物权也可以纳入登记从而获得制度保障。[2] 其三，依据权利行使的逻辑，用益物权人可以对其享有的权利以设定次级用益物权等权利负担的方式加以处分。土地承包经营权人以权利行使的方式设置次级用益物权，系对自身权利的处分，不违背《物权法》的基本逻辑。[3] 其四，依据多层权利客体的法理，土地经营权是由土地承包经营权人设定的、以土地承包经营权为客体的权利用益物权，其与土地承包经营权的客体存在于不同层次，可以并存而不冲突。[4]

总体来讲，农地“三权”分置是应现实困境而提出的地权改革解决方案，实践中产生的问题及解决方案对制度理论的研究和土地制度创新具有独特价值。中国农村正在进行的“三权”分置探索以及土地经营权担保抵押大范围试点，为我们提供了难得的创新理论、完善政策和法律的机会。

三、“土地所有权—土地承包经营权—土地经营权”的理论证成

农地“三权”分置在传统的经济理论之下“是完全可以解释的”，[5] 因为经济学是以“权利束”的观念来解读农地产权结构的：在家庭联产承包责任制的框架下，农地产权结构被分解为土地所有权、土地承包经营权、土地经营权三种权利。[6] 有论者指出，农地产权作为一个权利束，包括占有、使用、收益、处置等子权利，每一项子权利内容还可再细分相应权益，土地承包权与土地经营权的分离就是多个主体分享农地产权权利束的直接体现。[7] 这一以产权经济学的权利束观念明显受到英美法系的影响。英美法系上没有严格意义上的物权、债权概念体系，其所谓“property right”多被对译为“产权”，并被定义为“与物有关的‘权利束’”，其中最为重要的包

---

〔1〕 参见孙宪忠：《推进我国农村土地权利制度改革若干问题的思考》，载《比较法研究》2018年第1期。

〔2〕 参见孙宪忠：《推进农地三权分置经营模式的立法研究》，载《中国社会科学》2016年第7期。

〔3〕 参见蔡立东、姜楠：《农地三权分置的法实现》，载《中国社会科学》2017年第5期。

〔4〕 参见蔡立东：《从“权能分离”到“权利行使”》，载《中国社会科学》2021年第4期。

〔5〕 参见吴敬琏：《还给农民的是土地经营权，而非所有权》，载《农村工作通讯》2015年第11期。

〔6〕 参见丁关良、阮韦波：《农村集体土地产权“三权分离”论驳析——以土地承包经营权流转中“保留（土地）承包权、移转土地经营权（土地使用权）”视点为例》，载《山东农业大学学报（社会科学版）》2009年第4期。

〔7〕 参见潘俊：《农村土地“三权分置”：权利内容与风险防范》，载《中州学刊》2014年第11期。

括排他权、转让权、占有使用权。[1] “土地权利随经济发展,丰富内涵,所有权与所有制含义不同。所有权可分解出使用权、经营权、租让权、抵押权、处置权、收益权等等,成为一束权利。”[2] 即便如此,“权利束”的分解理论也无法证成将土地承包经营权分置为土地承包权和土地经营权的正当性。在经济学界普遍将土地承包权理解为农户承包土地的权利(请求权)的情况下,土地承包权是取得土地承包经营权的前提条件,土地承包经营权是行使“土地承包权”的结果。准此,土地承包经营权中并不包括所谓土地承包权,也无以从中分解出土地承包权。

(一)“权利束”观点的否定

以“权利束”来解释物权或产权的分解,并未得到大陆法系的法理支持。在传统大陆法系国家,为强化对他人之物的利用关系,概以所有权为中心推及至用益物权、担保物权等定限物权(他物权)。所有权具有完整性,并不因其上设定了他物权而受到影响,他物权并不是所有权的分割,而是将所有权部分内容具体化后新设独立的他物权,是所有权之上设定的权利负担,并不改变所有权的内容,仅在一定范围内限制着所有权的行使。[3] 此即所谓“母子”权利结构。[4] 有学者形象地比较了大陆法系中所有权概念和英美法系中产权概念。大陆法系中,“所有权可以被想象成一个写有‘所有权’标签的盒子,拥有盒子的人就是所有人,在所有权完全无负担的情况下,盒子中包含了特定权利,占有、使用、收益、处分。主人可以打开盒子,拿出一个或一些权利转让给其他人,但只要盒子仍在,他就仍然是所有权人,即使盒子是空的。而盎格鲁美国则简单得多,没有所谓的盒子,有的仅是不同束的法律权益”[5],一旦财产权利束中的一组权利转让给他人,出让人就丧失了这部分权利。[6] 我国民法秉承大陆法系的传统,经济学界以“权利束”为理论基础提出的“土地所有权、土地承包权、土地经营权”“三权”分置思想无法直接在我国法上得到体现。[7] 在我国《民法典》编纂和《农村土地承包法》修改的过程中,我们不宜以“权利束”为理论基础来解释农地“三权”分置的权利架构。

依前述大陆法系的他物权生成的法理,所有权上设定用益物权等他物权之后,

---

〔1〕 参见[美]约翰·G.斯普兰克林:《美国财产法精解》,钟书峰译,北京大学出版社2009年版,第4~5页。

〔2〕 杜润生:《杜润生自述:中国农村体制变革重大决策纪实》,人民出版社2005年版,第157~158页。

〔3〕 参见王泽鉴:《民法物权》(第2版),北京大学出版社2010年版,第110页;谢在全:《民法物权论》(第5版),中国政法大学出版社2010年版,第426页;房绍坤:《用益物权基本问题研究》,北京大学出版社2006年版,第44页。

〔4〕 参见崔建远:《民法分则物权编立法研究》,载《中国法学》2017年第2期。

〔5〕 [美]约翰·亨利·梅利曼、赵萃萃:《所有权与地产权》,载《比较法研究》2011年第3期。

〔6〕 参见[美]埃里克·佛鲁博顿、[德]鲁道夫·芮切特:《新制度经济学》,姜建强、罗长远译,上海人民出版社2006年版,第105~106页。

〔7〕 参见高圣平:《新型农业经营体系下农地产权结构的法律逻辑》,载《法学研究》2014年第4期。

仍不失其完全性,所有权的权能并没有分离,只是所有权人行使其权利在所设定的他物权的范围内受到了限制,一旦他物权消灭,则所有权当然回复其全面支配的圆满状态。[1] 准此以解,集体土地所有权是浑然一体的权利,其内容可依所有权人的意志而伸缩,在其上为承包农户设定土地承包经营权,并不是集体土地所有权权能分离的结果。此时,集体土地所有权全面支配所有物的权能,将因受限制而大为减缩,其本身似已虚有其名,成为不具有任何权能的形态,学理上称为所有权虚有化或空虚所有权。[2] 然而,集体土地所有权设定土地承包经营权之后,集体本应依其所有权受到限制而向承包农户收取对价,但因国家政策上减轻农民负担而取消。这是集体作为所有权人基于国家政策和自主意愿处分其土地所有权的结果。

同理,土地承包经营权也具有浑然一体的内容,“农户承包权与土地经营权的设立并非将土地承包经营权肢解为两种权利,而是土地承包经营权中派生出土地经营权”[3]。自土地承包经营权派生出土地经营权,也不是土地承包经营权权能分离的结果。此时,土地承包经营权人行使其权利受到其上已设定的土地经营权的限制,相应地,其享有向经营主体收取对价的权利。农户占有、使用承包地的支配权能,将因土地经营权的设定而受到极大的限制,甚至减缩殆尽,其本身也虚有其名,仅表现为向经营主体收取对价的收益权能。但这同样是农户基于自主意愿处分其土地承包经营权的结果。

(二)“母子结构”的权利生成法理

正如从集体土地所有权派生出土地承包经营权之后,土地所有权仍然是浑然一体的权利,其名称并未因派生出土地承包经营权而发生改变,土地承包经营权派生出土地经营权之后,土地承包经营权也仍然是浑然一体的权利,其名称也不因派生出土地经营权而发生改变。如依“母子结构”的权利生成法理,这一权利结构更易理解为:土地承包经营权是土地所有权之上的权利负担,土地经营权是土地承包经营权之上的权利负担,土地所有权和土地承包经营权均不因其上设定了权利负担而改变其权利名称和性质。

准此以解,农地“三权”分置在法律上应传达为“土地所有权—土地承包经营权—土地经营权”,其中后者派生于前者。这一法律表达具有以下合理性:

第一,便于和现行制度相衔接,妥善处理“两权”分离和“三权”分置之间的关系。在我国目前农村生产力发展水平参差不齐的背景之下,“两权”分离和“三权”

---

〔1〕 参见谢在全:《民法物权论》(第5版),中国政法大学出版社2010年版,第110页。

〔2〕 参见谢在全:《民法物权论》(第5版),中国政法大学出版社2010年版,第109~110页。

〔3〕 蔡立东、姜楠:《农地三权分置的法实现》,载《中国社会科学》2017年第5期。

分置必将并行不悖。[1] 农地“三权”分置仅仅只是反映着发生承包地流转时的农地产权结构，并不全盘否定“两权”分离，在没有发生承包地流转的情况之下，仍然维系“两权”分离的产权结构。此时，农户仍然享有土地承包经营权，无须进一步派生出土地经营权，现行制度足敷使用；已经推行的土地承包经营权登记颁证工作也无须改变，即无须就土地承包权和土地经营权分别颁证，以满足农民对家庭承包经营制度的长久预期。只有在承包农户流转了承包地的情况之下，才为经营主体的土地经营权登记颁证。此时，原承包农户的土地承包经营权登记簿和权证只需记载土地经营权这一权利负担即可，无须重新就土地承包权登记颁证。《农村土地承包法修正案草案（一审稿）》采纳了这一观点。“土地集体所有权与承包经营权是承包地处于未流转状态的一组权利，是两权分离。土地集体所有权与土地承包权、土地经营权是承包地处于流转状态的一组权利，是三权分置。”[2] 从该草案所规定用益物权性土地承包权的内容来看，“两权”分离之下的“土地承包经营权”和“三权”分置之下的所谓“土地承包权”实为同义语。

第二，减少修改法律的难度，降低制度变迁成本。农村土地制度改革需要考虑制度变迁成本，如产权的界定和制度变迁成本大于收益，则这种制度变迁既不合理，也不易在实践中得以贯彻。[3] 在农地“三权”分置成为新一轮土地制度改革的基本理论之后，无论是《农村土地承包法》的修改还是《民法典》的编纂均需按照这一思想进行重构。如果在法律上直接转述“土地所有权、土地承包权、土地经营权”的政策术语，而土地承包权和土地经营权又是此前法律上未做规定的两种权利，两部法律中均需对土地承包权、土地经营权的性质和内容作出界定，如此，法律的变动过大，影响法律的稳定性，极易造成农民的误解和误读；如采取“土地所有权、土地承包经营权、土地经营权”的权利结构，两部法律中只需修改现行土地承包经营权流转的相关规则，就土地经营权的性质和内容另行作出规定即可，这降低了法律修改的难度。《农村土地承包法修正案草案（一审稿）》既规定了“两权”分离之下的土地所有权和土地承包经营权，又规定了“三权”分置之下的土地所有权、土地承包权和土地经营权，形成了“（集体）土地所有权＋（承包农户）土地承包经营权＋（承包农户）土地承包权＋（经营主体）土地经营权”这一承包地产权的复杂结构，并没有妥善处理

〔1〕 参见高圣平：《论农村土地权利结构的重构——以〈农村土地承包法〉的修改为中心》，载《法学》2018 年第 2 期。

〔2〕 刘振伟：《关于〈中华人民共和国农村土地承包法修正案（草案）〉的说明——2017 年 10 月 31 日在第十二届全国人民代表大会常务委员会第三十次会议上》，载《中华人民共和国全国人民代表大会常务委员会公报》2019 年第 1 期。

〔3〕 参见赵阳：《新形势下完善农村土地承包政策若干问题的认识》，载《经济社会体制比较》2014 年第 2 期。

好“两权”分离和“三权”分置之间、土地承包经营权和土地承包权之间的关系，颇值商榷。

第三，符合此前对“土地承包经营权”这一术语的通常理解。在《农村土地承包法》和《物权法》之下，土地承包经营权是指在农村土地之上设立的以从事农业生产为目的的权利，只是借用约定俗成的称谓来传达农地利用权的含义，[1]从其权利内容来看，并无“承包”和“经营”两项内容，即其本身并不是由土地承包权和土地经营权而构成，也无法分离为土地承包权、土地经营权。相反，如将土地承包权理解为“农村集体经济组织成员依法享有的承包土地的权利”[2]，土地承包经营权只是本集体成员行使土地承包权之后的结果，一旦土地承包经营权设定，此种意义上的土地承包权即失去意义，并未传导至土地承包经营权之中，只能在土地承包经营权因承包期届满之后再次行使。由此可见，不以土地承包经营权分离为土地承包权、土地经营权，而以土地承包经营权派生出土地经营权，以“土地承包经营权之上设定土地经营权”来传达新型农业经营体系之下的承包地产权结构更符合法律逻辑。

综上，所谓农地“三权”分置，即土地所有权、土地承包经营权、土地经营权分别配置。《农村土地承包法修正案草案(一审稿)》第6条第1款规定：“以家庭承包方式取得的土地承包经营权在流转中分为土地承包权和土地经营权。”依本书作者观点，应修改为：“土地承包经营权人可以在其依法取得的土地承包经营权上为土地经营权人设立土地经营权。”

明确界定“三权”的权利边界和彼此之间的关系，是在法律上落实农地“三权”分置政策的关键。“鼓励在理论上深入研究农民集体和承包农户在承包土地上、承包农户和经营主体在土地流转中的权利边界及相互权利关系等问题。”[3]准此，我国现行法上已作规定的土地承包经营权存在重新明确或调整其内容的必要，我国现行法上未作规定的“土地经营权”应作界定。

四、“土地所有权—土地承包经营权—土地经营权”的最终确立

(一)《新农村土地承包法》相关规定的形成与解释论

“落实‘三权分置’制度，是本次修改农村土地承包法的主要任务。”[4]但如何将

[1] 参见高圣平：《新型农业经营体系下农地产权结构的法律逻辑》，载《法学研究》2014年第4期。

[2] 《农村土地承包法修正案草案(一审稿)》第6条第2款。

[3] 《三权分置意见》“三、逐步形成‘三权分置’格局”之“逐步完善‘三权’关系”。

[4] 胡可明：《全国人民代表大会宪法和法律委员会关于〈中华人民共和国农村土地承包法修正案(草案)〉修改情况的汇报——2018年10月22日在第十三届全国人民代表大会常务委员会第六次会议上》，载《中华人民共和国全国人民代表大会常务委员会公报》2019年第1期。

“三权”分置政策转化为法律，学界存在巨大争议，已如前述。各种学说的争议首先体现在如何处理政策与法律的关系。就此，较为一致的观点认为，政策与法律在规范表达、形成程序等上的差异，决定了法律应以自身的话语体系来传达政策思想，不宜直接将政策语言转述为法律语言。[1]

《农村土地承包法修正案草案（一审稿）》立法说明中指出：“土地集体所有权与承包经营权是承包地处于未流转状态的一组权利，是两权分离。土地集体所有权与土地承包权、土地经营权是承包地处于流转状态的一组权利，是三权分置。”[2]如此，《农村土地承包法》既要调整“两权”分离，又要规制“三权”分置，这就决定了农地产权结构是守成因子和创新要素的糅合，[3]最终形成了“土地所有权＋土地承包经营权＋土地承包权＋土地经营权”的“四权”结构。《农村土地承包法修正案草案（一审稿）》甫一公布，即引起广泛的争议。

其一，“四权”结构之下，法律上至少应就土地承包经营权、土地承包权、土地经营权的性质和内容作出明确规定，[4]但《农村土地承包法修正案草案（一审稿）》在第二章仅专节规定土地承包权和土地经营权，并无土地承包经营权的全面规定，[5]对于未发生土地经营权流转时承包农户所取得的土地承包经营权调整不足，没有妥善反映“两权”分离之下的法律关系。

其二，《农村土地承包法修正案草案（一审稿）》第一章“总则”中将土地承包权界定为“农村集体经济组织成员依法享有的承包土地的权利”，但此种资格或身份意义上的土地承包权无法作为用益物权之财产权明晰其权能。[6] 从《农村土地承包法修正案草案（一审稿）》第二章第四节“土地承包权的保护和转让”的内容来看，大

---

〔1〕 参见许中缘、夏沁：《农村集体土地“三权分置”中政策权利的法律归位》，载《烟台大学学报（哲学社会科学版）》2017年第4期；孙宪忠：《推进农地三权分置经营模式的立法研究》，载《中国社会科学》2016年第7期；孟勤国：《论新时代农村土地产权制度》，载《甘肃政法学院学报》2018年第1期；陈小君：《土地改革之“三权分置”入法及其实现障碍的解除——评〈农村土地承包法修正案〉》，载《学术月刊》2019年第1期。

〔2〕 刘振伟：《关于〈中华人民共和国农村土地承包法修正案（草案）〉的说明——2017年10月31日在第十二届全国人民代表大会常务委员会第三十次会议上》，载《中华人民共和国全国人民代表大会常务委员会公报》2019年第1期。

〔3〕 参见陶钟太朗：《论土地经营权的物权设置：以〈农村土地承包法〉修订为落脚点》，载《中国土地科学》2018年第9期。

〔4〕 囿于调整范围的限制，《农村土地承包法》不宜专章规定集体土地所有权，而只能在具体条文中体现集体土地所有权部分行使规则。

〔5〕 《农村土地承包法修正案草案（一审稿）》只在第5条、第6条、第26条、第52条和第53条在用语上使用了土地承包经营权的概念。但具有宣示性作用的第10条仅规定：“国家保护集体土地所有权、土地承包权和土地经营权，任何组织和个人不得侵犯。”置土地承包经营权于不顾。

〔6〕 参见陈小君：《〈农村土地承包法修正案（草案）〉要义评析》，载《中国土地科学》2018年第5期。

部分条文仅仅适用于或主要适用于“两权”分离之下的土地承包经营权,[1]如此,造成土地承包权在同一部法律中的含义前后不一致,构成体系悖反,也造成“两权”分离和“三权”分置并存之下,土地承包经营权和土地承包权之间的相互关系并非达到“层次分明”的程度。

其三,按照《农村土地承包法修正案草案(一审稿)》第一章“总则”关于土地承包权的界定,土地承包权是先于土地承包经营权而存在的权利,土地承包经营权只是本集体经济组织成员行使了土地承包权之后的结果,一旦本集体经济组织成员取得土地承包经营权,土地承包权即失去意义,并未传导至土地承包经营权之中,也就是说,土地承包经营权中并不包含此种意义上的土地承包权,也无从分解或派生出此种意义的土地承包权。[2]

其四,“三权”分置之下,土地承包权仅仅只是土地承包经营权派生出土地经营权之后的剩余权利。由于土地经营权的流转形式丰富多样,承包农户派生出的土地经营权各有不同,其剩余权利当然也存在差异,这就给法律上抽象土地承包权的内容带来了一定的困难;此外,土地承包经营权经过长期的实践,已经为广大农村基层干部、群众所熟知,将流转土地经营权之后的剩余权利改为土地承包权,在一定程度上影响了农民对土地承包经营制度的长久预期,而且基层干部、群众也不易理解。[3] 总之,“四权”构造增加了修法的难度和制度变迁成本。

在常委会初次审议和公开征求意见过程中,较为一致的意见认为,《农村土地承包法修正案草案(一审稿)》规定的“四权”结构与“三权”分置政策不够契合,而且规定比较复杂,不利于社会公众尤其是农民理解。本集体经济组织成员有时享有的是土地承包经营权,有时享有的是土地承包权;非本集体经济组织成员,既可以通过流转方式获得土地经营权,也可以根据其他承包方式取得土地承包经营权。这直接导致法律概念交叉不清,不便在实践中操作,并未达到“充分发挥‘三权’的各自功能和整体效用,形成层次分明、结构合理、平等保护的格局”[4]的政策目标。其间,有以土地承包权代替土地承包经营权的动议,[5]但最终还是保留了土地承包经营权

[1] 参见高圣平:《论农村土地权利结构的重构——以〈农村土地承包法〉的修改为中心》,载《法学》2018年第2期。

[2] 参见高圣平:《承包地三权分置的法律表达》,载《中国法学》2018年第4期。

[3] 参见柳随年:《关于〈中华人民共和国农村土地承包法(草案)〉的说明——2001年6月26日在第九届全国人民代表大会常务委员会第二十二次会议上》,载《中华人民共和国全国人民代表大会常务委员会公报》2002年第5期。

[4] 《三权分置意见》之“三、逐步形成‘三权分置’格局”。

[5] 参见刘守英、高圣平、王瑞民:《农地三权分置下的土地权利体系重构》,载《北京大学学报(哲学社会科学版)》2017年第5期。

的概念。为反映“两权”分离和“三权”分置并存之下的承包地产权结构,《农村土地承包法修正案草案(二审稿)》就法律的结构采取土地承包经营权和土地经营权并列的安排,舍弃了《农村土地承包法修正案草案(一审稿)》中土地承包权的专节规定,将《农村土地承包法修正案草案(一审稿)》第二章第四节的节名“土地承包权的保护和转让”修改为“土地承包经营权的保护和互换、转让”,第五节的节名“土地经营权的保护和流转”修改为“土地经营权”,以此表明“三权”之间的相互关系是土地承包经营权派生于土地所有权;土地经营权派生于土地承包经营权。《农村土地承包法修正案草案(二审稿)》全文仅两处出现“土地承包权”一语,〔1〕从这两条的文义来看,第9条中的“土地承包权”指的是派生出了土地经营权之后土地承包经营权的剩余权利;第44条中的“土地承包权”指的是派生出了土地经营权之后土地承包经营权的简称。

《新农村土地承包法》最终维系了《农村土地承包法修正案草案(二审稿)》的结构安排,全文仅有一处出现了“土地承包权”,即第9条:“承包方承包土地后,享有土地承包经营权,可以自己经营,也可以保留土地承包权,流转其承包地的土地经营权,由他人经营。”如此,再次引发了承包地产权结构是由“土地所有权、土地承包经营权、土地经营权”等“三权”抑或“土地所有权、土地承包经营权、土地承包权、土地经营权”等“四权”构成的争议。如《新农村土地承包法》通过后,直接参与立法的专家认为,“土地承包权是承包地流转后从土地承包经营权中分置出来的,农户拥有土地承包权是农村基本经营制度的基础。实践中,取得承包权有两个条件:具有本集体经济组织成员资格(成员属性);与发包方签订了承包合同,获得了承包地(财产属性)”。“土地承包权权能中的收益权和受限定的处分权(可以收回土地经营权但不能买卖承包地)是现实存在的,不是虚置的权利。”〔2〕这一观点是全国人大农业与农村委员会起草《农村土地承包法修正案草案(一审稿)》时直接转述政策语言的基本思路的反映,〔3〕自《农村土地承包法修正案草案(二审稿)》开始,法律文本中尽量遵循自身逻辑来传达政策思想。因此,这一观点已不足取。

第一,从《新农村土地承包法》的内容来看,除了第9条之外,并无“土地承包

〔1〕《农村土地承包法修正案草案(二审稿)》第9条规定:“农村集体经济组织成员承包土地后,享有土地承包经营权,可以自己经营,也可以保留土地承包权,流转其承包地的土地经营权,由他人经营。”第44条规定:“承包方向他人流转土地经营权,不影响其依法享有的土地承包权,承包方与发包方的承包关系不变。”

〔2〕刘振伟:《巩固和完善农村基本经营制度》,载《农村经营管理》2019年第1期。

〔3〕就《农村土地承包法修正案草案(一审稿)》的批评意见,参见高圣平:《论农村土地权利结构的重构——以〈农村土地承包法〉的修改为中心》,载《法学》2018年第2期;陈小君:《〈农村土地承包法修正案(草案)〉要义评析》,载《中国土地科学》2018年第5期;高飞:《土地承包权与土地经营权分设的法律反思及立法回应——兼评〈农村土地承包法修正案(草案)〉》,载《法商研究》2018年第3期等。

权”这一新生权利的权利性质和内容的规定。从立法过程来看,自《农村土地承包法修正案草案(二审稿)》开始就尽量避免出现“四权”结构,不仅法律的篇章结构不再专节规定“土地承包权”,而且第一章“总则”中宣示性条文中也仅在第8条规定“土地承包经营权”的保护,第10条规定“土地经营权”的保护,并没有“土地承包权”保护的宣示性规定;在第四章“争议的解决和法律责任”规定的也是“土地承包经营权”“土地经营权”的救济措施,并无侵害“土地承包权”法律责任的规定,尤其是第56条规定:“任何组织和个人侵害土地承包经营权、土地经营权的,应当承担民事责任。”并无土地承包权的规定。由此可见,《新农村土地承包法》并无意将土地承包权作为一种新生的民事权利加以规定。

第二,依权利生成法理,从集体土地所有权派生出土地承包经营权之后,土地所有权仍然是浑然一体的权利,其名称并未因派生出土地承包经营权而发生改变;土地承包经营权派生出土地经营权之后,土地承包经营权也仍然是浑然一体的权利,其名称也不因派生出土地经营权而发生改变。正如在派生出土地承包经营权之后,土地所有权的权能虽然发生变化,但法律上无须就土地所有权的剩余权利单独规定其名称和内容一样,土地承包经营权派生出土地经营权之后,法律上同样无须就土地承包经营权的剩余权利单独规定其名称和内容。[1] 如此看来,“从法律性质上讲,土地承包经营权人流转土地经营权后,其所享有的土地承包经营权并未发生改变”,“只是承包方行使土地承包经营权的方式发生了改变而已,从直接行使转变为间接行使”[2]。法律上也就无须专门设置“土地承包权”来反映承包农户的剩余权利,只需就新生的土地经营权作出专门规定即可。《新农村土地承包法》第9条规定中的“土地承包权”,也只能理解为权利行使受到土地经营权限制的土地承包经营权的便宜称谓。

第三,如依前引专家的理解,“土地承包权是承包地流转后从土地承包经营权中分置出来的”,土地承包经营权设定在前,土地承包权分置在后。产生土地承包权的条件也应当是,土地承包经营权人与土地经营权人签订土地经营权合同,流转土地经营权,而不是所谓“具有本集体经济组织成员资格(成员属性);与发包方签订了承包合同,获得了承包地(财产属性)”。前引所谓取得土地承包权的两个条件,实际上是取得土地承包经营权的两个条件。同时,所谓“收益权和受限定的处分权”,也不是土地承包权的权能,而是土地承包经营权的权能。土地承包经营权派生出土地经营权之后,土地经营权人的权利均来源于土地承包经营权。占有、使用承包地

[1] 参见高圣平:《承包地三权分置的法律表达》,载《中国法学》2018年第4期。
[2] 黄薇主编:《中华人民共和国农村土地承包法释义》,法律出版社2019年版,第44页。

并取得收益的权利已由土地经营权人行使，土地承包经营权人已无权行使，其收益权主要体现为土地经营权流转价款的给付请求权。如此看来，前引专家的观点并没有从概念和内容上对土地承包权和土地承包经营权加以区分，实不足采。

综上，《新农村土地承包法》在既有土地所有权和土地承包经营权“两权”分离的基础上，通过土地承包经营权派生出土地经营权这一新类型权利来达到“三权”分置的政策目标，即在维系土地承包经营权的保障功能的前提下，派生出市场化的土地经营权，以促进适度规模经营。如此，在“三权”分置之下，承包地的产权结构由土地所有权、土地承包经营权和土地经营权等“三权”构成。依体系解释，只能将《新农村土地承包法》第9条中的“土地承包权”解释为流转了土地经营权之后的土地承包经营权的简称。在法律中保留“土地承包权”的表述，进一步体现了将政策转化为法律之时的争议，其所带来的分歧只有经由解释得以防免。在民法典中进一步明确承包地的产权结构，彻底消除其中的解释分歧，应为立法论上的最优选择。

（二）《民法典》相关规定的解释论

尽管如此，“土地所有权—土地承包经营权—土地经营权”的法律结构在解释层面仍然面临以下问题：

第一，对于集体土地所有权，尽管法律上明确坚持集体土地由集体成员集体所有，《新农村土地承包法》也对集体所有权的内涵、权利与责任予以界定，但关于集体所有权利的强度、集体组织与集体成员的关系、集体所有权与集体组织行使的职能、集体成员权的界定、集体所有权与村社制度的关系等均未做进一步的明确。关于集体所有的理解因立场、价值观和对农村制度历史认知的不同而存在差异，这些分歧不仅使集体所有权仍表现为一种“虚化”的状态，而且不利于保护农民权利，无法真正地落实集体土地所有权。

第二，对于土地承包权，尽管《新农村土地承包法》强调农民土地承包经营权为承包农户的财产，依法实行保护，但是该法未对土地承包权和土地承包经营权的权利属性作出界定。实践中，大量发生行政权侵犯农民承包地财产权的情形，土地承包权的权能仍然存在残缺。该法也强调农民与承包土地的关系长久不变，但是就长久不变的内涵、期限等一直未进行明确的界定，影响承包农户对土地的预期与长期稳定性。在农户分化和收入来源多元以后，承包权的农地经济重要性下降，承包农户持有土地的观念越来越强于其收入功能，小农对承包地的利用行为发生变化，也影响稀缺土地的有效使用。[1]

---

〔1〕 参见徐超：《承包地“三权”运行制度研究》，法律出版社2010年版，第19～22页。

第三，对于土地经营权，《新农村土地承包法》关于土地经营权性质和内容不明确、法律界定与保护的不明朗，不利于土地流转的规范，而且关于土地经营权的流转的基本内涵、流转方式、流转期限等方面也不明确，不利于适度规模经营，更不利于现代农业发展。[1]

此种背景下，《民法典》如何回应学说上关于“三权”分置之下农地产权结构的争议，以及如何消除《新农村土地承包法》尚未解决的解释分歧，即成为《民法典》编纂过程中的重大问题。《民法典》物权编的“土地承包经营权”章与现阶段农业生产关系相适应，同时反映“两权”分离和“三权”分置之下的农用地利用关系。与《物权法》相关规则相比，《民法典》物权编新增了调整“三权”分置之下农用地利用关系的规则，并基于这些规则对“两权”分离之下农用地利用关系的既有规则进行了相应修改。《民法典》关于农用地权利体系的规定，既是对“三权”分置改革成果的定型化，也是基于土地利用权的生成法理对试点政策和《新农村土地承包法》做了部分矫正。

在物权法定原则(《民法典》第 116 条)之下，土地承包经营权同时受到类型强制和类型固定的约束。《民法典》第 331 条规定：“土地承包经营权人依法对其承包经营的耕地、林地、草地等享有占有、使用和收益的权利，有权从事种植业、林业、畜牧业等农业生产。”由此可见，土地承包经营权的权利内容并无“承包”，而仅有“经营”，所谓“承包”仅仅只是表明土地承包经营权依土地承包合同而设立。从另外一个角度观察，土地承包经营权是承包农户利用农用地从事农业生产经营活动的用益物权，由此而决定，土地承包经营权和土地经营权都是利用农用地从事农业生产经营活动的权利，均有“经营”的内容，但并不表明承包农户在土地承包经营权之外还享有土地经营权，其就承包地享有的经营权利径称“土地承包经营权”。如此一来，土地承包经营权并不是由土地承包权和土地经营权而构成，也就无法分离、分解或分置为土地承包权和土地经营权。

依权利生成法理，土地承包经营权派生出土地经营权之后，土地承包经营权仍然是土地承包经营权，仍然是物权法定原则之下浑然一体的权利，其名称和内容也不因派生出土地经营权而发生改变，只是承包农户行使其土地承包经营权受到了土地经营权的限制，一旦土地经营权因期限届满、合同解除等原因而消灭，土地承包经营权即恢复至其圆满状态。正如在派生出土地承包经营权之后，土地所有权的权能虽然发生变化，但法律上无须就土地所有权的剩余权利单独规定其名称和内容一样，土地承包经营权派生出土地经营权之后，法律上同样无须就土地承包经营权的

---

〔1〕 参见张慧宏、姜爱茹：《农地“三权分置”下的土地流转法律制度研究》，九州出版社 2018 年版，第 112 ~ 136 页。

剩余权利单独规定其名称和内容。[1] 由此可见,“三权”分置,只是在“两权”分离所产生的土地承包经营权的基础上再派生出土地经营权,也就是说,“三权”分置只是在土地所有权和土地承包经营权之外增加了一个土地经营权,是“在土地承包经营权的基础上,再设计一个由承包地流转的受让人享有的权利,即新增加的土地经营权,也就是‘三权分置’中的第三个权利”[2]。其农用地权利体系应当是“土地所有权→土地承包经营权→土地经营权”。如此可以反映“两权”分离和“三权”分置并存下的生产关系,在法律上只需确定新生的土地经营权的性质和内容即可。在解释上,《新农村土地承包法》第9条中出现的“土地承包权”,就是派生出土地经营权之后的土地承包经营权的便宜称谓,并不表明农用地权利体系中还存在一个“土地承包权”。[3] 正是依循这一逻辑,《民法典》“土地承包经营权”章不再规定所谓的“土地承包权”。由此,《民法典》上的农用地权利体系由土地所有权、土地承包经营权和土地经营权等三种权利构成。[4]

五、本章小结

从“两权”分离到“三权”分置,体现了我国农村土地制度改革的渐进性发展规律,[5]体现着农地权利结构的制度变迁。“从制度的发生史来看,农业发展的不同阶段要求不同的制度安排,发展阶段的演进必然要求相应的制度变革。”[6]在“三权”分置已经被确定为法律修改的重要理论基础的情况下,把握政策目标,结合既有的规范体系和社会事实,寻求法律上的妥适表达,以实现制度变迁,[7]实为《民法典》和《新农村土地承包法》的主要任务。“政策本身具有灵活性以及现实性,但法律却是稳定与普适的。”[8]在将经实践检验被认为行之有效的政策上升为法律规范之时,应以法律自身的逻辑传达政策的基本意蕴和目标。在现行法中植入“三权”分置思想,既要考虑与现有承包地的权利结构相协调,避免强制性的制度变迁,又要关

[1] 参见高圣平:《承包地三权分置的法律表达》,载《中国法学》2018年第4期。

[2] 杜涛:《民法典物权编的主要制度与创新》,载《中国人大》2020年第14期。

[3] 参见房绍坤:《〈农村土地承包法修正案〉的缺陷及其改进》,载《法学论坛》2019年第5期;高圣平:《农村土地承包法修改后的承包地法权配置》,载《法学研究》2019年第5期。

[4] 参见高圣平:《农地三权分置改革与民法典物权编编纂——兼评〈民法典各分编(草案)〉物权编》,载《华东政法大学学报》2019年第2期。

[5] 参见管洪彦、孔祥智:《“三权分置”中的承包权边界与立法表达》,载《改革》2017年第12期。

[6] 耿卓:《农地三权分置改革中土地经营权的法理反思与制度回应》,载《法学家》2017年第5期。

[7] 参见陶钟太朗、杨环:《农地“三权分置”实质探讨——寻求政策在法律上的妥适表达》,载《中国土地科学》2017年第1期。

[8] 许中缘、夏沁:《农村集体土地“三权分置”中政策权利的法律归位》,载《烟台大学学报(哲学社会科学版)》2017年第4期。

注由此引发的配套规则的修改,防止出现体系冲突。

基于此,“土地所有权+土地承包经营权+土地经营权”的权利构造模式应为较为妥适的解决方案。其中,土地承包经营权是“两权”分离和“三权”分置中并存的一类财产权利,在同一法典中予以规定,其法律意义自应前后贯通,其功能上的保障属性导向决定了其取得和享有上的身份性,我国实定法上所谓“以其他承包方式取得的土地承包经营权”理当重构;土地经营权反映着促进土地资源市场化配置、发展适度规模经营、推进农业供给侧结构性改革的政策目标,为一体反映自土地承包经营权派生出的承包地利用权利,宜将其定性为债权,但赋予其登记能力,使经营主体借由登记取得相对稳定并可对抗第三人的权利。《新农村土地承包法》将政策文件直接嵌入法律之中,缺乏体系化考量,没有彻底厘清“三权”的权利边界和相互关系,也没有准确表达农民集体、承包农户和经营主体的不同利益诉求,颇值商榷。在此基础上,《民法典》对土地经营权的流转方式、流转期限、流转内容以及登记能力等方面的规定,提供了“三权”分置体系与法律体系再次整合的契机。

第三章 “三权”分置之下集体土地所有权的权利塑造

一、问题的提出

目前我国正不断深化农村土地制度的改革，集体产权、农地“三权”分置、农村户籍、集体资产管理、集体经济组织法人化等改革渐次铺开。2016年中央一号文件指出，“深化农村集体产权制度改革。到2020年基本完成土地等农村集体资源性资产确权登记颁证、经营性资产折股量化到本集体经济组织成员，健全非经营性资产集体统一运营管理机制”。《三权分置意见》提出“落实集体所有权，稳定农户承包权，放活土地经营权”的农地“三权”分置方案，旨在通过农地“三权”分置进一步落实集体所有权。《集体产权改革意见》则试图“通过改革，逐步构建归属清晰、权能完整、流转顺畅、保护严格的中国特色社会主义农村集体产权制度”，并且强调集体经济组织的作用，即“发挥好农村集体经济组织在管理集体资产、开发集体资源、发展集体经济、服务集体成员等方面的功能作用”。

2017年中央一号文件明确将集体经营性资产作为深化农村集体产权制度改革的重要内容，“全面开展农村集体资产清产核资。稳妥有序、由点及面推进农村集体经营性资产股份合作制改革，确认成员身份，量化经营性资产，保障农民集体资产权利。从实际出发探索发展集体经济有效途径，鼓励地方开展资源变资产、资金变股金、农民变股东等改革，增强集体经济发展活力和实力”。2018年中央一号文件指出坚持党对集体经济组织领导的核心地位，即“深入推进农村集体产权制度改革。全面开展农村集体资产清产核资、集体成员身份确认，加快推进集体经营性资产股份合作制改革。推动资源变资产、资金变股金、农民变股东,探索农村集体经济新的实现形式和运行机制。坚持农村集体产权制度改革正确方向,发挥村党组织对集体经济组织的领导核心作用,防止内部少数人控制和外部资本侵占集体资产”。2019 年中央一号文件将集体资产管理作为推进农村集体产权改革的重要内容,“深入推进农村集体产权制度改革。按期完成全国农村集体资产清产核资,加快农村集体资产监督管理平台建设,建立健全集体资产各项管理制度”。

2020 年中央一号文件强调对集体经济组织的改革,即“全面推开农村集体产权制度改革试点,有序开展集体成员身份确认、集体资产折股量化、股份合作制改革、集体经济组织登记赋码等工作。探索拓宽农村集体经济发展路径,强化集体资产管理”。农业农村部《对十三届全国人大三次会议第 1735 号建议的答复》(农办议〔2020〕483 号)中,强调要同步推进户籍和农村集体产权改革,以便为巩固脱贫攻坚成果提供长效制度保障。集体经济财产是农村经济发展和社会稳定的基础,激活集体经济财产是实现好、维护好、发展好广大农民根本利益的落脚点。2021 年中央一号文件要求,“2021 年基本完成农村集体产权制度改革阶段性任务,发展壮大新型农村集体经济”。2022 年中央一号文件则明确,“巩固提升农村集体产权制度改革成果,探索建立农村集体资产监督管理服务体系,探索新型农村集体经济发展路径”。

通过以上政策文件的梳理可以发现,通过盘活农村集体资产、探索农村集体经济运行新机制,对于增强集体经济发展活力而促进乡村振兴,继而引领农民逐步实现共同富裕,具有深远历史意义。2021 年颁布并施行的《乡村振兴促进法》第 12 条第 1 款更是将集体产权制度的完善作为促进乡村产业发展的制度安排,“国家完善农村集体产权制度,增强农村集体所有制经济发展活力,促进集体资产保值增值,确保农民受益”。

在政治逻辑上,集体土地所有权是我国土地社会主义公有制的重要体现,集体所有制与全民所有制是我国公有制的基本方式;在法权逻辑上,集体土地所有权是宅基地使用权、土地承包经营权等用益物权的“母权利”,相应地,其他权利为“子权利”;在实践逻辑上,集体土地所有权是推进集体产权制度改革、农民户籍改革的权利基础,也是实现承包地、宅基地和集体建设用地等相关制度改革的重要保障。“只有把握本集体成员集体所有的集体公有制本质,农村集体产权改革和集体经济组织法人构造才能坚持正确的方向。”〔1〕

〔1〕 韩松:《论农民集体所有权的成员集体所有与集体经济组织行使》,载《法商研究》2021 年第 5 期。

但与其重要地位截然相反的是,目前我国法律和理论界并未对集体土地所有权给予足够的重视。规范残缺不全、理论迟滞不前,进而引致集体土地所有权主体混乱、权能不清晰、实现机制不畅等问题。具体而言,主要存在以下三类问题:一是集体经济缺乏有效实现方式,集体所有权流失严重,包括实现集体经济缺乏形式保障、集体所有权流失严重,集体经济组织薄弱,难以发挥组织管理的作用,集体资产缺失有效监管、集体所有权权能欠缺;二是农村集体经济组织现状落后与“三权”分置改革的问题,包括主体制度缺失下农村集体经济组织无法实现其组织管理的功能,农村集体经济组织自身的概念内涵和外延不清晰,农民集体、农村集体经济组织与村委会的关系混乱;三是工商资本侵蚀集体财产的结构配置,诱发农民失地风险,包括工商资本侵占各项政府补贴,工商资本过度介入农业,隐含农业失地风险,工商资本进入农村,未给农村集体经济组织带来实质层面的增益。[1] 以上问题可归结于现有法律规范对于集体土地所有权制度的权利主体和权能内容的两个方面的内容,本部分拟围绕此重点展开。

二、集体土地所有权的权利主体

《物权法》第 59 条第 1 款明确规定:“农民集体所有的不动产和动产,属于本集体成员集体所有。”并于第 60 条规定了农民集体所有的土地等财产,由集体经济组织或村民委员会等代表行使所有权的行使规则。《土地管理法》(2004 年)(已被修改)第 10 条也规定:“农民集体所有的土地依法属于村农民集体所有的,由村集体经济组织或者村民委员会经营、管理。”《民法典》物权编第 261 条、第 262 条基本延续了《物权法》《土地管理法》的规定。《民法典》总则编确立了集体经济组织特别法人的地位,并且明确可适用法律、行政法规对其作出的特别规定。《民法典》作为调整物的归属与利用的民事基本法,对此所作的规定本应无异议。但“根据党和国家政策有关集体所有制发展及其有效实现对法律制度的需求,《民法典》集体所有权立法以‘坚持集体所有制,落实集体所有权’和‘赋予农民更多财产权利’为目标,并通过修改《物权法》中相关条文使集体所有权的私权属性更加明晰、回应了集体所有权的运行环境改变状况、丰富了农民集体成员权的内容。然而,《民法典》集体所有权立法同时留下了农民集体与农村集体经济组织的关系不清、农民集体成员权的内容部

---

[1] 参见米运生、罗必良、徐俊丽:《坚持、落实、完善:中国农地集体所有权的变革逻辑——演变、现状与展望》,载《经济学家》2020 年第 1 期;姜红利:《分类推进是实现农民集体所有权的基本理念》,载《农业经济问题》2019 年第 7 期;朱继胜:《落实集体土地所有权:〈农村土地承包法〉检讨与改进》,载《河北法学》2021 年第 11 期。

分缺失、城镇集体所有权制度规定过于粗疏的遗憾”[1]。

由于我国近几十年来农村经济体制变革和学界对“集体”的认知不同,理论上和实务上关于集体土地所有权的主体也存在不同认识。一种观点认为,根据法律规定,集体土地的所有权人应为农民集体,而不是农村集体经济组织;[2]另一种观点则认为,农民集体不是民法上的主体,集体经济组织在法人化的背景下具有民事主体地位,是集体所有权的权利主体。[3] 此种分歧直接影响了对集体土地所有权的权利主体的认定。

(一)农村集体经济组织与农民集体的主体界分

农民集体作为一系列政治运动的产物,自创制之初便未遵循立法的逻辑,但其始终与集体所有权主体制度保持了紧密联系。综观而言,关于农村集体经济组织和农民集体的主体关系,目前学界主要存在三种观点:其一,认为集体经济组织是农民集体的表现形式,二者具有同一性,集体经济组织为集体所有权人。[4] 例如,全国人大法工委的释义书中就明确指出,“农村集体经济组织法人是农民集体作为民事主体,在法律上的表现形式”。“农民集体作为所有权人,其在法律上的表现形式就是农村集体经济组织。”[5]其二,主张集体经济组织与农民集体存在差异,学理上和未来立法上应将集体经济组织作为集体所有权主体。[6] 如有学者指出,“集体经济组织在性质上不应当被界定为代表农民集体的集体土地所有权的行使主体,而应是真正的集体土地所有权主体,其本质是农民集体的组织化和法人化”[7]。其三,主

[1] 高飞:《〈民法典〉集体所有权立法的成功与不足》,载《河北法学》2021 年第 4 期。

[2] 参见韩松:《论成员集体与集体成员——集体所有权的主体》,载《法学》2005 年第 8 期;童列春:《论中国农地集体所有权》,载《农业经济问题》2014 年第 10 期;管洪彦:《农民集体的现实困惑与改革路径》,载《政法论丛》2015 年第 5 期;姜红利:《农地三权分置之下土地所有权的法律表达》,载《法学家》2017 年第 5 期;吴昭军:《农村集体经济组织“代表集体行使所有权”的法权关系界定》,载《农业经济问题》2019 年第 7 期。

[3] 参见陈小君等撰稿:《我国农村集体经济有效实现的法律制度研究——理论奠基与制度构建》,法律出版社 2016 年版,第 216 页;孙宪忠:《中国农民“带地入城”的理论思考和实践调查》,载《苏州大学学报(哲学社会科学版)》2014 年第 3 期;陈甦主编:《民法总则评注》,法律出版社 2017 年版,第 702 页;高飞:《集体土地所有权主体制度研究》,法律出版社 2012 年版,第 122 页。

[4] 参见陈甦主编:《民法总则评注》,法律出版社 2017 年版,第 702 页;王丹:《农村集体经济组织法人的法律定位》,载《人民司法(应用)》2017 年第 28 期等。

[5] 李适时主编:《中华人民共和国民法总则释义》,法律出版社 2017 年版,第 311 ~ 312 页。

[6] 参见孙宪忠:《中国农民“带地入城”的理论思考和实践调查》,载《苏州大学学报(哲学社会科学版)》2014 年第 3 期;杨立新:《〈民法总则〉对民法基本规则的成功改革及成因》,载《法治研究》2017 年第 3 期;成德宁、侯伟丽:《产权经济学视角下我国农村土地产权结构问题研究》,载《南都学坛》2013 年第 3 期。

[7] 陈小君等撰稿:《我国农村集体经济有效实现的法律制度研究——理论奠基与制度构建》,法律出版社 2016 年版,第 216 页。

张集体经济组织与农民集体是不同的主体,应明确农民集体的集体所有权主体地位。[1] 例如,有学者指出“集体所有权的主体是集体范围的成员集体”,“成员集体应为以集体成员全体为主体的非法人团体组织”[2]。全国人大法工委的释义书中指出,“在实践中,许多村没有集体经济组织或者不健全,难以履行集体所有土地的经营、管理等行使所有权任务,需要由行使自治权的村民委员会来代表行使集体所有权。因此,如果有以村为单位的农村集体经济组织,就由该村集体经济组织经营、管理;如果没有以村为单位的农村集体经济组织,则由村民委员会经营、管理”[3]。

为保障农地“三权”分置实践顺利推进,必须在大致框架内重构集体所有制,实现集体经济组织的法人化改造。在《民法典》总则编明确农村集体经济组织作为特别法人的法律地位后,《农村集体经济组织法》也提上了立法日程。此时,应注意和把握农民集体和农村集体经济组织之间的主体差异,二者不具有同一性。

第一,农民集体的存在具有普遍性,而集体经济组织的存在具有或然性和一定的独立性。在我国农村,一定地域范围内的农民个体集合形成集体,在该地域中农民集体是唯一且必然存在的。集体经济组织是否设立则在不同地区具有不同情形,《民法典》总则编第 101 条第 2 款对“未设立集体经济组织的”情形做了针对性规定。此外,农村集体经济组织的存在不以农民集体的存在为前提。我国部分农村地区随城市化已实现农民市民化,且已无集体土地,但仍旧保留有集体经济组织,对原集体资产进行经营和管理,如深圳、广州等地。

第二,农民集体具有抽象性、集合性,没有外在的组织形式和内在的组织机构。集体经济组织则具有一定的组织形式和治理结构,可以形成团体意志,属于民法上特殊的团体。集体经济组织具有多种表现形式,就历史演变而言,其原型是农业生产合作社,经由人民公社三级组织演变至今[4];在集体产权改革试点实践中,则存在有限责任公司、社区股份合作社和社区经济合作社等组织形式。[5]

第三,首先农民集体成员和集体经济组织成员不同。现行法律与政策中未对两者进行区分,虽然两者存在一定程度上的重合,但也应看到二者有所区别,目前此种

〔1〕 参见宋志红:《论农民集体与农村集体经济组织的关系》,载《中国法学》2021 年第 3 期;于飞:《“农民集体”与“集体经济组织”:谁为集体所有权人? ——风险界定视角下两者关系的再辨析》,载《财经法学》2016 年第 1 期;管洪彦:《农民集体的现实困惑与改革路径》,载《政法论丛》2015 年第 5 期;姜红利、宋宗宇:《集体土地所有权归属主体的实践样态与规范解释》,载《中国农村观察》2017 年第 6 期。

〔2〕 韩松:《论成员集体与集体成员——集体所有权的主体》,载《法学》2005 年第 8 期。

〔3〕 黄薇主编:《中华人民共和国民法典物权编解读》,法律出版社 2020 年版,第 144 页。

〔4〕 参见李永军:《集体经济组织法人的历史变迁与法律结构》,载《比较法研究》2017 年第 4 期。

〔5〕 参见方志权:《农村集体经济组织特殊法人:理论研究和实践探索》,载《科学发展》2018 年第 1 期。

混淆状态既不利于集体经济组织的构建,也不利于集体所有权关系的理顺。[1] 农民集体成员是构成农民集体的组成部分,是集体所有制下占有、使用生产资料的劳动群众。从集体土地所有权的形成历史来看,农民集体成员是土地等生产资料的所有权来源和利益归属,主要由高级合作社和人民公社时期的社员及其后代构成,具有强烈的身份属性。在高级合作社至人民公社时期,集体经济组织成员和农民集体成员具有高度重合性,同时基于当时严格的城乡区隔体制和户籍制度,二者与户籍亦具有高度重合性。但随着城乡人口流动,户籍制度松动,三者亦逐渐相互偏离。集体经济组织成员确认最初以户籍为标准,后来随着城乡格局变迁,各地在实践中不断探索集体经济组织成员资格确认的方式和标准,是否持有当地农业户籍、是否拥有承包地等不再被严格视为集体经济组织成员确认标准,是否享受城镇居民社会保障、是否长期稳定的在当地生活工作等因素则被作为界定集体经济组织成员资格的考量标准。可见,集体经济组织成员的范围已经较大程度上偏离了集体所有权形成时期的社员范围。其次,农民集体成员和农村集体经济组织成员身份确认的自治与开放程度不同。农民集体成员具有身份的强制获得性和封闭性,农民身份是城乡二元区隔下通过行政权力、法律政策等所强制赋予的社会角色,并非通过意思自治的契约取得。[2] 在集体产权改革试点实践中,集体经济组织则开始了自治性、开放性的探索,成员资格可通过申请并由团体决议的方式获得。这也就意味着,在特别法人的制度构建下,非本集体的成员,甚至城镇居民或工商资本,可以通过出资等方式申请加入集体经济组织。在这一层面,区分农民集体成员和集体经济组织成员,一方面有利于明晰集体所有权主体,确定集体资产受益对象;另一方面也有利于集体经济组织的法人化和市场化,促进集体经济的发展。

第四,在规范解释层面,综合《民法通则》《物权法》《民法总则》《民法典》的规定,可解读出农民集体不同于集体经济组织。《民法通则》第 74 条规定集体所有的土地由集体经济组织经营管理,《物权法》第 60 条和《民法典》第 262 条则采用了集体经济组织代表集体行使所有权的表述,可见集体是所有权人,集体经济组织是行使人和经营管理人。"'农民集体'不是指乡(镇)、村或村以内的农村集体经济组织,也不是指某级行政组织如乡(镇)政府或某级自治组织如村民委员会。"[3] 在特别法人的制度背景下,若集体经济组织就是农民集体,则意味着集体土地为该法人

---

[1] 参见杨一介:《我们需要什么样的农村集体经济组织?》,载《中国农村观察》2015 年第 5 期。

[2] 参见刘云生:《农村土地股权制改革:现实表达与法律应对》,中国法制出版社 2016 年版,第 152 页。

[3] 江必新主编:《最高人民法院关于审理涉及农村集体土地行政案件若干问题的规定理解与适用》,中国法制出版社 2013 年版,第 9 页。

所有,形成法人的私有财产外观,与公有制有所背离。

(二)集体所有权主体是农民集体而非集体经济组织

揆诸现行立法与试点实践,在农民集体与农村集体经济组织主体界分的前提下,宜将集体所有权主体界定为农民集体,而非农村集体经济组织。《三权分置意见》就明确提出,“通过建立健全集体经济组织民主议事机制”,“确保农民集体有效行使集体土地所有权”。

1. 农民集体作为集体所有权人具有实证法依据

农村集体经济组织并非新物,其形式可追溯至农民合作社,其后至原人民公社时期的三级组织,正式作为法律概念进入立法则是 1982 年《宪法》,其后为民事法律所采用。[1] 在这个历史过程中,土地所有权人也发生过一系列变化。在农业合作化时期,土地所有权关系由初级合作社时期的土地农民私有,转变为高级合作社时期的土地等主要生产资料集体所有制,此时房屋、宅基地等仍属社员私有。[2] 随后的人民公社化时期,在初期小社并大社,组建人民公社,土地的高级合作社所有转变为人民公社所有,农民的宅基地等土地也转变为公社所有,也就是所谓“大公社时期”。[3] 《人民公社条例》规定:“公社既是集体经济组织,又是国家政权组织。公社代表国家机构直接指挥集体所有制的农业生产。”1960 年至 1962 年,中央政策再次对农村经济体制进行调整,土地的所有权由人民公社所有转变为“三级所有、队为基础”,进入“新公社时期”。1960 年,中共中央《关于农村人民公社当前政策问题的紧急指示信》提出“以生产队为基础的三级所有制是现阶段人民公社的根本制度”,1962 年中共八届十中全会通过的《农业六十条》(修正草案)正式确立了公社、生产大队和生产队三级所有,以生产队为基本核算单位的模式。[4] 改革开放后,人民公社的解体与改制使“土地所有权由谁继受成了问题”。[5]

集体经济组织作为既存的法律概念,并没有被立法者规定为集体所有权人。与之相比,在我国法律中,农民集体自始便作为集体所有权人的身份出现。1986 年《民法通则》(已失效)第 74 条规定“集体所有的土地依照法律属于村农民集体所

---

〔1〕 在中华人民共和国成立后初期的政策文件中便已出现“集体经济组织”的表述,如 1955 年《农业生产合作社示范章程》(已失效)和 1956 年《高级农业生产合作社示范章程》(已失效)。

〔2〕 1956 年《高级农业生产合作社示范章程》第 13 条规定:“入社的农民必须把私有的土地和耕畜、大型农具等主要生产资料转为合作社集体所有。社员私有的生活资料和零星的树木、家禽、家畜、小农具、经营家庭副业所需要的工具,仍属社员私有,都不入社。”

〔3〕 参见吴玲、王晓为、梁学庆:《人民公社阶段的农地产权制度变迁及其绩效》,载《中国农学通报》2006 年第 11 期。

〔4〕 参见张乐天:《告别理想:人民公社制度研究》,上海人民出版社 2016 年版,第 71 页。

〔5〕 参见杨一介:《我们需要什么样的农村集体经济组织!》,载《中国农村观察》2015 年第 5 期。

有”。1986 年《土地管理法》第 6 条和第 8 条也采用了“集体所有”“由村农业生产合作社等农业集体经济组织或者村民委员会经营、管理”的表述。但当时的立法和政策对农民集体与集体经济组织之间的关系尚未厘清，例如 1986 年《土地管理法》第 8 条中表述：“已经属于乡(镇)农民集体经济组织所有的，可以属于乡(镇)农民集体所有。村农民集体所有的土地已经分别属于村内两个以上农业集体经济组织所有的，可以属于各该农业集体经济组织的农民集体所有。”该条被认为是人民公社时期形成的“三级所有、队为基础”的法律表现。[1]

实际上，2019 年《土地管理法》第 11 条、《新农村土地承包法》第 2 条、《民法典》第 261 条都已采用“农民集体所有”的表达，均重申、明确规定农民集体的集体所有权人地位，农民集体成为我国特色的法律概念并固化下来。从立法变迁可以看出，立法者放弃之前的集体经济组织概念而创制新的表述“农民集体”，意图十分明确，即对人民公社时期模糊化、政策化的所有权表达方式进行转变，通过法律语言明确集体土地的所有权人是农民集体成员所构成的农民集体，集体经济组织作为法律上的一种组织，不宜再作为集体土地所有权人。农民集体这一新生概念，创设目的就是担任集体所有权人，其比集体经济组织更能表达集体土地是全体集体成员集体所有、集体管理、集体分享的内涵，是公有制在民法上的一种表达。否则无须多此一举，可直接将集体经济组织规定为集体所有权人，也无须颇费周章将集体经济组织规定为行使主体，这样可大大简化法权关系，降低立法技术难度。

2. 农民集体作为集体所有权人具有特定目的

对农民集体作为集体所有权人持否定观点的学者认为，农民集体作为农村土地所有权人是政治运动的产物，创设之初就没有遵循法律逻辑，[2]进而使农民集体所有成为“玄妙的法律概念”，导致出现“权利真空”，使农民未能在“真正意义上享有土地所有权”。[3] 也有学者指出，农民集体尚不是民法上的主体，主张在法律上重塑农民集体的主体地位，“赋予其特殊法人地位以解决集体所有权主体缺位与虚化问题”[4]。依传统民法理论，农民集体确实存在多种问题，但这不影响其在我国实证法上的集体所有权人地位。

---

〔1〕 参见卞耀武、李元主编：《中华人民共和国土地管理法释义》，法律出版社 1998 年版，第 66 页。

〔2〕 参见陈小君等：《农村土地法律制度的现实考察与研究：中国十省调研报告书》，法律出版社 2010 年版，第 203 页。

〔3〕 参见余敬、唐欣瑜：《农民集体权利主体地位的追溯、缺陷与重塑》，载《海南大学学报(人文社会科学版)》2018 年第 1 期。

〔4〕 宋志红、仲济香：《论“农民集体”的重塑》，载《中国土地科学》2011 年第 5 期。最新观点可参见宋志红：《论农民集体与农村集体经济组织的关系》，载《中国法学》2021 年第 3 期。

在以私人财产权为基础的西方产权理论中,产权制度的设计应实现两个基本目的,即“产权主体的排他性和产权客体的可交易性”[1]。集体土地所有权的设计显然没有以此逻辑作为依据,且法律严令禁止集体土地所有权的转让,而是侧重于“农民集体所有”“本集体成员集体所有”的表述,可见“明确集体土地所有权之间外部界限的主要目的并非便利交易,而是明晰哪些成员可以在特定集体所有权上享有利益和意志自由”[2]。意即,立法创制农民集体概念,并将其作为集体土地所有权人,不是为了将其塑造为市场交易主体,而是“为实现理想而建立的,是通过行政力量建立的”,[3]是以社会主义公有制为基础,使集体财产为特定群体所共同分享、使用、收益。[4] 故而,不能按照西方法权逻辑和私人所有权制度来解释集体土地所有权主体,应回到我国土地公有制的自身逻辑中来。农民集体作为自然人群体的一种集合,因缺乏相应的组织形式和组织机构,而难以产生独立意志和执行意志,也就无法作为市场主体进行民商事活动,但这不妨碍其作为集体财产的持有者和受益者。同时,法律设置集体经济组织作为集体所有权行使主体,这不是毫无意义的叠床架屋,正是对农民集体无法直接行使所有权的一种制度补充。

3. 农民集体作为集体所有权人具有实践可行性

否认农民集体为民事主体及集体所有权人的另一个主要理由,是认为农民集体是抽象的、没有法律人格的农民集合群体。[5] 其既缺乏清晰的边界与明确的主体范围,也没有完善的治理机制,故而不是法学与经济学意义上独立的、合格的产权主体。[6] 有学者指出,“农民集体”是传统公有制理论在政治经济上的表述,意指全体农民的集合,是一个抽象的、没有法律人格意义的集合群体,并不能成为法律关系的主体,[7]尤其是对于集体所有制实现、集体经济的有效发展,各地区都进行着改革实践探索,通过集体经济组织代为行使集体所有权是改革实现落地的关键所在。本书作者认为,虽然农民集体与民法上其他主体存在差异,但仍具有法律上的确定性

---

〔1〕 李宁、汪险生:《“三权分置”改革下的农地集体所有权落实——基于集体经济组织治理案例的理论思考》,载《经济学家》2018 年第 8 期。

〔2〕 童列春:《论中国农地集体所有权》,载《农业经济问题》2014 年第 10 期。

〔3〕 参见杨一介:《我们需要什么样的农村集体经济组织?》,载《中国农村观察》2015 年第 5 期。

〔4〕 参见陈晓敏:《论大陆法上的集体所有权——以欧洲近代私法学说为中心的考察》,载《法商研究》2014 年第 1 期。

〔5〕 参见胡君、莫守忠:《集体土地所有权主体的反思与重构》,载《行政与法(吉林省行政学院学报)》2005 年第 12 期。

〔6〕 参见成德宁、侯伟丽:《产权经济学视角下我国农村土地产权结构问题研究》,载《南都学坛》2013 年第 3 期。

〔7〕 参见胡君、莫守忠:《集体土地所有权主体的反思与重构》,载《行政与法(吉林省行政学院学报)》2005 年第 12 期。

和实践上的可行性,是我国特色的一种民事主体。

首先,农民集体可以确定边界和范围。如上文所述,集体所有权权属设计重点在于明确受益人,而不是从事市场交易,所以无须像私人财产权以自然人或能产生独立意志的法人为权利主体。“集体所有是自然人作为民事主体享有民事权利的特殊形式。这种特殊性体现在它与单个自然人的不同,而是个人的集体。成员个人于集体之中享有集体的所有权,集体所有权由集体成员个人联合起来以集体的名义所享有。”〔1〕故而,农民集体的主体确定依赖农民集体成员的确定。“集体所有权的明确性不能以私人所有权的明确性为判断标准。我国已经明确了集体所有权的主体是本集体成员,因此明确了特定的农民集体的集体成员资格,明确了成员集体的团体性及其形式,明确了集体所有权行使中的集体组织与集体成员的权利义务和行为规则,就明确了集体所有权的主体。”〔2〕在实践中,可以将人民公社社员、户籍、是否分配承包地等作为依据,通过民主决议的方式确定农民集体成员身份。当然,在此需要区分农民集体成员和农村集体经济组织成员,虽然二者可能具有高度重合性,但仍应独立认定、建档、登记名册。

其次,我国农村土地确权登记和集体产权制度改革实践表明,农民集体作为所有权人具有可操作性。因农民集体的模糊性和虚化,实践中集体所有权归属关系呈现不同样态,政策文件亦摇摆不定,与立法中不断重申、强调、明确的规定形成鲜明对比。如在集体资产确权过程中,国土资发〔2011〕60号文件和国土资发〔2011〕178号文件分别规定将集体土地所有权确认到集体经济组织和农民集体。广东省《农村集体经济组织管理规定》、湖北省《农村集体“三资”管理办法》、浙江省《农村集体资产管理条例》等地方规范明确集体经济组织为集体土地所有权主体。虽然如此,很多地方的确权实践也表明农民集体作为集体所有权人具备可操作性。例如,浙江宁波、黑龙江哈尔滨、江西安乐等地在确权颁证工作中将集体土地所有权人一栏登记为“××村(组、乡)农民集体”。有学者对此指出,农民集体能够确权登记,说明农村土地所有权主体是清晰的。〔3〕

三、集体所有权权能的完善

《集体产权改革意见》提出“逐步构建归属清晰、权能完整、流转顺畅、保护严格的中国特色社会主义农村集体产权制度”。集体所有权权能的完善是物权制度的应

〔1〕 韩松:《论成员集体与集体成员——集体所有权的主体》,载《法学》2005年第8期。

〔2〕 韩松:《农民集体所有权主体的明确性探析》,载《政法论坛》2011年第1期。

〔3〕 参见高富平:《重新理解“集体”:所有权的重构》,载《东方早报》2014年7月1日,第6版。

有之义,直接关系集体所有权的有效实现和集体产权制度的改革。但我国《民法典》物权编中并未明确规定农村集体所有权的权能。与之截然相反的是,该法同一章节下国家所有权和城镇集体所有权、私人所有权均有权能的规定,法律对农村集体所有权的区别对待悖于基本法理,违反权利平等原则,造成农村集体所有权权能的弱化甚至缺失。[1] 在农地“三权”分置、宅基地“三权”分置、集体建设用地入市、集体产权制度改革以及农村户籍改革等一系列农村土地制度改革中,落实集体所有权均为重要一环,而落实集体所有权则需要完善集体所有权权能。

(一)集体所有权的权能内容

所谓集体所有权的权能,便是其权利内容。关于集体所有权有何权能,学说上存在较大争议。有学者提出集体所有权具有占有、使用、收益和处分的权能,在现行制度下应拓展其使用权能、恢复收益权能、细化处分权能。[2] 也有学者认为应“赋予农民集体土地所有权经济功能实现的权能、社会保障功能实现的权能以及因公共利益使其权能受到限制的利益补救权能”[3]。还有论者提出完整的集体土地所有权应包括管理权能、处分权能、使用权能和收益权能等。[4]

本书作者认为,构建集体所有权权能,首先,应区分集体所有权的私权权能和集体经济组织的公法职能。基于历史原因和农村基层组织不健全等现实因素,目前我国农村仍普遍存在“政经合一”的问题,农村的行政管理、社区服务和经济发展等往往集中到村民委员会或集体经济组织,成为乡镇政府的“派出机构”或“代言人”,致使集体经济组织同时负担集体所有权的法定行使职能和法律政策所赋予的公法职能,包括提供养老等社会保障,卫生教育等公共服务、承担农村基础设施建设等。例如,2019 年中央一号文件指出,“强化集体经济组织服务功能,发挥在管理集体资产、合理开发集体资源、服务集体成员等方面的作用”。根据《基本农田保护条例》,集体经济组织尚负有定期评定基本农田地力等级、履行基本农田保护责任的义务。《土地管理法》则规定农村集体经济组织应承担对土地复垦、进行综合整治的义务。山东省《关于开展农村宅基地“三权分置”试点促进乡村振兴的实施意见》指出保障集体所有权人“依法依规行使村庄规划以及宅基地分配、使用、退出、流转等的管理职责”。舟山市《关于开展宅基地“三权”分置改革及闲置农房盘活利用工作的指导

---

〔1〕 参见陈小君:《我国涉农民事权利入民法典物权编之思考》,载《广东社会科学》2018 年第 1 期。

〔2〕 参见高飞:《落实集体土地所有权的法制路径——以民法典物权编编纂为线索》,载《云南社会科学》2019 年第 1 期。

〔3〕 韩松:《农民集体土地所有权的权能》,载《法学研究》2014 年第 6 期。

〔4〕 参见黄河、李军波:《试论农民集体土地所有权的本质、内容及其实现形式》,载《中国土地科学》2008 年第 5 期。

意见》(征求意见稿)亦提出集体经济组织"应依法依规参与国土空间规划编制,合理布局宅基地……行使村庄规划以及宅基地分配、使用、流转、退出的管理职责"。两个地方文件赋予集体经济组织履行村庄规划的职责。这些职责或义务均与民法上的所有权内容存在差异。对此,应将集体经济组织的公法职能和集体所有权的权能分开,两者具有不同性质,是不同的法律关系,不能混为一谈。集体所有权的权能是私法层面由集体所有权这一私权所决定和产生的,虽然会因土地具有资源属性而受一定限制,但不能否定其私法属性。集体经济组织的公法职能则是由法律政策所赋予的,履行行政管理或提供公共服务的职能,具有公法性质。在履行该职能时,集体经济组织与成员之间不是平等民事主体间的财产关系,而是管理与服从、服务与被服务的关系。界定和构造集体所有权的权能,应明确其私权属性,并以此为立足点进行展开。[1]

其次,对集体所有权权利内容或权能的构造,应结合我国农村土地法制具体实践。在学理上,一般认为所有权的权能包括积极权能和消极权能,其中前者主要包括占有、使用、收益和处分四项典型权能。[2] 基于此,有观点认为集体土地所有权亦应包含占有、使用、收益和处分四项权能。[3] 但基于我国集体土地的特殊性,也有学者提出不同的权能结构。例如,有学者认为应增加集体所有权的管理权能,[4] 也有学者认为"农地集体所有权的权能总体上演化为生产经营权,表现为对农业生产等经济活动进行组织安排的管理权和对外的经营权"[5]。还有观点主张集体所有权应具有管理权能和集体成员收益权能。[6] 本书作者认为,一方面,集体所有权是所有权的一种特殊类型,对其权能的界定,仍应以传统民法中所有权权能为基础,不宜完全否弃既有所有权理论而另起炉灶。另一方面,基于《新农村土地承包法》《土地管理法》《民法典》等法律政策对集体所有权的制度安排,其权能具有异于其他所有权的地方,对此不能忽视,而应在解释论、立法论的逻辑思路下,将集体所有权的特殊内容纳入既有权能或另行构建新的权能。在具体内容设计上,主要包括以下两点。

---

〔1〕 参见刘恒科:《"三权分置"下集体土地所有权的功能转向与权能重构》,载《南京农业大学学报(社会科学版)》2017年第2期。

〔2〕 参见王利明等:《民法学》,法律出版社2017年版,第375页。

〔3〕 参见杨青贵:《农村土地"三权分置"对集体所有权制度的冲击与调适》,载《求实》2017年第4期;刘双良:《宅基地"三权分置"的权能构造及实现路径》,载《甘肃社会科学》2018年第5期。

〔4〕 参见温世扬、梅维佳:《宅基地"三权分置"的法律意蕴与制度实现》,载《法学》2018年第9期。

〔5〕 童列春:《论中国农地集体所有权》,载《农业经济问题》2014年第10期。

〔6〕 参见韩松:《论农民集体土地所有权的集体成员受益权能》,载《当代法学》2014年第1期;韩松:《论农民集体土地所有权的管理权能》,载《中国法学》2016年第2期。

其一,集体所有权权能应包括占有、使用、收益和处分四种权能。这四项权能为所有权的基本权能,法律没有明确剥夺集体所有权的某一权能,依循“法无明文规定皆可为”的私法逻辑,集体所有权作为民事权利应具备该四项权能。《三权分置意见》明确了“土地集体所有权人对集体土地依法享有占有、使用、收益和处分的权利”。法律对其中部分权能进行限制,如处分,集体土地所有权不能买卖,但集体所有权人可以对土地实施事实上的处分,故集体土地所有权的处分权能仅为量上的受限,而并非没有此权能。在家庭联产承包责任制下,农用地原则上应发包给农户承包经营,集体土地上设立土地承包经营权之后,集体所有权的使用权能便受到限制,但基于我国采统分结合的双层经营体制,对于未发包的土地,集体所有权仍享有完整的使用权能。此外,对于集体建设用地、公益性用地等,集体亦享有使用权;在农村集体产权制度改革下,在农民自愿的基础上,承包地也可以由集体统一经营。收益权能是所有权的重要内容,但是在2006年,伴随全国范围内取消农业税,在性质上属于集体所有权收益的“三提留”也一同被取消,使集体所有权的收益权能受到极大限制。[1] 坚持集体所有权,应恢复和完善收益权能,这既是所有权权利性质的内在要求,是集体统一经营土地、推动集体建设用地入市等行使集体所有权的必然结果,也是为农民集体履行管理、服务职能提供物质基础的必要手段。对此,有学者指出,“农民集体所有权的收益权能应包括向土地承包经营权人收取承包经营费、向经营建设用地使用权人和宅基地使用权人收取土地使用费等内容”[2]。此外,农民集体基于集体资产进行统一经营、投资入股、举办企业或合作社等经营收益,以及集体土地增值收益等,均可纳入集体所有权的收益权能范畴,集体有权收取并予以使用处置等。[3]

其二,应增加管理权能作为集体土地所有权的权能。在学理上,延续于罗马法的所有权具有完全性、弹力性,[4]为完全物权,是所有人一般性的、全面的支配其客体的物权。[5] 在各国立法例上,很少对所有权下定义,罗马法上亦未明确所有权的内涵,“是因为所有主的权利是不可能以列举的方式加以确定的。换句话说,人们不可能在定义中列举所有主有权做什么,实际上所有主可以对物行使所有可能行使的权利;物的潜在的用途是不确定的,而且在经济——社会运动中是变化无穷的,在某

〔1〕 参见高飞:《集体土地所有权主体制度研究》,法律出版社2012年版,第124~125页。

〔2〕 陈小君:《我国涉农民事权利入民法典物权编之思考》,载《广东社会科学》2018年第1期。

〔3〕 参见刘双良:《宅基地“三权分置”的权能构造及实现路径》,载《甘肃社会科学》2018年第5期。

〔4〕 参见汪洋:《罗马法“所有权”概念的演进及其对两大法系所有权制度的影响》,载《环球法律评论》2012年第4期。

〔5〕 参见王利明等:《民法学》,法律出版社2017年版,第374页。

一特定时刻也是无法想象的。法只以否定的方式界定所有权的内涵,确定对物主宰权的一般约束,即规定法律限度”[1]。我国在法律上虽然列举占有、使用、收益、处分这四项经典权能,但不能认为这四项权能为所有权的全部权能。“所有权系就标的物有统一之支配力,而非物之使用、收益、处分等权能之总和。”[2]与其他物权仅能在一定范围内对物的支配不同,所有权对物是全面性的支配。[3]农村集体经济组织代表农民集体行使集体土地所有权时,享有与传统民法上所列举的占有、使用、收益、处分所不同的权能。例如,在集体统一经营土地时,集体经济组织享有对土地维护、管理的权利,享有对集体财产进行经营管理、增值收益分配的权利,集体成员之间需要协调配合,就集体事务,尤其是集体重大事务进行民主管理的权利。故而,集体所有权的管理权能是客观存在的,即便法律对此未作出明确规定,也不能否定该权能的存在。[4]只不过在具体塑造的时候,应注意将其与集体经济组织公法层面的管理职能相区分,同时注意将其与我国法律上已经存在的占有、使用、收益、处分相区分,予以清晰界定,避免相互混淆。[5]

(二)集体所有权的处分权能

依照传统民法理论,处分权能是所有权的基本权能和权利核心。[6]但是因为我国采土地公有制,集体土地所有权是否具有处分权能素有争议。毋庸置疑的是,根据我国《宪法》和《土地管理法》,集体土地所有权是不能通过买卖或其他方式进行转让的。但是,转让的禁止并不能否定集体土地所有权的处分权能。作为民法上的财产权,按照所有权理论,其权利内容理应包括处分权能。[7]所谓“处分”,是指“通过转让、废止、变更内容或设定负担等方式直接对某一项既有权利施加影响的法律行为”[8]。故而,处分除了将权利转让给他人之外,还包括废止既有权利、变更既有权利的内容或者设定负担等行为。其中,设定负担的行为包括设定用益权、设定土地债务、抵押出质等处分。[9]根据不同的法律效力,可以将处分区分为债权性处分和物权性处分,前者是指通过合同方式为他人设定一定期限内的占有、使用等相

---

[1] [意]彭梵得:《罗马法教科书》,黄风译,中国政法大学出版社1992年版,第194页。

[2] 史尚宽:《物权法论》,中国政法大学出版社2000年版,第61页。

[3] 参见王泽鉴:《民法概要》,北京大学出版社2011年版,第389页。

[4] 参见韩松:《论农民集体土地所有权的管理权能》,载《中国法学》2016年第2期。

[5] 参见姜红利:《农地三权分置之下土地所有权的法律表达》,载《法学家》2017年第5期。

[6] 参见梁慧星等编著:《物权法》,法律出版社2003年版,第115页。

[7] 参见马俊驹、丁晓强:《农村集体土地所有权的分解与保留——论农地“三权分置”的法律构造》,载《法律科学(西北政法大学学报)》2017年第3期。

[8] 陈卫佐:《处分行为理论之正本清源》,载《政治与法律》2015年第7期。

[9] 参见[德]迪特尔·施瓦布:《民法导论》,郑冲译,法律出版社2006年版,第319~320页。

对权，如租赁、借用等方式便属于债权性处分。后者可以继续分为两种，“一类是将权利彻底让渡于他人的权利，即转让权；另一类是将权利有期限地或有条件地让渡于他人的权利，如在权利之上设立抵押”[1]。根据处分对象的不同，可以将处分区分为事实上的处分和法律上的处分。[2] 前者主要是指对物进行消费，即通过事实行为使物的物理形态发生变化，从而满足人们的需要；后者则主要是指对物的权利的处置，即通过法律行为使物的权利状态发生变动。事实上处分的对象是物本身，法律上处分的对象则是权利。[3] 集体所有权在法律上的处分，既包括对所有权本身的处分，也包括对土地所有权设立负担，即广义的处分。综合而言，因为法律禁止转让，集体土地所有权不能对集体土地进行处分，但是对于所有权本身的法律处分，农民集体可以通过发包设定土地承包经营权或土地经营权，或者租赁等，在这一意义上，集体土地所有权具有处分权能。[4]

关于集体所有权的处分权能包括哪些具体内容，学界尚存在争议。有观点认为，鉴于集体土地受其上设定的土地承包经营权的限制，集体土地所有权处分权能主要表现为发包权和收回权。[5] 也有观点认为，应扩充目前集体土地所有权的处分权能，“‘增量’处分权包含农用地相关权利的转让权和农用地相关权利的抵押权或质押权”[6]。还有观点以集体统一经营为视角，认为集体的处分权能主要体现为，“采取集体经营模式而非家庭承包经营模式的集体，对其经营土地的租赁、入股以及集体产权改革试验区对集体建设用地使用权的出让、租赁、入股以及抵押”。[7]

本书作者认为，应在立法上扩充集体土地所有权的处分权能，其内容较为丰富。其一，发包权。农民集体有权依照法律和集体成员的民主决议，将耕地、林地、草地等发包给农户，在所有权上设定土地承包经营权，或将“四荒地”等发包给农户或社会主体，设定土地经营权。其二，宅基地分配权。农民集体有权依照法律和集体成员的民主决议，将宅基地分配给符合条件的成员，在集体土地上设定宅基地使用权。其三，收回权。在集体土地上设定的土地承包经营权或土地经营权期限届满后，或

---

〔1〕 朱广新：《土地承包权与经营权分离的政策意蕴与法制完善》，载《法学》2015年第11期。

〔2〕 参见王利明：《物权法研究》（上卷），中国人民大学出版社2007年版，第404页；谢在全：《民法物权论》（第5版），中国政法大学出版社2010年版，第112页；郑玉波：《民法物权》，三民书局股份有限公司2009年版，第72～73页。

〔3〕 参见房绍坤：《物权法用益物权编》，中国人民大学出版社2007年版，第33～34页。

〔4〕 参见高圣平：《土地承包经营权权能论纲——以处分权能为中心》，载《社会科学》2012年第7期。

〔5〕 参见刘恒科：《“三权分置”下集体土地所有权的功能转向与权能重构》，载《南京农业大学学报（社会科学版）》2017年第2期。

〔6〕 王艳西、韩立达：《农用地集体所有权的权能配置与制度供给》，载《福建农林大学学报（哲学社会科学版）》2018年第6期。

〔7〕 姜红利：《农地三权分置之下土地所有权的法律表达》，载《法学家》2017年第5期。

者法律规定的其他情形，农民集体有权收回集体土地，使所有权重新恢复至圆满状态，此即所有权弹性原则的体现。此外，在符合法律规定或者集体成员民主决议所约定的情形时，集体可以将宅基地使用权收回；[1] 在符合法律规定或者约定情形时，集体可以收回流转的集体建设用地，从而使集体土地所有权恢复圆满状态。其四，集体建设用地入市流转的权利。依据2019年《土地管理法》第63条的规定，集体土地所有权人可以通过出让、出租等方式将集体经营性建设用地流转给他人使用。其五，集体土地上设定抵押等担保权。依据2019年《土地管理法》第63条的规定，集体经营性建设用地可以出让，通过出让等方式取得的集体经营性建设用地使用权可以转让、互换、出资、赠与或者抵押，可见集体土地所有权人可以在集体经营性建设用地上设定抵押权。其六，其他处分权能。例如集体土地所有权人可以在统一经营或管理中将农地、林地、集体经营性建设用地等入股、出租等。

（三）集体所有权的管理权能

管理权能是集体土地所有权中重要的一项权能。该权能已为法律和政策所明确规定，例如《民法通则》第74条规定："集体所有的土地依照法律属于农民集体所有，由村农业生产合作社等农业集体经济组织或者村民委员会经营、管理。"2019年《土地管理法》第11条规定："农民集体所有的土地依法属于村农民集体所有的，由村集体经济组织或者村民委员会经营、管理；已经分别属于村内两个以上农村集体经济组织的农民集体所有的，由村内各该农村集体经济组织或者村民小组经营、管理；已经属于乡（镇）农民集体所有的，由乡（镇）农村集体经济组织经营、管理。"在新一轮宅基地制度试点改革中，管理权能在试点文件中被强调和重申，明确由农村集体经济组织对农户取得宅基地的资格进行审查认定，按照相关规划和规定合理布局和分配宅基地，对宅基地使用、退出和流转进行管理，对闲置、废弃宅基地进行收回，对宅基地征收补偿和收益进行分配。例如，山东省《关于开展农村宅基地"三权分置"试点促进乡村振兴的实施意见》指出保障集体所有权人"依法依规行使村庄规划以及宅基地分配、使用、退出、流转等的管理职责"。舟山市《关于开展宅基地"三权"分置改革及闲置农房盘活利用工作的指导意见》（征求意见稿）亦提出集体经济组织"应依法依规参与国土空间规划编制，合理布局宅基地……行使村庄规划以及宅基地分配、使用、流转、退出的管理职责"。

关于集体土地所有权的管理权能具体包括哪些内容，学说上的讨论尚不充分，并未形成定论或通说。有观点认为，"农民集体所有权的管理权能就是集体成员对

[1] 参见刘双良：《宅基地"三权分置"的权能构造及实现路径》，载《甘肃社会科学》2018年第5期。

集体所有的财产支配的决定、安排及其监督实施的活动。包括集体成员的民主决策和民主监督,以及集体组织及其专门管理人员的执行管理。农民集体所有权管理权能的内容就是对集体所有权管理的具体事项。包括三大方面:民主管理事项、执行管理事项、监督管理事项等”[1]。也有观点认为,集体土地所有权的管理权能在宅基地方面,主要包括监督权和收回权,前者主要是指集体经济组织对各项集体事务执行的监督和对集体成员利用宅基地的监督,后者则主要是指集体在特定情形下收回宅基地。[2]

本书作者认为,2019年《土地管理法》第11条作为集体土地所有权管理权能的直接法律依据,其中规定的“管理”应与顿号之前的“经营”一同解释和理解。在语义上,经营包含有治理管理的意义,管理亦具有经营之意义,所以经营管理往往在一起并称。所以集体土地所有权的管理权能以经营土地为主,同时包含有其他的内容。

其一,集体的管理权能重点体现在集体统一经营土地的情形之中。例如,在集体产权改革中,集体对承包土地统一经营,承包农户取得股权,或集体土地反租倒包的情形,集体须对承包地进行经营管理,如做好土地改良、维持地力、合理利用土地进行耕作等。另外,对于“四荒地”、集体经营性建设用地和集体公益性建设用地等,农民集体亦具有管理维护、统一经营使用的权利。

其二,具体至承包土地,农民集体基于土地所有权的管理权能,可以制定发包方案,也可以依法对承包地进行调整,并组织开展平整和改良土地、组织建设农田水利等基础设施、促进土地集中连片和适度规模经营等。[3] 集体的管理权能在土地承包经营权互换、转让和土地经营权流转中体现尤为明显。例如,《新农村土地承包法》第33条规定同一集体经济组织内容的土地承包经营权互换的应向发包方备案,第34条规定土地承包经营权的转让,应经发包方同意,第47条规定土地承包经营权和土地经营权的担保融资应向发包方备案,第63条规定承包方给承包地造成永久性损害的,发包方有权制止,并有权要求赔偿由此造成的损失。此外,第45条第2款规定:“工商企业等社会资本流转取得土地经营权的,本集体经济组织可以收取适量管理费用。”《土地经营权流转意见》指出,土地流转服务主体可以开展信息沟通、委托流转等服务,但禁止层层转包从中牟利。土地流转给非本村(组)集体成员或村

---

[1] 韩松:《论农民集体土地所有权的管理权能》,载《中国法学》2016年第2期。

[2] 参见温世扬、梅维佳:《宅基地“三权分置”的法律意蕴与制度实现》,载《法学》2018年第9期。

[3] 参见肖卫东、梁春梅:《农村土地“三权分置”的内涵、基本要义及权利关系》,载《中国农村经济》2016年第11期。

(组)集体受农户委托同一组织流转并利用集体资金改良土壤、提高地力的,可向本集体经济组织以外的流入方收取基础设施使用费和土地流转管理服务费,用于农田基本建设或其他公益性支出。[1] 这些都是集体管理权能的表现形式。

其三,具体至宅基地,集体所有权的管理权能主要体现在对宅基地使用、退出和流转进行管理。例如,对宅基地资格权、宅基地申请资格和"户"的认定,对宅基地使用权的流转范围、流转方式、流转期限、流转对象的监督和管理,以及对宅基地有偿自愿退出或强制退出的管理;对闲置、废弃宅基地进行收回,盘活闲置宅基地。例如,对"一户多宅"或宅基地面积超标等问题进行管理,采取措施预防纠正宅基地使用权人对宅基地的超标多占、违法乱建,通过多种措施盘活本集体经济组织内闲置宅基地等;对宅基地征收补偿和收益进行分配,制订分配方案。

需要注意的是,农村集体经济组织或村民委员会组织内部的管理制度不属于集体土地所有权的管理权能。有观点认为,集体成员民主管理的内容,如民主选举执行人员和监督人员、民主监督,包括审议村民委员会的年度报告、撤销村民委员会不适当的决定、实行村务公开制度、对工作人员民主评议等,属于集体所有权管理权能的内容。[2] 本书作者不予认同,应区分农村集体经济组织和村民委员会的组织内部管理和集体所有权的管理。譬如,应区分集体土地所有权运行情况的公开和村民自治事务的公开。村民委员会的村务公开系公法层面的村民自治范畴,与集体所有权的私权行使并不存在必然关联,尤其是在推行农村集体经济组织特别法人制度建构、集体产权制度改革的背景下,村民委员会作为村民自治组织将与集体土地所有权的行使不断被剥离,村务公开不应被认作集体土地所有权的行使。又如,应区分农村集体经济组织的组织章程和集体财产管理制度。前者是组织法层面的,团体内部对组织设立、运行、内部治理和终止的自治规则,而后者则是行为法层面的,对集体财产如何使用、如何监督、收益如何分配的私权行使依据,是集体所有权行使的重要保障。此外,还应区分民主决议形式下的组织事项和集体所有权行使事项。例如,集体成员通过民主决议,对理事会、监事会成员进行选举,或对成员身份认定、集体经济组织的终止、合并、分离等事项作出决定,属于农村集体经济组织内部的团体事务,而非集体土地所有权的行使。若集体成员通过民主决议,对法律规定或成员

---

[1] 参见《土地经营权流转意见》"三、规范引导农村土地经营权有序流转"之"(七)加强土地流转管理和服务"。

[2] 参见韩松:《论农民集体土地所有权的管理权能》,载《中国法学》2016 年第 2 期。

民主议定的集体财产管理事项进行决定,如《民法典》第 261 条、[1]《新农村土地承包法》第 28 条[2]规定的事项,则属于集体所有权的管理权能范畴。

四、本章小结

逐渐全面铺开的农村集体产权制度改革是实现集体所有权、创新实现方式的重要尝试,集体经营性建设用地入市、宅基地制度改革等也是集体所有权行使的重要体现。试点实践的展开依赖于立法上对集体所有权基本制度的规定和完善。集体所有权作为《民法典》物权编中与国家所有权、私人所有权并列的一种所有权形态,《民法典》编纂贯彻“落实集体所有权”的政策目标,将其与国家所有权、私人所有权平等对待,补充规定集体所有权的权能,明确其具有占有、使用、收益、处分和管理权能。在《民法典》出台的背景下,集体经济组织的法人地位已经确立,农村集体所有权的主体和权能内容也有相应的规定。基于解释论的视角,根据《民法典》物权编对于动产和不动产的物权基本原则、权能内容等一般性规定,对于农民集体所有的不动产和动产,可以类推适用相关规定由本集体经济组织享有占有、使用、收益、处分和管理的权利。接下来的重点任务便落在了《农村集体经济组织法》的起草和制定之上。通过法律规范进一步明确集体经济组织的主体地位和经营内容,能够实现法律和政策的衔接,并结合《民法典》提出“落实集体所有权”的具体解释方案,进而构建体系完备的、逻辑严谨的、可操作性强的集体所有权制度理论。正如学者所指出的,“制定一部适应我国国情的《农村集体经济组织法》,不仅是落实我国《民法典》农村集体经济组织相关规定的内在需要,更是我国农村集体经济适应社会主义市场经济发展、乡村治理体系和治理能力现代化的现实诉求”[3]。

---

〔1〕《民法典》第 261 条规定:“农民集体所有的不动产和动产,属于本集体成员集体所有。下列事项应当依照法定程序经本集体成员决定:(一)土地承包方案以及将土地发包给本集体以外的组织或者个人承包;(二)个别土地承包经营权人之间承包地的调整;(三)土地补偿费等费用的使用、分配办法;(四)集体出资的企业的所有权变动等事项;(五)法律规定的其他事项。”

〔2〕《新农村土地承包法》第 28 条规定:“承包期内,发包方不得调整承包地。承包期内,因自然灾害严重毁损承包地等特殊情形对个别农户之间承包的耕地和草地需要适当调整的,必须经本集体经济组织成员的村民会议三分之二以上成员或者三分之二以上村民代表的同意,并报乡(镇)人民政府和县级人民政府农业农村、林业和草原等主管部门批准。承包合同中约定不得调整的,按照其约定。”

〔3〕张先贵:《究竟如何理解农村集体经济组织特别法人》,载《暨南学报(哲学社会科学版)》2021 年第 10 期。

第四章 “三权”分置之下土地承包经营权的权能完善

一、问题的提出

农地“三权”分置，就是要“在坚持农村土地集体所有的前提下，实现土地所有权、承包权、经营权分置”[1]，体现着农地产权结构的理论创新。[2] 农地“三权”分置下土地承包经营权的改革和完善，已然成为新一轮农村土地制度改革的主要方向，[3]并将成为相关法律修改的重要理论基础。[4] 在十八届三中全会《决定》的总体政策安排之下，中共中央办公厅、国务院办公厅先后发布了《土地经营权流转意见》《深化农村改革综合性实施方案》《三权分置意见》等，体现了土地承包经营权改革的政策导向。其中，《土地经营权流转意见》从健全土地承包经营权的登记制度和推进确权登记颁证工作两个方面，提出稳定完善农村土地承包关系，以此“强化土地承包经营权物权保护，为开展土地流转、调处土地纠纷、完善补贴政策、进行征地补偿和抵押担保提供重要依据”。《深化农村改革综合性实施方案》强调深化农村土地承包经营制度的改革，“明确和提升农村土地承包经营权确权登记颁证的法律效力，扩大整省推进试点范围，总体上要确地到户，

〔1〕 韩长赋：《“三权分置”改革是重大制度创新》，载《人民日报》2014 年 12 月 22 日，第 2 版。

〔2〕 参见韩长赋：《土地“三权分置”是中国农村改革的又一次重大创新》，载《光明日报》2016 年 1 月 26 日，第 1 版。

〔3〕 参见《深化农村改革综合性实施方案》；孙中华：《关于农村土地“三权分置”有关政策法律性问题的思考》，载《农业部管理干部学院学报》2015 年第 1 期。

〔4〕 参见 2015 年中央一号文件；刘振伟：《三权分置关键是土地经营权定性》，载《农村工作通讯》2015 年第 18 期。

从严掌握确权确股不确地的范围。出台农村承包土地经营权抵押、担保试点指导意见。在有条件的地方开展农民土地承包经营权有偿退出试点”。《三权分置意见》则以稳定土地承包关系作为政策改革的底线,“坚持和完善农村基本经营制度,坚持农村土地集体所有,坚持家庭经营基础性地位,坚持稳定土地承包关系,不能把农村土地集体所有制改垮了,不能把耕地改少了,不能把粮食生产能力改弱了,不能把农民利益损害了”。2018年中央一号文件再次强调稳定承包关系的政策,“落实农村土地承包关系稳定并长久不变政策,衔接落实好第二轮土地承包到期后再延长30年的政策,让农民吃上长效‘定心丸’。全面完成土地承包经营权确权登记颁证工作,实现承包土地信息联通共享”。

以上政策文件集中体现了国家构建土地所有权、承包权、经营权“三权”分置的农地权利体系的政策导向,揭开新一轮农地改革的序幕。其中,土地承包经营权作为联结集体土地所有权与土地经营权的制度纽带,可谓是“三权”分置改革中关键一环,正确认识并理解土地承包经营权,是厘清农地“三权”分置改革的法逻辑前提。“土地承包经营权的‘三权分置’体现了我国经济的快速发展对提升土地利用效率的要求,也客观上促进了农村土地的有效利用。新规定是对现有农业、农村、农民发展状况的回应,有利于稳定农村土地制度,进而促进农业生产;有利于进一步促进我国农村发展、繁荣农村经济;有利于促进农民灵活就业、增加收入,进而为新时代促进‘三农’发展提供法律保障。”〔1〕

农地“三权”分置毕竟只是经济理论上的创新观点,是政策文件中所明确的权利,依循权利分置的基本法理,将其上升为法律语言,已是摆在经济学界、法学界面前的共同话题。〔2〕《农村土地承包法》及《土地管理法》的修改和《民法典》的编纂无不端赖于此。

同时,尽管《民法典》已经确定了土地承包经营权的性质、权能和基本内容,但理论上对土地承包经营权的讨论分歧较大,甚或存在误区,实践中仍然面临土地承包经营权具体权能不确定、土地承包经营权与土地承包权的关系理解混乱、稳定并保持土地承包关系长久不变存在法律理解障碍、土地承包经营权的经营内容不明确、土地承包经营权的制度设计存在制度障碍等问题。〔3〕厘清以上问题的关键还在于

---

〔1〕 祁勃霖:《〈民法典〉中土地承包经营权新规定的法理基础及其意义》,载《农业经济》2022年第2期。

〔2〕 本书作者曾撰文对农地三权分置经济思想在法律上的表达提出疑问,参见高圣平:《新型农业经营体系下农地产权结构的法律逻辑》,载《法学研究》2014年第4期。实际上,该文质疑的仅仅只是以权利束的观点分解土地所有权。在目前已经将农地三权分置作为法律修改的重要理论基础和基本方向的情况下,本书作者则更多地关注于如何在法条设计上反映这一被视为通说的思想。

〔3〕 参见刘海:《农村土地承包经营权的现实困境与突破分析》,载《农机使用与维修》2021年第8期。

合理界定土地承包经营权的权能。本部分拟重点围绕农地“三权”分置下的土地承包经营权的权能及其完善展开。

二、“三权”分置之下土地承包经营权的重新界定

按照通常的理解，所谓农地“三权”分置，是集体土地所有权分离出土地承包经营权，再从土地承包经营权分离出土地经营权，[1]也就是说，土地承包经营权是土地所有权派生的，土地经营权是土地承包经营权所派生的，以实现集体、承包农户、新型经营主体对土地权利的共享。[2] “土地所有权、土地承包权、土地经营权”是“三权”分置的直观表述，在法律上应传达为“土地所有权＋土地承包经营权＋土地经营权”，亦如本书前述。

（一）土地承包权抑或土地承包经营权

依其文意，土地承包权是指本集体成员获得承包土地的资格，但这种资格并不能上升为财产权利。“承包权”在1993年《农业法》和《新农村土地承包法》上有其明确含义，1993年《农业法》第13条第3款规定，“承包期满，承包人对原承包的土地、山岭、草原、荒地、滩涂、水面享有优先承包权”[3]；《新农村土地承包法》第5条规定：“农村集体经济组织成员有权依法承包由本集体经济组织发包的农村土地。任何组织和个人不得剥夺和非法限制农村集体经济组织成员承包土地的权利。”由此，“每个农村集体经济组织成员都有承包权，强调是成员的权利能力，即村集体中的每个人，只要一出生，不论年龄长幼、不分男女，都有权承包本集体经济组织的土地。”[4]学说上即有观点认为，“农民个体只要属于某集体经济组织的成员，在分包土地时即可享有承包土地的资格”[5]。正是在这个意义上，“承包”一语被赋予了权利设定的法律含义，但它仅仅只是土地承包经营权设定方式的通俗表达而已。严格来说，这种意义上的土地承包权并不具备确定的利益内容，而仅仅意味着利益实现之可能，因而不是真正意义上的权利。只有这种意义上的土地承包权与具有确定意义的土地经营权相结合从而构成土地承包经营权时才使后者的利益内容得以确定。

---

〔1〕《三权分置意见》明确指出：“农村土地集体所有权是土地承包权的前提，农户享有承包经营权是集体所有的具体实现形式，在土地流转中，农户承包经营权派生出土地经营权。”

〔2〕参见韩长赋：《土地“三权分置”是中国农村改革的又一次重大创新》，载《光明日报》2016年1月26日，第1版。

〔3〕2002年12月28日第九届全国人民代表大会常务委员会第三十一次会议修订《农业法》时，已经删去了这一规定。

〔4〕王超英：《切实保障农民的土地承包经营权》，载刘坚主编：《〈农村土地承包法〉培训讲义》，中国农业出版社2002年版，第44页。

〔5〕朱广新：《土地承包权与经营权分离的政策意蕴与法制完善》，载《法学》2015年第11期。

因此，在不考虑其他因素的前提下，土地承包经营权之所以被界定为一种用益物权，是因为其中包括了“经营权”的权能内容，[1]土地经营权是土地承包经营权的实体内容和基本权能。[2]

“三权”分置之下的土地承包权，绝不仅仅只是1993年《农业法》和《新农村土地承包法》意义上的土地承包权，其不仅蕴含着本集体成员所拥有的承包土地的资格，而且是具有“使用、流转、抵押、退出承包地等各项权能”的财产权。土地承包权并不是农地“三权”分置之后新生的一种权利。就土地承包权和土地承包经营权的关系而言，正如土地所有权并不因其上设定了土地承包经营权而改变其名称一样，土地承包经营权亦不因其上设定了土地经营权而改变其名称。在没有派生出土地经营权的情形之下，承包农户所享有的仍然是土地承包经营权，“在农户未将承包土地流转的情形下，承包权与经营权集于一身，即为土地承包经营权”[3]；在派生出土地经营权的情形之下，承包农户所享有的土地承包经营权的权利内容并没有发生变化，只不过，承包农户行使其土地承包经营权受到了其上已经设定的土地经营权的限制。由此可见，土地承包权只是已经派生出了土地经营权的土地承包经营权的便宜称谓和通俗提法。但目前的政策文件中已经超越了这一理解，即使是未派生出土地经营权的土地承包经营权，也被称为土地承包权。

至此，我们可以得出以下结论：在农地“三权”分置之下，政策术语中的土地承包权实际上就是我国实定法上所称的土地承包经营权，无论是政策文件还是权威学者的观点，都反映了这一点。例如，《深化农村改革综合性实施方案》指出：“稳定农户承包权，就是要依法公正地将集体土地的承包经营权落实到本集体组织的每个农户。”这里的土地承包权明显就是土地承包经营权。学者间提及稳定土地承包权时，以“稳定农村土地承包（经营）权”称之，[4]在一定程度上表明了对于土地承包权称谓上的认知。

（二）政策文件的改革导向

《三权分置意见》将土地承包权界定为“土地承包权人对承包土地依法享有占有、使用和收益的权利”[5]。在该意见中，这里所谓“土地承包权人”是指（承包）农

---

〔1〕 参见宋宗宇、何贞斌、陈丹：《农村土地经营权的确定化及其制度构建》，载《农村经济》2015年第7期。

〔2〕 参见温世扬、吴昊：《集体土地“三权分置”的法律意蕴与制度供给》，载《华东政法大学学报》2017年第3期。

〔3〕 孙中华：《关于农村土地“三权分置”有关政策法律性问题的思考》，载《农业部管理干部学院学报》2015年第1期。

〔4〕 参见孙中华：《关于农村土地“三权分置”有关政策法律性问题的思考》，载《农业部管理干部学院学报》2015年第1期。

〔5〕《三权分置意见》“三、逐步形成‘三权分置’格局”之“（二）严格保护农户承包权”。

户。如此,土地承包权的主体是承包农户,权能是依法占有、使用承包土地并取得收益,[1]与《农村土地承包法》和《物权法》上所称的土地承包经营权的权利内容相当,在性质上属于物权。“以成员权为基础,从土地集体所有权中分离出农户承包权,承认农民拥有独立的土地承包权,无论在理论上还是在实践中都具有极其重要的意义。”[2]

《新农村土地承包法》上仅规定了土地承包经营权的内容(第16条),并未就土地承包经营权做出界定。《物权法》第125条规定:“土地承包经营权人依法对其承包经营的耕地、林地、草地等享有占有、使用和收益的权利,有权从事种植业、林业、畜牧业等农业生产。”[3]由此可见,土地承包经营权是指农业生产经营者以从事农业生产为目的,对集体所有或国家所有的由农民集体使用的土地进行占有、使用和收益的权利。[4]在这里,土地承包经营权的主体“土地承包经营权人”“承包人”是农业生产经营者,即从事农业生产的自然人、法人及非法人组织,既包括具有本集体成员身份的农户,还包括不具有本集体成员身份的农户、具有农业生产能力的城镇企事业单位、社会团体及其他组织或个人。其中,后者仅能以其他承包方式取得土地承包经营权。[5]如此看来,“三权”分置之下的土地承包权与《农村土地承包法》《物权法》上所称的土地承包经营权在权利主体上还存在一定差异。

在“三权”分置之下,土地承包权带有很明显的身份属性,[6]蕴含着或者说承载着“耕者有其田”的成员权功能,[7]只有本集体成员才享有土地承包权,无论土地经营权如何流转,农户的土地承包权均不丧失。[8]此种意义上的土地承包权与《农村土地承包法》和《物权法》上所规定的以家庭承包方式设立的土地承包经营权大致相当。如此引发了《农村土地承包法》修正和《民法典》编纂之时,土地承包经营权的界定是否应重新考量的问题。根据《农村土地承包法》和《物权法》的规定,土地承包经营权依其设立(承包)方式的不同有以家庭承包方式取得的土地承包经营权

---

〔1〕 这里并未指出土地承包权的具体用途和设立目的。所有的用益物权的权能均为“占有、使用、收益”,但每类用益物权尚需具体规定其土地利用用途和方式,并以此相互区分。

〔2〕 叶兴庆:《集体所有制下农用地的产权重构》,载《毛泽东邓小平理论研究》2015年第2期。

〔3〕《民法典》物权编第331条基本延续了《物权法》的规定。

〔4〕 参见王利明主编:《民法》,中国人民大学出版社2015年版,第218页。

〔5〕 参见崔建远:《物权:规范与学说——以中国物权法的解释论为中心》(下册)(第2版),清华大学出版社2021年版,第23~24页;韩松等:《物权法》,法律出版社2008年版,第294页。

〔6〕 参见马俊驹、丁晓强:《农村集体土地所有权的分解与保留——论农地“三权分置”的法律构造》,载《法律科学(西北政法大学学报)》2017年第3期。

〔7〕 参见焦富民:《“三权分置”视域下承包土地的经营权抵押制度之构建》,载《政法论坛》2016年第5期。

〔8〕《三权分置意见》指出:“农村集体土地由作为本集体经济组织成员的农民家庭承包,不论经营权如何流转,集体土地承包权都属于农民家庭。”

和以其他承包方式取得的土地承包经营权(又称“四荒”土地承包经营权)之分,前者具有身份属性,其流转受到极大限制,后者属于市场化的权利,其处分相当自由,几乎无限制。在“三权”分置之下,仅有土地经营权是市场化的权利,其权利主体没有限制。准此,本书作者曾经建议,在《农村土地承包法》修正和《民法典》编纂之时,废除土地承包经营权的设立方式的区分——家庭承包方式和其他承包方式,应将土地承包经营权纯化为具有身份属性的权利,将以其他承包方式取得的土地承包经营权重构为土地经营权。这一建议最终被立法所采纳。“三权”分置之下的土地承包权或者土地承包经营权指承包农户依法对其承包经营的耕地、林地、草地等享有的从事种植业、林业、畜牧业等农业生产的用益物权。这里,主体是承包农户,限定为本集体成员;客体是其承包经营的耕地、林地、草地等农村土地;内容是从事种植业、林业、畜牧业等农业生产;性质上属于用益物权。

如此处理有利于消除区分以家庭承包方式取得的土地承包经营权和以其他承包方式取得的土地承包经营权,所造成的土地承包经营权的权利性质、内容、物权变动规则等体系上的差异。如前者在性质上属于用益物权,但后者包括了债权性质的土地承包经营权和物权性质的土地承包经营权两种类型,只有经由登记才能使之具有物权属性;[1]前者仅得以转包、出租、互换、转让等方式流转,且转让受到严格限制,而后者可以转让、出租、入股、抵押等方式流转,并无限制性条件;前者奉行债权意思主义立法模式,土地承包经营合同生效,土地承包经营权设立,而后者原则上采取登记生效主义。两者之间除了利用用途为从事农业生产和客体为农村土地之外,并不存在其他相同之处,无法在体系化的立法方法之下“提取公因式”。

至于“三权”分置之下的土地承包权在法律上的定名,正如前述,土地承包权仅仅只是发生了土地经营权流转的土地承包经营权的简称,《农村土地承包法》修改和《民法典》编纂之时无须重新确定其名称。土地承包经营权一语是传统物权理论与中国土地制度相结合的产物,[2]已广为干部群众所接受,如改用其他名称容易引起农民的误解,[3]将土地承包经营权改称为土地承包权会“妨害现有的土地承包经营权制度的稳定性,而且必然会造成政策混乱,更令人担忧的是引起农民心理不

〔1〕 参见何宝玉:《其他方式的承包及其管理》,载刘坚主编:《〈农村土地承包法〉培训讲义》,中国农业出版社2002年版,第108页;最高人民法院民事审判第一庭编著:《最高人民法院农村土地承包纠纷案件司法解释理解与适用》,人民法院出版社2005年版,第25页;王崇敏、李建华:《物权法立法专题研究》,法律出版社2012年版,第215页。

〔2〕 参见韩学平:《“三权分置”下农村土地经营权有效实现的物权逻辑》,载《社会科学辑刊》2016年第5期。

〔3〕 参见柳随年:《关于〈中华人民共和国农村土地承包法(草案)〉的说明——2001年6月26日在第九届全国人民代表大会常务委员会第二十二次会议上》,载《中华人民共和国全国人民代表大会常务委员会公报》2002年第5期。

稳”[1]。因此为了涵盖发生或未发生土地经营权流转两种情形之下承包农户就承包地的权利,宜仍以土地承包经营权指称“三权”分置之下的土地承包权,“既表明了此项用益物权的原因行为(承包经营合同),也表明了其权利的内容和性质(农业经营)”[2]。《民法典》最终也延续《物权法》的规定,采用了土地承包经营权的表述。本处以下同时使用土地承包权和土地承包经营权,但其法律意义相同。

(三)土地承包经营权身份属性的确立及其评价

土地承包经营权是否具有身份属性,即土地承包经营权的取得和保有是否以权利人具有本集体经济组织成员身份为前提,学界素有争议。肯定说认为,《农村土地承包法》第15条(现第16条第1款)规定,家庭承包的承包方是本集体经济组织的农户,由此可见,土地承包经营权的主体须具有特定身份,以此彰显土地承包经营权的社会保障功能。[3]“三权”分置之下,土地承包经营权的内容本身就具有了身份属性。[4]此时,“土地承包经营权的权利内容中包含部分成员权内容,无须另行诉诸成员权制度,也符合农民长期以来对土地承包经营权的认知”[5]。否定说认为,土地承包经营权的取得以权利人具有本集体经济组织成员身份为前提,并不等于基于该特定身份取得的土地承包经营权必然具有身份属性;“增人不增地、减人不减地”政策和土地承包经营权流转制度的构建等,使土地承包经营权的社会保障功能的实现形式发生了重大变化,即承包地从农民生存的实物保障变为价值保障,土地承包经营权的财产属性完全取代了其社会保障功能。[6]此外,《农村土地承包法》原规定有两类土地承包经营权,即“以家庭承包方式取得的土地承包经营权”和“以招标、拍卖、公开协商等方式承包取得的土地承包经营权”,其中后者的取得并不要求权利人具有本集体经济组织成员身份,已经不具有身份属性。[7]

本书作者认为,在“三权”分置之下,土地承包经营权负载着特定的政策目标,即“农村集体土地由作为本集体经济组织成员的农民家庭承包,不论经营权如何流转,

[1] 孙宪忠:《推进农村土地“三权分置”需要解决的法律认识问题》,载《行政管理改革》2016年第2期。

[2] 刘征峰:《农地“三权分置”改革的私法逻辑》,载《西北农林科技大学学报(社会科学版)》2015年第5期。

[3] 参见叶兴庆:《从“两权”分离到“三权分离”——我国农地产权制度的过去与未来》,载《中国党政干部论坛》2014年第6期;焦富民:《“三权分置”视域下承包土地的经营权抵押制度之构建》,载《政法论坛》2016年第5期;马俊驹、丁晓强:《农村集体土地所有权的分解与保留——论农地“三权分置”的法律构造》,载《法律科学(西北政法大学学报)》2017年第3期。

[4] 参见丁文:《论“三权分置”中的土地承包权》,载《法商研究》2017年第3期。

[5] 彭诚信、畅冰蕾:《“三权分置”中土地经营权的立法论思考》,载《河南社会科学》2018年第8期。

[6] 参见高飞:《寻找迷失的土地承包经营权制度——以农地“三权分置”政策的法律表达为线索》,载《当代法学》2018年第6期。

[7] 参见陈小君:《“三权分置”与中国农地法制变革》,载《甘肃政法学院学报》2018年第1期。

集体土地承包权都属于农民家庭”[1]。如此，土地承包经营权已经被纯化为只有本集体经济组织的承包农户才能取得和享有的兼具财产属性和保障属性的权利。[2]

《新农村土地承包法》遵循了这一制度变迁逻辑，在维系仅有本集体经济组织成员才能创设取得土地承包经营权的现行规则之外，主要从以下几个方面强化了土地承包经营权的身份属性：其一，将土地承包经营权的互换和转让局限在本集体经济组织内部（第33条、第34条），强调即使是土地承包经营权的移转取得，也应具有本集体经济组织成员身份。其中将原第41条土地承包经营权的受让对象“其他从事农业生产经营的农户”修改为现第34条的“本集体经济组织的其他农户”。虽然这一修改限制了权利主体对权利本身的处分权能，降低了权利流转的效率，阻碍了土地资源配置的优化，[3]但《新农村土地承包法》另为承包农户提供了流转土地经营权的可选路径，由其参酌具体情事加以确定。其二，明定土地经营权人通过流转取得土地经营权之后，承包农户的土地承包经营权不发生改变。第44条规定：“承包方流转土地经营权的，其与发包方的承包关系不变。”这里，“承包方与发包方的承包关系”的法权表达即为土地承包经营权，“承包关系不变”即意味着土地承包经营权不变，只有本集体经济组织成员才能享有土地承包经营权。其三，明定以“招标、拍卖、公开协商等方式承包”“荒山、荒沟、荒丘、荒滩等农村土地”的权利为土地经营权，将原第44条规定的“以其他方式承包取得的土地承包经营权”，修改为现第49条“以其他方式承包农村土地的……承包方取得土地经营权”，进一步维系土地承包经营权的身份属性。

就“以其他方式承包取得的土地承包经营权”的重新定性，本书作者曾建议，此种土地承包经营权已经具备市场化权利属性，其本质在于利用农村土地开展农业生产经营，而不是为本集体经济组织成员提供基本保障，在权利性质和内容上与“三权”分置之下的土地经营权更为接近，在《农村土地承包法》修正之时，应废除土地承包经营权的设立方式的区分——家庭承包方式和其他承包方式，将“以其他方式承包取得的土地承包经营权”重构为土地经营权。[4] 虽然有学者提出反对意见，“因为家庭承包经营权的核心内容和基本权能就是土地经营权，家庭承包以外方式取得土地经营权也是承包方式，如果用两个名称规定，就会产生概念上的歧义，远不

〔1〕《三权分置意见》“三、逐步形成‘三权分置’格局”之“（二）严格保护农户承包权”。
〔2〕参见高圣平：《承包地三权分置的法律表达》，载《中国法学》2018年第4期。
〔3〕参见彭诚信、畅冰蕾：《“三权分置”中土地经营权的立法论思考》，载《河南社会科学》2018年第8期。
〔4〕参见高圣平：《农地三权分置视野下土地承包权的重构》，载《法学家》2017年第5期。

及统一规定简约、明确"[1],但立法机关最终采纳了本书作者的建议,"对有关规定修改为:以其他方式承包农村土地的,承包方取得土地经营权"[2]。这实际上体现了"三权"分置的体系效应。

但不无遗憾的是,《新农村土地承包法》并未将这一体系化思维贯彻到底。土地承包经营权的取得和保有均具有身份属性,在身份丧失之时,土地承包经营权即应消灭。原第26条第3款关于"承包期内,承包方全家迁入设区的市,转为非农业户口的,应当将承包的耕地和草地交回发包方。承包方不交回的,发包方可以收回承包的耕地和草地"的规定,体现了这一法理。但《新农村土地承包法》第27条第3款将之修改为"承包期内,承包农户进城落户的,引导支持其按照自愿有偿原则依法在本集体经济组织内转让土地承包经营权或者将承包地交回发包方,也可以鼓励其流转土地经营权"。这一规定对于已在城镇落户且丧失本集体经济组织成员身份的农户同样适用,不再坚持土地承包经营权的身份属性,"在农村人地矛盾突出的严峻现实下,为已丧失成员身份的给予了无原则保护,也为承包方规避土地承包经营权的合理消灭提供了通道"[3],至为可议。

(四)《民法典》的回应

"三权"分置之下的农用地权利体系必然影响"两权"分离之下土地承包经营权的内容。在《民法典》所规定的土地承包经营权同时反映"两权"分离和"三权"分置之下的农用地利用关系的情形之下,更是如此,因为同一部法律中使用的同一法律术语应尽量维持同样的法律含义。此前关于土地承包经营权身份属性的有限突破,即失去了正当性。"在现行法规范适用层面上仍然存在诸多模糊之处,在'后民法典时代'到来之时,有必要在现有的框架内对各类规范进行分析和阐释,在契合民法基础理论和法政策层面价值目标的前提下推导出合适的规则指引。"[4]

基于此,《民法典》从以下几个方面纯化了土地承包经营权的身份属性:

其一,就一级市场而言,《民法典》将"以招标、拍卖、公开协商等方式取得的土地承包经营权"重构为土地经营权。这种意义上的土地承包经营权已经属于市场化的权利,脱离出了主体的身份属性,不能由《民法典》下的土地承包经营权所能涵盖,

---

〔1〕 韩松:《论民法典物权编对土地承包经营权的规定——基于"三权分置"的政策背景》,载《清华法学》2018年第5期。

〔2〕 胡可明:《全国人民代表大会宪法和法律委员会关于〈中华人民共和国农村土地承包法修正案(草案)〉修改情况的汇报——2018年10月22日在第十三届全国人民代表大会常务委员会第六次会议上》,载《中华人民共和国全国人民代表大会常务委员会公报》2019年第1期。

〔3〕 陈小君:《土地改革之"三权分置"入法及其实现障碍的解除——评〈农村土地承包法修正案〉》,载《学术月刊》2019年第1期。

〔4〕 刘诚:《现行法规范下的农村土地承包经营权继承问题分析》,载《海峡法学》2020年第3期。

与“三权”分置之下新生的权利——土地经营权意义相当。[1] 如此一来，土地经营权的权利来源除了土地承包经营权之外，还增加了土地所有权。不过，自集体土地所有权派生出土地经营权的情形仅限于“不宜采取家庭承包方式的荒山、荒沟、荒丘、荒滩等农村土地”。

其二，就二级市场而言，《民法典》并没有将土地承包经营权流转中受流转方所取得的权利都界定为土地经营权，而是依其流转效果作了区分。其中，产生物权转让效果的，不再由“流转”概念涵盖，而是直接规定土地承包经营权转让、互换的交易规则，此际，出让人的土地承包经营权消灭，受让人取得土地承包经营权；产生债法效果的，规定为向经营主体流转土地经营权，并将其流转方式限定于“出租、入股或者其他方式”。这里，出让人仍然享有土地承包经营权，受让人仅取得土地经营权。其中，《新农村土地承包法》将土地承包经营权转让的对象规定为“本集体经济组织的其他农户”，严格限制通过二级市场取得土地承包经营权的主体范围。如此一来，《民法典》第331条所规定的“土地承包经营权人”应当结合《新农村土地承包法》第16条第1款的规定，限缩解释为“本集体经济组织的农户”。

三、“稳定现有土地承包关系并保持长久不变”的法律表达

就新型农业经营体系下的土地利用关系，十八届三中全会《决定》的表述是“稳定农村土地承包关系并保持长久不变”。这一表述与十七届三中全会《决定》中“现有土地承包关系要保持稳定并长久不变”基本相同，改变了此前“确保农村土地承包关系长期稳定”的提法。稳定土地承包关系，“是农业生产自身规律和农村社会发展现状的客观要求”，[2]《三权分置意见》指出：“农户享有土地承包权是农村基本经营制度的基础，要稳定现有土地承包关系并保持长久不变。”这里涉及两个方面的内容：一是如何“稳定现有土地承包关系”；二是如何“保持长久不变”。

（一）稳定土地承包关系的技术路径

土地承包关系形成于承包农户与本集体之间，反映承包农户对他人土地的农业利用关系。在土地利用的二元化区分[3]之下，如欲稳定土地利用关系，法政策上应将其构造为物权。在农地“三权”分置之下，土地承包关系的法权形式为土地承包经

---

[1] 参见高海：《论农用地“三权分置”中经营权的法律性质》，载《法学家》2016年第4期；高圣平：《论农村土地权利结构的重构——以〈农村土地承包法〉的修改为中心》，载《法学》2018年第2期。

[2] 陈锡文：《长期坚持党的农村基本政策，稳定完善农村土地承包经营制度》，载刘坚主编：《〈农村土地承包法〉培训讲义》，中国农业出版社2002年版，第21页。

[3] 即所谓使用借贷、租赁等债权型态和建设用地使用权、土地承包经营权、地役权等物权型态的区分，参见谢在全：《民法物权论》（第5版），中国政法大学出版社2011年版，第426页。

营权,无论是实定法上还是政策导向上均属物权。但《新农村土地承包法》《民法典》上均未采取债权形式主义之下的不动产物权变动的一般模式,而是倒向债权形式主义,即承包农户与本集体之间土地承包合同(土地承包经营合同)成立、生效,土地承包经营权即为设定。这一制度安排虽然契合了这些法律制定之时的经济现实,但无法满足农地适度规模经营的需要。农地的适度规模经营就意味着承包地的流转,而承包地流转的前提是确定的承包地权利归属,结果是承包地权利的转移。可以说,稳定土地承包关系的技术路径就是土地承包经营权的登记。"农村土地承包经营权确权登记颁证是集中开展的土地承包经营权登记,是完善农村基本经营制度、保护农民土地权益、促进现代农业发展、健全农村治理体系的重要基础性工作。"〔1〕"二轮"延包时,受当时历史条件制约和相关制度不完善等多种因素影响,"承包地块面积不准""四至不清""空间位置不明""登记簿不健全"等问题逐渐显现,已经成为制约农业适度规模经营和"四化"同步发展的突出问题。〔2〕

登记确权对于土地承包经营权的作用无疑,但在土地承包经营权确权登记颁证工作中,有几个法律问题应予明确:

第一,依据《民法典》物权编和《新农村土地承包法》的规定,土地承包经营权依承包农户与集体土地所有权人之间的土地承包合同(土地承包经营合同)而设定,无须登记。但在适度规模经营的政策方针之下,土地经营权的市场化流转即为题中之义。市场化流转之下,登记将已经设定的土地承包经营权确定下来,以使市场主体(其他农业经营主体)依登记簿的记载可明确其欲设立土地经营权的土地承包权的归属。准此,土地承包经营权的登记实为土地经营权流转的技术前提和重要基础性工作。同时,应予明确的是,土地承包经营权的登记不是土地承包经营合同的登记,前者采行权利登记制,仅登记土地承包经营权这一物权的部分内容,法定内容部分无须登记,后者奉行契据登记制,须登记土地承包经营合同的主要内容。有关政策文件指出:"登记簿应当记载发包方、承包方的姓名、地址,承包共有人,承包方式,承包地块的面积、坐落、界址、编码、用途、权属、地类及是否基本农田,承包合同编号、成立时间、期限,权利的内容及变化等。"〔3〕这里,较为明显地带有契据登记制的倾向,不利于不动产登记制度的统一。

---

〔1〕 农业部、中央农村工作领导小组办公室、财政部、国土部、国务院法制办、国家档案局《关于认真做好农村土地承包经营权确权登记颁证工作的意见》,农经发〔2015〕2号。

〔2〕 参见农业部、中央农村工作领导小组办公室、财政部、国土部、国务院法制办、国家档案局《关于认真做好农村土地承包经营权确权登记颁证工作的意见》,农经发〔2015〕2号。

〔3〕 农业部、中央农村工作领导小组办公室、财政部、国土部、国务院法制办、国家档案局《关于认真做好农村土地承包经营权确权登记颁证工作的意见》,农经发〔2015〕2号。

第二,厘清确权、登记和颁证之间的关系。在《民法典》物权编之下,具有公示作用的是不动产登记簿,而权利人所持有的不动产权利证书只是根据登记簿制作的用以证明相关权利存在的文件,并不具有向第三人公示其权利的功用。但我国农业行政主管部门在不同的历史时期所强调的都是“土地承包经营权的确权颁证工作”,并未很好地把握不动产登记制度的基本法理。“建立健全承包合同取得权利、登记记载权利、证书证明权利的土地承包经营权登记制度,强化对土地承包经营权的物权保护”〔1〕,虽然在一定程度上纠正了此前的模糊认识,但在我国实定法上就登记在土地承包经营权设立中的法律意义未作修改的情况之下,登记颁证工作只得在政府推动下展开,并未充分展现登记的法律意义。目前,土地承包经营权的登记仅仅只是对已经设定的权利的确认,即确权。有关政策文件指出:“根据这次确权登记颁证完善后的承包合同,以承包农户为基本单位,按照一户一簿原则,明确每块承包地的范围、面积及权利归属,由县级人民政府农村经营管理机构建立健全统一规范的土地承包经营权登记簿,作为今后不动产统一登记的基础依据。”〔2〕这一政策虽然适应了不动产统一登记的过渡性安排,〔3〕但却不合不动产登记的法理。不动产登记簿采取物的编成主义,以不动产单元为基础而展开,但土地承包经营权登记簿“以承包农户为基本单位”,“按照一户一簿原则”编制,明显采取了人的编成主义,增加了在过渡期后将土地承包经营权登记簿导入统一不动产登记簿之时的工作难度。实际上,土地承包经营权登记簿仍然可以每块承包地为不动产登记单元而展开,只不过,在由登记簿导出不动产权利证书时,将同一权利人的各承包地块置于同一权利证书中即可。

第三,我国不动产登记奉行先登记原则或连续登记原则,即不动产权利的各项变动都应该以初始登记为基础;因处分不动产而申请相应的处分登记的,被处分的不动产权利应当已经登记。〔4〕 准此,土地承包经营权的登记以派生出该权利的土地所有权先登记为前提。虽然我国《民法典》物权编及《土地管理法》上就集体土地

〔1〕 韩长赋:《国务院关于稳定和完善农村土地承包关系情况的报告——2015 年 8 月 27 日在第十二届全国人民代表大会常务委员会第十六次会议上》,载《中华人民共和国全国人民代表大会常务委员会公报》2015 年第 5 期。

〔2〕 农业部、中央农村工作领导小组办公室、财政部、国土部、国务院法制办、国家档案局《关于认真做好农村土地承包经营权确权登记颁证工作的意见》,农经发〔2015〕2 号。

〔3〕 《不动产登记暂行条例》第 33 条第 2 款规定:“不动产统一登记过渡期内,农村土地承包经营权的登记按照国家有关规定执行。”《中央编办关于整合不动产登记职责的通知》(中央编办发〔2013〕134 号)指出:“为与中央部署开展的农村土地承包经营权确权登记颁证工作做好衔接,农村土地承包经营权纳入不动产统一登记予以五年过渡期。过渡期内,农业部会同国土资源部等部门负责指导农村土地承包经营权的统一登记工作。过渡期后,改由国土资源部负责指导农村土地承包经营权登记工作。”

〔4〕 参见孙宪忠:《不动产登记基本范畴解析》,载《法学家》2014 年第 6 期。

所有权并不采行登记生效主义,但为明晰各所有权主体之间的权利边界,为下一步承包地确权的登记提供基础,原国土资源部早已部署全国范围内的集体土地所有权确权登记颁证,迄今已经基本完成。

第四,"三权"分置实践还鼓励创新土地承包经营权的实现方式。例如,在农民非农就业比重很高、人均土地面积很小的地方,出现了"确权确股不确地""确权确利不确地"等多种形式的探索。"'确权',就是确认集体经济组织成员资格,取得资格的人有权享有集体土地承包权;'确利',就是确定参与土地经营收益分配的具体方式;'不确地',就是不将具体的地块分割到每家每户。在前些年推进耕地承包到户过程中,北京、上海、江苏等地有这种做法。"〔1〕对此,虽然有关政策文件采取了慎重的态度,"土地承包经营权确权,要坚持确权确地为主……从严掌握确权确股不确地的范围……实行确权确股不确地的条件和程序,由省级人民政府有关部门作出规定,切实保障农民土地承包权益。不得违背农民意愿,行政推动确权确股不确地,也不得简单地以少数服从多数的名义,强迫不愿确股的农民确股",但同时指出:"实行确权确股不确地的,也要向承包方颁发土地承包经营权证书,并注明确权方式为确权确股;承包方有意愿要求的,发包方可以向承包方颁发农村集体的土地股权证。"〔2〕土地承包经营权是集体土地所有权之上所设定的物权,既属物权,必定及于特定的物——"依法承包经营的耕地、林地、草地等农业用地"。所谓"确权确股不确地""确权确利不确地",并不是确认土地承包经营权,而是确认本集体成员所应享有的针对集体财产的"股权",实际上是"家庭承包经营为基础,统分结合"的农村经营体制的体现,属于集体土地所有权的实现形式,并不属于土地承包经营权的设立方式或实现形式。

总之,在政策层面,开展土地承包经营权确权登记颁证工作,"有利于强化对农民土地承包经营权的物权保护,稳定农民土地经营的预期,增加农民的财产性收入;有利于保持土地承包关系稳定,激发农村生产要素的内在活力,促进土地经营权流转,发展农业适度规模经营;有利于完善农村社会管理,妥善解决土地承包的突出问题,促进农村社会和谐稳定,推进城乡发展一体化"〔3〕。我国目前土地经营权的流转规模已经达到35.1%,〔4〕基于这一经济现实的巨大变化,宜从立法论上修改土地

---

〔1〕 叶兴庆:《集体所有制下农用地的产权重构》,载《毛泽东邓小平理论研究》2015年第2期。

〔2〕 农业部、中央农村工作领导小组办公室、财政部、国土部、国务院法制办、国家档案局《关于认真做好农村土地承包经营权确权登记颁证工作的意见》,农经发〔2015〕2号。

〔3〕 农业部、中央农村工作领导小组办公室、财政部、国土部、国务院法制办、国家档案局《关于认真做好农村土地承包经营权确权登记颁证工作的意见》,农经发〔2015〕2号。

〔4〕 参见张红宇:《农村土地"三权分置"政策解读》,载《领导科学论坛》2017年第8期。

承包经营权的物权变动模式,采取登记对抗主义,赋予当事人自由选择是否登记的权利,在流转并不频繁的地区,无须强制性地推行登记制度。

(二)“保持长久不变”的期限设定

稳定土地承包关系,还“涉及是否有一个较长的、合理的承包期限”的问题。[1]“有恒产者有恒心”,如果土地承包经营权因为法律或者政策不稳定的原因而处于随时能够变动的状态,则容易使土地承包人失去持续开发的信心,陷入短期经营或者掠夺性开发的恶性循环中,这对稳定土地承包的法律关系、合理充分地利用土地资源以及建立和谐的社会主义新农村是极其不利的。[2] 基于这种考虑,稳定土地承包关系一直是我国农村土地政策的一大目标。为达到这一目标,政策层面一直采取延长土地承包期的方法,从 1984 年中央一号文件的“15 年”[3](第一轮承包),到 1993 年的再延长“30 年”不变[4](第二轮承包),无不体现了这一点。

反映在法律层面,作为调整土地承包经营权的基本法律,《物权法》《农村土地承包法》对土地承包的期限问题作了如下规定:其一,土地承包经营权作为一种依约定而产生的用益物权,其期限理应由当事人自由约定,但为了稳定承包关系,避免因土地频繁调整而侵害农民的合法权益与生产积极性,法律特别规定了土地承包经营权的期限。按照《物权法》第 126 条第 1 款、《农村土地承包法》第 20 条的规定,“耕地的承包期为三十年。草地的承包期为三十年至五十年。林地的承包期为三十年至七十年;特殊林木的林地承包期,经国务院林业行政主管部门批准可以延长”。其二,土地承包期届满后,土地承包经营权人可以继续承包。《物权法》第 126 条第 2 款规定:“前款规定的承包期届满,由土地承包经营权人按照国家有关规定继承承包。”其三,在避免承包地的频繁变动,防止耕地经营规模不断细碎化,提倡在承包期内实行“增人不增地,减人不减地”[5]的政策指引下,《农村土地承包法》第 27 条明确规定:“承包期内,发包方不得调整承包地。承包期内,因自然灾害严重毁损承包地等特殊情形对个别农户之间承包的耕地和草地需要适当调整的,必须经本集体经济组织成员的村民会议三分之二以上成员或者三分之二以上村民代表的同意,并报乡(镇)人民政府和县级人民政府农业等行政主管部门批准。承包合同中约定不得

---

[1] 参见胡康生主编:《中华人民共和国农村土地承包法释义》,法律出版社 2002 年版,第 10 页。刘振伟:《三权分置关键是土地经营权定性》,载《农村经营管理》2015 年第 18 期。

[2] 参见江平主编:《中华人民共和国物权法精释》,中国政法大学出版社 2007 年版,第 145 页。

[3] 1984 年中央一号文件中指出:“延长土地承包期,鼓励农民增加投资,培养地力,实行集约经营。土地承包期一般应在十五年以上。生产周期长的和开发性的项目,如果树、林木、荒山、荒地等,承包期应当更长一些。”

[4] 1993 年 11 月 5 日中共中央、国务院《关于当前农业和农村经济发展的若干政策措施》指出:“为了稳定土地承包关系,鼓励农民增加投入,提高土地的生产率,在原定的耕地承包期到期后,再延长三十年不变。”

[5] 1993 年 11 月 5 日中共中央、国务院《关于当前农业和农村经济发展的若干政策措施》。

调整的,按照其约定。"这些法律和政策在实践中究竟施行效果如何呢?

第一,实践中"三年一小调、五年一大调"的现象比较严重。城乡二元结构所造成的农村社会保障制度的缺失,直接造成了我国现行农地制度在很大程度上是一种社会保障制度、是我们目前农村基本的社会保障形式。[1] 在我国人多地少的情形下,农村土地的社会保障功能就越发需要,由此,土地均分承包的格局就越是难以从根本上改变。[2] 为了保障土地承包经营权的平均分配,必然要求随着集体内各农户人口的变化而定期对土地承包经营权的分配进行行政性的调节,农民的土地承包经营权存在潜在的不稳定性,"增人不增地,减人不减地"的附加制度安排与均分土地承包经营权提供生活保障的基本要求相冲突。[3] 有学者通过组织大规模的问卷调查,发现给农民吃"定心丸"的土地承包经营权"30 年不变"的政策预期并没有被普遍地实现;相反,"增人不增地、减人不减地"等政策受到多数被调查农民的反对。据其中一些学者在湖北等省的调查,有 54% 的被访者认为"增人不增地、减人不减地"的政策"不好",认为"好"的仅占 25%;[4] 另一些学者在浙江省的调查,973 个有效样本中,完全赞成"增人不增地,减人不减地"政策的比例仅为 11.1%,与基本赞成的比例相加也仅为 30.5%,而不赞成或反对的比例高达 50.5%,其中有 12.5% 的被调查农户选择坚持反对。[5] "土地调整的最大原因来自于社区范围内的人口增减,根据人口变化随时进行土地调查的做法,并不在少数地区,少数农户的选择。因此,长期稳定的土地使用权和经常性土地调整带来的平等权利之间始终存在矛盾,即便是在一个较长时期内,要彻底消除土地频繁调整的现象也是困难的。"[6] 由于耕地不断减少,但人口却继续增长,土地的均分承包必然导致耕地越分越细、土地经营越来越不具有规模效益、纯农业的劳动生产率越来越低、农村人口压迫土地的现象亦越来越严重。[7]

---

〔1〕 参见马小勇、薛新娅:《中国农村社会经济制度改革:一种"以土地换保障"的方案》,载《宁夏社会科学》2004 年第 3 期。

〔2〕 参见温铁军:《中国农村基本经济制度研究》,中国经济出版社 2000 年版。

〔3〕 参见马小勇、薛新娅:《中国农村社会经济制度改革:一种"以土地换保障"的方案》,载《宁夏社会科学》2004 年第 3 期。

〔4〕 参见陈小君等:《农村土地法律制度研究——田野调查解读》,中国政法大学出版社 2004 年版,第 15 页,以及相关调查报告。

〔5〕 参见徐旭、蒋文华、应风其:《农地产权;农民的认知与意愿——对浙江农户的调查》,载《中国农村经济》2002 年第 12 期。

〔6〕 张红宇、刘玫、王晖:《农村土地使用制度变迁:阶段性、多样性与政策调整(二)》,载《农业经济问题》2002 年第 3 期。

〔7〕 参见曹阳:《农村土地继承制度与农村土地社区所有制:矛盾冲突及发展走向》,载《理论月刊》2005 年第 9 期。

第二,《农村土地承包法》虽然规定“国家依法保护土地承包关系的长期稳定”,但“长期”是否意味着“30 年”(仅就耕地而言)?30 年以后变不变?对此,该法并未明确;《物权法》上虽然明确 30 年以后“按照国家有关规定”继续承包,但届时国家究竟如何规定,农民无法得知。如此,仍然会出现农民对土地承包经营权是否稳定的担忧。与前引调查中农民大多反对“增人不增地、减人不减地”不同,另一份调查却显示,选择永佃制的占 21.9%、30 年以上的占 21.1%、10 年至 30 年的占 22.5%、10 年以下的占 30.5%。赞成土地承包长期不变的农户,其比例是稳步上升的趋势,反映农村土地制度的未来发展的走向。[1]

无论是“15 年”还是“30 年”,都不是永久不变的土地承包经营权,只要有期限,不管这一期限有多长,都会使农民心存顾虑,缺乏对土地的归属感。期限的存在意味着期限到来时新一轮的土地调整,意味着土地的重新发包。加之政府正式权力和非正式权力对农村土地权益的经常性侵犯在农民的心理上留下的影响,使农民进行长期生产和积极性不高,不能形成必要的土地投入激励机制度。[2] 不稳定的地权减少了农民对土地的投资,尤其是附着于土地的投资(如农家肥、设施投资)。[3] 另外,不稳定的地权造成的不确定性增加了土地流转时的交易成本,不利于土地流转市场的形式,妨碍了农地经营规模的扩大。[4]

行文至此,我们大抵可以得出这样的结论:土地承包经营权制度存在的问题是土地承包经营权的社会保障功能和生产要素功能相冲突的结果。作为社会保障功能,土地承包经营权应平均分配、定期调整、限制交易;作为生产要素功能,土地承包经营权应当产权稳定、规模经营、流转顺畅。为了充分实现土地的生产要素功能,国家制定了赋予农民长期稳定的土地承包经营权、允许土地承包经营权流转的附加制度安排。依这两项制度安排,由于与土地承包经营权的社会保障功能相冲突,实际执行的效果并不理想。[5]

党的十七届三中全会以来,中央多次明确提出赋予农民更加充分而有保障的土地承包经营权,现有土地承包关系要保持稳定并长久不变,并要求“抓紧修订、完善相关法律法规和政策”“加快制定具体办法”“抓紧研究具体实现形式”。由“长期稳

---

〔1〕 参见曹阳:《农村土地继承制度与农村土地社区所有制:矛盾冲突及发展走向》,载《理论月刊》2005 年第 9 期。

〔2〕 参见李文政:《“永佃理论”与农村土地制度改革》,载《中国海洋大学学报(社会科学版)》2008 年第 4 期。

〔3〕 参见姚洋:《中国农地制度:一个分析框架》,载《中国社会科学》2002 年第 2 期。

〔4〕 参见马小勇、薛新娅:《中国农村社会经济制度改革:一种“以土地换保障”的方案》,载《宁夏社会科学》2004 年第 3 期。

〔5〕 参见杨沂、马小勇:《农村土地制度的深层矛盾和改革设想》,载《西北农林科技大学学报(社会科学版)》2008 年第 1 期。

定”到“长久不变”,是中央深化农村土地制度改革的重大决策,体现了对现有土地承包政策的延续、完善和发展,旨在调动广大农民增加土地投入的积极性,树立长期经营、持续发展的理念。[1] 但就土地承包关系长久不变的内涵及其具体实现形式,却存在巨大争议。

第一种观点认为,“长久不变”即意味着土地承包经营权没有期间限制。[2] 为打消农民顾虑,增强农民对土地的归属感和获得感,并基于此鼓励农民对土地的投资,降低农地流转成本,促进农地规模经营,应将土地承包经营权永佃化。[3] “长久不变”,就意味着未来相当长的时期,必须坚持农村土地集体所有、家庭承包经营,只能是“增人不增地,减人不减地”,割断农村人口的变动和承包地调整之间的联系,凡是承包农户依照《农村土地承包法》取得的土地承包经营权,今后不应再作调整。[4]

第二种观点认为,“长久”不是“永久”,只是表示比 30 年长而已,“长久不变”实际上是一个极富伸缩性的政治语词,[5] 是指农村土地承包经营制度和形式长久不变,而不是土地承包某一环节、某一方面的长久不变,更不是承包地的“私有化”。“其政策含义应主要包括:坚持农村土地集体所有制和家庭承包经营制度不动摇,依法赋予农民更加充分、更有保障的土地承包经营权,使现有土地承包形成的全部权利义务关系保持稳定,承包方在二轮承包期满后继续承包。”[6]

目前的政策导向明显采纳了第二种观点。例如,《深化农村改革综合实施方案》即进一步提出:“抓紧修改有关法律,落实中央关于稳定农村土地承包关系并保持长久不变的重大决策,适时就二轮承包期满后耕地延包办法、新的承包期限等内容提出具体方案。”这里,明确了要确定“新的承包期限”。党的十九大提出,保持土地承包关系稳定并长久不变,第二轮土地承包到期后再延长 30 年。《土地承包长久不变意见》并明确指出“长久不变”的政策内涵是指,“保持土地集体所有、家庭承包经营的基本制度长久不变”“保持农户依法承包集体土地的基本权利长久不变”“保持农户承包地稳定”[7]。

---

〔1〕 参见郑新立:《稳定和完善农村基本经营制度》,载本书编写组编著:《〈中共中央关于推进农村改革发展若干重大问题的决定〉辅导读本》,人民出版社 2008 年版,第 125 页、第 126 页。

〔2〕 参见刘守英:《十七届三中全会完善了土地承包流转市场的形成权制》,载《21 世纪经济报道》2008 年 10 月 22 日。

〔3〕 参见高圣平:《“稳定并长久不变”的土地承包经营权的权利构造与制度重塑》,载中国社会科学院农村发展研究所宏观经济研究室:《农村土地制度改革:国际比较研究》,社会科学文献出版社 2009 年版,第 240 页。

〔4〕 参见常红晓:《中农办主任陈锡文:必须坚持农地集体所有、家庭承包经营》,载《财经》2008 年第 21 期。

〔5〕 参见朱广新:《论土地承包经营权的主体、期限和继承》,载《吉林大学社会科学学报》2014 年第 4 期。

〔6〕 孙中华:《关于农村土地“三权分置”有关政策法律性问题的思考》,载《农业部管理干部学院学报》2015 年第 1 期。

〔7〕 《土地承包长久不变意见》之三“准确把握‘长久不变’政策内涵”。

实际上,上述两种观点均有其法理基础,均为决策时的可选路径。从成都市双流区瓦窑村的实践来看,承包经营权证中注明的是“长久”,根据相关报道及论述,土地承包经营权证注明的承包期限为“长久”,通过确定时间点确认农民的集体成员权,以此时点割断农村新增人口与农村承包土地的联系,家庭承包土地面积与此时点的家庭人口数量挂钩,“生不增、死不减”,在家庭存续期间内,土地承包经营权可继承。[1] 成都市温江区天府街道实践中通过固化人口、土地、股权,对资产股、土地股实行静态管理,实行“生不增、死不减,进不增、出不减”;股权可依法继承、赠与、转让,但不能退股提现。[2] 但相较第一种观点,第二种观点更容易为社会公众和广大农民群众所接受。从法律逻辑上,土地承包经营权就其实质而言,就是一种以农村土地的利用为中心的用益物权,是对农村集体所有的土地依法享有占有、使用、收益和一定处分的权利,是在农村土地集体所有权之上设立的一种定限物权,[3] 集体土地所有权没有期间限制,土地承包经营权应有期间限制,否则就模糊了集体土地所有权与土地承包经营权之间的边界,“容易引起公众争议,误解为搞土地私有制”[4]。我国台湾地区的制度变迁在一定程度上反映了这一点。在修改“‘民法’物权编”之时,将没有期间限制的永佃权修正为原则上有期间限制的农育权,理由在于:“盖近代用益物权之理论构造,系与近代自由所有权之构造相对应,亦即用益物权系在承认所有权之完整性、整体性与恒久性前提下构成之。”[5]

在渐进式改革和农村土地制度变迁模式下,“稳定土地承包关系并保持长久不变”,是“增人不增地、减人不减地”土地政策的延续,根本立足点在于稳定农民对土地承包的预期,进而激发农民的农业生产投入并促进土地流转合同长期化。[6] 基于此,土地承包具体期限的确定宜兼顾相关法律、稳定经营预期、方便土地流转、促进农业生产。[7] 通过延长土地承包期限,相对固化农民与土地有效配置的关联关系,来扩展土地承包经营权的权利范围和经济价值,进而为新时代农村土地资源的

---

〔1〕 参见杨珍惠:《积极探索农村土地承包经营权长久不变——以成都市为例》,载《资源与人居环境》2009 年第 22 期。

〔2〕 参见唐景明:《试行“三固化”稳定农村土地承包关系并长久不变——成都市温江区推进规划建设区农村改革的调查与启示》,载《资源与人居环境》2009 年第 20 期。

〔3〕 参见焦富民:《“三权分置”视域下承包土地的经营权抵押制度之构建》,载《政法论坛》2016 年第 5 期。

〔4〕 孙中华:《关于农村土地“三权分置”有关政策法律性问题的思考》,载《农业部管理干部学院学报》2015 年第 1 期。

〔5〕 谢在全:《民法物权论》(第 5 版),中国政法大学出版社 2011 年版,第 426 页。

〔6〕 参见高帆:《农村土地承包关系长久不变的内涵、外延及实施条件》,载《南京社会科学》2015 年第 11 期。

〔7〕 参见孙中华:《关于农村土地“三权分置”有关政策法律性问题的思考》,载《农业部管理干部学院学报》2015 年第 1 期。

有效配置,以及土地与其他要素的组合效率提高创造有利条件。[1]

对于第二轮土地承包期届满后的续期问题,为落实党的十九大报告精神,《新农村土地承包法》第 21 条增设第 2 款,“前款规定的耕地承包期届满后再延长三十年,草地、林地承包期届满后依照前款规定相应延长”。这一规则旨在“给予农民稳定的土地承包经营预期”[2],“巩固完善农村基本经营制度,保持农村社会和谐稳定”[3],体现了党的十九大报告的精神,也落实了《物权法》第 126 条第 2 款规定的,承包期届满的,由土地承包经营权人按照国家有关规定继续承包。关于承包期的计算,由于我国农村土地承包实施的初始时间不统一,《新农村土地承包法》并没有统一规定起算的具体时间节点。实践中,各地大约在 1978 年至 1984 年开始第一轮承包,承包期不低于 15 年;第二轮承包则在第一轮承包期限届满后延长 30 年;现有承包地在第二轮土地承包到期后由农户继续承包,承包期再延长 30 年,以各地第二轮土地承包到期为起点计算。以承包地确权登记颁证为基础,已颁发的土地承包权利证书,在新的承包期继续有效且不变不换,证书记载的承包期限届时作统一变更。对个别调地的,在合同、登记簿和证书上作相应变更处理。第二轮土地承包到期后再延长 30 年,使农村土地承包关系从第一轮承包开始保持稳定长达 75 年,是实行“长久不变”的重大举措。[4] 对于草地和林地的承包期,则根据各地关于草地和林地承包期的不同规定,草地承包期相应延长 30 年至 50 年,林地承包期相应地延长 30 年至 70 年。

依据《新农村土地承包法》关于土地收回和调整的规定,所谓的承包期届满后再延长 30 年,应当理解为在第二轮承包期届满后,如承包方愿意继续承包原有土地,土地承包政策不变,土地承包期自然延长 30 年。第二轮土地承包到期后应坚持延包原则,不得将承包地打乱重分,确保绝大多数农户原有承包地继续保持稳定。对少数存在承包地因自然灾害毁损等特殊情形且群众普遍要求调地的村组,届时可按照“大稳定、小调整”的原则,由农民集体民主协商,经本集体经济组织成员的村民会议 2/3 以上成员或者 2/3 以上村民代表同意,并报乡(镇)政府和县级政府农业等行政主管部门批准,可在个别农户间作适当调整,但要依法依规从严掌握。继续提倡“增人不增地、减人不减地”。为避免承包地的频繁变动,防止耕地经营规模不断细

---

〔1〕 参见高帆:《农村土地承包关系长久不变的内涵、外延及实施条件》,载《南京社会科学》2015 年第 11 期。

〔2〕 刘振伟:《关于〈中华人民共和国农村土地承包法修正案(草案)〉的说明——2017 年 10 月 31 日在第十二届全国人民代表大会常务委员会第三十次会议上》,载《中华人民共和国全国人民代表大会常务委员会公报》2019 年第 1 期。

〔3〕 刘振伟:《巩固和完善农村基本经营制度》,载《农村经营管理》2019 年第 1 期。

〔4〕 参见《土地承包长久不变意见》之四“稳妥推进‘长久不变’实施”。

分,进入新的承包期后,因承包方家庭人口增加、缺地少地导致生活困难的,要帮助其提高就业技能,提供就业服务,做好社会保障工作;因家庭成员全部死亡而导致承包方消亡的,发包方应当依法收回承包地,另行发包;通过家庭承包取得土地承包权的,承包方应得的承包收益,依照《民法典》继承编的规定继承。[1]

《新农村土地承包法》第21条增设延长承包期规则,也在一定程度上解决了关于“长久不变”法律表达的学说争议,[2]但也带来了一些尚需解释才能得以确定的问题。

其一,第二轮土地承包期届满后再延长30年,是否需要续签承包合同或土地承包经营权合同,抑或如住宅建设用地使用权届期后的规则一样解释为“自动续期”而无须承包方提出申请?据测算,如采纳需要续签的观点,至少25,087.7万承包农户需要重新签订合同,[3]这不仅在实践中难以操作,加重了农民的负担,也增加了行政管理的成本,[4]尤其是几近完成的土地承包经营权确权颁证工作面临着重新颁证所带来的成本压力。如此看来,“自动续期”的观点更切实际,这也符合《民法典》第332条第2款“继续承包”的本意。

其二,草地、林地承包期届满后的延长期限如何确定?“保持农村土地承包关系长期稳定,应当包括草地和林地的承包关系”,[5]《新农村土地承包法》第21条第2款后段规定,“草地、林地承包期届满后依照前款规定相应延长”。与耕地30年承包期属于法定期限,不允许当事人之间做出相反约定[6]不同,草地的承包期可由当事人参酌具体情况在30年至50年进行约定,林地的承包期在30年至70年进行约定。在解释上,“草地、林地承包期届满后依照前款规定相应延长”应是在上一轮承包合同约定的承包期的基础上,再延长相同的承包期,也就是说,第三轮的承包期与第二轮的承包期相同。自动续期的期限,应当自上一轮承包期届满时起算。

其三,承包期届满后的自动续期应以承包农户仍然保有其本集体经济组织成员

---

〔1〕 参见《土地承包长久不变意见》之四“稳妥推进‘长久不变’实施”。

〔2〕 关于“保持长久不变”期限设定上的争议,参见朱广新:《土地承包关系长久稳定的制度建构》,载《河南财经政法大学学报》2013年第4期;高帆:《农村土地承包关系长久不变的内涵、外延及实施条件》,载《南京社会科学》2015年第11期;高圣平:《农地三权分置视野下土地承包权的重构》,载《法学家》2017年第5期。

〔3〕 参见肖鹏:《承包期届满的自动续期制度研究》,载《中国农业大学学报(社会科学版)》2018年第6期。

〔4〕 参见全国人大常委会法制工作委员会民法室编:《中华人民共和国物权法条文说明、立法理由及相关规定》(第2版),北京大学出版社2017年版,第314页。

〔5〕 胡可明:《全国人民代表大会宪法和法律委员会关于〈中华人民共和国农村土地承包法修正案(草案)〉修改情况的汇报——2018年10月22日在第十三届全国人民代表大会常务委员会第六次会议上》,载《中华人民共和国全国人民代表大会常务委员会公报》2019年第1期。

〔6〕 参见最高人民法院民事审判第一庭编著:《最高人民法院农村土地承包纠纷案件司法解释理解与适用》,人民法院出版社2005年版,第118~119页。

身份,且其土地承包经营权没有消灭为前提。如该承包农户自愿交回或被强制收回承包地,承包地因自然灾害等原因已经灭失或被征收,导致土地承包经营权的消灭,原承包农户就无法再延长承包期,即使原承包农户在第三轮承包中从集体经济组织重新承包农村土地,也是设立新的土地承包经营权,而非原土地承包经营权的延续。〔1〕

其四,就流转期限超过承包期剩余期限的流转合同,此前的主张均为超过的部分无效。〔2〕 在解释上,承包方此际处分了其本来没有的权利,构成无权处分。〔3〕 但在土地承包经营权期限届满后再予延长的,就超过原承包期的剩余期限,承包方仍然保有土地承包经营权,也就是嗣后取得了处分其土地承包经营权的权利。此时,流转合同应为有效,受流转方取得了受流转的权利。

(三)稳定的土地承包关系的保护

就此而言,《新农村土地承包法》严格地规定了发包方收回承包地的条件,维系了调整承包地的既有规定,同时还修改了关于进城农户和妇女土地承包权益的保护规则。

土地承包经营权是集体土地所有权之上设定的一类他物权,一经设定,即具有对抗所有权的效力,只要土地承包经营权未因法定原因而消灭,发包方即不得收回和调整。由此可见,土地承包经营权的收回和调整受土地承包经营权身份性与保障性的限制。在承包期内,禁止发包方收回和调整承包地(第 27 条第 1 款、第 28 条第 1 款),以体现稳定土地承包关系并保持长久不变的政策目标。

《新农村土地承包法》中就发包方有权收回承包地的情形未作规定。第 26 条第 3 款将"承包方全家迁入设区的市,转为非农业户口的"作为发包方有权收回的情形予以规定,但本次修法予以改变,承包农户进城落户不再是发包方收回承包地的事由。《农村土地承包法修正案草案(一审稿)》拟在第 60 条增加第 3 款"承包方连续两年以上弃耕抛荒承包地的,发包方可以收取一定的费用,用于土地耕作;连续三年以上弃耕抛荒承包地的,发包方可以依法定程序收回承包地,重新发包"。但考虑到"实践中弃耕抛荒的原因比较复杂","强行收回承包地也不利于稳定承包关系,容

〔1〕 参见肖鹏:《承包期届满的自动续期制度研究》,载《中国农业大学学报(社会科学版)》2018 年第 6 期。

〔2〕 参见全国人大常委会法制工作委员会民法室编:《〈中华人民共和国物权法〉条文说明、立法理由及相关规定》(第 2 版),北京大学出版社 2017 年版,第 274 页。

〔3〕 参见王利明:《物权法研究》(下卷)(第 4 版),中国人民大学出版社 2016 年版,第 834 页。

易引发更多纠纷”[1],删去了上述内容。值得注意的是,根据原《土地管理法》第37条第3款和《基本农田保护条例》第18条第2款的规定,承包方连续二年弃耕抛荒的,原发包单位应当终止承包合同,收回发包的耕地。如此存在解释上的冲突。虽然《新农村土地承包法》是新法,但新法中就承包方弃耕抛荒时发包方是否有权收回承包地并无规定,在解释上并无优先于旧法《土地管理法》而适用的效力;同时,在《新农村土地承包法》未作规定的情形之下,作为行政法规的《基本农田保护条例》也可以以《土地管理法》为上位法依据就基本农田作出特别规定。如今,原《土地管理法》第37条第3款的规定在修正时已被删除,《基本农田保护条例》的上述规定即无上位法的支撑。收回承包地涉及民事权利——土地承包经营权,按照《立法法》的规定,行政法规并无此立法权限。如此,亟待相关法律、行政法规作出相应修改。

目前,法律上直接规定发包方收回权的,主要是《土地管理法》第61条,该条中所称的“土地”自然包括承包地。由此可见,发包方可以基于公共设施、公益事业的建设收回承包地,使承包方丧失土地承包经营权。此外,在解释上,因承包方家庭成员死亡,承包经营的家庭消亡,不具有本集体经济组织成员身份的继承人的,发包方可收回承包地。[2] 有学者认为,基于《新农村土地承包法》第31条(原法第30条,未作修改)的规定,可以反面推出收回农村出嫁、离婚或丧偶妇女的承包地的情形,即妇女在新居住地已确定获得承包地,为了体现承包地分配的公平性,其没有自愿交回原居住地承包地的,原发包方有权收回该承包地。[3] 但土地承包经营权的权利主体是承包农户,根据“增人不增地,减人不减地”的政策,“集体成员死亡或丧失集体成员身份的自动退出户内共有,新增集体成员当然加入户内共有”[4]。也就是说,承包农户内部个体成员的变动不会对原土地承包经营权产生影响,即承包农户内个别成员迁出后,原土地承包经营权仍然由该承包农户继续享有和行使,发包方不得收回。

就承包地的调整,《新农村土地承包法》采取了谨慎的态度,仅限于发生自然灾害严重毁损承包地等特殊情形时,才能对个别农户之间的承包地进行适当的调整,

---

[1] 胡可明:《全国人民代表大会宪法和法律委员会关于〈中华人民共和国农村土地承包法修正案(草案)〉修改情况的汇报——2018年10月22日在第十三届全国人民代表大会常务委员会第六次会议上》,载《中华人民共和国全国人民代表大会常务委员会公报》2019年第1期。

[2] 参见胡康生主编:《中华人民共和国农村土地承包法释义》,法律出版社2002年版,第72页。

[3] 参见房绍坤:《物权法用益物权编》,中国人民大学出版社2007年版,第117页。

[4] 高海:《“三权”分置的法构造——以2019年〈农村土地承包法〉为分析对象》,载《南京农业大学学报(社会科学版)》2019年第1期。

并且规定了严格的程序，须经本集体绝大多数成员或村民代表同意之外，还要报乡(镇)人民政府和县级人民政府农业等主管部门批准。《农村土地承包法修正案草案(一审稿)》一度松动承包地调整的条件，将之扩大到“因特殊情形矛盾突出”，但同时划定了红线，即“必须坚持土地承包关系稳定、不得打乱重分的原则”。但“保持农村土地承包关系稳定并长久不变是我国农村土地制度的基本原则，农村土地确权登记工作刚完成，承包期内不宜轻易调整承包地；承包地调整问题政策性很强，多年来，中央在这个问题上的政策没有变化”[1]，《新农村土地承包法》最终就承包地的个别调整规则未作修改。

就妇女土地承包权益的保护，《新农村土地承包法》的修改主要体现了两处：其一，在原第15条(现第16条)关于土地承包经营权主体的规则中，增设第2款“农户内家庭成员依法平等享有承包土地的各项权益”，以此“表明妇女享有同样的土地承包权益”；[2]其二，在原第23条(现第24条)增设第2款“土地承包经营权证或者林权证等证书应当将具有土地承包经营权的全部家庭成员列入”[3]，“进一步明确了妇女应该享有的土地承包权益”[4]。但这些修改所引发的问题是，在“增人不增地，减人不减地”政策之下，妇女结婚的，只需经由变更登记，在现居住地承包农户的土地承包经营权登记簿上增加该妇女，同时在原居住地承包农户的土地承包经营权登记簿上删除该妇女；妇女离婚或者丧偶，仍在现居住地生活的，基于共有的基础丧失，可以请求分割土地承包经营权，达成分割协议或分割裁判生效后，可向登记机关申请土地承包经营权变更登记；妇女离婚或者丧偶，返回原居住地生活的，只需在原居住地承包农户的土地承包经营权登记簿上增加该妇女即可。这些情形均不发生发包方收回其原承包地或重新为其分配承包地的问题。如此看来，《新农村土地承包法》就妇女土地承包权益保护规则的修改并未达到预期目标。

---

[1] 胡可明：《全国人民代表大会宪法和法律委员会关于〈中华人民共和国农村土地承包法修正案(草案)〉修改情况的汇报——2018年10月22日在第十三届全国人民代表大会常务委员会第六次会议上》，载《中华人民共和国全国人民代表大会常务委员会公报》2019年第1期。

[2] 参见胡可明：《全国人民代表大会宪法和法律委员会关于〈中华人民共和国农村土地承包法修正案(草案)〉审议结果的报告——2018年12月23日在第十三届全国人民代表大会常务委员会第七次会议上》，载《中华人民共和国全国人民代表大会常务委员会公报》2019年第1期。

[3] 本款的规定实际上是农村土地登记中“重权证轻登记”的进一步反映，真正起着公示作用的应当是不动产登记簿。

[4] 胡可明：《全国人民代表大会宪法和法律委员会关于〈中华人民共和国农村土地承包法修正案(草案)〉修改情况的汇报——2018年10月22日在第十三届全国人民代表大会常务委员会第六次会议上》，载《中华人民共和国全国人民代表大会常务委员会公报》2019年第1期。

四、土地承包经营权权能的改革趋势

（一）土地承包经营权作为用益物权的权能

1. 土地承包经营权权能释义

在所有权权能分离的理论框架下，土地承包经营权的权能大抵围绕占有、使用、收益、处分四大方面而展开，就占有、使用、收益权能，学界并无争议，《物权法》第125条规定：“土地承包经营权人依法对其承包经营的耕地、林地、草地等享有占有、使用和收益的权利，有权从事种植业、林业、畜牧业等农业生产。”其明确规定了土地承包经营权的占有、使用、收益权能。《农村土地承包法》第16条规定：“承包方享有下列权利：（一）依法享有承包地使用、收益和土地承包经营权流转的权利，有权自主组织生产经营和处置产品；（二）承包地被依法征用、占用的，有权依法获得相应的补偿；（三）法律、行政法规规定的其他权利。”由此可见，土地承包经营权亦具有了使用、收益的权能，该条虽然没有明确土地承包经营权的占有权能，但使用、收益均以占有为前提，举重以明轻，占有亦为土地承包经营权的权能。就土地承包经营权的权能，值得研究的是，土地承包经营权是否有处分权能？这一处分权能与所有权的处分权能又有什么区别？

土地承包经营权属于用益物权的一种，而《物权法》第117条规定：“用益物权人对他人所有的不动产或者动产，依法享有占有、使用和收益的权利。”联系《物权法》上述第125条的规定，似乎可以得出这样的结论：土地承包经营权仅具有占有、使用、收益权能，而不具备处分权能。关于用益物权是否具有处分权能，学界素有不同观点。一种观点认为，用益物权的权利内容不包括处分权，其内容为对于标的物的占有、使用、收益，不包括法律上的处分。具体而言，在用益物权设立后，物之所有权人并没有将其所有权的处分权能转移给用益物权人。[1] 另一种观点认为，就法律处分而言，用益物权人对标的物没有转移所有权的处分权，但权利人享有权利处分权，即转移权利和设立负担的权利，如转让、设立抵押等；就事实处分而言，因事实上的处分权能往往是对物加以利用的条件，使用和收益权能在很多情况下与事实处分权能相结合才能实现。因此，用益物权中是应当包含对物的事实上处分的内容的。[2] 还有一种观点认为，讨论用益物权处分权能时，通常讨论的是权利人能否对其享有用益物权的标的物加以法律上或事实上的处分。从这一角度出发，就法律上的处分而言，用益物权人不能对标的物进行法律上的处分；就事实上的处分而言，为

---

〔1〕 参见王利明：《物权法研究》，中国人民大学出版社2002年版，第412页。

〔2〕 参见钱明星：《论用益物权的特征及其社会作用》，载《法律与社会发展》1998年第3期。

了使用和收益的目的,法律一般允许用益物权人对标的物进行改良或保存行为,但不允许其对标的物进行显著的变更或毁损。[1]

上述学说观点的分歧大抵在于对于处分对象的不同理解,即土地承包经营权人处分的是其承包经营的耕地、林地、草地等,还是其享有的土地承包经营权?讨论土地承包经营权的处分权能必须区别对标的物的处分和对权利本身的处分。[2] 通说认为,处分包括事实上的处分和法律上的处分。[3] 事实上的处分是指对物进行消费,即通过事实行为使物的物理形态发生变化,从而满足人们的需要;法律上的处分是指对物的权利的处置,即通过法律行为使物的权利状态发生变动。法律上的处分又有狭义与广义之分。狭义的法律处分是指对标的物的权利(如所有权、用益物权、担保物权)的处分;广义的法律处分除包括狭义的法律处分外,还包括对标的物设立负担,如在标的物上设立用益物权、担保物权等。可见,在物权的处分权能上,法律上处分的对象应是权利,而事实上处分的对象是物本身。[4]

就事实上的处分而言,有学者认为,为了在承包地上从事农业生产,就必须对土地进行事实上的处分,如修田垄、翻土等,因此,土地承包经营权人对承包地也享有事实上的处分权能。[5] 对此,本书作者不敢苟同。土地承包经营权人行使土地承包经营权往往需要对承包地进行一定的变形、改造,如耕植农作物需要修田垄等,但这实际上是土地承包经营权人实现使用、收益权能的前提条件,是一种物的利用形式,属于物的改良行为。物的改良与物的事实上的处分是完全不同的。[6] 由此可见,如果将处分权能局限于权利人能否对权利标的物加以处分的话,土地承包经营权即无处分权能,亦即土地承包经营权人无权对承包地进行事实上的处分。

就法律上的处分而言,包括两种情况:一是对土地承包经营权的处分(狭义的处分),二是对土地承包经营权设立负担(广义的处分)。就前者而言,土地承包经营权人自然不能享有处分土地所有权的权利,否则即构成无权处分。但是,土地承包经营权人应当享有对土地承包经营权的处分权,即有权将其转移给他人。我国《物

---

〔1〕 参见尹飞:《物权法·用益物权》,中国法制出版社2005年版,第27页。

〔2〕 参见尹飞:《物权法·用益物权》,中国法制出版社2005年版,第26页。

〔3〕 参见谢在全:《民法物权论》(第5版),中国政法大学出版社2011年版,第185页;郑玉波:《民法物权》(修订5版),黄宗乐修订,三民书局2008年版,第72~73页。

〔4〕 参见房绍坤:《物权法用益物权编》,中国人民大学出版社2007年版,第33~34页。

〔5〕 参见钱明星:《论用益物权的特征及其社会作用》,载《法律与社会发展》1998年第3期。

〔6〕 《德国民法典》第1037条第1款规定:用益权人无权对物进行改造或者重大变更。第2款规定:在不对土地的经营用途进行重大变更的范围内,土地的用益权人可以为了采掘岩石、沙砾、沙土、黏土、陶土、泥灰岩、泥炭或者其他土壤成分而设置新设备。前者规定的是用益物的事实上的处分,属法律禁止之列;后者规定的是用益物的改良,属法律允许之列。参见房绍坤:《物权法用益物权编》,中国人民大学出版社2007年版,第34页。

权法》和《农村土地承包法》明文规定,土地承包经营权人可以依法转让、互换其所拥有的土地承包经营权,土地承包经营权人有权依法处分土地承包经营权。就后者而言,土地承包经营权人有权以土地承包经营权为客体设立抵押、租赁等权利。我国《物权法》和《农村土地承包法》明文规定,土地承包经营权人可以以转让、出租等方式在其土地承包经营权之上设定权利负担,“四荒地”的土地承包经营权人还可以以抵押方式在其土地承包经营权设定权利负担。[1] 准此以观,我国法律上是允许土地承包经营权人依法处分其土地承包经营权的。

综上,我们大抵可以得出这样的结论:如果将土地承包经营权的权能理解为针对标的物的土地(所有权)的权利,则土地承包经营权的权能仅为占有、使用和收益,并无处分权能,《物权法》第125条本身并无问题。如果将土地承包经营权的权能理解为也针对土地承包经营权本身,则土地承包经营权亦包括了处分权能。不管采取哪种学术主张,对于土地承包经营权人有权依法处分其享有的土地承包经营权,应无争议。

2.《三权分置意见》关于完善土地承包经营权权能的政策导向

根据《三权分置意见》的表述,从完善权能的角度出发,承包农户的土地承包经营权包括以下内容:(1)占有、使用承包地,其中包括建设必要的农业生产、附属、配套设施,自主组织生产经营和处置产品并获得收益;(2)通过转让、互换、出租(转包)、入股或其他方式流转承包地并获得收益;(3)就承包土地经营权设定抵押;(4)自愿有偿退出承包地;(5)具备条件的可以因保护承包地获得相关补贴;(6)承包土地被征收的,承包农户有权依法获得相应补偿,符合条件的有权获得社会保障费用等。与《农村土地承包法》和《物权法》上规定的以家庭承包方式设立的土地承包经营权的内容相比,《三权分置意见》做了以下几个方面的明确或改变:其一,明确了土地承包经营权的入股流转方式,为新型农业经营体系的构建提供了另一条可供选择的路径;其二,改变了现行法上禁止耕地等土地承包经营权抵押的规定,明确承包农户可就其土地承包经营权设定抵押;其三,在转让之外,明确指出承包农户可以放弃其土地承包经营权,但以“自愿有偿”为前提;其四,明确了承包农户因保护承包地获得相关补贴的权利;其五,明确了承包土地被征收的承包农户,符合条件时有权获得社会保障费用。

---

[1] 有学者认为,以其他方式取得的土地承包经营权(“四荒地”的土地承包经营权)不属于物权性的土地承包经营权,而仅具有债法上的意义。(参见丁关良:《土地承包经营权基本问题的研究》,浙江大学出版社2007年版,第134页以下)本书作者对此不敢苟同,《物权法》第十一章“土地承包经营权”一章并未区分以家庭方式取得的土地承包经营权和以其他方式取得的土地承包经营权,从体系解释的视角,该章涵盖了这两种土地承包经营权。该章第133条还明文规定了以其他方式取得的土地承包经营权的内容。上述主张无制定法上的依据。

第一,党的十八届三中全会提出允许农民以土地承包经营权入股的方式发展农业产业化经营,2015 年中央一号文件进一步提出引导农民以土地经营权入股合作社和龙头企业。《农村土地承包法》和《物权法》就以家庭承包方式设立的土地承包经营权,并未明确规定"入股"这一流转方式,由此造成了解释上的冲突。[1] 根据原《农村土地承包经营权流转管理办法》第 35 条的规定,"入股是指实行家庭承包方式的承包方之间为发展农业经济,将土地承包经营权作为股权,自愿联合从事农业合作生产经营;其他承包方式的承包方将土地承包经营权量化为股权,入股组成股份公司或者合作社等,从事农业生产经营"。《三权分置意见》指出:"农村集体土地由作为本集体经济组织成员的农民家庭承包,不论经营权如何流转,集体土地承包权都属于农民家庭。"其以保留土地承包经营权的就业和社会保障功能为前提,实行了"耕者有其田"。由此可见,在"三权"分置之下,所谓土地承包经营权入股,是指农户在其土地承包经营权之上为入股主体设定土地经营权,即农户以其土地承包经营权入股之后,其本身并不丧失土地承包经营权,只是在其土地承包经营权上派生出土地经营权予入股主体。至于土地经营权的行使方式,就入股合作社而言,农户仍然依合作社的安排自行行使;就入股公司而言,则由公司行使。

第二,《三权分置意见》明确赋予土地承包经营权抵押权能,这一政策导向否定了土地承包权不得抵押的学术观点。[2] 在《三权分置意见》之下,不仅土地承包经营权派生出的土地经营权可以抵押,土地承包经营权本身也可以设定抵押,这一安排有利于搞活土地生产要素、缓解融资难。[3] 《农村承包土地的经营权抵押贷款试点暂行办法》也明确指出,通过家庭承包方式依法取得的土地承包经营权和通过合法流转方式获得的承包土地的经营权,均可抵押贷款。

《物权法》第 180 条第 1 款第 3 项仅允许"以招标、拍卖、公开协商等方式取得的荒地等土地承包经营权"设定抵押、《物权法》第 184 条第 2 项禁止"耕地、宅基地、自留地、自留山等集体所有的土地使用权"设定抵押。为了落实农村土地的用益物权,赋予农民更多财产权利,深化农村金融改革创新,有效盘活农村资源、资金、资产,为稳步推进农村土地制度改革提供经验和模式,第十二届全国人民代表大会常务委员会第十八次会议决定:授权国务院在北京市大兴区等 232 个试点县(市、区)行政区域,暂时调整实施《物权法》《担保法》关于集体所有的耕地使用权不得抵押

---

〔1〕 参见高圣平:《新型农业经营体系下农地产权结构的法律逻辑》,载《法学研究》2014 年第 4 期。

〔2〕 有学者基于土地承包权的身份性,否定其抵押权能。参见郑志峰:《当前我国农村土地承包权与经营权再分离的法制框架创新研究——以 2014 年中央一号文件为指导》,载《求实》2014 年第 10 期。

〔3〕 参见孙中华:《关于农村土地"三权分置"有关政策法律性问题的思考》,载《农业部管理干部学院学报》2015 年第 1 期。

的规定。[1]《民法典》结合试点经验,删除了《物权法》第184条禁止耕地等集体土地使用权抵押的规定。

值得注意的是,部分试点地方要求贷款农户应事先取得土地经营权证。[2] 这是对承包土地的经营权抵押的误解。在解释上,“承包土地的经营权抵押”,既包括为派生出土地经营权的农户的土地承包经营权的抵押,也包括由土地承包经营权派生出的土地经营权的抵押。[3] 上述做法将抵押贷款试点仅限于第二种情形,强制性地要求不流转土地经营权的农户办理土地经营权证,增加了农户取得贷款的难度,也提高了登记机构的工作难度。

至于土地承包经营权抵押权实现时可能导致的农民失地风险,[4]《两权抵押指导意见》强调:“因借款人不履行到期债务或者发生当事人约定的情形需要实现抵押权时,允许金融机构在保证农户承包权……前提下,依法采取多种方式处置抵押物。完善抵押物处置措施,确保当借款人不履行到期债务或者发生当事人约定的情形时,承贷银行能顺利实现抵押权。”如此看来,土地承包经营权的处置就不能采取《物权法》明确规定的方式,因为无论是协议折价、协议拍卖、协议变卖,还是强制拍卖、强制变卖,均涉及土地承包经营权的移转,如此就无法“保证农户承包权”。在比较法上,抵押物的处置方式还有强制管理,即抵押权人并不就抵押物进行变价,而是取得抵押物在一定期限内的使用收益权,以抵押物的收益来满足抵押债权,在债权得以足额清偿之后,抵押人仍然享有对抵押物的完整权利。[5] “强制管理措施对执行债务人而言比起强制拍卖来具有更少的深刻后果”[6],契合了保证农户承包权的公共政策目标,实为土地承包经营权抵押权实现时的可采路径,应在《强制执行法》立法之时增加“强制管理”这一实现方式。只不过,强制管理不利于土地承包经营权市

---

〔1〕 参见2015年12月27日第十二届全国人民代表大会常务委员会第十八次会议通过《关于授权国务院在北京市大兴区等232个试点县(市、区)、天津市蓟县等59个试点县(市、区)行政区域分别暂时调整实施有关法律规定的决定》。

〔2〕 参见黄源、谢冬梅:《“三权分置”背景下农村土地经营权抵押贷款难点和破解思路》,载《四川师范大学学报(社会科学版)》2017年第2期。

〔3〕 参见高圣平:《承包土地的经营权抵押规则之构建——兼评重庆城乡统筹综合配套改革试点模式》,载《法商研究》2016年第1期。

〔4〕 参见孙中华:《关于农村土地“三权分置”有关政策法律性问题的思考》,载《农业部管理干部学院学报》2015年第1期。

〔5〕 参见房绍坤:《论土地承包经营权抵押的制度构建》,载《法学家》2014年第2期;高圣平:《农地金融化的法律困境及出路》,载《中国社会科学》2014年第8期。

〔6〕 [德]恩斯特·里特尔:《对不动产的强制执行》,杨柳译,周翠校,载《强制执行法起草与论证》(第2册),中国人民公安大学出版社2004年版,第158页。

场价值的发现。[1] 但是,解决农村贷款难,要着力深化农村金融体制改革,完善政策性金融,发展农村合作金融,仅靠土地承包经营权抵押融资,不能解决根本性问题。[2]

第三,在"三权"分置政策之下,承包农户仍然有退出或转让土地承包经营权的权利。"三权"分置政策的指导思想在于健全农村土地产权制度,优化土地资源配置,培育新型经营主体,促进适度规模经营发展,[3]并不排斥土地承包经营权的转让或退出,"其只是为进城农民彻底摆脱土地羁绊提供了一种选择,而不必然导致农民失地,与中央稳定农户承包权的政策精神并不矛盾"[4]。即使在"三权"分置之下,对承包期内,举家外迁、又没有劳动力返乡务农的承包农户,应允许其在自愿前提下退出或转让承包地。[5] 退出承包地,实际上就是承包农户解除土地承包经营合同,将承包地退还集体经济组织。承包农户依合同的约定承担着依法保护和合理利用承包地的义务,在《农村土地承包法》已就承包地的退回作出规定的情形下,其主要任务是鼓励探索市场化退出机制,强调承包方撂荒责任。[6]

就土地承包经营权的转让而言,《农村土地承包法》规定了几个限制性条件:"承包方有稳定的非农职业或者有稳定的收入来源"(第41条)、"经发包方同意"(第37条第1款)、受让人仅限于"其他从事农业生产经营的农户"(第41条)。学者间就这一规则多有争议,[7]但均是基于土地承包经营权的财产属性所作出的。在"三权"分置之下,土地承包经营权具有严格的身份限制,建立在成员权基础上,以集体经济组织成员资格为前提,[8]承载着社会保障功能,其财产功能的实现形式发生了重大改变。此时,维系只有本集体成员才能取得土地承包经营权的制度安排,具有正当性。《土地经营权流转意见》由此进一步指出:"以转让方式流转承包地的,原则上应在本集体经济组织成员之间进行,且需经发包方同意。"[9]至于通常所称土地承包经营权市场化流转,在"三权"分置之下,应属市场化的土地经营权的研

〔1〕 参见高圣平:《承包土地的经营权抵押规则之构建——兼评重庆城乡统筹综合配套改革试点模式》,载《法商研究》2016年第1期。

〔2〕 参见孙中华:《关于深化农村土地制度改革的几个问题》,载《理论学刊》2016年第2期。

〔3〕 参见《三权分置意见》"二、总体要求"之"(一)指导思想"。

〔4〕 张占锋:《农地流转制度的现实困惑与改革路径》,载《西北农林科技大学学报(社会科学版)》2017年第1期。

〔5〕 参见叶兴庆:《集体所有制下农用地的产权重构》,载《毛泽东邓小平理论研究》2015年第2期。

〔6〕 参见李国强:《论农地流转中"三权分置"的法律关系》,载《法律科学(西北政法大学学报)》2015年第6期。

〔7〕 参见朱虎:《土地承包经营权流转中的发包方同意》,载《中国法学》2010年第2期;高圣平:《新型农业经营体系下农地产权结构的法律逻辑》,载《法学研究》2014年第4期。

〔8〕 参见叶兴庆:《集体所有制下农用地的产权重构》,载《毛泽东邓小平理论研究》2015年第2期。

〔9〕 《土地经营权流转意见》"三、规范引导农村土地经营权有序流转"之"(五)鼓励创新土地流转形式"。

究范畴,非本处所能涵盖。

(二)承包地流转法律表达的学说争议及其评价

在我国实定法上,农村土地属于集体成员集体所有,但可由本集体农户承包经营。为反映这种承包地的利用关系,土地承包经营权经由《农村土地承包法》《物权法》得以确立,并被定性为一种用益物权。不可否认的是,这一“两权”分离的法权结构安排与小农经济相适应,其切断了土地与资本等生产要素的联系,制约着农业产业化和规模化经营的发展。[1] 我国实定法上虽然亦允许承包地的流转,但流转方式、条件、程序等均较受限制,所反映的仍然只是小规模的流转关系。经营主体依流转所取得的权利定性不清、内容模糊、效力较弱,[2] 直接影响到适度规模经营的发展。“实践证明,土地流转和适度规模经营是农业现代化的必由之路。”[3] 当下,发展规模化、集约化的现代农业经营模式已经成为国家的政策选择,而现有的制度设计已经不能满足生产力发展的要求,“土地所有权、土地承包权、土地经营权”“三权”分置思想被提出,并被确定为新一轮农村土地制度改革的指导思想[4] 和相关法律修改的重要理论基础。[5] “三权”分置思想的核心意旨,就是促进承包地的有序流转,发展农业适度规模经营,“更好地用活土地经营权,优化土地资源配置”[6]。

1. 承包地流转含义的变迁

我国承包地流转政策经历了从“禁止”“放松”“允许”到“鼓励”的过程。[7] 在“三权”分置之下,“鼓励承包农户依法采取转包、出租、互换、转让及入股等方式流转承包地”[8],“允许承包农户将土地经营权依法自愿配置给有经营意愿和经营能力的主体,发展多种形式的适度规模经营”[9],“鼓励采用土地股份合作、土地托管、代耕代种等多种经营方式,探索更多放活土地经营权的有效途径”[10]。从政策文件的表述来看,这些都是承包地的流转方式,且都是“放活土地经营权”的路径。在立

〔1〕 参见温世扬:《农地流转:困境与出路》,载《法商研究》2014 年第 2 期。

〔2〕 参见朱广新:《土地承包权与经营权分离的政策意蕴与法制完善》,载《法学》2015 年第 11 期。

〔3〕 《土地经营权流转意见》之序言。

〔4〕 参见《土地经营权流转意见》“一、总体要求”之“(一)指导思想”;孙中华:《关于农村土地“三权分置”有关政策法律性问题的思考》,载《农业部管理干部学院学报》2015 年第 1 期。

〔5〕 参见 2015 年中央一号文件;刘振伟:《三权分置关键是土地经营权定性》,载《农村工作通讯》2015 年第 18 期。

〔6〕 韩长赋:《土地“三权分置”是中国农村改革的又一次重大创新》,载《光明日报》2016 年 1 月 26 日,第 1 版;张红宇:《准确把握农地“三权分置”办法的深刻内涵》,载《农村经济》2017 年第 8 期。

〔7〕 我国承包地流转政策的变迁,参见孔祥智:《“三权分置”的重点是强化经营权》,载《中国特色社会主义研究》2017 年第 3 期。

〔8〕 《土地经营权流转意见》“三、规范引导农村土地经营权有序流转”之“(五)鼓励创新土地流转形式”。

〔9〕 《深化农村改革综合性实施方案》“二、关键领域和重大举措”之“(一)深化农村集体产权制度改革”。

〔10〕 《三权分置意见》“三、逐步形成‘三权分置’格局”之“(三)加快放活土地经营权”。

法回应上,学术界就承包地流转的法律表达存在较大争议,首先体现在是不是所有的流转方式都是使经营主体[1]取得土地经营权,即这些流转方式是否都是设定土地经营权的法律行为?

在"三权"分置之下,"农村土地集体所有权是土地承包权的前提,农户享有承包经营权是集体所有的具体实现形式,在土地流转中,农户承包经营权派生出土地经营权"[2]。这里所要传达的意义有两个:其一,仅在发生承包地流转关系之时,才有生成土地经营权这一新型权利的必要。若不发生承包地流转关系,则承包土地的经营权属于农户,权利表现形式仍然是土地承包经营权,土地经营权隐而不彰,[3]无土地经营权独立和产生之必要。[4] 如此,"两权"分离和"三权"分置这两种权利结构将在承包地权利体系中长期并存。其二,土地经营权是派生于土地承包经营权的一类新生的权利,土地承包经营权是其"母权"。结合《三权分置意见》的其他内容,[5]土地经营权是经营主体依流转所取得的权利的统称,需要经由修改法律科学界定其内涵,并明确其与土地所有权和土地承包经营权的权利边界及相互关系。如此,土地经营权的提出是为了克服经营主体依现行承包地流转规则所取得的权利性质不明、内容模糊、经营预期不高等弊端,以达到促进承包地流转、稳定经营主体的经营预期、探索承包地担保融资的目标。不过,在体系效应上,就未实行家庭承包的农村土地而言,亦可由集体作为土地所有人和经营主体直接依土地经营合同设定土地经营权,[6]但这已经不属于本书作者的讨论范围。

2. 承包地流转含义的学说争议

学术界就土地经营权是否涵盖经营主体依所有的流转方式所取得的权利,存在不同认识。第一种观点认为,"土地经营权是通过土地承包经营权流转,并从其中分

---

[1] 本书作者所使用的"经营主体"一语不包括自行行使土地承包经营权的承包农户,特此叙明。

[2] 《三权分置意见》"三、逐步形成'三权分置'格局"之"(四)逐步完善'三权'关系"。

[3] 参见耿卓:《农地三权分置改革中土地经营权的法理反思与制度回应》,载《法学家》2017年第5期;高圣平:《承包土地的经营权抵押规则之构建——兼评重庆城乡统筹综合配套改革试点模式》,载《法商研究》2016年第1期。

[4] 参见刘云生、吴昭军:《政策文本中的农地三权分置:路径审视与法权建构》,载《农业经济问题》2017年第6期。

[5] 如《三权分置意见》指出:"现阶段深化农村土地制度改革,顺应农民保留土地承包权、流转土地经营权的意愿,将土地承包经营权分为承包权和经营权,实行所有权、承包权、经营权(以下简称'三权')分置并行,着力推进农业现代化,是继家庭联产承包责任制后农村改革又一重大制度创新。""土地经营权人对流转土地依法享有在一定期限内占有、耕作并取得相应收益的权利。在依法保护集体所有权和农户承包权的前提下,平等保护经营主体依流转合同取得的土地经营权,保障其有稳定的经营预期。"

[6] 参见高圣平:《农地三权分置视野下土地承包权的重构》,载《法学家》2017年第5期;陈耀东:《农地"三权分置"怎样与现行法律衔接》,载《人民论坛》2017年第11期;高圣平:《论农村土地权利结构的重构——以〈农村土地承包法〉的修改为中心》,载《法学》2018年第2期。

离出来的一个特殊权利”[1]，只要发生承包地土地流转关系，就存在“三权”分置问题。从本质上看，承包地流转“就是承包权和经营权的分离，就是承包人把属于自己的经营权以有偿的方式让渡给他人的过程”[2]。土地经营权则在不同的流转方式下，呈现不同的权利属性：在转让和互换流转方式之下为物权性质，在转包、出租和入股流转方式之下为债权性质。[3] 第二种观点认为，不是所有的承包地流转关系均表达为土地经营权。以互换、转让方式流转承包地就不发生“三权”分置问题；以出租、转包、入股方式流转承包地的结果是使经营主体取得土地经营权；以抵押方式流转承包地在抵押权实现时发生“三权”分置问题。[4] 第三种观点亦认为，不是所有的承包地流转关系均表达为土地经营权，但主张以转让方式流转承包地使经营主体取得土地经营权，以出租、转包等方式流转承包地仅使经营主体取得承包地租赁权时，并不发生“三权”分置问题。[5]

承包地的“流转”并非严格意义上的法律术语，从实定法的内容上看，是指在不改变土地用途的前提下，承包农户处分其土地承包经营权的各种行为的总称，包括转包、出租、互换、转让、入股等。[6] 各种流转方式之间在法律效果上存在差异。学说上认为，承包地的转让和互换发生移转土地承包经营权的法律效果，以转让或互换的方式流转承包地就意味着原承包农户丧失土地承包经营权；承包地的抵押发生创设土地承包经营权抵押权的法律效果，以抵押方式流转承包地就意味着在抵押权实现之时原承包农户可能丧失土地承包经营权（以拍卖、变卖方式实现抵押权），也可能不丧失土地承包经营权（以强制管理方式实现抵押权）；承包地的转包和出租仅发生债权性的利用承包地的法律效果，以转包或出租的方式流转承包地就意味着承

---

〔1〕 孙中华：《关于农村土地“三权分置”有关政策法律性问题的思考》，载《农业部管理干部学院学报》2015 年第 1 期。

〔2〕 孔祥智：《“三权分置”的重点是强化经营权》，载《中国特色社会主义研究》2017 年第 3 期。

〔3〕 参见孙中华：《关于农村土地“三权分置”有关政策法律性问题的思考》，载《农业部管理干部学院学报》2015 年第 1 期；张毅、张红、毕宝德：《农地的“三权分置”及改革问题：政策轨迹、文本分析与产权重构》，载《中国软科学》2016 年第 3 期。

〔4〕 参见陶钟太朗、杨遂全：《农村土地经营权认知与物权塑造——从既有法制到未来立法》，载《南京农业大学学报（社会科学版）》2015 年第 2 期；潘俊：《农村土地承包权和经营权分离的实现路径》，载《南京农业大学学报（社会科学版）》2015 年第 4 期；李国强：《论农地流转中“三权分置”的法律关系》，载《法律科学（西北政法大学学报）》2015 年第 6 期；朱广新：《土地承包权与经营权分离的政策意蕴与法制完善》，载《法学》2015 年第 11 期；张占锋：《农地流转制度的现实困惑与改革路径》，载《西北农林科技大学学报（社会科学版）》2017 年第 1 期。各文献之间在观点上还存在差异。

〔5〕 参见耿卓：《农地三权分置改革中土地经营权的法理反思与制度回应》，载《法学家》2017 年第 5 期。

〔6〕 参见陈小君：《我国农村土地法律制度变革的思路和框架》，载《法学研究》2014 年第 4 期；高圣平：《新型农业经营体系下农地产权结构的法律逻辑》，载《法学研究》2014 年第 4 期；朱广新：《土地承包权与经营权分离的政策意蕴与法制完善》，载《法学》2015 年第 11 期。

包农户并不丧失土地承包经营权。[1] 由此可见,从"土地承包经营权派生于土地经营权"的既有判断出发,土地经营权的设立并不能传达所有的承包地流转关系,至少不能涵盖承包地的转让和互换,因为此际,原承包农户的土地承包经营权已经丧失,无法派生土地经营权。将所有的承包地流转关系笼统地表达为土地经营权,抹杀了承包地流转方式的多元性。由此可见,第一种观点虽然基于政策文件而展开,但并未虑及承包地流转方式中的转让和互换。党的十八届三中全会以来的政策文件对于土地承包经营权的转让和流转已经作了相应区分,如《三权分置意见》指出:"承包农户转让土地承包权的,应在本集体经济组织内进行,并经农民集体同意;流转土地经营权的,须向农民集体书面备案。"这些政策文件中的"土地经营权流转""土地流转""承包地流转"主要针对的还是除转让和互换之外的其他流转方式。

有学者主张,"土地承包经营权人在转让权利后即意味着完全退出原有的承包关系,彻底失去土地承包经营权。而这与中央保持土地承包关系长期稳定、长久不变的精神相违背;反之,又不利于形成受让人长期经营的稳定预期,影响农业生产的发展"[2]。但所谓稳定土地承包关系并保持长久不变,指的是农村土地集体所有制和家庭承包经营制度长久不变,[3]《深化农村改革综合性实施方案》同时指出:"稳定农户承包权,就是要依法公正地将集体土地的承包经营权落实到本集体组织的每个农户。"由此可见,"中央保持土地承包关系长期稳定、长久不变的精神"仅涉及土地承包经营权的设定行为,指向的是土地所有权人与承包农户之间的关系,而并不涉及承包农户取得土地承包经营权之后的转让问题,后者仅调整承包农户和受让人之间的关系。"中央保持土地承包关系长期稳定、长久不变的精神"与承包地的转让之间并不构成相互排斥的关系。即使在"三权"分置之下,土地承包经营权同样可以有条件地转让,[4]为进城农民彻底摆脱土地羁绊提供了一种选择。[5]《三权分置意见》即指出,"在完善'三权分置'办法过程中,要充分维护承包农户使用、流转、抵押、退出承包地等各项权能";承包农户"有权通过转让、互换、出租(转包)、入股或

---

〔1〕 参见高圣平:《新型农业经营体系下农地产权结构的法律逻辑》,载《法学研究》2014 年第 4 期;朱广新:《土地承包权与经营权分离的政策意蕴与法制完善》,载《法学》2015 年第 11 期。

〔2〕 耿卓:《农地三权分置改革中土地经营权的法理反思与制度回应》,载《法学家》2017 年第 5 期。

〔3〕 参见孙中华:《关于农村土地"三权分置"有关政策法律性问题的思考》,载《农业部管理干部学院学报》2015 年第 1 期。

〔4〕 参见刘云生、吴昭军:《政策文本中的农地三权分置:路径审视与法权建构》,载《农业经济问题》2017 年第 6 期。

〔5〕 参见张占锋:《农地流转制度的现实困惑与改革路径》,载《西北农林科技大学学报(社会科学版)》2017 年第 1 期。

其他方式流转承包地并获得收益,任何组织和个人不得强迫或限制其流转土地”[1]。准此,“三权”分置下,转让的客体仍然是土地承包经营权,而不是土地经营权。同时,将出租等现行法上的债权性流转方式排斥在“三权”分置之外,也与政策导向不合。目前,以出租、转包方式流转承包地占据承包地流转规模的78.6%,[2]“三权”分置思想所欲解决的正是这部分承包地流转的情形,即“土地适度规模经营能够依赖的权利形式在很大程度上只有转包与出租”[3]。由此可见,第三种观点虽然另辟蹊径,将承包地转让所可能带来的不利后果经由土地经营权制度加以解决,但却将出租、转包等承包地流转形式排除于土地经营权制度之外,这值得商榷。

综上,第二种观点比较准确地反映了“三权”分置的思想,也符合法理,值得赞同。在此观点之下,承包地流转的法律效果不同,其法律表达方式自当不同,以此避免不同流转方式之间内涵与外延的紊乱。[4]

3.《新农村土地承包法》就承包地流转含义的调整

《新农村土地承包法》将原法第16条第1项所定承包方依法享有土地承包经营权流转的权利,分拆为两项“依法互换、转让土地承包经营权”“依法流转土地经营权”(第17条第2、3项),实际上是将原法土地承包经营权的流转依其法律效果在“三权”分置之下作了区分。就其中具有移转土地承包经营权效果的,因不涉及“三权”分置,即不发生是否派生出土地经营权的问题,而规定于第二章第四节“土地承包经营权的保护和互换、转让”,不再以“流转”称之;就其中产生债权性移转效果的,因涉及“三权”分置,即发生自土地承包经营权派生出土地经营权的后果,而规定于第二章第五节“土地经营权”。这一安排符合体系化的要求。

当然,不可否认的是,《新农村土地承包法》限缩了原法中“流转”涵摄的范围,将之局限于“出租(转包)、入股和其他方式”,排除“互换”和“转让”。在解释上,这里的“其他方式”自不包括“互换”和“转让”的情形。如此,“流转”仅指承包方处分其土地承包经营权且产生派生出土地经营权效果的情形,第45条和第47条所规定的通过流转取得(的)土地经营权,即属此意。“转让”和“互换”与“流转”的关系“由之前公认的种属关系而因此次修法变得模糊不清了”[5]。由此也出现了,原法

---

〔1〕《三权分置意见》“三、逐步形成‘三权分置’格局”之“(二)严格保护农户承包权”。

〔2〕参见孙中华:《关于农村土地“三权分置”有关政策法律性问题的思考》,载《农业部管理干部学院学报》2015年第1期。

〔3〕朱广新:《土地承包权与经营权分离的政策意蕴与法制完善》,载《法学》2015年第11期。

〔4〕参见张占锋:《农地流转制度的现实困惑与改革路径》,载《西北农林科技大学学报(社会科学版)》2017年第1期。

〔5〕耿卓:《承包地“三权分置”政策入法的路径与方案——以〈农村土地承包法〉的修改为中心》,载《当代法学》2018年第6期。

中一体调整所有流转方式的共通规则因被新法置于第五节“土地经营权”,是否适用于被新法置于第四节“土地承包经营权的保护和互换、转让”的土地承包经营权的互换、转让行为的问题,即第38条关于土地经营权流转原则的规定、第39条关于土地经营权流转收益的规定、第40条关于土地经营权流转合同的规定,是否适用于土地承包经营权的互换、转让。在解释上,“转让”与“互换”可以准用原一体调整所有流转方式的现第38条至第40条。

同时,“流转”在《新农村土地承包法》的使用也存在不合汉语表达习惯和权利生成逻辑的问题。如将“流转”作为动词使用之时,第9条、第10条、第17条第3项、第27条第3款、第36条、第44条所称“流转土地经营权”的主语是承包方,所传达的是承包方处分其土地承包经营权的法律后果是为他人派生出土地经营权,土地经营权是流转的后果,但第53条所称“流转土地经营权”很明显与此意义不同,这里指的是承包方处分其已经取得的土地经营权,土地经营权是流转的对象;第46条又将这一情形称为“再流转土地经营权”,以与前者“流转土地经营权”的意义相区分。将“流转”作为名词使用之时,“土地经营权流转”从文义上系指对已经取得的土地经营权的处分行为,但第38条、第39条、第40条、第41条、第57条、第60条、第65条所称“土地经营权流转”,第40条、第42条、第64条所称“土地经营权流转合同”,均不是在这一意义上使用,而是指承包方处分其土地承包经营权且产生土地经营权的行为。如此看来,赋予“流转”这一通俗表达以确定的法律含义并非易事,尚需经由解释而确定。

(三)土地承包经营权互换、转让的规则变迁及其评价

在《新农村土地承包法》公布之前的法律和政策文件之中,土地承包经营权可以以转让、转包、出租、互换、抵押等方式流转,其中,互换、转让导致土地承包经营权的主体变化,属于移转物权性质的流转;抵押设定时并不导致土地承包经营权主体的变化,但创设了一个新类型的物权——土地承包经营权抵押权,属于创设物权性质的流转。[1] 这几种情形均属承包地物权性流转。正如前述,以互换、转让方式流转承包地不发生“三权”分置问题;以抵押方式流转承包地在抵押权设定之时也不发生“三权”分置问题,但在抵押权实现之时则可能出现为第三人设立土地经营权的问题。

1. 承包地的互换规则

互换作为一种小规模的土地承包经营权流转方式,起因于第一轮承包时基于绝

〔1〕 参见高圣平:《新型农业经营体系下农地产权结构的法律逻辑》,载《法学研究》2014年第4期。

对公平分配观念之下的承包地细碎化。推行土地承包制的初期,集体经济组织往往以优劣搭配的方式将承包地发包给农户,导致承包农户所承包的地块过于分散。在农业生产过程中,农户基于方便耕作或者其他需求的考虑,自发将其承包的土地与其他农户的承包地进行交换,通过互换使农户承包的细碎土地连片,方便进行集中耕作。

互换是指“承包方之间为方便耕作或者各自需要,对属于同一集体经济组织的承包地块进行交换,同时交换相应的土地承包经营权”[1]。由此可见,互换的仍然是土地承包经营权,“是土地承包经营权在同一集体经济组织之内互相交换的一种易货交易,实质上是将土地承包经营权终局性地转让于他人之时又于他人之处受让土地承包经营权的两种处分行为的叠加”[2]。互换是土地承包经营权的相互移转、互为对价。土地承包经营权互换合同生效后,互换双方原有的土地承包关系发生了变化,这也直接造成了互换双方与原土地发包方之间的合同关系的变化,原承包合同的内容已经发生改变,相应的权利义务也相应发生交换。也就是说,土地承包经营权互换合同生效后,承包方以失去其土地承包经营权为代价,取得了对方享有的土地承包经营权。在政策导向上,《土地经营权流转意见》指出:“鼓励农民在自愿前提下采取互换并地方式解决承包地细碎化问题。”[3]

《新农村土地承包法》第33条规定:“承包方之间为方便耕种或者各自需要,可以对属于同一集体经济组织的土地的土地承包经营权进行互换,并向发包方备案。”《新农村土地承包法》将流转的调整范围局限于出租(转包)、入股和其他方式,排除互换和转让。由此而出现了,《新农村土地承包法》第38条关于土地经营权流转原则的规定,第39条关于土地经营权流转收益的规定,第40条关于土地经营权流转合同的规定是否适用于土地承包经营权的互换、转让的问题。在解释上,转让与互换可以准用原一体调整所有流转关系的第38~40条。准此,土地承包经营权的互换应当遵循以下原则,即依法、自愿、有偿,任何组织和个人不得强迫或者阻碍土地承包经营权的互换;不得改变土地所有权的性质和土地的农业用途,不得破坏农业综合生产能力和农业生态环境;互换期限不得超过承包期的剩余期限;双方须有农业经营能力或者资质。关于土地承包经营权的互换,当事人双方应当签订书面合同。土地承包经营权互换合同一般包括以下条款:双方当事人的姓名、住所;互换土地的名称、坐落、面积、质量等级;互换期限和起止日期;互换土地的用途;双方当事

[1] 原《农村土地承包经营权流转管理办法》第35条第3款。
[2] 朱广新:《土地承包权与经营权分离的政策意蕴与法制完善》,载《法学》2015年第11期。
[3] 《土地经营权流转意见》“三、规范引导农村土地经营权有序流转”之“(五)鼓励创新土地流转形式”。

人的权利和义务；违约责任。

《新农村土地承包法》第33条规定，土地承包经营权的互换，应向发包方备案。这一规定是本次修正新增加的规定，旨在强化对土地承包经营权的互换的管理。值得注意的是，备案属于事后监督性质，是否备案不影响当事人之间所签订的土地承包经营权互换合同的效力。《土地承包解释》第14条对此作了明确规定，承包地可以互换，但互换后发包方不能以该合同没有向其备案为由请求确认互换合同无效。

值得注意的是，《新农村土地承包法》第33条并未如第34条一样，要求土地承包经营权的互换应经发包方同意。在黑龙江省高级人民法院审理的甄某环与李某芳、勃利县勃利镇太平村村民委员会互换合同纠纷再审案中，黑龙江省高级人民法院经审查认为，甄某环与李某芳之间就双方承包的土地进行互换，应当报发包方太平村委会备案，法律并未要求当事人须取得发包方太平村委会的同意，法院不支持甄某环关于其与李某芳的互换合同未经发包方太平村委会同意应属无效的主张。[1]

依《新农村土地承包法》第33条的文义，土地承包经营权的互换是同一集体经济组织的承包方之间就属于同一集体经济组织的土地的互换，不同集体经济组织的承包方之间不能互换。裁判实践中，有法院认为，属于同一集体经济组织的农户才能互换。对于不属于同一集体经济组织的成员，不允许互换承包地，即使双方签订了互换合同，亦应当否定该合同的效力。有法院认为，本集体经济组织成员在法定期限内没有对互换的土地主张优先权，非同一集体经济组织的成员订立的互换合同有效。在广西壮族自治区玉林市中级人民法院审理的黎某明、唐某明诉王某明、叶某兰互换合同纠纷案中，黎某明、唐某明与王某明、叶某兰均系同村村民，但不属于同一村民小组，双方于1994年口头达成互换责任田的协议，并于2010年补签《合同书》，该《合同书》内容与原口头协议一致。后发生纠纷，黎某明、唐某明诉至法院请求确认互换合同无效，玉林市中级人民法院终审判决认为，黎某明、唐某明与王某明、叶某兰不是同一村民小组的成员，双方当事人自愿调换土地后，在法定的期限内没有人提出优先权主张，王某明、叶某兰对互换的土地长期经营管理，黎某明、唐某明与王某明、叶某兰签订互换合同是双方真实意思的表示，内容没有违反法律、法规的强制性规定，属于有效合同。[2] 还有意见认为，经双方所在集体经济组织同意，非同一集体经济组织的成员订立的互换合同有效。如原重庆市《实施〈中华人民共

---

〔1〕 参见黑龙江省高级人民法院民事判决书，(2015)黑高民申二字第218号。

〔2〕 参见苏东良：《本集体经济组织成员无异议，互换土地承包经营权的合同有效——黎启明、唐小英诉王祖明、叶佩兰土地承包经营权互换合同案》，载国家法官学院案例开发研究中心编：《中国法院2013年度案例——土地纠纷》，中国法制出版社2013年版，第8～11页。

和国农村土地承包法〉办法》第34条第2款、第3款规定:“经双方所在集体经济组织同意,不同集体经济组织农户的承包土地可以互换。不同集体经济组织的农户土地承包经营权经互换不改变土地所有权权属关系。”本书作者认为,由“三权”分置所引起的体系效应之下,土地承包经营权成为具有身份性质的财产权利,其取得和享有以相应主体具有本集体经济组织成员身份为前提。如此,土地承包经营权的互换就只能在本集体经济组织内部进行。

2. 承包地的转让规则

转让原来是指“承包方有稳定的非农职业或者有稳定的收入来源,经承包方申请和发包方同意,将部分或全部土地承包经营权让渡给其他从事农业生产经营的农户,由其履行相应土地承包合同的权利和义务。转让后原土地承包关系自行终止,原承包方承包期内的土地承包经营权部分或全部灭失”〔1〕。就土地承包经营权的转让,《物权法》仅作了援引性规定,〔2〕将具体转让规则授权《农村土地承包法》作出规定。《农村土地承包法》第41条规定:“承包方有稳定的非农职业或者有稳定的收入来源的,经发包方同意,可以将全部或者部分土地承包经营权转让给其他从事农业生产经营的农户,由该农户同发包方确立新的承包关系,原承包方与发包方在该土地上的承包关系即行终止。”即使在“三权”分置之下,承包地的转让仍具意义,在法律效果上是转让人的土地承包经营权全部或部分消灭,受让人取得相应的土地承包经营权,并不解读为使经营主体取得土地经营权,已如前述。

在《物权法》和《农村土地承包法》之下,土地承包经营权的转让受到三个方面的限制:第一,转让人(原土地承包经营权人)应当有稳定的非农职业或者有稳定的收入来源;第二,转让须经发包方同意;第三,受让人限于其他从事农业生产经营的农户。这些限制是否合理?

第一,转让人是否只能是“有稳定的非农职业或者有稳定的收入来源”?《农村土地承包法》对转让人的限制,旨在防止转让人随意转让之后,因为失去赖以生存的土地而出现难以生存的问题,〔3〕“土地承包经营权是农民最基本的生活保障,只有农民可以完全不依靠土地生活的时候,才应允许其转让”〔4〕。

〔1〕 原《农村土地承包经营权流转管理办法》第35条第1款。

〔2〕 参见《物权法》第128条规定:“土地承包经营权人依照农村土地承包法的规定,有权将土地承包经营权采取转包、互换、转让等方式流转。流转的期限不得超过承包期的剩余期限。未经依法批准,不得将承包地用于非农建设。”第133条规定:“通过招标、拍卖、公开协商等方式承包荒地等农村土地,依照农村土地承包法等法律和国务院的有关规定,其土地承包经营权可以转让、入股、抵押或者以其他方式流转。”

〔3〕 参见全国人大法律委员会《关于〈中华人民共和国农村土地承包法(草案)〉修改情况的汇报》(2002年6月20日),载胡康生主编:《中华人民共和国农村土地承包法释义》,法律出版社2002年版,第176页。

〔4〕 胡康生主编:《中华人民共和国农村土地承包法释义》,法律出版社2002年版,第102页。

其一,这一规则着眼于土地承包经营权的生存保障性,但土地承包经营权又被设计成物权,这本身就是自相矛盾的,保障性权利和物权性权利无论是制度基础、价值理念,还是基于规则,都是相互对应的。现阶段,我们已经从土地承包制度初期的保障生存、解决吃饭问题,转向农业增产增收,促进土地经济效益的发挥,在此背景之下,过分注重其生存保障职能,即无意义。有学者认为,土地承包经营权的初始分配,可以考虑成员权的公平性,是一种"政治取向注重",这是生存问题;而流转则更多地具有经济功能,是一种"效率取向注重",这是发展问题,公权力在此领域应当退出。生存保障不应成为土地承包经营权流转的任务,毕竟一个制度只能解决一个问题,而试图在承包权流转中也体现生存问题,只是一个幻想。同时,社会保障不能单纯依赖土地承包经营权。社会保障系统的建立和完善说到底属于国家的责任,而不是公民个人的责任,更不能通过剥夺和限制农民的权利而实现所谓"保障"。[1] 土地承包经营权作为一些农民的主要财产或唯一财产,在农村社会保障不足和农业生产本身并不能提供生活保障的情况下,限制其转让土地承包经营权还有何意义。正如十七届三中全会《决定》所正确指出的那样,我们现在要做的是"贯彻广覆盖、保基本、多层次、可持续原则,加快健全农村社会保障体系",而不是去限制土地承包经营权的转让。

其二,"有稳定的非农职业或者有稳定的收入来源",难以认定,缺乏可操作性。在市场经济条件下,哪一个"非农职业"是稳定的?什么才算是"有稳定的收入来源"?土地承包经营权有可能流转时稳定,而将来生活不稳定,也有可能想流转时不稳定,但将来生活稳定,如此不确定的变量,在实践中如何操作?每一个非农职业者或是与单位形成劳动关系或雇佣关系,或是作为公务员与单位形成行政管理关系,或是自己作为投资者充当股东,无论哪种关系,都很难判断这一职业是否稳定,是否享有稳定的收入来源。这种规定只能"成为用来阻碍承包地转让的借口"。[2] 应当看到的是,转让土地承包经营权往往是土地承包经营权人进城创业或从事非农职业的资金来源,要求其转让以有稳定职业为前提,实际上是为其获得稳定的收入来源造成障碍。同时,这一限制性条件有违民事行为能力的基本法理,是否"有稳定的非农职业或者有稳定的收入来源",不应成为限制转让人行为能力的依据。[3] 《三权分置意见》中即指出:"在完善'三权分置'办法过程中,要充分维护承包农户……退

〔1〕 参见马特:《社会主义新农村建设视野下的土地承包经营权》,载杨立新主编:《民商法理论争议问题——用益物权》,中国人民大学出版社2007年版,第250页。

〔2〕 尹飞:《物权法·用益物权》,中国法制出版社2005年版,第329页。

〔3〕 参见武亦文、杨勇:《论土地承包经营权处分之限制性规范的科学配置——基于司法裁判文书的整理和分析》,载《中国农村观察》2017年第6期。

出承包地等各项权能。”保留这一限制性条件只能“成为用来阻碍承包地转让的借口”。[1]

第二,转让是否应得到发包方同意?《农村土地承包法》明定转让土地承包经营权须得到发包方的同意,[2]其理由是:[3]

> 一方面,转让土地承包经营权,使得原有的承包关系终止,发包方与受让方要确定新的承包关系,特别是将土地承包经营权向本集体组织之外的农户转让,发包方与承包方的关系也不再是集体经济组织与其成员的内部关系,受让方是否符合法律规定的主体资格,是否具有承包经营的能力,直接关系承包义务的履行。另一方面,转让土地承包经营权,将使承包人失去土地,也即失去在农村的生活保障,如果由承包方随意转让土地,就可能出现某些人为了欠债还钱或者游手好闲将转让土地承包经营权的价款花光吃净后,又要集体经济组织为其负担生活保障或又向集体经济组织申请承包地的情况。因此,转让土地承包经营权,经发包方同意是必要的。符合法律规定的条件转让土地的,发包方应当予以准许。

“承包方未经发包方同意,采取转让方式流转其土地承包经营权的,转让合同无效。但发包方无法定理由不同意或者拖延表态的除外。”[4]这一规则进一步明晰了发包方同意的规范属性——效力性强制性规定。[5] 相关政策文件坚持了这一程序性要件。例如,《土地经营权流转意见》指出:“以转让方式流转承包地的……需经发包方同意。”[6]有学者主张,发包方同意是发包方对承包地享有所有权的体现,同时,对于当事人之间的承包地转让行为起着见证及公示作用。[7] 在“三权”分置思想提出之后,学者间亦有观点认为,承包地有内部转让与外部转让之分,内部转让时

---

〔1〕 参见尹飞:《物权法·用益物权》,中国法制出版社2005年版,第329页。

〔2〕 这一规定得到了相关行政规章和司法解释的支持。按照原《农村土地承包经营权流转管理办法》(已失效)第25条的规定,承包方转让土地承包经营权,发包方同意转让的,应当及时向乡(镇)人民政府农村土地承包管理部门报告,并配合办理有关变更手续;发包方不同意转让的,应当于7日内向承包方书面说明理由。根据最高人民法院原《关于审理涉及农村土地承包纠纷案件适用法律问题的解释》(已被修改)第13条的规定,承包方未经发包方同意,将其土地承包经营权转让给他人的,转让合同无效。但发包方无法定理由不同意或者拖延表态的除外。

〔3〕 胡康生主编:《中华人民共和国农村土地承包法释义》,法律出版社2002年版,第102~103页。

〔4〕 原最高人民法院《关于审理涉及农村土地承包纠纷案件适用法律问题的解释》(已被修改)第13条。

〔5〕 参见武亦文、杨勇:《论土地承包经营权处分之限制性规范的科学配置——基于司法裁判文书的整理和分析》,载《中国农村观察》2017年第6期。

〔6〕 《土地经营权流转意见》“三、规范引导农村土地经营权有序流转”之“(五)鼓励创新土地流转形式”。

〔7〕 参见蔡立东、姜楠:《论土地承包经营权转让中的发包方同意》,载《吉林大学社会科学学报》2014年第4期。

无须经发包方同意,但外部转让"意味着土地承包经营权不再处于该集体组织的管控下,甚至使集体所有权失去意义,不利于集体整体利益保护","集体作为发包方则享有同意权"〔1〕。对此,本书作者不敢苟同。

其一,土地承包经营权作为一种用益物权,物权本质上是一种具有对世性的排他支配权,故物权的处分一般情况下无须他人意思的介入。土地承包经营权一经设定即独立于所有权,并以之对抗所有权人。流通性和可处分性是土地承包经营权作为用益物权的应有属性。〔2〕集体作为土地所有人的意志体现在土地承包经营权设定之时,一旦土地所有权之上设定了土地承包经营权,土地所有权的权能就体现在调整、监督、收回等方面,这里的监督表现为"对承包农户和经营主体使用承包地进行监督,并采取措施防止和纠正长期抛荒、毁损土地、非法改变土地用途等行为",〔3〕再对承包地转让行为行使同意权有违土地承包经营权的用益物权属性。《农村土地承包法》第34条即规定:"土地承包经营权流转的主体是承包方。承包方有权依法自主决定土地承包经营权是否流转和流转的方式。"土地承包经营权人处分其土地承包经营权应属当然之理,尤其是在政策上意欲赋予农民以"稳定并长久不变"的土地承包经营权的背景之下,土地承包经营权的财产权属性将被置重,还强调"经发包方同意",即有违法理。在民事法视野之下,只有在债法领域,当事人一方将其权利义务概括转移给他人时才需要得到对方当事人的同意。〔4〕土地承包经营权人转让其权利,也需要经过发包人的同意,可能是受到上述债法规则的影响,〔5〕但土地承包经营权在制定性层面已被物权化,仍然适用债法规则〔6〕是否妥适,尚值研究。同时,合同权利义务概括转让时要得到对方同意,其旨在于防止因转让给对

〔1〕 张占锋:《农地流转制度的现实困惑与改革路径》,载《西北农林科技大学学报(社会科学版)》2017年第1期。

〔2〕 参见郭明瑞:《土地承包经营权流转的根据、障碍与对策》,载《山东大学学报(哲学社会科学版)》2014年第4期。

〔3〕 参见《三权分置意见》"三、逐步形成'三权分置'格局"之"(一)始终坚持农村土地集体所有权的根本地位"。

〔4〕 参见原《合同法》(已失效)第88条规定:"当事人一方经对方同意,可以将自己在合同中的权利和义务一并转让给第三人。"

〔5〕 也有学者认为,土地承包经营权的转让须经发包人同意并不表明这种流转就是债权式的流转,物权的直接支配性并不是物权人无须他人意志或行为介入即能实现对私物的管领处分。土地承包经营权的转让须经发包人同意,只是土地承包经营权人对土地所有权所负的特定义务之一,因法律的直接规定而成为法定义务。参见胡吕银:《土地承包经营权流转的法律问题新探》,载《甘肃政法学院学报》2004年第1期。

〔6〕 参见原《农村土地承包经营权流转管理办法》(已失效)第35条规定:"本办法所称转让是指承包方有稳定的非农职业或者有稳定的收入来源,经承包方申请和发包方同意,将部分或全部土地承包经营权让渡给其他从事农业生产经营的农户,由其履行相应土地承包合同的权利和义务。转让后原土地承包关系自行终止,原承包方承包期内的土地承包经营权部分或全部灭失。"明显采行债法规则来构架土地承包经营权转让的概念。

方带来不利影响,但农村土地承包合同通常具有无偿性的特点,转让本身对集体不存在不利影响。[1]

其二,发包人对承包人转让申请仅能从转让人和受让人的情况是否符合法定条件进行审查。“发包方应当尊重承包人的流转意愿,不得以此为借口阻碍承包人依法转让其土地承包经营权。”[2]也就是说,所谓的经过发包人同意,发包人仅在转让人没有稳定的非农职业或者有稳定的收入来源或者受让人不是从事农业生产的农户时,才有拒绝同意的权利。[3] 正如前文所述,转让人是否有稳定的非农职业或者是否有收入来源本身是一个极难判断的因素,使发包人无从审查,至于受让人是否应是从事农业生产的农户,也值得商榷,容后详述。

其三,经发包方同意,实际上限制了土地承包经营权的自由流转,为以行政或准行政手段配置土地资源留下了太多空间,这也不符合现代市场经济体制对农业资源配置方式的要求。这在一定程度上剥夺了农民生产经营自主权,使其强行束缚在土地上,不可能通过彻底处分其土地承包经营权而另谋出路,这无疑会强化现行的城乡二元结构以及户簿制度,客观上阻止了农村大量剥夺劳动力的转移,延缓了农村城市化进程。[4] 物权变动的公示方法宜由法律作出明文规定,即使对土地承包经营权采行债权意思主义物权变动模式的《农村土地承包法》,亦在第 38 条规定了登记是土地承包经营权转让的公示方法,并明确登记是土地承包经营权转让的对抗要件。此际,再将经发包方同意解释为土地承包经营权转让的公示方法和生效要件,正当性不足。

其四,政策导向上已经明确了承包地的转让限于本集体经济组织内部。即使主张保留“经发包方同意”要件的学者也认为,“阻碍转让自由的是法律所规定的转让方和受让方主体资格要件,而非‘发包方同意’这一要件”[5]。既然删去了转让人的限制性条件、明确限定了受让人为本集体经济组织成员,保留经发包方同意要件自无必要。

第三,受让人是否应限于其他从事农业生产经营的农户?

---

[1] 参见朱虎:《土地承包经营权流转中的发包方同意——一种治理的视角》,载《中国法学》2010 年第 2 期。

[2] 王宗非主编:《农村土地承包法释义与适用》,人民法院出版社 2002 年版,第 108 页。

[3] 参见尹飞:《物权法 · 用益物权》,中国法制出版社 2005 年版,第 330 页。

[4] 参见李敏飞、柳经纬:《农地承包经营权流转的制作性因素的法律分析和思考》,载《福州大学学报(哲学社会科学版)》2006 年第 3 期。

[5] 武亦文、杨勇:《论土地承包经营权处分之限制性规范的科学配置——基于司法裁判文书的整理和分析》,载《中国农村观察》2017 年第 6 期。

该条件对受让方有两方面的要求,其一,受让方必须从事农业生产,从事工业、商业、服务业生产经营的人不得成为土地承包经营权的受让方;其二,受让方是农户,投资开发商业的工商企业、城镇居民、外商不能成为受让方。要求受让人是从事农业生产经营的农户,可以保证土地的农业生产用途,满足其他农户对土地这一生产资料的需求。[1]

在"两权"分离和"三权"分置并行的农地产权结构之中,土地承包经营权被赋予严格的身份属性,[2]仅有本集体经济组织成员才能取得和保有土地承包经营权,非本集体经济组织成员的经营主体不得享有土地承包经营权。由此可见,虽然承包地的转让不会涉及"三权"分置的问题,但因"三权"分置所引发的权利体系重构中,土地承包经营权的受让人应仅限于本集体经济组织成员。《土地经营权流转意见》因此而指出:"以转让方式流转承包地的,原则上应在本集体经济组织成员之间进行。"[3]

《新农村土地承包法》第34条规定:"经发包方同意,承包方可以将全部或者部分的土地承包经营权转让给本集体经济组织的其他农户,由该农户同发包方确立新的承包关系,原承包方与发包方在该土地上的承包关系即行终止。"与《农村土地承包法》第41条相比,本条取消了"承包方有稳定的非农职业或者有稳定的收入来源"的限制性条件;将受让人由"其他从事农业生产经营的农户"修改为"本集体经济组织的其他农户",保留了经发包方同意这一程序性要件。就此要件的法律意义,学界争议不断。[4]《土地承包解释》第13条这一规则明确了发包方同意的规范属性——效力性强制性规定。[5] 但司法实践中普遍认为,"发包方不同意转让土地承包经营权的法定理由是承包方不具有稳定的非农职业或者稳定的收入来源。换言之,只要承包方有稳定的非农职业或者稳定的收入来源,发包人无法定理由不同意

---

〔1〕 胡康生主编:《中华人民共和国农村土地承包法释义》,法律出版社2002年版,第103页。

〔2〕 参见马俊驹、丁晓强:《农村集体土地所有权的分解与保留——论农地"三权分置"的法律构造》,载《法律科学(西北政法大学学报)》2017年第3期;高圣平:《农地三权分置视野下的土地承包权的重构》,载《法学家》2017年第5期。

〔3〕 《土地经营权流转意见》"三、规范引导农村土地经营权有序流转"之"(五)鼓励创新土地流转形式"。

〔4〕 参见朱虎:《土地承包经营权流转中的发包方同意——一种治理的视角》,载《中国法学》2010年第2期;高圣平:《新型农业经营体系下农地产权结构的法律逻辑》,载《法学研究》2014年第4期;蔡立东、姜楠:《论土地承包经营权转让中的发包方同意》,载《吉林大学社会科学学报》2014年第4期。

〔5〕 参见武亦文、杨勇:《论土地承包经营权处分之限制性规范的科学配置——基于司法裁判文书的整理和分析》,载《中国农村观察》2017年第6期。

或者拖延表态,都不影响土地承包经营权转让合同的效力”[1]。既然《新农村土地承包法》删去了承包方具有稳定的非农职业或者稳定的收入来源的限制性条件、明确限定了受让人为本集体经济组织成员,保留经发包方同意要件,即仅具有宣示意义,不宜再将这一要件理解为效力性强制性规定。

3. 承包地互换、转让的公示规则

我国现行法就承包地互换、转让采取登记对抗主义。“登记的主要目的在于将土地承包经营权变动的事实予以公示,使他人明确土地承包经营权的权利人”[2],“以保护善意第三人”。[3]《新农村土地承包法》第35条规定:“土地承包经营权互换、转让的,当事人可以向登记机构申请登记。未经登记,不得对抗善意第三人。”本条作了以下几个方面的明确:其一,明确互换和转让的标的是土地承包经营权;其二,取消“在本集体经济组织内部”的范围表述,前述两条已经规定了互换、转让的范围,本条不应再重复规定;其三,取消“当事人要求登记”的赘语。不动产登记所采行的即为当事人申请主义,登记的程序问题自应由不动产登记规则加以调整,本条无须规定,以免挂一漏万;其四,明确登记机构。在统一的不动产登记制度之下,登记机构已经不是县级以上地方人民政府,按照《不动产登记暂行条例》的表述,改称“登记机构”。

值得注意的是,土地承包经营权互换、转让的登记以相应的土地承包经营权已行登记为前提。在承包农户的土地承包经营权未予登记的情形之下,土地承包经营权的移转登记也就无从办理。在《新农村土地承包法》第35条所规定登记对抗主义之下,土地承包经营权的互换、转让不以登记为生效要件,当事人之间的土地承包经营权互换、转让合同生效,即发生移转土地承包经营权的效力。但这一移转土地承包经营权效力仅在当事人之间发生,只有经由移转登记,这一移转土地承包经营权效力才能向当事人之外的第三人主张。如土地承包经营权的互换、转让未登记,第三人基于对土地承包经营权登记簿的信赖,与登记簿上记载的权利人进行交易,在该土地承包经营权之上取得土地经营权,并已经办理土地经营权登记,此际,土地承包经营权的互换、转让即不得对抗已经取得土地经营权的经营主体。

---

〔1〕 山东省高级人民法院《关于印发全省民事审判工作会议纪要的通知》(2011年12月2日,鲁高法〔2011〕297号)。

〔2〕 胡康生主编:《中华人民共和国农村土地承包法释义》,法律出版社2002年版,第94页。

〔3〕 参见全国人大常委会法制工作委员会民法室编:《〈中华人民共和国物权法〉条文说明、立法理由及相关规定》(第2版),北京大学出版社2017年版,第276页。

五、本章小结

中华人民共和国成立以来,我国农村土地制度走过了一条从主要服务于实现政治理想到关注提高农业生产效率、从注重农地产权的社会属性到重视其经济属性的演进道路。[1] 在渐进式制度变迁之下,“家庭承包经营为基础、统分结合的双层经营体制”不会发生改变。据统计,全国94.2%的农地承包给了农户,主要是按人均分,还有5.8%的土地由集体或者其他主体经营。[2] 国际经验也表明,以家庭作为农业经营基本单位可以有效降低农业生产过程中的监督成本,实现农业经营者的自我激励。[3] 但农地的细碎化以及农业人口的大规模转移,又在一定程度上影响到了农业生产,农地的市场化流转就成了适度规模经营之下的必然选择。在此背景之下,农地“三权”分置理论被再次提出,“顺应了家庭承包多元经营变化趋势,丰富了农村双层经营体制架构”[4],并被确定为新一轮农村土地制度改革的基本理论。维系土地承包经营权的社会保障功能,完善土地承包经营权的财产权权能,就成了当下相关法律修改和解释的主题。在《民法典》出台的背景下,经由登记制度稳定土地承包关系,并设定合同的土地承包期间的同时,明确土地承包经营权的设立规则和权利内容,并以此提出相应的解释方案,方为落实“三权”分置和“稳定农户承包权”的中心任务。

[1] 参见蔡立东、姜楠:《农地三权分置的法实现》,载《中国社会科学》2017年第5期。
[2] 参见韩长赋:《关于深化农村改革的几个问题》,载《农村工作通讯》2014年第22期。
[3] 参见高帆:《农业劳动生产率提高的国际经验与中国的选择》,载《复旦学报(社会科学版)》2015年第1期。
[4] 张红宇:《农村土地“三权分置”政策解读》,载《领导科学论坛》2017年第8期。

第五章　“三权”分置之下土地经营权的设权与赋权

一、问题的提出

由农地“三权”分置改革所引发的农地产权结构调整，其重要目的在于“更好用活土地经营权，实现土地资源的优化配置，有利于规模经营和现代农业发展”，[1]进一步体现了物权法从归属到利用的现代发展趋势。财产权制度应当及时反映这一改革成果，“对资源的有效利用也在客观上要求民法典及时确认相关的权利利用规则，从而为权利的有效利用创造条件。”[2]其中，农地“三权”分置所分离和设立的土地经营权，便是发挥农村土地利用价值的关键。土地经营权作为农地“三权”分置改革最具有创造性的内容，直接关系到中国农村土地改革的进程。如学者所言，“农村土地经营权流转政策事关广大农民切身利益和保障国家粮食安全，直接关乎能否做好巩固拓展脱贫攻坚成果同乡村振兴有效衔接的大局。”[3]自《三权分置意见》提出“放活土地经营权”的改革方向后，国务院发布的《关于促进乡村产业振兴的指导意见》《关于防止耕地“非粮化”稳定粮食生产的意见》等一系列政策文件，通过土地经营权的抵押、入股以及其他方式的流转，进一步推动了土地经营权的放活。习近平总书记更是强调指出，“完善农村基本经营制度，需要在理论上回答一个重大问题，就是

---

〔1〕 韩长赋：《土地“三权”分置是中国农村改革的又一次重大创新》，载《光明日报》2016年1月26日，第1版。

〔2〕 王利明：《全面深化改革中的民法典编纂》，载《中国法学》2015年第4期。

〔3〕 李新光、焦灵玉、祝国平：《农村土地经营权流转政策的历史变迁、演进特征与改革取向》，载《经济问题》2022年第1期。

农民土地承包权和土地经营权分离问题。”[1]

在“始终坚持农村土地集体所有权的根本地位”“严格保护农户承包权”的前提之下,“加快放活土地经营权”,“赋予经营主体更有保障的土地经营权,是完善农村基本经营制度的关键”。[2] 如此,“土地所有权、承包权、经营权”“三权”分置,从土地承包经营权派生出土地经营权,由市场主体享有,市场主体依法行使行使其土地经营权,不受农民集体或承包农户的不当干预,市场主体还可以使用其土地经营权担保融资、投资入股,以此满足日益迫切的适度规模经营需求,解决日趋明显的人地分离问题。[3] 在全面推动乡村振兴的背景下,通过放活土地经营权推动乡村产业发展以及农业农村的现代化,成为农村土地制度改革的内在动力。

就现有法律而言,《新农村土地承包法》《民法典》均确立了土地经营权为一种新型权利,并从土地经营权的流转方式、流转内容、流转期限等方面回应了应当如何放活土地经营权。《土地经营权流转办法》更是作出了流转当事人、流转方式、流转合同和流转管理等规定,细化了土地经营权的具体内容。但此种规定未能厘清土地经营权与土地承包经营权、土地承包权的关系;在法律体系中存在两种不同类型的土地经营权;没有明确土地经营权的实现方式。由此,难以为土地经营权在法律上的表达提供充分的理论与实践支撑。作为“三权”分置改革落脚点的“盘活土地经营权”中的经营权在实践探索中却仍然存在适用上的分歧。典型的如实践中的合作联营、反包倒租是否可以纳入《民法典》第 339 条规定的“其他方式”的范围。如何在法律层面,不断完善土地经营权的制度供给,保障农村土地制度的顺利实施,是现阶段需要重点解决的问题。“为了盘活农村土地资源使用效率,政府不断完善农村土地制度改革,并不断从法律上明确农村土地经营权的法律性质,这也成为中国民法典编纂的重要内容。”[4]本部分拟重点围绕规范层面“三权”分置下土地经营权的流转方式、流转内容、流转期限等展开。

二、土地经营权的定名之争与权利来源

土地经营权是承包地作为农业生产要素功能的直接体现,充分发挥土地经营权

---

〔1〕 习近平:《在中央农村工作会议上的讲话》(2013 年 12 月 23 日),载中共中央文献研究室编:《十八大以来重要文献选编》(上),中央文献出版社 2014 年版,第 670 页。

〔2〕《三权分置意见》“三、逐步形成‘三权分置’格局”。

〔3〕 参见朱广新:《土地承包权与经营权分离的政策意蕴与法制完善》,载《法学》2015 年第 11 期。

〔4〕 鲁丹、张镭:《中国民法典下农村集体土地经营权的法律性质与制度供给》,载《农业经济》2021 年第 12 期。

的要素功能是处理好“三权”关系的重点。[1] 土地经营权是“三权”分置之下新生的权利类型,无论是民法典的编纂,还是《农村土地承包法》的修正,均需就这一权利的性质和内容作出明确规定。

(一)土地经营权的定名之争

“土地经营权”一语有两种含义:一是指经营权能,即占有、使用土地并取得收益等权能,其权利基础可以是土地所有权、土地承包经营权、建设用地使用权及土地租赁权等;二是指一种独立的权利类型,是经营主体与土地承包经营权人签订合同,在土地承包经营权上设立的一种权利。[2] “三权”分置之下的土地经营权是土地承包经营权派生出来的权利,并非土地所有权、土地承包经营权、建设用地使用权及土地租赁权等之下的经营权能,也就是说,这里的“土地经营权”并不包括上述权利之下权利人自己行使经营权(能)的情形,[3]同时其内容仅限于农业生产这一种经营方式,明显属于第二种含义。由于“土地经营权”的语义模糊,有学者认为应当称之为“次(级)土地承包经营权”[4]“耕作(经营)权”[5]“农地经营权”。[6] 虽然土地经营权中的“经营”一语并不能准确转达该土地权利的利用用途,但新近既有立法已经将其定名为“土地经营权”,[7]本书作者尊重既有政策和立法文件的选择,亦将之称之为“土地经营权”。该概念的语义模糊性可以通过明确界定其内容加以解决,此与《物权法》《农村土地承包法》中采纳“土地承包经营权”一语时的情景类似。[8]

(二)土地经营权的权利来源

作为“三权”分置之下新生的民事权利,土地经营权应有其特定的含义。无论其

---

〔1〕 参见韩长赋:《土地“三权分置”是中国农村改革的又一次重大创新》,载《光明日报》2016年1月26日,第1版。

〔2〕 参见朱继胜:《“三权分置”下土地经营权的物权塑造》,载《北方法学》2017年第2期。

〔3〕 有学者主张,土地经营权的主体既包括土地承包人,又包括流转土地的受让人。参见丁文:《论“三权分置”中的土地经营权》,载《清华法学》2018年第1期。这一观点将“三权”分置之下的“土地承包权”理解为成员权,土地承包经营权中剥离出成员权即为土地经营权。本书作者的分析路径与此迥然不同,所采行的“三权”分置的解构模式是,“三权指的就是集体所有权、土地承包经营权这两项物权性质的权利,以及正在立法、但是还没有完全明确解决的经营权。”孙宪忠:《推进我国农村土地权利制度改革若干问题的思考》,载《比较法研究》2018年第1期。

〔4〕 朱广新:《土地承包权与经营权分离的政策意蕴与法制完善》,载《法学》2015年第11期;朱继胜:《“三权分置”下土地经营权的物权塑造》,载《北方法学》2017年第2期。

〔5〕 李国强:《论农地流转中“三权分置”的法律关系》,载《法律科学(西北政法大学学报)》2015年第6期。

〔6〕 许明月:《农村承包地经营权抵押融资改革的立法跟进》,载《比较法研究》2016年第5期。

〔7〕 2014年11月修正通过的《行政诉讼法》第12条第1款第7项;2017年12月修订的《农民专业合作社法》第13条。

〔8〕 如在物权法立法过程中,即有学者指出,“土地承包经营权”并不能准确表达农地农用的利用关系,建议将这一权利改称为“农地权”“农地使用权”“农地利用权”等,参见王利民:《我国用益物权体系基本概念研究——兼评〈物权法征求意见稿〉规定之不足》,载《法学论坛》2005年第2期;梁慧星:《中国物权法的起草》,载《山西大学学报(哲学社会科学版)》2002年第2期;徐国栋主编:《绿色民法典草案》,社会科学文献出版社2004年版,第379~380页。

性质如何界定,在法律上明确其权利内容、设定方式等,有利于降低交易成本、提高交易效率。《三权分置意见》中将土地经营权界定为“土地经营权人对流转土地依法享有在一定期限内占有、耕作并取得相应收益的权利。”〔1〕准此,土地经营权似乎只有在发生承包地流转的情形之下才有可能发生,不发生流转的土地承包经营权本身即含有承包农户经营承包地的权利。但在“两权”分离和“三权”分置并存的农村土地权利体系中,这一观点还缺乏体系化的考虑。

在《新农村土地承包法》实施之前,新型农业经营主体取得经营农村土地的权利主要有以下几种方式:第一,租赁承包农户的土地承包经营权。在原有规则之下,虽然土地承包经营权可以采取“转包、出租、互换、转让或者其他方式”流转,但其中,“转包”“互换”的对象仅限于“同一集体经济组织的其他农户”,〔2〕“转让”的对象仅限于“其他从事农业生产经营的农户”,〔3〕多数新型农业经营主体无法依“转包”“互换”“转让”等方式取得经营农村土地的权利;第二,通过招标、拍卖、公开协商等方式承包农村土地,但仅限于“不宜采取家庭承包方式的荒山、荒沟、荒丘、荒滩等农村土地”。〔4〕

1. 土地经营权的权源之一:土地承包经营权

就新型农业经营主体经营农村土地的法权表达,上述第一种方式学说上称之为“土地承包经营权租赁权”。〔5〕“土地承包经营权租赁权”虽然效力及于特定的承包地,但只产生债法性利用农村土地的关系,并不发生物权变动,“承包方与发包方的承包关系不变”。〔6〕新型农业经营主体的权利虽受土地承包经营权流转(租赁)合同的保护,但除了受到《农村土地承包法》的约束之外,还受到《合同法》上租赁合同中的强行法控制。如此,新型农业经营主体并无法形成稳定的经营预期。正是基于此,“三权”分置政策才被最终认可,并作为新一轮农村土地制度改革和《农村土地

---

〔1〕《新农村土地承包法》第37条规定:“土地经营权人有权在合同约定的期限内占有农村土地,自主开展农业生产经营并取得收益。”与此并无实质差异。

〔2〕《农村土地承包法》第40条,《农村土地承包经营权流转管理办法》第17条、第35条第2、3款。

〔3〕《农村土地承包法》第41条,《农村土地承包经营权流转管理办法》第9条、第35条第1款。该办法第9条同时规定:“农村土地承包经营权流转的受让方可以是承包农户,也可以是其他按有关法律及有关规定允许从事农业生产经营的组织和个人。在同等条件下,本集体经济组织成员享有优先权。受让方应当具有农业经营能力。”尽管如此,但与该办法第35条第1款定义性法条进行体系解释,可以认为,在正式制度中,市场主体尚无法依转让方式取得土地承包经营权。该办法第9条作为一般规定,仅适用于出租。

〔4〕《农村土地承包法》第44条。

〔5〕参见王利明:《物权法研究》(第4版),中国人民大学出版社2016年版,第839页。

〔6〕《农村土地承包法》第39条。《农村土地承包经营权流转管理办法》第16条进一步指出:“承包方依法采取转包、出租、入股方式将农村土地承包经营权部分或者全部流转的,承包方与发包方的承包关系不变,双方享有的权利和承担的义务不变。”

承包法》修改的基本指导思想。在承包农户不因流转而失去保障的基本政策目标之下,新型农业经营主体取得经营农村土地的权利应置重于其效率价值。

《新农村土地承包法》第 36 条规定:“承包方可以自主决定依法采取出租(转包)、入股或者其他方式向他人流转土地经营权,并向发包方备案。”这里,传达着土地经营权派生于土地承包经营权的情形,由农地“三权”分置政策引发的学说争议大多集中于此。

《新农村土地承包法》第二章“家庭承包”第五节“土地经营权”所调整的是派生于土地承包经营权的土地经营权。虽然学说上就《新农村土地承包法》所体现的承包地产权结构还存在解释论上的争议,[1]但就第三项权利是土地经营权已几无争议。在“土地所有权→土地承包经营权→土地经营权”的权利结构之下,本集体成员作为集体的构成人员,有权依其身份取得土地承包经营权,土地承包经营权成为兼具财产和保障属性的权利,承包农户可以自行行使其权利,也可以委由他人行使经营土地的权利。2014 年《行政诉讼法》修正、2017 年《农民专业合作社法》修正明确将这种新型农业经营主体取得的经营农村土地的权利表达为“土地经营权”。[2] 在《新农村土地承包法》的立法过程中,已经基本达成的共识是,土地承包经营权兼具财产功能和保障属性,只有本集体经济组织的承包农户才能取得和保有,是实现承包农户不因流转而失去保障这一基本政策目标的工具。从土地承包经营权派生出土地经营权,分割土地承包经营权的保障功能和财产功能。[3] 在派生出土地经营权之后,承包农户的土地承包经营权体现着承包地的社会保障功能;同时,土地经营权成为脱逸身份属性的市场化权利,其自由流转解决承包地的抛荒、适度规模经营以及抵押融资等问题。[4] 不无遗憾的是,虽然《新农村土地承包法》在章节编排上坚持了“土地承包经营权”和“土地经营权”的体系安排,反映了“两权”分离和“三权”分置之下承包地产权结构的统合需要,但仍规定“承包方承包土地后,享有土地

---

〔1〕 有观点认为,承包地产权结构由“土地所有权 + 土地承包经营权 + 土地经营权”等三权构成。如高圣平:《农地三权分置改革与民法典物权编编纂——兼评〈民法典各分编(草案)〉物权编》,载《华东政法大学学报》2019 年第 2 期;张素华、张雨晨:《〈农村土地承包法〉修订背景下土地经营权的法律内涵与制度供给》,载《广西大学学报(哲学社会科学版)》2019 年第 1 期;高海:《“三权”分置的法构造——以 2019 年〈农村土地承包法〉为分析对象》,载《南京农业大学学报(社会科学版)》2019 年第 1 期。也有观点认为,承包地产权结构由“土地所有权 + 土地承包权 + 土地经营权”等三权构成。如刘振伟:《巩固和完善农村基本经营制度》,载《农村工作通讯》2019 年第 1 期;刘禹宏、杨凯越:《三权分置:农地产权制度创新的权能分离之法理考量》,载《财贸研究》2019 年第 1 期;杨敬之、王天铮:《“三权分置”改革下农地承包权的法律思考》,载《农村经济》2019 年第 3 期。

〔2〕 《行政诉讼法》第 12 条第 1 款第 7 项、《农民专业合作社法》第 13 条第 1 款。

〔3〕 参见宋志红:《论〈农村土地承包法〉中的土地承包权》,载《吉林大学社会科学学报》2020 年第 1 期。

〔4〕 参见宋志红:《中国农村土地制度改革研究:思路、难点与制度建设》,中国人民大学出版社 2017 年版,第 8 页。

承包经营权,可以自己经营,也可以保留土地承包权,流转其承包地的土地经营权,由他人经营”,且《新农村土地承包法》中又没有规定“土地承包权”的性质和内容,并没有准确理解和把握党中央、国务院有关文件精神。

与《新农村土地承包法》第36条“承包方可以自主决定依法采取出租(转包)、入股或者其他方式向他人流转土地经营权,并向发包方备案”相比,《民法典》第339条规定:“土地承包经营权人可以自主决定依法采取出租、入股或者其他方式向他人流转土地经营权。”这里,将土地经营权的出让方由“承包方”改为“土地承包经营权人”,并删除了“向发包方备案”这一程序。在《新农村土地承包法》上,“承包方”包括家庭承包方式和其他承包方式之下的承包方,前者系本集体经济组织的承包农户,后者系农业生产经营者,从第36条的体系位置来看,“承包方”自应限缩解释为前者。在《物权法》上,“土地承包经营权人”有其相对广泛的含义,包括本集体经济组织的承包农户(以家庭承包方式取得土地承包经营权的主体)、农业生产经营者(以其他承包方式取得土地承包经营权的主体)、其他从事农业生产经营的农户(土地承包经营权的受让继受主体)。在农地“三权”分置之下,基于前述土地承包经营权的身份属性,《民法典》第339条中的“土地承包经营权人”仅限于本集体经济组织的承包农户,也就与《新农村土地承包法》第36条上的“承包方”意义相同。

2. 土地经营权的权源之二:土地所有权

就新型农业经营主体经营农村土地的法权表达,上述第二种方式在《物权法》和《农村土地承包法》上称为以其他承包方式取得的土地承包经营权。其实“土地承包经营权”这一《物权法》上明定的用益物权的下位阶概念,在性质上即属物权,受到《物权法》和《农村土地承包法》的强势保护。由“三权”分置的体系效应带来的问题是,是否还应区分两种性质的土地承包经营权?

《新农村土地承包法》调整利用农村土地从事农业生产所产生的法律关系。利用农村土地从事农业生产的权利既可以是创设取得,也可以移转取得。创设取得所反映的法律关系存在于集体(土地所有权人)与利用主体之间,依创设取得所取得的权利被称之为“土地承包经营权”。现行法根据利用主体的不同对创设取得的土地承包经营权作了两种区分,其中,“以家庭承包方式取得的土地承包经营权”只有本集体经济组织成员才能取得;“以其他承包方式取得的土地承包经营权”的主体并不仅限于本集体经济组织成员,只是“在同等条件下,本集体经济组织成员享有优先承包权”。[1]《物权法》以“土地承包经营权”一体保护承包农户和其他经营主体的土

〔1〕《农村土地承包法》第47条。

地承包关系,实定法上所谓土地承包经营权,即指农业生产经营者以从事农业生产为目的,对集体所有或国家所有的由农民集体使用的土地进行占有、使用和收益的物权。[1] 在这里,土地承包经营权的主体是农业生产经营者,即从事农业生产的自然人、法人及非法人组织。这一元化、二元化的制度安排无法区分两种不同土地承包经营权在权利设定及效力上的差异。

《三权分置意见》指出:“农村集体土地由作为本集体经济组织成员的农民家庭承包,不论经营权如何流转,集体土地承包权都属于农民家庭。”在这里,土地承包经营权的取得和保有明显带有身份属性,“‘三权分置’中的土地承包权专属于农户,这是稳定我国农村基本经营制度的基础的客观必要,也是保护农民生存权益的客观必要。”[2]“两权”分离和“三权”分置的土地权利结构并存于《新农村土地承包法》。在“三权”分置之下,土地承包经营权是具有身份性质的用益物权,即只有具备本集体成员身份的人才能取得和享有土地承包经营权。在同一法典之中,“两权”分离之下的土地承包经营权应同其意义。如此,《物权法》以及《新农村土地承包法》仅以“两权”分离下的土地权利结构为调整对象,在《民法典》物权编编纂及《农村土地承包法》修正之时,土地权利结构即应调整,其中所规定的“以其他承包方式取得的土地承包经营权”本身并无身份属性,在纯化土地承包经营权身份属性的体系化要求之下,此种意义的土地承包经营权不能由“土地承包经营权”这一概念予以涵盖。这些新型农业经营主体即使取得经营农村土地的权利,也只能是取得土地经营权。由此可见,《物权法》及《农村土地承包法》上土地承包经营权的设立方式的区分——家庭承包方式和招标、拍卖、公开协商等其他承包方式,即无实宜,后者应修改为土地经营权。[3]

《新农村土地承包法》第53条规定:“通过招标、拍卖、公开协商等方式承包农村土地,经依法登记取得权属证书的,可以依法采取出租、入股、抵押或者其他方式流转土地经营权。”这里,传达着土地经营权派生于土地所有权的情形,是农地“三权”分置所带来的承包地产权结构调整的体系效应之一,明确将以其他方式取得的经营农村土地的权利界定为土地经营权。其立法理由是,“家庭承包具有生产经营性质,也具有社会保障性质,只有本集体经济组织成员才有权承包,取得土地承包经营权。‘四荒地’承包不涉及社会保障因素,承包方不限于本集体经济组织成员,其取得的

[1] 参见《物权法》第125条:“土地承包经营权人依法对其承包经营的耕地、林地、草地等享有占有、使用和收益的权利,有权从事种植业、林业、畜牧业等农业生产。”

[2] 管洪彦、孔祥智:《“三权分置”中的承包权边界与立法表达》,载《改革》2017年第12期。

[3] 参见高圣平:《农地三权分置视野下土地承包权的重构》,载《法学家》2017年第5期。

权利在性质上不同于土地承包经营权。”[1]颇值赞同。

在这种体系重构思路之下，土地经营权这种市场化的权利，既可派生于土地承包经营权，也可派生于土地所有权。理想的法典结构应当是，将这两种土地经营权置于一章，先规定土地经营权的一般规则，如土地经营权的内容及其限制、登记及其效力，再分别规定两种土地经营权的特殊规则。但基于制度变迁成本的考虑，《新农村土地承包法》还是维持了现行法的既有结构体系，将派生于土地承包经营权的土地经营权规定于第二章第五节，将派生于土地所有权的土地经营权仍然规定于第三章“其他方式的承包”，割裂了两者之间的天然联系，造成了不必要的解释困境，举其要者有：

其一，第 37 条规定了土地经营权的内容。在《新农村土地承包法》之前，“以其他方式承包取得的土地承包经营权”在第三章未作规定的情形之下，其权利内容及其限制自可准用于第二章关于“以家庭承包方式取得的土地承包经营权”的规定；但在修改之后，此类土地经营权是准用自土地承包经营权派生的土地经营权的规定，还是准用土地承包经营权的规定，不无疑问。本书作者认为，因根据具体情形确定准用规则，如发包方的权利和义务、承包的原则和程序、承包合同，自可准用第二章关于土地承包经营权的规定，而土地经营权的权利内容、登记、限制，自可准用第二章关于土地经营权的规定。

其二，第 41 条规定了土地经营权的登记。在《新农村土地承包法》前后，“以其他方式承包取得的土地承包经营权”或土地经营权均为可登记的权利，且前者也采取的是债权意思主义模式，[2]但在修改之后，此类土地经营权登记的效力是否可以类推适用第 41 条采行登记对抗模式，是否也只有流转期限在 5 年以上的才有登记能力，则存在解释空间。

其三，第 45 条规定了工商企业等社会资本的资格审查、项目审核和风险防范制度。这一新设规定旨在规范工商企业等社会资本从事农业生产经营的准入和监管。虽然在规则体系上位于第二章，但理应准用于第三章规定的自土地所有权派生的土地经营权，但在立法过程中就此仍存争议。

其四，第 47 条规定了土地经营权担保的具体规则。在解释上，该条第 1 款前句可以涵盖直接自土地所有权派生的土地经营权，不无疑问。同时，该条所定担保物

[1] 胡可明：《全国人民代表大会宪法和法律委员会关于〈中华人民共和国农村土地承包法修正案（草案）〉修改情况的汇报——2018 年 10 月 22 日在第十三届全国人民代表大会常务委员会第六次会议上》，载《中华人民共和国全国人民代表大会常务委员会公报》2019 年第 1 期。

[2] 参见王利明：《物权法研究》（下卷）（第 4 版），中国人民大学出版社 2016 年版，第 822～823 页。

权包括了抵押权和质权(对此的解释意见,容后详述),第53条所定仅限于抵押权;该条采取的是登记对抗模式,而自土地所有权派生的土地经营权在修正前依《物权法》第180条第1款第3项和第187条奉行的是登记生效主义。如此出现了解释冲突。

其五,第54条规定了土地经营权的继承规则。在解释上,土地承包经营权基于其身份属性,不能由不具有本集体经济组织成员身份的继承人继承,但土地经营权属于市场化的权利,自可由继承人继承。该条的前句规定即值商榷。同时,在第二章第五节中又无派生于土地承包经营权的土地经营权的继承规则,在解释上,即可准用第54条,也可直接适用《继承法》的规定。

同时,分别于两章进行规定还造成了规则之间的重复和冲突,例如,第38条第5项与第51条关于本集体经济组织成员优先权的规则之间彼此重复;第46条和第53条关于土地经营权的处分的规则相互矛盾,前者以“经承包方书面同意”为前提,并应“向本集体经济组织备案”,后者以“经依法登记取得权属证书”为条件;前者不限制土地经营权的处分方式,在解释上,转让、出租、入股、抵押等均无不可,而后者在本次修改中删除了转让方式。这些都不无可议之处。

就“以其他承包方式取得的土地承包经营权”,《物权法》第133条规定:“通过招标、拍卖、公开协商等方式承包荒地等农村土地,依照农村土地承包法等法律和国务院的有关规定,其土地承包经营权可以转让、入股、抵押或者以其他方式流转。”本条较为明显地系调整已经取得的土地承包经营权的处分(流转)问题。至于以其他承包方式取得的土地承包经营权的设立问题,则一体适用《物权法》第127条“土地承包经营权自土地承包经营权合同生效时设立”的规定。《物权法》一体调整两种类型的土地承包经营权,“无论何种类型的土地承包经营权均自承包合同生效时设立”,[1]但基于以其他承包方式取得的土地承包经营权在流转方式上的特殊性(如允许入股、抵押),《物权法》上就此另设专条(第133条)加以规定。该条也就成了《物权法》第十一章“土地承包经营权”中专门调整以其他承包方式取得的土地承包经营权的唯一条文,至于此类土地承包经营权流转之外的其他规则,自可适用本章其他条文。

《民法典》第342条规定:“通过招标、拍卖、公开协商等方式承包农村土地,经依法登记取得权属证书的,可以依法采取出租、入股、抵押或者其他方式流转土地经营权。”这一规定与《新农村土地承包法》第53条规定几乎相同。这一简单的移植颇值

---

〔1〕 房绍坤:《物权法用益物权编》,中国人民大学出版社2007年版,第82页。相同观点及详细论证,另参见石冠彬:《土地承包经营权设立要件的理论与实证研究》,载《社会科学》2016年第11期。

商榷。《新农村土地承包法》是在该法第49条首先规定土地经营权的取得(以其他方式承包农村土地的,应当签订承包合同,承包方取得土地经营权)之后,再在第53条规定已经取得的土地经营权的处分(再流转),前者是一级市场,后者是二级市场。虽然《民法典》第333条保留了《物权法》第127条“土地承包经营权自土地承包经营权合同生效时设立”的规定,但由于《新农村土地承包法》已经将以其他承包方式取得的土地承包经营权重构为土地经营权,故《民法典》第333条已经不足以涵盖派生于土地所有权的土地经营权的设立问题。在《民法典》没有规定其他承包方式之下土地经营权的取得规则的情形时,贸然植入第342条,易生解释上的分歧。仅依《民法典》第333条的文义,“出租、入股、抵押或者其他方式”均可理解为土地经营权的设立方式,但设立土地经营权的前提却成了“经依法登记取得权属证书”,而实则先依土地经营合同取得土地经营权,再就土地经营权办理登记,此后再流转土地经营权。如将土地经营权界定为债权(容后详述),《民法典》这一孤独的条文即可删去,因为《民法典》物权编第十一章的章名为“土地承包经营权”,而“通过招标、拍卖、公开协商等方式承包农村土地”已经不产生土地承包经营权了,也就脱离《民法典》第十一章的调整范畴。

综上,新型农业经营主体经营农村土地的法权表达即为土地经营权,以“土地所有权→土地承包经营权→土地经营权”的权利结构传达“三权”分置的指导思想,促进土地经营权的流转,实现新一轮农村土地制度改革所引起的制度变迁目标。同时,以“土地所有权→土地经营权”的权利结构改造“以其他承包方式取得的土地承包经营权”,纯化土地承包经营权的身份属性,从而反映“三权”分置政策带来的体系效应。

(三)土地经营权的界定

《新农村土地承包法》第37条规定:“土地经营权人有权在合同约定的期限内占有农村土地,自主开展农业生产经营并取得收益。”《民法典》第340条规定:“土地经营权人有权在合同约定的期限内占有农村土地,自主开展农业生产经营并取得收益。”由此可见,土地经营权是指土地经营权人依法对承包农户承包经营的或集体经济组织未予发包的农村土地享有从事种植业、林业、畜牧业等农业生产并取得收益的权利。把握这一概念应当注意以下几点:

第一,土地经营权的权利主体是一般民事主体,不从资格或身份的角度对土地经营权的取得作出限制,按照立法上的通常表述,这一“民事主体”可以用“土地经营权人”加以表达。在解释上,具有农业生产能力的自然人、法人及非法人组织均无不可,本集体经济组织成员亦无不可。

第二,土地经营权的权利客体是“农村土地”,主要包括两类农村土地,即承包农户承包经营的农村土地和不宜采取家庭承包方式的荒山、荒沟、荒丘、荒滩等农村土地,涵盖了土地经营权在土地承包经营权之上和在农村土地所有权之上设定的两种情形。

第三,土地经营权的权利内容表述为“占有农村土地,自主开展农业生产经营并取得收益”,强调土地经营权人利用农村土地的方式和用途。占有农村土地,是土地经营权的必要内容,是指对于农村土地有事实上的管领控制之力。土地经营权是用益型权利,以追求农村土地的使用价值为目标,占有农村土地也就成了必要的前提,土地经营权不能脱离对农村土地的实际占有而存在。自主开展农业生产经营,是土地经营权的核心内容,是土地经营权人利用农村土地进行农业生产经营的权利。土地经营权人可以自行决定如何耕作、种植何种作物,自主决定经营过程的管理方式和方法,而不受承包人或其他人的干涉。当然,土地经营权人的自主生产经营权必须依法行使,除受到土地经营权流转合同的限制之外,还应受到强行法控制,如不得擅自改变土地的农业用途,不得给流转土地造成严重损害或者严重破坏土地生态环境,不得将土地长期弃耕抛荒等。取得收益,是土地经营权人取得土地经营权的主要目的。本条所称收益,仅指经营收益,即土地经营权人自主开展农业生产经营所取得的收益,如获取的实物形态的各种农作物及其果实及其变价收益,不包括处分土地经营权所获得的收益。处分土地经营权所获得的收益,与土地经营权人行使处分权的行为相联系,为本法本节此后相关法条的文义所涵盖。例如,《新农村土地承包法》第 46 条规定:“经承包方书面同意,并向本集体经济组织备案,受让方可以再流转土地经营权。”经同意,土地经营权人流转(处分)其土地经营权所获得的收益,自应由土地经营权人享有。

第四,土地经营权是一种有期限的权利,仅在“在合同约定的期限内”才享有权利。这一期限并不受租赁期限不超过 20 年的限制。但自土地承包经营权派生的土地经营权应受土地承包经营权的剩余期限的约束。

(四)土地经营权与土地承包经营权的区别

在就土地经营权作出概念界定之时,应注意其与土地承包经营权之间的差异。《民法典》第 331 条规定:“土地承包经营权人依法对其承包经营的耕地、林地、草地等享有占有、使用和收益的权利,有权从事种植业、林业、畜牧业等农业生产。”在强调土地承包经营权的福利性和保障性的政策目标之下,此处的权利主体“土地承包经营权人”即为“承包农户”;权利客体为“其承包经营的耕地、林地、草地等”。其强调“承包”,即土地承包经营权的设立是以承包方案为前提;权利内容为“占有、使用和收益”,与其他用益物权并无差异,而“从事种植业、林业、畜牧业等农业生产”是土地承包经营权作为用益物权类型化的标志特征,是对他人土地的使用用途限制,体现着用途管制的基本思想。

土地经营权与土地承包经营权都是就农村土地从事农业生产并取得收益的权利,两者之间的主要区别主要在于:在权利主体上,土地经营权人是市场主体,没有身份限制,而土地承包经营权人在“三权”分置所引起的体系效应之下,仅限于本集体经济组织成员,具有身份属性;在权利设定依据上,土地经营权产生于“土地经营权流转合同”(派生于土地承包经营权之时)或“承包合同”(派生于土地所有权之时),而土地承包经营权产生于“土地承包经营权合同”(《民法典》)或“承包合同”(《新农村土地承包法》)。由此可见,土地承包经营权是承包农户就其承包经营的农村土地所享有的权利,具有身份性,“人人有份”,体现了福利性和保障性,处分较受限制;但土地经营权是经营主体(市场主体)就承包农户承包经营的或集体经济组织未予发包的农村土地所享有的权利,是一种市场化的权利,无论其取得还是处分,均取决于当事人之间的约定,法律上不作强行限制。

三、土地经营权的定性

(一)立法论上土地经营权的性质

“赋予经营主体更有保障的土地经营权,是完善农村基本经营制度的关键。”[1]经营主体所取得的土地经营权是否比现行法更有保障,取决于《新农村土地承包法》中对于土地经营权的定性。学术界就此存在较大争议(前已述及),主要包括“总括权利说”“两权说”“物权说”“债权说”。

第一,在“三权”分置之下,“土地经营权”是具有主体、客体、内容的独立权利,并以此与土地承包经营权等其他权利相区别,新《行政诉讼法》《农民专业合作社法》并已将此定为明文,“总括权利说”即值质疑。土地经营权与土地承包经营权的权利内容虽均为从事农业生产并取得收益,但两者之间存在差异。此说的提出大抵是受到“土地经营权”一语的语义模糊性的影响,因为既然是“经营”,自应包括所有的农地利用,“土地经营权”也就应当反映所有的“农地农用”的土地利用关系。但在“三权”分置之下,因科学界定土地所有权、土地承包经营权和土地经营权等“三权”内涵、权利边界及相互关系,“土地经营权”的内涵和外延指称明确,故“总括权利说”的基础即已丧失。

---

〔1〕《三权分置意见》“三、逐步形成‘三权分置’格局”之“(三)加快放活土地经营权”。

第二,“两权说”是在维系目前既有的承包地流转方式之下提出的。在解释论的视角,有学者以目的解释为主导主张,“兼顾‘内外关系和谐’和‘不与法条文义相反’的要求,新承包法中的土地经营权首先应区分为设定于土地承包经营权之上的土地经营权和设定于土地所有权之上的土地经营权两大阵营,而每一类型土地经营权又均应解释为包含物权性土地经营权和债权性土地经营权两种权利类型。”[1]也有学者综合运用文义、体系、目的等解释方法认为,“流转期限五年以上土地经营权的物权设立及其抵押应采取登记对抗主义;流转期限五年以下土地经营权宜以再流转收益质押并采取登记对抗主义;已登记的以其他方式承包的土地经营权的物权设立及其抵押应采取登记生效主义,未登记的不能用于担保。”[2]然而,“三权”分置之下,土地经营权制度并不能涵盖上述所有的土地承包经营权流转方式,而只是指上述债权性质的流转而言,已如前述。至于转让、互换等移转物权性质的流转,《三权分置意见》使用的表述是“承包农户转让土地承包权”“有权依法依规……自愿有偿退出承包地”,[3]并未涵盖于所谓“土地经营权流转”之中;就抵押等创设物权性质的流转,《三权分置意见》使用的表述是“充分维护承包农户……抵押……承包地等各项权能”“有权依法依规就承包土地经营权设定抵押”,[4]也未置于“加快放活土地经营权”之中。由此可见,就土地经营权的定性而言,无须考虑我国现行法上所有的流转方式,则依流转方式的不同界定土地经营权的性质的“两权说”即值商榷。

第三,“物权说”是目前学术界的主流观点。在民法典编纂并出台的背景下,有学者认为,“‘三权分置’下的土地经营权是一项由土地承包经营权派生,以土地承包经营权为客体的用益物权,即权利用益物权。”[5]“从土地经营权的渊源、立法目的、物债二分的基本规律、概念术语、登记对抗之效果等方面进行分析,土地经营权属于物权之理由明显要强于认为土地经营权属于债权之理由。”[6]该说将土地经营权定性为物权,确实能稳定土地利用关系,充分保障经营主体的权利,有利于农地规模化经营的发展及土地经营权抵押融资的展开,但却无法完整全面地转达目前的承包地流转实践。在“三权”分置的推进过程之中,“坚持农民主体地位,维护农民合法权益,把选择权交给农民”,[7]流转方式如何,流转期限多长等,均应尊重承包农

---

〔1〕 宋志红:《再论土地经营权的性质——基于对〈农村土地承包法〉的目的解释》,载《东方法学》2020 年第 2 期。

〔2〕 高海:《〈民法典〉中两类土地经营权解释论》,载《中国农村观察》2022 年第 1 期。

〔3〕 《三权分置意见》“三、逐步形成‘三权分置’格局”之“(二)严格保护农户承包权”。

〔4〕 《三权分置意见》“三、逐步形成‘三权分置’格局”之“(二)严格保护农户承包权”。

〔5〕 艾围利、陈修兰:《法典化土地经营权之物权证成》,载《中国不动产法研究》2021 年第 2 期。

〔6〕 章正璋:《土地经营权性质之辨析》,载《学术界》2022 年第 2 期。

〔7〕 《三权分置意见》“二、总体要求”之“(二)基本原则”。

户的自主意愿。政策上也只是“鼓励有条件的地方制定扶持政策,引导农户长期流转承包地并促进其转移就业”。[1] 将期限长短不同的土地经营权一概确定为物权,物权本身所具备的强行法属性在一定程度上限制了承包农户的自由选择。例如,短期的转包、出租承包地或土地托管、代耕代种就无须构造为物权,强行将农户的短期流转稳定为物权关系,正当性不足。再如,土地经营合同大多约定租金分期支付,若将土地经营权界定为物权,并在不动产登记簿上予以登记,并将其期限登记为约定的租期(如10年),在10年租金未付的情形之下,金融机构基于对土地经营权10年租期的信赖,评估其价值并据以放款;那么,在经营期间土地经营权人如遭遇经营风险,选择解除土地经营合同,因租金未付,原承包农户不同意处置土地经营权,金融机构的抵押权无法经由变价而实现,信贷资产即面临巨大的危险。[2] 可以说,“租金年付制是流转型土地经营权不稳定的原因”。[3] 我国实定法上界定为用益物权的土地利用权利中,建设用地使用权的出让金是一次性支付,土地承包经营权和宅基地使用权无须支付对价,地役权虽可约定分期支付对价,但其从属性决定了其与土地经营权之间尚不可同日而语。

第四,关于“债权说”仍然存在较大争议。土地经营权“是通过合同方式取得的,属于债权,不属于物权”。[4] 本书作者不赞成此说中所持的部分理由。由合同创设的权利并不总是债权,在我国实定法上,建设用地使用权、土地承包经营权、地役权、抵押权、质权等物权无不是基于合同而创设。就土地承包经营权而言,《物权法》明定,当事人之间土地承包经营合同生效,土地承包经营权设定。虽然土地承包经营权是依合同创设的权利,但它却是物权。由此可见,某一权利是定性为物权还是债权,并不取决于其发生原因是否是合同(合意),而是在法政策上是否应当给予其强势的保护。

本书作者主张,宜将土地经营权定性为债权,但可赋予其登记能力,给予其类似物权的保护,理由如下:

第一,在法理上,土地经营权既可以定性为物权性土地利用权(用益物权),也可以定性为债权性土地利用权,端赖于立法之时的政策选择。将土地经营权界定为用

---

〔1〕《土地经营权流转意见》“三、规范引导农村土地经营权有序流转”之“(五)鼓励创新土地流转形式”。

〔2〕试点实践中已经出现这种情形,参见王成龙:《农村土地经营权抵押贷款发展探析》,载《金融时报》2017年3月27日。另参见孟光辉:《承包土地经营权的抵押登记问题探析》,载《中国农村经济》2016年第10期。不过此文主张,抵押权作为物权应予优先保护。

〔3〕汪险生、郭忠兴:《流转型土地经营权抵押贷款的运行机制及其改良研究——基于对重庆市江津区及江苏新沂市实践的分析》,载《经济体制改革》2017年第2期。

〔4〕最高人民法院行政审判庭编著、江必新主编:《中华人民共和国行政诉讼法及司法解释条文理解与适用》,人民法院出版社2015年版,第91页。

益物权,使之具有对世性,有利于稳定土地经营关系,保障土地经营权人的经营预期;将土地经营权界定为债权,虽然其效力仅仅发生在土地经营合同当事人之间,但如赋予其登记能力,借助于登记技术,也可以使土地经营权明确化和相对独立化,使之可以对抗其他债权人和恶意第三人,同样可以起到保障土地经营权人稳定的经营预期的政策目标,此即所谓债权物权化在“三权”分置之下的反映。

在法体系上,土地经营权人依出租、转包等方式取得的权利即为债权性土地利用权,“通过出租获得的土地经营权实质是不动产租赁权,属于债权的范畴。”〔1〕基于我国民法上租赁权物权化的既有制度安排,土地经营权这种债权自可予以物权化的保护,具体体现为:土地承包经营权人设定土地经营权之后,又转让其土地承包经营权的,新的土地承包经营权人自应受到前已设定的土地经营权的约束;土地承包经营权人设定土地经营权之后,又设定抵押权的,抵押权人行使其权利,亦应受到此前设定的土地经营权的约束。但租赁权的隐蔽性已经危及当事人的合法权益和市场中的交易安全,就此,学说上已有赋予不动产租赁权登记能力的动议,〔2〕采行登记对抗主义,即通过在不动产登记簿上登记土地经营权这一不动产权利上的债权负担,明确当事人之间的权义分配,同时周知不动产交易的第三人,以使后者基于理性的商事判断作出相应的决策。此理自当适用于土地经营权这一债权。未经登记的土地经营权仅在当事人之间发生效力,不能对抗基于原土地承包经营权的物权变动取得物权的人,也不能作为担保融资的标的财产。经过登记的土地经营权不仅在当事人之间发生法律效力,而且可以对抗原土地承包经营权上的其他物权人,并可据以担保融资。“三权”分置的政策目标之一即为新型农业经营主体可得利用其取得的土地经营权担保融资,但如在将土地经营权界定为债权但又不赋予其登记能力的情形下,土地经营权的抵押登记将因土地经营权未登记而无从办理。〔3〕唯就土地经营权的登记,自不同于传统不动产物权的权利登记制,而应导入契据登记制法理,登记事项和内容的设计应考虑将合同约定的部分内容植入其中,诸如土地经营权的期限、租金标准和支付方式等。经由登记,仅具债权性质的土地经营权,仍然可以达到“不断健全归属清晰、权能完整、流转顺畅、保护严格的农村土地产权制度”的政策目标,并“形成层次分明、结构合理、平等保护的格局”。

---

〔1〕 申惠文:《法学视角中的农村土地三权分离改革》,载《中国土地科学》2015年第3期。

〔2〕 参见孙宪忠:《不动产登记基本范畴解析》,载《法学家》2014年第6期;高圣平:《不动产权利的登记能力——评〈不动产登记暂行条例(征求意见稿)〉第4条》,载《政治与法律》2014年第12期;常鹏翱:《论可登记财产权的多元化》,载《现代法学》2016年第6期。

〔3〕 此为不动产登记的连续原则使然,亦即在前一不动产权利未登记的情形下,该不动产权利的变动即无法在不动产登记簿上予以登记。参见孙宪忠:《不动产登记基本范畴解析》,载《法学家》2014年第6期。

第二，在农村土地制度改革呈渐进式趋势的大背景下，农地“三权”分置的改革并不能一蹴而就。[1] 这是《三权分置意见》提出“不断探索和丰富‘三权分置’的具体实现形式”“通过实践探索和理论创新，逐步完善‘三权’关系”的根本原因，也是生产关系适应生产力发展的客观规律的体现。目前，“三权”分置的顶层设计“鼓励承包农户依法采取转包、出租、互换、转让及入股等方式流转承包地”“鼓励采用土地股份合作、土地托管、代耕代种等多种经营方式，探索更多放活土地经营权的有效途径”；实践探索更是丰富多彩、充满活力，土地信托、集体经营等不断发展着承包地流转的方式。其中，既有长期的流转安排，又有短期的流转合意，在法政策上，只有前者具有界定为物权的正当性。如此，在现有的生产力发展水平之下，不宜将所有流转方式形成的土地经营权一概确定为物权。

就“两权”分离到“三权”分置制度变迁的绩效而言，如将土地经营权的权利性质界定为债权，是不是“三权”分置就无实宜了呢？“三权”分置是为了反映承包地流转之后的承包地权利结构的改变，解决现行法上土地承包经营权流转规则的缺陷。目前承包地流转实践中，出租和转包占到总流转面积的78.6%，[2] 而在现行法之下，承包地流转在出租、转包的情形之下，仅能使经营主体取得经营权，这一“经营权”并没有被法律界定为物权，在解释上仅具债权效力，缺乏对世性。这一制度安排虽然足以满足特定主体之间小规模承包地流转的需求，但却与土地经营权的市场化要求不符。[3] 但“三权”分置之下的土地经营权借助于登记制度的引入，已经成为物权化的债权，与现行规则之间已经构成实质上的差异。一则对已登记的土地经营权实行物权化的保护，强化了土地经营权人的权利，土地经营权人自可取得相对稳定的经营预期；二则新型农业经营主体所取得的土地经营权经由登记形成相对独立的财产，并进而可以该土地经营权进行抵押融资。这些都是现行规则所不具备的。当前，经营主体面临的主要问题是土地租金价格不断上涨推动了农业生产成本的提高，土地租期短影响了经营主体对农地、农业的长期投入；对此，通过土地经营权的债权物权化，在一定程度上可以解决这一问题。[4]

第三，将土地经营权定性为物权化的债权，在土地承包经营权债权性流转内部取得了体系上的统一。当事人之间究竟将其法律关系安排为用益物权关系还是债

---

〔1〕 参见高圣平：《宅基地制度改革试点的法律逻辑》，载《烟台大学学报（哲学社会科学版）》2015年第3期。

〔2〕 参见孙中华：《关于农村土地“三权分置”有关政策法律性问题的思考》，载《农业部管理干部学院学报》2015年第1期。

〔3〕 参见李国强：《论农地流转中“三权分置”的法律关系》，载《法律科学（西北政法大学学报）》2015年第6期。

〔4〕 参见孙中华：《关于农村土地“三权分置”有关政策法律性问题的思考》，载《农业部管理干部学院学报》2015年第1期。

权性利用关系,实为意思自治的范畴。只不过,在将土地经营权定性为物权的情况下,当事人之间的用益物权安排应受类型强制及内容固定之限制,并依登记而公示于外;当事人之间的土地租赁等债权利用权,有较大的私法自治空间,但不具物权性,也无须登记。有学者据此主张,基于农户的不同利益诉求,“既允许债权属性的土地经营权,又允许物权属性的土地经营权”,[1]流转期限在5年以上,可登记为物权性土地经营权。[2] “对于有相对长期合约约定,又有一定的农业经营固定设施投入,可在合约期限内共同形成一定的用益物权。”[3]本书作者对此不敢苟同。同属“土地经营权”,却既有物权又有债权,难以在制度设计中抽象出其统一的权利内容、效力、公示方法,同时也无法形成其他新型农业经营主体可以信赖的外观。在土地经营权物权说之下,经营主体依流转关系所取得的权利,有的可称之为土地经营权,有的不能称之为土地经营权;这一观点同样与“三权”分置之下“探索更多放活土地经营权的有效途径”的政策相违背:同样是“三权”分置的产物,同样为土地经营权的语义所涵盖,缘何有的是物权,有的却是债权?

为了克服上述基于现有承包地流转方式界定土地经营权性质的困难,有学者认为,“在原有规定的基础上,创设一种新的流转方式,在土地承包经营权之上设定一种以经营土地为内容的权利用益物权——土地经营权。”[4]本书作者认为,土地经营权本是土地承包经营权债权性流转的法律表达,在现有土地承包经营权流转之外再行创新流转方式,一是没有实证基础,二是无法说明其与现有流转方式之间的关系。“土地经营权融入部分土地流转方式中,剩余部分土地流转方式保持基本不变。”[5]

第四,《三权分置意见》就土地经营权的定性已作出政策选择,其中指出:“提倡通过流转合同鉴证、交易鉴证等多种方式对土地经营权予以确认,促进土地经营权功能更好实现。”此外,土地经营权人改良土壤、建设农业生产、附属、配套设施等须征得承包人同意;再流转或抵押土地经营权除须征得承包人书面同意之外,还应向农民集体书面备案。准此,政策文件的导向是将土地经营权定性为债权。[6] 这里,

---

〔1〕 申惠文:《法学视角中的农村土地三权分离改革》,载《中国土地科学》2015年第3期。

〔2〕 参见陶钟太朗、杨遂全:《农村土地经营权认知与物权塑造——从既有法制到未来立法》,载《南京农业大学学报(社会科学版)》2015年第2期。

〔3〕 朱道林:《“三权分置”的理论实质与路径》,载《改革》2017年第10期。

〔4〕 朱继胜:《“三权分置”下土地经营权的物权塑造》,载《北方法学》2017年第2期。

〔5〕 张占锋:《农地流转制度的现实困惑与改革路径》,载《西北农林科技大学学报(社会科学版)》2017年第1期。

〔6〕 参见刘云生、吴昭军:《政策文本中的农地三权分置:路径审视与法权建构》,载《农业经济问题》2017年第6期。

确认土地经营权的是“合同鉴证、交易鉴证”，登记在其中几无意义，与将土地经营权定性为物权的应有表述大相径庭。“放活土地经营权”的政策内涵在于赋予土地经营关系当事人更多的意思形成自由，不对流转方式、权利内容等作出不合理的限制，如此，将土地经营权界定为债权，更具有合理性。毕竟在契约自由的观念之下，债权的设立和内容均可由当事人自主约定，而物权的设立和内容更受到物权法定原则的强行法控制。

至于土地经营权的内容，《三权分置意见》规定明确：(1)“自主从事农业生产经营并获得相应收益”；(2)“经承包农户同意，可依法依规改良土壤、提升地力，建设农业生产、附属、配套设施，并依照流转合同约定获得合理补偿”“在流转合同到期后按照同等条件优先续租承包土地”；(3)“经承包农户或其委托代理人书面同意”“再流转土地经营权或依法依规设定抵押”；(4)“流转土地被征收的，地上附着物及青苗补偿费应按照流转合同约定确定其归属”。其中，仅有第(1)项属土地经营权的当然内容，体现了土地经营权作为一种类型化的权利本应具有的内在规定性，一如基于租赁合同所产生的租赁权；其他三项均取决于“承包农户同意”或“流转合同约定”。这里明显将土地经营权的内容留待当事人自行约定，而非由法律直接规定，进一步体现了《三权分置意见》将土地经营权定性为债权的意图。

综上，“三权”分置的关键在于构建一种具有相当稳定性、效力更强、相对独立的土地经营权。从目前的经济现实来看，将土地经营权定性为物权化的债权实为妥适选择：一则可以避免定性为物权所带来的对当事人之间法律关系的强行控制，赋予当事人一定的选择自由；二则可以防止单纯定性为债权所带来的经营预期不稳定、土地经营权难以担保融资等问题。当事人可以基于自主意愿创新承包地的流转方式，并可参酌具体情形选择是否办理登记，借由登记使得土地经营权这一债权具有相对独立性和稳定性，获得了类似于物权的保护，土地经营权人自可借以担保融资。在土地经营权债权属性之下，其确定性不足，主要表现为权利归属主体和权利实现方式两大方面的不稳定因素。[1] 经由承包农户与经营主体之间的土地经营合同而生的土地经营权只是债法上的权利，债权不若物权般稳定，经营主体无法形成稳定的经营预期，直接影响其增加农业投入的积极性，更为有效合理地利用土地资源的政策目标无法达致。同时，债权的隐蔽性决定了第三人无从知道土地经营权的权利主体和权利内容，这直接影响到金融机构基于土地经营权担保贷款的展开。登记制度的引入在一定程度上可以解决土地经营权确定性不足的问题。土地经营权虽非

---

〔1〕 参见宋宗宇、何贞斌、陈丹：《农村土地经营权的确定化及其制度构建》，载《农村经济》2015 年第 7 期。

物权,但可被赋予一定的支配和排他效力。[1] 不动产登记簿上记载的不动产权利并不仅限于物权,土地经营权只有经由登记对其进行确权,才具有真正的法律和经济意义。[2] 是否登记全由当事人参酌具体情况自由选择,对于短期的承包地流转完全可以不登记。经登记的土地经营权不仅在当事人之间发生法律效力,还可以对抗第三人,[3] 切断第三人在相关承包地交易中的“善意”,更为充分地保障经营主体的土地经营权。同时,土地经营权先登记,以土地经营权设定抵押权时,土地经营权抵押权登记才能展开。[4]

(二)解释论上土地经营权的性质

《新农村土地承包法》除在第37条规定土地经营权的定义之外,第41条赋予土地经营权以登记能力。直接参与立法的专家就土地经营权性质的解读并不一致。有的认为,本次修法“以解决实践需要为出发点,只原则界定了土地经营权权利,淡化了土地经营权性质”;[5] 有的认为,本次修法“关于登记的规定,同时在法律上也是一个关于土地经营权物权效力的表述。”[6] 新近有学者提出,“若土地经营权仅能为债权,《民法典》与《农村土地承包法》所建构的‘三权分置’权利体系无法体现较‘两权分离’的进步性,而且还使得‘三权分置’权利体系逻辑不自洽。同时,土地经营权全部债权说并未理顺‘三权分置’的内在机理,而且其曲解了物权性土地经营权对集体土地所有权、土地承包经营权的影响,以至于其对物权性土地经营权的批判存在逻辑谬误。‘三权分置’体系中的土地经营权本质是外延不确定的财产权概念,根据其流转方式,其既可以是债权性权利,亦可以是物权性权利,不可能全是债权性权利。”[7] 为便于配套规定的制订和法律的准确适用,尚需在解释论上明确土地经营权的性质。本书作者认为,《新农村土地承包法》中土地经营权性质上属于债权,理由如下:

第一,土地利用关系既可定性为物权,也可定性为债权,全赖政策选择。学说上认为,只有在政策目标上需要稳定土地利用关系之时,才有必要将之定性为物

---

〔1〕 参见温世扬、吴昊:《集体土地“三权分置”的法律意蕴与制度供给》,载《华东政法大学学报》2017年第3期。

〔2〕 参见宋宗宇、何贞斌、陈丹:《农村土地经营权的确定化及其制度构建》,载《农村经济》2015年第7期。

〔3〕 参见朱虎:《物权法自治性观念的变迁》,载《法学研究》2013年第1期;蔡立东、姜楠:《农地三权分置的法实现》,载《中国社会科学》2017年第5期。

〔4〕 参见高圣平:《论农村土地权利结构的重构——以〈农村土地承包法〉的修改为中心》,载《法学》2018年第2期。

〔5〕 刘振伟:《巩固和完善农村基本经营制度》,载《农村工作通讯》2019年第1期。

〔6〕 于浩:《农村土地承包法修改:保障农民土地权利不受侵害》,载《中国人大》2019年第1期。

〔7〕 屈茂辉:《民法典视野下土地经营权全部债权说驳议》,载《当代法学》2020年第6期。

权。[1] 稳定、长期的土地利用关系宜表达为物权,借由物权的排他支配性和对世性固定当事人的权利;临时、短期的土地利用关系宜定性为债权,在契约自由的观念之下当事人自可依法自由安排相互之间的权义分配。从“三权”分置政策来看,“允许承包农户将土地经营权依法自愿配置给有经营意愿和经营能力的主体,发展多种形式的适度规模经营”[2]“鼓励采用土地股份合作、土地托管、代耕代种等多种经营方式,探索更多放活土地经营权的有效途径”。[3] 在鼓励以多种形式进行土地经营权流转的背景下,土地利用关系在各种形式之间的稳定性需求也就存在差异,如短期租赁、代耕代种等,当事人之间本就无意稳定土地利用关系,但长期租赁、入股等,稳定土地利用关系的意愿则较为明显。《新农村土地承包法》将这些流转形式定为明文——“出租(转包)、入股或者其他方式”(第 36 条),一体地以土地经营权反映这些形式之下的土地利用关系,鼓励土地经营权流转的创新实践的用意至为明显,自无法统一确定其稳定性需求,将其定性为债权,更符合立法原意。

第二,《新农村土地承包法》第 36 条明确规定了产生土地经营权的三种方式——“出租(转包)、入股或者其他方式”。在《新农村土地承包法》没有作出例外规定的情形之下,依体系解释,承包方以“出租(转包)”方式所派生的土地经营权自当定性为债权,因为我国现行法和《民法典》将因租赁合同所产生的租赁权或承租权界定为债权。“没有必要为了一种对承包地的承租经营权方式就非得规定土地经营权为用益物权。”[4] 承包方以“入股或者其他方式”所派生的土地经营权,与出租(转包)方式相当,自得作同一解释。[5] 如此,在体系解释的视角下,土地经营权应定性为债权。

值得注意的是,《新农村土地承包法》第 36 条之所以使用“出租(转包)”这一表述,原因在于“转包”是历史上形成的特殊流转方式。在 1984 年中央一号文件[6]中,鼓励承包地逐步向种田能手集中,但又维系 1982 年中央一号文件[7]不允许承包地出租的政策,文件中即使用“转包”来规避“出租”和“租金”等概念。当时,承包地都负有完成国家征购、缴纳集体提留的任务,“转包”法律关系之中,转入户必须替承包户完成上述两项任务,同时考虑到粮食统购统销的实际,转入户还应为承包户

---

〔1〕 参见高圣平:《承包地三权分置的法律表达》,载《中国法学》2018 年第 4 期。

〔2〕 《深化农村改革综合性实施方案》“二、关键领域和重大举措”之“(一)深化农村集体产权制度改革”。

〔3〕 《三权分置意见》“三、逐步形成‘三权分置’格局”之“(三)加快放活土地经营权”。

〔4〕 韩松:《论民法典物权编对土地承包经营权的规定——基于“三权分置”的政策背景》,载《清华法学》2018 年第 5 期。

〔5〕 参见朱广新:《土地承包权与经营权分离的政策意蕴与法制完善》,载《法学》2015 年第 11 期。

〔6〕 中共中央《关于一九八四年农村工作的通知》(中发〔1984〕1 号)。

〔7〕 1982 年 1 月 1 日中共中央批转的《全国农村工作会议纪要》(中发〔1982〕1 号)。

提供一定数量的平价口粮。在国家取消农业税之后,“转包”这种形式实际上已经不存在了。[1] 在“出租”之后括注“转包”,只是为了反映这一历史上曾经存在并可能在现实中仍然使用的流转方式。[2] 在解释上,可以将“转包”作为“出租”的一种特殊形式,转包时的受流转方是本集体经济组织成员。

第三,赋予土地经营权以登记能力,并不能得出登记的土地经营权即属物权、未登记的土地经营权即属债权的结论。一则,“土地经营权”一体反映非承包方的经营主体对农村土地的利用关系,不宜作不同的定性,两种性质的土地经营权的内容基于其效力上的差异很难抽象,[3]民法学基本理论上也不存在既属物权又属债权的民事权利。[4] 从《新农村土地承包法》第二章第五节“土地经营权”的内容来看,土地经营权人投资改良土壤,建设农业生产附属、配套设施,再流转土地经营权,向金融机构融资担保,均需取得承包农户的同意或书面同意(第43条、第46条、第47条),债权性质至为明显。二则,并非所有登记在不动产登记簿上的不动产权利都是物权,[5]只要具有对抗效力的不动产权利均可赋予其登记能力。[6] 赋予部分土地经营权以登记能力,只表明立法者意欲借由登记赋予此部分土地经营权以对抗效力,以此稳定土地经营权人的经营预期,并使土地经营权人能够以其权利担保融资。土地经营权的登记实际上是给予其物权化保护的技术路径,经由登记,原本仅具相对效力的土地经营权具有了对世性,可以对抗第三人。[7] 此时的土地经营权具有了类似于物权的效力,相当于租赁权的物权化。在《民法典》编纂过程中,同样也有动议认为应赋予租赁权以登记能力,并采登记对抗主义,[8]但这并不表明经登记的租赁权就成了物权。不过,该修正案中就登记能力的区别规定,值得商榷。[9]

---

〔1〕 参见陈锡文、罗丹、张征:《中国农村改革40年》,人民出版社2018年版,第59~60页。

〔2〕 原《农村土地承包经营权流转管理办法》即具体规定了“转包”这一流转方式。但该办法中的“转包”的含义已经不同于历史上的“转包”。

〔3〕 参见高圣平:《农地三权分置改革与民法典物权编编纂——兼评〈民法典各分编(草案)〉物权编》,载《华东政法大学学报》2019年第2期。

〔4〕 参见谭启平:《“三权分置”的中国民法典确认与表达》,载《北方法学》2018年第5期。

〔5〕 参见孙宪忠:《不动产登记基本范畴解析》,载《法学家》2014年第6期。

〔6〕 参见[德]鲍尔、[德]施蒂尔纳:《德国物权法》(上册),张双根译,法律出版社2004年版,第292~295页。

〔7〕 参见温世扬、吴昊:《集体土地“三权分置”的法律意蕴与制度供给》,载《华东政法大学学报》2017年第3期;高圣平:《承包地三权分置的法律表达》,载《中国法学》2018年第4期;单平基:《“三权分置”中土地经营权债权定性的证成》,载《法学》2018年第10期。

〔8〕 参见常鹏翱:《论可登记财产权的多元化》,载《现代法学》2016年第6期;高圣平:《金融创新视角下的商铺租赁权担保:体系定位与法律效力》,载《山东大学学报(哲学社会科学版)》2017年第6期。

〔9〕 参见陈小君:《土地改革之“三权分置”入法及其实现障碍的解除——评〈农村土地承包法修正案〉》,载《学术月刊》2019年第1期;高圣平:《完善农村基本经营制度之下农地权利的市场化路径》,载《社会科学研究》2019年第2期。

《民法典》第341条规定:“流转期限为五年以上的土地经营权,自流转合同生效时设立。当事人可以向登记机构申请土地经营权登记;未经登记,不得对抗善意第三人。”与《新农村土地承包法》第41条的规定“土地经营权流转期限为五年以上的,当事人可以向登记机构申请土地经营权登记。未经登记,不得对抗善意第三人”相比,《民法典》增加了“土地经营权,自流转合同生效时设立”的规定,在一定程度上似乎明确了“流转期限为五年以上的土地经营权”的权利性质。该表述与《民法典》有关登记对抗主义之下的物权相当。例如,《民法典》第374条规定:“地役权自地役权合同生效时设立。当事人要求登记的,可以向登记机构申请地役权登记;未经登记,不得对抗善意第三人。”第403条规定:“以动产抵押的,抵押权自抵押合同生效时设立;未经登记,不得对抗善意第三人。”在解释上,地役权和动产抵押权均属物权,只不过采行债权意思主义物权变动模式而已。[1] “流转期限为五年以上的土地经营权”似乎应作同样的解释,即在性质上属于物权,如已经登记,则可对抗第三人;如未登记,则不得对抗善意第三人,但可以对抗无担保债权人和恶意第三人。[2]

但这一解释方案使得土地经营权的性质和效力更为复杂,在一定程度上违反了《民法典》第116条所规定的物权法定原则。这一解释方案形成了土地经营权的三种不同的效力层次:其一,流转期限为5年以下的土地经营权在性质上属于债权,其效力仅在土地经营权流转合同当事人之间发生;其二,流转期限为5年以上且已登记的土地经营权在性质上属于物权,其效力可以对抗所有第三人;其三,流转期限为5年以上但未登记的土地经营权在性质上属于物权,其效力仅可对抗部分第三人(无担保债权人、恶意第三人),不得对抗善意物权人。由此带来的体系冲突就是,在物权法定原则之下,物权的种类(名称)由法律规定,土地经营权既已界定为物权,所谓债权性的“土地经营权”就不能再称之为土地经营权。民法学基本理论上也不存在既属物权又属债权的民事权利。[3]

《民法典》和《新农村土地承包法》上以“土地经营权”一体反映非承包方的经营主体对农用地的利用关系,不宜作不同的定性。物权和债权的区分决定了立法者在规则设计上难以抽象出土地经营权统一的权利内容、效力、公示方法,同时也无法形成其他市场主体的信赖外观。[4] 在鼓励以多种形式进行土地经营权流转的背景下,农用地利用关系在各种形式之间的稳定性需求也就存在差异。《民法典》《新农

[1] 参见王利明:《物权法研究》(下卷)(第4版),中国人民大学出版社2016年版,第228页;崔建远:《物权:规范与学说——以中国物权法的解释论为中心》(上册)(第2版),清华大学出版社2021年版,第98页。

[2] 参见黄薇主编:《中华人民共和国民法典解读·物权编》,中国法制出版社2020年版,第439~441页。

[3] 参见谭启平:《“三权分置”的中国民法典确认与表达》,载《北方法学》2018年第5期。

[4] 参见高圣平:《承包地三权分置的法律表达》,载《中国法学》2018年第4期。

村土地承包法》将这些流转形式定为明文——“出租(转包)、入股或者其他方式”,鼓励土地经营权流转的创新实践,自无法统一确定其稳定性需求,将其定性为债权,更符合立法原意。从《新农村土地承包法》第二章第五节“土地经营权”的内容来看,土地经营权人投资改良土壤,建设农业生产附属、配套设施,再流转土地经营权,向金融机构融资担保,均需取得承包农户的同意或书面同意(第 43 条、第 46 条、第 47 条),债权性质至为明显。

从《民法典》第 341 条的内容看,该条主要是土地经营权设立时间和登记对抗效力的规定,并不涉及土地经营权性质之规定内容。“本条虽提及流转期限为 5 年以上的土地经营权之设立和登记对抗效力,主要在于引导土地经营权合同当事人基于自身利益考量作出民事法律行为,以保护当事人的权益。而对土地经营权性质的确定,以其是否进行登记而进行不同类别之划分,法理依据并不充分。”〔1〕“法律不宜简单规定土地经营权的性质,应当赋予当事人选择权:当事人希望获得长期稳定保障的,可以就土地经营权申请登记,登记后即可以对抗善意第三人;当事人不希望获得长期的土地经营权的,双方根据双方合同约定行使权利义务即可。”〔2〕赋予土地经营权以登记能力,并不能得出登记的土地经营权即属物权、未登记的土地经营权即属债权的结论,也不能得出流转期限为 5 年以下的土地经营权属于债权、流转期限为 5 年以上的土地经营权属于物权的结论。并非所有登记在不动产登记簿上的不动产权利都是物权,〔3〕只要具有对抗效力的不动产权利均可赋予其登记能力。〔4〕赋予部分土地经营权以登记能力,只表明立法者意欲借由登记赋予此部分土地经营权以对抗效力,以此稳定土地经营权人的经营预期,并使土地经营权人能够以其权利担保融资。

将土地经营权定性为债权,无法形成经营主体的稳定经营预期。经营主体取得稳定的经营预期的最为理想的模式,是将其取得的土地经营权定性为物权,因为物权性的农用地利用关系可以巩固当事人之间的法律关系,并可以对抗第三人。〔5〕但基于土地经营权主要反映的是农用地出租等债权性流转的事实,〔6〕以及土地经

〔1〕 最高人民法院民法典贯彻实施工作领导小组主编:《中华人民共和国民法典物权编理解与适用》(下册),人民法院出版社 2020 年版,第 711 页。

〔2〕 黄薇主编:《中华人民共和国民法典解读·物权编》,中国法制出版社 2020 年版,第 439 ~ 440 页。

〔3〕 参见孙宪忠:《不动产登记基本范畴解析》,载《法学家》2014 年第 6 期。

〔4〕 参见[德]鲍尔、[德]施蒂尔纳:《德国物权法》(上册),张双根译,法律出版社 2004 年版,第 292 页。

〔5〕 参见王泽鉴:《民法物权》(第 2 版),北京大学出版社 2010 年版,第 272 页。

〔6〕 目前,承包地流转实践中,出租和转包占到总流转面积的 78.6%。参见孙中华:《关于农村土地“三权分置”有关政策法律性问题的思考》,载《农业部管理干部学院学报》2015 年第 1 期。

营权因租金年付制所具有的不稳定因素,[1]在法体系之下,不宜将其界定为物权。[2] 登记制度的引入提供了可供选择的技术路径。土地经营权在性质上虽然属于债权,但经由不动产登记簿的记载,自可明晰经营主体对于农村土地的利用关系,使得土地经营权确定化。第三人通过不动产登记簿即可查知特定农村土地之上的权利负担,从而做出理性的商业判断。由此可见,经登记的土地经营权不仅在当事人之间发生法律效力,而且还被赋予一定的支配和排他效力,[3]可以对抗第三人。

四、土地经营权的设立方式

土地承包经营权可依转包、出租、入股等方式流转,这几种情形均属承包地债权性流转。在"三权"分置之下,这些流转方式的法律效果是使经营主体取得土地经营权。土地经营权是《新农村土地承包法》中增设的一类权利,是《新农村土地承包法》立法之时的重点和难点。

《新农村土地承包法》第 36 条规定:"承包方可以自主决定依法采取出租(转包)、入股或者其他方式向他人流转土地经营权,并向发包方备案。"这里将土地经营权的设定行为明确规定为"出租(转包)、入股",同时以"或者其他方式"作为兜底规定,避免了使用"等方式"所可能带来的"等内等""等外等"的解释冲突。值得讨论的是,"出租"和"转包"之间是什么关系?为什么要使用"出租(转包)"这样的表述?入股所产生的法律效果究竟是土地承包经营权的转让还是设立土地经营权?

(一)土地经营权转包和出租设立之间的取舍

转包是指"承包方将部分或全部土地承包经营权以一定期限转给同一集体经济组织的其他农户从事农业生产经营。转包后原土地承包关系不变,原承包方继续履行原土地承包合同规定的权利和义务。接包方按转包时约定的条件对转包方负责。承包方将土地交他人代耕不足一年的除外。"[4]出租是指"承包方将部分或全部土地承包经营权以一定期限租赁给他人从事农业生产经营。出租后原土地承包关系不变,原承包方继续履行原土地承包合同规定的权利和义务。承租方按出租时约定的条件对承包方负责。"[5]两者都传达着同样的法律效果:承包地流转后承包农户

---

〔1〕 参见汪险生、郭忠兴:《流转型土地经营权抵押贷款的运行机制及其改良研究——基于对重庆市江津区及江苏新沂市实践的分析》,载《经济体制改革》2017 年第 2 期。

〔2〕 我国法上将承租人基于租赁合同所取得的权利定性为债权。

〔3〕 参见温世扬、吴昊:《集体土地"三权分置"的法律意蕴与制度供给》,载《华东政法大学学报》2017 年第 3 期。

〔4〕 原《农村土地承包经营权流转管理办法》第 35 条第 2 款。

〔5〕 原《农村土地承包经营权流转管理办法》第 35 条第 5 款。

仍然保有土地承包经营权,受流转人仅取得一定期间的占有、使用承包地的权利。唯一的区别在于受流转人的不同:转包时是本集体经济组织的其他农户;而出租时没有这一限制,在解释上应为除“本集体经济组织的其他农户”之外的经营主体。“转包”是历史上形成的特殊流转方式。在1984年中央一号文件〔1〕中,鼓励承包地逐步向种田能手集中,但又维系1982年中央一号文件〔2〕不允许承包地出租的政策,文件中即使用“转包”来规避“出租”和“租金”等概念。其时,承包地都负有完成国家征购、缴纳集体提留的任务,“转包”法律关系之中,转入户必须替承包户完成上述两项任务,同时考虑到粮食统购统销的实际,转入户还应为承包户提供一定数量的平价口粮。在国家取消农业税之后,“转包”这种形式实际上已经不存在了。〔3〕

学者间就“出租”和“转包”之间的关系存在较大争议。有观点认为,“出租”和“转包”之间具有质的同一性,将两者分别规定,人为割裂了一项法律制度,造成“准用”或类推适用的现象,〔4〕“不仅不能丰富流转方式,而且因未作严格区分将会导致重复规定”,〔5〕完全可以“将转包视为一种接包人资格受到限制的特殊租赁”。〔6〕也有观点认为应保留“转包”,删除“出租”,如允许承包地的“出租”,容易架空土地所有权,使土地承包经营权“所有权化”或承包方变为事实上的“二地主”,也容易出现以出租名义规避法律的行为。〔7〕还有观点认为,两者之间有分别规定的必要,应将转包定性为在土地承包经营权之上设定次级土地承包经营权的法律行为。〔8〕

《农村土地承包法》之后的法律和政策文件就“转包”“出租”之间的关系在表述上也颇不一致。《物权法》就土地承包经营权的债权性流转方式仅规定了“转包”,而没有规定“出租”。〔9〕《土地经营权流转意见》将“转包”“出租”并称为承包地的流转方式。〔10〕国务院办公厅《关于引导农村产权流转交易市场健康发展的意见》(国办发〔2014〕71号)指出:“以家庭承包方式承包的耕地、草地、养殖水面等经营权,可以采取出租、入股等方式流转交易”,这里仅用了“出租”,没有提及“转包”,可能与该文件指导农村产权流转交易市场的构建与运行的市场化背景相关,在这里受

〔1〕中共中央《关于一九八四年农村工作的通知》(中发〔1984〕1号)。

〔2〕1982年1月1日中共中央批转的《全国农村工作会议纪要》(中发〔1982〕1号)。

〔3〕参见陈锡文、罗丹、张征:《中国农村改革40年》,人民出版社2018年版,第59~60页。

〔4〕参见崔建远:《土地承包经营权的修改意见》,载《浙江社会科学》2005年第6期。

〔5〕胡吕银:《土地承包经营权的物权法分析》,复旦大学出版社2004年版,第157页。

〔6〕朱广新:《土地承包权与经营权分离的政策意蕴与法制完善》,载《法学》2015年第11期。

〔7〕参见孟勤国等:《中国农村土地流转问题研究》,法律出版社2009年版,第73页。

〔8〕参见袁震:《农村土地承包经营权流转形式之法理分析》,载《河北法学》2011年第8期。

〔9〕参见《物权法》第128条。

〔10〕《土地经营权流转意见》“三、规范引导农村土地经营权有序流转”之“(五)鼓励创新土地流转形式”中指出:“鼓励承包农户依法采取转包、出租、互换、转让及入股等方式流转承包地。”

流转人原则上不受限制——“凡是法律、法规和政策没有限制的法人和自然人均可以进入市场参与流转交易”，自无须规定限制受流转人范围的“转包”。但《三权分置意见》中又使用“出租（转包）”的表述，[1]意在将转包作为出租的一种特殊形式。

本书作者认为，是否将“出租”和“转包”并列为土地经营权的设定行为，取决于两者是否具有类型化上的意义。除了受流转人的范围不同之外，还有可能对两者作出不同的制度安排。例如，在重构承包地流转收益分配机制之时，在国家、集体、农户之间的分配格局和比例就可能依流转方式的不同作出相应的设计。[2] 果若如此，并列规定“出租”和“转包”就有了必要。至于规则设计问题，《新农村土地承包法》中自可就两者的设立、效力等规则作出统一规定，仅就受流转人的不同作出分别规定即可。《新农村土地承包法》第 36 条之所以使用“出租（转包）”这一表述，只是为了反映这一历史上曾经存在并可能在现实中仍然使用的流转方式。[3] 在解释上，可以将“转包”作为“出租”的一种特殊形式，“转包”仅指受流转方是本集体经济组织成员的“出租”。但这种区分已无意义。《民法典》第 339 条规定：“土地承包经营权人可以自主决定依法采取出租、入股或者其他方式向他人流转土地经营权。”这里已经在流转方式中删去了“转包”的表述，即属此意。

（二）土地经营权入股设定的争议

在现行法之下，入股是指“实行家庭承包方式的承包方之间为发展农业经济，将土地承包经营权作为股权，自愿联合从事农业合作生产经营；其他承包方式的承包方将土地承包经营权量化为股权，入股组成股份公司或者合作社等，从事农业生产经营。”[4]这里区分接受入股的主体作了不同的规定，体现着不同类型的土地承包经营权在法政策上的不同限制。以土地承包经营权入股，涉及入股成立的公司破产后，农户可能失去承包经营的土地，需要进一步研究。[5] 上述规则实际上仅承认了以家庭承包方式取得的土地承包经营权入股合作社。

---

〔1〕《三权分置意见》“三、逐步形成‘三权分置’格局”之“（二）严格保护农户承包权”中指出，承包农户“有权通过转让、互换、出租（转包）、入股或其他方式流转承包地并获得收益，任何组织和个人不得强迫或限制其流转土地”。

〔2〕参见高圣平：《新型农业经营体系下农地产权结构的法律逻辑》，载《法学研究》2014 年第 4 期。

〔3〕原《农村土地承包经营权流转管理办法》即具体规定了“转包”这一流转方式。但该办法中的“转包”的含义已经不同于历史上的“转包”，受流转方不再负有完成国家征购、缴纳集体提留的任务。其与“出租”相并而称，区分标准在于受流转方是否属于本集体经济组织成员，如属于，就是“转包”；如不属于，就是“出租”。但这一区分已无实意。

〔4〕《农村土地承包经营权流转管理办法》第 35 条第 4 款。

〔5〕参见顾昂然：《全国人大法律委员会关于〈中华人民共和国农村土地承包法（草案）〉修改情况的汇报——2002 年 6 月 24 日在第九届全国人民代表大会常务委员会第二十八次会议上》，载《中华人民共和国全国人民代表大会常务委员会公报》2012 年第 5 期。

关于入股的法律效果,一直存在物权流转说与债权流转说之分。[1] “三权”分置思想提出之后,有学者主张,以家庭承包方式取得的土地承包经营权入股合作社,土地承包经营权的主体并未变化,以其他承包方式取得的土地承包经营权入股,土地承包经营权的主体变更为接受入股的主体,均不发生设立土地经营权的问题。[2] 但此后的政策文件与此观点大相径庭。《土地经营权流转意见》规定:“允许农民以承包经营权入股发展农业产业化经营”;[3]《三权分置意见》指出:“土地经营权入股农业产业化经营”;[4]《关于引导农村产权流转交易市场健康发展的意见》指出,“农户承包土地经营权”采取“出租、入股等方式”“流转交易的受让方原则上没有资格限制(外资企业和境外投资者按照有关法律、法规执行)”。2015 年中央一号文件进一步提出引导农民以土地经营权入股合作社和龙头企业。新修正的《农民专业合作社法》也明定农民专业合作社成员可以以土地经营权作价出资。由此可见,在法律效果上,入股类似于转包、出租,实际上也是承包农户在其土地承包经营权之上为接受入股的主体设立土地经营权,入股后,原承包关系并不发生改变,承包农户的土地承包经营权并不丧失。[5]

就土地承包经营权的入股规则而言,《农村土地承包法》第 42 条和第 49 条分别规定了以家庭承包方式和其他承包方式取得的土地承包经营权的入股流转方式,但前者仅限于入股合作社、股份合作社或股份合作企业等合作经济载体。为落实党的十八届三中全会提出的“允许农民以承包经营权入股发展农业产业化经营”的精神,《新农村土地承包法》将前者入股的法律效果明确为使接受入股的主体取得土地经营权,将接受入股的主体扩展到包括法人企业在内所有的市场主体;[6] 将后者重构为土地经营权,在解释上,土地经营权人以土地经营权入股的,自是移转土地经营权。

鉴于土地经营权入股发展农业产业化经营尚处于探索阶段,实践中的做法也不尽相同,为此,《新农村土地承包法》只作出原则性规定,具体可依实践发展需要再由

---

〔1〕 参见高海:《土地承包经营权入股的法律性质探析》,载《法学论坛》2011 年第 3 期;温世扬、张永兵:《土地承包经营权入股之法律性质辨析》,载《河南财经政法大学学报》2014 年第 1 期。

〔2〕 参见陶钟太朗、杨遂全:《农村土地经营权认知与物权塑造——从既有法制到未来立法》,载《南京农业大学学报(社会科学版)》2015 年第 2 期。

〔3〕 《土地经营权流转意见》“四、加快培育新型农业经营主体”之“(十三)加快发展农户间的合作经营”。

〔4〕 《三权分置意见》“四、确保‘三权分置’有序实施”之“(四)完善‘三权分置’法律法规”。

〔5〕 参见朱广新:《土地承包权与经营权分离的政策意蕴与法制完善》,载《法学》2015 年第 11 期;高圣平:《农地三权分置视野下土地承包权的重构》,载《法学家》2017 年第 5 期。

〔6〕 参见刘振伟:《巩固和完善农村基本经营制度》,载《农村工作通讯》2019 年第 1 期。

行政法规予以规范,[1]同时应注意与《公司法》等法律相衔接。[2] 土地经营权被定性为债权(容后详述),债权是否可以出资,在《公司法》《公司登记管理条例》上并无明确规定,但学说上认为,可用货币估价并可依法转让的财产即可出资。[3] 就此而言,土地经营权符合这两个要件,其一,土地经营权既属于法律明定的财产权,本身自可以货币计价,[4]土地经营权评估作价应考虑土地数量质量、入股期限长短、不同要素比价等因素,参考有关部门发布的土地经营权流转指导价格,由承包方与接受入股的主体协商确定;[5]其二,承包方享有以入股方式向他人流转土地经营权的权利,且无须经过发包方同意,只需向发包方备案。如此,入股土地经营权即无法律上的障碍。《农民专业合作社法》修改之时,正是基于此规定了土地经营权可以作为合作社的出资方式。[6] 工商登记机关依照《公司法》《农民专业合作社法》的规定就土地经营权出资予以登记。至于土地经营权入股实践中的各种探索,如"优先股",让承包农户在让渡公司经营决策权的同时享有优先分红的权利;"先租后股",让承包农户先出租土地,在接受入股的主体具有稳定良好的经济效益之后再入股;"保底收益 + 按股分红",让农民特别是贫困户在土地经营权入股中有稳定收益等,[7]都重在构建入股风险防范制度,有待试点地方的经验总结。

(三)土地经营权设立方式的自由与强制

《新农村土地承包法》实施之前,我国实定法上就农地流转主要规定于《农村土地承包法》、《物权法》以及原农业部发布的《农村土地承包经营权流转管理办法》中,其中将农地的流转方式局限于"转包、出租、互换、转让或者其他符合有关法律和国家政策规定的方式"(《农村土地承包经营权流转管理办法》第 15 条),采取了"方式法定"的规制路径。在"放活土地经营权"的"三权"分置政策目标之下,《三权分置意见》鼓励"探索更多放活土地经营权的有效途径",上述限制需要重新考量。

---

〔1〕 参见刘振伟:《关于〈中华人民共和国农村土地承包法修正案(草案)〉的说明——2017 年 10 月 31 日在第十二届全国人民代表大会常务委员会第三十次会议上》,载《中华人民共和国全国人民代表大会常务委员会公报》2019 年第 1 期。

〔2〕 参见刘振伟:《巩固和完善农村基本经营制度》,载《农村工作通讯》2019 年第 1 期。

〔3〕 参见王保树、崔勤之:《中国公司法原理》(第 3 版),社会科学文献出版社 2006 年版,第 63 页;施天涛:《公司法论》,法律出版社 2006 年版,第 170 页。

〔4〕 参见《新农村土地承包法》第 39 条明定:"土地经营权流转的价款,应当由当事人双方协商确定。"

〔5〕 参见农业农村部、国家发展和改革委员会、财政部、中国人民银行、国家税务总局、国家市场监督管理总局联合发布的《关于开展土地经营权入股发展农业产业化经营试点的指导意见》(2018 年 12 月 19 日,农产发〔2018〕4 号)。

〔6〕 参见陈建国、陈光国、韩俊主编:《中华人民共和国农民专业合作社法解读》,中国法制出版社 2018 年版,第 48 ~ 49 页。

〔7〕 参见《关于开展土地经营权入股发展农业产业化经营试点的指导意见》。

农地的“流转”最早是作为一个政策术语，出现在《国务院批转农业部〈关于稳定和完善土地承包关系的意见〉的通知》（国发〔1995〕7号）这一文件之中，但这一术语所传达的意义——已经取得土地承包经营权的人基于其意志所引起的农地利用关系的变动，并无对应的法律术语。农地“流转”的方式既包括“转让”“互换”等物权移转方式（物权性流转），又包括“出租”“转包”“入股”等债权移转方式（债权性流转），故可将农地的“流转”界定为，在不改变土地用途的前提下，土地承包经营权人处分其土地承包经营权的行为的总称。〔1〕

在此意义之下，农地流转方式即为权利人处分其土地承包经营权的方式。接下来的问题是，农业生产经营者是不是仅能以法律和国家政策明确规定的方式处分其土地承包经营权？有学者认为，在物权法定主义之下，农地的流转方式也应由法律直接作出规定。〔2〕本书作者不同意此观点。物权法定所强调的是物权的种类和内容法定；就土地承包经营权这种物权而言，其内容是“依法对其承包经营的耕地、林地、草地等享有占有、使用和收益的权利，有权从事种植业、林业、畜牧业等农业生产”（《民法典》第331条）。土地承包经营权人处分其权利的方式已不属于物权法定的内容。实践中，农地的流转行走于法的边缘，乃至践行于法外，具体方式可谓五花八门，不一而足。〔3〕在当代私法自治的原则之下，权利人处分其权利以方式自由为原则，仅在一定的目的考量下，立法者才要求方式强制。就农地的流转方式而言，是方式自由还是方式强制，取决于农地流转的法律效果。

如果农地的流转仅产生债法上的效果，自是私法自治的规整范畴，不宜采行方式强制。农地流转实践中的代耕大抵属于此类。代耕是指承包人在不改变与集体的承包关系的状况下，以支付一定对价为条件，委托他人或经济组织在其承包土地上进行耕种的行为。〔4〕代耕也是已取得土地承包经营权的人基于其意志所产生的农地利用关系的变动，自应属于农地流转的一种方式。虽然法律和国家政策上并未明确规定这种流转方式，但由于这种流转方式并不导致土地承包经营权人的变化，也不在土地承包经营权之上创设新的物权形式，仅产生债法上的效果，故自应允许。

---

〔1〕有学者将农地流转分为一级市场的流转和二级市场的流转，将农业生产经营者与土地所有人之间的土地承包经营权设定行为亦包括在流转范畴之内。参见王春孟：《“四荒”土地承包经营权流转方式的规范分析》，载《山东农业大学学报（社会科学版）》2010年第2期。本书作者不认同该观点。就实定法上的“流转”规定而言，其应仅指已取得土地承包经营权的人处分其权利。

〔2〕参见王春孟：《“四荒”土地承包经营权流转方式的规范分析》，载《山东农业大学学报（社会科学版）》2010年第2期。

〔3〕参见陈小君：《农村土地制度的物权法规范解析——学习〈关于推进农村改革发展若干重大问题的决定〉后的思考》，载《法商研究》2009年第1期。

〔4〕参见孟勤国等：《中国农村土地流转问题研究》，法律出版社2009年版，第81页。

就农地的债权性流转,当事人之间是否约定流转方式的名称,则非所问。实证研究表明,实践中的绝大多数农地流转并没有按照法律的规定明确约定流转的具体方式,法院也未以方式约定不明确为由而否定农地流转合同的效力。[1] 如法律规定的流转方式为“出租”,实践中却大量使用“租赁”“租用”“转租”“出借”等词,自应依农地出租的相关规则加以权衡判断。由此可见,虽然法律和国家政策中明确规定了“转包”“出租”等农地债权性流转方式的名称,但并未穷尽所有债权性流转方式,当事人自得自由安排相互之间农地利用关系。这也如有名合同一样,法律上只是将已被交易实践普遍认同的某类合同加以典型化,明确为一类有名合同,但这并未排斥无名合同的发展,当事人完全可以基于私法自治自由设计彼此之间的合同关系,并不受法律明确的各类有名合同的限制和约束。

由此可见,就农地流转而言,如果仅产生债法上的效果,则方式自由;如果产生移转物权的效果,权利人亦可自由处分,但应受物权变动的公示要求的约束;如果产生创设物权的效果,则应受物权法定主义的约束,方式强制。基于此,我们可以对目前的农地流转方式展开分析,并就实体法上的相关规则的妥适性进行检讨。

结合承包地流转实践,土地经营权流转的其他方式至少包括以下几种:

1. 代耕(代种)

代耕是指承包人在不改变与集体的承包关系的状况下,以支付一定对价为条件,委托他人或经济组织在其承包土地上进行耕种的行为。[2] 代耕也是土地承包经营权人基于其意志所产生的农地利用关系的变动,自应属于承包地流转的一种方式。《新农村土地承包法》第 40 条第 3 款规定:“承包方将土地交由他人代耕不超过一年的,可以不签订书面合同。”从该条的体系位置(位于第五节“土地经营权”)来看,代耕并不导致土地承包经营权人的变化,也是流转土地经营权的一种方式,且代耕的期限不仅仅只限于 1 年;但代耕超过 1 年的,应当签订书面的流转土地经营权合同。

2. 土地托管

土地托管是近年来土地流转中出现的一种流转创新模式,一般是指承包农户自己不从事土地耕作而将承包地委托给种植大户或合作组织代为耕种管理,又称“全托管”,其本质上属于代耕。这种承包地流转方式和转包、出租不同,是一种委托经营的方式。但既有研究表明,目前就土地托管的界定以及与其他流转方式之间的关

---

〔1〕 参见汪青松:《土地承包经营权流转方式的制度效果分析——基于流转纠纷司法裁判文书数据挖掘的实证视角》,载《农业经济问题》2013 年第 7 期。

〔2〕 参见孟勤国等:《中国农村土地流转问题研究》,法律出版社 2009 年版,第 81 页。

系并不清晰。2017 年 8 月，原农业部、国家发展改革委和财政部联合下发《关于加快发展农业生产性服务业的指导意见》提出，农业生产托管是农户等经营主体在不流转土地经营权的条件下，将农业生产中的耕、种、防、收等全部或部分作业环节委托给服务组织完成或协助完成的农业经营方式，是服务型规模经营的主要形式，有广泛的适应性和发展潜力。要总结推广一些地方探索形成的“土地托管”“代耕代种”“联耕联种”“农业共营制”等农业生产托管形式，把发展农业生产托管作为推进农业生产性服务业、带动普通农户发展适度规模经营的主推服务方式，采取政策扶持、典型引领、项目推动等措施，加大支持推进力度。就此种意义的土地托管（半托管）而言，其法律关系实际上是委托合同，不发生为受托人流转土地经营权问题。

3. 农地信托

农地信托流转是一项与农村土地制度、与农民切身利益密切相关的制度创新，是在坚持集体所有权和土地承包关系稳定不变的前提下，土地承包经营权人依据信托的原理，流转土地经营权，委托给受托人管理，受托人在不改变“农地农用”的前提下，利用其专业规划，并以自己的名义管理或处分该土地经营权，在信托期限届满、出现法定或者约定解除事由时，再由土地承包经营权人（以受益人或委托人的身份）恢复行使土地承包经营权。对此种特殊的土地经营权流转方式，容后详述。

4. 反租倒包

在农地流转实践中，还出现过一种“反租倒包”的流转方式。所谓反租倒包，是指乡镇政府或村集体经济组织根据群众意愿，将已发包给农户的土地反租（反包）回集体，经过投资开发、改善生产条件后重新发包给本集体经济组织的农户或租赁给本集体经济组织以外的人。[1] 这一流转方式涉及两次流转：农户将其土地承包经营权出租（转包）给乡镇政府或集体经济组织；乡镇政府或集体经济组织再将土地承包经营权出租（转包）给农户或其他农业生产经营者。这种流转方式不涉及承包方与发包方土地承包关系的改变，只是债权性地变更了农地利用关系，在一定程度上解决了因农地细碎化带来的生产效率低下等问题，为农业规范经营和产业结构调整提供了可能。但在具体实践过程中，有的地方出现了村集体违背农户意愿，利用“反租倒包”的形式进行炒地和权力寻租，[2] 导致 2001 年、2008 年中央两次发文禁止“反租倒包”。[3] 本书作者认为，“反租倒包”这一流转方式与家庭承包制之间并不

〔1〕 参见孟勤国等：《中国农村土地流转问题研究》，法律出版社 2009 年版，第 81 页。

〔2〕 参见李俊青：《“反租倒包”流转模式可行性研究》，载《农村经济》2012 年第 8 期。

〔3〕 参见中共中央《关于做好农户承包地使用权流转工作的通知》（中发〔2001〕18 号）、中共中央、国务院《关于切实加强农业基础设施建设进一步促进农业发展农户增收的若干意见》（中发〔2008〕1 号）。

矛盾,在新型农业经营体制之下,“以家庭承包经营为基础、统分结合的双层经营体制”仍属题中之义,家庭承包经营并不排除农地的流转。“反租倒包”是一种符合当事人意愿的农地流转方式,通过土地要素契约和商品契约的共同作用,对劳动要素形成了约束,有效地减少了交易成本,形成了稳定的契约安排。〔1〕 至于“反租倒包”过程中出现的侵害农户利益、改变土地用途等问题,并不是“反租倒包”这种方式所造成的,不能仅依此而否定实践中的创造。

五、土地经营权的登记

完善农村基本经营制度的关键是“赋予经营主体更有保障的土地经营权”,保障其(土地经营权人)有稳定的经营预期,要“加强对土地经营权的保护,引导土地经营权流向种田能手和新型经营主体。支持新型经营主体提升地力、改善农业生产条件、依法依规开展土地经营权抵押融资”。〔2〕 新型农业经营主体是否取得稳定的经营预期,取决于法律上对土地经营权的定性。将土地经营权定性为债权,将新型农业经营主体经营农村土地表达为债法性土地利用关系,仅在当事人之间发生效力,与现行法上土地承包经营权租赁权一样,无法形成新型农业经营主体的稳定经营预期,新型农业经营主体也难以借由土地经营权担保融资。如此即没有完成试点改革所带来的制度变迁,也无法达到“三权”分置的政策目标。新型农业经营主体取得稳定的经营预期的最为理想的模式,是将其取得的土地经营权定性为物权,因为物权性的土地利用关系可以巩固当事人之间的法律关系,并可以对抗第三人。〔3〕 但基于土地经营权主要反映的是承包地出租等债权性流转的事实,〔4〕以及土地经营权因租金年付制所具有的不稳定因素,〔5〕在法体系之下,不宜将其界定为物权。〔6〕 我国现行法上就租赁权的物权化保护(买卖不破租赁)虽然可以赋予新型农业经营主体就其土地经营权对抗第三人的效力,但租赁权的隐蔽性已经危及当事人合法权益和市场交易安全,就此,学说上已有赋予不动产租赁权登记能力的动议。〔7〕 同时,

---

〔1〕 参见乔瑞庆、任大廷:《“反租倒包”中的交易类型及其契约治理》,载《经济与管理》2012 年第 1 期。

〔2〕 《三权分置意见》“三、逐步形成‘三权分置’格局”之“(三)加快放活土地经营权”。

〔3〕 参见王泽鉴:《民法物权》(第 2 版),北京大学出版社 2010 年版,第 272 页。

〔4〕 目前,承包地流转实践中,出租和转包占到总流转面积的 78.6%。参见孙中华:《关于农村土地“三权分置”有关政策法律性问题的思考》,载《农业部管理干部学院学报》2015 年第 1 期。

〔5〕 参见汪险生、郭忠兴:《流转型土地经营权抵押贷款的运行机制及其改良研究——基于对重庆市江津区及江苏新沂市实践的分析》,载《经济体制改革》2017 年第 2 期。

〔6〕 我国法上将承租人基于租赁合同所取得的权利定性为债权。

〔7〕 参见孙宪忠:《不动产登记基本范畴解析》,载《法学家》2014 年第 6 期;高圣平:《不动产权利的登记能力——评〈不动产登记暂行条例(征求意见稿)〉第 4 条》,载《政治与法律》2014 年第 12 期;常鹏翱:《论可登记财产权的多元化》,载《现代法学》2016 年第 6 期。

现行法上就租赁权这一债权的担保融资存在巨大争议，[1]物权化保护的土地经营权也难以有适当的路径进入融资担保领域。

（一）不动产租赁权的对抗效力及其公示必要性

学说上以为，并不是所有建立在不动产之上的权利均可纳入登记的范畴。由于经过登记公示就具有权利推定效力，因此只有那些具有对抗效力的不动产权利才具有登记能力。凡是未被法律承认的物权、债权性权利与债权性约定、个人情况、绝对的处分限制（对任何人都有效力的绝对性限制）、公法性法律关系与负担等都不具有登记能力。[2] 由此，界定不动产租赁权[3]是不是具有对抗效力就显得尤为重要。

关于不动产租赁权的性质，学说上一直存在较大争议，举凡物权说、物权化说、基于债权的有权占有说等，均在一定程度上说明和证成了租赁权的效力基础。无论采取哪种学说，均承认租赁权的对抗效力。本书作者搁置租赁权性质的争议，仅从现行法上租赁权对抗效力出发，展开其公示必要性的分析，并进而论证其登记能力。

通说上认为，根据《合同法》第229条的规定，租赁物在租赁期间发生所有权变动的，不影响租赁合同的效力，合同法确立了“买卖不破租赁”规则，[4]租赁物所有权的变动不得对抗承租人的租赁权；[5]或赋予租赁权以对抗效力，在租赁关系存续期间，承租人对取得租赁物所有权或其他物权的人，可以主张其租赁权，对租赁物继续占有、使用和收益。[6] 最高人民法院《关于人民法院民事执行中拍卖、变卖财产的规定》（法释〔2004〕16号）第31条第2款即规定，“拍卖财产上原有的租赁权及其他用益物权，不因拍卖而消灭”，将这一原则贯彻到执行程序之中。[7] 《物权法》第190条中规定：“订立抵押合同前抵押财产已出租的，原租赁关系不受该抵押权的影

---

〔1〕 参见高圣平：《金融创新视角下的商铺租赁权担保：体系定位与法律效力》，载《山东大学学报（哲学社会科学版）》2017年第6期。

〔2〕 参见［德］鲍尔、［德］施蒂尔纳：《德国物权法》（上册），张双根译，法律出版社2004年版，第292～295页。

〔3〕 基于合同所生的债权，鲜少有具体且成体系的权利名称。我国实定法上，债权人基于租赁合同所享有的权利有称为“承租权”的［《土地登记规则（修正）》］，有称为“占有权”的（《民用航空法》）。关于租赁权的用语是否适当，已有学者提出质疑，见刘家安：《短评（之二）》，载《中德私法研究》（第1卷），北京大学出版社2006年版，第25页。但这一术语可仅指债权人基于租赁合同所享有的权利中某种效力的表达，见吴才毓：《“买卖不破租赁”中的权利建构——基于〈合同法〉第229条的重新解释》，载《云南大学学报（法学版）》2014年第3期。本书作者从之。

〔4〕 参见王利明：《合同法研究》（第3卷），中国人民大学出版社2012年版，第296页；不过，亦有学者对其提出质疑，认为本条明确的是“买卖破除租赁”规则，参见朱庆育：《“买卖不破租赁”的正当性》，载《中德私法研究》（第1卷），北京大学出版社2006年版，第32页。徐澜波教授对此说给予了有力的回应。参见徐澜波：《“买卖不破租赁”规则的立法技术分析》，载《法学》2008年第3期。

〔5〕 参见王利明：《合同法研究》（第3卷），中国人民大学出版社2012年版，第296页。

〔6〕 参见崔建远：《合同法》，北京大学出版社2013年版，第486页。

〔7〕 参见赵晋山：《〈关于人民法院民事执行中拍卖、变卖财产的规定〉的理解与适用》，载《人民司法》2005年第2期。

响。”将租赁权的对抗效力扩大至其后设定的抵押权。[1] 但赋予基于租赁合同所产生的债权以对抗效力，是“公权力对人民自治的一种干预”。[2]

“权利对于第三人之对抗效力与权利之公示作用应相伴而生，乃法律之基本原则。”[3]赋予租赁权以对抗效力会使租赁物的受让人和抵押权人存在潜在的风险，[4]其他国家及地区“多同时搭配一定租赁权公示性之措施”，要求租赁权经公示后，承租人才受到优先保护，以限制租赁权对抗效力的绝对扩张。[5] 准此，借助公示外观让第三人知悉，使第三人能够预为准备规划，采取必要的措施趋利避害，从而决定自己为某种行为或不为某种行为，最终不致遭受无法预测之损害，保护交易的安全，[6]真正补足了租赁权的对抗效力。否则，第三人无从得知租赁物上是否存在租赁权利，只能通过自行调查的方式来控制交易风险，或干脆拒绝交易。这将大大提高交易费用，不利于融通市场交易。[7] 我国现行法对租赁权缺乏任何公示要求，以致被执行不动产上的租赁权易于成立且在外观上难辨真伪，致使众多债务人利用法律的漏洞签订虚假租赁合同，已然成为一种典型的规避执行行为。[8]

公示方法的选择应以减少交易成本，减少交易阻力，同时又要避免交易当事人花费过多的时间搜集资讯为主，从而提高交易效率和安全。[9] 在比较法上，交付（占有）、登记以及具公示作用的公证均有相应国家采用。

德国和我国台湾地区将交付作为不动产租赁权的公示方式，即出租人交付不动产后，承租人始可享有对抗效力。我国台湾地区更进一步要求出租人交付租赁物后，承租人实际上占有该租赁物。我国大陆也有学者主张，租赁权的对抗效力以“出租人已经将租赁物交付给承租人且承租人必须持续占有租赁物”为条件。[10] 目前实务中处理此类问题时，应采目的性限缩的解释方法，排除租赁物未交付及承租人

---

〔1〕 参见郭明瑞：《担保法》，法律出版社2010年版，第117页。

〔2〕 苏永钦：《走入新世纪的私法自治》，中国政法大学出版社2002年版，第335页。

〔3〕 黄立主编：《民法债编各论》（上），中国政法大学出版社2003年版，第307页。

〔4〕 参见宁红丽：《我国租赁权对抗力制度的理论反思》，载《法学杂志》2005年第2期。

〔5〕 参见黄立主编：《民法债编各论》（上），中国政法大学出版社2003年版，第304页。

〔6〕 参见谢哲胜：《物权的公示》，载王文杰主编《变动中的物权法》，清华大学出版社2004年版，第2页。

〔7〕 参见翟新辉：《我国立法应明确不动产租赁登记的效力——兼论物权化之债权及其公示》，载《学术交流》2008年第7期。

〔8〕 参见卢正敏：《执行程序中的虚假租赁及其法律应对》，载《中国法学》2013年第4期。因公示方法的欠缺给交易实践带来的影响，另见翟新辉：《租赁权公示是取得物权对抗效力的要件》，载《法律适用》2007年第9期。

〔9〕 参见祝建军：《房屋租赁权物权化研究——以不动产公示公信原则引入的必要性为视角》，载《法律适用》2006年第Z1期。

〔10〕 参见张广兴：《债法》，社会科学文献出版社2009年版，第235页；易军、宁红丽：《合同法分则制度研究》，人民法院出版社2003年版，第215页。

未占有租赁物的情形。[1] 审判实践中也有个案明确采用了占有作为不动产租赁权的公示方法,并以承租人未占有租赁房屋为由,拒绝了其“不破租赁”的诉讼请求。[2] 但占有作为不动产权利的公示方法存在明显缺陷,在交易日益频繁的现代社会,登记早已取代占有而成为不动产权利的公示方法,仅占有不动产本身已经无法对外公示不动产权利,况且占有本身还需利害关系人去调查,在一定程度上影响了交易的效率。

在公证制度比较发达的国家或地区,有的还采取公证作为不动产租赁权的公示方法,如法国和我国台湾地区。法国是成文法国家中公证制度最为完善的国家,其将公证作为租赁权的对抗要件,乃传统使然。[3] 在我国台湾地区,其“公证法”第89条允许法律上的利害关系人只要提交相应的证明即可申请查询,使得台湾地区的公证制度具备了公开查询的特点。基于此,公证制度这一并非公示的制度却具有了民法上公示手段的功能。但在我国大陆,公证制度并不普及,《公证法》仍以保密为基本原则,并无查询的规定。基于此,强制性地要求有关当事人将租赁合同提交公证才赋予对抗效力,与租赁权的公示法理不合。

瑞士、奥地利、韩国和加拿大魁北克省等改采登记作为不动产租赁权的对抗要件,通过查询登记簿,第三人可以知晓不动产之上是否存在租赁权。租赁权登记与否与租赁权本身的成立与生效无关,只与租赁权能否产生对抗效力有关。在加拿大魁北克省,租赁权在性质上亦属债权,但仍需登记公示才能对抗第三人。这种脱逸开租赁权性质的争议,只是基于租赁权的对抗效力所产生的公示需求而规定租赁权的登记能力的做法,颇值借鉴。在我国,也并不是只有不动产物权才具有登记能力。《物权法》所规定的预告登记制度,实际上就是为了保全一项请求权而为的不动产登记,其实质上也是债权登记;《民用航空法》所规定的融资租赁和其他租赁中的民用航空器占有权的登记,在性质上即属承租人基于租赁合同所生的租赁权的登记;[4]《船舶登记条例》和《渔业船舶登记办法》规定的光船租赁登记,实际上也是基于光船租赁合同所生的租赁权的登记。值得注意是,日本就不动产租赁权,原也采取登记对抗主义,但因登记需出租人协力为之,承租人自身无法单独申请登记,由此出现承租人因无从登记而遭受恶意出租人借虚假买卖击破租赁关系的情形。日本民法

---

〔1〕 参见张华:《我国租赁权对抗力制度的不足与完善》,载《法学评论》2007年第3期。

〔2〕 参见郑金雄、李向阳:《“买卖不破租赁”也有相应限制》,载《人民法院报》2007年6月8日,第4版。

〔3〕 参见卢正敏:《执行程序中的虚假租赁及其法律应对》,载《中国法学》2013年第4期。

〔4〕 值得注意的是,承租人依租赁合同所取得的民用航空器权利不应仅表述为占有权,而是(占有)使用收益权(因使用以占有为前提,故经常将占有略去),通称为租赁权。只是对民用航空器享有占有权,那是保管合同的特征,而非租赁合同的本质。准此,《民用航空法》及相关配套规则的规定值得检讨。

上的不动产租赁登记对抗已被特别法和司法判例改变,租赁的不动产经交付后,即取得对抗第三人的效力,而无须登记。此种情形在采取双方申请登记主义的我国也可能出现,但规定单方申请的例外情形即可解决这一问题。

在我国实定法上,关于土地租赁权的登记能力,《土地登记规则》(1989 年 11 月 8 日颁布,1995 年 12 月 28 日修正)曾经明确规定“承租权”可以作为土地他项权利之一种予以登记(第 2 条第 2 款)。《土地登记办法》没有赋予“承租权”以登记能力,主要理由在于“土地承租权是一种债权,而不是物权。这种权利应通过出租合同去调整规范,不需要进行物权意义上的登记。”〔1〕关于房屋租赁权的登记能力,《城市房地产管理法》原第 53 条(现第 54 条)规定了房屋租赁登记备案制度,但登记备案并不是房屋租赁合同成立的要件,而是一种管理手段,〔2〕以规范房屋租赁市场秩序,完备房屋租赁税收监管体制,加强流动人口管理,实现社会治安的稳定。〔3〕这一理解已为最高人民法院相关司法解释所肯定。应值得注意的是,上海市将登记备案作为房屋租赁合同对抗第三人的要件,《上海市房地产登记条例》(1995 年)和《上海市房屋租赁条例》均规定,房屋租赁合同未经登记备案的,不得对抗第三人。根据上海市高级人民法院《关于处理房屋租赁登记纠纷若干法律适用问题的解答(三)》(沪高法民一〔2005〕16 号)第 30 条规定,未经登记的租赁合同,当房屋所有权发生变化时,承租人不能以“买卖不破租赁”为由向新的房屋权利人主张继续履行合同,但如果可以证明新的房屋权利人知道或应当知道租赁事实的除外。天津、重庆、山西大同、西藏拉萨、江西南昌和吉安等地区也都有类似规定。〔4〕

本书作者认为,不动产租赁公示制度与租赁权的对抗效力乃一体两面的关系。在政策考量之下,赋予租赁权对抗效力的目的,在于使承租人拥有一定地位,得以应对权利冲突,〔5〕但赋予此种对抗效力,又须有最适宜实践需求的权利表征,第三人可得及时、准确地获悉权利负担情况,以有效预防潜在的交易风险。在日益频繁的交易背景下,登记就成了我们的最佳选择。在电子化的登记系统中,登记申请与查

〔1〕 蔡卫华:《土地登记实务精解》,中国法制出版社 2010 年版,第 167 页。

〔2〕 参见房维廉主编:《中华人民共和国城市房地产管理法释义》,人民法院出版社 1994 年版,第 156 页。

〔3〕 参见最高人民法院民事审判第一庭编著:《最高人民法院关于审理城镇房屋租赁合同纠纷案件司法解释的理解与适用》,人民法院出版社 2009 年版,第 57 页。

〔4〕 参见原《天津市房屋租赁管理规定》第 13 条、《重庆市城镇房地产交易管理条例》第 38 条、原《大同市房屋租赁管理办法》第 10 条、原《拉萨市房屋租赁暂行管理办法》第 12 条、原《南昌市城市房屋租赁管理条例》第 10 条、《吉安市城镇房屋租赁管理办法》第 6 条。

〔5〕 参见吴才毓:《“买卖不破租赁”中的权利建构——基于〈合同法〉第 229 条的重新解释》,载《云南大学学报(法学版)》2014 年第 3 期。

询至为便捷,当事人一方即可办理,[1]统一登记制之下的交易成本尚在可控之列。作为行政法规,《不动产登记暂行条例》第5条完全可以直接规定不动产租赁权的登记能力。至于由此而引发的短期租赁是否应予登记的问题,完全可以交由当事人参酌具体情形自由处理,这也是登记对抗主义的本意。[2]

(二)土地经营权的登记法理

登记制度的引入提供了可供选择的技术路径。土地经营权在性质上虽然属于债权,但经由不动产登记簿的记载,自可明晰新型农业经营主体对于农村土地的利用关系,使得土地经营权确定化。第三人通过不动产登记簿即可查知特定农村土地之上的权利负担,从而做出理性的商业判断。由此可见,经登记的土地经营权不仅在当事人之间发生法律效力,而且还被赋予一定的支配和排他效力,[3]可以对抗第三人。同时,在土地经营权已行登记的前提之下,金融机构接受新型农业经营主体提供的土地经营权进行担保融资之时,自可在土地经营权上登记抵押权负担,其抵押权设定即满足了法定的公示要件,土地经营权担保融资才能据以展开。[4] 否则,土地经营权未登记,土地经营权抵押权也就无从登记,金融机构就土地经营权的抵押权也就无从设定。

值得注意的是,是否就土地经营权办理登记,应由当事人自由决定。土地经营权的流转形式复杂多样,法律上并不加以限制,代耕代种、托管、出租、转包、入股等均无不可;对于土地经营权的流转期限,法律上也不作强行安排。就期限较短的土地经营权,新型农业经营主体稳定经营预期的需求较弱,市场价值也有限,金融机构的担保融资也很难据以展开,当事人自可选择不登记。如此,登记并不是土地经营权流转的强制性要求。正是在此背景之下,《新农村土地承包法》规定了土地经营权的登记。其立法理由明确指出:“推进‘三权分置’改革,关键是要明确和保护经营主体通过流转合同取得的土地经营权,保障其经营预期。实践中,不同经营主体对土地经营权登记颁证的需求存在差异,有的经营者希望能通过登记的方式获得长期稳定的土地经营权,而有的短期经营者则认为没有必要办理登记。宪法和法律委员

〔1〕 我国已有成熟经验可资参照,如应收账款质押登记系统即为如此。原《应收账款质押登记办法》(中国人民银行令〔2007〕第4号)第7条规定:“应收账款质押登记由质权人办理。质权人也可以委托他人办理登记。委托他人办理登记的,适用本办法关于质权人办理登记的规定。”

〔2〕 在登记对抗主义之下,是否登记,完全由当事人决定。即使是长期租赁,如果承租人认为此后不会出现相冲突的权利,也可以不谋求登记。

〔3〕 参见温世扬、吴昊:《集体土地“三权分置”的法律意蕴与制度供给》,载《华东政法大学学报》2017年第3期。

〔4〕 参见高圣平:《论农村土地权利结构的重构——以〈农村土地承包法〉的修改为中心》,载《法学》2018年第2期。

会经研究认为,有必要赋予土地经营当事人一定的选择权,通过建立土地经营权的登记颁证制度,合理平衡各方权利义务”。[1]

《新农村土地承包法》第41条规定:“土地经营权流转期限为五年以上的,当事人可以向登记机构申请土地经营权登记。未经登记,不得对抗善意第三人。”《民法典》第341条规定:“流转期限为五年以上的土地经营权,自流转合同生效时设立。当事人可以向登记机构申请土地经营权登记;未经登记,不得对抗善意第三人。”这里明确规定仅流转期限为5年以上的土地经营权才有登记能力,正当性何在?正如前述,土地经营权的流转期限不同,新型农业经营主体的稳定性需求也不同,是否借由登记来保障自己权利的必要性也不同。法律上明确流转期限为5年以上的土地经营权可以登记,在一定程度上起着指引和倡导当事人登记的作用,但具体经营用途不同,稳定经营预期对流转期限的长短要求也不同。强制性地规定5年以上的流转期限,在一定程度上限制了当事人的行为自由。

就派生于土地所有权的土地经营权,《新农村土地承包法》第53条规定:“通过招标、拍卖、公开协商等方式承包农村土地,经依法登记取得权属证书的,可以依法采取出租、入股、抵押或者其他方式流转其土地经营权。”从本条上无法得出登记对于此种土地经营权设定的意义。依文义解释,此种土地经营权的出租、入股、抵押或者其他方式流转,应以登记为前提,但是否登记是否影响土地经营权的设定,是否影响土地经营权对抗第三人的效力,无法从本条文义得出,尚需借由体系解释等其他解释方法。《新农村土地承包法》第49条同时规定:“以其他方式承包农村土地的,应当签订承包合同,承包方取得土地经营权。当事人的权利和义务、承包期限等,由双方协商确定。以招标、拍卖方式承包的,承包费通过公开竞标、竞价确定;以公开协商等方式承包的,承包费由双方议定。”这里,“签订承包合同”的法律后果是使新型农业经营主体取得土地经营权,在解释上,承包合同生效,土地经营权即设定。此种解释方案与派生于土地承包经营权的土地经营权相一致,土地经营权流转合同生效,土地经营权设定。由此可见,派生于土地所有权的土地经营权和派生于土地承包经营权的土地经营权应作统一解释,“未经登记,不得对抗善意第三人”。

综上,无论是哪种土地经营权,新型农业经营主体取得稳定经营预期的法技术路径均为登记。经由登记,债权性质的土地经营权取得类似于物权的效力,不仅在当事人之间发生效力,还可以对抗第三人,稳定的土地利用关系得以确立。土地经

---

〔1〕 胡可明:《全国人民代表大会宪法和法律委员会关于〈中华人民共和国农村土地承包法修正案(草案)〉修改情况的汇报——2018年10月22日在第十三届全国人民代表大会常务委员会第六次会议上》,载《中华人民共和国全国人民代表大会常务委员会公报》2019年第1期。

营权人可以其土地经营权为金融机构设定抵押权,借由土地经营权抵押权登记,促进农地金融的发展。

六、农地信托流转的法律构造

以家庭承包经营为基础、充分结合的双层经营体制,是符合农业产业特点、适应社会主义市场经济要求的农村基本经营体制,必须长期坚持、不断完善。[1] "从长远的角度看,要完善我国的农村基本经营制度,就必须实现农业的现代化和集约化经营",[2]农地流转就成了全社会关注的焦点。长期以来,我国农地流转总体规模较小,现行农地流转模式又难以满足不同的实践需要。如何创新农地流转机制,有效实现农地的规模化、集约化经营,是新一轮土地改革的中心命题之一。农地信托流转是一项与农村土地制度、与农民切身利益密切相关的制度创新,该制度原理为在坚持集体所有权和土地承包关系稳定不变的前提下,由土地承包经营权人依据信托的原理,从其土地承包经营权派生出土地经营权委托给受托人管理;受托人在不改变"农地农用"的前提下,利用其专业规划,并以自己的名义管理或处分该土地经营权;在信托期限届满、出现法定或者约定解除事由时,再由土地承包经营权人(以受益人或委托人的身份)恢复行使土地承包经营权。由于信托的基本理念适应了农地流转的政策目标,最大限度地降低了农户丧失土地承包经营权的风险,农地信托流转一直受到理论界和实务界的关注。浙江"绍兴模式"、湖南益阳"草尾模式""中信信托模式"等各种模式,不断彰显着信托在财产管理方面的灵活性,为人们的思考提供了丰富的实务素材。"实务既为理论之实践又往往左右理论之发展"[3],总结农地信托流转的实践发展,厘清农地信托流转中的法理,无疑深具意义。

(一)农地信托流转的实践探索

1. 浙江"绍兴模式"

浙江省绍兴县是全国最早开始探索农村土地信托流转制度的地区。该县自2001年起开始试行农地信托流转,长期以来积累了较为完备的制度经验,在全国范围内影响较大。按照绍兴县决策者对农地信托流转制度的理解,"所谓土地信托,是指在坚持土地所有权不变、承包权稳定的前提下,按照土地使用权依法、自愿、有偿转让的原则,土地信托服务机构受土地承包者委托,将其拥有的土地使用权在一定

---

〔1〕 参见陈锡文:《加快构建新型农业经营体系》,载本书编写组编著:《〈中共中央关于全面深化改革若干重大问题的决定〉辅导读本》,人民出版社2013年版,第190页。

〔2〕 陈锡文等:《中国农村制度变迁60年》,人民出版社2009年版,第45页。

〔3〕 方嘉麟:《信托法之理论与实务》,中国政法大学出版社2004年版,第12页。

期限内有偿转让给其他单位和个人的行为。”[1]绍兴县关于农地信托流转的具体操作模式如下：

第一步，由政府出面，设立县、镇、乡三级结构的土地信托服务机构。其中县级为土地信托服务中心，设在县经营管理总站内，负责土地信托服务的日常工作；镇级为土地信托服务站，设在镇农办内，负责辖区内土地信托服务；乡级的土地信托服务则由村经济合作社承办。三级结构的土地信托服务机构并非农地信托流转中的交易主体，其职能是为农地信托流转提供相应的配套服务，例如，提供登记、发布土地供求信息、推介土地开发项目、协调供求、提供指导和处理纠纷等。

第二步，由村经济合作社牵头，农户将闲置或希望流转的土地与村经济合作社签订土地使用权反租合同。村经济合作社再对反租土地进行统一规划整理，将有关反租土地面积、类型、位置等的信息汇总到镇信托服务站，进行登记造册。农地信托流转坚持“依法、自愿、有偿”的原则，不强迫流转，不搞行政定价，实行有偿流转。

第三步，全县范围内有意愿受让土地使用权的经营能手或工商业业主，可以向三级土地信托服务机构提供信息；镇信托服务站也可以向全社会公开招揽经营者。根据反馈的土地需求，由镇信托服务站进行土地流转供求信息的匹配。本镇消化不了的流转土地，由县土地信托服务中心在全县范围内再次分配。

第四步，根据三级土地信托服务机构的供求匹配，由村经济合作社与需要受让土地的经营大户或工商业主进行谈判，达成土地使用权承包（倒包）合同。土地信托流转经营达到一年后，由经营大户或工商业主（以下简称大户）向村经济合作社支付土地租金，再由村经济合作社向农户进行分配。

由上述做法可以看出，“绍兴模式”中真正的交易主体涉及三方，即农户、村经济合作社和大户。政府设立的土地信托服务机构并非一方交易主体，其起到的是信息提供者的作用。农户与村经济合作社间、村经济合作社与大户间分别成立土地使用权租赁（承包）合同，而土地信托服务机构在后一合同的成立中起到牵线搭桥的作用。

应当看到，“绍兴模式”是我国农地信托流转的最初尝试，其诞生于 2001 年，具有一定的时代背景，也存在一定的法律依据缺陷：

第一，该模式以土地所有权、土地承包权、土地经营权“三权”分离为立论基础，在制度开展中要求坚持“确保所有权、稳定承包权、搞活使用权”的原则，[2]交易中涉及的两个合同的标的也均被表述为“土地使用权”。这一立论基础是在《农村土

[1] 绍兴县财政局：《绍兴县积极探索土地信托机制》，载《农村财政与财务》2001 年第 9 期。
[2] 参见绍兴县财政局：《绍兴县积极探索土地信托机制》，载《农村财政与财务》2001 年第 9 期。

地承包法》和《物权法》颁布之前提出的,情有可原。但既然《物权法》已经明确了土地承包经营权是具有占有、使用、收益权能的法定物权,土地使用权就不应被视为一项单独的权利,其只能作为土地承包经营权的一项权能而存在。“绍兴模式”涉及的“土地使用权”概念,在现行法制下应予修正。如果按照上述交易模式对该项权利的字面描述,此处的“土地使用权”似乎表述的是土地承包经营权上成立的租赁权。但如果按土地信托的制度本质来看,此处的“土地使用权”应指土地承包经营权本身。[1]

第二,该制度涉及的两个合同,在性质上被决策者认定为“反租”“倒包”,即租赁合同,这一认识与土地信托的本质不符。农地信托流转在我国信托法制之下发展,自然应当遵循现行信托法的规则。《信托法》第 2 条规定:“本法所称信托,是指委托人基于对受托人的信任,将其财产权委托给受托人,由受托人按委托人的意愿以自己的名义,为受益人的利益或者特定目的,进行管理或者处分的行为。”该条虽未明确委托人应将财产权转让给受托人,但从信托制度的本质来看,此处应有权利的物权性流转。[2] 也就是说,如果“绍兴模式”中涉及的交易合同是租赁合同而不是土地承包经营权的转让合同,那么这一交易模式就并非真正的土地信托。[3]

2. 湖南益阳“草尾模式”

湖南省益阳市草尾县是湖南省农村土地确权试点乡镇,该镇蔬菜产业较为发达,土地流转频繁,具有试行土地信托流转的基础条件。该镇自 2009 年起开展农地信托流转试点,取得了较好的效果,该模式的经验如今已经在全省乃至全国范围内得到了推广。

根据湖南省益阳市出台《关于进一步推进农村土地信托流转试点工作的意见》,“草尾模式”的基本做法是:在稳定完善农村土地承包关系的基础上,按照“政府引导、市场主导、企业运作、互利合作”的原则,积极探索土地流转新模式,在乡镇一级设立有政府背景的专门机构,运用土地信托的手段,将农民转出的土地归集起来,再打包转给投资商进行农业规模经营。具体操作分为如下几步:[4]

第一步,由政府设立全资注册的农村土地承包经营权信托有限公司,并建立土地信托流转服务中心。农村土地承包经营权信托有限公司在法律性质上属于独立法人。土地信托流转服务中心则隶属于政府,其职能是为土地信托流转提供相应的

---

〔1〕 参见高圣平:《农地信托流转的法律构造》,载《法商研究》2014 年第 2 期。

〔2〕 参见高圣平:《农地信托流转的法律构造》,载《法商研究》2014 年第 2 期。

〔3〕 参见蒲坚:《解放土地:新一轮土地信托化改革》,中信出版社 2014 年版,第 178 页。

〔4〕 参见益阳市农村土地信托流转研究课题组编著:《农村土地信托流转实证研究》,湖南人民出版社 2013 年版,第 19 ~ 20 页。

社会化服务。

第二步,在农户自愿的前提下,由土地承包经营权信托公司与农户协商订立土地信托合同,农户将土地承包经营权委托给土地承包经营权信托公司。土地承包经营权信托公司需要支付土地承包经营权年信托基本收益,以取得较长期限的土地承包经营权。

第三步,土地承包经营权信托公司将手中已取得土地承包经营权的土地进行调整和整理,使土地成片,并进行适当开放以提升地力。

第四步,土地承包经营权信托公司将经过整理和开发的土地,通过招标、竞拍等方式出租给经营大户或农业经营公司,以收取土地租赁金、服务费以及风险防范金。信托公司与大户间成立的合同在性质上属于租赁合同。

第五步,信托公司将通过土地租赁所得的收益,一部分分配给农户,另一部分返还给土地流转信托基金,用于滚动使用,再依法进行投融资。信托公司依托信托平台进行投融资,条件成熟时,可以发行土地债券、信托投资基金或利用土地信托收益权进行投融资,并可以探索土地信托流转与村庄、集镇建设相结合的具体办法。[1]

"草尾模式"中涉及的交易主体主要也包括三方,即农户、信托公司和大户,但该模式主要围绕农户与信托公司间的信托合同展开,信托公司与大户间的土地承包经营权租赁合同只是信托公司为实现信托收益而采取的手段。政府在这一模式中所起的作用有两个:一是全资注册设立具有独立法人地位的土地承包经营权信托公司,二是通过土地信托流转服务中心提供社会化服务,总的来说是起到游离于主体交易之外的一个引导性作用。

"草尾模式"相较于起步较早的"绍兴模式",在法律依据和制度设计上均有一定的进步特色,具体来说包括如下几点:

第一,厘清了土地承包经营权在交易中的标的地位。"绍兴模式"以土地所有权、土地承包权、土地经营权"三权"分离为立论基础,在交易模式中始终以土地使用权作为交易的标的,这一做法在现行法下是没有依据的。"草尾模式"中始终明确了土地承包经营权在交易中的标的地位,农户与信托公司间成立的是土地承包经营权信托合同,信托公司与大户间成立的是土地承包经营权租赁合同,于法有据。

第二,将农户与信托公司间的合同关系明确为信托关系而非租赁关系。"绍兴模式"系通过两个租赁合同实现土地流转收益,该设计显然背离了土地信托的本质。"草尾模式"围绕农户与信托公司间的信托合同展开,明确了农户与信托公司间系信

〔1〕 参见陈瑶、钟朝晖:《湖南益阳试水土地信托流转》,载《农村经营管理》2011 年第 8 期。

托关系而非租赁关系,且信托公司与大户间的租赁关系只是实现信托收益的手段,主次分明,是更典型的农地信托流转模式。

第三,政府的角色定位更符合市场化要求。“绍兴模式”中政府处于主导地位,直接领导和管理土地信托流转,[1]流转交易不通过政府的中介服务机构难以达成,这造成政府对于市场化流转的过多干预。“草尾模式”中政府系通过全资注册设立的农村土地承包经营权信托有限公司引导土地的信托流转,信托交易的具体运作和管理均由具有与农户、经营大户平等市场地位的信托公司自己完成,无疑更符合土地流转的市场化运作要求。

第四,以信托公司取代村经济合作社作为农户的信托受托人。“绍兴模式”中农户系将土地委托给村经济合作社以实现信托利益,但村经济合作社的法律性质和法律地位不明,其是否是适格的信托受托人颇有疑问。“草尾模式”中的土地承包经营权信托公司具有独立的法人资格,且采用现代企业的管理模式,无论是在法律依据上还是在管理效率上都胜过村经济合作社。并且,信托公司除获得土地租赁收益外,还可以依靠信托平台获取再投资收益,从而进一步保障和提高委托人的收益。

但是,“草尾模式”也并非没有缺陷,该模式运行所面临的主要障碍在于土地承包经营权信托公司的性质定位。首先,《信托公司管理办法》规定:“设立信托公司,应当经中国银行业监督管理委员会批准,并领取金融许可证。”同时,还要符合该法第8条规定的条件。这对于当前试点中的土地承包经营权信托公司是不可能达成的条件。据此,农地信托公司是否是我国信托法下合法的信托受托人即成疑问。其次,农地信托公司属于独立的市场主体,其不同于隶属于政府的公益性土地流转服务中心,其经费来源、上缴税收等问题到底如何定位不无疑问。[2] 作为政府主导设立的市场主体,其如何应对市场风险,通过资金的市场化运作保障农户收益,也有待探索和检验。

3.“中信信托模式”

“中信信托模式”是指中信信托有限责任公司在安徽宿州埇桥区开展农地信托流转时所采取的交易模式。该模式是继“绍兴模式”“草尾模式”之后实践中涌现的又一种农地信托流转交易模式。“中信信托模式”交易中涉及的参与主体包括农户、村委会、区镇两级政府、中信公司、服务商、承租方等,具体的交易结构如下:[3]

---

[1] 参见王湘平:《论政府在农地使用权信托中的法律地位——以浙江绍兴模式和湖南益阳模式为例》,载《湖南农业科学》2013年第19期。

[2] 参见瞿理铜:《新探索如何延续——湖南省益阳市土地信托流转调研报告》,载《中国土地》2012年第11期。

[3] 参见蒲坚:《解放土地:新一轮土地信托化改革》,中信出版社2014年版,第230~242页。

第一步，本着平等、自愿、有偿的原则，由农户与村委会签订土地承包经营权转包合同，将农户手中分散的土地集中起来，以实现农业集约化生产。合同流转期限为土地承包经营权的剩余期限。土地承包经营权转包价格为每亩1000斤中等质量小麦价格，若1000斤中等质量小麦价格低于人民币1000元，则转包价格为人民币1000元。这也是农户流转土地的基本地租收益。

第二步，村委会对集中土地进行详细测量后，在镇级土地流通主管部门进行备案，村委会与镇政府、镇政府与区政府分别订立土地流通委托管理合同，将各村委会掌握的土地最终全部集中到区政府的管理之下，为信托成立提供条件。在埇桥区项目中，埇桥区政府集中了5400亩农地以供信托流转。

第三步，由区政府作为委托人，与中信信托公司订立信托合同，按信托关系约定双方权利义务。中信信托公司依信托合同向委托人支付基本地租收益和超额收益。信托计划到期时，剩余期限的土地承包经营权返还给委托人。

第四步，中信信托公司与特定服务商签订服务商合同，由服务商为信托计划下的土地流通、土地整理提供专业管理服务。服务商负责信托土地的招商工作，并对信托土地的利用提供专业性建议和技术支持。

第五步，服务商负责招商工作，寻找有意愿承租土地的经营大户或工商业主，与之订立土地承包经营权租赁合同。服务商未能寻找到合适的承租方时，则由服务商自己承租信托土地。

以上是“中信信托模式”。“中信信托模式”的主体交易结构即委托土地承包经营权的A类信托。除A类信托外，该模式中还包括委托资金型的B类信托和T类信托。B类信托，是在信托计划需要土地整理投资资金时，由信托公司向委托人发行信托单位以募集资金，并按照信托合同向委托人支付收益。T类信托，是在信托公司兑付A类和B类信托收益时出现流动性资金缺口时，由信托公司向委托人发行信托单位以募集资金，并按照信托合同向委托人支付收益。B类和T类信托募集的资金纳入信托计划专户，当专户中的资金出现闲置时，可由信托公司决定投资于高流动性、低风险的金融产品。

“中信信托模式”与“草尾模式”类似，都是较为纯粹的农地信托流转交易模式。不同的是，在“中信信托模式”中，担任信托受托人的是专业性的信托机构，即中信信托有限责任公司。政府在该模式中扮演的不再是主导或引导者的角色，而是交易一方的辅助人，即委托代理人。总的来看，“中信信托模式”相较于“草尾模式”有如下几方面优势：

第一，以专业性的信托机构即中信信托有限责任公司作为信托受托人，解决了

“草尾模式”中面临的信托公司适格性的问题。中信信托有限责任公司是符合《信托公司管理办法》中要求的信托公司成立条件的信托机构，相较于由地方政府设立的农村土地承包经营权信托有限公司，其在受托人适格性上不存在任何问题。

第二，中信信托公司可以以其专业性的信托平台获得项目投资，提高信托收益。“草尾模式”虽然提出信托公司依托信托平台进行再投融资，但相关运作仍处于探索阶段，其再融资能力也不可能与专业性的中信信托公司同日而语。在“中信信托模式”中，信托公司通过发行 B 类信托单位，解决了土地整理中的资金需求问题，从而进一步提高了土地的利用效率，增加了土地的超额收益。信托计划专户中的闲置资金也可以用于再投资，保障信托收益。

第三，“中信信托模式”在风险防范方面相较于“草尾模式”具有明显优势。“草尾模式”中的信托公司系由地方政府全资设立，其在风险防范经验、风险防范能力方面均不及专业性的信托机构，目前的制度设计中也未见有行之有效的风险防范措施。在“中信模式”中，信托项目是在已有可靠承租方的前提下启动的，[1]公司通过专业性的服务商对项目进行招商和管理，并通过发行 T 类信托单位为 A 类、B 类收益提供流动性支持，从而有效地降低了交易中委托人面临的风险。

“中信信托模式”在信托的专业性上具有明显优势，但该模式也存在一定局限。首先，该模式将 A 类委托人认定为区政府，与代理关系的法理不符。区政府既然成了委托代理人，按照代理关系的法理，其本身不承担信托合同的权利义务，故信托关系的委托人应为代理关系的本人，即村委会(农户)。并且该模式采取村委会与镇政府、镇政府与区政府的双重代理模式，实无必要，此举无形中增加了信托产品解释上的困难。其次，就村委会与农户的关系，该模式中认为农户系将土地承包经营权转包给村委会，这一认识与土地信托的本质不符。如前所述，农地信托的成立必须以土地承包经营权的转让为前提，故农户与村委会间的关系肯定不应为转包。若认为农户系将土地承包经营权转让(或信托流转)给村委会，则农户与村委会、村委会与信托公司间将形成双重信托，解释上过于烦琐。故笔者认为，此处农户与村委会的关系也应解释为委托代理为宜。最后，“中信模式”的成立实际上要求极为苛刻的客观条件，其需要由区政府出面集中大量的流转土地以实现集约化经营，并且需要可靠的服务商和具有强大经营能力的承租方才能实现项目的高额收益。如果上述条件不具备，则信托机构很难有市场动力参与到农地信托项目中来。这就决定了“中信模式”无法在全国范围内得到推广。

---

〔1〕 参见蒲坚：《解放土地：新一轮土地信托化改革》，中信出版社 2014 年版，第 238 页。

（二）农地信托流转中的信托财产

信托财产是指作为信托关系之标的，归受托人占有并由其以自己的名义为受益人的利益而管理或处分的财产。[1] 由我国《信托法》的规定可知，信托财产必须是确定的、可以转让的财产，必须是委托人合法所有的财产或者委托人合法享有的财产权利。[2]

就农地信托流转中的信托财产的界定，理论和实务中存在三种观点：第一种观点认为，信托财产是集体土地所有权。[3] 有学者还从类型化的视角区分农村集体土地所有权信托和土地承包经营权信托，主张农村集体土地所有权也可以作为信托财产，只不过受托人只能是国家。[4] 第二种观点认为，信托财产是土地承包者拥有的土地使用权（或土地经营权）。[5] 第三种观点认为，信托财产是土地承包经营权。

本书作者以为，第一种观点以集体土地所有权作为信托财产，明显与现行法不符。禁止土地所有权交易是我国《宪法》《物权法》《土地管理法》等法律一再坚持的基本原则，“坚持农村集体土地所有权”也是新一轮土地改革的基点。如果以集体土地所有权作为信托财产，虽然在一定程度上解决了目前广泛诟病的集体土地所有权主体虚位的问题，但由于信托的设立以转移信托财产为前提，此说以下，农地信托流转即转移了集体土地的所有权，让禁止交易的集体土地所有权进入了交易领域，不足可采。虽然通过信托设计，将土地所有权信托的受托人限定为国家，使土地所有权在国家和集体之间转移，可以在一定程度上解决农民分享土地增值收益的制度难题。但是不容否认的是，法律上禁止土地所有权的交易，当然包括禁止土地所有权在集体和国家之间进行交易（此时，国家和集体均为民事主体）。国家取得原属集体的土地所有权只有征收一途，绝无通过法律行为取得之理。

第三种观点曾经一度是学界的通说。其主要理由在于，土地承包经营权是权利人依法享有的对其承包经营的耕地、林地、草地等占有、使用的权益以及自主从事种植业、林业、畜牧业等农业生产的权利，具有信托财产的上述三大条件：其一，土地承

---

〔1〕 参见徐孟洲主编：《信托法》，法律出版社2006年版，第135页。

〔2〕 参见我国《信托法》第7条规定：“设立信托，必须有确定的信托财产，并且该信托财产必须是委托人合法所有的财产。本法所称财产包括合法的财产权利。”由于“合法所有”针对的对象是财产所有权，其对象无法涵盖“财产权利”，因此在涉及后者时，“合法所有”应解释为“合法拥有”或“合法享有”。参见周小明：《信托制度：法理与实务》，中国法制出版社2012年版，第129页。

〔3〕 参见郑晓东：《城市化过程中土地产权变动的法律思考》，载《中国房地产》2001年第3期。另参见李鹏：《土地信托激活农地流转》，载《中国房地产报》2013年3月25日，第A04版。

〔4〕 参见綦磊：《农村集体土地所有权信托——以农民获得土地增值收益为视角》，载刘云生主编：《中国不动产法研究》第5卷，法律出版社2010年版，第285~286页、第272页。

〔5〕 参见吴兴国：《建构农村土地信托制度　破解“三农”难题》，载《上海市经济管理干部学院学报》2003年第3期；谢静：《农村土地信托制度研究》，载《经济研究导刊》2008年第16期。

包经营权是确定的财产。在我国实定法之下，土地承包经营权是用益物权之一种，虽然是在集体土地所有权之上设定的，但一经设定，集体土地所有权人即不得随意变更其内容，不得妨碍土地承包经营权人行使权利，同时，土地承包经营权还具有了优先于土地所有权的效力，[1]成为确定的财产。其二，土地承包经营权是土地承包经营权人享有的合法财产权利。我国《物权法》很明显将土地承包经营权界定为他物权人（土地承包经营权人）对他人之物（土地）所享有的以从事农业生产为目的的物权，当属土地承包经营权人享有的合法财产权利。其三，土地承包经营权是可以转让的财产（权利）。需要注意的是，我国《物权法》并没有直接规定土地承包经营权的权能包括处分权；但是，“从《物权法》第128、133条的规定可以看出，承包权人实际上是有权对承包权进行转包、出租、互换、转让等方式的处分的……应采取体系解释的方法，认为土地承包权人对其权利依法有一定的处分权。”[2]由此可见，土地承包经营权符合我国信托法关于信托财产的相关规定，能够作为信托财产参与市场流转。在解释上，土地承包经营权的信托流转属于《物权法》第128条“转包、互换、转让等方式”中的“等方式”之一，属于《农村土地承包法》原第32条“转包、出租、互换、转让或者其他方式”中的“其他方式”之一。[3]

在“三权”分置的体系效应之下，第二种观点更具正当性。首先，在无论承包地怎么流转均要保障农户“不失地”的改革底线之下，农地信托流转也为“三权”分置所能涵盖。承包农户将承包地委托信托公司管理，只是保有其土地承包经营权，信托公司仅取得土地经营权。其次，《新农村土地承包法》第36条对流转土地经营权的方式保持开放态度，该条将土地经营权的设定行为明确规定为“出租（转包）、入股”，同时以“或者其他方式”作为兜底规定，避免了使用“等方式”所可能带来的“等内等”“等外等”的解释冲突。在解释上，该条的“其他方式”应指与“出租（转包）、入股”效果相同的流转方式，自然也就不包括“转让、互换”等产生移转土地承包经营权效果的流转方式，也不包括“抵押”等产生创设他物权效果的流转方式。也就是说，“其他方式”的表达本身就表明，该条就流转方式的列举式规定并不是封闭的，只要不是产生移转或创设物权效力的流转方式，均为本条文义所能涵盖。最后，经由土地经营权登记（《新农村土地承包法》第41条），信托公司取得了确定的、可以转让的财产，农地信托逻辑自可依此而展开。但颇存争议的是，土地承包经营权的信

---

〔1〕参见房绍坤：《物权法用益物权编》，中国人民大学出版社2007年版，第15~16页。

〔2〕江平主编：《中华人民共和国物权法精解》，中国政法大学出版社2007年版，第167页。

〔3〕参见高圣平：《农地信托流转的法律构造》，载《法商研究》2014年第2期。

托流转属于土地承包经营权的物权性流转,还是债权性流转?[1]或者说,土地承包经营权的流转是会导致土地承包经营权从土地承包经营权人到信托公司的变动,还是会使信托公司取得土地经营权?这又涉及信托设立时信托财产是否转移这一信托法上的基本问题。

被誉为"普通法皇冠上的宝石"的信托制度,[2]在移植入大陆法概念体系之时,遇到了巨大的困难。"受托人享有信托财产名义上的所有权(legal title)、受益人享有信托财产实际上的所有权(equitable title)"的权利构造,[3]无法在大陆法上"一物一权"规则中找到它合适的位置。但信托制度的经济功能及其对于现代经济社会发展的重大意义,又使得大陆法系诸国无法将之拒之门外,[4]各国遂采取不同的方法来架构信托财产之上的权利,以植入各国自己的民法体系。较为通行的做法是,设立信托时,委托人须将信托财产的权利转移至受托人名下,"这是信托历经数百年演变而始终不变的特点,也是信托在财产转移和财产管理方面发挥巨大功能的根本性制度保障。"[5]我国《信托法》第2条将信托财产的权利架构描述为委托人"将其财产权委托给受托人",这给信托财产的权利归属的解释论带来了极大的困难。

就此,我国学界存在三种不同的观点:第一种观点认为,信托财产为委托人所有,其主要理由在于:《信托法》第2条使用的是"委托"而非"转移",结合同法第15条"信托财产作为其遗产或者清算财产"的表述以及第28条、第29条"委托人的信托财产"的表述,我国法律并未规定信托成立时委托人须转移信托财产的所有权,因此,信托财产的所有权仍由委托人享有。[6] 第二种观点认为,信托财产为受托人所有,其主要理由为:尽管《信托法》第2条规定是"委托"而非"转移",但仅凭此并不能解释为财产权无须移转,设立信托仍应以财产权移转给受托人为前提。[7] 信托财产移转给受托人后,就不再是委托人的财产,也不属于受益人的财产。[8] 第三种

---

[1] 土地承包经营权的流转依其法律后果的不同可以分为物权法流转和债权性流转,前者为发生物权变动后果的流转,如转让、互换、抵押、入股;后者为发生债权后果的流转,如出租、转包。参见房绍坤:《物权法用益物权编》,中国人民大学出版社2007年版,第140页。

[2] 参见何宝玉:《英国信托法原理与判例》,法律出版社2001年版,第1页。

[3] P. V. Baker & P. St. J. Langan, *Snell's Principles of Equity*, London: Sweet & Maxwell, 1982, p. 41; 周小明:《信托制度:法理与实务》,中国法制出版社2012年版,第11页。

[4] 参见邵庆平:《信托关系中的受托人义务——金融危机后的思考与反省》,载顾功耘主编:《中国商法评论》(2011—2012卷),北京大学出版社2012年版,第73页。

[5] 周小明:《信托制度:法理与实务》,中国法制出版社2012年版,第40页。

[6] 参见董慧凝:《信托财产法律问题研究》,法律出版社2011年版,第27页。

[7] 参见徐卫:《信托受益人利益保障机制研究》,上海交通大学出版社2011年版,第24页。

[8] 参见余辉:《英国信托法:起源、发展及其影响》,清华大学出版社2007年版,第247页。

观点认为,在解释论上无法确定信托财产的归属,[1]应将民法上委托人的所有权归入物权法的范畴,在信托法上将受托人拥有的信托财产认定为信托法上的所有权,前者由民法解释,后者由信托法解释。[2]

农地信托流转既在我国信托法制之下发展,依循现行信托法的规则就成了不二之选。就目前的解释论而言,本书作者倾向于认为信托财产——土地经营权为受托人所有,主要理由如下:

第一,在体系解释的视角下,信托是别异于委托、行纪的制度安排,三者均具有“代人理财”的功能,但各有其特色。如果认为信托的设立无须移转信托财产的所有权,仅是以意思表示为基础的委托财产管理制度,则其与委托、行纪无异,就没有必要在《合同法》上已有委托、行纪专章规定的情况下再制定一部《信托法》了。[3] 要将信托与委托、行纪区别开来,“我们对信托的定义应该多一层限定:资产转移且由他人管理。”[4]

第二,在《信托法》内部来看,我国信托制度亦是以财产权转移为基础而构建的。第 14 条将信托财产的定义表述为“受托人因承诺信托而取得的财产”,这里,信托财产构成包括意思表示加“取得”行为;第 41 条规定的新旧受托人交接内容包括“向新受托人办理信托财产……的移交手续”;第 55 条规定信托终止时必须由受托人向权利归属人办理信托财产转移手续。如果信托财产没有转移给受托人,就没有必要办理这一手续。[5]

《信托法》第 15 条的表述不能说明信托财产属于委托人所有,就文义而言,该条实际上规定的是受益人在信托终止时取得信托财产的所有权,自益信托中受益人同时也是委托人,但其取得信托财产的所有权仍是基于受益人的身份,而非委托人的身份。至于《信托法》第 29 条中的“不同委托人的信托财产”不宜解释为信托财产的所有权人应为委托人,而应解释为“不同委托人转移(委托)的信托财产”。该条所规定的是信托财产的单独管理义务,其理论基础是信托财产的独立性,[6]与信托财产的归属无涉。第 28 条中“不同委托人的信托财产”亦应作相同的解释。如此看来,基于法条内部的旨意关联,还是可以在一定程度上互相界定法律规定中之用语

〔1〕 参见于海涌主著:《英美信托财产双重所有权在中国的本土化》,中国政法大学出版社 2011 年版,第 11 页。
〔2〕 参见董慧凝:《信托财产法律问题研究》,法律出版社 2011 年版,第 30 页。
〔3〕 参见周小明:《信托制度:法理与实务》,中国法制出版社 2012 年版,第 41 页。
〔4〕 刘迎霜:《论信托的本质——兼与“信托异化论”商榷》,载《法学评论》2011 年第 1 期。
〔5〕 参见周小明:《信托制度:法理与实务》,中国法制出版社 2012 年版,第 42 页。
〔6〕 参见扈纪华、张桂龙主编:《中华人民共和国信托法条文释义》,人民法院出版社 2001 年版,第 124 页。

的内涵。[1]

因此,尽管我国信托法在条文的言辞上回避有关信托财产所有权的归属问题,但蕴含财产权转移的规定体现在整部立法的诸多方面。[2]《信托法》第2条中的"委托给",应当解释为"委托+给",其中,"委托"是表象,是基础,是设立信托的意思表示行为,"给"是将信托财产所有权转移给受托人的行为。"一个有效的信托不仅要有设立信托的意思表示,还必须要有财产权的转移。"[3]

准此,农地信托流转中涉及的是土地经营权从委托人转移至受托人,在性质上属于债权性流转。也就是说,农地信托流转中,委托人应当将土地经营权转移给受托人。

(三)农地信托流转中的当事人

1.农地信托流转中的委托人

在我国《信托法》之下,委托人必须具备两个基本条件:具有完全民事行为能力和享有信托财产的所有权或处分权,两者缺一不可。[4] 根据《新农村土地承包法》和《物权法》的规定,对土地承包经营权享有处分权的只有土地承包经营权人,既包括以家庭承包方式取得土地承包经营权的农户,又包括通过招标、拍卖、公开协商等方式取得土地承包经营权的单位和个人。农地信托流转中的委托人即为土地承包经营权人(《物权法》上的称谓)或承包方(《新农村土地承包法》上的称谓)。有学者认为,在农地信托中的委托模式有个体委托、群体委托和社区委托三种模式,其中,个体委托就是指单个土地承包经营权人担任农地信托的委托人;群体委托是指由多个土地承包经营权人担任农地信托的委托人;社区委托是指整个社区担任农地信托的委托人。[5] 在现行信托法制之下,农地信托流转的委托人必须是对土地承包经营权享有处分权的人,亦即单一的土地承包经营权人。在解释上,并不存在所谓群体委托和社区委托。[6] 就家庭承包方式而言,土地承包经营权人是农户,即"农村承包经营户",农村承包经营户是《民法总则》中所确认的"公民"主体的一种特殊形式,享有特殊的民事权利能力和民事行为能力,[7]其法律地位虽然特殊,但

---

〔1〕 参见黄茂荣:《法学方法与现代民法》,法律出版社2007年版,第631页。
〔2〕 参见盛学军:《中国信托立法缺陷及其对信托功能的消解》,载《现代法学》2003年第6期。
〔3〕 周小明:《信托制度:法理与实务》,中国法制出版社2012年版,第43页。
〔4〕 参见徐孟洲主编:《信托法》,法律出版社2006年版,第55页。
〔5〕 参见刘志仁:《我国农村土地信托保护的组织形式选择》,载《中南大学学报(社会科学版)》2007年第5期。
〔6〕 值得注意的是,基于财产共有关系的共有人共同委托是一种特殊形式的委托,并不属于群体委托。
〔7〕 参见佟柔主编:《中国民法学·民法总则》,人民法院出版社2008年版,第95页。

最后的责任是一样的;[1]就以其他承包方式而言,土地承包经营权人是一般民事主体,只需具有完全民事行为能力即可。

从目前农地信托流转实践来看,各种模式一般均不以单户的农地设立信托,而是在同一个目的下,集多数委托人的农地于一起设立信托。从这个意义上讲,农地信托应属多数委托人和多数受益人同时存在的集团信托或集合信托。[2] 由此引发的问题是,每个委托人签订信托合同并交付信托财产之后,该委托人是否已经设立了一个信托?所谓集团信托或集合信托,是否只是信托的信托?是否承认这种信托仍是目前理论和实务中悬而未决的问题。[3] 对于这种将不具有财产共有关系的多个委托人的财产集合起来,共同委托给受托人管理的非典型集团委托形式,我国信托法原则上是予以禁止的,[4]其目的是避免利用信托非法聚集财产,引发社会问题。但是,对于此种特殊类型的信托,如不采取共同委托的方式,不足以发挥其功能,两相权衡的结果是:若经法律法规许可或者有关监管部门批准,信托法上应予承认。[5]

农地信托流转实践中广泛采纳所谓“二次代理”机制,先由土地承包经营权人将其土地承包经营权委托给村委会或与政府部门,再由村委会或政府部门将归集的土地承包经营权转移给信托公司。[6] 在表象上,农地信托的委托人是村委会或与政府部门,但实践上,它们只是土地承包经营权人的代理人,奉行基本的代理规则,其行为的法律后果均由土地承包经营权人承担。有学者认为,除了没有发包的农地之外,村委会是发包方,不是承包方,不能作为农地信托的委托人。[7] 本书作者认为,虽然早期的农地流转实践中,大多采取“反租倒包”的形式将土地承包经营权从农户转移至村委会或政府部门,且这种形式已为中央政策所明令禁止,[8]但并不能以此

〔1〕 参见江平:《第四讲 公民》,载最高人民法院《民法通则》培训班:《民法通则讲座》,全国法院干部业余法律大学1986年版,第97页。

〔2〕 集团信托或集合信托,是指受托人把所受托的众多委托人的信托财产集中成一个整体予以管理或处分的信托,其特点是同时存在众多委托人和众多受益人。参见[日]中野正俊、张军建:《信托法》,中国方正出版社2004年版,第34页。

〔3〕 参见张天民:《我国商事信托的法理基础与实践探索》,载《社会变迁与民商法发展——第三届两岸民商法前沿论坛(2013年11月16~17日于北京)论文集》,第375~376页。

〔4〕 参见《信托法》第29条规定:“受托人必须将信托财产与其固有财产分别管理、分别记帐,并将不同委托人的信托财产分别管理、分别记帐。”

〔5〕 参见周小明:《信托制度:法理与实务》,中国法制出版社2012年版,第44~45页。

〔6〕 参见蒲坚:《解放土地——新一轮土地信托化改革》,中信出版社2014年版,第218~219页。

〔7〕 参见吴兴国:《建构农村土地信托制度,破解“三农”难题》,载《上海市经济管理干部学院学报》2003年第3期;庞亮:《我国农村土地信托流转机制研究》,东北农业大学2013年博士学位论文,第66~67页。

〔8〕 中共中央《关于做好农户承包地使用权流转工作的通知》即明确指出:“由乡镇政府或村级组织出面租赁农户的承包地再进行转租或发包的‘反租倒包’,不符合家庭承包经营制度,应予制止。”

排除土地承包经营权人将其以信托流转农地的权利委托给村委会或政府部门行使。实践上,单个农户基于谈判能力和缔约地位的局限,往往无法与专业化的信托公司之间进行平等的磋商,而信托公司逐一与单个农户进行谈判,又极大地增加了交易成本,由农户将以信托方式流转其土地承包经营权的权利委托给村委会或政府部门代为行使,也未尝不可。需要说明的是,虽然原则上村委会或政府部门作为代理人,应以被代理人——土地承包经营权人的名义与信托公司签订信托合同,但我国合同法上已承认间接代理,村委会或政府部门在从事代理事务时可以不披露被代理人。只不过,信托公司在取得土地承包经营权时,应善尽注意义务,一一甄别村委会是否就每块承包地都取得了适格的授权。如此,可以合理解释目前农地信托流转实践中由村委会或县(区)、乡镇人民政府与信托公司从事信托交易的情形。[1]

2. 农地信托流转中的受托人

信托关系中的受托人,是指接受委托人的委托,为受益人的利益或者特定目的,对信托财产进行管理或者处分的人。[2] 信托的类型不同,受托人的要求也不同。就民事信托而言,只需受托人具有民事行为能力即可,自然人和法人均无不可;就营业信托而言,受托人应是信托机构。在农地信托流转实践中,大都采取信托机构的形式,如"草尾模式"中是政府成立全资注册的"沅江市草尾农村土地信托投资有限公司""沅江市香园农村土地承包经营权信托有限公司""资阳区宏源农村土地承包经营权信托有限公司"等;"沙县模式"中是沙县政府出资设立的"沙县源丰农村土地承包经营权信托有限公司"和"沙县金茂农村土地承包经营权信托有限公司";"中信信托模式"中是中国国际信托投资公司。这里值得研究的问题是农地信托机构的成立是否应当得到专业主管部门的审批。

受托人被认为是"信托关系本质的体现者",[3]处于控制、管理、处分信托财产的中心位置。[4] 我国《信托法》因此特别规定:"受托人采取信托机构形式从事信托活动,其组织和管理由国务院制定具体办法。"(第4条)《信托法》公布后,国务院办公厅下发了《关于〈中华人民共和国信托法〉公布执行后有关问题的通知》(国办发〔2001〕101号),明确指出:由国务院法制办根据《信托法》第4条的规定负责起草

---

〔1〕 不过,有些农地信托流转模式设计得过于复杂。例如,在"中信信托"模式中,涉及信托计划的农户分别与朱庙村村委会、塔桥村村委会签订了《农村土地承包经营权委托转包合同》,朱庙村村委会、塔桥村村委会再与朱仙庄镇人民政府签订了《委托管理协议》,朱仙庄镇人民政府又与埇桥区人民政府签订了《委托管理协议》。埇桥区人民政府作为委托人再与中信信托公司签订信托合同,将埇桥区朱仙庄镇朱庙村、塔桥村农民的5400亩农村土地承包经营权信托给中信信托公司。一层层委托与转委托实无必要,其在无形中增加了信托产品解释上的困难。

〔2〕 参见余卫明:《信托受托人研究》,法律出版社2007年版,第49页。

〔3〕 吴弘等:《信托法论》,立信会计出版社2003年版,第81页。

〔4〕 参见何宝玉:《信托法原理研究》,中国政法大学出版社2005年版,第195页。

《信托机构管理条例》;在国务院制定该条例之前,由中国人民银行[1]、中国证监会分别负责对信托投资公司[2]、证券投资基金管理公司等机构从事营业性信托进行监督管理,并由该两类监管机构根据《信托法》制定有关管理办法执行;未经监管机构批准,任何法人机构一律不得以各种形式从事营业性信托活动,任何自然人一律不得以任何名义从事各种形式的营业性信托活动。

我国《信托法》第24条规定:“受托人应当是具有完全民事行为能力的自然人、法人。法律、行政法规对受托人的条件另有规定的,从其规定。”由于法律、行政法规对农地信托机构没有特别规定,自应适用信托公司的一般规则,农地信托机构应达到《信托公司管理办法》规定的条件,并经中国银监会批准,领取金融许可证(《信托公司管理办法》第7条第1款、第8条)。果若如此,农地信托流转的实践探索将极大地受阻。由于农业本身的营利局限,信托公司的趋利本性决定了其从事农地信托业务的积极性不高。实践中的探索大多是由政府出资设立农地信托机构(“草尾模式”“沙县模式”等),但仅是《信托公司管理办法》中规定的“3亿元人民币”最低注册资本限额,恐怕也构成了农地信托机构设立中的巨大障碍。对此,有学者认为,农地信托在性质上属于民事信托,受托人并非以此为业谋取报酬的机构,而是一个服务性机构,并不以收取信托报酬为主要目的。[3] 本书作者对此不敢苟同。其一,民事信托与营业信托的划分并不是以信托财产是否营利为划分标准,而是以受托人是否以信托为业为划分标准,信托机构作为受托人所从事的信托活动,是营业信托;反之,非信托机构作为受托人所从事的信托活动,是民事信托。[4] 其二,农地信托机构只要冠以“公司”的名称,营利则是其基本目的。在我国实定法之下,只要是公司,均属以营利为目的的社团法人。其三,如果仅仅将信托机构的职能界定为服务,“包括土地流转前的土地使用权供求登记和信息发布;土地流转中的中介协调和合同签订指导;土地流转后的跟踪服务和纠纷调处”,[5]并无管理或处分土地承包经营权的权利,那就不是真正的信托机构了,其所从事的活动也就不是农地信托。在信托的法律结构中,信托机构的主要职能是管理或处分土地承包经营权,并借助信托机

[1] 根据国务院办公厅印发的《中国银行业监督管理委员会主要职责内设机构和人员编制规定》(国办发〔2003〕30号),中国银行业监督管理委员会为国务院直属正部级事业单位,根据授权,统一监督管理银行、金融资产管理公司、信托投资公司及其他存款类金融机构,维护银行业的合法、稳健运行。自2003年4月25日中国银监会成立时起,中国人民银行对银行业金融机构的监管职责由中国银监会承担。

[2] 现改称“信托公司”,见《信托公司管理办法》第2条。

[3] 参见王湘平:《我国农村土地信托法律制度之研究》,中南大学法学院2007年硕士学位论文,第44页。

[4] 参见高凌云:《被误读的信托:信托法原论》,复旦大学出版社2010年版,第53页;周小明:《信托制度:法理与实务》,中国法制出版社2012年版,第61页。

[5] 吴兴国:《建构农村土地信托制度 破解“三农”难题》,载《上海市经济管理干部学院学报》2003年第3期。

构的金融业务许可,进行相关融资活动。由此,农村信托机构作为受托人所从事的信托活动,即应属于营业信托,自应受《信托法》和《信托公司管理办法》相关规则的约束。

由此可见,如果不对农地信托机构作出特别规定,在现行信托法制之下,相关制度创新滞阻难行。本书作者主张应对农地信托机构的设立条件等作出明确规定,以有别于一般的营业性信托机构。在相关设立条件时,应考虑农地信托机构所从事的业务范围,除了管理或处分土地承包经营权之外,还要募集资金投入农业生产,农地信托机构在性质上还是属于非银行金融机构,只不过其经营范围比一般的营利性信托机构要小、要单一,其注册资本、股东资格、高管任职条件等没有一般营利性信托机构那么严格。

3. 农地信托流转中的受益人

受益人是信托关系中的重要当事人。设立信托虽然无须受益人的参与,但信托是为维护受益人的利益而设立的,因此,任何一个信托都必须有受益人,没有受益人的信托是无效的。受益人无须通过承诺或为一定法律行为以取得信托受益权,自信托设立之日起即享有信托受益权,且受益人是信托关系中纯享利益之人,原则上只要具有民事权利能力的人都可以成为受益人,[1]因此,我国《信托法》第43条规定:"受益人是在信托中享有信托受益权的人。受益人可以是自然人、法人或者依法成立的其他组织。委托人可以是受益人,也可以是同一信托的唯一受益人。受托人可以是受益人,但不得是同一信托的唯一受益人。"对受益人的资格未作特别限制。

农地信托流转实践中,就受益人的范围并不统一。"沙县模式"中受益人为农户和信托公司,增值溢价部分的信托收益的60%归农户,40%归信托公司,用于其滚动发展。信托公司申请对接的市、县项目配套基金,60%用于无偿扶持项目业主,40%作为信托公司的投入。[2] "中信信托模式"中,埇桥区人民政府既为委托人,又是(A类受益权)受益人。[3] 也有学者认为,农地信托的受益人应由土地承包经营权人在信托合同中指定,其范围既可以是自己或者家庭成员,也可以是自然人、法人或者依法成立的其他组织;既可以是以自己为唯一受益人,又可以和他人一起成为共

---

〔1〕 参见卞耀武主编:《中华人民共和国信托法释义》,法律出版社2002年版,第102页。

〔2〕 参见蒲坚:《解放土地——新一轮土地信托化改革》,中信出版社2014年版,第181页。

〔3〕 "中信模式"信托产品的设计较为复杂,既有委托土地承包经营权管理或处分的A类信托单位,又有委托资金运营的B类和T类信托单位。参见蒲坚:《解放土地——新一轮土地信托化改革》,中信出版社2014年版,第233~234页。后两个信托单位的受益人明显属于委托人指定,与一般信托无异。

同受益人;既可以将信托机构列为共同受益人之一,也可以不列。[1]

本书作者认为,鉴于我国目前土地承包经营权还具有一定的保障功能,农地信托只能是自益信托,受益人只能是同一信托法律关系中的委托人(农户)本人。在比较法上,日本法律就明文规定,作为农地流转信托的委托人只能是农户,农户或其一般继承人享有信托的全部利益。[2] 我国目前农地信托流转实践中,一般是以村委会或县、乡人民政府为委托人,但在解释上,村委会或县、乡人民政府仅为土地承包经营权人的代理人,其在信托法律关系中的权利义务归属于土地承包经营权人。此时,亦可将农地信托流转解释为自益信托。

(四)农地信托的登记

在信托存续期间,信托财产独立于委托人、受托人和受益人的固有财产,委托人、受托人和受益人的债权人原则上不得对信托财产强制执行,当委托人或受托人破产时,信托财产不属于破产财产,如此信托财产即具有了破产隔离功能,受益人的利益也就得到了最大限度的保护,[3]此即所谓信托财产的独立性原则。[4]

信托财产名义上属于受托人所有,但却不构成受托人的责任财产。“此种‘名不符实’的财产形态,有使具有利害关系的第三人知悉财产权的真正归属及名义上所有人权限范围的必要,避免因高估受托人的偿债能力而受损失,因此,实在有创设信托公示制度的必要性。”[5]信托财产的这种制度安排与现行法上的债权确保(以债务人的所有责任财产作为其履行债务的一般担保)相冲突,信托公示登记制度即旨在使信托当事人之间对信托内容公示周知,使交易相对人知悉标的物上有信托法律关系,以保护交易相对人或其他利害关系人,[6]这或可成为探求“债权确保”与“信托制度”两者间平衡的重要制度。[7]

我国《信托法》仿大陆法系国家采行信托公示登记制度,于第10条规定:“设立

---

〔1〕 参见钟远平:《我国农村土地信托的法理基础及制度构建——以土地承包经营权为中心》,中国政法大学2007年硕士学位论文,第16页。

〔2〕 参见日本《农业基础强化促进法》第28条;日本《农业协同组合法》第11条之23。

〔3〕 参见高凌云:《被误读的信托——信托法原论》,复旦大学出版社2010年版,第278页;张军建:《信托法基础理论研究》,中国财政经济出版社2009年版,第73页。

〔4〕 参见周小明:《信托制度:法理与实务》,中国法制出版社2012年版,第212页;孟强:《信托登记制度研究》,中国人民大学出版社2012年版,第56页;宋刚:《信托财产独立性及其担保功能》,北京师范大学出版社2012年版,第90页。

〔5〕 曾邑伦:《信托公示之研究》,台湾中正大学法律学研究所2006年硕士学位论文,第59页。

〔6〕 参见陈明灿、何彦升:《论不动产权利信托登记——以公示制度与强制执行为中心》,海峡两岸土地学术研讨会2005年会议论文。

〔7〕 参见陈明灿、何彦升:《论不动产权利信托登记——以公示制度与强制执行为中心》,海峡两岸土地学术研讨会2005年会议论文。

信托,对于信托财产,有关法律、行政法规规定应当办理登记手续的,应当依法办理信托登记。未依照前款规定办理信托登记的,应当补办登记手续;不补办的,该信托不产生效力。”涉及农地信托时,有以下几个问题尚值研究:

第一,农地信托是否以登记为公示方法?在我国现行信托法之下,并不是所有的信托均以登记为公示方法,只有“有关法律、行政法规规定应当办理登记手续的”信托财产,才应办理信托登记。这里,土地经营权是否属于“有关法律、行政法规规定应当办理登记手续的”财产?在我国《物权法》之下,虽然不动产物权变动以登记为公示方法,但承认了一些例外,土地承包经营权即属其中。但《新农村土地承包法》第41条规定:“土地经营权流转期限为五年以上的,当事人可以向登记机构申请土地经营权登记。未经登记,不得对抗善意第三人。”农地信托流转均具有长期性,为使信托公司管理土地经营权取得确定性,土地经营权信托亦应办理登记。准此,在农地信托流转的情形下,土地经营权属于“有关法律、行政法规规定应当办理登记手续的”财产,应以登记作为公示方法。

第二,登记在农地信托设立中究竟是生效要件,还是对抗要件?就《信托法》第10条之文义,很清晰地表达着登记在信托设立中的意义:未经登记,信托不生效力,此即所谓登记生效主义,[1]这一立法主义理应适用于土地经营权信托。但农地信托流转又属于土地经营权的流转方式之一,在解释上,登记在其中的效力应同于土地经营权的其他流转方式。《新农村土地承包法》第41条所采取的是登记对抗主义,土地经营权信托亦应作相同解释——采登记对抗主义。由此可见,登记对于农地信托设立的意义在《信托法》与《新农村土地承包法》之间存在冲突,亟待通过立法本身来得以化解。有学者主张,从理论和实践的角度,我国法应改采信托登记对抗主义,并以日本、韩国、我国台湾地区的经验为佐证证成了信托登记与财产权登记之间的关系。[2] 本书作者认为,在不动产登记法起草时,既要考虑信托登记的特性,又要考虑信托登记与一般财产权登记之间的共性,因为信托登记本身上也是一种财产权登记。在我国现行法之下,不动产登记原则上是物权变动的生效要件,在无例外考量事由的前提下,不动产信托登记亦应坚持登记生效主义。

第三,农地信托设立时是否要同时办理土地经营权登记和信托登记?有学者主张,不动产信托需要办理两个“登记手续”才能生效:一个是财产权转移给受托人的

---

〔1〕 参见何宝玉:《信托法原理研究》,中国政法大学出版社2005年版,第100页;孟强:《信托登记制度研究》,中国人民大学出版社2012年版,第91页。

〔2〕 参见孟强:《信托登记制度研究》,中国人民大学出版社2012年版,第99页。

登记手续;另一个是信托登记手续。[1] 本书作者对此不敢苟同。就财产权转移和信托设立之间的关系而言,财产权转移的基础交易关系是信托合同,而信托设立的主要表征是财产权转移。由此可见,财产权转移和信托设立紧密相连,所谓两个登记手续实为一个。不动产信托登记,是不动产权利因信托关系成立而移转或为其他处分,向有关不动产管理机关申办权利变更的登记。[2] 由此可见,不动产信托登记本身就是一种不动产权利转移登记,其与一般的财产权转移登记在法律效果上并无差异,均是转移不动产权利予他人。与基于买卖(转让)合同的财产权转移登记不同的是,基于信托合同的财产权转移是一种附条件、附期限的转移,受托人所取得的财产权是独立于受托人责任财产的财产,不能仅依登记簿本身即判定该财产权属于受托人责任财产之列。因此,在财产权转移登记时,应登记其基础交易关系——信托。在不动产统一登记簿上同时登记财产权转移和信托,并无技术上的障碍。在比较法上,日本和我国台湾地区亦是采取财产权转移登记和信托登记同时办理的方法,[3] 在不动产转移登记时,增加信托存根簿,作为信托登记的公示文件,以备社会公众查阅。这种登记的实质在于受托人所取得的不动产权利与一般意义上的不动产权利存在差异,它本身是独立于委托人、受托人和受益人的独立财产,不属于委托人的责任财产之列。

由此可见,不管下一步的法制发展采取什么样的路径,农地信托流转的基础就是明晰的土地经营权,而这又仰赖于相关登记规则的完善。

七、本章小结

“三权”分置所引发的承包地流转规则的修正是本次修法的重心。承包地流转规则的政策底线是,“坚持农村土地集体所有,实现所有权、承包权、经营权三权分置,引导土地经营权有序流转”,[4]“坚持依法、自愿、有偿,以农民为主体,政府扶持引导,市场配置资源,土地经营权流转不得违背承包农户意愿、不得损害农民权益、不得改变土地用途、不得破坏农业综合生产能力和农业生态环境。”[5]《新农村土地承包法》增设或修改了承包地流转的相关规则,在一定程度上反映了“三权”分置实践中的成熟经验,解决了理论上和实践中的部分争议问题。如将现行法上的土地承包经营权流转方式中具有移转物权效果的转让、互换,从土地经营权规则中分离出

---

〔1〕 参见周小明:《信托制度:法理与实务》,中国法制出版社 2012 年版,第 153 页。

〔2〕 参见董慧凝:《信托财产法律问题研究》,法律出版社 2011 年版,第 130 页。

〔3〕 参见陈向聪:《信托法律制度研究》,中国检察出版社 2007 年版,第 119 ~ 120 页。

〔4〕《土地经营权流转意见》“一、总体要求”之“(一)指导思想”。

〔5〕《土地经营权流转意见》“一、总体要求”之“(二)基本原则”。

来,纳入土地承包经营权的保护范畴,使土地经营权的相关规则更为清晰;结合土地经营权入股发展产业化经营的实践,明确将入股纳入土地经营权的设立方式之中,承包农户入股只是为经营主体设定土地经营权,而不是移转土地承包经营权,使“不论承包经营权如何流转,集体土地承包权都属于农民家庭”[1]的政策目标得以进一步落实。但是,目前《民法典》中的一些规定还没有充分反映“三权”分置思想的本意,对实践中的疑难问题并未作出有效回答,亟待改进。例如,就土地经营权这一新设权利,《民法典》物权编只是在现行法土地承包经营权流转规则之上作了简单的修改,并未就实践中争议最大的登记问题和担保融资问题作出明确规定,这不利于法律修改指导和调整今后实践的价值。该背景下,如何结合农地“三权”分置,进一步对土地经营权的流转规则予以解释,殊值研究。

---

〔1〕《三权分置意见》“三、逐步形成‘三权分置’格局”之“(二)严格保护农户承包权”。

第六章 “三权”分置之下的农地金融化

一、问题的提出

“农村金融是现代农业经济的核心,也是社会经济发展的动力。”[1]农村金融体制的创新涉及商业性金融、合作性金融和政策性金融“三位一体”的农村金融体系的建立,其中,商业性金融是市场化趋势下的自然选择,随着农业产业化和农村城镇化的不断推进,商业性金融的地位日益重要。[2] 长期以来,我国农村处于严格的金融抑制之下,[3]以担保贷款为特征的商业性金融在农村举步维艰。诸多研究表明,缺少担保物是造成农村贷款难的重要因素之一,[4]担保物能在一定程度上减轻信贷市场上信用授受双方的信息不对称问题,从而部分解决商业性金融中的逆向选择与道德风险难题。[5] 在我国农村,农户拥有的财产主要有土地承包经营权、房屋及其占有范围内的宅基地使用权、农业生

---

〔1〕 国务院农村综合改革工作小组办公室课题组编著:《建立现代农村金融制度问题研究》,中国财政经济出版社2011年版,第1页。

〔2〕 参见陈雨露、马勇:《中国农村金融论纲》,中国金融出版社2010年版,第20~24页。

〔3〕 参见洪正、王万峰、周轶海:《道德风险、监督结构与农村融资机制设计——兼论我国农村金融体系改革》,载《金融研究》2010年第6期;王曙光、王丹莉:《边际改革、制度创新与现代农村金融制度构建(1978－2008)》,载《财贸经济》2008年第12期。

〔4〕 参见韩俊、罗丹、程郁:《农村金融现状调查》,载《农村金融研究》2007年第9期;李树生、施慧洪:《论金融本质与农村金融创新》,载《经济与管理研究》2009年第1期;洪正、王万峰、周轶海:《道德风险、监督结构与农村融资机制设计——兼论我国农村金融体系改革》,载《金融研究》2010年第6期。

〔5〕 参见史跃峰、赵黎明:《中国农村金融供给创新的路径选择:基于土地流转视角》,载《中央财经大学学报》2010年第11期。

产资料和农产品,其中,土地承包经营权最为重要。〔1〕以土地承包经营权金融化为核心的农地〔2〕金融化也就成为农村金融深化的一个路径。

农地金融是以土地承包经营权或土地经营权为担保财产而发生的信用授受行为的总称,具有聚集资金、分散风险和配置土地资源的功能。〔3〕虽然农地金融化包括了农地抵押、农地信托、农地证券等各种外在表现形式,但农地抵押是农地金融化的核心和基础,农地信托等其他农地金融产品均在农地抵押的基础上展开和发展,因此,本书作者以农地抵押化为核心论述农地金融化。〔4〕不少学者认为,农地承载着社会保障功能,一旦金融化,农民就面临丧失承包地的风险,以致失去基本生活保障,进而危及社会稳定。〔5〕基于此,我国制定法上一直限制农地的金融化,农地被长期排斥于农村金融体系之外。

面对信息严重不对称的农村信贷市场,释放农地的财产功能和融资潜力是农村经济发展的客观需要。法律上的禁止性规定并未扼制农地金融实践的发展,如贵州湄潭县农地金融改革试验、福建三明农地抵押贷款试点、宁夏同心县农地抵押实验等地方性的探索都试图消除农地金融化的制度障碍。在政策层面,我国一直在探索消除农地金融化的制度障碍。党的十七届三中全会《决定》明确指出,要"扩大农村有效担保物范围"。"原则上,凡法律没有禁止、物品权属清晰、风险可控、可用于贷款抵押担保的各类动产和不动产,都可进行试点。"〔6〕金融监管部门的政策逐渐向前推进,先是"探索发展大型农业生产设备、林权、水域滩涂使用权等抵押贷款,规范发展应收账款、股权、仓单、存单等权利质押贷款",〔7〕然后是"有条件的地方可以探索开办土地经营权抵押贷款",〔8〕再到"探索发展农村土地承包经营权和宅基地使

〔1〕参见高圣平、刘萍:《农村金融制度中的信贷担保物:困境与出路》,载《金融研究》2009 年第 2 期。

〔2〕在本书中,农地仅指农用地,即承包地(用途视角)或土地承包经营权(权利视角)。但就文义而言,农地是农村土地的简称,在用途上,包括农村建设用地(宅基地、公共设施用地等)和农业生产用地(承包地);在权利形态上,包括土地所有权、土地承包经营权、宅基地使用权、集体建设用地使用权。土地所有权不能转让,也就无法金融化,本书不涉及土地所有权问题;宅基地使用权和集体建设用地使用权的金融化更为复杂,政策演进和制度创新亦须更谨慎。为使论述相对集中,本书仅以土地承包经营权的金融化为核心而展开。

〔3〕参见罗剑朝等:《中国农地金融制度研究》,中国农业出版社 2005 年版,第 3 页;曾庆芬:《土地承包经营权流转新趋势下农地金融问题研究》,中国农业出版社 2011 年版,第 16 页。

〔4〕为行文方便,本书同时使用"农地抵押""土地承包经营权抵押"等术语。

〔5〕参见黄祖辉、王朋:《基于我国农村土地制度创新视角的社会保障问题探析》,载《浙江社会科学》2009 年第 2 期;刘俊:《土地承包经营权性质探讨》,载《现代法学》2007 年第 2 期。

〔6〕周小川:《建立现代农村金融制度》,载本书编写组编著:《〈中共中央关于推进农村改革发展若干重大问题的决定〉辅导读本》,人民出版社 2008 年版,第 117 页。

〔7〕中国人民银行、原中国银行监督管理委员会《关于加快推进农村金融产品和服务方式创新的意见》(银发〔2008〕295 号)。

〔8〕中国人民银行、原中国银行业监督管理委员会《关于进一步加强信贷结构调整,促进国民经济平稳较快发展的指导意见》(银发〔2009〕92 号)。

用权抵押贷款业务”,“丰富‘三农’贷款增信的有效方式和手段”,[1]以及“支持在法律关系明确地区探索开展农村土地承包权、宅基地、农房等抵(质)押贷款业务”,[2]体现了金融监管部门制度创新的态度。党的十八届三中全会《决定》明确指出:“赋予……承包经营权抵押、担保权能”。[3] 这些重大制度创新为农地的金融化打开了通道,对农户家庭经营的信用缺失、金融缺失起到了重大的补位作用。2014年中央一号文件明确指出“在落实农村土地集体所有权的基础上,稳定农户承包权、放活土地经营权,允许承包土地的经营权向金融机构抵押融资”,“有关部门要抓紧研究提出规范的实施办法,建立配套的抵押资产处置机制,推动修订相关法律法规”。《三权分置意见》又明确指出“承包农户……有权依法依规就承包土地经营权设定抵押”,“支持新型经营主体……依法依规开展土地经营权抵押融资”。至此,农地金融化的制度构建正式被提到议事日程。

二、农地金融化的正当性证成

当前,我国已进入高投入、高成本的农业发展阶段,传统农业向现代化农业的转型,显著增强了农业经济发展对金融的依赖程度。但是,“当前农村金融供给与需求之间的通道仍然不畅,农业农村经济发展的金融需求尚未得到有效满足,这已成为农村金融领域最突出的矛盾之一,也是制约现代农业发展最重要的因素之一。”[4]

(一)农地金融的立法考量和规则梳理

在《新农村土地承包法》《民法典》出台之前,农地金融化的规则,主要规定于《农村土地承包法》《物权法》以及《农村土地承包经营权流转管理办法》《土地承包解释》等法律文件中。[5]

《农村土地承包法》依承包(取得)方式的不同,对土地承包经营权做了类型化上的区分,并就其担保问题作了不同规定。其中,以家庭承包方式取得的土地承包

---

〔1〕 中国人民银行、原中国银行业监督管理委员会、中国证券监督管理委员会、中国保险业监督管理委员会《关于全面推进农村金融产品和服务方式创新的指导意见》(银发〔2010〕198号)。

〔2〕 中国银行业监督管理委员会办公厅《关于做好2013年农村金融服务工作的通知》(银监办〔2013〕51号)。

〔3〕 这里将“抵押”与“担保”并列。但根据现行法,“抵押”是“担保”的一种形式,“担保”包括“抵押”。

〔4〕 农业部《关于推动金融支持和服务现代农业发展的通知》(农财发〔2014〕93号)。

〔5〕 目前学界关于相关法律法规修改的讨论,还涉及《担保法》(如张艳、马智民、朱良元:《农村土地承包经营权的物权化建构》,载《中国土地科学》2009年第4期)。然而,《物权法》施行后,《担保法》的相关规定早已被废止,已经没有修改必要。《物权法》第178条规定:“担保法与本法规定不一致的,适用本法。”比较《担保法》第三章“抵押”、第四章“质押”、第五章“留置”与《物权法》第四编“担保物权”的第十五章“一般规定”、第十六章“抵押权”、第十七章“质权”、第十八章“留置权”,可以发现,《担保法》中仅有关于抵押登记机构的第42条、第43条第2款仍然有效,其他各条均为《物权法》所取代。即使是这两条,也将随着《不动产统一登记条例》的颁布而失效。因此,在物的担保领域,所应关注的是《物权法》,《担保法》的相关规则仅具立法史上的说明价值。

经营权较受限制，而以招标、拍卖、公开协商等承包方式取得的土地承包经营权较为自由。土地承包经营权的抵押在该法中被定位为一种流转方式，[1]上述两种土地承包经营权的金融化在该法中的规定并不一致。以其他承包方式取得的土地承包经营权，因其仅涉及“不宜采取家庭承包方式的荒山、荒沟、荒丘、荒滩等农村土地”（《农村土地承包法》第44条），“不必对其流转加以过多的限制”，[2]《农村土地承包法》第49条明定土地承包经营权人可以以“转让、出租、入股、抵押或者其他方式”处分其土地承包经营权。但以家庭承包方式取得的土地承包经营权，因其关涉我国“以家庭承包经营方式为主，统分结合的双层经营体制”，在绝大多数农村当时并不具备“第二、三产业发达，大多数农民实现非农就业并有稳定的工作岗位和收入来源”的前提下，对其流转“一定要严格条件，慎重进行”，[3]土地承包经营权人处分其权利的方式也就限定成了“转包、出租、互换、转让或者其他方式”（《农村土地承包法》第32条），这里并不包括“抵押”这一方式。

在解释上，本书作者曾认为，既然已允许土地承包经营权转让，自不应限制土地承包经营权的抵押。[4] 但这仅是为了使农地金融化取得正当性而对《农村土地承包法》第32条所作的扩大解释。就立法原意而言，该条确实是禁止农地的金融化。对此，官方的解释是：“中国目前还是一个农业大国，农村人口在九亿左右。农民的土地承包经营权是其赖以生活的基础……稳定土地承包关系才能稳定农业，才能使农民从长计议，安心种地，舍得投入，保持农业持续稳定增长。稳定土地承包关系才能稳定农村。农民有了稳定的土地承包经营权，就有了基本的社会保障。他才敢于流动就业，做到进退有路……如果不对农村土地家庭承包的承包经营权的流转进行一定的限制，如允许农民抵押自己的土地或将土地入股于公司，如遇偿债不成，将使这些农民失去土地，也就意味着失去了生活的保障。因此，有必要对以家庭方式承包的土地的流转加以一定的限制。而对以其他方式承包的土地，则不必对其流转加以过多的限制。”[5]《农村土地承包经营权流转管理办法》秉承《农村土地承包法》的立法原意，也仅规定以其他承包方式取得的土地承包经营权的抵押化，对以家庭承包方式取得的土地承包经营权的抵押问题未置明文。《农村土地承包法》的这一观

---

〔1〕 土地承包经营权的“流转”一词并非规范的法律语言，最早出现于《国务院批转〈农业部关于稳定和完善土地承包关系意见的意见〉的通知》（国发〔1995〕7号），后经《农村土地承包法》将其由政策语言转为法律语言，其所传达的意思大抵属于土地承包经营权人处分其权利。

〔2〕 胡康生主编：《中国人民共和国农村土地承包法释义》，法律出版社2002年版，第120页。

〔3〕 胡康生主编：《中国人民共和国农村土地承包法释义》，法律出版社2002年版，第89～90页。

〔4〕 参见高圣平、刘萍：《农村金融制度中的信贷担保物：困境与出路》，载《金融研究》2009年第2期。

〔5〕 胡康生主编：《中华人民共和国农村土地承包法释义》，法律出版社2002年版，第119～120页。

点还得到最高人民法院司法解释的支持。原《土地承包解释》第15条明确规定,家庭承包的承包方以其土地承包经营权进行抵押的,应当认定为无效。

及至物权法起草,农地金融问题再度走入人们的视野。有观点认为,在农户贷款难、担保物有限的情况下,应允许农地的金融化,但农户一旦不能偿还债务,将失去承包地,引发严重的社会问题。全国人大法律委员会研究认为,抵押应与转让问题通盘考虑,允许土地承包经营权有条件地抵押。《物权法草案(四次审议稿)》第135条规定:“土地承包经营权人有稳定收入来源的,经发包方同意,可以将土地承包经营权抵押。实现抵押权的,不得改变承包地用途。”[1]但《物权法草案》五次审议时,情况又有变化。“目前,我国农村社会保障体系尚未全面建立,土地承包经营权和宅基地使用权是农民基本生产、生活的保障。从全国范围看,放开土地承包经营权抵押和宅基地使用权转让的条件尚不成熟。”[2]直到物权法最终通过,这一立法态度也未改变。

由《物权法》第128条和第133条的体系解释可知,《物权法》对以其他承包方式取得的土地承包经营权的处分方式是:“转让、入股、抵押或者以其他方式”(第133条);对以家庭承包方式取得的土地承包经营权的处分方式是:“转包、互换、转让等方式”(第128条)。与《农村土地承包法》相比,前者少了“出租”,后者除少了“出租”外,还将“或者其他方式”改为“等方式”。有学者据此认为,这“实质上是土地承包经营权流转在法理上的一种倒退”。[3] 对此,本书作者不敢苟同。其一,是否规定“出租”并不影响土地承包经营权人以出租方式处分其权利,因为已经规定“转让”等处分方式,依当然解释方法,“举重以明轻”,就应允许出租处分。其二,“等方式”的表述,并不意味着以家庭承包方式取得的土地承包经营权的处分方式仅为“转包、互换、转让”,这里的“等”可以解释为“等外等”,等同于《新农村土地承包法》上“或者其他方式”。由此可见,《物权法》既未超越,也未限制《新农村土地承包法》的规定。

关于农地金融化的范围,《物权法》的表述是,债务人或者第三人有权处分的“以招标、拍卖、公开协商等方式取得的荒地等土地承包经营权”可以抵押(第180条

---

〔1〕《全国人大法律委员会关于〈中华人民共和国物权法(草案)〉修改情况的汇报》(2005年10月19日第十届全国人大常委会第十八次会议),载全国人民代表大会常务委员会法制工作委员会民法室编著:《物权法立法背景与观点全集》,法律出版社2007年版,第38页。

〔2〕《全国人大法律委员会关于〈中华人民共和国物权法(草案)〉修改情况的汇报》(2006年8月22日第十届全国人大常委会第二十三次会议),载全国人民代表大会常务委员会法制工作委员会民法室编著:《物权法立法背景与观点全集》,法律出版社2007年版,第47页。

〔3〕孙丽丽、陈兴中、李富忠:《从完善土地承包经营权权能看农村土地承包经营权抵押》,载《广东土地科学》2011年第2期。

第1款第3项),但“耕地、宅基地、自留地、自留山等集体所有的土地使用权”不得抵押,“法律规定可以抵押的除外”(第184条第2项)。《物权法》第184条第2项前段表述与《担保法》第37条第2项完全相同,但其意义并不明晰。“集体所有的土地使用权”在《担保法》中是明确的,指《土地管理法》中所称的土地使用权,但《物权法》已经摒弃“土地使用权”的称谓,以“用益物权”概指对土地的物权性利用关系,以“土地承包经营权”“建设用地使用权”“宅基地使用权”“地役权”分别指称不同利用目的的用益物权,在物权法定主义之下,土地使用权已无法在《物权法》中找到其位置。结合该项但书的规定,可以得出的结论是,以家庭承包方式取得的耕地上的土地承包经营权不能抵押。也就是说,《物权法》并未禁止所有以家庭承包方式取得的土地承包经营权设定抵押,只有耕地上的不能抵押,其他用途的可以抵押。集体林权制度改革时,林地的土地承包经营权,即使以家庭承包方式取得的,也可以设定抵押,其依据即为此种解释论。亦即以家庭承包方式取得的林地(土地)承包经营权,不属于《物权法》第184条第2项所禁止的抵押财产,而属于第180条第1款第7项所称的“法律、行政法规未禁止抵押的其他财产”。

综上,可以得出以下结论,就农地金融化而言,我国法上原来是分别对不同情形作了不同的制度设计:第一,就以其他承包方式取得的土地承包经营权而言,其权利主体没有身份限制,民事(市场)主体依招标、拍卖、公开协商等其他市场交易方式均可取得此类土地承包经营权,其权利主体完全可以依市场规则处分权利,当然包括以此类土地承包经营权设定抵押权。第二,就以家庭承包方式取得的土地承包经营权而言,虽然《农村土地承包法》和《物权法》均未明确允许权利主体以之设定抵押,但从《物权法》第180条、第184条规定看,《物权法》明令禁止抵押的仅是耕地上设定的此类土地承包经营权,在《物权法》尽量放松抵押物范围管制的立法指导思想[1]之下,其他用途农地上设定的此类土地承包经营权均可抵押。就此,《农村土地承包法》与《物权法》的解释论并不一致,但《物权法》是后法,是基本法,依据“后法优于先法”的基本法适用规则,《物权法》自应优先适用。

(二)农地金融化的法理基础

对于我国农村众多以家庭为单位的小农户而言,他们以家庭承包方式取得的耕地上的承包经营权是不得设定抵押的。为解决他们的融资难题,在国家政策的指引下,改革现行法律制度就成为当务之急,而这种制度上的改革需要学术资源的支持。从法学理论的视角,改革或者重构农地金融法律制度,需要阐述清楚如下理论问题。

---

〔1〕 参见邹海林、常敏:《论我国物权法上的担保物权制度》,载《清华法学》2007年第6期。

1. 农地的财产属性和市场化基础

农地权利的配置及其确定的程度是任何国家经济增长、食品安全和社会稳定的重要因素。[1] 无论最贫穷的国家，还是中等收入国家，贫穷的主要和普遍原因就是财产权及其权能的欠缺。[2] 对发展中国家资本市场的考察表明，财产因无法流动而成为僵化的资本，严重抑制了其在资本市场上的融资能力。[3] 这一观点促成了拉丁美洲国家及其他国家致力于提升土地抵押能力的产权改革。[4] 大多数发达国家的经验也表明，在农业发展初期，建立以土地抵押为特征的农地金融制度，向农民提供中长期贷款，支持农地的开发、改良、流转和集中，对于提高土地利用效率以及农业劳动生产率具有重大意义。[5]

在我国，土地承包经营权在法律上被定位为一种物权，其财产属性至为明显，但却名不符实，且不确定，[6] 基本无法进入资本市场，无法金融化。十八届三中全会《决定》明确指出：“赋予农民对承包地占有、使用、收益、流转及承包经营权抵押、担保权能，允许农民以承包经营权入股发展农业产业化经营”，深化了十七届三中全会《决定》“赋予农民更加充分而有保障的土地承包经营权”，“完善土地承包经营权权能”的认识。这些认识进一步强化了土地承包经营权的物权性和财产属性，并提出土地承包经营权的抵押担保权能，完善了土地承包经营权的权能。以家庭承包方式取得的土地承包经营权和以其他方式取得的土地承包经营权，均属物权法承认的用益物权，并不存在所谓土地承包经营权性质上的二元化（以家庭承包方式取得的土地承包经营权是物权，但以其他方式取得的土地承包经营权是债权）。[7] 两者在制度设计上虽有差别，但这些差别主要体现在权利设定阶段，就已经设定的土地承包经营权而言，其流转或处分应不存在区别。在强化土地承包经营权物权性的基础

---

〔1〕 See Anne-Marie Leroy & Jonathan Lindsay, *Agricultural Investment and Land: Some Reflections on Lessons Learned (and Still to be Learned) from Experiences with Land Titling*, Uniform Law Review, Vol. 17, No. 1/2 , p. 15 (2012).

〔2〕 See Commission on Legal Empowerment of the Poor, *Making the Law Work for Everyone: Volume II*, *Working Group Reports*, New York: UNDP, 2008, p. 64.

〔3〕 参见［秘］赫尔南多·德·索托：《资本的秘密》，于海生译，华夏出版社2007年版，第22~24页。

〔4〕 参见曾庆芬：《土地承包经营权流转新趋势下农地金融问题研究》，中国农业出版社2011年版，第23页。

〔5〕 参见张蔚文、孙炜：《集体土地使用权抵押的现状及其立法建议》，载《中国农村经济》2000年第12期。

〔6〕 参见黄少安、刘明宇：《公平与效率的冲突：承包制的困境与出路——〈农村土地承包法〉的法经济学解释》，载《经济社会体制比较》2008年第2期。

〔7〕 有学者认为，以其他方式取得的土地承包经营权（“四荒地”的土地承包经营权）不属于物权性的土地承包经营权，仅具有债法意义。（丁关良：《土地承包经营权基本问题研究》，浙江大学出版社2007年版，第134页。）本书作者不同意这个观点，《物权法》第十一章“土地承包经营权”并未区分以家庭方式取得的土地承包经营权与以其他方式取得的土地承包经营权，从体系解释的视角，该章涵盖这两种土地承包经营权。该章第133条还明文规定以其他方式取得的土地承包经营权的内容。可见，上述主张并无制定法依据。

上，应当坐实农户对其土地承包经营权的处分权，农户以其土地承包经营权设定抵押，自是其行使处分权的一种方式，法律上不应作过多限制。农地抵押也是对农地权利动态化利用、促使农地价值最大化的有益做法，如不能得到法律的承认，则土地制度中的价值化设计就可能成为一纸具文，农地流转的价值化功能也将大打折扣。[1] 在不断强化土地承包经营权财产属性的背景下，制度重建时应还原土地承包经营权的财产属性，而农地金融化正是其题中之义。

应当注意的是，2014 年中央一号文件指出："在落实农村土地集体所有权的基础上，稳定农户承包权、放活土地经营权，允许承包土地的经营权向金融机构抵押融资。"这里明确用于抵押融资的是"承包土地的经营权"，与这一表述相关的学说，是所谓农地"三权"分置（所有权、承包权、经营权）学说，但这一学说中，所谓土地承包权，是指农户依其身份承包农村土地从事农业生产的资格，[2]这实际上就是农户作为集体成员之一对集体所有的土地享有的成员权，在法律上当属集体土地所有权的内容，而不是土地承包经营权的范畴。正如《物权法》指出的，集体所有的土地，"属于本集体成员集体所有"（《物权法》第 59 条），改变了《土地管理法》"属于村农民集体所有"（2004 年版《土地管理法》第 10 条）的表述，强调农户作为集体成员对集体财产享有共同的支配权、平等的民主管理权和共同的收益权，涉及集体成员重大利益的事项，必须经过成员集体决定。[3] 成员权是以身份为基础的权利，只有农村集体经济组织成员才能享有，[4]当然包括承包土地的资格。由此可见，所谓承包权和所有权的分离，在实定法之下颇值怀疑。"土地承包权在某种意义上讲具有所有权的性质，农民拥有独立的土地承包权就是土地集体所有的人格化表现。"[5]

无论是在农村经济改革之初提出的所有权与使用权的分离，还是如今"所有权、承包权、经营权"的分离，所置重者均是强化所有权与利用权的分离。这种分离在实定法上的法律表达就是："集体土地所有权 + 其上设定的土地承包经营权"，两者均属物权，均受到法律的强势保护。其中，土地承包经营权虽然仅是集体土地所有权之上设定的权利负担，但一经设定，即为法律确认的物权类型，权利人不仅可以以之对抗不特定的第三人，而且可以对抗土地所有权人——农民集体。在实定法上，土地承包经营权都是以承包方式取得的；从立法史上看，承包和经营均属土地承包经

[1] 参见陈小君：《农村土地制度的物权法规范解析——学习〈关于推进农村改革发展若干重大问题的决定〉后的思考》，载《法商研究》2009 年第 1 期。

[2] 参见刘俊：《土地承包经营权性质探讨》，载《现代法学》2007 年第 2 期。

[3] 参见王利明：《物权法研究》，中国人民大学出版社 2013 年版，第 530 页。

[4] 参见王利明：《物权法研究》，中国人民大学出版社 2013 年版，第 534 页。

[5] 参见韩俊：《中国农村土地制度建设三题》，载《管理世界》1999 年第 3 期。

营权的当然内容。实际上,就土地承包权和土地经营权分离所要传达的本意而言,这两者即使在所有权和使用权分离的“两权”分离论之下,也是分离的。由此可见,农户用以抵押融资的仍属土地承包经营权,只要其仍然具有本集体经济组织身份,其承包土地的资格也不会丧失。即使将土地承包权理解为已取得土地承包经营权的农户保有土地承包经营权的权利,在农户已经不行使土地承包经营权的实质内容(所谓的“经营权”)的情况之下,土地承包权这种保有权实际上已成具文。

至于有论者所担心的,“土地承包经营权是不允许抵押的,抵押实际上就是一种处分,因为一旦允许抵押,如果到期无法偿还贷款,那土地就变成别人的了,变成了事实上的农村土地买卖”,[1]颇值商榷。第一,这种解读有悖十八届三中全会《决定》的精神。既然土地承包经营权不允许抵押,那为什么十八届三中全会《决定》要规定“承包经营权抵押、担保权能”? 如果农户对其土地承包经营权不能抵押,那我们所说的“完善土地承包经营权的权能”即成具文,所谓的农地制度改革也就成为对实定法的解释。第二,土地承包经营权的抵押并不意味着“土地就要变成别人的了”。虽然农地抵押权的实现后果可能是转让案涉土地承包经营权,使农户丧失土地承包经营权,但农地抵押权的实现完全可以采取不改变土地承包经营权权利主体的方式,将土地承包经营权转包(或出租)给他人,以转包收益来清偿债务。论者的疑虑,只需在制度重建时,重新设计土地承包经营权抵押权的实现规则即可解决。第三,论者认为农地制度改革的前提是不允许农户丧失土地承包经营权,与现行法的规定存在冲突。无论是《农村土地承包法》,还是《物权法》,都明确允许农地的转让。所谓转让,即原农户丧失土地承包经营权。虽然抵押可能的结果——丧失土地承包经营权,并不是农户自愿的,但关于抵押的法律后果,农户在设定抵押之初是可以预见的。

综上,就法律法规的修改而言,放开抵押担保的仍是土地承包经营权;农地的抵押化或金融化,是农户作为土地承包经营权人处分其权利的一种方式,自应允许。

2. 农地的社会保障功能和农地的金融化

农地的社会保障功能是我国现行法限制农地金融化的逻辑起点和主要理由。学界在此基础上的阐发,进一步强化了这一观点。土地的自然属性决定了农民可以通过农业生产得到其生存所必需的动植物,从而解决生存的第一需要;[2]农地收入是农民的首要的、基本的收入来源,农民依靠农地收入解决多种生活需要;土地是农业生产的基本生产要素,只要拥有土地,无须更多的资金、技术和设备投入,即可实

〔1〕 冯华、陈仁泽:《农村土地制度改革,底线不能突破》,载《人民日报》2013 年 12 月 5 日,第 2 版。
〔2〕 参见赵海林:《论农村土地产权制度对农村社会保障制度的影响》,载《农村经济》2005 年第 1 期。

现就业[1]。由此,农地为农民提供了基本生存、生活和就业保障。同时,学界对农地社会保障功能的质疑也从未停止过。近年来大量数据表明,农地社会保障功能不仅没有得到强化,反而在不断弱化。人均耕地面积的减少使得农地对一部分农民的社会保障作用减弱甚至丧失;农民对土地依赖性的减弱使部分农民有放弃土地基本生活保障的可能;[2]农业经营绝对权益降低,减少了农民土地收入;农民就业渠道的多样化,弱化了农地的就业保障职能。[3]

本书作者认为,以农地的社会保障功能作为限制农地金融化的主要理由,正当性不足。无论是否承认农地的社会保障功能,都不影响农地的金融化。

第一,农地与社会保障义务之间并无必然联系。无论是《物权法》,还是《农村土地承包法》,其中所规定的土地承包经营权人的权利和义务(土地承包经营权的内容),均无社会保障义务。社会保障是国家立法强制规定的,由国家和社会出面举办,对公民在年老、疾病、伤残、死亡、遭遇灾难、面临生活困难时给予物质帮助,旨在保障公民个人和家庭基本生活需要水平、提高生活水平、实现社会公平和社会生产的制度,[4]本质上属于国家与社会的一项公法义务。农地与社会保障之间并不存在必然联系,但不可否认的是,在我国目前农村社会保障现状之下,农地确实具有一定的社会保障替代功能。也就是说,农地并不附有法定的社会保障负担,只是由于国家和社会没有尽到对农民的社会保障义务,才使得农地附加上一种社会保障替代功能。[5]

第二,即使认为农地具有社会保障替代功能,但同时仍应承认农地的生产要素功能和财产属性。十八届三中全会《决定》进一步强调了农地的生产要素功能和财产属性。在此背景下,应当强化市场在农地资源配置中的决定性作用,通过市场实现农地的价值,更好地实现农地的社会保障(替代)功能。而对农地流转进行诸多限制,禁止农地金融化,会使农地的市场价值无法实现,也就无法起到社会保障的作用。可见,农地的生产要素功能与社会保障(替代)功能之间并不存在实质上的冲突和矛盾,农地的社会保障(替代)功能本身并不限制农地的金融化。以农地的社会保障功能为由限制农地金融化,其代价是农民财产权的多重受限和财产价值的严重

[1] 参见温铁军:《农民社会保障与土地制度改革》,载《学习月刊》2006 年第 19 期。

[2] 参见王克强:《农村土地基本生活保障向社会保险过渡存在的困难——兼论农民对土地决策基础从生存伦理向经济理性的转移》,载《社会科学战线》2005 年第 2 期。

[3] 参见姜长云:《农村土地与农民的社会保障》,载《经济社会体制比较》2002 年第 1 期。

[4] 参见林嘉:《社会保障法的理论、实践与创新》,中国人民大学出版社 2002 年版,第 8 页。

[5] 参见左良平:《农地抵押与农地金融立法问题》,湖南师范大学与出版社 2012 年版,第 24 页。

贬损。[1]

第三,农地的金融化并不意味着农民丧失农地,失去基本生活保障。其一,即使法律上允许农地抵押,作为“经济理性人”的农民也并不一定会将其拥有的农地抵押,完全可以根据自身经济状况及其对农地的依赖程度,选择自己认为最能发挥土地效益的利用方式,比如,仅将部分农地抵押,即使以后不能偿还到期债务,也仅丧失部分农地,这样既获得了融资,又不失生存保障。其二,农地设定抵押后,即使债务人届期不能清偿债务,农地抵押权的实现方式也并不必然就是转让土地承包经营权,完全可以采取强制管理农地的方式实现抵押权,将农地出租或转包,并以该收益清偿债务,待债务清偿完毕,农地即回归原权利人。此时,农地抵押权的实现并不导致农民丧失农地。其三,自十六大以来,以统筹城乡发展为显著标志,社会保障体系建设进入城乡统筹、全民覆盖、全面发展的时期。到 2012 年年底,基本实现医疗保险全民覆盖,总体实现城乡低保应保尽保,城乡居民社会养老保险人数达 4.84 亿人(不计职工养老保险人数)。[2] 党的十八大把社会保障全民覆盖作为全面建成小康社会的重要目标,十八届三中全会《决定》进一步提出建立更加公平可持续的社会保障制度的改革目标,标志我国社会保障制度改革进入新的重要时期。[3] 在此背景下,即使农地抵押权的实现使得农民丧失农地,农民也不会失去基本生活保障。

农业规模化经营和农业产业化过程的资金需求是农村金融无法回避的问题,而农地金融化至少是其中可供选择的路径之一。[4] 在我国总体上进入“以工促农、以城带乡”的发展阶段,在中央实行“工业反哺农业、城市支持农村”的方针之下,赋予农民充分而有保障的土地承包经营权,强化农地的生产要素功能和财产属性,实现农地金融化,无疑是最优的路径选择。

三、土地承包经营权担保融资的法律结构

(一)土地承包经营权担保融资的试点政策

推进农村金融体制改革、发展农村普惠金融是近年来深化农村经济体制改革的

---

〔1〕 参见李凤章等:《土地抵押融资的法律困境和制度创新》,立信会计出版社 2012 年版,第 95 页。

〔2〕 参见尹蔚民:《建立更加公平可持续的社会保障制度》,载本书编写组编著:《〈中共中央关于全面深化改革若干重大问题的决定〉辅导读本》,人民出版社 2013 年版,第 294 ~ 295 页。

〔3〕 参见尹蔚民:《建立更加公平可持续的社会保障制度》,载本书编写组编著:《〈中共中央关于全面深化改革若干重大问题的决定〉辅导读本》,人民出版社 2013 年版,第 297 ~ 298 页。

〔4〕 有学者认为,法律禁止并非民间农地抵押行为较少的主要原因,同时,金融抵押有违金融机构“安全性、盈利性、流动性”的经营原则。(郭继:《土地承包经营权抵押的实践困境与现实出路——基于法社会学的分析》,载《法商研究》2010 年第 5 期。)该观点在一定程度上反映了农村金融的特点,值得赞同。但至少在目前农村政策金融发展不彰的情况下,农村商业金融的展开离不开信贷担保物,农地的金融化即为其中可采路径之一。

重心,其中,发挥农村经营性资产——土地承包经营权的金融价值,又成了重中之重。十八届三中全会《决定》指出:"赋予……承包经营权抵押、担保权能";2014年中央一号文件进一步指出:"在落实农村土地集体所有权的基础上,稳定农户承包权、放活土地经营权,允许承包土地的经营权向金融机构抵押融资。"这一改革政策在此后的相关文件中得到了进一步的强化。[1]

为落实这一改革政策,国务院发布了《两权抵押指导意见》,对承包土地的经营权抵押贷款试点提出了明确的要求,同时要求要"根据本意见出台农村承包土地的经营权抵押贷款试点管理办法","建立相应的信贷管理制度并制定实施细则","认真总结试点经验,及时提出制定修改相关法律法规、政策的建议,加快推动修改完善相关法律法规"。

目前的政策导向突破了现行法的哪些规定?哪些规定需要提请全国人大常委会授权在试点地区暂停实施?哪些规定需要在试点管理办法中予以明确、细化?既有的改革试点能够给本次改革方案的设计带来什么启示?[2] 这些无疑是我们在承包土地的经营权的抵押规则构建时所应考虑的。

《三权分置意见》就农地"三权"分置之后土地承包经营权和土地经营权的内容提出了方向性的意见。其中,就土地承包经营权而言,"在完善'三权分置'办法过程中,要充分维护承包农户使用、流转、抵押、退出承包地等各项权能。承包农户有权占有、使用承包地,依法依规建设必要的农业生产、附属、配套设施,自主组织生产经营和处置产品并获得收益;有权通过转让、互换、出租(转包)、入股或其他方式流转承包地并获得收益,任何组织和个人不得强迫或限制其流转土地;有权依法依规就承包土地经营权设定抵押、自愿有偿退出承包地,具备条件的可以因保护承包地获得相关补贴。承包土地被征收的,承包农户有权依法获得相应补偿,符合条件的有权获得社会保障费用等。不得违法调整农户承包地,不得以

---

[1] 如国务院办公厅发布的《关于金融服务"三农"发展的若干意见》(2014年4月20日,国办发〔2014〕17号)指出:"制定农村土地承包经营权抵押贷款试点管理办法,在经批准的地区开展试点。"原中国银监会、原农业部《关于金融支持农业规模化生产和集约化经营的指导意见》(2014年7月31日)指出:"根据中央统一部署,稳妥推动开展农村土地承包经营权抵押贷款试点,主动探索土地经营权抵押融资业务新产品,支持农业规模经营主体通过流转土地发展适度规模经营。"原农业部《关于推动金融支持和服务现代农业发展的通知》(2014年8月1日,农财发〔2014〕93号)指出:"推动农业机械设备、运输工具、水域滩涂养殖权、承包土地经营权等为标的的新型抵押担保"。中共中央、国务院《关于加大改革创新力度加快农业现代化建设的若干意见》(2015年2月1日,中发〔2015〕1号)进一步强调:"做好承包土地的经营权和农民住房财产权抵押担保贷款试点工作。"

[2] 本书作者选取重庆市的试点政策作为分析对象。重庆市是2007年6月国务院批准的国家统筹城乡综合配套改革试验区,在促进区域协调发展和推进改革开放大局中具有重要的战略地位。在"积极推进改革试验,建立统筹城乡发展体制"[国务院《关于推进重庆市统筹城乡改革和发展的若干意见》(2009年1月26日,国发〔2009〕3号)]的指导方针之下,重庆市积极探索农地金融化改革试点。

退出土地承包权作为农民进城落户的条件。”就土地经营权而言,“在完善‘三权分置’办法过程中,要依法维护经营主体从事农业生产所需的各项权利,使土地资源得到更有效合理的利用。经营主体有权使用流转土地自主从事农业生产经营并获得相应收益,经承包农户同意,可依法依规改良土壤、提升地力,建设农业生产、附属、配套设施,并依照流转合同约定获得合理补偿;有权在流转合同到期后按照同等条件优先续租承包土地。经营主体再流转土地经营权或依法依规设定抵押,须经承包农户或其委托代理人书面同意,并向农民集体书面备案。流转土地被征收的,地上附着物及青苗补偿费应按照流转合同约定确定其归属。承包农户流转出土地经营权的,不应妨碍经营主体行使合法权利。加强对土地经营权的保护,引导土地经营权流向种田能手和新型经营主体。支持新型经营主体提升地力、改善农业生产条件、依法依规开展土地经营权抵押融资。鼓励采用土地股份合作、土地托管、代耕代种等多种经营方式,探索更多放活土地经营权的有效途径。”由此可见,承包农户的土地承包经营权和新型经营主体的土地经营权都可以设定抵押权,改变了此前“三权”分置之下承包农户的土地承包经营权不能抵押的观点。本书以下在讨论农地抵押权的一般规律后,将区分土地承包经营权抵押和土地经营权抵押两种情形加以展开分析。

当前,农地金融制度已经制约了农村经济的发展,必须进行制度变革。十七届三中全会后,在中国人民银行、原中国银监会的指导下,各地结合实际积极探索农村抵押担保的创新,部分省份探索开展农地金融试点。如成都、重庆等统筹城乡综合配套改革试验地区直接规定农地的金融化,突破现行法限制,允许以家庭承包方式取得的土地承包经营权设定抵押;有的地方虽然没有直接规定农地的金融化,但通过有条件地转让土地承包经营权的不同方式达到金融化的目的。这些农地金融改革试点表明,只能修改现行法律,才能从根本上消除农地金融化的法律障碍;无论是突破现行法的规定,还是采取让与担保等迂回路径,在目前的制度背景下,都无法找到其适法地位。因此,重建农地金融制度,成为必然选择。

(二)《新农村土地承包法》和《民法典》相关规定的解释分歧

回应新一轮土地制度改革成果,是《农村土地承包法》修正和《民法典》物权编编纂的主要任务之一。[1] 就农地融资担保,《农村土地承包法》和《物权法》基于社

---

〔1〕 参见沈春耀(全国人大宪法和法律委员会副主任委员):《关于〈民法典各分编(草案)〉的说明——2018年8月27日在第十三届全国人民代表大会常务委员会第五次会议上》,载《民法典立法背景与观点全集》编写组编:《民法典立法背景与观点全集》,法律出版社2020年版,第23页;王晨(全国人民代表大会常务委员会副委员长):《关于〈中华人民共和国民法典(草案)〉的说明——2020年5月22日在第十三届全国人民代表大会第三次会议上》,载《民法典立法背景与观点全集》编写组编:《民法典立法背景与观点全集》,法律出版社2020年版,第10~11页。

会保障、耕地保护、粮食安全、社会稳定等的政策目标,禁止"耕地……集体所有的土地使用权"抵押融资。[1] 在完善土地承包经营权权能、提高农民财产性收入的政策目标之下,十八届三中全会《决定》指出:要"赋予……承包经营权抵押、担保权能"。就此,全国人民代表大会常务委员会作出决定,授权国务院在试点地区暂时调整实施《物权法》等关于集体所有的耕地使用权不得抵押的规定,以使试点改革于法有据;国务院及其相关组成部门也出台了试点文件,对试点工作作了相应部署。农地融资担保试点取得了良好的绩效,全面推开条件已经成熟,应修改相关法律予以体现。[2] 《新农村土地承包法》率先于 2018 年 12 月完成修订工作,作为民事基本法律的《民法典》在此基础上对《物权法》的相关规则也作了相应修改。由于立法之时回避了相关争议问题,这些新规则的解释和适用也就见解纷呈。

《新农村土地承包法》和《民法典》同时反映"两权"分离和"三权"分置之下的农地生产关系。"三权"分置的情形毕竟还是少数,"目前,农村已有 30% 以上的承包农户在流转承包地,流转面积 4.79 亿亩",[3]《新农村土地承包法》和《民法典》的规制重心也就放在了完善"两权"分离之下的规则体系,以契合"三权"分置所带来的体系效应。就此,《新农村土地承包法》和《民法典》首先将"土地承包经营权"定性为集体土地所有权派生出的一种用益物权,以反映"两权"分离之下的农地产权结构,旨在稳定集体与承包农户之间关于农地资源的配置关系;其次,《新农村土地承包法》和《民法典》强化土地承包经营权的身份属性,不仅将土地承包经营权的转让、互换局限在本集体经济组织内部,而且将其主体不具有身份属性的"以招标、拍卖、公开协商等方式取得的荒地等土地承包经营权"重构为土地经营权,置重于农地的社会保障功能,强调农地在本集体成员之间的公平分配。

现代农业的转型以高投入为基本前提,在政策金融之外,商业金融的供给即为其中重要一环。基于风险控制的需要,信贷担保物的范围扩张就成了商业金融据以展开的基本逻辑。农地融资担保试点目标即为如此,《农村土地承包法》修正和《民

---

〔1〕 参见温世扬:《从〈物权法〉到"物权编"——我国用益物权制度的完善》,载《法律科学(西北政法大学学报)》2018 年第 6 期;胡康生主编:《中华人民共和国农村土地承包法释义》,法律出版社 2002 年版,第 119 ~ 120 页;全国人大常委会法制工作委员会民法室:《中华人民共和国物权法条文说明、立法理由及相关规定》(第 2 版),北京大学出版社 2017 年版,第 416 页。

〔2〕 参见《国务院关于全国农村承包土地的经营权和农民住房财产权抵押贷款试点情况的总结报告——2018 年 12 月 23 日在第十三届全国人民代表大会常务委员会第七次会议上》,载《中华人民共和国全国人民代表大会常务委员会公报》2019 年第 1 期。

〔3〕 参见刘振伟:《关于〈中华人民共和国农村土地承包法修正案(草案)〉的说明——2017 年 10 月 31 日在第十二届全国人民代表大会常务委员会第三十次会议上》,载《中华人民共和国全国人民代表大会常务委员会公报》2019 年第 1 期。

法典》物权编的编纂亦是如此。土地承包经营权作为承包农户的主要经营性资产，也就进入了融资担保的视野。

就抵押财产的范围，《物权法》采取了正面列举（第180条）和反面排除（第184条）相结合的方法，共同为当事人之间的融资担保行为提供规范指引，有利于明晰法律关系，维护交易安全。[1]《民法典》维系了这一立法方法，于第395条正面列举了抵押财产的范围，第399条反面排除了不得抵押的财产范围。在农地融资担保试点的成熟经验的基础上，《民法典》删除了《物权法》第184条第2项关于禁止“耕地……集体所有的土地使用权”抵押的规定，但同时删除了《物权法》第180条第1款第3项关于允许“以招标、拍卖、公开协商等方式取得的荒地等土地承包经营权”的规定。在体系解释上，土地承包经营权即属第395条所定“法律、行政法规未禁止抵押的其他财产”的范畴。由此，《民法典》就土地承包经营权抵押融资交易，虽然没有明示认可，但也未反面排除。其中也就没有明确规定此类抵押权的设立规则，交易模式的展开也就指向了民事特别法——《新农村土地承包法》。

《新农村土地承包法》第47条第1款前段规定：“承包方可以用承包地的土地经营权向金融机构融资担保，并向发包方备案。”这里，将承包方据以融资担保的财产界定为“承包地的土地经营权”，而非“土地承包经营权”。由此引发了承包方利用承包地展开融资担保之时，标的财产究竟是“土地经营权”还是“土地承包经营权”的争议。

《新农村土地承包法》修正通过之后，学者间有观点认为，此际的融资担保财产是“土地经营权”，主要理由是：其一，基于第47条第1款本身的文义，抵押客体只是土地经营权而非土地承包经营权本身。[2]“承包地经营权，按照字面理解，应当是权利人存于农村已经承包土地上的以该土地从事农业生产经营活动的权利。承包地经营权抵押中的担保财产就是承包地经营权。”[3]从该法的相关规定来看，土地经营权“原本属于承包人所享有”。[4]虽然在不发生承包地流转的情况下并不产生“土地经营权”，但当承包农户以其承包地权利进行担保融资之时，其标的财产是不具有身份属性的“土地经营权”。[5]其二，土地承包经营权具有严格的身份属性，将

〔1〕参见高圣平：《担保法论》，法律出版社2009年版，第298页。

〔2〕参见祝之舟：《农村土地承包经营权的功能转向、体系定位与法律保障——以新〈农村土地承包法〉为论证基础》，载《农业经济问题》2020年第3期。

〔3〕许明月：《农村承包地经营权抵押融资改革的立法跟进》，载《比较法研究》2016年第5期。

〔4〕张素华、张雨晨：《〈农村土地承包法〉修订背景下土地经营权的法律内涵与制度供给》，载《广西大学学报（哲学社会科学版）》2019年第1期。

〔5〕参见李长健、兰馨：《农村土地经营权抵押的法律适用及运行保障——以〈农村土地承包法修正案（草案）〉为中心》，载《吉首大学学报（社会科学版）》2018年第5期。

其用于担保融资，会在实现抵押权时遭遇制度障碍。[1] 土地承包经营权虽具有经营权能，但因其负载社会保障功能，法律上赋予其身份属性，故其不得自由流转的基本立场在《新农村土地承包法》中未被撼动。这应当是该法未直接指明其为担保之客体的理由。[2] 如允许土地承包经营权抵押，一旦实现抵押权，即意味着土地承包经营权的丧失，“这与我国农村土地承包权设置的初衷相背，也不符合现行农村土地改革的政策底线。”因此，“即便是土地承包经营权人自己经营也是就土地经营权进行抵押，并不触及带有生存和生活保障的承包权。”[3]其三，域外法上就自己他物权已有所有人地上权、自己地役权等立法例，可兹参照。[4] 承包农户为自己设立独立存在、期限特定的土地经营权，再以此土地经营权融资担保。其中，为自己设立土地经营权属于土地承包经营权的权能，融资担保则属于土地经营权的权能，而不是土地承包经营权的直接权能。[5] 为避免登记程序上的烦琐，土地经营权的设立登记与担保登记须同时进行，无须先行办理设立登记。[6]

本书作者认为，承包农户用以担保融资的标的财产仍然是土地承包经营权，主要理由如下：

第一，在未发生流转土地经营权的情形之下，承包农户就承包地的权利在法律上表达为“土地承包经营权”，承包农户并不享有“土地经营权”。《新农村土地承包法》第 9 条规定：“承包方承包土地后，享有土地承包经营权，可以自己经营，也可以保留土地承包权，流转其承包地的土地经营权，由他人经营。”这就意味着，在承包农户自己经营的情形之下，承包农户所享有的即为“土地承包经营权”，这一权利被《民法典》明定为一类用益物权，依物权法定原则，其种类(体现为这一权利的名称)和内容自不应改变。承包农户自己经营，是其行使其土地承包经营权的方式，亦即属于土地承包经营权的权能，并不表明此际承包农户还享有一个别异于土地承包经营权的“土地经营权”。集体土地所有权、土地承包经营权和土地经营权均有经营权能，但该经营权能与其他权能并非截然分开，而是浑然一体地构成权利本身，权能仅

---

〔1〕 参见张晓娟：《三权分置背景下农村土地经营权抵押规则之构建》，载《中国农村观察》2017 年第 2 期。

〔2〕 参见房绍坤、林广会：《解释论视角下的土地经营权融资担保》，载《吉林大学社会科学学报》2020 年第 1 期。

〔3〕 焦富民：《“三权分置”视域下承包土地的经营权抵押制度之构建》，载《政法论坛》2016 年第 5 期。

〔4〕 参见房绍坤、林广会：《解释论视角下的土地经营权融资担保》，载《吉林大学社会科学学报》2020 年第 1 期。

〔5〕 参见祝之舟：《农村土地承包经营权的功能转向、体系定位与法律保障——以新〈农村土地承包法〉为论证基础》，载《农业经济问题》2020 年第 3 期。

〔6〕 参见房绍坤、林广会：《解释论视角下的土地经营权融资担保》，载《吉林大学社会科学学报》2020 年第 1 期。

体现为权利的内容,[1]并不能因承包农户享有经营权能,就认为承包农户享有“土地经营权”。

第二,在法律已经明定土地经营权的内容的情形之下,承包农户享有的经营农地的权利不是土地经营权。在《民法典》和《新农村土地承包法》之下,“土地承包经营权”和“土地经营权”是两个指称明确的权利类型,两者之间区别主要体现在,前者的主体为“土地承包经营权人”,即“承包农户”或“承包方”,权利的发生依据是承包农户和集体之间依承包方案签订的承包合同或土地承包经营合同;而后者的主体为“土地经营权人”,即“有农业经营能力或者资质”的自然人、法人或者非法人组织,权利的发生依据是经营主体与承包农户或集体之间所签订的土地经营权流转合同或承包合同。[2] 由此可见,承包农户依承包合同或土地承包经营合同所取得的权利为土地承包经营权,其并不享有土地经营权。《农村土地承包法》上“流转土地经营权”“土地经营权流转”的表述,只是表明自土地承包经营权派生出土地经营权,并不表明土地经营权在流转之前就已经存在且由承包农户享有。

第三,强化土地承包经营权的身份属性,不能成为否定其担保能力的理由。《民法典》删去《物权法》关于禁止“耕地……集体所有的土地使用权”抵押的规定,其本意即在赋予土地承包经营权以融资担保能力。担保物权只是在所有权或其他基础权利之上的负担,其设立并不改变基础权利的属性和内容。承包农户以其土地承包经营权为金融机构设立抵押权,也不影响土地承包经营权的属性和内容。此际,土地承包经营权的主体并未发生改变,[3]仍是承包农户在行使着土地承包经营权,并未为金融机构派生出土地经营权。因此,“作为担保物的土地经营权实际上还未现实存在,承包方是用将来的土地经营权融资担保,到需要实现担保物权时,土地经营权才从土地承包经营权中分离出来,作为优先受偿的财产出现。”[4]即使认为融资担保客体是土地经营权的学者,也认为金融机构通过融资担保取得的是以土地经营权为客体的担保物权,不是土地经营权本身;在担保物权实现以前,该土地经营权并

---

〔1〕 参见房绍坤、林广会:《解释论视角下的土地经营权融资担保》,载《吉林大学社会科学学报》2020年第1期。

〔2〕 根据《新农村土地承包法》第48条、第49条的规定,就不宜采取家庭承包方式的荒山、荒沟、荒丘、荒滩等农村土地,可以由经营主体与集体之间通过招标、拍卖、公开协商等方式签订承包合同,承包方取得土地经营权。这里的“承包合同”已经没有了其本来的意义,实为土地经营权流转合同;这里的“承包方”,也不是本集体经济组织的农户,也就不再具有家庭承包的承包方的意义,实为土地经营权人。

〔3〕 参见单平基:《土地经营权融资担保的法实现——以〈农村土地承包法〉为中心》,载《江西社会科学》2020年第2期。

〔4〕 黄薇主编:《中华人民共和国农村土地承包法释义》,法律出版社2019年版,第200页。

未转移至金融机构,仍旧属于承包农户。[1] 这足以说明,担保物权设立之时并未改变基础权利——土地承包经营权的身份属性,承包农户用以担保的仍然是土地承包经营权,只是在土地承包经营权抵押权实行之时,才为他人派生土地经营权,并以流转价款或经营收益优先受偿。此时,借由担保物权实现方式的革新,达到"不论承包经营权如何流转,集体土地承包权都属于农民家庭"的政策底线。[2] 因此,《新农村土地承包法》第47条第1款前段"承包地的土地经营权""掩盖的复杂法律关系的核心之处在于通过强制设立土地经营权的方式保障担保物权的实现"。[3]

第四,《新农村土地承包法》第47条是对试点经验的总结。作为新一轮土地制度改革的纲领性文件,中共中央《关于全面深化改革若干重大问题的决定》指出:"赋予……承包经营权抵押、担保权能",这里置重于完善土地承包经营权的抵押权能,明显是从"两权"分离的角度出发而考虑的;2014年中央一号文件进一步指出:"在落实农村土地集体所有权的基础上,稳定农户承包权、放活土地经营权,允许承包土地的经营权向金融机构抵押融资",这里的"承包土地的经营权"是否同时反映"两权"分离和"三权"分置的情形,不无疑问。《两权抵押指导意见》以及《农地抵押试点暂行办法》将"承包土地的经营权"界定为"通过家庭承包方式依法取得土地承包经营权和通过合法流转方式获得承包土地的经营权"。由此可见,政策文件中所称的"承包土地的经营权"涵盖了两种不同类型的"经营权":未流转土地经营权时,承包农户自行行使的"经营权";流转土地经营权时,受让方行使的"经营权"。其中,前者的法权表达是"土地承包经营权";后者的法权表达是"土地经营权"。[4] 以土地承包经营权或土地经营权设定的抵押均属"承包土地的经营权抵押"。[5]《新农村土地承包法》第47条第1款前段"承包地的土地经营权"只是在"承包土地的经营权"基础上作了表述上的调整。

综上所述,基于土地经营权能和土地经营权的区别以及民法上权利生成的基本原理,承包农户的融资担保财产是土地承包经营权。这一解释结论也符合反映试点

---

〔1〕 参见祝之舟:《农村土地承包经营权的功能转向、体系定位与法律保障——以新〈农村土地承包法〉为论证基础》,载《农业经济问题》2020年第3期。

〔2〕 2013年12月中央农村工作会议指出:"坚持家庭经营基础性地位,农村集体土地应由作为集体经济组织成员的农民家庭承包,其他任何主体都不能取代农民家庭的土地承包地位,不论承包经营权如何流转,集体土地承包权都属于农民家庭。"值得注意的是,这里的"土地承包权"即为《民法典》上规定的土地承包经营权。参见高圣平:《农地三权分置视野下土地承包权的重构》,载《法学家》2017年第5期。

〔3〕 房绍坤、林广会:《解释论视角下的土地经营权融资担保》,载《吉林大学社会科学学报》2020年第1期。

〔4〕 参见高圣平:《承包土地的经营权抵押规则之构建——兼评重庆城乡统筹综合配套改革试点模式》,载《法商研究》2016年第1期。

〔5〕 参见王利明:《我国民法典物权编中担保物权制度的发展与完善》,载《法学评论》2017年第3期。

成果的基本要求,便于融资担保实践的衔接与展开。为使金融机构的抵押权取得对抗善意第三人的效力,当事人之间仅须在既有的土地承包经营权登记之上登记抵押权即可,无须先就土地经营权进行登记,再办理抵押权登记,或者无须同时办理土地经营权设立登记和抵押登记。这一额外的操作“不仅没有必要,而且,操作上也不可行。”[1]直接以土地承包经营权融资担保,既节约了交易成本,又便于制度衔接和当事人理解。

(三)土地承包经营权抵押权的设立规则

在法适用关系上,《民法典》和《新农村土地承包法》之间,为一般规定和特别规定的关系。《立法法》第92条的规定:“同一机关制定的法律、行政法规、地方性法规、自治条例和单行条例、规章,特别规定与一般规定不一致的,适用特别规定;新的规定与旧的规定不一致的,适用新的规定。”虽然《民法典》系由全国人民代表大会通过,《新农村土地承包法》系由全国人民代表大会常务委员会制定,但两者均属由中华人民共和国主席令公布的法律。根据《宪法》第57条和第58条的规定,全国人民代表大会及其常设机关——全国人民代表大会常务委员会行使国家立法权。在解释上可以认为,《民法典》和《新农村土地承包法》为“同一机关制定的法律”。如此,就农地融资担保而言,《新农村土地承包法》与《民法典》不一致的,适用《新农村土地承包法》。

1. 土地承包经营权抵押关系的当事人

关于抵押关系的当事人,我国现行法未作特别限制。在解释上,具有民事权利能力和民事行为能力的人均可作为抵押关系的当事人,自然人、法人均无不可。但就土地承包经营权抵押关系而言,由于事涉抵押权实现可能给当事人造成的影响,在尚不具备农地完全市场化的情况下,对当事人资格作必要限制是合理的。

第一,土地承包经营权抵押权人应以金融机构为宜。关于土地承包经营权抵押权人的资格,理论认识和实践探索均不一致。有学者认为,承包方因应急(如治病、还款等)需要而抵押农地的,抵押权人可以是一般的组织或个人;因农业生产筹措发展资金而抵押土地承包经营权的,抵押权人应为金融机构(国家土地政策性银行)。[2] 有学者认为,只有金融机构或有资质的银行才可作为土地承包经营权抵押权人,自然人和普通企业法人不能作为土地承包经营权抵押权人,否则可能导致两个问题:一是可能引发高利贷,二是可能引发以抵押担保为名的私下土地买卖或土

---

[1] 许明月:《农村承包地经营权抵押融资改革的立法跟进》,载《比较法研究》2016年第5期。

[2] 参见韦福:《农村土地承包经营权抵押关系主体及其权利义务的立法构思》,载《广西社会科学》2012年第6期。

地兼并。[1] 2014 年中央一号文件也将其限定为“向金融机构抵押融资”。有学者提出渐进的改革方案，在目前新一轮土地改革刚刚起步的情况下，只允许经过主管部门批准取得相应资质的金融机构充当土地承包经营权抵押权人，随着改革的逐步深入，可以采取分阶段、分步骤的方式逐步扩大，最终做到完全由当事人自主决定、自愿选择。[2]

就实践探索看，重庆市将土地承包经营权抵押权人限定为银行和担保公司及其他非银行金融机构；[3]海南省将土地承包经营权抵押权人限定为经过国家银监部门批准设立、提供农村土地承包经营权抵押贷款的所有金融机构；[4]吉林土地收益保证贷款模式中，担保权人是物权融资公司（地方政府主导的融资平台）。虽然物权融资公司起着担保公司的作用，但其并未按融资性担保公司的管理规定经金融监督管理部门批准而设立，因此，只能将其定性为为土地承包经营权融资提供服务的融资机构。

本书作者认为，在信用授受市场细分的背景下，并非所有的农户资金需求均依土地承包经营权抵押贷款解决。土地承包经营权抵押贷款以解决农户生产资金的不足为要务，至于农户的生活需求，则依其他方式解决。在目前信贷管制的态势下，只有金融机构才能发放贷款，基于此，自然人和一般企业不能作为土地承包经营权抵押权人。《新农村土地承包法》第 47 条第 1 款前句规定：“承包方可以用承包地的土地经营权向金融机构融资担保，并向发包方备案。”这里，将土地承包经营权人界定为“金融机构”。

第二，土地承包经营权抵押人是土地承包经营权人，即承包农户。[5] 土地承包经营权抵押在性质上属于土地承包经营权的物权性流转，是否意味着土地承包经营权抵押要准用同属物权性流转的土地承包经营权转让规则？有学者认为，土地承包经营权抵押人也需“有稳定的非农职业或者稳定的收入来源”，[6]有的地方文件也

〔1〕 参见厉以宁：《论城乡二元体制改革》，载《北京大学学报（哲学社会科学版）》2008 年第 2 期；冯华、陈仁泽：《农村土地制度改革，底线不能突破》，载《人民日报》2013 年 12 月 5 日，第 2 版。

〔2〕 参见房绍坤：《论土地承包经营权抵押的制度构建》，载《法学家》2014 年第 2 期。

〔3〕 参见《重庆市农村“三权”抵押融资风险补偿资金管理暂行办法》第 3 条。

〔4〕 参见《海南省农村土地承包经营权抵押融资管理办法》第 4 条。

〔5〕 参见《成都市农村土地承包经营权抵押融资管理办法（试行）》第 4 条；《海南省农村土地承包经营权抵押融资管理办法》第 4 条。

〔6〕 王冠玺、李仁莹：《土地承包经营权抵押范围的再探索》，载《山东大学学报（哲学社会科学版）》2010 年第 4 期。

规定,土地承包经营权抵押也须“经发包方同意”。[1] 对此,本书作者并不认同,土地承包经营权抵押与土地承包经营权转让虽然均属农地的物权性流转,但两者之间的区别较为明显,制度功能差异较大,不宜将土地承包经营权转让的相关规则准用于土地承包经营权抵押。

理由在于:其一,农地金融化的目的是解决生产资金的不足,土地承包经营权抵押所贷得的款项,是债务人的生息资本。正是债务人没有其他收入,才利用农地申请贷款,要求土地承包经营权抵押人有稳定的非农职业或者稳定的收入来源,无异于本末倒置。其二,《民法典》将土地承包经营权作为一种物权规定,物权人对其权利的处分一般情况下无须他人意思介入,由此,土地承包经营权人处分其土地承包经营权应属当然之理。同时,现行法仅就土地承包经营权转让作了“经发包方同意”的限制性规定,[2] 但土地承包经营权抵押在设定之时并不改变土地承包经营权的主体,即使在土地承包经营权抵押权实现时,也并不必然导致土地承包经营权主体的变更。经发包人同意,实际上限制了土地承包经营权抵押,为以行政或准行政手段配置土地资源留下太多空间,不符合现代市场经济体制对农业资源配置方式的要求。其三,在土地承包经营权已经发生物权性流转的情况下,受让人取得土地承包经营权已经不是基于承包方与发包方之间的土地承包经营权设立合同,而是基于受让人与转让人之间的土地承包经营权转让合同,此时,受让人作为权利人,以其农地设定抵押仍需取得发包方同意,并不恰当。其四,在“完善土地承包经营权权能”的总体方针下,土地承包经营权转让的规则将面临修改,土地承包经营权抵押更不能适用土地承包经营权转让的限制性规则。

《新农村土地承包法》第 47 条第 1 款前句规定:“承包方可以用承包地的土地经营权向金融机构融资担保,并向发包方备案。”这里将土地承包经营权抵押人界定为“承包方”,即享有土地承包经营权的承包农户,且并未将“有稳定的非农职业或者稳定的收入来源”“经发包方同意”作为前提条件,而只是“向发包方备案”。根据《新农村土地承包法》第 47 条第 1 款的规定,以土地承包经营权进行融资担保的,承包方仅需“向发包方备案”。这里的“备案”只是一种事后程序,便于发包方全面掌

[1] 《成都市农村土地承包经营权抵押融资管理办法(试行)》第 5 条、第 6 条;《重庆市农村土地承包经营权、农村居民房屋及林权抵押融资管理办法(试行)》第 6 条;《重庆市农村土地承包经营权抵押登记实施细则(试行)》第 8 条;《海南省农村土地承包经营权抵押融资管理办法》第 5 条、第 6 条。

[2] 对此规定的批评,参见朱虎:《土地承包经营权流转中的发包方同意——一种治理的视角》,载《中国法学》2010 年第 2 期;高圣平:《土地承包经营权权能论纲——以处分权能为中心》,载《社会科学》2012 年第 7 期。

握土地流转情况并对其利用进行监督。[1] 在土地承包经营权抵押权设立之后，承包方是否向发包方备案，不影响土地承包经营权抵押权的效力。值得注意的是，就同一土地承包经营权向两个以上债权人抵押的，自应根据《民法典》第414条第1款的规定，依取得对抗第三人效力的时间先后确定竞存土地承包经营权抵押权之间优先顺位，即：抵押权均已登记的，按照登记的时间先后确定清偿顺序；抵押权已经登记的先于未登记的受偿；抵押权未登记的，按照债权比例清偿。

2. 登记对于土地承包经营权抵押权设立的意义

《物权法》对因法律行为引起的物权变动，采取"合同 + 公示"的模式。[2] 土地承包经营权抵押权的设定自应依据这个一般规则去发展。就实定法而言，《物权法》对以其他承包方式取得的土地承包经营权上抵押权的设定，除订立书面抵押合同外，还应当办理抵押登记，其抵押权自登记时设立（《物权法》第185条、第187条），明显采取登记生效模式。在以家庭承包方式取得的土地承包经营权上设定抵押权时，自应采取相同规则，亦即应办理抵押登记，且登记是抵押权设立的生效要件。地方试点大多采取这种做法，[3] 也得到了学界支持。[4]

值得注意的是，农地金融化以完备的金融基础设施为前提，相关地方试点的顺利展开是以土地承包经营权登记确权工作基本完成为前提的，否则抵押权人将无法公示其土地承包经营权抵押权。[5] 但我国土地承包经营权登记制度迁就了不规范的现实，阻碍了农地的市场化改革。我国对土地承包经营权的设定，并未采取登记生效主义，依《物权法》第127条，登记不是土地承包经营权的生效要件或对抗要件，土地承包经营权自土地承包经营合同生效时即设定，明显采取意思主义的物权变动模式。其理由在于，集体成员之间彼此相熟，承包土地为人所共知，能够起到相应的公示作用。[6] 同时，就土地承包经营权的互换、转让等物权性流转，《物权法》采取

---

〔1〕 参见黄薇主编：《中华人民共和国农村土地承包法释义》，法律出版社2019年版，第201页；房绍坤、林广会：《解释论视角下的土地经营权融资担保》，载《吉林大学社会科学学报》2020年第1期。

〔2〕 参见王利明：《物权法研究》，中国人民大学出版社2013年版，第828页。

〔3〕 参见《成都市农村土地承包经营权抵押融资管理办法（试行）》第14条；《重庆市农村土地承包经营权、农村居民房屋及林权抵押融资管理办法（试行）》第10条、第11条；《重庆市农村土地承包经营权抵押登记实施细则（试行）》第5条；《海南省农村土地承包经营权抵押融资管理办法》第14条。

〔4〕 参见房绍坤：《论土地承包经营权抵押的制度构建》，载《法学家》2014年第2期。

〔5〕 例如，重庆农村"三权"抵押的开展就是以"三权"确权登记的稳步推进为基础的。截至2011年年底，重庆市集体林权和土地承包经营权确权颁证率均已超过98%，农村居民房屋确权颁证完成97%。2012年年底实现集体土地所有权、宅基地使用权和其他集体建设用地使用权登记发证全覆盖。参见陈悦、严伟涛：《"三权"抵押的实际操作与相关机理：重庆个案》，载《改革》2012年第12期。

〔6〕 参见全国人大常委会法制工作委员会民法室编：《中华人民共和国物权法条文说明、立法理由及相关规定》，北京大学出版社2007年版，第236页。

登记对抗主义,未经登记,不得对抗善意第三人(《物权法》第129条)。这些规则均与农地市场化流转的要求不符。在构建新型农业经营体系,鼓励适度规模经营的政策目标之下,土地承包经营权流转当属更普遍的现象,此时,应强化农地的公示手段,依不动产物权的一般规则重构农地的公示规则,将土地承包经营权的设定公示和土地承包经营权的物权性流转公示统一起来,一体采取登记生效主义。

《新农村土地承包法》没有采纳上述观点,其第47条第2款明定:“担保物权自融资担保合同生效时设立……未经登记,不得对抗善意第三人。”这一规则适用于同条第1款中的两类抵押权:土地承包经营权抵押权和土地经营权抵押权。《民法典》物权编担保物权分编就土地承包经营权抵押权的设立规则并无特别规定,而就基于法律行为的不动产物权变动,《民法典》第209条第1款规定:“不动产物权的设立、变更、转让和消灭,经依法登记,发生效力;未经登记,不发生效力,但是法律另有规定的除外。”因此,在解释上可以认为,《新农村土地承包法》第47条第2款所定不动产物权变动规则,即为《民法典》第209条第1款“法律另有规定”的情形之一,自应优先适用。至于抵押合同的内容和形式,自得适用《民法典》第400条、第401条的规定。

在《新农村土地承包法》第47条第2款之下,土地承包经营权抵押权的设立采取登记对抗主义。之所以没有采取登记生效主义,主要是为了尊重当事人之间的意思自由,便于担保交易的达成,提升担保交易的效率,降低担保交易的成本和登记机构的负担。[1] 这一制度安排在《新农村土地承包法》内部取得了统一。该法第35条规定:“土地承包经营权互换、转让的,当事人可以向登记机构申请登记。未经登记,不得对抗善意第三人。”这里明定土地承包经营权的互换、转让采登记对抗主义。土地承包经营权抵押与土地承包经营权互换、转让一样,均产生物权变动的法律效果,统一采行登记对抗主义,符合正义的规则(同者相同、异者相异)要求。[2]

“未经登记,不得对抗善意第三人”,表明《新农村土地承包法》上区分了土地承包经营权抵押权的设立与对抗第三人效力。在解释上,土地承包经营权抵押权一经设立,在性质上即属物权,即使未经登记,也可对抗抵押人的无担保债权人。未经登记的土地承包经营权抵押权,不得对抗善意的受让人、土地经营权人,不得对抗其他担保权人、查封或扣押债权人、参与分配债权人、破产债权人或破产管理人。

(四)土地承包经营权抵押权的实现规则

《新农村土地承包法》第47条第3款规定:“实现担保物权时,担保物权人有权

〔1〕 参见黄薇主编:《中华人民共和国农村土地承包法释义》,法律出版社2019年版,第202页。

〔2〕 参见吴国喆:《“三权分置”背景下农地抵押的规则设计》,载《北方法学》2018年第5期。

就土地经营权优先受偿。”本款规定是关于土地承包经营权、土地经营权抵押权实现的特别规则，但仅就土地承包经营权才有意义，因土地经营权抵押权的实现本就是就土地经营权优先受偿。[1]

就土地承包经营权抵押权的实现而言，如适用《民法典》第 410 条，无论是采取协议折价的方式，还是采取拍卖、变卖的方式，均将导致土地承包经营权易其主体，承包农户将丧失其土地承包经营权，也就使得承包农户失去了基本的生活和就业保障。其一，土地承包经营权抵押权的实现不宜采取折价方法。《民法典》第 410 条规定，抵押权人可以与抵押人协议，以抵押财产折价。果若如此，作为土地承包经营权抵押权人的金融机构将折价取得土地承包经营权，但各金融机构基于其设立目的的限制，均无法行使土地承包经营权，当金融机构是商业银行时，更受到“不得向非自用不动产投资”的限制（《商业银行法》第 43 条）。因此，土地承包经营权抵押权的实现不宜采取折价方法由土地承包经营权抵押权人取得土地承包经营权。其二，拍卖、变卖土地承包经营权，即意味着抵押人丧失其土地承包经营权，违反了“无论承包地如何流转，都不能使农民失去承包地”的政策底线。农地金融的地方实践给土地承包经营权抵押制度的重构提供了可资参考的样本。在重庆市，土地承包经营权抵押权实现时首先在村集体组织内处置土地承包经营权，如不能处置，则由农村资产经营管理公司（依托重庆市农业担保公司组建的国有性质的负责处置因开展土地承包经营权抵押借款产生的不良资产的公司）对土地承包经营权进行流转（这里的流转仅指转包、出租等债权性质的流转），也就是为新型经营主体设定土地经营权。农村资产经营管理公司对涉案土地承包经营权进行流转，即属土地承包经营权抵押权实现时的强制管理。吉林土地收益保证贷款中的模式，是物权融资公司将涉案土地承包经营权转包，并以转包收益抵偿代偿债务，亦属强制管理方式。

因此，土地承包经营权抵押权的实现，只能依《新农村土地承包法》第 47 条第 3 款的规定，由土地承包经营权派生出土地经营权，以流转价款或经营收益优先受偿。此即强制执行法上的强制管理和收益执行方式。强制管理，是以不动产的收益为执行对象的换价方法，由执行法院选任管理人对被执行人的已查封不动产实施管理，并以其所得收益满足债权人的金钱债权。[2] 与拍卖、变卖等执行措施相比，强制管理着眼于土地承包经营权的使用价值，以土地承包经营权的收益为执行对象，可以

---

〔1〕 参见单平基：《土地经营权融资担保的法实现——以〈农村土地承包法〉为中心》，载《江西社会科学》2020 年第 2 期。

〔2〕 参见赖来焜：《强制执行法各论》，台北，元照出版有限公司 2008 年版，第 406 页；房绍坤：《论土地承包经营权抵押的制度构建》，载《法学家》2014 年第 2 期。

避免债务人丧失土地承包经营权。一旦农地收益清偿完债务,土地承包经营权即回复至债务人直接享有。但在强制管理模式中,土地承包经营权抵押权难以迅速实现,除了就债权数额增加相应期限利益之外,抵押权人的利益较受限制。在比较法上,强制管理多应用于债权数额较少而不动产(权利)价值巨大的情形,[1]在我国目前农地尚未市场化的背景下,土地承包经营权的价值并未充分发现,可以借由强制管理达到农户保有土地承包经营权的公共政策目标。我国《民事诉讼法》上尚无强制管理这一执行措施,在制度重建时,可以引入这种抵押权实现方式。以强制管理方式实现土地承包经营权抵押权,并不就土地承包经营权进行变价,而仅使受让人取得其上的土地经营权。在执行实践中可以采取两种方式:其一,由土地经营权人一次性给付流转价款,债权人就该流转价款优先受偿;其二,由土地经营权人分期以经营收益优先清偿债务,在土地经营权的行使所生的收益足以清偿债务之时,土地经营权即消灭,土地承包经营权恢复至圆满状态。[2] 第二种模式实际上也是以土地经营权的流转价款实现抵押权,只不过是分期支付而已。

土地承包经营权抵押权的实现无须经过诉讼程序,直接适用“实现担保物权案件”这一非讼程序。《民法典》关于抵押权实现模式的规定是:先协商实现抵押权,协商不成的,“抵押权人可以请求人民法院拍卖、变卖抵押财产”(第410条),这一规则修改了《担保法》关于“协议不成的,抵押权人可以向人民法院提起诉讼”(第53条)的表述,使得抵押权人无须经过冗长的审判程序,可以径直向法院申请许可拍卖、变卖抵押物的裁定,并据该裁定直接申请执行。[3] 这一规则是我国抵押权实现模式的重大突破,受到社会各界的欢迎。但有关地方规范中就土地承包经营权抵押权实现模式的表述是“协商不成的,抵押权人可根据合同约定,向金融仲裁机构申请仲裁或者向人民法院提起诉讼”,[4]这又回到《担保法》的老路。

至于其具体方式,仍然可以采取协议拍卖、变卖或强制拍卖、变卖的方法确定土地经营权人。在解释上,《新农村土地承包法》第38条所定基本原则除第1项之外,均有适用余地。例如,不得改变土地所有权的性质和土地的农业用途,不得破坏农业综合生产能力和农业生态环境;流转期限不得超过承包期的剩余期限;受让方须有农业经营能力或者资质;在同等条件下,本集体经济组织成员享有优先权。此外,

---

[1] 参见赖来焜:《强制执行法各论》,台北,元照出版有限公司2007年版,第406页。
[2] 参见高圣平:《承包地三权分置的法律表达》,载《中国法学》2018年第4期。
[3] 参见2017年版《民事诉讼法》第197条。
[4] 《重庆市农村土地承包经营权、农村居民房屋及林权抵押融资管理办法(试行)》第16条。

还应接受县级以上地方人民政府的资格审查。[1]

值得探讨的是,《新农村土地承包法》第 47 条第 3 款是对试点实践的总结,《两权抵押指导意见》指出,土地承包经营权抵押权实现之时,“允许金融机构在保证农户承包权……前提下,依法采取多种方式处置抵押物”。但是,《新农村土地承包法》同样允许土地承包经营权的转让(第34 条),在土地承包经营权抵押权可得实现之时,如经发包方同意,抵押人(承包方)自可将其全部或者部分的土地承包经营权转让给本集体经济组织的其他农户。此时,自应适用《民法典》第 410 条对抵押土地承包经营权进行变价。变价之后,由受让农户与发包方确立新的承包关系,抵押人与发包方在该土地上的承包关系即行终止。

此外,为提高农村金融的有效供给,推进农地金融业务的开展,应当建立、健全农村金融风险补偿机制,可以由中央、地方财政出资设立农地金融风险补偿基金,对农地金融服务的融资机构因发放土地承包经营权抵押贷款而产生的本息损失进行一定比例补偿,减少风险的积聚。[2] 可以对有关地方的实践经验进行研究吸收,比如,重庆市土地承包经营权抵押融资风险补偿对象是融资机构为相关企业、农民专业合作社、农户等涉农主体发展农林牧渔副等产业而开展土地承包经营权抵押融资贷款发生的损失。[3] 符合条件的贷款损失经审批后可获得风险补偿金补偿 35%,其中市级风险补偿金承担 20%,区县风险补偿金承担 15%。[4]

四、土地经营权担保融资的法律结构

(一)土地经营权融资担保的体系定位

1. 土地经营权融资担保试点文件的分析

《两权抵押指导意见》秉承 2014 年中央一号文件的提法,明确向金融机构抵押融资的是“承包土地的经营权”,那么,这一抵押财产的性质如何?是否属于《物权法》允许抵押的财产的范围?

“承包土地的经营权”抵押融资,是“按照所有权、承包权、经营权三权分置和经营权流转有关要求,以落实农村土地的用益物权、赋予农民更多财产权利为出发点,

〔1〕 张素华、张雨晨:《〈农村土地承包法〉修订背景下土地经营权的法律内涵与制度供给》,载《广西大学学报(哲学社会科学版)》2019 年第 1 期;高小刚、谷昔伟:《“三权分置”中农地经营权融资担保功能之实现路径——基于新修订〈农村土地承包法〉的分析》,载《苏州大学学报(哲学社会科学版)》2019 年第 4 期。

〔2〕 参见李同彬:《农户的融资需求与农村金融的有效供给》,载《理论探讨》2011 年第 6 期。

〔3〕 参见《重庆市农村“三权”抵押融资风险补偿资金管理暂行办法》第 4 条。

〔4〕 参见《重庆市农村“三权”抵押融资风险补偿资金管理暂行办法》第 7 条。

深化农村金融改革创新”为指导思想[1]而提出的。在现行法之下,农村土地承包关系在法律上的表达是“土地承包经营权”,这一法权关系被定位于物权,[2]自受物权法定之“类型强制”和“类型固定”之限制,当事人之间创设的此类物权不能称为其他的权利名称,当事人之间亦不得创设与法律规定不一致的内容。由此可见,所谓“承包土地的经营权”,不是现行法所称的土地承包经营权,那这一权利是什么性质的民事权利?

现如今,“三权”分置学说具有独特的说明价值:第一,“落实集体所有权”,就是要坚持农村土地的集体所有制,“尊重作为所有权主体的集体经济组织在占有、处分方面的权能,发挥其在处理土地撂荒方面的监督作用、在平整和改良土地方面的主导作用、在促进土地适度规模经营方面的桥梁作用”。[3] 第二,“稳定农户承包权”,就是要传达“土地承包关系长久不变”的政策目标,“意味着承包权始终属于集体经济组织内部的农户”,[4]目前就是要“界定集体成员资格、锁定集体成员范围,在起点公平的基础上落实‘长久不变’,并对承包权的权能边界进行清晰界定”。[5] 第三,“放活土地经营权”,就是要鼓励创新土地流转形式,发展多种形式的适度规模经营,实现土地资源的优化配置,“其实质就是赋予农民更完整、更有保障的转让权,通过市场竞争来增加农民转让权的价值。”[6]总之,“三权分置是深化农村土地制度改革的实践探索,体现了中国特色农村土地制度改革的理论创新。”[7]

“三权”分置的经济理论所反映的经济现实和生产关系是,承包土地流转之后所产生的权利分离和配置问题。“在土地流转过程中,土地承包经营权又发生分离,演变成承包权与经营权两部分,从而形成了所谓的所有权、承包权和经营权‘三权分

---

〔1〕《国务院关于开展农村承包土地的经营权和农民住房财产权抵押贷款试点的指导意见》“一、总体要求”之“(一)指导思想”。

〔2〕 学说上尚有观点认为,只有以家庭承包方式取得的土地承包经营权属于物权,以招标、拍卖、公开协商等方式取得的土地承包经营权(以其他承包方式取得的土地承包经营权),经登记取得土地承包经营权证等证书的,在性质上属于物权;未登记、未取得有关证书的,在性质上属于债权。王利明:《农村土地承包经营权的若干问题探讨》,载《中国人民大学学报》2001年第6期;丁关良、童日晖:《农村土地承包经营权流转制度立法研究》,中国农业出版社2009年版,第24页;王崇敏、李建华:《物权法立法专题研究》,法律出版社2012年版,第215页。本书作者认为,不管土地承包经营权的设定方式如何,均属物权。详细论证参见高圣平:《新型农业经营体系下农地产权结构的法律逻辑》,载《法学研究》2014年第4期。

〔3〕 叶兴庆:《从“两权”分离到“三权分离”——我国农地产权制度的过去与未来》,载《中国党政干部论坛》2014年第6期。

〔4〕 张红宇、李冠佑:《准确把握农业农村经济运行新动向——对相关重要问题的分析与判断》,载《农业经济问题》2012年第7期。

〔5〕 叶兴庆:《从“两权”分离到“三权分离”——我国农地产权制度的过去与未来》,载《中国党政干部论坛》2014年第6期。

〔6〕 邵挺:《土地公有制的思想起源和“公权、私权”辨析》,载《中国发展观察》2014年第11期。

〔7〕 高云才:《土地制度改革又一份纲领性文件》,载《人民日报》2014年10月18日,第6版。

置’的状态。”[1]“承包土地的经营权”表现为两种不同的法权形式：承包土地由承包农户自己经营时，“承包土地的经营权”属于农户，权利表现形式仍然是土地承包经营权，无须进一步区分为土地承包权和土地经营权；承包土地由其他农业经营主体经营时，权利表现形式是该农业经营主体的土地经营权。这样，“承包土地的经营权”抵押也就表现为两种抵押权：土地承包经营权抵押权和土地经营权抵押权。

2.《民法典》和《新农村土地承包法》之下的解释论

《民法典》在“两权”分离的基础上增加了“三权”分置的内容，明定“土地承包经营权人可以自主决定依法采取出租、入股或者其他方式向他人流转土地经营权”，将“三权”分置之下的第三个权利称为“土地经营权”，旨在“促进土地资源合理利用，构建新型农业经营体系，发展多种形式适度规模经营，提高土地产出率、劳动生产率和资源利用率，推动现代农业发展”。[2] 无论就“三权”分置之下的承包地产权结构持有何种观点，[3]实践中对第三个权利“土地经营权”均无争议。同时，“‘四荒地’承包不涉及社会保障因素，承包方不限于本集体经济组织成员，其取得的权利在性质上不同于土地承包经营权。”[4]基于“三权”分置带来的体系效应，《民法典》将《物权法》上“以招标、拍卖、公开协商等方式取得的土地承包经营权”修改为土地经营权的一种形态，既纯化了土地承包经营权的身份属性，维系了承包地的保障功能，又坚持了土地经营权的制度功能，为下一步土地经营权规则的统合提供了前提。

赋予土地经营权以融资担保权能，从而为经营主体加大农业投入、增强农业生产的核心竞争力提供便利，也是土地经营权制度建构的重要考量因素和价值功能。[5]《新农村土地承包法》和《民法典》就上述两类土地经营权的融资担保能力并无疑义，《新农村土地承包法》第 47 条第 1 款和第 53 条规定更是分别将这两类土地经营权的融资担保权能定为明文。但《新农村土地承包法》第 47 条第 2、3 款将土地承包经营权、土地经营权融资担保定性为“担保物权”，并未明确担保物权的种类。在解释上，土地承包经营权上所设立的担保物权，系属抵押权，对此并无争议。但就

〔1〕 韩俊：《准确把握土地流转需要坚持的基本原则》，载《农民日报》2014 年 10 月 22 日，第 1 版。

〔2〕 中共中央办公厅、国务院办公厅《关于完善农村土地所有权承包权经营权分置办法的意见》。

〔3〕 这些观点的归纳和总结，参见高圣平：《农村土地承包法修改后的承包地法权配置》，载《法学研究》2019 年第 5 期；单平基：《分解、舍弃抑或改造：〈民法典〉编纂中土地承包经营权的定位》，载《南京农业大学学报（社会科学版）》2020 年第 3 期。

〔4〕 胡可明：《全国人民代表大会宪法和法律委员会关于〈中华人民共和国农村土地承包法修正案（草案）〉修改情况的汇报——2018 年 10 月 22 日在第十三届全国人民代表大会常务委员会第六次会议上》，载《中华人民共和国全国人民代表大会常务委员会公报》2019 年第 1 期。

〔5〕 参见陈小君：《土地经营权的性质及其法制实现路径》，载《政治与法律》2018 年第 8 期；耿卓：《农地三权分置改革中土地经营权的法理反思与制度回应》，载《法学家》2017 年第 5 期。

土地经营权融资担保的体系定位，则存较大分歧。在《农村土地承包法》修正立法的过程中，“由于各方面对继受取得的土地经营权是物权还是债权有争议，是作为用益物权设定抵押，还是作为收益权进行权利质押，分歧很大。”〔1〕“草案使用了‘融资担保’的概念，包含了抵押和质押等多种情形，既解决农民向金融机构融资缺少有效担保物的问题，又保持了与担保法等法律规定的一致性。”〔2〕

然而，这一做法饱受诟病，〔3〕并未达到物权法定的基本要求。在物权法定原则之下，物权的种类由法律规定。这里的“物权的种类”并不包括“用益物权”“担保物权”等上位意义的物权种类，而是指“抵押权”“质权”等中位意义的物权种类，或者“一般抵押权”“最高额抵押权”“动产质权”“权利质权”“动产抵押权”“土地承包经营权抵押权”“股权质权”“应收账款质权”等下位意义的物权种类，其中后者的具体规范在形式上不明显，尚需根据法条布局和表达来辨析。〔4〕《新农村土地承包法》第47条笼统地以上位的物权种类——“担保物权”加以规定，将直接导致具体规范的缺失，极易造成法律适用上的困难。〔5〕

学者间大多主张，土地经营权融资担保的体系定位端赖于土地经营权的定性，如将其定性为物权，则其上所设立的担保物权即为抵押权；如将其定性为债权，则其上所设立的担保物权即为（权利）质权。〔6〕本书作者不赞同这一观点，坚持主张土地经营权上所设立的担保物权是抵押权，属于权利抵押权，主要理由如下：

第一，无论将土地经营权定性为物权还是债权，均只能设定抵押权。在《新农村土地承包法》第47条就土地经营权融资担保的体系定位未置明文的情形之下，这一问题的解决自应回到《民法典》。《民法典》分别就进入融资担保领域的抵押财产和质押财产范围作了例示规定，其中并未提及“土地经营权”，如此尚须经由解释明确其所属。《民法典》第395条第1款第7项规定，“债务人或者第三人有权处分的”“法律、行政法规未禁止抵押的其他财产”可以抵押。现有法律、行政法规上并无禁

〔1〕　刘振伟：《巩固和完善农村基本经营制度》，载《农村工作通讯》2019年第1期。

〔2〕　刘振伟：《关于〈中华人民共和国农村土地承包法修正案（草案）〉的说明——2017年10月31日在第十二届全国人民代表大会常务委员会第三十次会议上》，载《中华人民共和国全国人民代表大会常务委员会公报》2019年第1期。

〔3〕　参见陈小君：《土地改革之“三权分置”入法及其实现障碍的解除——评〈新农村土地承包法〉》，载《学术月刊》2019年第1期；高圣平：《农村土地承包法修改后的承包地法权配置》，载《法学研究》2019年第5期。

〔4〕　参见常鹏翱：《物权法定原则的适用对象》，载《法学》2014年第3期。

〔5〕　参见高圣平：《完善农村基本经营制度之下农地权利的市场化路径》，载《社会科学研究》2019年第2期。

〔6〕　参见陈小君：《我国农村土地法律制度变革的思路与框架——十八届三中全会〈决定〉相关内容解读》，载《法学研究》2014年第4期；高海：《“三权”分置的法构造——以2019年〈农村土地承包法〉为分析对象》，载《南京农业大学学报（社会科学版）》2019年第1期；于飞：《从农村土地承包法到民法典物权编：“三权分置”法律表达的完善》，载《法学杂志》2020年第2期。

止土地经营权抵押的规定,相反,《新农村土地承包法》明定土地经营权可以担保融资。由此,该项规定可以作为土地经营权进入融资担保领域的路径,此际,担保物权人所取得的自应是土地经营权抵押权。《民法典》第440条第7项规定,"债务人或者第三人有权处分的""法律、行政法规规定可以出质的其他财产权利"可以出质,现有法律、行政法规上并无土地经营权可以出质的规定,《农村土地承包法》仅规定土地经营权之上可以设立担保物权。由此,该项规定不能作为土地经营权进入融资质押担保领域的解释路径。

值得讨论的是,土地经营权是否可以理解为"应收账款"的一种形式,经由《民法典》第440条第6项"现有的以及将有的应收账款",而成为应收账款质权的标的财产?《应收账款质押登记办法》第2条第1款规定:"应收账款是指权利人因提供一定的货物、服务或设施而获得的要求义务人付款的权利以及依法享有的其他付款请求权,包括现有的和未来的金钱债权,但不包括因票据或其他有价证券而产生的付款请求权,以及法律、行政法规禁止转让的付款请求权。"而土地经营权是土地经营权人在合同约定的期限内占有农村土地,自主开展农业生产经营并取得收益的权利(《民法典》第340条),很明显不能由上述"应收账款"的文义涵盖。不过,在解释上,土地经营权人行使土地经营权所取得的收益,即前述所谓"收益权",勉强可以属于《应收账款质押登记办法》第2条第2款第3项所称"能源、交通运输、水利、环境保护、市政工程等基础设施和公用事业项目收益权"范畴,其上可以设立应收账款质权,土地经营收益上的担保物权应定位于权利质权,并非《新农村土地承包法》第47条的规制对象,直接适用《民法典》第440条第6项即可。但是,土地经营收益担保与土地经营权担保并不具有同一性,两者虽具有相关性且可能发生权利冲突,但并不属于同一事物,体系定位亦不相同。例如,建筑物所有权作为基础资产,本身可以设立不动产抵押权,但所有权人出租该建筑物所生的租金请求权,作为应收账款的一种形态,可以设立应收账款质权;再如,知识产权作为基础资产,本身可以设立知识产权质权,但知识产权许可使用费,作为应收账款的一种形态,可以设立应收账款质权。如此,土地经营权担保,并不涵盖土地经营收益担保。土地经营权融资担保,自无法采取权利质权的形式。

第二,土地经营权作为不动产权利,不宜作为权利质权的标的财产,即使将其定位为债权,亦无不然。在《民法典》之下,权利既可作为抵押权的标的财产(第395条),又可作为质权的标的财产(第440条)。学说上认为,两者之间的区分,在于担保物权设定之后，担保人是否丧失对担保财产的利用权。[1] 但《民法典》并未将这一思路贯彻到底，就“建设用地使用权”“海域使用权”而言，其上设立担保物权之后，权利人仍得行使其标的权利，因之定位于抵押权，故成为权利抵押权的一种形态；但就“基金份额”“股权”“知识产权中的财产权”而言，其上设立担保物权之后，虽然权利人并未丧失自己利用标的财产的权利，但仍然定位于权利质权。“在设立此类质权时，其原有的留置功能几乎完全丧失。”[2]“此类财产权没有以物理形式来使用的价值，它对任何人只具有客观上的交换价值。换句话来说，由于它对权利人不具有特别的主观价值，即使在其上设定了质权，禁止设立人处分，对于权利人也不会产生心理上的压力。因此，在设立此类质权时，其经济功能只在于依赖标的物的交换价值优先受偿。”[3]此时，“其担保的作用反近于抵押权，谓之介于一般质权与抵押权之中间区域，亦无不可”。[4] 从《民法典》就权利担保物权的体系安排上看，不动产权利纳入抵押担保范畴，动产性权利纳入质押担保范畴。[5] 上述学说上的抵押与质押的区分标准，仅具学理意义。在解释上，只有与质权性质不相抵触的财产权才能作为质权的客体。[6]《民法典》上不承认不动产质权，其理由在于，就不动产权利设定质权，应以权利让与的方式为之，则须经由移转登记才能取得对抗效力，已与质权的定限物权性质不合，因此，不动产权利不得为权利质权的标的财产。[7] 准此，即使将土地经营权定性为债权，但系属不动产权利，在体系定位上，土地经营权担保物权应属抵押权的范畴。[8]

第三，从体系解释的视角，《民法典》第 342 条规定：“通过招标、拍卖、公开协商

---

〔1〕 参见高圣平：《民法典中担保物权的体系重构》，载《法学杂志》2015 年第 6 期。

〔2〕 [日]我妻荣：《新订担保物权法》，申政武、封涛、郑芙蓉译，中国法制出版社 2008 年版，第 104 页。

〔3〕 [日]我妻荣：《新订担保物权法》，申政武、封涛、郑芙蓉译，中国法制出版社 2008 年版，第 104 页。

〔4〕 史尚宽：《物权法论》，中国政法大学出版社 2000 年版，第 288 页。

〔5〕 参见高圣平：《土地经营权制度与民法典物权编编纂——评〈民法典物权编（草案二次审议稿）〉》，载《现代法学》2019 年第 5 期。有学者以房屋租赁权在现行法之下无法抵押为例证反驳本书作者的观点。参见于飞：《从农村土地承包法到民法典物权编：“三权分置”法律表达的完善》，载《法学杂志》2020 年第 2 期。就此，在标的财产无登记能力的情形之下，其上抵押权自无法经由登记而取得对抗第三人的效力。实践中即以承租人在租赁期间所可得的收益为标的财产（多出现于商业地产的情形），依应收账款质权的交易模式加以展开。这无非反映着我国不动产登记规则的缺失。在不动产登记立法过程中，专家组成员几乎一致地认为，应赋予不动产租赁权以登记能力。果若如此，上述问题则迎刃而解。在《民法典》《农村土地承包法》已经赋予土地经营权以登记能力的前提之下，上述问题自不存在。

〔6〕 参见谢在全：《民法物权论》（修订 5 版），中国政法大学出版社 2011 年版，第 1012 页；高圣平：《担保法论》，法律出版社 2009 年版，第 498 页。

〔7〕 参见江平主编：《中华人民共和国物权法精解》，中国政法大学出版社 2007 年版，第 286 页；郑冠宇：《民法物权》，新学林出版社股份有限公司 2014 年版，第 638～639 页。

〔8〕 参见房绍坤、林广会：《解释论视角下的土地经营权融资担保》，载《吉林大学社会科学学报》2020 年第 1 期。

等方式承包农村土地,经依法登记取得权属证书的,可以依法采取出租、入股、抵押或者其他方式流转土地经营权。”这里,“经依法登记取得权属证书”指的是土地经营权的登记;该条明确将自土地所有权派生的土地经营权的融资担保定位于“抵押”。这一规则同样可以类推适用于从土地承包经营权派生出的土地经营权。〔1〕《民法典》第418条规定:“以集体所有土地的使用权依法抵押的,实现抵押权后,未经法定程序,不得改变土地所有权的性质和土地用途。”从历史解释的视角,这里的“集体所有土地的使用权”即为《民法典各分编(草案)》第209条中所称的土地承包经营权、土地经营权、集体建设用地使用权,〔2〕该条亦将土地经营权担保定性为“抵押”。《民法典》第381条规定:“地役权不得单独抵押。土地经营权、建设用地使用权等抵押的,在实现抵押权时,地役权一并转让。”这里,已经间接地规定了土地经营权抵押,结合第395条抵押客体的法不禁止即自由原则,土地经营权自然可以抵押。〔3〕 由此可见,《民法典》就土地经营权融资担保的体系定位已作政策选择。《新农村土地承包法》第47条的定位模糊问题,经由《民法典》的相关规定已经解决。

第四,《新农村土地承包法》第47条是对农村承包土地的经营权抵押贷款试点成果的确认。〔4〕 在《两权抵押指导意见》《农地抵押试点暂行办法》明显将土地经营权界定为债权的情形之下,《农地抵押试点暂行办法》第2条明确规定:“本办法所称农村承包土地的经营权抵押贷款,是指以承包土地的经营权作抵押、由银行业金融机构(以下称贷款人)向符合条件的承包方农户或农业经营主体发放的、在约定期限内还本付息的贷款。”两份改革文件均将土地经营权作为抵押贷款的担保财产。土地经营权抵押贷款试点取得了积极成效,有利于进一步盘活农村资源资产,推动缓解“三农”领域融资难融资贵问题,支持农户增收致富。通过试点,新型农业经营主体融资可得性明显提升,对普通农户的带动作用持续增强。〔5〕 基于试点经验,国务院建议,“农村土地承包法修正案通过后全面推广农地抵押贷款业务。”“人民银行将及时出台《农村承包土地的经营权抵押贷款管理办法》,明确农地抵押贷款业务

〔1〕 参见高圣平:《农村土地承包法修改后的承包地法权配置》,载《法学研究》2019年第5期;祝之舟:《〈农村土地承包法〉修改的制度要点与实施问题研究》,载《南京农业大学学报(社会科学版)》2019年第4期。

〔2〕 该条指出:“以土地承包经营权、土地经营权抵押的,或者以乡镇、村企业的厂房等建筑物占用范围内的建设用地使用权一并抵押的,实现抵押权后,未经法定程序,不得改变土地所有权的性质和土地用途。”

〔3〕 参见谢鸿飞:《〈民法典〉制度革新的三个维度:世界、中国和时代》,载《法制与社会发展》2020年第4期。

〔4〕 参见黄薇主编:《中华人民共和国农村土地承包法释义》,法律出版社2019年版,第198~200页;单平基:《土地经营权融资担保的法实现——以〈农村土地承包法〉为中心》,载《江西社会科学》2020年第2期。

〔5〕 参见《国务院关于全国农村承包土地的经营权和农民住房财产权抵押贷款试点情况的总结报告——2018年12月23日在第十三届全国人民代表大会常务委员会第七次会议上》,载《中华人民共和国全国人民代表大会常务委员会公报》2019年第1期。

的抵押条件、贷款管理、风险处置和配套措施等问题”。[1] 这里实际上已就下一步的推广和展开作出政策选择,也是将土地经营权融资担保定性为“抵押”。

综上,从反映土地经营权抵押贷款试点的成果、维持《民法典》既有政策选择的角度,土地经营权融资担保应定性为抵押。无论将土地经营权定性为物权还是债权,土地经营权上所设定的担保物权,均属抵押权。如此解释,便于实践操作。在赋予土地经营权登记能力的前提之下,土地经营权作为土地承包经营权或土地所有权上的权利负担,自是在不动产登记簿上进行登记,土地经营权上的抵押权亦属土地经营权之上的权利负担,在土地经营权上登记这一负担即可。如将土地经营权上的担保物权定性为质权,在《民法典》统一动产和权利担保登记的既有选择之下,[2] 土地经营权质权作为权利质权之一种,自应在该统一登记系统中进行登记。潜在的交易相对人除了查询不动产登记簿之外,尚须查询动产和权利担保登记系统,这无疑增加了交易风险和交易成本。

(二)土地经营权抵押权的设立

1. 自土地承包经营权派生的土地经营权的抵押权的设立

就自土地承包经营权派生的土地经营权上的抵押权的设立而言,《新农村土地承包法》第 47 条第 2 款亦有适用空间。也就是说,此类土地经营权抵押权的设立亦采登记对抗主义。但与土地承包经营权抵押权的设立程序不同的是,《新农村土地承包法》第 47 条第 1 款后段规定:“受让方通过流转取得的土地经营权,经承包方书面同意并向发包方备案,可以向金融机构融资担保。”仅从本款的文义来看,土地经营权人在金融机构签订融资担保合同之前,应“经承包方书面同意并向发包方备案”。但在土地经营权抵押权设立之前,并无法向发包方备案。因此,就交易顺序而言,应是先有承包方的书面同意,再有土地经营权人与金融机构的融资担保合同,后有土地经营权人向发包方备案;其间可能有融资担保合同之后的抵押权设立登记。

就土地经营权抵押权的设立而言,有以下两点尚存争议:

第一,土地经营权抵押权的设立是否以土地经营权的登记为前提?

在全国人大常委会授权试点地区在试点期间暂停实施《物权法》第 184 条第 2 项之后,关涉制度设计的下一步就是,以土地经营权设定抵押权,如何契入现行规

---

〔1〕《国务院关于全国农村承包土地的经营权和农民住房财产权抵押贷款试点情况的总结报告——2018 年 12 月 23 日在第十三届全国人民代表大会常务委员会第七次会议上》,载《中华人民共和国全国人民代表大会常务委员会公报》2019 年第 1 期。

〔2〕参见王晨(全国人民代表大会常务委员会副委员长):《关于〈中华人民共和国民法典(草案)〉的说明——2020 年 5 月 22 日在第十三届全国人民代表大会第三次会议上》,载《民法典立法背景与观点全集》编写组编:《民法典立法背景与观点全集》,法律出版社 2020 年版,第 11 页。

则?《物权法》以抵押财产的类型化为基础而确定抵押权的设定规则,例如,以"建筑物和其他土地附着物"(《物权法》第 180 条第 1 款第 1 项)、"建设用地使用权"(第 180 条第 1 款第 2 项)、"以招标、拍卖、公开协商等方式取得的荒地等土地承包经营权"(第 180 条第 1 款第 3 项)、"正在建造的建筑物"(第 180 条第 1 款第 5 项)设定抵押权的,"应当办理抵押登记。抵押权自登记时设立。"(《物权法》第 187 条)以"生产设备、原材料、半成品、产品"(《物权法》第 180 条第 1 款第 4 项)、正在建造的"船舶、航空器"(第 180 条第 1 款第 5 项)、"交通运输工具"(第 180 条第 1 款第 6 项)设定抵押权的,"抵押权自抵押合同生效时设立;未经登记,不得对抗善意第三人。"(《物权法》第 188 条)也就是说,《物权法》就登记在抵押权设定中的意义作了两种不同的制度安排:登记生效主义和登记对抗主义,但也留下了法律漏洞,即允许"法律、行政法规未禁止抵押的其他财产"设定抵押权(《物权法》第 180 条第 1 款第 7 项),但没有规定就这些财产设定抵押权时,究竟要采取什么公示方法(是采登记生效主义还是登记对抗主义),也没有规定相关的登记机构。

土地经营权自不属于《物权法》第 180 条第 1 款上述第 1 项至第 6 项的抵押财产范畴。如全国人大常委会授权试点地区在试点期间暂停实施《物权法》第 184 条第 2 项,土地经营权应属于该款第 7 项"法律、行政法规未禁止抵押的其他财产"之列。正如前述,《物权法》并未规定以"法律、行政法规未禁止抵押的其他财产"设定抵押权时的公示方法,在解释上,抵押权的设定和保有无须移转抵押财产的占有,抵押权的公示自不能以交付(占有)为之,故登记即成了抵押权公示方法的唯一选择。土地经营权抵押权作为抵押权之一种,自当以登记为公示方法。《物权法》也未规定以"法律、行政法规未禁止抵押的其他财产"设定抵押权时的公示效力模式,在制定试点管理办法时,应当适当运用法律解释方法,规定土地经营权抵押权的设定规则。

土地经营权虽然系在土地承包经营权之上设定,在性质上仍然属于农业经营主体就他人土地从事农业生产的不动产权利。就此而言,土地经营权与《物权法》第 180 条第 1 款第 3 项所规定的"以招标、拍卖、公开协商等方式取得的荒地等土地承包经营权"相似。此类土地承包经营权由农业经营主体通过市场化的方式与集体经济组织之间订立土地承包经营合同而设定,相关规则的设计与以家庭承包方式取得的土地承包经营权存在很大的不同。[1] 既然《物权法》对土地承包经营权抵押权采取登记生效主义,基于平等的原则和正义的要求,[2] 应对土地经营权抵押权作同一处理,即亦应从登记之日起生效。在方法论上,这实际上涉及类推适用问题。

---

〔1〕 参见胡康生主编:《中华人民共和国农村土地承包法释义》,法律出版社 2002 年版,第 107 页。

〔2〕 参见王泽鉴:《民法物权》(第 2 版),北京大学出版社 2010 年版,第 52 页。

类推适用就是“将一条法律规则扩大适用于一种并不为该规则的词语所涉及的，但却被认为属于构成该规则之基础的政策原则范围之内的事实情形”，[1]在出现法律漏洞时，可以由任何具有类似性或“同一法律理由”的现存规范比附援引，以达到平等的目的和正义的要求。[2] 关于类推在奉行法定主义的物权法域是否有适用空间这一问题，实践中观点并不一致。否定说认为，法定主义反对类推适用，刑法上基于罪刑法定而禁止类推适用即其适例。“系争案件不属于禁止类推适用的私法领域，即不属于物权法定等基于其他优先原则的考虑而不许类推适用之情形。”[3]肯定说认为，“合同自由原则在‘内容设置自由’或者称之为‘形成自由’原则的意义上，也只是受到物权类型的限制，而不会受到物权范围内的内容设置方面的限制”，[4]即使在物权法定之下，也存在类推适用的可能。

本书作者认为，正如罪刑法定主义之下禁止类推适用广受质疑[5]一样，在物权法定主义之下，也只是禁止依类推适用的方法创设法律上没有规定的物权，“但此并不排除物权法规范内容不备时的类推适用”。[6] 我国物权法上，就抵押财产的范围已经采取了开放的态势，允许“法律、行政法规未禁止抵押的其他财产”设定抵押权，如此已在一定程度上缓和了物权法定主义。在就“法律、行政法规未禁止抵押的其他财产”设定抵押权时，此类抵押权的公示方法、公示效力模式等必然存在法律漏洞，此时比附援引类似的现存规范，具有正当性。相关地方文件也采此方法规定，土地承包经营权抵押权以登记为公示方法，且登记是土地承包经营权抵押权设定的生效要件。[7] 土地承包经营权抵押登记机构为所在地的区县(自治县)农业行政主管部门。[8] 准此，土地经营权抵押权的公示效力即可类推适用“以招标、拍卖、公开协商等方式取得的荒地等土地承包经营权”抵押权的规定，即未经登记，土地经营权抵押权不设立。

---

〔1〕 [美]E. 博登海默:《法理学——法律哲学与法律方法》，邓正来译，中国政法大学出版社 1999 年版，第 494 页。

〔2〕 参见王泽鉴:《民法总则》，北京大学出版社 2009 年版，第 52 页。

〔3〕 屈茂辉:《类推适用的私法价值与司法运用》，载《法学研究》2005 年第 1 期。

〔4〕 参见[德]弗里德里希·克瓦克:《德国物权法的结构和原则》，孙宪忠译，载梁慧星主编:《民商法论丛》(第 12 卷)，法律出版社 1999 年版，第 502～503 页。

〔5〕 参见黎宏:《“禁止类推解释”之质疑》，载《法学评论》2008 年第 5 期;徐育安:《刑法上类推禁止的生与死》，台北，元照出版有限公司 1998 年版，第 51 页。

〔6〕 王泽鉴:《民法物权》(第 2 版)，北京大学出版社 2010 年版，第 17 页。

〔7〕 参见《重庆市农村土地承包经营权、农村居民房屋及林权抵押融资管理办法(试行)》第 10 条、第 11 条;《重庆市农村土地承包经营权抵押登记实施细则(试行)》第 5 条。这里的“土地承包经营权”包括了流转之后的土地承包经营权，也就包括本书论及的“土地经营权”。

〔8〕 参见《重庆市农村土地承包经营权、农村居民房屋及林权抵押融资管理办法(试行)》第 10 条。

根据《不动产登记暂行条例》的规定，不动产抵押权应依该条例的规定办理登记（第5条第9项），仅就此而言，土地经营权抵押权的登记没有障碍。但是，“不动产以不动产单元为基本单位进行登记”（第8条），在先登记原则〔1〕之下，如土地经营权不具有登记能力，则土地经营权抵押权亦无法登记。就土地经营权的登记问题，在《不动产登记暂行条例》的制定过程中即有讨论，“但是考虑到承包权和经营权的内涵还不够十分明确，权利性质也存在不同认识”，“待改革探索成熟，相关的法律修改之后，权利类型和名称可以再作相应的修改。”〔2〕

如采取本书作者思路，将土地经营权作为土地承包经营权之上设定的权利（负担），相应的制度改造成本就相对较小。仅在设定了土地经营权的情况下，才应在现有的土地承包经营权簿册上登记土地经营权；否则，无须登记土地经营权，此时，若土地承包经营权人自己在行使着土地经营权，则没有必要单独登记。准此，可采的思路是，在试点管理办法中，直接规定土地经营权及土地经营权抵押权依《不动产登记暂行条例》办理登记，同时规定各自的登记管辖、登记事项、申请材料和登记程序的其他内容。

值得注意的是，《不动产登记暂行条例》第33条第2款规定：“不动产统一登记过渡期内，农村土地承包经营权的登记按照国家有关规定执行。”也就是说，目前土地承包经营权的登记（包括土地经营权的登记）并未纳入不动产统一登记。《中央编办关于整合不动产登记职责的通知》指出，农村土地承包经营权纳入不动产统一登记予以5年过渡期，过渡期内，原农业部会同国土资源部等部门负责指导农村土地承包经营权的统一登记工作。〔3〕 也就是说，即使目前开展土地经营权及其抵押权的登记工作，登记机构也只是“县级以上地方人民政府农业行政主管部门”，〔4〕而不是统一的不动产登记机构。但根据现行的土地承包登记规范，土地承包经营权登

〔1〕 先登记原则是指不动产权利的各项变动均应以初始登记作为基础。不动产未办理所有权初始登记的，除法律另有规定外，不得办理其他权利登记；因处分不动产权利而申请相应的处分登记的，被处分的不动产权利应当已经登记。先登记原则是贯彻我国《物权法》公示原则的基本方法，对此，可从《物权法》第9条和第31条的整体解释中清楚地得出结论。参见孙宪忠：《不动产登记基本范畴解析》，载《法学家》2014年第6期。

〔2〕 国土资源部政策法规司、国土资源部不动产登记中心（国土资源部法律事务中心）编著：《不动产登记暂行条例释义》，中国法制出版社2015年版，第53～54页。

〔3〕 参见国土资源部政策法规司、国土资源部不动产登记中心（国土资源部法律事务中心）编著：《不动产登记暂行条例释义》，中国法制出版社2015年版，第218页。

〔4〕《农村土地承包经营权证管理办法》第4条第3款规定：“县级以上地方人民政府农业行政主管部门负责农村土地承包经营权证的备案、登记、发放等具体工作。”

记簿是以户为单位,多个承包地块一并登记,[1]系采人的编成主义。这与采物的编成主义而设计的不动产登记簿[2]迥然不同。在市场交易日益频繁的背景之下,采取人的编成主义编制土地承包经营权登记簿,不利于(潜在的)交易相对人查询土地承包经营权上的权利负担,由此观之,这不能称得上是一个良好的制度设计。在土地承包经营权之上再设定土地经营权,土地经营权之上再设定抵押权时,这一弊端表现得更为明显。以户为单位编制的土地承包经营权登记簿,其中某个承包地块上为其他农业经营主体设定土地经营权时,该户的土地承包经营权登记簿的相关簿页即应作相应记载,同时农业经营主体将持有土地经营权证,农业经营主体将其土地经营权为抵押权人设定抵押权时,抵押权人此时查询土地承包经营权登记簿还需要了解土地经营权的设定人,亦即原承包农户(土地承包经营权人),徒增了查询工作的难度。在抵押权设立登记时,还得在该户的土地承包经营权登记簿的相关土地经营权簿页上记载,如权利人再次发生变化,则会给下一步的查询造成进一步的障碍。如此制度安排使得土地承包经营权登记簿几乎丧失公示功能,不利于农村土地的流转,实不足取。

土地承包经营权登记簿采取人的编成主义,与目前承包地细粹化所导致的一户承包多个地块的情形密切相关。采取物的编成主义,可能会导致每个承包户持有多份土地承包经营证书,增加了登记成本。实际上,采取人的编成主义所带来的后续交易成本的增加,已经远远高于采取物的编成主义所增加的登记成本。无论采取哪种编成主义,前期资料的准备、入户权属调查、测量地块成图[3]的成本是一样的,采取物的编成主义,增加的只是增设登记簿的成本(一块承包地一个登记簿),至于每个承包户,则可以在一个土地承包经营证书中记载多个土地承包经营权,而采取人的编成主义,不仅此后的查询成本增加,而且不利于与统一的不动产登记簿相衔接。

与土地经营权融资担保试点的登记生效主义不同,《新农村土地承包法》第 47 条第 2 款明确规定:“担保物权自融资担保合同生效时设立。当事人可以向登记机构申请登记;未经登记,不得对抗善意第三人。”在登记对抗主义之下,土地经营权抵押权的设立是否登记,取决于当事人之间的意愿。有学者主张,“依登记连续规则,

---

〔1〕 根据原农业部办公厅印发的《农村土地承包经营权登记试点工作规程(试行)》(农办经〔2012〕19 号)的规定,土地承包经营权登记簿包括承包主体情况、承包地块情况以及承包经营权证变更情况三个主要部分。其中。承包主体部分登载发包方和承包方的姓名、名称或身份情况;承包地块部分记载承包户名下的多个承包地块,并分别标注四至方位。这就明确了土地承包经营权登记簿是采人的编成主义。另参见国土资源部政策法规司、国土资源部不动产登记中心(国土资源部法律事务中心)编著:《不动产登记暂行条例释义》,中国法制出版社 2015 年版,第 91 页。

〔2〕 参见《不动产登记暂行条例》第 8 条第 1 款中规定:“不动产以不动产单元为基本单位进行登记。”

〔3〕 参见《农村土地承包经营权登记试点工作规程(试行)》(农办经〔2012〕19 号)之“二、基本类型及其操作流程”。

土地经营权抵押登记应当以土地经营权登记为条件,此时未登记的土地经营权不具抵押能力,除非法律允许其进行补办登记;如果以登记的土地经营权设定抵押,则其可以进行抵押登记,亦可不进行登记。"[1]本书作者认为,在解释上,土地经营权抵押权的设立并不以土地经营权的登记为前提。《新农村土地承包法》第47条并未就纳入融资担保领域的土地经营权作任何限定,土地经营权是否登记,其期限长短,均非所问。由此可见,未登记的土地经营权,期限未满5年的土地经营权,均可设定抵押权。但是,取得一个不能对抗第三人的土地经营权抵押权,并不能使抵押权人——金融机构达到风险控制的目标。因此,除非有其他的增信手段,否则金融机构多会要求办理土地经营权抵押权登记。此际,土地经营权先登记,就成了这一交易模式展开的前提。期限未满5年的土地经营权无登记能力,金融机构可以采取以未来的土地经营收益为标的财产设立应收账款质权,通过应收账款质权登记,保全自己的权利。

第二,如何理解承包方书面同意的要件?

在解释上,土地经营权抵押权因抵押权人与抵押人(土地经营权人)的抵押合同而产生,土地经营权抵押权体现着抵押权人与抵押人之间的合意。这里,土地经营权抵押权的设定是否进一步地需要土地承包方(土地承包经营权人)的同意?按照重庆市有关地方文件的规定,土地承包经营权抵押应同时具备以下条件:依法取得的《农村土地承包经营权证》,为农村土地流转受让方提供抵押的还必须有完备的《农村土地承包经营权流转合同》;抵押物所在发包方同意农村土地承包经营权抵押书面证明;通过转包、出租、入股流转方式取得土地经营使用权抵押的,要有原农村土地承包方同意的书面证明;抵押人与抵押权人之间达成的抵押贷款意向。[2]

土地经营权抵押权的实现势必危及承包农户的权益,尤其是在土地经营权流转价款尚未足额支付的情形之下,虽然土地经营权抵押权实现之时土地经营权的受让人承受原土地经营权人的权利和义务,但受让人的经营管理能力可能影响到承包农户剩余流转价款请求权的实现。因此,设置承包方同意的要件,主要是为了最大限度保障承包农户的利益。[3] 除非法律明确规定,承包农户没有特殊事由,不得拒绝

〔1〕 房绍坤、林广会:《解释论视角下的土地经营权融资担保》,载《吉林大学社会科学学报》2020年第1期。

〔2〕 参见《重庆市农村土地承包经营权、农村居民房屋及林权抵押融资管理办法(试行)》(2010年11月23日,渝府发〔2010〕115号附件1)第6条、《重庆市农村土地承包经营权抵押登记实施细则(试行)》第8条。

〔3〕 参见黄薇主编:《中华人民共和国农村土地承包法释义》,法律出版社2019年版,第201页;高小刚、谷昔伟:《"三权分置"中农地经营权融资担保功能之实现路径——基于新修订〈农村土地承包法〉的分析》,载《苏州大学学报(哲学社会科学版)》2019年第4期;于飞:《从农村土地承包法到民法典物权编:"三权分置"法律表达的完善》,载《法学杂志》2020年第2期。

土地经营权人的担保请求。[1] 在解释上，“经承包方书面同意并向发包方备案”应定性为管理性强制性规定，违之并不影响土地经营权抵押权的效力。但在未经承包方书面同意的情况下，土地经营权人以其土地经营权抵押融资，承包方可能以其违反合同约定为由请求承担违约责任甚至解除土地经营权流转合同，从而影响土地经营权人的正常经营。[2]

从立法论上，本书作者并不赞成《新农村土地承包法》第 47 条第 1 款就土地经营权融资担保“经承包方书面同意”的制度安排。其一，本书作者一直主张土地经营权是一种债权，经由登记而取得类似于物权的效力。在此前提之下，经登记的土地经营权的抵押是否还需取得承包方的同意，值得研究。如将土地经营权作为一种新类型用益物权，在一般情况下，物权的处分无须他人意思的介入。土地经营权一经设定，即独立于土地承包经营权和土地所有权，并以之对抗土地承包经营权人和所有权人。土地经营权人处分其土地经营权应属当然之理。在民事法视野之下，只有在债法领域，当事人一方将其权利义务概括转移给他人时才需要得到对方当事人的同意。[3] 土地经营权人转让或抵押其权利，也需要经过原农村土地承包方的同意，可能是受到上述债法规则的影响。[4] 其二，经发包方和原农村土地承包方同意，实际上限制了土地经营权的抵押。原土地承包方作为土地承包经营权人，在其土地承包经营权之上为他人设定土地经营权之后，自应受土地经营权的约束。土地经营权人为生产经营需要，以其土地经营权抵押融资，对土地承包经营权并不发生不利影响，即使此后实现抵押权，强制拍卖、变卖土地经营权，受让人取得的土地经营权也不超过原已设定的土地经营权，并未加重土地承包经营权人的责任或负担，因此，也就无须取得土地承包经营权人的同意，更无须取得作为土地所有权人的发包方的同意。其三，在土地承包经营权设定土地经营权之后，土地经营权人取得土地经营权已经不是基于承包方与发包方之间的土地承包经营权（设立）合同，而是基于承包方与土地经营权人之间的土地经营权（设立）合同，此时，土地经营权人作为权利人，以

---

〔1〕 参见张素华、张雨晨：《〈农村土地承包法〉修订背景下土地经营权的法律内涵与制度供给》，载《广西大学学报（哲学社会科学版）》2019 年第 1 期。

〔2〕 参见房绍坤、林广会：《解释论视角下的土地经营权融资担保》，载《吉林大学社会科学学报》2020 年第 1 期。

〔3〕 《合同法》第 88 条规定：“当事人一方经对方同意，可以将自己在合同中的权利和义务一并转让给第三人。”

〔4〕 也有学者认为，土地承包经营权的转让须经发包人同意并不表明这种流转就是债权式的流转，物权的直接支配性并不是物权人无须他人意志或行为介入即能实现对物的管领处分。土地承包经营权的转让须经发包人同意，只是土地承包经营权人对土地所有权所负的特定义务之一，因法律的直接规定而成为法定义务。胡吕银：《土地承包经营权流转的法律问题新探》，载《甘肃政法学院学报》2004 年第 1 期。

其土地经营权设定抵押仍需取得发包方同意,显然并不合理。[1]

2. 自集体土地所有权派生的土地经营权的抵押权的设立

《新农村土地承包法》第53条规定:“通过招标、拍卖、公开协商等方式承包农村土地,经依法登记取得权属证书的,可以依法采取出租、入股、抵押或者其他方式流转土地经营权。”(《民法典》第342条与此相同)由于《民法典》删去了“以招标、拍卖、公开协商等方式取得的荒地等土地承包经营权”可以抵押的例示规定,《民法典》第402条所定登记生效规则自无法适用于自集体土地所有权派生的土地经营权的抵押权的设立(而在《物权法》之下,此类抵押权系采行登记生效主义)。《新农村土地承包法》第53条位于第三章“其他方式的承包”,而前述第47条位于第二章“家庭承包”之第五节“土地经营权”,由此就产生了此类土地经营权的抵押融资规则是否可类推适用第47条的疑问。

有学者从体系解释、历史解释和目的解释的视角,认为此类土地经营权的融资担保不受第47条的影响,无须践行第47条规定的程序性要件,不受后者融资担保条件的限制,但同时主张,此类土地经营权的抵押权仍然采行登记对抗主义,自抵押合同生效时土地经营权抵押权设立,但未经登记,不得对抗善意第三人。[2] 本书作者认为,自集体土地所有权派生的土地经营权与自土地承包经营权派生的土地经营权,在性质上应作同一理解。《新农村土地承包法》就后者所采取的政策选择,自可类推适用于前者。如此,自集体土地所有权派生的土地经营权设立抵押权之时,除了类推适用第47条第2款关于担保物权的设立采行登记对抗主义的规则之外,第1款中关于土地经营权融资担保的程序性要件的规定,亦有类推适用余地。“经承包方书面同意并向发包方备案”应理解为“经发包方书面同意”;既然已经发包方书面同意,自无须再“向发包方备案”。

(三)土地经营权抵押权的实现规则

1. 土地经营权融资担保试点经验的总结

《两权抵押指导意见》强调要“建立抵押物处置机制,做好风险保障”,“因借款人不履行到期债务或者发生当事人约定的情形需要实现抵押权时,允许金融机构在保证农户承包权和基本住房权利前提下,依法采取多种方式处置抵押物。完善抵押物处置措施,确保当借款人不履行到期债务或者发生当事人约定的情形时,承贷银

---

〔1〕 高圣平:《农地金融创新的难点与对策》,载刘云生主编:《中国不动产法研究》第9卷,法律出版社2014年版,第31页。

〔2〕 参见单平基:《土地经营权融资担保的法实现——以〈农村土地承包法〉为中心》,载《江西社会科学》2020年第2期。

行能顺利实现抵押权。”

本书作者认为，基于前述“三权”分置的法权结构，《两权抵押指导意见》所述的“承包土地的经营权抵押”可以区分为两种情形：第一种情形是“以各种合法方式流转的农村承包土地的经营权”抵押，此时，土地承包经营权之上已设定土地经营权，土地经营权人以其土地经营权设定抵押权；第二种情形是未流转的土地承包经营权的抵押，在解释上，此际“承包土地的经营权”仍然属于土地承包经营权人——农户，农户也是农业经营主体，亦有融资需求，同样可以以“承包土地的经营权”设定抵押。虽然《两权抵押指导意见》使用了“支持以各种合法方式流转的农村承包土地的经营权用于抵押”这样的表述，但从其“有效盘活农村资源、资金、资产”的指导思想来看，并不是土地经营权流转（土地承包经营权之上设定土地经营权）的情形才有融资需求，土地经营权未流转（土地承包经营权之上未设定土地经营权）的情形也有融资需求。[1] 只是在抵押权的权利构造上，两种情形之间存在差异：第一种情形是直接以土地经营权人取得的土地经营权设定抵押，第二种情形因未发生权利分置而仍然是以土地承包经营权设定抵押，此时，虽然农户仍然是以“承包土地的经营权”设定抵押，但在解释上，抵押权人只需取得抵押权，无须取得土地经营权（抵押权人是金融机构时，也不能取得土地经营权）。因此，在农户没有流转其承包地的情况下，无须为抵押权人设定土地经营权，再为其设定土地经营权抵押权，农户自可直接以其土地承包经营权为抵押权人设定抵押权，只是在实现抵押权时，仅处分其土地经营权即可。

第一，抵押物的处置方式。《两权抵押指导意见》强调“采取多种方式处置抵押物”。土地经营权人直接以其依法取得的土地经营权设定抵押，土地经营权抵押权实现时，直接依据《物权法》第 195 条的规定处置土地经营权即可。该条规定的处置方式包括协议折价、协议拍卖、协议变卖、强制拍卖、强制变卖。在借款人不履行到期债务或者发生当事人约定的情形时，抵押权人可以与土地经营权人协议以土地经营权折价（商业银行等金融机构作为抵押权人时不能采取此种方式[2]），或者协议

---

〔1〕 有学者认为，就家庭承包的土地经营权是否可以抵押的问题应区分具体情形不同对待：对于土地资源富集地区，家庭承包的土地较多，户均经营规模较大，在地方政府出台了相应制度并制定了相应补偿方案的前提下，应允许以家庭承包方式取得的土地经营权抵押；而对于其他地区的非规模经营农户，家庭承包土地面积较小、价值不高，且考虑到留出保障家庭基本生活的保障用地，应审慎采用土地经营权抵押方式。阎庆民、张晓朴：《农村土地产权抵质押创新的实现路径》，中国经济出版社 2015 年版，第 120 页。本书作者对此不敢苟同。允许农户“承包土地的经营权”抵押，并不意味着金融机构就会愿意接受该抵押财产。上述不同情形实际上是金融机构在信贷交易中所欲考量的因素。从法律和政策上不应就此作出不同的安排，而应由作为“经济理性人”的金融机构自行基于市场情形作出决定。

〔2〕 参见高圣平：《农地金融化的法律困境及出路》，载《中国社会科学》2014 年第 8 期；田虹、杨玉凯：《农村土地承包经营权抵押法律制度问题剖析》，载《社会科学辑刊》2013 年第 2 期。

以拍卖、变卖该土地经营权的价款优先受偿;不能达成协议的,抵押权人可以申请人民法院强制拍卖、变卖土地经营权,人民法院依实现担保物权案件的非讼程序作出许可拍卖、变卖土地经营权的裁定;不能达成协议时,抵押权人也可以直接向人民法院提起民事诉讼,人民法院依普通民事诉讼程序作出民事判决或裁定。抵押权人可以基于上述许可裁定或生效判决、裁定向人民法院执行机构申请执行,强制拍卖、变卖涉案土地经营权。执行完毕,抵押人丧失其土地经营权,但此时并不影响"农户承包权",因为土地承包经营权仍由农户享有,执行程序中的受让人只是取得土地承包经营权之上的土地经营权,而且只是剩余使用期限内的土地经营权。

综上,《两权抵押指导意见》所称的抵押物处置方式(《物权法》上所称抵押权实现方式),包括协议折价、协议拍卖、协议变卖、强制拍卖、强制变卖、强制管理等。土地经营权抵押权大抵限于"以各种合法方式流转的农村承包土地的经营权",这种土地经营权是基于市场化的规则而取得,其处置方式亦应是市场化的,协议折价、协议拍卖、协议变卖、强制拍卖、强制变卖等均可采用,无须采取上述重庆模式中优先在其集体经济组织内部处置等前置程序。"以招标、拍卖、公开协商等方式取得的荒地等土地承包经营权"也是基于市场化的规则取得的,无须重构为土地承包权和土地经营权;其上设定抵押权的,抵押物的处置方式也与土地经营权抵押权的实现方式相同。"以家庭承包方式取得的土地承包经营权"抵押权实现时,因要"保证农户承包权",不能采取强制拍卖、强制变卖等处置方式,只能采取强制管理方法,上述重庆模式中的相关规则可资参照。此种情形是否允许以协议折价、协议拍卖、协议变卖等方式处置土地承包经营权,不无疑问:如允许,农户的土地承包权将无法保证,如不允许,正当性何在?本书作者认为,应当允许以协议折价、协议拍卖、协议变卖等方式处置抵押物。虽然在强制实现抵押权时,不能采取强制拍卖、强制变卖等方法,此为避免使农户丧失土地承包经营权;但在协议实现抵押权时,不应受此限制。既然无论是《两权抵押指导意见》,还是《农村土地承包法》,均未禁止农户转让其土地承包经营权,《农村土地承包法》上只是为土地承包经营权的转让规定了限制性条件,[1] 土地承包经营权抵押权的协议实现,在性质上即属于土地承包经营权的转让,自应适用相同的规则。

因此,就抵押物的处置方式,试点管理办法在沿用《物权法》的既有规则之外,可以增加强制管理,同时,对于具体的处置方式,例如,如何确定管理人等,可以授权各试点地方在试点方案中进行规定。

---

〔1〕《农村土地承包法》第41条。关于该条规定的土地承包经营权转让的限制性条件,已有相当文献提出反对意见,参见高圣平:《新型农业经营体系下农地产权结构的法律逻辑》,载《法学研究》2014年第4期。

第二，抵押物的处置措施。无论采取哪种处置方式，“确保当借款人不履行到期债务或者发生当事人约定的情形时，承贷银行能顺利实现抵押权”是目前的主要目标，“完善抵押物处置措施”就成了达到这一政策目标的主要手段。就此而言，有几点值得注意。

其一，当借款人不履行到期债务或者发生当事人约定的情形时，如果抵押权人与抵押人就抵押权的实现方式不能达成一致意见，则抵押权人可以寻求公力救济。这里的公力救济路径有两种：一是向人民法院提起民事诉讼，抵押权人取得生效胜诉裁判之后，可据以申请人民法院强制拍卖、变卖案涉土地经营权；二是向人民法院申请启动实现担保物权案件的特别程序，抵押权人取得生效许可拍卖、变卖土地经营权的裁定后，据以申请人民法院强制拍卖、变卖案涉土地经营权。针对两种公力救济程序，抵押权人享有选择权，前者程序复杂、冗长，但生效裁判具有确定力和执行力，非经审判监督程序不得被撤销；后者程序简便、迅捷，但生效裁定只具有执行力，没有确定力，易被对方当事人和利害关系人提出异议。〔1〕

就抵押物的处置措施，可以强化实现担保物权案件的适用空间。原则上，实现担保物权案件非讼程序，只有在当事人之间没有实体权利义务争议时才能采用，但由于担保物权所担保的是主债权的实现，主债权债务关系和担保物权关系均无争议的情形应属少数，诸如主合同——借款合同的成立、效力、履行等，从合同——担保合同的成立、效力及担保物权的设定等，均可能存在争议。此时，从“确保……承贷银行能顺利实现抵押权”的角度，应充分利用实现担保物权案件这一非讼程序简便、迅捷的特点，在非讼程序的进行过程中，允许交错适用诉讼法理，以便当事人有机会对质抗辩，使许可裁定更加具有正当性。

在重庆市的地方规定中，依托重庆市农业担保公司组建的国有农村资产经营管理公司，负责处置金融机构因开展土地承包经营权抵押贷款产生的不良资产。〔2〕债务履行期届满，借款人到期无法偿还贷款或者发生当事人约定的实现抵押权的情形的，抵押权人与抵押人协商不成的，抵押当事人可根据合同约定，向金融仲裁机构申请仲裁或者向人民法院提起诉讼。〔3〕 这一实现模式与现行法之间相冲突。《物

〔1〕 参见2020年版《最高人民法院关于适用〈中华人民共和国民事诉讼法〉的解释》第374条规定：“适用特别程序作出的判决、裁定，当事人、利害关系人认为有错误的，可以向作出该判决、裁定的人民法院提出异议。人民法院经审查，异议成立或者部分成立的，作出新的判决、裁定撤销或者改变原判决、裁定；异议不成立的，裁定驳回。”（第1款）“对人民法院作出的确认调解协议、准许实现担保物权的裁定，当事人有异议的，应当自收到裁定之日起15日内提出；利害关系人有异议的，自知道或者应当知道其民事权益受到侵害之日起6个月内提出。”（第2款）

〔2〕 参见《重庆市人民政府办公厅关于开展农村土地承包经营权居民房屋和林权抵押贷款及农户小额信用贷款工作的实施意见（试行）》。

〔3〕 参见《重庆市农村土地承包经营权、农村居民房屋及林权抵押融资管理办法（试行）》第16条。

权法》就抵押物处置措施规定的是:先协商实现抵押权,协商不成的,“抵押权人可以请求人民法院拍卖、变卖抵押财产”(《物权法》第195条),这一规则修改了《担保法》关于“协议不成的,抵押权人可以向人民法院提起诉讼”(《担保法》第53条)的表述,使得抵押权人可以无须冗长的审判程序,径直向法院申请许可拍卖、变卖抵押物的裁定,并据该裁定直接申请执行。[1] 这一规则实际上是我国抵押物处置措施的重大突破,受到了社会各界的欢迎。[2] 但重庆市地方规范中就抵押实现模式的表述是“协商不成的,抵押权人可根据合同约定,向金融仲裁机构申请仲裁或者向人民法院提起诉讼”,[3] 又回到了《担保法》的老路,漠视了《物权法》的新变化,不足可采。抵押纠纷是否可以向仲裁机构申请仲裁的问题,尚需具体分析。由于抵押权属于从属性权利,除非仅就抵押合同本身发生争议,大多数争议都同时存在主合同和抵押合同纠纷。在第三人提供抵押时,两份合同的当事人即不一致,如两份合同均约定将相关的合同争议提交同一仲裁机构进行仲裁,此时仲裁机构是否可将两个案件并案处理,尚存疑问。

其二,土地经营权抵押权实现时不宜规定集体经济组织成员的优先权。有学者主张,在土地承包经营权抵押权实现时,基于稳定村社构成、保障社会稳定的政策以及对集体所有权的尊重,应当参照土地承包经营权转让的规定,本集体经济组织成员在同等条件下有优先受让权。[4] 本书作者不同意该观点。首先,土地经营权的设定本身即为土地承包经营权流转的形式,依法设定的土地经营权多已满足了《农村土地承包法》第33条规定的条件,即尊重了本集体经济组织成员的优先权。此际,土地经营权已是市场化的产物,在土地经营权抵押权实现之时,只需依市场规则变价即可,无须考虑本集体经济组织成员的优先权。其次,“经营权既不像所有权有特定的身份,也不像承包权有特定的对象”,[5] 本集体经济组织成员和其他农业经营主体的市场地位平等,并无优先考虑的政策依据。在土地承包经营权之上设定土地经营权之后,土地经营权的行使和处分仅受强制性规定和土地经营权设立合同的约束。《农村土地承包法》第33条第5项关于本集体经济组织成员优先权的规定仅及于土地承包经营权流转之时,不能约束流转之后的权利处分行为。在土地经营权

---

〔1〕 参见全国人大常委会法制工作委员会民法室编:《〈中华人民共和国民事诉讼法〉条文说明、立法理由及相关规定》,北京大学出版社2012年版,第318~319页。

〔2〕 参见邹海林、常敏:《论我国物权法上的担保物权制度》,载《清华法学》2007年第4期;高圣平:《担保法论》,法律出版社2009年版,第278页。

〔3〕 参见《重庆市农村土地承包经营权、农村居民房屋及林权抵押融资管理办法(试行)》第16条。

〔4〕 参见韦福:《农村土地承包经营权抵押关系主体及其权利义务的立法构思》,载《广西社会科学》2012年第6期。

〔5〕 张军:《农村产权制度改革与农民财产性收入增长》,载《农村经济》2014年第11期。

抵押权实现之时,参与受让的农业经营主体的地位平等,本集体经济组织成员并不具有当然的优先性。最后,在农村土地产权交易平台进行土地经营权交易时,清晰、明确的权属现状是市场交易的前提。通过对土地承包经营权登记簿的查询,可以探知土地经营权的权利主体、权利剩余期限、权利行使限制等,但如果仍然赋予本集体经济组织成员以优先权,会徒增潜在交易相对人的征信成本。例如,有的产权交易市场规定,这些交易均须“经村社员(股东)或社员代表(股东代表)大会2/3以上同意才能进行”,烦琐的程序会让农户及金融机构望而却步。〔1〕当然,在以土地承包经营权直接设定抵押权,采取协议变价的方式实现抵押权的,仍应尊重本集体经济组织成员的优先权。

其三,抵押物处置难是金融机构惜贷的主要原因之一。〔2〕十八届三中全会《决定》明确提出“建立农村产权流转交易市场,推动农村产权流转交易公开、公正、规范运行”。《两权抵押指导意见》进一步强调:“依托相关主管部门建立完善多级联网的农村土地产权交易平台,建立‘两权’抵押、流转、评估的专业化服务机制”。无论是协议处置,还是强制处置,土地经营权均可在农村土地产权交易平台上挂牌交易。农村土地产权交易平台是重要的金融基础设施,其构建和运行有利于形成公平合理的市场交易价格,为土地经营权的价值评估提供依据,还能克服信息不对称的弊端,快速撮合市场交易,及时处置土地经营权,〔3〕便于抵押权人顺利实现土地经营权抵押权。目前,许多地方建立了多种形式的农村产权流转交易市场和服务平台,但普遍存在平台建设滞后,供求服务、基准价格、评估机制、价格及收益增长机制尚未真正建立,交易程序不规范等问题,增加了农村产权交易平台的交易风险。〔4〕这些问题在农村产权交易平台建设和规则制定方面应当引起注意。

承包土地的经营权抵押贷款仍然属于农业金融中的一种,而农业金融带有鲜明的政策金融的特点,由此,不能完全以商业金融的模式来建构相关规则。《两权抵押指导意见》指出:“银行业监督管理机构要研究差异化监管政策,合理确定资本充足率、贷款分类等方面的计算规则和激励政策,支持金融机构开展‘两权’抵押贷款业

〔1〕参见郑仲华、周忠:《农村产权交易中心的一个案例样本——基于浙江省象山县的实践》,载《中国农村金融》2013年第1期。

〔2〕参见钟甫宁、纪月清:《土地产权、非农就业机会与农户农业生产投资》,载《经济研究》2009年第12期;汪险生、郭忠兴:《土地承包经营权抵押贷款:两权分离及运行机理——基于对江苏新沂市与宁夏同心县的考察》,载《经济学家》2014年第4期;中国人民银行南昌中心支行课题组、郭云喜:《破解农村土地制度改革和两权抵押贷款试点的实践障碍与法律约束:江西视角》,载《金融与经济》2014年第9期。

〔3〕参见阎庆民、张晓朴:《农村土地产权抵质押创新的实现路径》,中国经济出版社2015年版,第125页。

〔4〕参见吴群:《农村产权交易市场发展若干问题思考》,载《现代经济探讨》2014年第10期;刘可:《农村产权制度改革:理论思考与对策选择》,载《经济体制改革》2014年第4期。

务。”虽然使用贷款的农业项目应有较好效益，保证第一还款来源充足，〔1〕但为推进土地经营权抵押融资工作开展，建立健全农村金融风险分担机制更是其中重要一环。在制定试点管理办法时，还应考虑现有试点地方构建抵押融资风险补偿机制的经验得失。例如，重庆市、区县(自治县)两级财政出资设立“三权”抵押融资风险补偿资金，对开展“三权”抵押融资服务的融资机构因发放农村“三权”抵押贷款而产生的本息损失进行一定比例补偿。〔2〕 依现行规则，抵押融资风险补偿范畴是融资机构为农业经营主体发展农林牧渔副等产业而开展“三权”抵押融资贷款发生的损失。〔3〕 满足以下条件的贷款损失，经审批后可获得风险补偿金补偿：融资机构合法合规；贷款符合《重庆市农村土地承包经营权、农村居民房屋及林权抵押融资管理办法》规定；贷款用途为重庆市内农林牧渔副等产业的生产、冷储、加工、流通等；已获得仲裁机构的生效裁决或已获得人民法院生效判决并已执行终止或中止，或贷款逾期2年及以上；融资机构履行了债权人勤勉尽职义务。〔4〕 符合条件的贷款损失经审批后可获得风险补偿金补偿35%，其中市级风险补偿金承担20%，区县风险补偿金承担15%。〔5〕

同时应当注意的是，承包土地的抵押贷款试点的实施以完备的金融基础设施为前提。在农村改革试验区、现代农业示范区等土地经营权流转较好的地区，土地承包经营权确权登记颁证率高，产权流转交易市场健全，交易行为公开规范，具备较好基础和支撑条件，否则抵押权人将无法公示其土地经营权抵押权。在全国目前的农村土地登记现状之下，承包土地的抵押贷款全面推行所遇到的基础设施建设任务仍然十分艰巨。

2.《民法典》和《新农村土地承包法》之下的解释论

土地经营权本是一种脱离了身份制约的市场化权利，土地经营权抵押权的实现也就无须特别的政策考量，直接适用《民法典》第410条即可。〔6〕 这是其与土地承包经营权抵押权实现规则的最大区别。在土地经营权抵押权可得实现之时，由当事

〔1〕 参见《重庆市人民政府办公厅关于开展农村土地承包经营权居民房屋和林权抵押贷款及农户小额信用贷款工作的实施意见(试行)》。

〔2〕 参见《重庆市人民政府办公厅关于开展农村土地承包经营权居民房屋和林权抵押贷款及农户小额信用贷款工作的实施意见(试行)》;《重庆市农村“三权”抵押融资风险补偿资金管理暂行办法》(2011年4月22日，渝财农〔2011〕99号)第2条。

〔3〕 参见《重庆市农村“三权”抵押融资风险补偿资金管理暂行办法》第4条。

〔4〕 参见《重庆市农村“三权”抵押融资风险补偿资金管理暂行办法》第11条。

〔5〕 参见《重庆市农村“三权”抵押融资风险补偿资金管理暂行办法》(2011年4月22日，渝财农〔2011〕99号)第7条。

〔6〕 参见房绍坤、林广会:《解释论视角下的土地经营权融资担保》，载《吉林大学社会科学学报》2020年第1期。

人协议以土地经营权的变价款优先受偿;协议不成的,抵押权人可以请求人民法院拍卖、变卖土地经营权。在解释上,由于抵押权人是金融机构,按照《商业银行法》等的规定,金融机构自不得购买非自用不动产,也就不能以协议折价的方式取得土地经营权。如此,《民法典》第410条所定协议折价实现方式,自无适用余地。有学者主张,与拍卖、变卖的实现方式相较而言,折价的实现方式简便易行,可以节省交易成本,自无禁止协议折价实现方式之理。[1] 但《新农村土地承包法》第38条要求土地经营权人“须有农业经营能力或者资质”,金融机构尚无法达到这一要求,无法以协议折价实现方式取得土地经营权。

五、土地承包收益权担保的法律构造

在农村经济已构成我国未来经济发展的重要动力和扩大内需的最大潜力[2]的背景之下,农村金融体系的构建再度成为全面深化改革的焦点问题之一。十七届三中全会《决定》以“扩大农村有效担保物范围”,“完善土地承包经营权权能”开篇,意在探索土地承包经营权的担保化和金融化。十八届三中全会《决定》更进一步地指出“赋予……承包经营权抵押、担保权能”,这为土地承包经营权担保融资打开了通道,“将对农户家庭承包的信用缺失、金融缺失起到重要补位作用,活跃农村金融”。[3] 为了落实这一精神,国务院办公厅发布了《金融服务意见》,其中指出要“制定农村土地承包经营权抵押贷款试点管理办法,在经批准的地区开展试点”,“推广以农业机械设备、运输工具、水域滩涂养殖权、承包土地收益权等为标的的新型抵押担保方式”。国务院又发布了《两权抵押指导意见》,为“进一步深化农村金融改革创新,加大对‘三农’的金融支持力度”指明了道路。

土地承包收益权担保,或土地经营收益权担保,是近年来农村金融实践中出现的一类创新产品,以承包土地的未来收益或未来流转收益作为担保财产,在一定程度上规避了《物权法》第184条第2项禁止以“耕地……等集体所有土地使用权”担保的规定,满足了承包土地上的金融需求,被誉为“一项稳定而兼具突破性意义的‘破冰之举’”,[4]同时,土地承包收益权仅以土地承包经营权的未来收益作为担保

---

〔1〕 参见曾大鹏:《土地承包经营权抵押的法律困境与现实出路》,载《中国农村观察》2017年第2期。

〔2〕 参见张高丽:《以经济体制改革为重点全面深化改革》,载本书编写组编著《〈中共中央关于全面深化改革若干重大问题的决定〉辅导读本》,人民出版社2013年版,第24~25页。

〔3〕 黄奇帆:《全面深化必须以促进社会公平正义、增进人民福祉为出发点和落脚点》,载本书编写组编著《〈中共中央关于全面深化改革若干重大问题的决定〉辅导读本》,人民出版社2013年版,第43页。

〔4〕 梁现瑞、许静:《这是有历史意义的“破冰之举”——透析〈四川省农村土地流转收益保证贷款试点工作方案〉》,载《四川日报》2014年1月6日,第2版。

财产,即使债权人届期不能清偿债务,担保权人也仅能就未来收益优先受偿,并不会导致债务人丧失土地承包经营权,契合了目前农村土地制度改革的底线和主流观点——不使农户丧失承包权。〔1〕 这一观点得到了相关文件的支持,如2014年中央一号文件就明确指出"允许承包土地的经营权向金融机构抵押融资"。值得注意的是,《金融服务意见》并未继续使用2014年中央一号文件的表述,直接指称"土地承包经营权抵押贷款""承包土地收益权"抵押担保;而《两权抵押指导意见》又改称"农村承包土地(指耕地)"抵押贷款。这在一定程度上体现了农村土地制度改革的经济逻辑与法律逻辑之间的冲突。由各地公布的相关金融创新产品的介绍来看,其中法理并未厘清。土地承包收益权究竟是什么性质的权利?土地承包收益权担保是抵押权构成还是质权构成?如此等等,并不明确。

(一)金融创新视角下的土地承包收益权担保及其检讨

在《物权法》《农村土地承包法》之下,以家庭承包方式取得的土地承包经营权的流转较受限制。《农村土地承包法》第32条基于公共政策的考量,不允许以家庭承包方式取得的土地承包经营权设定抵押,"如允许农民抵押自己的土地……如遇偿债不成,将使这些农民失去土地,也就意味着失去了生活的保障"。〔2〕 结合《物权法》第180条第1款第3项"以招标、拍卖、公开协商等方式取得的荒地等土地承包经营权"可以抵押、同法第184条第2项"耕地、宅基地、自留地、自留山等集体所有的土地使用权"不得抵押的相对表述,《民法典》物权编基本延续了物权法的规定,可以看出,《物权法》和《民法典》均禁止以家庭承包方式取得的土地承包经营权设定抵押权。

为探索农村金融服务的新途径和新模式,促进农村土地承包经营权的资本化和金融化,各地推出了不同的试点金融产品。如吉林省于2012年试点"土地收益保证贷款"创新品种,〔3〕"在不改变现行农村土地承包经营制度和土地农业用途的前提下,本着依法合规、平等协商、风险可控的原则,农户和其他主体将一部分土地承包经营权流转给具有农业经营能力的物权融资农业发展有限公司,并用该部分土地承包经营权的预期收益作为还款保证,同时农业发展公司向金融机构出具愿意承担连带保证责任的书面承诺,金融机构按照约定的贷款利率,向借款人提供贷款。"〔4〕重

〔1〕 参见冯华、陈仁泽:《农村土地制度改革,底线不能突破》,载《人民日报》2013年12月5日,第2版;国家行政学院经济学部和中央党校经济学部联合调研组(执笔人:张占斌):《加强对农民的金融武装和资本武装——对吉林省土地收益保证贷款试点的调查》,载《中国经济时报》2014年2月12日,第11版。

〔2〕 胡康生主编:《中华人民共和国农村土地承包法释义》,法律出版社2002年版,第119~120页。

〔3〕 参见高材林:《土地收益保证贷款研究》,载《吉林金融研究》2012年第12期。

〔4〕 吉林省政府金融办发布的《吉林省土地收益保证贷款试点暂行办法》(2012年6月)。

庆市在推出土地承包经营权抵押贷款产品[1]之后，又于2014年推出了“土地收益保证贷款”新品种，在该模式中，“借款主体将农村土地承包经营权流转（或再流转）给担保机构委托的符合相关条件的资产管理机构或农业经营主体，同时将地上种植（养殖）物及附属设施等作为动产抵押给担保机构，由担保机构为借款主体向金融机构提供融资担保从而实现融资。”[2]四川省于2014年年初选取8个市的9个县（市、区）开展“土地流转收益保证贷款”试点，[3]“在不改变土地农业用途、不附带各种政策补贴的前提下，农户或农村土地承包经营权流转的受让方，本着自愿的原则，将土地承包经营权作为融资性担保公司的反担保措施，向金融机构提出贷款申请，由融资性担保公司向金融机构提供保证担保，由金融机构发放贷款”。[4]

在这些金融创新品种中，四川土地流转收益保证贷款模式，实际上是“融资性担保公司的保证担保+农业经营主体的反担保（土地承包经营权抵押）”，只是抵押权人不是金融机构，而是融资性担保公司，金融机构的还款保障除了农业经营主体的收入（第一还款来源）之外，就是融资性担保公司的保证，融资性担保公司的求偿保障为土地承包经营权抵押权，其创新性不足；吉林土地收益保证贷款模式，与四川土地流转收益保证贷款模式相比，金融机构的还款保障没有变化，但担保公司的求偿保障为其享有的形式上的土地承包经营权，且其只能以该土地承包经营权的转包收益作为实现求偿权的保障；重庆土地收益保证贷款模式，与吉林土地收益保证贷款模式相比，金融机构的还款保障没有变化，担保机构的求偿保障增加了地上种植（养殖）物及附属设施等动产抵押权，其他部分没有实质性的变化。本书作者以下选取吉林土地收益保证贷款模式展开分析。

吉林省是传统农业大省，农户贷款占各项贷款总额只有6%。[5] 为着力深化金融改革、推进金融创新、改善金融服务，进一步强化金融对“三农”发展的支撑作用，吉林省提出要“不断拓宽贷款抵押担保物范围，积极完善配套管理办法，推进林权、农村土地承包经营权、大型农用机械和农村宅基地抵（质）押贷款试点”，[6]并积极探索农地金融化的新模式——土地收益保证贷款，“这一模式首次将土地未来收益权作为农民的贷款保证，突破了现有的必须以实物作抵押、或由其他多名农民联保

---

〔1〕 参见重庆市人民政府《关于加快推进农村金融服务改革创新的意见》（渝府发〔2010〕115号）。

〔2〕 重庆市人民政府《关于加快推进农村产权抵押融资工作的意见》（渝府发〔2014〕4号）

〔3〕 参见梁现瑞、许静：《农村土地流转收益保证贷款我省9县（市、区）先期试点》，载《四川日报》2014年1月6日，第1版。

〔4〕 中国人民银行成都分行和四川省农业厅等联合发布的《四川省农村土地流转收益保证贷款试点工作方案》（2014年1月）。

〔5〕 参见刘天铎：《创办农地流转收益担保贷款的思考》，载《银行家》2012年第10期。

〔6〕 吉林省人民政府《关于进一步强化金融服务“三农”发展的指导意见》（吉政发〔2012〕15号）。

的贷款模式。"[1]吉林省还希冀以此打破农村金融融资困局及解决其带来的城乡金融二元结构顽疾,探寻解决"三农"问题的根本之道,更好地统筹城乡发展,进而为破解城乡二元结构提供具有参考价值的地方实践。[2]

吉林土地收益保证贷款模式的主要做法是:

第一,由县级政府成立物权融资服务中心,并设立物权融资农业发展有限责任公司(以下简称物权融资公司),一个机构、两块牌子,共同作为政府主导的融资平台;该公司为企业法人,具有一定的注册资本金,不以营利为目的,主要职能是为农户和其他农业经营主体(以下简称农业经营主体)贷款提供担保服务。[3]

第二,农业经营主体将土地承包经营权转让给物权融资公司,同时,该物权融资公司将土地承包经营权再转包给农业经营主体。合同签订后,农业经营主体应将《土地承包经营权证》原件交回发证机关,由发证机关保管。双方申请发证机关在土地承包经营权登记簿上以及《土地承包经营权证》上做变更登记,注明新的土地承包经营权人为物权融资公司。物权融资公司应向农业经营主体交纳的转让款,与农业经营主体应向物权融资公司交纳的承包款相抵销,互不找差价。

第三,农业经营主体向金融机构申请贷款,物权融资公司与金融机构签订为农业经营主体贷款提供连带担保责任的《保证合同》,物权融资公司以土地流转收益、公司本身的资本和政府建立的信贷周转保障基金作为责任财产担保金融机构贷款债权的实现。

第四,若农业经营主体及时偿还金融机构的借款本息,则农业经营主体与物权融资公司之间的土地承包经营权流转合同自动解除,农业经营主体将贷款金融机构出具的结清证明交给物权融资公司,物权融资公司有义务申请发证机关作回转变更登记,土地承包经营权返还给农业经营主体。

如果农业经营主体没有按期还款,农业经营主体与物权融资公司之间的转包关系自动解除。此时,由物权融资公司代农业经营主体偿还对金融机构的借款,该部分借款与物权融资公司应交付给农民的转让款同等额度的部分相抵销。同时,物权融资公司有权挂牌征集承包人,确定价格最高者为承包人。转包期限以年为最小单位,以预计的转包费数额满足偿还借款本息为限。转包土地承包经营权时,农户及其所在集体经济组织成员享有优先承包权。通过转包获得的款项达到或超过农业

---

〔1〕 魏华、李勇:《吉林的农村金融改革》,载《中国经济周刊》2012 年第 44 期。

〔2〕 参见魏华、李勇:《吉林的农村金融改革》,载《中国经济周刊》2012 年第 44 期。

〔3〕 参见孙勇智、孙启明:《信贷模式创新、金融支持与农村经济发展——以黑龙江省为例》,载《当代经济研究》2013 年第 7 期。

经营主体借款本息,则物权融资公司转包期限届满之日,本转让合同自动解除,土地承包经营权返还给原农业经营主体。转包获得的款项数额超过农业经营主体借款本息的剩余部分,归农业经营主体所有。转包款扣除借款本息、代偿利息后若有剩余,物权融资公司有义务将剩余部分给付农业经营主体。

第五,土地承包经营权流转期间,农业经营主体参加农业保险的,应在贷款合同中明确借款人自愿承诺将农业保险赔款优先用于偿还银行借款。当农业经营主体无法偿还银行借款时,由银行向农业保险承保机构提供贷款合同及经农业经营主体签字确认的农业保险赔款权益转让书,农业保险承保机构将相应赔款直接支付给银行。物权融资公司受让已经参加农业保险的农村土地承包经营权的,应当书面告知农业保险承保机构。[1]

第六,为了确保农户的生存利益,农户仅能将其土地承包经营权的2/3用于土地收益保证贷款,即使农户不能按时归还贷款,土地承包经营权被转包,其仍旧有1/3的土地作为口粮田,这样农户既不会失去土地,也不会失去基本生活保障。在转包期间,有关土地的各种惠农补贴等仍属于原农户。通过对贷款额度的限制,土地承包经营权被转包的期限一般不超过3年,最长不超过5年。[2]

吉林省农地金融化的地方实践在形式上规避了法律上对以家庭承包方式取得的土地承包经营权抵押的限制性规定,[3]通过创新金融产品的设计,间接达到了农地金融化的目的。但这一模式的法律解读,却给我们带来了另外的结论。

第一,虽然土地收益保证贷款创新产品的设计借鉴了公路、桥梁等不动产收益权担保贷款模式,其初衷在于以农业经营主体土地承包经营权未来的收益为担保物向银行申请贷款,[4]但是就公布出来的产品设计方案和试点政策,却并不是以土地承包经营权的未来收益权作为担保。在我国《物权法》之下,不动产收益权的金融化路径是借助于对《物权法》第223条第6项“应收账款”的目的性扩张解释,[5]并经由相应登记规范的明确规定来达到的。详细分析土地收益保证贷款的交易结构,其实质在于:农业经营主体向金融机构申请贷款,物权融资公司为该贷款提供连带责任保证,同时农业经营主体以其土地承包经营权为物权融资公司提供反担保。如

---

〔1〕 参见《吉林省土地收益保证贷款试点暂行办法》第9条。

〔2〕 参见魏华、李勇:《吉林的农村金融改革》,载《中国经济周刊》2012年第44期;沙龙云:《关于“土地流转收益保证贷款”工作的思考——以吉林省为例》,载《农村金融研究》2013年第2期;杨晓平:《对吉林省梨树县推行土地收益保证贷款试点情况的调查》,载《吉林金融研究》2013年第4期。

〔3〕 参见高材林:《土地收益保证贷款研究》,载《吉林金融研究》2012年第12期。

〔4〕 参见高材林:《土地收益保证贷款研究》,载《吉林金融研究》2012年第12期;魏华、李勇:《吉林的农村金融改革》,载《中国经济周刊》2012年第44期。

〔5〕 参见高圣平:《担保法论》,法律出版社2009年版,第501页。

此,虽然吉林土地收益保证贷款模式名曰"土地收益保证贷款",但在性质上并不是直接以土地承包经营权收益权作为担保财产,实际上还是以土地承包经营权作为担保财产,否则,物权融资公司的相关担保权利应当在中国人民银行征信中心应收账款质押登记系统进行登记。所谓以土地承包经营权的转包收益来清偿物权融资公司的代偿债务,只不过是土地承包经营权抵押权实现方式不同而已,并不影响对其交易本质的定性。

第二,按目前的土地收益保证贷款的结构安排,农业经营主体是将其土地承包经营权转让给物权融资公司,但物权融资公司并不真正地享有土地承包经营权。物权融资公司所取得的该土地承包经营权仅起担保作用,在农业经营主体到期清偿了贷款后,该土地承包经营权即转回原农业经营主体;在农业经营主体到期不偿还贷款时,物权融资公司向金融机构代偿后,即以该土地承包经营权转包,并以转包收益清偿其代偿金额,清偿完后,该土地承包经营权即转回原农业经营主体。〔1〕 由此可见,农业经营主体与物权融资公司之间实际上设定的是土地承包经营权让与担保。所谓让与担保,是指在债务人或第三人为担保债务人的债务,将担保财产的整体权利附条件地移转给债权人,但不移转担保财产的占有,在债务得到清偿之后,担保财产的整体权利返还给担保人,在债务届期未获清偿时,债权人直接就担保财产取偿的一种担保方式。〔2〕 就让与担保而言,因我国现行法上并未承认,故吉林土地收益保证贷款模式面临着较大的法律风险。

我国法上采取物权法定主义,就物之担保(担保物权)的种类和内容,须由法律直接作出规定。但我国《物权法》和其他法律中所规定的物的担保种类并无让与担保这种类型。虽然在物权立法过程中,就让与担保的立法化,学者展开了激烈的争议,〔3〕但《民法典》物权编最终并未将让与担保成文化。司法实践中就让与担保的效力问题一直存在争议,在2019年《全国法院民商事审判工作会议纪要》发布之前,较为一致的观点是,因让与担保违反物权法定原则而不具有物权效力,但如无其他无效事由,可以认可让与担保合同的债权效力。〔4〕 在农业经营主体并无其他债权

---

〔1〕 有的县的试点方案是,在农民不能按期还款时,由物权融资公司通过公开竞价的方式,将土地发包给其他农民,用发包收益偿还银行借款,借款偿还完毕后,将土地经营权返还给农民。孙杰光:《吉林省土地收益保证贷款运行情况调研报告——以梨树县为例》,载《长春金融高等专科学校学报》2013年第3期。

〔2〕 参见马俊驹、陈本寒主编:《物权法》,复旦大学出版社2014年版,第398页。

〔3〕 参见王闯:《让与担保法律制度研究》,法律出版社2000年版,第433页;贲寒:《动产抵押制度的再思考——兼评我国民法(草案)对动产抵押与让与担保制度之规定》,载《中国法学》2003年第2期;邹海林:《让与担保的价值定位与制度设计》,载刘保玉主编:《担保法疑难问题研究与立法完善》,法律出版社2006年版,第85页。

〔4〕 参见曹士兵:《对非典型担保的司法态度》,载《人民法院报》2005年8月31日,第B03版;刘贵祥:《〈物权法〉关于担保物权的创新及审判实务面临的问题(下)》,载《法律适用》2007年第9期。

人时,即使仅认可让与担保的债权效力,对担保权人的保护也与认可其物权效力几近相同,但在农业经营主体还有其他债权人的情况下,担保权人仅享有就标的物的债权,则对担保权人的保护不同。就吉林土地收益保证贷款模式而言,虽然可以认可农业经营主体与物权融资公司之间反担保安排的债权效力,但就物权融资公司而言,其求偿权表现为仅能向农业经营主体主张债权,则面临着追偿不能的风险。如果农业经营主体存在其他的债权人,基于债权平等原则,若物权融资公司与其他债权人的债权均已到期,则各债权人都可就土地承包经营权的转包收益平等受偿,物权融资公司就转包收益并不当然取得优先于其他债权人的地位。由此可见,吉林土地收益保证贷款模式的反担保制度安排面临着较大的市场风险。

第三,吉林土地收益保证贷款模式中,农业经营主体的土地承包经营权首先转让给物权融资公司,在主债务或代偿债务得以清偿后,土地承包经营权再从物权融资公司转让给农业经营主体。然而,两次转让过户面临着双重征税和双重付费(登记费)的问题,这一制度安排增加了当事人之间的交易成本和制度运行的社会成本。如果直接以土地承包经营权收益权作为质押,通过中国人民银行征信中心应收账款质押登记系统办理质权登记,即可依法设立权利质权(应收账款质权),在主债务得不到清偿或出现约定的实现质权的情形时,通过质权人直接取得土地承包经营权收益权的方式,来实现应收账款质权。果若如此,这一做法比吉林土地收益保证贷款模式的成本更低,且同样可以达到规避土地承包经营权不得抵押的效果。同时,在吉林土地收益保证贷款模式中,物权融资公司虽然受让取得了土地承包经营权,但却无法行使法律上所规定的土地承包经营权权利内容,无法在相应承包地上行使占有、使用、收益的权利,也无法处分该土地承包经营权,其所享有的所谓土地承包经营权,仅仅只是名义上的,并不是《民法典》物权编上的土地承包经营权,此有违物权法定原则。这也是司法实践中否定让与担保物权效力的重要原因。相比较而言,直接以土地承包经营权收益权设定质押,却是法律上直接规定的应收账款质权,自应得到司法实践的承认。

第四,吉林土地收益保证贷款模式中,物权融资公司是否可以作为土地承包经营权的受让方,还存在制度风险。我国《农村土地承包法》第 41 条规定:“承包方有稳定的非农职业或者有稳定的收入来源的,经发包方同意,可以将全部或者部分土地承包经营权转让给其他从事农业生产经营的农户,由该农户同发包方确立新的承包关系,原承包方与发包方在该土地上的承包关系即行终止。”这里为土地承包经营权的转让设定了三个条件:“承包方有稳定的非农职业或者有稳定的收入来源”;“经发包方同意”;受让方是“其他从事农业生产经营的农户”。虽然前两个条件通过本集体经济组织的相关证明可以满足，但作为受让方的物权融资公司并不是“其他从事农业生产经营的农户”，即使作扩大解释，将其他主体亦包括在内，但必须是农业经营主体。由此可见，物权融资公司能否作为土地承包经营权的受让方存在疑问。相关政策说明文件一再强调物权融资公司“具有种植能力”，〔1〕但实际上，物权融资公司并不是“从事农业生产经营”的企业。〔2〕物权融资公司实现担保权时，也仅仅只是转包土地承包经营权，并不是自己直接行使土地承包经营权，所谓“具有种植能力”，只是为了满足土地承包经营权的转让条件而已，并无实际内容。

第五，吉林土地收益保证贷款模式中，虽然相关政策说明文件指出，物权融资公司“只是一个平台，不是经济实体，更不是担保公司”，〔3〕但物权融资公司从事的是融资性担保业务，〔4〕依照《融资性担保公司管理暂行办法》的规定，应当达到该办法规定的设立条件，并经监管部门审查批准。但吉林土地收益保证贷款模式将物权融资公司定性为担保主体，并以此为主要业务，但又不是担保公司，其代偿能力至为可疑。随着贷款规模的扩大，担保额度必将不断增大，物权融资公司的担保能力更加捉襟见肘，因此，以物权融资公司为核心的风险防控体制无法规避潜在的贷款逾期风险。同时，物权融资公司仅能以土地承包经营权转包的收益来抵偿代偿债务，如果土地承包经营权转包不及时，或出现一些转包执行过程中的问题，则物权融资公司的正常运转必将面临巨大困难。

第六，吉林土地收益保证贷款模式中，物权融资公司实现担保权的方法仅限于转包土地承包经营权。转包有其特定的含义，《农村土地承包经营权流转管理办法》第35条第2款的规定：“转包是指承包方将部分或全部土地承包经营权以一定期限转给同一集体经济组织的其他农户从事农业生产经营。转包后原土地承包关系不变，原承包方继续履行原土地承包合同规定的权利和义务。接包方按转包时约定的条件对转包方负责。”由此可见，物权融资公司仅能将土地承包经营权转包给同一集体经济组织的其他农户，影响了土地承包经营权流转价值的发现，也间接影响了相关贷款授信额度。吉林土地收益保证贷款模式中，土地收益保证贷款的“贷款额度≤土地收益评估价值×70%”，〔5〕并没有真实反映土地承包经营权本身的市场

---

〔1〕 参见杨晓平：《对吉林省梨树县推行土地收益保证贷款试点情况的调查》，载《吉林金融研究》2013年第4期。

〔2〕 参见杨晓平：《对吉林省梨树县推行土地收益保证贷款试点情况的调查》，载《吉林金融研究》2013年第4期。

〔3〕 杨晓平：《对吉林省梨树县推行土地收益保证贷款试点情况的调查》，载《吉林金融研究》2013年第4期。

〔4〕 融资性担保是指担保人与银行业金融机构等债权人约定，当被担保人不履行对债权人负有的融资性债务时，由担保人依法承担合同约定的担保责任的行为（《融资性担保公司管理暂行办法》第2条第1款）。

〔5〕 杨晓平：《对吉林省梨树县推行土地收益保证贷款试点情况的调查》，载《吉林金融研究》2013年第4期。

价值。

综上,虽然吉林土地收益保证贷款模式在形式上规避了以家庭承包方式取得的土地承包经营权不得抵押的禁止性规定,但以让与担保方式建构农业经营主体与物权融资公司之间的反担保关系,却面临着较大的法律风险和市场风险。仅以转包土地承包经营权的方式实现担保权,无法发现土地承包经营权的市场价值。由此看来,采取让与担保等迂回路径,至少在目前的制度背景下,无法找到其适法地位。不过,吉林土地收益保证贷款模式还是给了我们一些有益的启示,如用于担保的土地承包经营权仅占农户农地的2/3;担保权的实现方式可以不采取转让土地承包经营权的方式,而采取转包土地承包经营权的方式等。

(二)土地承包收益权担保的适法路径

我国《物权法》上虽以不动产和动产为担保财产,但在例外的情况下也承认权利可以作为担保物权的客体。[1] 《物权法》第180条第1款规定的“建设用地使用权”“以招标、拍卖、公开协商等方式取得的荒地等土地承包经营权”“法律、行政法规未禁止抵押的其他财产”[2];第223条规定的“汇票、支票、本票”等均可作为担保物权的客体;第184条并规定了“耕地、宅基地、自留地、自留山等集体所有的土地使用权”等不得抵押。《民法典》物权编除了允许“耕地……集体所有土地的使用权”可以抵押之外,基本延续了《物权法》的规定。那么,“土地承包收益权”究竟属于上述何种类型的权利?对这一问题的回答直接决定了土地承包收益权担保权的体系定位和创新路径。

土地承包收益主要体现为两种形式:其一,农业经营主体在承包土地之上种植的各类农作物[3](事实上处分承包土地的收益);其二,农业经营主体转包、出租其承包土地的权利等所取得的收益(法律上处分土地承包经营权的收益)。[4] 两者均属农业经营主体行使土地承包经营权的结果,在解释上,第一类收益属于天然孳息,

〔1〕 参见《物权法》第2条第2款规定:“本法所称物,包括不动产和动产。法律规定权利作为物权客体的,依照其规定。”

〔2〕 有观点认为,《物权法》第180条第1款第7项规定的“其他财产”仅指有形财产,不包括财产权利。本书作者对此不敢苟同。从该款上下文可以看出,该款所列明的“财产”除了有形财产之外,尚包括无形财产(权利),作为兜底条款的第7项中的“财产”自应作同一解释,即包括有形财产和无形财产在内。

〔3〕 本书作者未将林权及相关权利纳入讨论范围,这里的讨论也就不包括林木。

〔4〕 《重庆市人民政府关于加快推进农村产权抵押融资工作的意见》将土地承包收益界定为,承包方经营、流转其承包土地获得的收益和个人或组织(专业大户、家庭农场、农民合作社、农业企业及其他组织)在流转来的土地上经营获得的收益以及农村产权派生的收益等。

虽其中注入了人类的劳动,也不脱离天然孳息的属性;[1]第二类收益属于法定孳息。我国《物权法》第 116 条规定了孳息的归属规则,在设定用益物权的情形下,如无相反约定,天然孳息和法定孳息均归用益物权人,[2]《民法典》物权编未有实质性变动。依次,土地承包收益也就均归属于土地承包经营权人,与作为集体土地所有权人的承包人无涉,但当事人之间另有约定的除外。

如此看来,对土地承包收益的权利,即所谓土地承包收益权,仅仅只是土地承包经营权的权能(内容),且为土地承包经营权的核心内容,[3]我国《物权法》第 125 条就此作了明确的规定,"土地承包经营权人依法对其承包经营的耕地、林地、草地等享有占有、使用和收益的权利"。《民法典》物权编基本延续该规定。土地承包经营权的收益权能体现为通过利用承包地获取土地的天然孳息(农作物等)和法定孳息(出租、转包承包地的收益等),[4]由此可见,土地承包收益权并不构成单独的权利,不应作为担保财产。相反,土地承包收益无论是天然孳息还是法定孳息,在法院采取保全措施之后,均为土地承包经营权抵押权效力之所及。[5] 而作为土地承包收益权"母权"的土地承包经营权,也被《物权法》禁止担保,农地的金融价值由此丧失殆尽。

其他金融创新品种的经验和做法给了农地金融创新以启示。公路、桥梁、隧道等基础设施的所有权在我国法律上没有明确的界定,也没有适当的方法公示权利状况,这些直接影响到这些不动产的金融价值的实现。金融实践的发展创新出了一种所谓不动产收益权担保,不以这些不动产的所有权而以其收益权作为担保,回避了这些不动产(所有权)是否可以担保以及如何设定担保的争议。这一创新得到了司法解释的认同。[6] 就土地承包收益权的担保问题,有学者主张,土地承包收益权应属不动产收益权之一,而不动产收益权又属于《物权法》第 223 条第 6 项(《民法典》

---

〔1〕 参见王利明:《物权法研究》,中国人民大学出版社 2013 年版,第 78 页;梁慧星、陈华彬:《物权法》,法律出版社 2010 年版,第 49 页;尹田:《物权法》,北京大学出版社 2013 年版,第 43 ~ 44 页;刘保玉:《物权法学》,中国法制出版社 2007 年版,第 23 页。

〔2〕 参见尹田:《物权法》,北京大学出版社 2013 年版,第 45 页。

〔3〕 包括土地承包经营权在内的用益物权,以物的使用收益为其目的,参见王利明:《物权法研究》,中国人民大学出版社 2013 年版,第 768 页;梁慧星、陈华彬:《物权法》,法律出版社 2010 年版,第 251 页;王泽鉴:《民法物权》(第 2 版),北京大学出版社 2010 年版,第 270 页。

〔4〕 参见王利明:《物权法研究》,中国人民大学出版社 2013 年版,第 781 页;高圣平:《新型农业经营体系下农地产权结构的法律逻辑》,载《法学研究》2014 年第 4 期。

〔5〕 参见高圣平:《担保法论》,法律出版社 2009 年版,第 341 页。

〔6〕 参见李国光等:《最高人民法院〈关于适用《中华人民共和国担保法》若干问题的解释〉理解与适用》,吉林人民出版社 2000 年版,第 243 页。

物权编第440条第6项)规定的可以出质的权利——“应收账款”之列,[1]由此,土地承包收益权的担保即属权利质权之一种,在《物权法》中找到了其适法位置。地方金融实践中,土地承包收益担保创新品种的设计也确实受到了不动产收益权质押的启发。[2] 如此,应予明确的是,《民法典》物权编中的“应收账款”是否足以涵盖土地承包收益权?

在中文语境下,“应收账款”是一个会计学上的术语,在《民法典》物权编上被赋予其特定的法律含义而成为法律术语。但就“应收账款”在物权法上的内涵与外延,实践中一直存在争议。参与立法者认为,“应收账款是指权利人因提供一定的货物、服务或者设施而获得的要求义务人付款的权利,不包括因票据或者其他有价证券而产生的付款请求权。”[3]这一定义明显采纳了美国《统一商法典》第九编的界定。[4]由此可见,应收账款是因合同而生的非为证券所表彰的金钱给付请求权。[5] 在解释上,应收账款的基础法律关系尚须已经存在。“无基础法律关系的未来应收账款难以特定,且债务人也系不特定的第三人,无法公示,不能作为出质权利。”[6]准此以解,土地承包收益权,尤其是其中农业经营主体在未来转包、出租土地承包经营权所产生的收益,并无土地承包经营权转包、出租合同的实际发生,就此而论,土地承包收益权尚无基础法律关系的存在,故不属于此种意义上的“应收账款”。

我国物权法上的“应收账款”系来源于美国《统一商法典》,美国法上“应收账款”的界定自是在解释该概念时所应考量的。但由于美国《统一商法典》和我国物权法上可以设定担保的权利的类型化方法并不一致,故我国物权法上应收账款的界

---

〔1〕 参见吕庆明、陈捷:《农村土地承包经营权收益担保融资问题研究——以吉林省直补资金担保贷款和土地收益保证贷款为例》,载《吉林金融研究》2013年第11期。

〔2〕 参见高材林:《土地收益保证贷款研究》,载《吉林金融研究》2012年第12期;魏华、李勇:《吉林的农村金融改革》,载《中国经济周刊》2012年第44期。

〔3〕 全国人大常委会法制工作委员会民法室编:《〈中华人民共和国物权法〉条文说明、立法理由及相关规定》,北京大学出版社2007年版,第404页。

〔4〕 参见美国《统一商法典》第9-102条(a)(2)规定:“应收账款(account),除了用于‘account for’(结算)中之外,是指因以下情形而发生的金钱债务偿付请求权,其是否因履行而取得,则非所问:(i)财产已经或者将要被出卖、出租、许可使用、让与或者以其他方式被处分,(ii)服务已经或者将要被提供,(iii)保险单已经或者将要签发,(iv)次位债务(secondary obligation)已经或者将要发生,(v)能源已经或者将要提供,(vi)因租船合同或者其他合同而使用或者承租船舶,(vii)使用信用卡、赊账卡,或者包含于该卡之中或者为使用该卡所需了解的信息所产生的;或者(viii)在由州、州政府部门或者由州、州政府部门许可或者授权的人所开办或者发起的博彩或者其他形式的赌博中的赢得物。这一术语包括健康护理保险应收款。这一术语不包括:(i)由担保债权凭证或者票据所表彰的偿付请求权,(ii)商事侵权赔偿请求权,(iii)储蓄账户,(iv)投资财产,(v)信用证权利或者信用证,或者(vi)因贷放或者出卖的货币或者资金所生的偿付请求权,但因使用信用卡、赊账卡或者包含于该卡或者为使用该卡所需了解的信息而生的偿付请求权除外。美国法学会、美国统一州法委员会:《美国〈统一商法典〉及其正式评述》(第3卷),高圣平译,中国人民大学出版社2006年版,第67~68页。

〔5〕 参见高圣平:《担保法论》,法律出版社2009年版,第542页。

〔6〕 曹士兵:《中国担保制度与担保方法》(第四版),中国法制出版社2017年版,第369页。

定还不能与美国法作同一解释，上述解读应予修正。中国人民银行《动产和权利担保统一登记办法》第 3 条第 1 款规定："本办法所称应收账款是指应收账款债权人因提供一定的货物、服务或设施而获得的要求应收账款债务人付款的权利以及依法享有的其他付款请求权，包括现有的以及将有的金钱债权，但不包括因票据或其他有价证券而产生的付款请求权，以及法律、行政法规禁止转让的付款请求权。"第 3 条第 2 款规定："本办法所称的应收账款包括下列权利：（一）销售、出租产生的债权，包括销售货物，供应水、电、气、暖，知识产权的许可使用，出租动产或不动产等；（二）提供医疗、教育、旅游等服务或劳务产生的债权；（三）能源、交通运输、水利、环境保护、市政工程等基础设施和公用事业项目收益权；（四）提供贷款或其他信用活动产生的债权；（五）其他以合同为基础的具有金钱给付内容的债权。"在这里，明确将"出租产生的债权"，包括"出租动产或不动产"列于其中。

美国法上就权利担保不区分抵押和质押，仅以权利的不同加以类型化，[1]主要分为投资财产（其中包括凭证式证券、无凭证证券、证券权利、证券账户、期货合约、期货账户等）、其他准无体财产权（其中包括物权凭证、流通证券、担保债权凭证、信用证权利等）以及其他无体财产权（其中包括应收账款、储蓄账户、商事侵权损害赔偿请求权、一般无体财产权等）。在这里，起兜底作用的是"一般无体财产权"（包括付款无体财产权和软件）。我国《民法典》物权编第 440 条规定的"汇票、本票、支票"（第 1 项）类似于美国法上"其他准无体财产权"中的"流通证券"；"债券、存款单"（第 2 项）相当于美国法上"其他准无体财产权"中的"担保债权凭证"；"仓单、提单"（第 3 项）相当于美国法上"其他准无体财产权"中的"物权凭证"；"可以转让的基金份额、股权"（第 4 项）可以归入美国法上"投资财产"；"可以转让的注册商标专用权、专利权、著作权等知识产权中的财产权"（第 5 项）属于美国《统一商法典》第九篇未予明定的权利类型，归入兜底类型"一般无体财产权"；[2]"应收账款"（第 6 项）在称谓上与美国法上"其他无体财产权"中的"应收账款"相同，但其含义却并不相同，中国人民银行《动产和权利担保统一登记办法》第 3 条规定的应收账款的内涵与外延明显要广于美国法；《民法典》物权编第 440 条"法

---

〔1〕 就此的详细介绍，参见高圣平：《动产担保交易制度比较研究》，中国人民大学出版社 2008 年版，第 66 ~ 68 页。

〔2〕 知识产权法在美国多属联邦法的范畴，但包括担保交易等在内的商事交易的立法权在各州。有鉴于此，美国《统一商法典》第九篇并未试图解决知识产权担保的所有问题，仅就联邦法未作规定者作出相应规定。如美国《统一商法典》没有特别规定知识产权担保的公示规则，而是将其视为"一般无体财产权"，依登记而公示。See Barkley Clark & Barbara Clark, *The Law of Secured Transactions Under the Uniform Commercial Code*, 3rd ed., Washington D. C.: A. S. Pratt, 2011, p. 1 – 116.

律、行政法规规定可以出质的其他财产权利”(第7项)是一个兜底条款,类似于美国法上“一般无体财产权”。

由于“其他财产权利”出质尚需“法律、行政法规”明确规定,我国《民法典》物权编第440条第7项并未真正起到拓展权利质权标的物的作用,“应收账款”的外延扩充就成了金融担保创新的首选工具。从《动产和权利担保统一登记办法》第3条的规定来看,我国法上的“应收账款”大抵涵盖了美国法上的“信用证权利”、“应收账款”、“储蓄账户”、“商事侵权损害赔偿请求权”和“一般无体财产权”中的“付款无体财产权”等,原来的内涵确定即应重新考量。我国法上如此广泛的外延,应收账款的共同特征可以用金钱给付请求权(付款请求权)来概括,但应将已为第440条第1项至第5项明定的金钱给付请求权排除于外,其在性质上属于金钱给付请求权的兜底性规定。如此,土地承包收益权在性质上当属土地承包经营权因转包、出租等所生的金钱给付请求权,未为《民法典》物权编第440条第1项至第5项所涵盖,只应属于第6项“应收账款”之列。[1]

在立法史上,不动产收费权、收益权经金融创新进入人们的视野,先有国务院及中国人民银行、原中国银监会等发布的规范性文件的推动,[2]再有最高人民法院司法解释的认同。[3] 在物权立法过程中,就不动产收益权是否可以作为担保物,以及如何定位问题,一直存在争议。直至2005年6月《物权法草案第三稿》才将“公路、电网等收费权”作为可以出质的权利的范围予以明定,[4]2006年8月《物权法草案第五稿》、2006年10月《物权法草案第六稿》将“公路、桥梁等收费权”和“应收账款”同时作为出质权利予以规定,[5]2006年10月《物权法草案第七稿》删去了“公路、桥梁等收费权”,保留了“应收账款”。其立法理由在于:“公路、桥梁等收费权可

---

〔1〕 亦有学者认为,不动产收益权与应收账款两者之间权利性质不同,不动产收益权应属于《物权法》第223条第7项“法律、行政法规规定可以出质的其他财产权利”之列(罗欢平:《论普通债权质押》,法律出版社2012年版,第105页以下)。但我国迄今尚无一部“法律、行政法规”规定不动产收益权(或土地承包收益权)可以出质,不动产收益权实难通过第7项进入权利质权范畴。

〔2〕 参见国务院西部开发办《关于西部大开发若干政策措施实施意见》、国务院《关于收费公路项目贷款担保问题的批复》、《关于进一步解决学生公寓等高等学校后勤服务设施建设资金问题的若干意见》等。

〔3〕 参见最高人民法院《关于适用〈中华人民共和国担保法〉若干问题的解释》第97条规定:“以公路桥梁、公路隧道或者公路渡口等不动产收益权出质的,按照担保法第七十五条第(四)项的规定处理。”

〔4〕 参见《全国人大法律委员会关于〈中华人民共和国物权法(草案)〉修改情况的汇报——在十届全国人大常委会第十六次会议上》,载全国人民代表大会常务委员会法制工作委员会民法室编著:《物权法立法背景与观点全集》,法律出版社2007年版,第27页。

〔5〕 参见《全国人大法律委员会关于〈中华人民共和国物权法(草案)〉修改情况的汇报》(2006年8月22日十届全国人大常委会第二十三次会议)、《全国人大法律委员会关于〈中华人民共和国物权法(草案)〉修改情况的汇报》(2006年10月27日十届全国人大常委会第二十四次会议),载全国人民代表大会常务委员会法制工作委员会民法室编著:《物权法立法背景与观点全集》,法律出版社2007年版,第50、66页。

以纳入应收账款,而且目前的收费状况比较混乱,哪些收费权可以质押,哪些不能质押,还需进一步清理。因此,在这一条中规定‘应收账款’即可,不必明确列出‘公路、桥梁等收费权’。”[1]这一立法态度一直延续到《物权法》最终通过。由此可见,从立法史上看,我国《物权法》及其后的《民法典》物权编上的“应收账款”包括了不动产收益权。这些不动产收益权与土地承包收益权一样,在担保权设定之初均不存在均以产生应收账款的基础法律关系,在一定程度上拓展了“应收账款”的外延,从而改变了美国法上的“应收账款”的内涵界定。

综上,我们大抵可以得出这样的结论:在现行法上禁止以家庭承包方式土地承包经营权抵押的情况之下,土地承包收益权是作为“应收账款”之一种而可以设定质权。既属应收账款质权之一种,土地承包收益权质权应在中国人民银行征信中心应收账款质押登记系统中登记,未经登记,土地承包收益权质权不设定。目前农村金融创新实践中,虽将土地承包收益权解释为不动产收益权之一种,但大多并未将这一认识贯彻到底,如是否登记,在哪里登记,登记在质权设定中有何意义等,实值重新考量。

(三)土地承包收益权担保的解释困境与农地“三权”分置下的思考

虽然通过对《民法典》上“应收账款”的解释,可将金融创新中的土地承包收益权担保定位于权利质权,从而取得适法性,但如此解释仍然面临着体系上的困境。

我国实定法上对于权利作为担保财产时,有权利抵押权与权利质权的区分。就建设用地使用权以及以招标、拍卖、公开协商等方式取得的荒地等土地承包经营权作为担保财产时,其上所设定的是抵押权,至于《民法典》第 395 条第 1 款第 7 项所规定的“法律、行政法规未禁止抵押的其他财产”中可能包括的“其他财产权利”,在解释上亦仅以不动产权利为限。就所有权和不动产权利之外的财产权利作为担保物时,其上所设定的是质权。[2] 学说上认为,担保财产上设定质权之后,担保人即丧失对担保财产的利用权,“由质权人留置标的物,剥夺债务人之占有,造成债务人心理上之痛苦或生活上之不便,以压迫其从速清偿债务。”[3]土地承包收益权设定担保后,除了当事人另有约定之外,担保人仍然继续行使着土地承包经营权,并取得收益,并不因设定担保而丧失其使用权,担保权人也不当然取得土地承包经营权及

[1] 《全国人大法律委员会关于〈中华人民共和国物权法(草案)〉修改情况的汇报》(2006 年 12 月 24 日第十届全国人大常委会第二十五次会议),载全国人民代表大会常务委员会法制工作委员会民法室编著:《物权法立法背景与观点全集》,法律出版社 2007 年版,第 73 页。

[2] 参见高圣平:《民法典中担保物权的体系重构》,载《法学杂志》2015 年第 6 期。

[3] 谢在全:《民法物权论》(修订 5 版),中国政法大学出版社 2011 年版,第 946 页。

其中收益权。此时,“从功能的角度来看,毋宁说它们近似于抵押权。”[1]尤其是,担保期间,担保权人并无行使土地承包经营权及其中收益权的权利,“其担保的作用反近于抵押权,谓之介于一般质权与抵押权之中间区域,亦无不可”,[2]若仍将土地承包收益权担保定位于权利质权,则过于牵强。

在我国台湾地区,权利同样可以作为抵押权或质权的客体,此时分别称为权利抵押权(准抵押权)、权利质权,并分别规定与“民法”第三编“物权”的第六章“抵押权”之第三节“其他抵押权”和第七章“质权”之第二节“权利质权”。权利担保物权系对权利的交换价值的支配权,有别于就物的交换价值的支配权,通常称之为准物权。[3] 就权利抵押权与权利质权的区分,我国台湾地区“民法”规定:“地上权、农育权及典权,均得为抵押权之标的物。”(第882条)“称权利质权者,谓以可让与之债权或其他权利为标的物之质权”(第900条)。这里的“其他权利”,系指“所有权及不动产用益物权以外的其他财产权”。[4] 学说上认为,权利抵押权以所有权之外的不动产物权为标的,[5]在物权法定主义前提之下,只有地上权、农育权、典权、采矿权、定置或区划渔业权等权利才能设定权利抵押权,除此之外的其他权利,即使具有财产价值,也不得成为抵押权的标的物。[6] “财产权虽得让与,然其权利之行使被停止或质权人行使其权利为不适当者,虽得设定抵押,然不得设质。”[7]因我国台湾地区不承认不动产质权,而且权利质权准用动产质权的规定,因此,可与不动产所有权等同视之的不动产用益物权(地上权、农育权、典权)或准不动产用益物权(渔业权、矿业权等)虽然在性质上属于可让与的财产权,但与质权性质相违,均不得设定权利质权。[8] 有学者进一步解释道:“以此些权利作为权利质权之标的物者,其设定应以该权利让与之方式为之,即须经由登记,始生效力,已与质权性质不相符合,且权利人若经由权利设质而须交付本于该权利所占有之不动产者,有发生质权存在于不动产之疑义,故此等权利均不得为权利质权之标的物。”[9]由此可见,我国台湾地区大抵维系传统法上担保物权的二元化构成,即与不动产属于同一性质的财产权

---

〔1〕 [日]我妻荣:《新订担保物权法》,申政武、封涛、郑芙蓉译,中国法制出版社2008年版,第193页。

〔2〕 史尚宽:《物权法论》,中国政法大学出版社2000年版,第288页。

〔3〕 参见谢在全:《民法物权论》(修订5版),中国政法大学出版社2011年版,第1011页。

〔4〕 王泽鉴:《民法物权》(第2版),北京大学出版社2010年版,第400页。

〔5〕 参见郑玉波:《民法物权》,黄宗乐修订,台北,三民书局股份有限公司2008年版,第328页。

〔6〕 参见郑冠宇:《民法物权》,台北,新学林出版股份有限公司2014年版,第599页。

〔7〕 史尚宽:《物权法论》,中国政法大学出版社2000年版,第390页。

〔8〕 参见谢在全:《民法物权论》(修订5版),中国政法大学出版社2011年版,第1012页;史尚宽:《物权法论》,中国政法大学出版社2000年版,第390页;郑玉波:《民法物权》,黄宗乐修订,台北,三民书局股份有限公司2008年版,第387页。

〔9〕 郑冠宇:《民法物权》,台北,新学林出版股份有限公司2014年版,第638页。

可以作为权利抵押权的标的物,与动产属于同一性质的财产权可以作为权利质权的标的物。[1]

美国《统一商法典》第9－109条(d)(11)明确规定,“不动产租赁或者由此而生的租金”不属于动产担保交易范畴,其担保问题适用不动产法律。[2] 不动产担保法与动产担保法分别形成于不同的时期,并具有许多不同的法观念和法原理。[3] 普通法上不愿意将租金担保权的实行与不动产担保权分开,以免因租金与不动产的分离影响到抵押人(不动产所有人),降低其清偿抵押债务的能力。[4] 由此可见,即使在美国法上,类似土地承包收益权这样的不动产权利亦属不动产抵押(mortgage)的范畴。

魁北克《民法典》深受法国《民法典》的影响,但其地缘因素又决定了其无可避免地要植入英美法元素。其中,第六卷“优先权和担保物权”[5]即在美国担保交易功能主义立法模式[6]的影响下,采取了一元化的“担保物权(hypothecs)”概念,[7] 但担保物权的类型化却并未采取美国法上的方法,而呈现出大陆法的痕迹。魁北克《民法典》先是将担保物权区分为约定担保物权和法定担保物权(第2664条),再将约定担保物权区分为动产担保物权和不动产担保物权(第2665条),债权上设定的担保物权属于动产担保物权的一种类型(第2710条)。魁北克《民法典》第2695条规定:“在不动产所产生的现存或嗣后取得的租金之上设定的担保物权,以及在涵盖了租金的保险合同的保险赔偿金之上设定的担保物权,为不动产担保物权。”(第1款)“上述不动产担保物权,应在土地登记簿上予以公示。”作此种类型化的安排,其主要目的在于解决不动产之上可能出现的权利冲突问题。因为,不动产担保物权和

---

〔1〕 参见谢哲胜:《民法物权》,三民书局股份有限公司2007年版,第364页。

〔2〕 See Barkley Clark & Barbara Clark, *The Law of Secured Transactions Under the Uniform Commercial Code*, 3rd ed., Washington D.C.: A.S. Pratt, 2011, p.1－171.

〔3〕 See Peter F. Coogan, William E. Hogan & Detlev F. Vagts et al., *Secured Transactions Under the Uniform Commercial Code*, *v. IC*, San Francisco: Matthew Bender & Company, 2012, p.16－3.

〔4〕 See Peter F. Coogan, William E. Hogan & Detlev F. Vagts et al., *Secured Transactions Under the Uniform Commercial Code*, *v. IC*, San Francisco: Matthew Bender & Company, 2012, p.16－3.

〔5〕 英文原文为“Prior claims and Hypothecs”。“Hypothecs”是大陆法意义上的典型担保物权——抵押权、质权、留置权的上位阶概念,故译为“担保物权”(高圣平:《动产担保交易制度比较研究》,中国人民大学出版社2008年版,第106页)。中文翻译中有译为“抵押权”的(参见《魁北克民法典》,孙建江、郭站红、朱亚芬译,中国人民大学出版社2005年版,第323页),为使中文表述不致引起歧义,本书作者仍以“担保物权”来指称《魁北克民法典》上的“hypothecs”。

〔6〕 就美国法上功能主义的介绍,参见高圣平:《美国动产担保交易法与我国动产担保物权立法》,载《法学家》2006年第5期。

〔7〕 See John Claxton, *Security on Property and the Rights of Secured Creditors under the Civil Code of Québec*, Cowansville: Les Éditions Yvon Blais Inc., 1994, p.4.

动产担保物权的设定形式和公示方法均不相同。[1] 动产担保物权只需采取一般书面形式即可,但涉及不动产租金的担保物权,相关文书须以公证形式作成;[2]不动产担保物权是在土地登记局的土地登记簿上登记,动产担保物权是在债权和动产物权登记局的债权和动产登记簿上登记。[3] 在魁北克民法上,不动产租赁并不构成或产生不动产或不动产权利,承租人仅仅取得不动产的占有权,非为物权,而承租人享有此权利尚需以支付租金为对价。因此,民法上将之视为动产权利。[4] 不动产租金仍然属于动产(第907条、第910条),仅是在其上设定了担保物权时,才视为不动产。[5]

由此可见,比较法上将土地承包收益权这种“不动产权利”作为质押财产存在体系上的困难。我国物权法虽然也采纳了权利担保物权体系上的两分法,但其中规则的设计并未贯通抵押权与质权的区分法理。[6] 解释上,土地承包收益权担保更适于定位于抵押权,从而作为“法律、行政法规未禁止抵押的其他财产”(《民法典》物权编第395条第1款第7项)之一种,但接着下来的是,土地承包收益权抵押权如何登记?登记在其中具有什么意义(对抗主义还是生效主义)?对这些问题的解答又面临着解释上的困难。如此,将之定位于权利质权,作为“应收账款”之一种实为便宜之举。解决这些解释困境,唯有修改现行法律,赋予土地承包经营权以抵押担保权能。

2014年中央一号文件正式提出在“三权”分置学说之下重构土地承包经营权抵押制度,其中指出:“在落实农村土地集体所有权的基础上,稳定农户承包权、放活土地经营权,允许承包土地的经营权向金融机构抵押融资。”《两权抵押指导意见》更是明确提出“按照所有权、承包权、经营权三权分置”稳妥有序开展“承包土地的经营权抵押融资”。如此,在经批准的试点地区,承包土地的抵押制度应当重新构建,

---

〔1〕 See John Claxton, *Security on Property and the Rights of Secured Creditors under the Civil Code of Quebéc*, Cowansville: Les Éditions Yvon Blais Inc., 1994, p. 51.

〔2〕 参见《魁北克民法典》第2692条、第2693条、第2695条。

〔3〕 参见《魁北克民法典》第2969条规定:“土地登记局置备土地登记簿、提要登记簿及法律或根据本卷制定的条例规定要置备的任何其他登记簿。另外,债权和动产物权登记局置备债权和动产物权登记簿。土地登记官、债权和动产物权登记官分别负责保存此等登记簿。”第2970条规定:“不动产权利的公示在不动产所在地的登记辖区的土地登记簿、土地清册上做出。动产权利和任何其他权利通过在债权和动产物权登记簿上登记而公示。如动产物权附属于不动产,也应依照本卷或根据本卷制定的条例确定的适用于土地登记簿的标准,在土地登记簿上登记。”

〔4〕 See John Claxton, *Security on Property and the Rights of Secured Creditors under the Civil Code of Quebéc*, Cowansville: Les Éditions Yvon Blais Inc., 1994, p. 83.

〔5〕 See John Claxton, *Security on Property and the Rights of Secured Creditors under the Civil Code of Quebéc*, Cowansville: Les Éditions Yvon Blais Inc., 1994, p. 58.

〔6〕 参见高圣平:《民法典中担保物权的体系重构》,载《法学杂志》2015年第6期。

已如前述。

"农村金融是现代农业经济的核心",[1]农村经济的发展端赖于农村金融服务的提升。虽然商业金融在农业金融体系中本不应占据主要位置,但也不能全部仰仗政策金融和合作金融。"担保难"一直是制约农村商业金融发展的主要因素之一。土地承包经营权的资产要素属性,决定了这一重要的经营性资产在农村商业金融中的价值。现行法上基于公共政策的考虑禁止土地承包经营权抵押,直接催生了各地的金融创新,但这些创新品种存在程度不同的制度风险。"三权"分置学说之下,抵押权效力所及的仅仅只是承包土地的经营权,即使担保权人实现抵押权,也仅仅只能是以土地经营获得的农产品收入或地租收入优先受偿,[2]只是使农户丧失土地经营权。但这也仅仅只具有说明价值,丧失了土地经营权的农户所保有的土地承包经营权还有什么实质意义?以强制性制度变迁重构农地抵押法制,赋予土地经营权以完全的市场化内容,就成了最终的选择。

六、本章小结

"金融抑制"[3]的普遍存在,使得农村金融成为制约我国农村经济发展的主要因素。[4] 我国农村金融抑制主要是供给型抑制,而消除供给型抑制,则要求通过以放松管制为主要内容的金融深化手段,对我国现存农村金融体系进行变革。[5] 我国实定法对农地金融化的限制即应去除。但应注意的是,农地金融化改革只是新一轮土地制度改革中的一个环节,还需与其他制度的改革一同进行,才能协力促进农地制度的改革与发展。

我国农地制度是由农地产权制度、农地流转制度、农地金融制度等组成的一个有机系统,其总体目标是在兼顾效率与公平的前提下,提高农地资源的配置效率。[6] 其一,农地产权制度改革是当前促进农地金融发展的必由之路,也是当务之

---

〔1〕 国务院农村综合改革工作小组办公室课题组编著:《建立现代农村金融制度问题研究》,中国财政经济出版社2011年版,第1页。

〔2〕 参见吴兴国:《承包权与经营权分离框架下债权性流转经营权人权益保护研究》,载《江淮论坛》2014年第5期。

〔3〕 参见[美]罗纳德·I.麦金龙:《经济发展中的货币与资本》,李瑶、卢力平译,中国金融出版社2006年版,第50~65页。

〔4〕 参见王醒男:《基于需求与发展视角的农村金融改革逻辑再考》,载《金融研究》2006年第7期。

〔5〕 参见王醒男:《基于需求与发展视角的农村金融改革逻辑再考》,载《金融研究》2006年第7期。

〔6〕 参见中国人民银行泉州市中心支行课题组等:《我国农地金融制度构建的现实约束及障碍破解》,载《上海金融》2007年第6期。

急。[1] 在我国实行土地公有制不变的前提下,农地产权的结构以集体土地所有权为基础,将对农地的利用关系表达为物权关系,以达到“稳定农村土地承包关系并保持长久不变”的目标,同时赋予土地承包经营权完整的权能,对抵押担保权能予以明确。其二,农地流转制度改革是农地金融制度改革的前提。如果农地流转变现困难,融资机构的农地抵押权实现成本过高,融资机构开展农地金融业务的意愿就会降低,农业生产经营者获得农地抵押贷款的成本就会增加。如果土地经营权不能流转或者再流转,就相当于失去了农地市场化的基础。

农地金融制度的改革与发展,可让农村沉淀的、僵化的“财产”流动起来,充分实现农地的市场价值,这为土地规模经营和农业集约化经营的信贷供给创造了条件,也为农业结构的战略性调整与农地市场的形成和发育提供了可能。

---

〔1〕 参见高之岩:《基于博弈的我国农户融资机制比较研究》,载《现代财经(天津财经大学学报)》2013 年第 2 期。

附论一：农村土地承包法修正案草案一审稿述评

党的十八大以来，为因应农业生产力发展所带来的土地利用关系的变化，以习近平同志为核心的党中央对完善农村生产关系提出了一系列方针政策。如由2014年中央一号文件正式提出，并经中共中央办公厅、国务院办公厅先后发布的《土地经营权流转意见》《深化农村改革综合性实施方案》《三权分置意见》等具体化的“三权”分置政策，是“农村基本经营制度的自我完善，符合生产关系适应生产力发展的客观规律”。[1] 各地在这些政策的指引下展开了农地经营制度的实践探索，如何将这些经实践检验行之有效的农村土地承包政策和成功经验及时转化为法律规范，是摆在我们面前的一大难题。在这一背景之下，修改《农村土地承包法》于2015年被列入第十二届全国人大常委会立法规划。党的十九大报告进一步将“巩固和完善农村基本经营制度，深化农村土地制度改革，完善承包地‘三权’分置制度”作为“贯彻新发展理念，建设现代化经济体系”的重要任务之一。[2] 第十二届全国人大常委会第三十次会议对《农村土地承包法修正案草案（一审稿）》进行了初步审议，2017年11月7日《农村土地承包法修正案草案（一审稿）》在中国人大网公布，公开征求意见。

一、“两权”分离与“三权”分置之间的关系

在坚持土地公有制的基础上，农村土地除依法属于国家所有

---

〔1〕《三权分置意见》之“一、重要意义”。

〔2〕参见习近平：《决胜全面建成小康社会　夺取新时代中国特色社会主义伟大胜利——在中国共产党第十九次全国代表大会上的报告》，人民出版社2017年版，第32页。

之外,属于集体所有。[1] 为提高农村土地的利用效率,农村基本经营制度有了从集体化生产,到家庭联产承包责任制,再到家庭承包制的转变。[2] 及至党的十五届三中全会,中共中央《关于农业和农村工作若干重大问题的决定》明确提出要"赋予农民长期而有保障的土地使用权",以"所有权与使用权相分离"为内容的"两权"分离在中央政策文件中得以确立。[3] 在法律上,这里的"使用权"被表达为"土地承包经营权",形成了"(集体)土地所有权+(承包农户)土地承包经营权"的农村土地权利结构,并先后在《土地管理法》、《农村土地承包法》和《物权法》中得到反映。土地所有权本是典型的物权——自物权,土地承包经营权最终被定性为在土地所有权之上的他物权(用益物权)。由此,借助于他物权的生成法理,"两权"分离的经济思想在法律上即被表达为:在集体土地所有权之上为承包农户设定土地承包经营权。这一权利结构的调整,"实现了土地权利在集体和农民之间的有效分割,较好地处理了国家、集体与农户之间的土地利益关系,在短时间内就显现出以制度创新推动农业发展的强大动力",[4]对稳定农村基本经营制度,增加农民收入,促进农业、农村经济健康发展和农村社会和谐稳定,发挥了重大作用,[5]取得了良好的制度绩效。

"两权"分离所反映的生产关系主要是承包农户自行在承包地上从事农业生产。随着农业产业化和现代化进程的加快,为解决承包地块状分散、种田效益不高、农业劳动力不足等问题,承包农户自发地通过互换、转包、转让等方式进行着小规模的土地承包经营权流转,[6]为了规范承包地流转行为,《农村土地承包法》设专节对土地承包经营权流转的原则、方式、程序、效力等作了规定,这些规定有利于推动农业产业化经营和农业与农村经济结构调整,也有利于维护农村土地承包关系的长期稳定。[7] 但随着富余劳动力转移到城镇就业,各类合作社、农业产业化龙头企业等新

[1] 《宪法》第10条;《土地管理法》第9条;《物权法》第47条、第58条;《农村土地承包法》第2条。

[2] 参见温铁军:《中国农村基本经济制度研究——"三农"问题的世纪反思》,中国经济出版社2000年版,第279~284页;陈赐文等:《中国农村制度变迁60年》,人民出版社2009年版,第9~34页。

[3] 参见温铁军:《中国农村基本经济制度研究——"三农"问题的世纪反思》,中国经济出版社2000年版,第283~284页。

[4] 张红宇:《三权分离、多元经营与制度创新——我国农地制度创新的一个基本框架与现实关注》,载《南方农业》2014年第2期。

[5] 参见刘振伟:《关于〈中华人民共和国农村土地承包法修正案(草案)〉的说明——2017年10月31日在第十二届全国人民代表大会常务委员会第三十次会议上》,载《中华人民共和国全国人民代表大会常务委员会公报》2019年第1期。

[6] 参见陈晓华:《规范和引导土地承包经营权的流转》,载刘坚主编:《〈农村土地承包法〉培训讲义》,中国农业出版社2002年版,第77页。

[7] 参见柳随年:《关于〈中华人民共和国农村土地承包法(草案)〉的说明——2001年6月26日在第九届全国人民代表大会常务委员会第二十二次会议上》,载《中华人民共和国全国人民代表大会常务委员会公报》2002年第5期。

型经营主体大量涌现,承包地流转面积不断扩大。至2017年10月,农村已有30%以上的承包农户在流转承包地,流转面积4.79亿亩。[1] 由此呈现出"家庭承包,多元经营"的格局,[2]"两权"分离所反映的生产关系已经发生改变:"现在,承包经营权流转的农民家庭越来越多,土地承包权主体同经营权主体发生分离,这是我国农业生产关系变化的新趋势。"[3]《农村土地承包法》上关于土地承包经营权流转的规定已经不足以反映这一生产关系的改变。一是经营主体所取得的权利效力较弱,保障力度不够,难以形成稳定的经营预期;二是经营主体无法以其取得的权利进行担保融资,扩大再生产,制约了正常的生产经营。[4] "归结起来,这是一个农地承包经营权权利结构不适应且滞后于实践发展的重大问题,迫切需要中央层面给予顶层设计以破解。"[5]在此背景之下,"三权"分置思想被提出,"要不断探索农村土地集体所有制的有效实现形式,落实集体所有权、稳定农户承包权、放活土地经营权,加快构建以农户家庭经营为基础、合作与联合为纽带、社会化服务为支撑的立体式复合型现代农业经营体系。"[6]《农村土地承包法修正案草案(一审稿)》随之规定:"以家庭承包方式取得的土地承包经营权在流转中分为土地承包权和土地经营权。"(第6条第1款)

如此看来,在当前的农村土地权利结构中,"两权"分离与"三权"分置并行不悖,分别反映不同的生产关系。目前全国农村参差不齐的生产力发展水平尚不足以支撑"三权"分置的全面推行。"土地集体所有权与承包经营权是承包地处于未流转状态的一组权利,是两权分离。土地集体所有权与土地承包权、土地经营权是承包地处于流转状态的一组权利,是三权分置。"[7]《农村土地承包法修正案草案(一

---

〔1〕 参见刘振伟:《关于〈中华人民共和国农村土地承包法修正案(草案)〉的说明——2017年10月31日在第十二届全国人民代表大会常务委员会第三十次会议上》,载《中华人民共和国全国人民代表大会常务委员会公报》2019年第1期。

〔2〕 刘振伟:《关于〈中华人民共和国农村土地承包法修正案(草案)〉的说明——2017年10月31日在第十二届全国人民代表大会常务委员会第三十次会议上》,载《中华人民共和国全国人民代表大会常务委员会公报》2019年第1期。

〔3〕 习近平:《在中央农村工作会议上的讲话》,载中共中央文献研究室编:《习近平关于全面深化改革论述摘编》,中央文献出版社2014年版,第65页。

〔4〕 参见耿卓:《农地三权分置改革中土地经营权的法理反思与制度回应》,载《法学家》2017年第5期。

〔5〕 张毅、张红、毕宝德:《农地的"三权分置"及改革问题:政策轨迹、文本分析与产权重构》,载《中国软科学》2016年第3期。

〔6〕 习近平:《在中央农村工作会议上的讲话》,载中共中央文献研究室:《习近平关于全面深化改革论述摘编》,中央文献出版社2014年版,第65页。

〔7〕 刘振伟:《关于〈中华人民共和国农村土地承包法修正案(草案)〉的说明——2017年10月31日在第十二届全国人民代表大会常务委员会第三十次会议上》,载《中华人民共和国全国人民代表大会常务委员会公报》2019年第1期。

审稿)》由此出现了农村土地权利的复杂结构:(集体)土地所有权+(承包农户)土地承包经营权+(承包农户)土地承包权+(经营主体)土地经营权。[1] 这一土地权利结构安排是否准确反映了"三权"分置思想?是否符合法理?

在"三权"分置思想已然成为深化农村土地制度改革的基本方向,[2]并构成相关法律修改的重要理论基础[3]的前提之下,[4]我们的思考重心即转向"科学界定'三权'内涵、权利边界及相互关系,逐步建立规范高效的'三权'运行机制,不断健全归属清晰、权能完整、流转顺畅、保护严格的农村土地产权制度"。[5] 就"三权"分置思想在法律上的表达,学界存在三种观点。第一种观点以西方产权经济学权利束理论为基础,主张"三权"分置是在集体土地所有权与土地承包经营权"两权"分离的基础上,再将土地承包经营权分离为土地承包权与土地经营权,形成"土地所有权+土地承包权+土地经营权"的权利结构,赋予集体、承包农户、经营主体各自对应的权利内容和保护手段。[6] 第二种观点认为,土地承包经营权中内生性地涵盖土地承包权已造成理论上的混乱与纷争,导致土地承包经营权的功能超载,妨碍了土地承包经营权的有序流转,"三权"分置应在"两权"分离的基础上,从土地承包经营权中分离出具有身份属性的土地承包权,纯化土地承包经营权的财产属性,如此形成"土地所有权+土地承包经营权+土地承包权"的权利结构。[7] 第三种观点主张,土地所有权、土地承包权和土地经营权"三权"分置仅仅只是政策上的语言,在法

---

〔1〕《农村土地承包法修正案草案(一审稿)》并没有将这一思路贯彻于始终。如第10条指出:"国家保护集体土地所有权、土地承包权和土地经营权,任何组织和个人不得侵犯。"这里遗漏了土地承包经营权,将"两权"分离之下承包农户享有的土地承包经营权排除于宣示性条款之外。第52条规定:"任何组织和个人侵害承包方的土地承包经营权或者第三方的土地经营权的,应当承担民事责任。"这里有没有涵盖土地承包权。

〔2〕参见《深化农村改革综合性实施方案》之"二、关键领域和重大举措"之"(一)深化农村集体产权制度改革";孙中华:《关于农村土地"三权分置"有关政策法律性问题的思考》,载《农业部管理干部学院学报》2015年第1期。

〔3〕参见中共中央、国务院《关于加大改革创新力度加快农业现代化建设的若干意见》(中发〔2015〕1号);刘振伟:《三权分置关键是土地经营权定性》,载《农村工作通讯》2015年第18期。

〔4〕本书作者曾经撰文对农地三权分置经济思想在法律上的表达提出疑问,参见高圣平:《新型农业经营体系下农地产权结构的法律逻辑》,载《法学研究》2014年第4期。实际上,该文质疑的仅仅只是以权利束的观点分解土地所有权。在目前的情况下,本文则更多地关注如何在法条设计上反映这一被视为通说的思想。

〔5〕《三权分置意见》之"二、总体要求"之"指导思想"。

〔6〕参见张红宇:《三权分离、多元经营与制度创新——我国农地制度创新的一个基本框架与现实关注》,载《南方农业》2014年第2期;刘守英:《农村集体所有制与三权分离改革》,载《中国乡村发现》2014年第3期;孙中华:《关于农村土地"三权分置"有关政策法律性问题的思考》,载《农业部管理干部学院学报》2015年第1期;叶兴庆:《集体所有制下农用地的产权重构》,载《毛泽东邓小平理论研究》2015年第2期;尹成杰:《三权分置是农地制度的重大创新》,载《农村工作通讯》2015年第16期;韩长赋:《土地"三权分置"是中国农村改革的又一次重大创新》,载《农村工作通讯》2016年第3期;韦鸿、王琦玮:《农村集体土地"三权分置"的内涵、利益分割及其思考》,载《农村经济》2016年第3期;王小映:《"三权分置"产权结构下的土地登记》,载《农村经济》2016年第6期;马俊驹、丁晓强:《农村集体土地所有权的分解与保留——论农地"三权分置"的法律构造》,载《法律科学(西北政法大学学报)》2017年第3期。

〔7〕参见丁文:《论土地承包权与土地承包经营权的分离》,载《中国法学》2015年第3期。

理上,自土地承包经营权分离出土地经营权实际上是在土地承包经营权之上为经营主体设定土地经营权,如此,"三权"分置在法律上应表达为"土地所有权 + 土地承包经营权 + 土地经营权"的权利结构。[1]

这三种不同的观点分别转达了学者间在法律表达技术路径上的差异,我们应更倾向于符合法理的选择方案。本书作者认为,《农村土地承包法》的修改应摆脱国家政策直接法律化的既有模式,而以契合法律体系的解释将国家政策间接转化为法律,[2]如此,第三种方案更为妥适。针对"三权"分置中"三权"之间的关系,《三权分置意见》指出:"农村土地集体所有权是土地承包权的前提,农户享有承包经营权是集体所有的具体实现形式,在土地流转中,农户承包经营权派生出土地经营权。"[3]也就是说,土地承包经营权是土地所有权派生的,土地经营权是土地承包经营权所派生的,[4]"农户承包权与土地经营权的设立并非将土地承包经营权肢解为两种权利,而是土地承包经营权中派生出土地经营权。"[5]在解释上,所有权上设定用益物权等他物权之后,仍不失其完全性,所有权的权能并没有分离,只是所有权人行使其权利在所设定的他物权的范围内受到了限制,一旦他物权消灭,则所有权当然回复其全面支配的圆满状态。[6] 由此可见,土地所有权具有浑然一体的内容,其上为承包农户设定土地承包经营权,并不是土地所有权权能分离的结果,所谓"两权"分离仅仅只是通俗的说法,此时,土地承包经营权在农业生产的范围内对集体土地加以支配,对集体土地所有权加以限制。同理,土地承包经营权也是浑然一体的权利,自土地承包经营权派生出土地经营权,在解释上应是农户在其土地承包经营权之上为经营主体设定土地经营权,也不是土地承包经营权权能分离的结果,而是土地承包经营权之上的权利负担。此时,土地承包经营权人行使其权利受到其上已设定的土地经营权的限制,相应地,其享有向经营主体收取对价的权利。正如从集体土地所有权派生出土地承包经营权之后,土地所有权仍然是浑然一体的权利,其名称并未

---

〔1〕 参见蔡立东、姜楠:《承包权与经营权分置的法构造》,载《法学研究》2015 年第 3 期;孙宪忠:《推进农村土地"三权分置"需要解决的法律认识问题》,《行政管理改革》2016 年第 2 期;张占斌、郑洪广:《"三权分置"背景下"三权"的权利属性及权能构造问题研究》,载《西南大学学报(社会科学版)》2017 年第 1 期;刘恒科:《"三权分置"下集体土地所有权的功能转向与权能重构》,载《南京农业大学学报(社会科学版)》2017 年第 2 期;高圣平:《农地三权分置视野下土地承包权的重构》,载《法学家》2017 年第 5 期。

〔2〕 参见许中缘、夏沁:《农村集体土地"三权分置"中政策权利的法律归位》,载《烟台大学学报(哲学社会科学版)》2017 年第 4 期;潘军锋:《论经济政策的司法融入——以政策在民事审判中的介入机制为研究路径》,载《法制与社会发展》2012 年第 1 期。

〔3〕 《三权分置意见》之"三、逐步形成'三权分置'格局"之"(四)逐步完善'三权'关系"。

〔4〕 参见韩长赋:《土地"三权分置"是中国农村改革的又一次重大创新》,载《农村工作通讯》2016 年第 3 期。

〔5〕 蔡立东、姜楠:《农地三权分置的法实现》,载《中国社会科学》2017 年第 5 期。

〔6〕 参见谢在全:《民法物权论》(修订 5 版),中国政法大学出版社 2011 年版,第 110 页。

因派生出土地承包经营权而发生改变一样，土地承包经营权派生出土地经营权之后，土地承包经营权也仍然是浑然一体的权利，其名称也不因派生出土地经营权而发生改变。如依“母子结构”的权利生成法理，[1]这一权利结构更易理解：土地承包经营权是土地所有权之上的权利负担，土地经营权是土地承包经营权之上的权利负担，土地所有权和土地承包经营权均不因其上设定了权利负担而改变其权利名称和性质。

如此看来，土地所有权、土地承包权、土地经营权“三权”分置这一政策上的直观表述，在法律上应传达为“土地所有权 + 土地承包经营权 + 土地经营权”。其中，土地承包权只是已经派生出土地经营权的土地承包经营权的便宜称谓和通俗提法。这一法律表达便于和《物权法》等相衔接，减少修改法律的难度，降低制度变迁成本。“三权”分置仅仅只是反映着发生土地承包经营权发生流转时的农村土地权利结构，并不全盘否定“两权”分离，在没有发生土地经营权流转的情况之下，仍然维系“两权”分离的土地权利结构，此时，农户仍然享有土地承包经营权，无须进一步派生出土地经营权，现行制度足够使用；已经推行的土地承包经营权登记颁证工作也无须改变，即无须颁发土地承包证和土地经营证两个证，满足农民对土地承包经营制的长久预期。只有在农户流转了土地承包经营权的情况之下，才为经营主体的土地经营权登记颁证，原农户的土地承包经营权登记簿和权证只需记载土地经营权的权利负担即可，无须重新就土地承包权登记颁证。因此，本书作者建议将《农村土地承包法修正案草案（一审稿）》第 6 条第 1 款修改为：“承包方可以在其依法取得的土地承包经营权为经营主体设立土地经营权。”

二、土地承包权与土地承包经营权之间的关系

《农村土地承包法修正案草案（一审稿）》第 6 条第 2 款指出：“土地承包权是指农村集体经济组织成员依法享有的承包土地的权利。”这只是该草案第 5 条第 1 款中“农村集体经济组织的成员，有权依法承包经营由本集体经济组织发包的土地”的反复规定，但却存在明显的冲突。依上述两条的文义，土地承包权的主体是“农村集体经济组织的成员”；土地承包权可得行使的对象是“农村集体经济组织”；行使土地承包权的结果就是取得土地承包经营权。由此可见，这种意义上的土地承包权只是一种取得土地承包经营权的资格，[2]须先于土地承包经营权而存在。但《农村土

---

〔1〕 参见崔建远：《民法分则物权编立法研究》，载《中国法学》2017 年第 2 期。

〔2〕 参见陈小君：《我国农村土地法律制度变革的思路与框架——十八届三中全会〈决定〉相关内容解读》，载《法学研究》2014 年第 4 期。

地承包法修正案草案(一审稿)》规定的土地承包权,旨在表达已经取得的土地承包经营权发生分离的结果,只有在已经取得的土地承包经营权发生流转之时,才分为土地承包权和土地经营权(第6条第1款),如此,土地承包经营权须先于土地承包权而存在。由此可见,《农村土地承包法修正案草案(一审稿)》第6条第2款所界定的土地承包权与其所欲达到的规范目标并不一致,值得商榷。

就“三权”分置之下土地承包权的性质,学术界主要有“成员权说”和“用益物权说”两种观点。“成员权说”主张,土地承包权实质上是农户所依法享有的承包集体土地的资格,是一种具有身份性质的权利,尚不足以形成一种实实在在的财产权,[1]具有明显的社区封闭性和不可交易性,[2]不可抵押流转。[3] “每个农村集体经济组织成员都有承包权,强调是成员的权利能力,即村集体中的每个人,只要一出生,不论年龄长幼、不分男女,都有权承包本集体经济组织的土地。”[4]“用益物权说”认为,农户虽因其集体成员资格而取得土地承包权,但其客体指向财产收益,是一种实实在在的财产权;土地承包权系从土地承包经营权中分立而来,后者本身是一项用益物权,土地承包权自其中分离出来后,自当延续此种物权属性。[5] 这两种不同的观点同样体现着对“三权”分置之下农村土地权利结构的不同认识。《农村土地承包法修正案草案(一审稿)》第6条第2款的表述明显采纳了第一种观点。

对“土地承包权”首先作出明确界定的政策文件是《深化农村改革综合性实施方案》,该方案中指出:“稳定农户承包权,就是要依法公正地将集体土地的承包经营权落实到本集体组织的每个农户。”[6]这里所称的“承包权”指的就是“土地承包经营权”。[7]《三权分置意见》更进一步地申明了“三权”分置之下土地承包权的内容。该意见指出,土地承包权是“土地承包权人对承包土地依法享有占有、使用和收益的权利”,具有“使用、流转、抵押、退出承包地等各项权能”,其具体权利内容包括:“承

---

〔1〕 参见刘俊:《土地承包经营权性质探讨》,载《现代法学》2007年第2期;唐忠:《中国农村土地制度:争议与思考》,载《世界农业》2015年第1期;丁文:《论土地承包权与土地承包经营权的分离》,载《中国法学》2015年第3期。

〔2〕 参见赖丽华:《基于“三权分置”的农村土地经营权二元法律制度构造》,载《西南民族大学学报(人文社科版)》2016年第11期。

〔3〕 参见郑志峰:《当前我国农村土地承包权与经营权再分离的法制框架创新研究——以2014年中央一号文件为指导》,载《求实》2014年第10期;申惠文:《法学视角中的农村土地三权分离改革》,载《中国土地科学》2015年第3期。

〔4〕 王超英:《切实保障农民的土地承包经营权》,载刘坚主编:《〈农村土地承包法〉培训讲义》,中国农业出版社2002年版,第44页。

〔5〕 参见潘俊:《农村土地“三权分置”:权利内容与风险防范》,载《中州学刊》2014年第11期;张力、郑志峰:《推进农村土地承包权与经营权再分离的法制构造研究》,载《农业经济问题》2015年第1期;蔡立东、姜楠:《承包权与经营权分置的法构造》,载《法学研究》2015年第3期。

〔6〕 《深化农村改革综合性实施方案》之“二、关键领域和重大举措”之“(一)深化农村集体产权制度改革”。

〔7〕 参见管洪彦、孔祥智:《农村土地“三权分置”的政策内涵与表达思路》,载《江汉论坛》2017年第4期。

包农户有权占有、使用承包地，依法依规建设必要的农业生产、附属、配套设施，自主组织生产经营和处置产品并获得收益；有权通过转让、互换、出租（转包）、入股或其他方式流转承包地并获得收益，任何组织和个人不得强迫或限制其流转土地；有权依法依规就承包土地经营权设定抵押、自愿有偿退出承包地，具备条件的可以因保护承包地获得相关补贴。承包土地被征收的，承包农户有权依法获得相应补偿，符合条件的有权获得社会保障费用等。”[1]这里所称的“土地承包权”与我国实定法上所称的“土地承包经营权”同其意义，只不过权能更加丰满而已。参与政策制定的相关学者的论述也证明了这一点。“以成员权为基础，从土地集体所有权中分离出农户承包权，承认农民拥有独立的土地承包权，无论在理论上还是在实践中都具有极其重要的意义。”[2]由此可见，政策文件中所称的“土地承包权”“属于集体土地所有权派生之用益物权，其实质内涵是权利人对承包土地的使用和支配，而并非具有身份权性质的集体成员取得承包土地的某种资格”。[3] 虽然其取得的前提条件是承包方必须具有本集体经济组织成员的身份，但却有确定的财产利益内容，不能仅因其权利取得和享有的身份性就否定其财产权属性。“成员权并非农户承包权的具体权能，其与后者的本体无关。”[4]按照《农村土地承包法修正案草案（一审稿）》第 6 条第 2 款的文义，“三权”分置之后，承包农户仅保有再行承包的资格，而并不必然取得或完全取得实在的土地承包经营权。但是，即使派生出土地经营权，承包农户仍然享有对土地承包经营权的保有权、控制权和收益权，在土地经营权期限届满后还享有完整的土地承包经营权。[5] 如此看来，《农村土地承包法修正案草案（一审稿）》第 6 条第 2 款并没有准确反映“三权”分置的精神。

有学者主张，以此次改革为契机，直接用“土地承包权”来表达承包农户的土地权利，以代替“土地承包经营权”。[6] 这不失为修法时的可选路径，但如此做法将导致同一部法律中同一概念存在两种含义，一则用来指称农户承包农村土地的资格[《农村土地承包法修正案草案（一审稿）》第 5 条第 1 款]；二则用来涵盖承包农户的土地权利[《农村土地承包法修正案草案（一审稿）》第二章第四节]。本书作者据此认为，在《农村土地承包法》修改之时，无须变动土地承包经营权的名称，即使在“三权”分置之下，

---

[1] 《三权分置意见》之“三、逐步形成‘三权分置’格局”之“（二）严格保护农户承包权”。
[2] 叶兴庆：《集体所有制下农用地的产权重构》，载《毛泽东邓小平理论研究》2015 年第 2 期。
[3] 蔡立东、姜楠：《农地三权分置的法实现》，载《中国社会科学》2017 年第 5 期。
[4] 叶兴庆：《集体所有制下农用地的产权重构》，载《毛泽东邓小平理论研究》2015 年第 2 期。
[5] 参见耿卓：《农地三权分置改革中土地经营权的法理反思与制度回应》，载《法学家》2017 年第 5 期。
[6] 参见刘守英、高圣平、王瑞民：《农地三权分置下的土地权利体系重构》，载《北京大学学报（哲学社会科学版）》2017 年第 5 期。

承包农户所享有的土地承包经营权的权利内容并没有发生变化,只不过,承包农户行使其土地承包经营权受到了其上已经设定的土地经营权的限制。正如前述,土地承包经营权是浑然一体的权利,其权能本身是不可分离的,且其名称并不因派生出土地经营权而发生改变。《农村土地承包法修正案草案(一审稿)》第 40 条第 1 款规定:"承包方在一定期限内将部分或者全部承包土地的经营权流转给第三方后,承包方与发包方的承包关系不变,承包方的土地承包权不变。"这里,所谓"承包方与发包方的承包关系"在法律上的表达,即为承包方与发包方之间依土地承包经营合同所产生的土地承包经营权,所谓"承包方与发包方的承包关系不变"自是土地承包经营权不变。由此可见,"三权"分置之下的"土地承包权"就是承包农户行使其权利受到限制的土地承包经营权,可以维系其法定名称不变,无须增设一个"土地承包权",徒增农地权利结构的复杂性。我国相关立法实际上已经作出政策选择。2014 年 11 月 1 日第十二届全国人民代表大会常务委员会第十一次会议通过的《关于修改〈中华人民共和国行政诉讼法〉的决定》将《行政诉讼法》第 12 条"人民法院受理公民、法人或者其他组织提起的下列诉讼"之第 7 项修改为:"认为行政机关侵犯其……农村土地承包经营权、农村土地经营权的",这里并未出现"土地承包权"一语。

从《农村土地承包法修正案草案(一审稿)》第二章"家庭承包"的第四节"土地承包权的保护和转让"的内容来看,第 26 条规定承包地的收回;第 27 条规定承包地的调整;第 28 条规定用于调整承包土地或者承包给新增人口的土地范围;第 29 条规定承包地的交回;第 30 条规定妇女承包权益的保护;第 31 条规定承包收益的继承;第 31 条规定承包地的互换;第 32 条规定承包地的转让;第 33 条规定互换和转让时的登记。在"两权"分离和"三权"分置并存的情况下,《农村土地承包法修正案草案(一审稿)》的这一处理方案值得商榷。其一,该节仅调整"土地承包权的保护和转让",也就是仅仅是适用于发生了"三权"分置的情形,那么"两权"分离之下的土地承包经营权如何保护?草案对此并未作专章或专节的规定。其二,从该节规定的内容来看,大部分条文仅仅适用于或主要适用于"两权"分离的情形,例如,承包地的收回和调整规则仅仅涉及"两权"分离之下土地承包经营权的保护;妇女承包权益的保护并不涉及"三权"分置之下土地承包权的保护;承包地的互换和转让也仅仅只是承包农户所依法取得的土地承包经营权的互换和转让,与"三权"分置无涉。由此可见,将"两权"分离之下的"土地承包经营权"和"三权"分置之下的"土地承包权"区别开来分别定名和调整,将会遇到难以克服的立法技术障碍。《农村土地承包法修正案草案(一审稿)》部分条文中所使用的"土地承包经营权"含义并不清晰。例如,第 7 条规定:"农村土地承包,妇女与男子享有平等的权利。承包中应当保护妇女的合法权益,任何组织和个人不得剥夺、侵害妇女应当享有的土地承包经营权。”这里的“土地承包经营权”既包括妇女作为集体经济组织成员依法享有的承包土地的权利,也涵盖妇女作为承包农户的一员已经取得的土地承包经营权,前者即为草案第6条第2款“土地承包权”的文义所能涵射。

本书作者在前文主张的基础上进一步认为,《农村土地承包法修正案草案(一审稿)》第二章第四节改为第五节,并将节名修改为“土地承包经营权的保护”,同时将土地承包经营权的转让与保护分节规定,并置于“土地承包经营权的保护”节之前作为第四节。将土地承包经营权的互换和转让从《农村土地承包法》原第五节“土地承包经营权的流转”中抽取出来有其正当性,因为,“三权”分置之下,土地承包经营权派生出土地经营权,而土地承包经营权的互换和转让产生的法律后果是土地承包经营权这种物权的移转,相对人所取得的是“土地承包经营权”而非“土地经营权”,自不产生“三权”分置的问题。

在此前提之下,进一步需要讨论的两个关键问题是,《农村土地承包法》修改之时是否还应区分两种性质的土地承包经营权?土地承包经营权的权能如何进一步完善?

《农村土地承包法》依承包方式的不同,将土地承包经营权区分为以家庭承包方式取得的土地承包经营权与以招标、拍卖、公开协商等其他承包方式取得的土地承包经营权。这一区分的规范意旨在于,前者蕴含着或承载着“耕者有其田”“人人有份”的成员权功能,[1]只有本集体经济组织成员才能取得,具有强烈的福利性和社会保障性,后者为市场化的权利,对权利主体没有限制,只要具有农业生产经营能力的新型农业经营主体均可取得;[2]前者的承包地主要是耕地、林地和草地,后者的承包地主要是不适宜实行家庭承包的土地,包括“四荒地”(荒山、荒沟、荒丘和荒滩)、果园、茶园、桑园、养殖水面以及其他小规模零星土地;前者的流转囿于其功能较受限制,不仅流转方式较为固定,而且流转条件更为严格,而后者并没有上述限制;[3]从立法原意来看,“对家庭承包的土地实行物权保护,土地承包经营权至少30年不变,承包期内除依法律规定外不得调整承包地,承包方不得收回承包地,土地承包经营权可以依法转让、转包、入股、互换等,可以依法继承。对其他形式承包的土地实行债权保护,当事人的权利义务、承包期和承包费等,均由合同议定,承包期内

[1] 参见焦富民:《“三权分置”视域下承包土地的经营权抵押制度之构建》,载《政法论坛》2016年第5期。

[2] 参见胡康生主编:《中华人民共和国农村土地承包法释义》,法律出版社2002年版,第107页。

[3] 参见何宝玉:《其他方式的承包及其管理》,载刘坚主编:《〈农村土地承包法〉培训讲义》,中国农业出版社2002年版,第99~100页。

当事人也可以通过协商予以变更。”[1]

在“三权”分置之下，所谓的土地承包权，是具有身份性质的权利，只有本集体经济组织成员才能取得；但在“两权”分离之下，土地承包经营权中仅有以家庭承包方式取得的土地承包经营权才具有身份属性。如此，“两权”分离和“三权”分置并存于《新农村土地承包法》之时，没有必要再区分两种不同类型的土地承包经营权，应将土地承包经营权纯化为具有身份属性的财产权利，“土地承包经营权是农村集体经济组织成员的财产性权利，农村集体经济组织成员身份又是获得土地承包经营权的前提条件。”[2]然而，《农村土地承包法修正案草案（一审稿）》并未将这一立法指导思想贯彻到底，仍然维系原《农村土地承包法》上依两种承包方式分别规定第二章“家庭承包”和第三章“其他方式的承包”的方法。实际上，两种土地承包经营权之间除了利用用途均为从事农业生产和客体均为农村土地之外，并不存在其他相同之处，无法在体系化的立法方法之下“提取公因式”。[3]

在“三权”分置之下，土地经营权是自土地承包经营权派生出的市场化的权利，剥离了后者的身份属性。在此意义上，“以其他承包方式取得的土地承包经营权”，与“承包”所蕴含的成员属性并不相符，反与土地经营权同其功能和意义，自可在“土地经营权”之下一体规定。果若如此，即可消解我国现行法上区分两种土地承包经营权所造成的权利性质、内容、物权变动规则等体系上的差异，但一体处理将直接导致土地经营权范围的扩充，不仅包括自土地承包经营权派生的土地经营权，而且涵盖在农村土地所有权上设定的土地经营权。对这两种土地经营权，可以在“提取公因式”规定一般规则的基础上，再分节规定各自的特殊规则。如此，本书作者建议，《农村土地承包法修正案草案（一审稿）》第二章“家庭承包”修改为“土地承包经营权”，第三章“其他方式的承包”修改为“土地经营权”，将现草案中的第二章第五节“土地经营权的保护和流转”移至第三章。

果若如此，现行法上以其他承包方式取得的土地承包经营权在重构为土地经营权之时，没有必要将其对象限制在不适宜实行家庭承包的土地上。“以家庭承包经营为基础、统分结合的双层经营体制”并不排斥集体统一经营。采行什么样的农业经营方式本属村民自治范畴，应由集体经济组织依民主决策程序加以确定，并不强制性地实

---

〔1〕 柳随年：《关于〈中华人民共和国农村土地承包法（草案）〉的说明——2001年6月26日在第九届全国人民代表大会常务委员会第二十二次会议上》，载《中华人民共和国全国人民代表大会常务委员会公报》2002年第5期。

〔2〕 刘振伟：《关于〈中华人民共和国农村土地承包法修正案（草案）〉的说明——2017年10月31日在第十二届全国人民代表大会常务委员会第三十次会议上》，载《中华人民共和国全国人民代表大会常务委员会公报》2019年第1期。

〔3〕 参见高圣平：《农地三权分置视野下土地承包权的重构》，载《法学家》2017年第5期。

行家庭承包制。据统计,全国94.2%的农村土地承包给了农户,主要是按人均分,还有5.8%的土地由集体或是其他主体经营。[1] 对于由集体统一组织生产的土地,自可由集体为经营主体设立土地经营权,而不仅限于不适宜实行家庭承包的土地。

至于土地承包经营权的权能或权利内容,现行法上基于土地承包经营权的身份性、福利性和保障性作了颇多限制,已广受诟病。[2] 十七届三中全会以来的政策文件朝向丰富土地承包经营权的权能方向发展。例如,2014年中央一号文件指出:"在坚持和完善最严格的耕地保护制度前提下,赋予农民对承包地占有、使用、收益、流转及承包经营权抵押、担保权能。在落实农村土地集体所有权的基础上,稳定农户承包权、放活土地经营权,允许承包土地的经营权向金融机构抵押融资。"《三权分置意见》也指出:"在完善'三权分置'办法过程中,要充分维护承包农户使用、流转、抵押、退出承包地等各项权能。"[3]与现行法相比,《三权分置意见》提出的改革意见中明确增加的土地承包经营权的权能包括:土地承包经营权的入股和抵押权能,承包农户可在"自愿有偿"的前提之下放弃其土地承包经营权。

《农村土地承包法修正案草案(一审稿)》较好地反映了新一轮农村土地制度改革的上述精神。其一,在第35条中明确了"土地经营权可以依法采取……入股或者其他方式流转",明确将承包农户入股界定为设立土地经营权的一种方式。其二,在第42条中明确规定:"承包方可以用承包土地经营权向金融机构融资担保。"这里使用了"承包土地经营权",不符合物权法定的要求,应修改为"土地承包经营权";这里的"融资担保"应进一步明确为抵押。此外,本条的体系位置也值得商榷。本条现位于《农村土地承包法修正案草案(一审稿)》第二章第五节"土地经营权的保护和流转",但上引内容明显属于土地承包经营权的权利内容,应将该规定移至同章第一节"发包方和承包方的权利和义务"第16条,作为承包方的权利之一加以规定。其三,在第33条中明确规定:"经发包方同意,承包方可以将全部或者部分承包的土地转让给本集体经济组织的其他农户,由该农户同发包方确立新的承包关系,原承包方与发包方在该土地上的承包关系即行终止。"这里转让的明显属于土地承包经营权,土地承包权这种土地承包的资格无须转让,因为受让人本身已经具备承包土地的资格,自无须叠加。与原第41条相比,删去了承包农户"有稳定的非农职业或者

[1] 参见韩长赋:《关于深化农村改革的几个问题》,载《农村工作通讯》2014年第22期。

[2] 参见朱广新:《土地承包权与经营权分离的政策意蕴与法制完善》,载《法学》2015年第11期;肖鹏:《农村土地"三权分置"下的土地承包权初探》,载《中国农业大学学报(社会科学版)》2017年第1期;张洪波:《农地"三权分置"的法律表达:基于权能理论的分析》,载《烟台大学学报(哲学社会科学版)》2017年第4期;李方方、许佳君:《农村土地"三权分置"政策的法理规制逻辑》,载《山东社会科学》2017年第7期。

[3] 《三权分置意见》之"三、逐步形成'三权分置'格局"之"(二)严格保护农户承包权"。

有稳定的收入来源"的前提条件,明确了受让人为"本集体经济组织的其他农户",在一定程度上放宽了土地承包经营权转让的限制,值得赞同。但本条并未明确转让之后对于原承包农户承包土地的权利的影响,在解释上,承包农户仅是将剩余期限的土地承包经营权出让予受让人,并未将期限届满后承包土地的权利也出让给受让人。本书作者认为,本条应修改为:"经发包方同意,承包方可以将土地承包经营权全部或者部分转让给本集体经济组织的其他农户,在转让期间内,由该农户同发包方确立新的承包关系,原承包方与发包方在相应土地上的承包关系即行终止。"

三、土地经营权与土地承包经营权之间的关系

从语义学上,"土地经营权"应指利用土地从事经营活动的权利,既包括土地所有权人自行行使其所有权所本来涵盖的经营权能,也包括利用他人土地(包括国有土地和集体土地)从事房地产开发、农业生产等经营活动的权利。由此可见,这一术语具有高度涵盖性,不具有以利用用途为标准而区分土地权利的意义。此外,同一法典中同时出现"土地经营权"和"土地承包经营权",此时土地经营权似乎是大概念,其下涵盖土地承包经营权和土地非承包经营权两类。但"土地经营权"一语已经广泛使用于政策文件,并已明定于修正后的《行政诉讼法》《农民专业合作社法》。如此,只需在法律上对其作出明确界定,即可将政策术语转换为法律术语。

"赋予经营主体更有保障的土地经营权,是完善农村基本经营制度的关键。"[1]土地经营权规则的重构也就成了本次修法的重心。已如前述,在"三权"分置之下,土地经营权是土地承包经营权派生出的一类权利,土地承包经营权是"母权",土地经营权是"子权"。此外,现行法上所称的"以其他承包方式取得的土地承包经营权",亦应重构为"土地经营权",体现着"三权"分置之下的体系效应。如此,土地经营权既可在土地所有权之上设定,又可在土地承包经营权之上设定。土地经营权与土地承包经营权都是就农村土地从事农业生产的权利,两者之间的区别主要体现在:前者是市场化的权利,其取得在契约自由之下依当事人之间的土地经营合同而确定,权利主体并无限制;后者是具有福利性和保障性的权利,只有本集体经济组织成员才能取得,其设立前提是基于经民主程序依法形成的承包方案所订立的土地承包经营合同。此外,在权利性质上,前者是债权;后者是物权,由此而决定了对两者在保护程度上的差异。

《农村土地承包法修正案草案(一审稿)》第6条第3款规定:"土地经营权是指

〔1〕《三权分置意见》之"三、逐步形成'三权分置'格局"之"(三)加快放活土地经营权"。

一定期限内占用承包地、自主组织生产耕作和处置产品，取得相应收益的权利。”这一定义性法条与《三权分置意见》关于“土地经营权人对流转土地依法享有在一定期限内占有、耕作并取得相应收益的权利”并无实质差异。在就土地经营权作出概念界定之时，应注意与土地承包经营权之间的差异。《物权法》第125条规定：“土地承包经营权人依法对其承包经营的耕地、林地、草地等享有占有、使用和收益的权利，有权从事种植业、林业、畜牧业等农业生产。”在强调土地承包经营权的福利性和保障性的政策目标之下，这里的权利主体——“土地承包经营权人”即为“承包农户”；权利客体——“其承包经营的耕地、林地、草地等”，强调“承包”，即土地承包经营权的设立是以承包方案为前提；权利内容——“占有、使用和收益”，与其他用益物权并无差异，而“从事种植业、林业、畜牧业等农业生产”是土地承包经营权作为用益物权类型化的标志特征，是对他人土地的使用用途限制，体现着用途管制的基本思想。循此逻辑，本书作者认为，土地经营权应被界定为：“民事主体（土地经营权人）依法对承包农户承包经营的或集体经济组织未予发包的农村土地享有从事种植业、林业、畜牧业等农业生产并取得收益的权利。”这里，权利的主体是一般民事主体，不从资格或身份的角度对土地经营权的取得作出限制，按照立法上的通常表述，法条的“民事主体”也可以用“土地经营权人”代称，《农村土地承包法修正案草案（一审稿）》第6条第3款尚未明确界定土地经营权的主体，值得商榷；权利的客体包括两类：承包农户承包经营的农村土地和集体经济组织未予发包的农村土地，涵盖了土地经营权在土地承包经营权之上和在农村土地所有权之上设定的两种情形；权利内容表述为“从事种植业、林业、畜牧业等农业生产并取得收益”，强调对土地经营权人利用农村土地的方式和用途，完善对权利内容的表述，因为“从事种植业、林业、畜牧业等农业生产”必然以占有、使用农村土地为前提，权利内容中自无必要再予重复；“依法”指的是针对权利的设定和行使，由同章此后的条文具体规定。

就土地经营权的性质而言，学界存在以下主要观点：其一，总括权利说。土地经营权并非具体化的单一权利，不是独立的民事权利，而是包括土地承包经营权在内的各种农地使用权的总称。因此，土地经营权不是法律语言，也无法通过立法成为法律概念。[1] 其二，物权说。土地经营权派生于土地承包经营权，从权利的稳定性

---

〔1〕 参见高飞：《农村土地“三权分置”的法理阐释与制度意蕴》，载《法学研究》2016年第3期；《全国人民代表大会法律委员会关于〈全国人民代表大会常务委员会关于修改《中华人民共和国行政诉讼法》的决定（草案）〉修改意见的报告——2014年10月31日在第十二届全国人民代表大会常务委员会第十一次会议上》，载《中华人民共和国全国人民代表大会常务委员会公报》2014年第6期。

和对抗性出发,应将其确立为物权,[1]可以是独立平行的用益物权,[2]也可以是次级用益物权(耕作权)。[3] 其三,债权说。在物权法定之下,物权非依法律明定不得创设,且同一物上不宜存在两个相互冲突的用益物权,同时土地经营权依土地流转合同而生,其本权是债权,因而土地经营权的性质应为债权。[4] 其四,二元权利说。土地经营权的性质因土地流转形式不同而不同,其中转让、互换产生土地承包经营权的让渡,具有物权性质;而转包、出租不产生土地承包经营权的让渡,具有债权性质。[5]

在“三权”分置之下,土地经营权被赋予特定的含义,具有具体的权利内容,上述“总括权利说”即不足可采;同时,现行法上起着权利移转效果的土地承包经营权流转方式,并不能由土地经营权所涵盖,正如《农村土地承包法修正案草案(一审稿)》目前所采取的制度安排一样,此部分流转方式并不定位位于“土地经营权的保护和流转”一节,上述“二元权利说”也就失去了基础。立法过程中的争议主要在于物权说和债权说之间如何进行法政策选择。

---

〔1〕 参见郑志峰:《当前我国农村土地承包权与经营权再分离的法制框架创新研究——以2014年中央一号文件为指导》,载《求实》2014年第10期;陶钟太朗、杨遂全:《农村土地经营权认知与物权塑造——从既有法制到未来立法》,载《南京农业大学学报(社会科学版)》2015年第2期;高圣平:《承包土地经营权抵押规则之构建——兼评重庆城乡统筹综合配套改革试点模式》,载《法商研究》2016年第1期;高富平:《农地“三权分置”改革的法理解析及制度意义》,载《社会科学辑刊》2016年第5期;韩学平:《“三权分置”下农村土地经营权有效实现的物权逻辑》,载《社会科学辑刊》2016年第5期;孙宪忠:《推进农地三权分置经营模式的立法研究》,载《中国社会科学》2016年第7期;崔建远:《民法分则物权编立法研究》,载《中国法学》2017年第2期;孔祥智:《“三权分置”的重点是强化经营权》,载《中国特色社会主义研究》2017年第3期;陈耀东:《农地“三权分置”怎样与现行法律衔接》,载《人民论坛》2017年第11期;蔡立东、姜楠:《农地三权分置的法实现》,载《中国社会科学》2017年第5期。

〔2〕 参见康纪田、师军惠:《论土地承包经营权分置的产权结构关系》,载《辽宁师范大学学报(社会科学版)》2015年第5期;李国强:《论农地流转中“三权分置”的法律关系》,载《法律科学(西北政法大学学报)》2015年第6期;潘俊:《农村土地承包权和经营权分离的实现路径》,载《南京农业大学学报(社会科学版)》2015年第4期。

〔3〕 参见蔡立东、姜楠:《承包权与经营权分置的法构造》,载《法学研究》2015年第3期;朱广新:《土地承包权与经营权分离的政策意蕴与法制完善》,载《法学》2015年第11期;孙宪忠:《推进农村土地“三权分置”需要解决的法律认识问题》,载《行政管理改革》2016年第2期;朱继胜:《“三权分置”下土地经营权的物权塑造》,载《北方法学》2017年第2期。

〔4〕 参见陈小君:《我国农村土地法律制度变革的思路与框架——十八届三中全会〈决定〉相关内容解读》,载《法学研究》2014年第4期;吴兴国:《承包权与经营权分离框架下债权性流转经营权人权益保护研究》,载《江淮论坛》2014年第5期;申惠文:《法学视角中的农村土地三权分离改革》,载《中国土地科学》2015年第3期;刘征峰:《农地“三权分置”改革的私法逻辑》,载《西北农林科技大学学报(社会科学版)》2015年第5期;李伟伟、张云华:《土地经营权流转的根本属性与权能演变》,载《改革》2015年第7期;高海:《论农用地“三权分置”中经营权的法律性质》,载《法学家》2016年第4期;刘云生、吴昭军:《政策文本中的农地三权分置:路径审视与法权建构》,载《农业经济问题》2017年第6期。

〔5〕 参见孙中华:《关于农村土地“三权分置”有关政策法律性问题的思考》,载《农业部管理干部学院学报》2015年第1期;张毅、张红、毕宝德:《农地的“三权分置”及改革问题:政策轨迹、文本分析与产权重构》,载《中国软科学》2016年第3期。

法理上，土地利用关系一向都有物权和债权两种法律表达方式，[1]两种方式体现了不同的风险、成本和收益，利用人自可根据自己的经济目的和偏好，经过利弊权衡后选择有利于自己的利用方式。[2] 如此看来，将土地经营权定性为物权抑或债权均无不可。定性为物权，固可稳定土地经营关系，但若把土地托管、代耕代种等短期的利用关系也界定为物权，也强制性地要求登记，一则与交易习惯不合，二则人为增加了当事人之间的交易成本；定性为债权，虽貌似不若物权那样稳定，但却足以涵盖所有的流转关系，且手续简便从而节省交易成本。同时，如赋予土地经营权这一债权以登记能力，并采取登记对抗模式，[3]让当事人自行根据交易需要选择是否登记，经登记的土地经营权不仅在当事人之间发生效力，而且可以对抗第三人，同样可以起到稳定经营主体的经营预期的作用。[4] 此也与《农村土地承包法》上“以其他承包方式取得的土地承包经营权”的登记处理模式相一致。[5]

《农村土地承包法修正案草案（一审稿）》第39条第1款规定：“土地经营权采取出租（转包）、入股或者其他方式流转，当事人双方应当签订书面合同，并向发包方备案。”[6]这里，明显将土地经营权界定为依土地经营合同所产生的债权，在程序上仅仅只是要求“向发包方备案”，但是否备案并不影响合同的效力。与现行制度相比，这一规定并没有多大的改变，并不能达到“三权”分置之下“加快放活土地经营权”的目标。“三权”分置旨在“赋予经营主体更有保障的土地经营权”，“保障其（土地经营权人）有稳定的经营预期”。但《农村土地承包法修正案草案（一审稿）》的制

---

〔1〕 参见王泽鉴：《民法物权》（第2版），北京大学出版社2010年版，第277页；谢在全：《民法物权论》（修订5版），中国政法大学出版社2011年版，第426页。

〔2〕 参见苏永钦：《走入新世纪的私法自治》，中国政法大学出版社2002年版，第99页。

〔3〕 参见温世扬、吴昊：《集体土地“三权分置”的法律意蕴与制度供给》，载《华东政法大学学报》2017年第3期。

〔4〕 参见刘守英、高圣平、王瑞民：《农地三权分置下的土地权利体系重构》，载《北京大学学报（哲学社会科学版）》2017年第5期。

〔5〕 《新农村土地承包法》第49条规定：“通过招标、拍卖、公开协商等方式承包农村土地，经依法登记取得土地承包经营权证或者林权证等证书的，其土地承包经营权可以依法采取转让、出租、入股、抵押或者其他方式流转。”（《农村土地承包法修正案草案（一审稿）》第48条）就登记在其中的法律意义尚存争议，参见王利明：《农村土地承包经营权的若干问题探讨》，载《中国人民大学学报》2001年第6期；丁关良、童日晖：《农村土地承包经营权流转制度立法研究》，中国农业出版社2009年版，第24页；王崇敏、李建华：《物权法立法专题研究》，法律出版社2012年版，第215页；高圣平：《新型农业经营体系下农地产权结构的法律逻辑》，载《法学研究》2014年第4期。但至少登记不是“以其他承包方式取得的土地承包经营权”的生效要件。

〔6〕 “土地经营权流转”是目前政策文件中通常使用的术语（如《土地经营权流转意见》《三权分置意见》等），但语义表述并不准确。字面意义的理解是已经设立的土地经营权的流转或处分，但《农村土地承包法修正案草案（一审稿）》将此种情形称为“再流转”，而将依土地承包经营权流转派生出土地经营权称之为土地经营权流转，这一表述明显不当。为避免造成解释冲突，排除非法言法语的“流转”表述，建议使用“土地经营权的设立”加以替代。本款的规定相应修改为：“土地经营权可以采取出租（转包）、入股或者其他方式设立，当事人双方应当签订书面合同，并向发包方备案。”“土地经营权流转合同”也应改称“土地经营合同”。草案的其他相应各处亦应作同样修改。

度设计将土地经营权定位为债权,仅在当事人之间发生效力,草案还规定:“发包方、承包方应当依法履行流转合同约定,尊重第三方依法依合同取得的权利。”(第36条第2款)“经承包方同意,第三方可依法投资改良土壤,建设必要的农业生产附属、配套设施,并依照合同约定对其投资部分获得合理补偿。”(第37条第3款)一旦相对人违约,土地经营权人只得寻求债法上的保护,进一步强化了土地经营权的债权属性。但是,这些制度安排并未使土地经营权人有稳定的经营预期,同时还使得土地经营权人利用其土地经营权进行担保融资遇到了技术上的障碍,与“三权”分置所引发的应然制度变迁并不契合。

本书作者建议,虽然在立法政策上可以选择将土地经营权定位为债权,但进一步应赋予这种债权性土地利用权以登记能力,借由登记簿的记载明确使之成为具有确定性的权利。经登记的土地经营权不仅仅只在当事人之间发生法律效力,而且还可以对抗第三人,[1] 切断第三人在相关土地交易中的“善意”,更为充分地保障经营主体的土地经营权。同时,土地经营权先登记,以土地经营权设定抵押权时,土地经营权抵押权登记才能展开。否则,如土地经营权未登记,不动产登记簿上仅有土地承包经营权的记载,土地经营权抵押权登记即无从办理,土地经营权作为市场化的权利再予流转时也无明确的权利表征。登记在这里实际上起着保障土地经营权人的权利、畅通土地经营权抵押融资和再流转的技术前提。应予注意的是,并非仅有不动产物权才具有登记能力,债权性的不动产利用权也可以在不动产登记簿上登记。[2] 不动产权利是否属于物权,并不取决于不动产登记簿的登记,而是仰赖于民事实体法的具体规定。不动产登记簿上预告登记的即为债权,此外,船舶租赁权和航空器租赁权虽然属于债权,但均具有登记能力。截至2014年,承包地流转实践中,出租和转包占到总流转面积的78.6%。[3] 《农村土地承包法修正案草案(一审稿)》第35条也规定,土地经营权主要以出租(转包)、入股方式设立。准此,土地经营权自当具有登记能力。

至于土地经营权的内容,《三权分置意见》的政策意见是:“经营主体有权使用流转土地自主从事农业生产经营并获得相应收益,经承包农户同意,可依法依规改良土壤、提升地力,建设农业生产、附属、配套设施,并依照流转合同约定获得

[1] 参见朱虎:《物权法自治性观念的变迁》,载《法学研究》2013年第1期;蔡立东、姜楠:《农地三权分置的法实现》,载《中国社会科学》2017年第5期。

[2] 参见高圣平:《不动产权利的登记能力——评〈不动产登记暂行条例(征求意见稿)〉第4条》,载《政治与法律》2014年第12期;常鹏翱:《论可登记财产权的多元化》,载《现代法学》2016年第6期。

[3] 参见孙中华:《关于农村土地“三权分置”有关政策法律性问题的思考》,载《农业部管理干部学院学报》2015年第1期。

合理补偿；有权在流转合同到期后按照同等条件优先续租承包土地。经营主体再流转土地经营权或依法依规设定抵押，须经承包农户或其委托代理人书面同意，并向农民集体书面备案。流转土地被征收的，地上附着物及青苗补偿费应按照流转合同约定确定其归属。"《农村土地承包法修正案草案（一审稿）》除了土地经营合同到期后的优先续租权没有规定之外，其他内容均在相关条文中予以体现。在立法方法上，由于本次修法采取的是修正而非修订，《农村土地承包法修正案草案（一审稿）》并没有采取土地承包经营权中分专条集中规定当事人权利义务的立法方法，而是在现有规定的基础上"小修小补"，将新增的权利内容分散在零散的条文之中，实值商榷。

值得进一步讨论的是，就土地经营权的担保融资，《农村土地承包法修正案草案（一审稿）》第 42 条中规定："第三方通过流转取得的土地经营权，经承包方或其委托代理人书面同意，可以向金融机构融资担保。具体由国务院有关部门规定。"其立法理由在于："鉴于实践中抵押担保融资的情况复杂，操作方式多样，加之各方面对土地经营权的性质认识分歧较大，草案使用了'融资担保'的概念，包含了抵押和质押等多种情形，既解决农民向金融机构融资缺少有效担保物的问题，又保持了与担保法等法律规定的一致性。"这里应予强调的是，《农村土地承包法修正案草案（一审稿）》已经将土地经营权定性为债权，自当明确土地经营权担保的属性。土地经营权作为担保财产进入融资担保领域之时，并不因其在性质上属于债权就当然地归入质押的范畴。有学者主张，如将土地经营权界定为债权，则其担保融资方式应定位于质押而非抵押，[1]因为"目前大陆法系普遍不允许债权成为抵押客体只能作为质押客体"。[2] 这一观点值得商榷。权利担保物权在体系定位上有抵押权和质权两种，在担保物的范围扩及权利之后，传统法上的"不动产—抵押权 + 动产—质权"的二元化担保物权构造即遇到解释上的困难，学说上就抵押权和质权的区分不宜再以标的物（不动产还是动产）或公示方法（登记抑或占有）为标准，而应以担保物权设定后担保人是否丧失担保物的利用权为实质标准。用益型权利设定担保之后，担保人仍然行使着该权利，因此，用益型权利上设定的担保物权即为抵押权；非用益型权利设定担保之后，担保人已不得行使该权利，因此，非用益型权利设定的担保物权应属质权。此为以担保物权设定之后担保人是否仍然行使被设定担保的权利为分类

〔1〕 参见申惠文：《法学视角中的农村土地三权分离改革》，载《中国土地科学》2015 年第 3 期；刘禺涵：《"三权分置"下的土地经营权登记》，载《中国土地科学》2017 年第 1 期。

〔2〕 参见高海：《土地承包经营权"两权"分离的论争与立法回应》，载《武汉大学学报（哲学社会科学版）》2016 年第 6 期。

标准所得出的妥适结论。土地经营权是就他人土地的利用权，属于用益型权利，其上设定担保物权之后，土地经营权人仍得行使土地经营权。如此，土地经营权之上设定的担保物权应属抵押权。国务院《关于开展农村承包土地的经营权和农民住房财产权抵押贷款试点的指导意见》以及中国人民银行等联合发布的配套试点文件，也都是将土地经营权上设定的担保物权定性为抵押权，《农村土地承包法修正案草案（一审稿）》应当将这一改革成果法律化。至于实践中出现的土地经营权质押贷款，实际上是在土地经营权未登记，土地经营权抵押权也无从登记的现实背景之下的无奈之举，不合法理。

此外，《农村土地承包法修正案草案（一审稿）》中标明土地经营权担保融资的问题“具体由国务院有关部门规定”，值得商榷。土地经营权抵押权是否采取登记作为公示方法，登记是土地经营权抵押权的生效要件还是对抗要件，登记机关如何确定等，这些问题涉及土地经营权抵押权这种新类型物权的设定和效力，应属只有法律才能规定的内容，国务院有关部门无权规定。只有在这些问题于法律上已作明确规定的情况下，具体的操作问题，诸如登记程序、审贷流程等，才能由国务院有关部门作出规定。

四、小结

“从制度的发生史来看，农业发展的不同发展阶段要求不同的制度安排，发展阶段的演进必然要求相应的制度变革。”[1]从“两权”分离到“三权”分置，体现了农村土地权利结构的制度变迁。在“三权”分置已经被确定为法律修改的重要理论基础[2]的情况下，厘清政策基本意蕴，结合既有的规范体系和社会事实，寻求政策在法律上的妥适表达，实现制度变迁，[3]实为《新农村土地承包法》的主要任务。目前的草案增设或修改了相关规则，在一定程度上反映了“三权”分置实践中的成熟经验，部分解决了理论和实践中的争议。如将现行法上的土地承包经营权流转方式中具有移转物权效果的转让、互换，从土地经营权规则中分离出来，纳入土地承包经营权的保护

〔1〕 耿卓：《农地三权分置改革中土地经营权的法理反思与制度回应》，载《法学家》2017年第5期。

〔2〕 参见2015年中央一号文件；刘振伟：《三权分置关键是土地经营权定性》，载《农村工作通讯》2015年第18期。

〔3〕 参见陶钟太朗、杨环：《农地“三权分置”实质探讨——寻求政策在法律上的妥适表达》，载《中国土地科学》2017年第1期。

范畴,使土地经营权的相关规则更为清晰;[1]结合土地经营权入股发展产业化经营的实践,明确将入股纳入土地经营权的设立方式之中,承包农户入股只是为经营主体设定土地经营权,而不是移转土地承包经营权,使“不论承包经营权如何流转,集体土地承包权都属于农民家庭”的政策目标得以进一步落实。[2] 但是,目前草案中的一些规定还没有完全体现“三权”分置的本意,对实践中的疑难问题并未作出有效回答,亟待改进。例如,就土地承包权的概念界定就没有反映其财产权属性,直接造成与草案中“土地承包权的保护和转让”一节形成冲突;就土地经营权这一创新权利,草案只是在现行法土地承包经营权流转规则之上作了简单的修改,并未就实践中争议最大的登记问题和担保融资问题作出明确规定,降低了法律修改指导和调整今后实践的价值。

---

〔1〕“三权分置”思想提出之后,由“土地经营权”转达现行法上所有的土地承包经营权流转方式,即遇到解释上的困境。参见孙中华:《关于农村土地“三权分置”有关政策法律性问题的思考》,载《农业部管理干部学院学报》2015年第1期;张毅、张红、毕宝德:《农地的“三权分置”及改革问题:政策轨迹、文本分析与产权重构》,载《中国软科学》2016年第3期;耿卓:《农地三权分置改革中土地经营权的法理反思与制度回应》,载《法学家》2017年第5期;蔡立东、姜楠:《农地三权分置的法实现》,载《中国社会科学》2017年第5期。

〔2〕学界对入股的法律性质是物权性流转还是债权性流转尚存诸多争议。参见高海:《土地承包经营权“两权”分离的论争与立法回应》,载《武汉大学学报(哲学社会科学版)》2016年第6期;刘云生、吴昭军:《政策文本中的农地三权分置:路径审视与法权建构》,载《农业经济问题》2017年第6期。

附论二：农地“三权”分置改革与民法典物权编编纂

由农地“三权”分置改革所引发的农地产权结构调整，其重要目的在于“更好用活土地经营权，实现土地资源的优化配置，有利于规模经营和现代农业发展”，[1]进一步体现了物权法从归属到利用的现代发展趋势。财产权制度应当及时反映这一改革成果，“对资源的有效利用也在客观上要求民法典及时确认相关的权利利用规则，从而为权利的有效利用创造条件。”[2]为此，2018年12月29日第十三届全国人民代表大会常务委员会第七次会议通过了《新农村土地承包法》。更为基础性的权利规范应反映在民法典之中，《民法典各分编（草案）》已经第十三届全国人大常委会第五次会议第一次审议，并于2018年9月5日在中国人大网上公开征求意见。《民法典各分编（草案）》“在总结有关改革试点实践经验的基础上，结合农村土地承包法修改的审议情况、各方面提出的意见和基层调研情况，草案对物权法的用益物权制度、担保物权制度作了相应修改。”[3]但其中规则不无检讨的必要。

一、农地“三权”分置之下承包地产权结构的调整

2014年中央一号文件正式提出“土地所有权、土地承包权、

[1] 韩长赋：《土地“三权”分置是中国农村改革的又一次重大创新》，载《光明日报》2016年1月26日，第1版。

[2] 王利明：《全面深化改革中的民法典编纂》，载《中国法学》2015年第4期。

[3] 沈春耀：《关于〈民法典各分编（草案）〉的说明——2018年8月27日在第十三届全国人民代表大会常务委员会第五次会议上》，载《中华人民共和国全国人民代表大会常务委员会公报》2018年第6期。

土地经营权"等"三权"分置的基本思想之后,一系列政策文件进一步阐发了这一思想,[1]已然成为相关法律修改的重要理论基础。[2] "三权"分置学说一经提出,法学界就这一经济学说和政策语言如何在法律上加以表达,展开了充分的讨论,但学说之间差异较大。[3] 就民法典中如何体现"三权"分置思想,学者间也存在较大争议。[4]

在《农村土地承包法》修正过程中,就此也有激烈的争论。《农村土地承包法修正案草案(一审稿)》采纳的观点是,"土地集体所有权与承包经营权是承包地处于未流转状态的一组权利,是两权分离。土地集体所有权与土地承包权、土地经营权是承包地处于流转状态的一组权利,是三权分置。"[5]该一审稿明确规定:"以家庭承包方式取得的土地承包经营权在流转中分为土地承包权和土地经营权。"同时规定了土地承包权和土地经营权的权能。在法典的结构安排上,第二章第四节"土地承包权的保护和转让"与第五节"土地经营权的保护和流转"相并而称,直接将政策语言转化为法律语言。如此,出现了"(集体)土地所有权+(承包农户)土地承包经营权+(承包农户)土地承包权+(经营主体)土地经营权"的复杂权利结构。这一方案受到学界的广泛批评。[6]

土地承包经营权的权利内容并无"承包"和"经营"两项内容,亦即其本身并不是由土地承包权和土地经营权而构成,也无法分离、分解或分置为土地承包权和土

---

[1] 如中共中央办公厅、国务院办公厅先后发布的《土地经营权流转意见》《深化农村改革综合性实施方案》《三权分置意见》《国务院关于开展农村承包土地的经营权和农民住房财产权抵押贷款试点的指导意见》(以下简称《"两权"抵押指导意见》),2016年中央一号文件、2017年中央一号文件、2018年中央一号文件等。

[2] 参见刘振伟:《关于〈中华人民共和国农村土地承包法修正案(草案)〉的说明——2017年10月31日在第十二届全国人民代表大会常务委员会第三十次会议上》,载《中华人民共和国全国人民代表大会常务委员会公报》2019年第1期;沈春耀:《关于〈民法典各分编(草案)〉的说明——2018年8月27日在第十三届全国人民代表大会常务委员会第五次会议上》,载《中华人民共和国全国人民代表大会常务委员会公报》2018年第6期。

[3] 有关学说争议的梳理,参见高圣平:《论承包地流转的法律表达——以我国〈农村土地承包法〉的修改为中心》,载《政治与法律》2018年第8期。

[4] 参见陈华彬:《论编纂民法典物权编对〈物权法〉的修改与完善》,载《法治研究》2016年第6期;席志国:《民法典编纂中集体土地权利体系新路径》,载《国家行政学院学报》2018年第1期;房绍坤:《民法典物权编用益物权的立法建议》,载《清华法学》2018年第2期;冯建生:《民法典编纂中农村承包土地"三权分置"的法理构造》,载《上海交通大学学报(哲学社会科学版)》2018年第3期;陈小君:《我国涉农民事权利入民法典物权编之思考》,载《广东社会科学》2018年第1期;谭启平:《"三权分置"的中国民法典确认与表达》,载《北方法学》2018年第5期;韩松:《论民法典物权编对土地承包经营权的规定——基于"三权分置"的政策背景》,载《清华法学》2018年第5期。

[5] 刘振伟:《关于〈中华人民共和国农村土地承包法修正案(草案)〉的说明——2017年10月31日在第十二届全国人民代表大会常务委员会第三十次会议上》,载《中华人民共和国全国人民代表大会常务委员会公报》2019年第1期。

[6] 参见高圣平:《论农村土地权利结构的重构——以〈农村土地承包法〉的修改为中心》,载《法学》2018年第2期;高飞:《土地承包权与土地经营权分设的法律反思及立法回应——兼评〈农村土地承包法修正案(草案)〉》,载《法商研究》2018年第3期;耿卓:《承包地"三权分置"政策入法的路径与方案——以〈农村土地承包法〉的修改为中心》,载《当代法学》2018年第6期。

地经营权。相反,如将土地承包权理解为农村集体经济组织成员依法享有的承包土地的权利,土地承包经营权只是本集体成员行使"土地承包权"之后的结果,一旦土地承包经营权设定,此种意义上的"土地承包权"即失去意义,并未传导至土地承包经营权之中,只能在土地承包经营权因承包期届满而消灭之后再次行使。[1] 由此可见,从权利发生逻辑来看,土地经营权是派生于土地承包经营权的权利,并不是后者分解出的权利。正如从土地所有权派生出土地承包经营权之后,土地所有权的性质和名称并不发生改变,法律上无须为土地所有权的剩余权利作出专门规定,从土地承包经营权派生出土地经营权之后,土地承包经营权的性质和名称也不发生改变,法律上也无须为土地承包经营权的剩余权利作出专门规定。由此可见,"三权"分置,只是在"两权"分离所产生的土地承包经营权的基础上再派生出土地经营权,其产权结构应当是"土地所有权→土地承包经营权→土地经营权"。如此可以反映"两权"分离和"三权"分置并存下的生产关系,在法律上只需确定新生的土地经营权的性质和内容即可。

正是依循这一逻辑,《农村土地承包法修正案草案(二审稿)》调整了"家庭承包"章的分节体系,将第二章第四节改为"土地承包经营权的保护和互换、转让",第五节改为"土地经营权",在结构上不再出现土地承包权的安排。虽然就此存在巨大的争议,但直至修正案通过,这一结构安排仍然得以保留,并构成了承包地产权结构的解释基础。在"两权"分离之下,从土地所有权中派生出土地承包经营权,反映承包农户与集体经济组织之间的关系,主要适用该法第二章第一节至第四节的规定;在"三权"分置之下,从土地承包经营权中派生出土地经营权,反映承包农户与土地经营权人之间的关系,主要适用该法第二章第五节的规定。由此可见,"三权"分置只是在土地所有权和土地承包经营权之外增加了一个土地经营权,在"两权"分离和"三权"分置并行的背景下,承包地产权由"土地所有权 + 土地承包经营权 + 土地经营权"等"三权"构成,并不是由"土地所有权 + 土地承包经营权 + 土地承包权 + 土地经营权"等四权构成。在《新农村土地承包法》中仅有一处出现"土地承包权",即"承包方承包土地后,享有土地承包经营权,可以自己经营,也可以保留土地承包权,流转其承包地的土地经营权,由他人经营。"(第 9 条)在解释上,这里的"土地承包权",就是派生出土地经营权之后的土地承包经营权的简称,并不表明承包地产权结构中还存在一个土地承包权。否则,法典中应当对土地承包权的性质和内容作出规定。

---

〔1〕 参见高圣平:《承包地三权分置的法律表达》,载《中国法学》2018 年第 4 期。

民法典物权编编纂时应尊重《新农村土地承包法》就“三权”分置法律表达的立法选择。无论是“两权”分离还是“三权”分置,土地承包经营权在性质上均属物权,民法典物权编仅需维系目前的土地承包经营权用益物权类型即可。尚存争议的是,“三权”分置之下的土地经营权是物权还是债权?如若是物权,在民法典物权编中是否应增设土地经营权一章?

第一种观点认为,土地经营权派生于土地承包经营权,从权利的稳定性和对抗性出发,应将其确立为物权,[1]可以在“土地承包经营权”一章中作出规定,[2]也可以在该章之后增加一章专门规定“土地经营权”。[3] 第二种观点认为,土地经营权主要反映的是经营主体依出租、转包等方式取得的权利,为使土地经营权制度一体反映期间长短不同的承包地流转关系,宜将土地经营权定性为债权。[4] 如此,民法典物权编中即无必要增设土地经营权。第三种观点认为,短期的土地经营权是债权,长期、稳定的土地经营权是物权,[5]民法典物权编中应当规定长期、稳定的土地经营权,并将其界定为用益物权。[6]

在“三权”分置之下,土地经营权是脱离了身份属性的市场化财产权利,其取得和享有不要求权利主体具有特定身份,只要具有农业经营能力或者资质即可。“土地经营权所负载的目标功能大致可概括为稳定土地承包经营权流转中受让人的经营预期,满足其为扩大生产经营而进行抵押融资的需求,同时保障原土地承包经营权人对土地承包经营权的保有权、控制权和收益权三重目的。”[7]《新农村土地承包法》“以解决实践需要为出发点,只原则界定了土地经营权权利,淡化了土地经营权性质”,[8]这一立法政策增加了解释上的困难。依《新农村土地承包法》的规定,土地经营权是指“在合同约定的期限内占有农村土地,自主开展农业生产经营并取得

---

〔1〕 参见高海:《论农用地“三权分置”中经营权的法律性质》,载《法学家》2016年第4期;孙宪忠:《推进农地三权分置经营模式的立法研究》,载《中国社会科学》2016年第7期;崔建远:《民法分则物权编立法研究》,载《中国法学》2017年第2期;蔡立东、姜楠:《农地三权分置的法实现》,载《中国社会科学》2017年第5期;房绍坤:《民法典物权编用益物权的立法建议》,载《清华法学》2018年第2期。

〔2〕 参见李永军等:《中华人民共和国民法物权编(专家建议稿)》,载《比较法研究》2017年第4期。

〔3〕 参见谭启平:《“三权分置”的中国民法典确认与表达》,载《北方法学》2018年第5期。

〔4〕 参见陈小君:《我国农村土地法律制度变革的思路与框架——十八届三中全会〈决定〉相关内容解读》,载《法学研究》2014年第4期;李伟伟、张云华:《土地经营权流转的根本属性与权能演变》,载《改革》2015年第7期;温世扬、吴昊:《集体土地“三权分置”的法律意蕴与制度供给》,载《华东政法大学学报》2017年第3期;高圣平:《承包地三权分置的法律表达》,载《中国法学》2018年第4期;高圣平:《论承包地流转的法律表达——以我国〈农村土地承包法〉的修改为中心》,载《政治与法律》2018年第8期。

〔5〕 参见申惠文:《法学视角中的农村土地三权分离改革》,载《中国土地科学》2015年第3期。

〔6〕 参见王利明:《我国民法典物权编的修改与完善》,载《清华法学》2018年第2期。

〔7〕 耿卓:《农地三权分置改革中土地经营权的法理反思与制度回应》,载《法学家》2017年第5期。

〔8〕 刘振伟:《巩固和完善农村基本经营制度》,载《农村工作通讯》2019年第1期。

收益”的权利，同时规定：“土地经营权流转期限为五年以上的，当事人可以向登记机构申请土地经营权登记。未经登记，不得对抗善意第三人。”本书作者认为，《新农村土地承包法》上的土地经营权性质上属于债权，理由如下：

第一，根据《新农村土地承包法》的规定，土地经营权产生于出租（转包）、入股或者其他方式的流转合同，排除了转让、互换等方式。在体系解释上，我国现行合同法将权利人因租赁合同所产生的权利界定为债权，在《新农村土地承包法》未作出例外安排的情形之下，承包方以出租（转包）方式所产生的土地经营权自当作同一定性。土地承包经营权的承租人依租赁合同取得承包地的土地经营权，不是用益物权，“也没有必要为了一种对承包地的承租经营权方式就非得规定土地经营权为用益物权。”[1]至于入股所生的法律效果，容后详述。由于土地经营权涵盖除了转让、互换等起着移转物权效果的所有承包地流转方式，基于鼓励流转创新的政策考量，[2]宜将土地经营权界定为债权。

第二，从《新农村土地承包法》第二章第五节“土地经营权”规定的内容来看，土地经营权人投资改良土壤，建设农业生产附属、配套设施，再流转土地经营权，向金融机构融资担保，均需取得承包农户的同意或书面同意，债权性质至为明显。只有在定性为债权的情形之下，土地经营权人的这些行为才需要得到作为土地经营权流转合同相对人的承包农户的同意。此与同法就土地承包经营权人从事类似行为无须发包方同意迥然有异，后者在部分情形之下仅需向发包方备案。这一不同的制度安排昭示着立法者就土地承包经营权和土地经营权之间定性上的差异。

第三，赋予土地经营权以登记能力，并不能得出土地经营权即属物权的结论。学说上以为，并不是所有建立在不动产之上的权利均可纳入登记的范畴，只有那些具有对抗效力的不动产权利才具有登记能力，[3]不动产登记簿上记载的不动产权利也并不仅限于物权。[4] 赋予土地经营权登记能力，仅仅只表明立法者借由登记赋予土地经营权以对抗效力，以此稳定土地经营权人的经营预期，并使土地经营权人能够以其权利担保融资。在《新农村土地承包法》的立法过程中，《农村土地承包法修正案草案（一审稿）》并未规定土地经营权登记制度，《农村土地承包法修正案

---

〔1〕 韩松：《论民法典物权编对土地承包经营权的规定——基于“三权分置”的政策背景》，载《清华法学》2018年第5期。

〔2〕 在“三权”分置之下，“鼓励承包农户依法采取转包、出租、互换、转让及入股等方式流转承包地”（《土地经营权流转意见》），“允许承包农户将土地经营权依法自愿配置给有经营意愿和经营能力的主体，发展多种形式的适度规模经营”（《深化农村改革综合性实施方案》），“鼓励采用土地股份合作、土地托管、代耕代种等多种经营方式，探索更多放活土地经营权的有效途径。”（《三权分置意见》）

〔3〕 参见［德］鲍尔、［德］施蒂尔纳：《德国物权法》（上册），张双根译，法律出版社2004年版，第292～295页。

〔4〕 参见宋宗宇、何贞斌、陈丹：《农村土地经营权的确定化及其制度构建》，载《农村经济》2015年第7期。

草案(二审稿)》中是将土地经营权登记作为“明确和保护经营主体通过流转合同取得的土地经营权,保障其经营预期”的技术手段,[1]但仅此并不能确定土地经营权就是物权。

第四,赋予当事人是否登记土地经营权的选择权,不宜解释为登记了的土地经营权就是物权,未登记的就是债权。“土地经营权”一语一体反映土地经营权人对农村土地的利用关系,在性质上不宜作不同的定性,否则法律上要同时规定物权性质的土地经营权和债权性质的土地经营权的内容,而且两种性质的土地经营权的内容基于其效力上的差异很难抽象。《新农村土地承包法》就土地经营权的投资回报、补偿、再流转、融资担保等问题均由当事人约定,则应定性为债权。[2] 不过,《新农村土地承包法》中就登记能力的区别规定,值得商榷。[3]

综上,基于《新农村土地承包法》就“三权”分置已经作出的立法选择,民法典物权编中应维系目前的土地承包经营权这一用益物权种类,无须改称为土地承包权,也无须增设土地经营权这一所谓的新物权种类。

二、土地承包经营权的重新界定

在《新农村土地承包法》所传达的“三权”分置的产权结构中,土地承包经营权是具有身份属性的财产权利,其取得和享有以权利主体具有本集体成员身份为前提,具有财产和保障双重功能,是实现承包农户不因流转而失去保障这一基本政策目标的工具。由此而决定,“两权”分离和“三权”分置并行之下的土地承包经营权,也就具有了同样的身份属性。

《民法典各分编(草案)》秉承《物权法》上的土地承包经营权制度,依承包方式的不同将土地承包经营权划分为两类:以家庭承包方式取得的土地承包经营权和以招标、拍卖、公开协商等其他方式取得的土地承包经营权。两者之间基于权利主体的不同在权利内容上存在重大的不同,其中,前者具有身份属性,其取得是基于公平分配的基本观念,起着一定的保障作用,其处分因之受到极大的限制;但后者是一种市场化的权利,其取得多依竞争性的缔约程序,其处分较为自由。由此可见,“以其他方式取得的土地承包经营权”已经不再具有身份属性,不能由“两权”分离和“三权”分置并行之下的“土地承包经营权”所涵盖,在“三权”分置的体系效应之下,这

---

〔1〕 参见胡可明:《全国人民代表大会宪法和法律委员会关于〈中华人民共和国农村土地承包法修正案(草案)〉修改情况的汇报——2018 年 10 月 22 日在第十三届全国人民代表大会常务委员会第六次会议上》,载《中华人民共和国全国人民代表大会常务委员会公报》2019 年第 1 期。

〔2〕 参见王利明:《我国民法典物权编的修改与完善》,载《清华法学》2018 年第 2 期。

〔3〕 参见高圣平:《完善农村基本经营制度之下农地权利的市场化路径》,载《社会科学研究》2019 年第 2 期。

种土地承包经营权应定性为土地经营权。如此,土地承包经营权也就没有了再区分为两种类型的必要。[1]《新农村土地承包法》采纳了这一建议,由于"不涉及社会保障因素,承包方不限于本集体经济组织成员,其取得的权利在性质上不同于土地承包经营权",[2]该修正案将之修改为"以其他方式承包农村土地的,应当签订承包合同,承包方取得土地经营权。"该权利也符合同法第37条"在合同约定的期限内占有农村土地,自主开展农业生产经营并取得收益"之文义。

有学者认为,以家庭承包方式取得的土地承包经营权的核心内容和基本权能就是土地经营权,以其他承包方式取得的土地经营权也是承包方式,"如果用两个名称规定,就会产生概念上的歧义,远不及统一规定简约、明确。当然名称统一规定,并不影响因二者取得方式的不同在某些方面做出不同的规定。"[3]本书作者对此不敢苟同。虽然均为经营农村土地的权利,但土地承包经营权和土地经营权之间却有着确定的含义和区分,承包农户基于其成员身份所取得的经营农村土地的权利,是土地承包经营权,而不是土地经营权,虽然其中包括经营农村土地的内容。与其不加区分的以统一的土地承包经营权来统称这种相互之间存在重大差异的两类权利,还不如还原以其他承包方式取得的土地承包经营权的本质属性,将之与派生于土地承包经营权的同样具有市场化属性的土地经营权相统合。

《民法典各分编(草案)》第135条规定:"通过招标、拍卖、公开协商等方式承包荒地等农村土地,依照农村土地承包法等法律和国务院的有关规定,其土地承包经营权可以转让、入股、抵押或者以其他方式流转。"这一规定与《物权法》第133条完全相同。基于前述分析和《新农村土地承包法》的修改,本条的"土地承包经营权"应当改称"土地经营权"。由于土地经营权是债权,本条所规定的内容亦可不在民法典物权编中加以规定,直接适用《新农村土地承包法》即可。

在将以其他方式取得的土地承包经营权重新界定为土地经营权之后,民法典物权编中有关土地承包经营权的定义性法条应作相应修改。《物权法》第125条规定:"土地承包经营权人依法对其承包经营的耕地、林地、草地等享有占有、使用和收益的权利,有权从事种植业、林业、畜牧业等农业生产。"[《民法典各分编(草案)》第126条与此相同,未作修改]这里,将土地承包经营权的主体界定为"土地承包经营

[1] 参见高圣平:《农地三权分置视野下土地承包权的重构》,载《法学家》2017年第5期。

[2] 胡可明:《全国人民代表大会宪法和法律委员会关于〈中华人民共和国农村土地承包法修正案(草案)〉修改情况的汇报——2018年10月22日在第十三届全国人民代表大会常务委员会第六次会议上》,载《中华人民共和国全国人民代表大会常务委员会公报》2019年第1期。

[3] 韩松:《论民法典物权编对土地承包经营权的规定——基于"三权分置"的政策背景》,载《清华法学》2018年第5期。

权人”,意在涵盖承包农户和其他经营主体,对两种类型的土地承包经营权给予一体的保护,“不仅高度概括了各类承包经营权的主体,也使得《物权法》的主体范畴更具有包容性。”〔1〕但此种表述在“三权”分置改革下已经不再具有必要性,反而会产生模糊性,增加解释上的困难。基于土地承包经营权的身份属性,土地承包经营权的主体应修改为“承包方”或“承包人”,〔2〕明确限制其主体。如此,在学说上,土地承包经营权即指承包农户依法对其承包经营的耕地、林地、草地等享有的从事种植业、林业、畜牧业等农业生产的用益物权。

三、土地承包经营权的流转规则

“实践证明,土地流转和适度规模经营是发展现代农业的必由之路”。〔3〕当下,发展规模化、集约化的现代农业经营模式已经成为国家的政策选择,现有的制度设计已经不能满足生产力发展的要求。为应对规模化经营的需要,立法重点之一就是土地承包经营权的流转及其规制。〔4〕

“流转”一词并非严格意义上的法律术语,在《物权法》和《农村土地承包法》之下,土地承包经营权的流转是指承包农户处分其土地承包经营权的各种行为的总称,包括转包、出租、互换、转让、入股等。〔5〕《物权法》区分两种不同性质的土地承包经营权,对流转方式作了不同的规定,就以家庭承包方式取得的土地承包经营权而言,包括“转包、互换、转让等”;就以其他方式取得的土地承包经营权而言,包括“转让、入股、抵押或者以其他方式”。实践中对法律没有明定的流转方式均采取谨慎态度。

在由“三权”分置所引起的体系重构中,就土地承包经营权的流转是否均产生土地经营权,学说上存在不同看法。第一种观点认为,只要发生承包地流转关系,就使

---

〔1〕 王利明:《物权法研究》(下卷)(第4版),中国人民大学出版社2016年版,第807页。

〔2〕 值得注意的是,《农村土地承包法》和《物权法》上就土地承包关系的主体的称谓并不一致,《农村土地承包法》上称谓“发包方”和“承包方”,《物权法》上称为“发包人”和“土地承包经营权人”。《农村土地承包法》这种基于实践中通俗称谓的法律表达,实值商榷。参见陈小君:《我国涉农民事权利入民法典物权编之思考》,载《广东社会科学》2018年第1期。

〔3〕 《土地经营权流转意见》之序言。

〔4〕 参见陈小君:《我国涉农民事权利入民法典物权编之思考》,载《广东社会科学》2018年第1期。

〔5〕 参见陈小君:《我国农村土地法律制度变革的思路与框架———十八届三中全会〈决定〉相关内容解读》,载《法学研究》2014年第4期;高圣平:《新型农业经营体系下农地产权结构的法律逻辑》,载《法学研究》2014年第4期;朱广新:《土地承包权与经营权分离的政策意蕴与法制完善》,载《法学》2015年第11期。

受流转方取得土地经营权,只不过不同的流转方式下土地经营权的性质不同而已;[1]第二种观点认为,不是所有的承包地流转关系均产生土地经营权,只有以出租(转包)、入股等类似方式流转承包地才产生土地经营权;[2]第三种观点亦认为,不是所有的承包地流转关系均产生土地经营权,只有以转让方式流转承包地才派生出土地经营权,而以出租(转包)、入股等方式流转承包地仅使受流转方取得承包地租赁权,并不发生"三权"分置问题。[3]

《新农村土地承包法》对原法中的土地承包经营权流转作了区分,将其中发生移转物权效果的转让、互换,在第二章第四节"土地承包经营权的保护和互换、转让"中予以规制,因为此种情形不发生流转出土地经营权的法律效果;将其中仅发生债权效力的出租(转包)、入股等,在第二章第五节"土地经营权"中予以规定,只有此种情形才流转出土地经营权,明显采纳了上述第二种观点。在"三权"分置之下,从土地承包经营权派生出土地经营权的演变逻辑,使之不能适用于所有的流转关系。转让和互换的客体是土地承包经营权,产生的效果是原权利人土地承包经营权的丧失,应排除于"三权"分置所引发的承包地产权结构调整之外;"三权"分置所欲调整的就是出租(转包)、入股等方式流转承包地的情形,"土地适度规模经营能够依赖的权利形式在很大程度上只有转包与出租。"[4]此际才发生土地经营权的问题。

《新农村土地承包法》将流转限于出租(转包)、入股等情形,不再包括转让、互换等方式,由此引发的问题着实不少。[5] 民法典物权编对此应作相应回应。《民法典各分编(草案)》第 129 条规定:"实行家庭承包的土地承包经营权人依照农村土地承包法的规定,有权将土地承包经营权互换、转让或者出让土地经营权。出让的期限不得超过承包期的剩余期限。未经依法批准,不得将承包地用于非农建设。"与

---

〔1〕 参见孙中华:《关于农村土地"三权分置"有关政策法律性问题的思考》,载《农业部管理干部学院学报》2015 年第 1 期;孔祥智:《"三权分置"的重点是强化经营权》,载《中国特色社会主义研究》2017 年第 3 期;张毅、张红、毕宝德:《农地的"三权分置"及改革问题:政策轨迹、文本分析与产权重构》,载《中国软科学》2016 年第 3 期。

〔2〕 参见陶钟太朗、杨遂全:《农村土地经营权认知与物权塑造——从既有法制到未来立法》,载《南京农业大学学报(社会科学版)》2015 年第 2 期;潘俊:《农村土地承包权和经营权分离的实现路径》,载《南京农业大学学报(社会科学版)》2015 年第 4 期;李国强:《论农地流转中"三权分置"的法律关系》,载《法律科学(西北政法大学学报)》2015 年第 6 期;朱广新:《土地承包权与经营权分离的政策意蕴与法制完善》,载《法学》2015 年第 11 期;张占锋:《农地流转制度的现实困惑与改革路径》,载《西北农林科技大学学报(社会科学版)》2017 年第 1 期;高圣平:《论承包地流转的法律表达——以我国〈农村土地承包法〉的修改为中心》,载《政治与法律》2018 年第 8 期。各文献之间在观点上还存在差异。

〔3〕 参见耿卓:《农地三权分置改革中土地经营权的法理反思与制度回应》,载《法学家》2017 年第 5 期。

〔4〕 朱广新:《土地承包权与经营权分离的政策意蕴与法制完善》,载《法学》2015 年第 11 期。

〔5〕 参见高圣平:《论承包地流转的法律表达——以我国〈农村土地承包法〉的修改为中心》,载《政治与法律》2018 年第 8 期。

《物权法》第128条[1]相比,本条不再使用“流转”这一非法言法语,依其效果区分了物权性流转和债权性流转,但仅对前者作了列举式规定,将后者表述为出让土地经营权。本书作者建议将本条修改为:“承包农户有权以出租(转包)、互换、转让、入股等方式处分其土地承包经营权。处分的期限不得超过承包期的剩余期限。未经依法批准,不得将承包地用于非农建设。”这里,其一,删去“实行家庭承包的土地承包经营权人”的表述,主要原因在于土地承包经营权的含义在“三权”分置之下已经重新界定,限于《物权法》上的以家庭承包方式取得的土地承包经营权,无须再作限定。同时,由于《物权法》上的以其他方式取得的土地承包经营权已被重构为土地经营权这一债权,民法典物权编中可以就此不作规定,直接适用《新农村土地承包法》即可。其二,不再使用“流转”这一效果不明的通俗称谓,以处分代之,避免与《新农村土地承包法》已经作出的政策选择相冲突。同时,作为概括土地承包经营权物权性流转和债权性流转的一般规范,本条将各种处分方式作列举式规定,有利于为当事人的行为提供引导,但也不排除当事人的方式创新。至于各种处分方式的法律效果,直接适用《新农村土地承包法》即可。

这里尚存争议的是承包农户以入股方式处分其土地承包经营权的法律效果问题。有学者认为,土地承包经营权入股就是土地承包经营权的股权化,不发生派生出土地经营权的法律效果。[2] 就此,新修正的《农民专业合作社法》明定农民专业合作社成员可以以土地经营权作价出资;《新农村土地承包法》将入股作为流转土地经营权的方式之一加以规定。在解释上,入股类似于出租(转包),实际上也是承包农户从其土地承包经营权为接受入股的主体派生出土地经营权,入股后,原承包关系并不发生改变,承包农户的土地承包经营权并不丧失。[3] 此外,《新农村土地承包法》将入股发展农业合作扩及入股所有主体,为实践的发展留下了空间。[4]

土地承包经营权是否可依继承方式而流转,是目前争议较大的另外一个问题。[5] 《新农村土地承包法》就此未作修改。就本书作者看来,对此问题的回答首

---

〔1〕 该条规定:“土地承包经营权人依照农村土地承包法的规定,有权将土地承包经营权采取转包、互换、转让等方式流转。流转的期限不得超过承包期的剩余期限。未经依法批准,不得将承包地用于非农建设。”

〔2〕 参见陶钟太朗、杨遂全:《农村土地经营权认知与物权塑造——从既有法制到未来立法》,载《南京农业大学学报(社会科学版)》2015年第2期;韩松:《论民法典物权编对土地承包经营权的规定——基于“三权分置”的政策背景》,载《清华法学》2018年第5期。

〔3〕 参见朱广新:《土地承包权与经营权分离的政策意蕴与法制完善》,载《法学》2015年第11期;高圣平:《农地三权分置视野下土地承包权的重构》,载《法学家》2017年第5期。

〔4〕 参见刘振伟:《巩固和完善农村基本经营制度》,载《农村工作通讯》2019年第1期。

〔5〕 参见温世扬:《从〈物权法〉到“物权编”——我国用益物权制度的完善》,载《法律科学(西北政法大学学报)》2018年第6期。

先要考虑“三权”分置之下承包地权利结构的变迁。已如本文前述,土地承包经营权的取得和享有以权利人具有本集体经济组织成员身份为前提,如继承人不具备本集体经济组织成员身份,就无从发生土地承包经营权的继承问题。其次应当考虑土地承包经营权的主体构成。依《新农村土地承包法》的规定,土地承包经营权的主体是“承包方”(本集体经济组织的农户),结合同法第16条第2款“农户内家庭成员依法平等享有承包土地的各项权益”、第24条第2款“土地承包经营权证或者林权证等证书应当将具有土地承包经营权的全部家庭成员列入”的规定,可以认为,土地承包经营权为承包农户内具有本集体经济组织成员身份的人共有,且这种共有在性质上属于特殊的共同共有关系。在共有人之一死亡后,存在两种解释方案,第一,共有人之一死亡,构成共同共有关系的基础丧失,应对共有财产进行分割,其份额作为遗产按照继承法的规定由继承人继承;第二,继续由生存的农户内家庭成员平等地共同共有土地承包经营权。在体系解释的视角下,第二种解释方案更为可取。此时,只需办理土地承包经营权的变更登记即可。至于承包农户内已经不存在具有本集体经济组织成员身份的自然人之时,应视为土地承包经营合同因当事人一方不存在而终止,此时,土地承包经营权消灭,集体土地所有权回复至圆满状态。

四、土地承包经营权、土地经营权的担保规则

就土地承包经营权、土地经营权融资担保,《新农村土地承包法》规定:“承包方可以用承包地的土地经营权向金融机构融资担保,并向发包方备案。受让方通过流转取得的土地经营权,经承包方书面同意并向发包方备案,可以向金融机构融资担保。”(第47条第1款)“担保物权自融资担保合同生效时设立。当事人可以向登记机构申请登记;未经登记,不得对抗善意第三人。”(第47条第2款)“实现担保物权时,担保物权人有权就土地经营权优先受偿。”(第47条第3款)这里结合改革试点实践在以下几个方面作了明确:其一,承包方的融资担保工具是“承包地的土地经营权”,受让方的融资担保工具是“通过流转取得的土地经营权”;其二,担保人与金融机构之间所设定的担保物权是抵押权还是质权尚不明确;其三,该担保物权的设定采取债权意思主义物权变动模式,未经登记,不得对抗善意第三人;其四,该担保物权实现之时担保物权人仅得以土地经营权优先受偿。由于立法过程中争议较大,本条规定还比较模糊,亟待经由解释而明确。

第一,从《新农村土地承包法》第47条第1款前句的文义来看,此处的担保人是“承包方”,担保财产是“承包地的土地经营权”,所反映的是没有发生承包地流转情形之下承包农户以其权利担保融资的关系。已如本文前述,土地经营权仅指“三权”

分置之下受流转方所取得的土地权利,没有发生承包地流转时,承包农户的权利就是土地承包经营权,不存在未发生“三权”分置之时承包农户的土地经营权。因此,承包农户的融资担保工具仍然是土地承包经营权。本条第1款前句之所以将担保财产表述为“承包地的土地经营权”,是因为此类担保物权实现之时不能以土地承包经营权变价,而仅能为受流转方派生出土地经营权,承包农户仍然保有土地承包经营权。这实际上并没有改变担保财产(由土地承包经营权改变为土地经营权),而只是改变了《物权法》上担保物权的实现方式,由变价执行转向强制管理之下的收益执行。“以承包地的土地经营权为标的物设定担保,当债务人不能履行债务,债权人依法定程序处分担保物,只是转移了承包地的土地经营权,实质是使用权和收益权,土地承包权没有转移,承包地的集体所有性质也不因此改变。”[1]但承包农户为金融机构设定担保物权之时,并未为后者派生出土地经营权,仍然是以其土地承包经营权作为担保财产,只不过在担保物权实现之时,发生派生出土地经营权的情形。

第二,《新农村土地承包法》第47条第2款将担保人与金融机构之间所设定的担保权利皆称为“担保物权”。“由于各方面对继受取得的土地经营权是物权还是债权有争议,是作为用益物权设定抵押,还是作为收益权进行权利质押,分歧很大。立法不陷入争论,以服务实践为目的,使用了土地经营权融资担保概念,这是抵押、质押的上位概念,将两种情形都包含进去,既保持与相关民法的一致性,又避免因性质之争影响立法进程。”[2]就本条第1款所规定的两类担保物权而言,承包农户的土地承包经营权设定担保物权时,在体系定位上应属抵押权,对此应无疑义,主要争议体现在以土地经营权这一债权设定担保物权之时的体系定位。就此,本书作者多次撰文主张,作为具有支配效力的用益型权利,土地经营权应属抵押财产的范畴,[3]试点实践也一直将土地经营权定性为债权,但也一直将其作为抵押财产。[4]至于以经营收益(应收账款)设定质权的问题,《物权法》上有足够的制度供给,不属本条调整范围。同时,本条第2款将土地承包经营权、土地经营权担保物权改采登

---

〔1〕 刘振伟:《巩固和完善农村基本经营制度》,载《农村工作通讯》2019年第1期。

〔2〕 刘振伟:《巩固和完善农村基本经营制度》,载《农村工作通讯》2019年第1期。

〔3〕 参见高圣平:《论农村土地权利结构的重构——以〈农村土地承包法〉的修改为中心》,载《法学》2018年第2期;高圣平:《承包地三权分置的法律表达》,载《中国法学》2018年第4期。

〔4〕 参见《土地经营权流转意见》指出:“按照全国统一安排,稳步推进土地经营权抵押、担保试点,研究制定统一规范的实施办法,探索建立抵押资产处置机制。”《三权分置意见》进一步指出,“要充分维护承包农户使用、流转、抵押、退出承包地等各项权能。”“经营主体再流转土地经营权或依法依规设定抵押,须经承包农户或其委托代理人书面同意,并向农民集体书面备案。”《“两权”抵押指导意见》直接指向农村承包土地的经营权抵押贷款试点;《农村承包土地的经营权抵押贷款试点暂行办法》第5条规定:“符合本办法第六条、第七条规定条件、通过家庭承包方式依法取得土地承包经营权和通过合法流转方式获得承包土地的经营权的农户及农业经营主体(以下简称借款人),均可按程序向银行业金融机构申请农村承包土地的经营权抵押贷款。”

记对抗主义,已与《物权法》上土地承包经营权抵押权的登记生效主义大相径庭。

《新农村土地承包法》的如上制度设计必将影响到民法典物权编的编纂。《民法典各分编(草案)》中就土地承包经营权、土地经营权抵押的规定较为零乱,且前后冲突。在抵押财产的正面列举中删去了“以招标、拍卖、公开协商等方式取得的荒地等土地承包经营权”可以抵押的规定[《民法典各分编(草案)》第186条],保留了耕地等集体所有的土地使用权不得抵押的规定[《民法典各分编(草案)》第190条],但第209条又规定了土地承包经营权、土地经营权抵押时的特殊实现规则,土地承包经营权章又专门规定了“通过招标、拍卖、公开协商等方式承包荒地等农村土地,依照农村土地承包法等法律和国务院的有关规定,其土地承包经营权可以……抵押”[第135条]。本书作者建议,应对《民法典各分编(草案)》作如下修改:

第一,在规定抵押财产范围的法条[《民法典各分编(草案)》第186条]中正面列举土地承包经营权、土地经营权,引导农地抵押融资行为。《物权法》第180条已经明定“以招标、拍卖、公开协商等方式取得的荒地等土地承包经营权”可以抵押,《新农村土地承包法》已将此类土地承包经营权改为土地经营权,如此,由土地承包经营权和土地所有权派生出的土地经营权,均纳入抵押财产的范畴,降低制度变迁成本。同时删去[民法典各分编(草案)》第190条]关于耕地等集体所有的土地使用权不得抵押的规定。

第二,就土地承包经营权、土地经营权抵押权的物权变动模式作出专门规定。《民法典各分编(草案)》就不动产(权利)抵押权采登记生效主义,抵押权自登记时设立[《民法典各分编(草案)》第193条],《新农村土地承包法》就土地承包经营权、土地经营权担保物权改采登记对抗主义,未经登记,不得对抗善意第三人。因此,《民法典各分编(草案)》可以在第193条增加但书规定,“法律另有规定的除外”,也可以在该条增加第2款,“以土地承包经营权、土地经营权抵押的,抵押权自抵押合同生效时设立;未经登记,不得对抗善意第三人。”

第三,修改抵押权实现的相关规则,涵盖《新农村土地承包法》新增的收益执行方式。在执行措施法定的背景之下,抵押权实现方式的实体法规定直接决定了强制执行程序中执行法院可得采取的执行措施。《民法典各分编(草案)》第201条第2款规定:“抵押权人与抵押人未就抵押权实现方式达成协议的,抵押权人可以请求人民法院拍卖、变卖抵押财产。”这一规定维系了《物权法》上抵押权变价实现的基本方式,但《新农村土地承包法》上,土地承包经营权抵押权的实现不能采取变价的方式,改采强制管理的方式。《民法典各分编(草案)》第201条第2款则应增加这一方式。通过增加“强制管理”的实现方式,使管理人取得土地经营权,以管理该土地承包经营权所得收益清偿债务。[1]

五、小结

就民法典物权编和《新农村土地承包法》之间的关系而言,有学者主张,借民法典编纂之机将农村土地承包法融入其分则的物权编之用益物权章,与土地承包经营权章合二为一。但立法者既未按图索骥提出该主张,也不解释其不归入物权编的缘由。客观析之,在于立法者对农村土地承包法与物权法的关系时有忽略,处理较为简单,导致其立法规则可能在实践中难以适用。[2] 本书作者认为,两者均调整对他人之物(土地)的利用关系,但前者仅调整物权性的利用关系,后者即无此限制。就调整物权性的利用关系而言,前者需要从民事基本法的视角规定土地承包经营权的基本内容和物权变动规则,后者作为民事特别法则可详细规定土地承包经营权设立的程序等。在《新农村土地承包法》就“三权”分置已作政策选择的情形之下,民法典物权编应就其中土地承包经营权制度的基本内容进行再次抽象,以反映新一轮农村土地制度改革的成果,为下一步的实践展开提供制度前提。

---

〔1〕 参见房绍坤:《论土地承包经营权抵押的制度构建》,载《法学家》2014 年第 2 期;高圣平:《农地金融化的法律困境及出路》,载《中国社会科学》2014 年第 8 期。

〔2〕 参见陈小君:《土地改革之“三权分置”入法及其实现障碍的解除——评〈农村土地承包法修正案〉》,《学术月刊》2019 年第 1 期。

附论三：农地“三权”分置背景下相关纠纷的法律适用*

“落实‘三权分置’制度，是本次修改农村土地承包法的主要任务。”[1]《农村土地承包法》本次修改涉及超过2/3的法条，涉及一系列重大制度创新，必将影响到司法实践的发展。本文选取《新农村土地承包法》中将对司法实践产生重要影响的部分内容进行阐释、分析。

一、农村承包地“三权”分置的法律表达

在《新农村土地承包法》实施之后，法院如何把握农村承包地的权利类型，并准确适用法律，是摆在我们面前的迫切问题。目前各级法院已经发布的司法文件，并没有准确把握《新农村土地承包法》的实质内容。如有的法院将原来的土地承包经营权相关合同纠纷部分改为土地承包权纠纷，使用“土地承包权互换、转让”“土地承包权分割、继承”“与集体经济组织签订家庭承包合同取得土地承包权”等表述，[2]这实际上是对农地“三权”分置的法律表达的误解。

---

* 本文为最高人民法院2019年度司法研究重大课题“农村承包地‘三权分置’背景下相关纠纷法律适用及审判执行工作机制研究”的阶段性成果。本文系与龚德家、吴昭军合作，发表于《人民司法》2019年第31期。

〔1〕 胡可明：《全国人民代表大会宪法和法律委员会关于〈中华人民共和国农村土地承包法修正案（草案）〉修改情况的汇报——2018年10月22日在第十三届全国人民代表大会常务委员会第六次会议上》，载《中华人民共和国全国人民代表大会常务委员会公报》2019年第1期。

〔2〕 如2019年3月《江西省高级人民法院农村土地承包纠纷案件审判工作指引》（赣高法〔2019〕1号）。该文件中还前后使用彼此矛盾的表述，如在受理范围中称“土地承包经营权互换、转让”，但在诉讼主体和其他部分又称“土地承包权互换、转让”。

农地“三权”分置,就是“要不断探索农村土地集体所有制的有效实现形式,落实集体所有权、稳定农户承包权、放活土地经营权”,[1]但这一政策语言不宜直接转述为法律语言,法律应以自身的话语体系来传达政策思想。[2] 在《新农村土地承包法》立法过程中,就如何在法律上反映农地“三权”分置思想这一问题,一直存在争议。2017 年 11 月第十二届全国人民代表大会常务委员会第三十次会议第一次审议的《农村土地承包法修正案草案(一审稿)》的立法说明中指出:“土地集体所有权与承包经营权是承包地处于未流转状态的一组权利,是两权分离。土地集体所有权与土地承包权、土地经营权是承包地处于流转状态的一组权利,是三权分置。”[3]如此,《新农村土地承包法》既要调整“两权”分离,又要规制“三权”分置,最终形成了“土地所有权 + 土地承包经营权 + 土地承包权 + 土地经营权”的“四权”结构。《农村土地承包法修正案草案(一审稿)》一经公布,即受到广泛批评。

其一,“四权”结构之下,法律上至少应就土地承包经营权、土地承包权、土地经营权的性质和内容作出明确规定,[4]但《农村土地承包法修正案草案(一审稿)》在第二章仅专节规定土地承包权和土地经营权,并无土地承包经营权的全面规定,[5]对于未发生土地经营权流转时承包农户的土地承包经营权调整不足,没有妥当反映“两权”分离之下的法律关系。其二,《农村土地承包法修正案草案(一审稿)》第一章“总则”中将土地承包权界定为“农村集体经济组织成员依法享有的承包土地的权利”,但此种资格或身份意义上的“土地承包权”无法作为用益物权之财产权明晰其权能。[6] 从《农村土地承包法修正案草案(一审稿)》第二章第四节“土地承包权的保护和转让”的内容来看,大部分条文仅仅适用于或主要适用于“两权”分离之下的“土地承包经营权”,[7]如此,“土地承包权”在同一部法典中的含义前后不一致,

---

〔1〕 习近平:《在中央农村工作会议上的讲话》,载中共中央文献研究室编:《习近平关于全面深化改革论述摘编》,中央文献出版社 2014 年版,第 65 页。

〔2〕 参见孙宪忠:《推进农地三权分置经营模式的立法研究》,载《中国社会科学》2016 年第 7 期;孟勤国:《论新时代农村土地产权制度》,载《甘肃政法学院学报》2018 年第 1 期;陈小君:《土地改革之“三权分置”入法及其实现障碍的解除——评〈农村土地承包法修正案〉》,载《学术月刊》2019 年第 1 期。

〔3〕 刘振伟:《关于〈中华人民共和国农村土地承包法修正案(草案)〉的说明——2017 年 10 月 31 日在第十二届全国人民代表大会常务委员会第三十次会议上》,载《中华人民共和国全国人民代表大会常务委员会公报》2019 年第 1 期。

〔4〕 囿于调整范围的限制,《农村土地承包法》不宜专章规定集体土地所有权,而只能在具体条文中体现集体土地所有权的部分行使规则。

〔5〕 《农村土地承包法修正案草案(一审稿)》只在第 5 条、第 6 条、第 26 条、第 52 条和第 53 条在用语上使用了土地承包经营权的概念。但具有宣示性作用的第 10 条仅规定:“国家保护集体土地所有权、土地承包权和土地经营权,任何组织和个人不得侵犯。”此规定置土地承包经营权于不顾。

〔6〕 参见陈小君:《〈农村土地承包法修正案(草案)〉要义评析》,载《中国土地科学》2018 年第 5 期。

〔7〕 高圣平:《论农村土地权利结构的重构——以〈农村土地承包法〉的修改为中心》,载《法学》2018 年第 2 期。

构成体系背反，也造成“两权”分离和“三权”分置并存之下，土地承包经营权和土地承包权之间的相互关系并未达到“层次分明”的程度。其三，按照《农村土地承包法修正案草案（一审稿）》第一章“总则”关于土地承包权的界定，土地承包权是先于土地承包经营权而存在的权利，土地承包经营权只是本集体经济组织成员行使了土地承包权之后的结果，一旦本集体经济组织成员取得土地承包经营权，土地承包权即失去意义，并未传导至土地承包经营权之中，也就是说，土地承包经营权中并不包含此种意义上的“土地承包权”，也无从分解或派生出此种意义的“土地承包权”。〔1〕其四，“三权”分置之下，土地承包权仅仅只是土地承包经营权派生出土地经营权之后的剩余权利，但土地经营权的流转形式丰富多样，承包农户派生出的土地经营权也就各有不同，其剩余权利当然存在差异，这就给法律上抽象土地承包权的内容带来了一定的困难；此外，土地承包经营权经过长期的实践，已经为广大农村基层干部、群众所熟知，将流转土地经营权之后的剩余权利改为土地承包权，在一定程度上影响了农民对土地承包经营制的长久预期，基层干部、群众也不易理解。〔2〕总之，“四权”构造增加了修法的难度和制度变迁成本。

在常委会初次审议和公开征求意见过程中，较为一致的意见认为，《农村土地承包法修正案草案（一审稿）》规定的“四权”结构与“三权”分置政策不够契合，而且规定比较复杂，不利于社会公众理解。本集体经济组织成员有时享有的是“土地承包经营权”，有时享有的是“土地承包权”；非本集体经济组织成员，既可以通过流转方式获得“土地经营权”，也可以根据其他承包方式取得“土地承包经营权”，直接导致法律概念交叉不清，不便在实践中操作，并未达到“充分发挥‘三权’的各自功能和整体效用，形成层次分明、结构合理、平等保护的格局”〔3〕的政策目标。其间，有以“土地承包权”代替“土地承包经营权”的动议，〔4〕但最终还是保留了“土地承包经营权”的概念。为反映“两权”分离和“三权”分置并存之下的承包地产权结构，2018 年 10 月第十三届全国人民代表大会常务委员会第六次会议第二次审议的《农村土地承包法修正案草案（二审稿）》就法典的结构采取“土地承包经营权”和“土地经营权”并列的安排，舍弃了《农村土地承包法修正案草案（一审稿）》中土地承包权的专

---

〔1〕 高圣平：《承包地三权分置的法律表达》，载《中国法学》2018 年第 4 期。

〔2〕 在《农村土地承包法》立法过程中，对于“土地承包经营权”的名称问题，也出现过类似情形。参见柳随年：《关于〈中华人民共和国农村土地承包法（草案）〉的说明——2001 年 6 月 26 日在第九届全国人民代表大会常务委员会第二十二次会议上》，载《中华人民共和国全国人民代表大会常务委员会公报》2002 年第 5 期。

〔3〕 《三权分置意见》之“三、逐步形成‘三权分置’格局”。

〔4〕 参见刘守英、高圣平、王瑞民：《农地三权分置下的土地权利体系重构》，载《北京大学学报（哲学社会科学版）》2017 年第 5 期。

节规定，将《农村土地承包法修正案草案（一审稿）》第二章第四节的节名“土地承包权的保护和转让”修改为“土地承包经营权的保护和互换、转让”，第五节的节名“土地经营权的保护和流转”修改为“土地经营权”，以此表明“三权”之间的相互关系：土地承包经营权派生于土地所有权；土地经营权派生于土地承包经营权。《农村土地承包法修正案草案（二审稿）》全文仅两处出现“土地承包权”一语，[1]从这两条的文义来看，第9条中的“土地承包权”指的是派生出了土地经营权之后土地承包经营权的剩余权利；第44条中的“土地承包权”指的是派生出了土地经营权之后土地承包经营权的简称。

《新农村土地承包法》最终维系了《农村土地承包法修正案草案（二审稿）》的结构安排，全文仅有一处出现了“土地承包权”，即第9条：“承包方承包土地后，享有土地承包经营权，可以自己经营，也可以保留土地承包权，流转其承包地的土地经营权，由他人经营。”如此，再次引发了承包地产权结构是由“土地所有权、土地承包经营权、土地经营权”等“三权”抑或“土地所有权、土地承包经营权、土地承包权、土地经营权”等“四权”构成的争议。

《新农村土地承包法》的章节安排仅有土地承包经营权和土地经营权两种权利，如果土地承包权是“三权”分置之下新生的权利类型，法律上自应就其性质、内容和行使规则作出专门规定，但新法并未作如此处理。在体系解释上，《新农村土地承包法》第44条规定：“承包方流转土地经营权的，其与发包方的承包关系不变。”而“承包方与发包方的承包关系”在法律上的表达即为土地承包经营权，“承包关系不变”即意味着土地承包经营权不变，这就表明“从法律性质上讲，土地承包经营权人流转土地经营权后，其所享有的土地承包经营权并未发生改变”。[2] 因此，“三权”分置只是在土地所有权和土地承包经营权“两权”分离的基础上，“从土地承包经营权中分离出土地经营权”。[3] 《新农村土地承包法》第9条指出“可以保留土地承包权，流转其承包地的土地经营权，由他人经营”，“这么规定，也是为了落实党中央提出的要保持农村土地承包关系长期稳定并长久不变的政策。”[4]由此可见，该条中的“土地承包权”，只是派生出土地经营权之后的土地承包经营权的简称，并不表明承包地

〔1〕 参见《农村土地承包法修正案草案（二审稿）》第9条规定：“农村集体经济组织成员承包土地后，享有土地承包经营权，可以自己经营，也可以保留土地承包权，流转其承包地的土地经营权，由他人经营。”第44条规定：“承包方向他人流转土地经营权，不影响其依法享有的土地承包权，承包方与发包方的承包关系不变。”

〔2〕 黄薇主编：《中华人民共和国农村土地承包法释义》，法律出版社2019年版，第44页。

〔3〕 黄薇主编：《中华人民共和国农村土地承包法释义》，法律出版社2019年版，第43页。

〔4〕 黄薇主编：《中华人民共和国农村土地承包法释义》，法律出版社2019年版，第44页。

产权结构中还存在一个所谓的"土地承包权"。[1] 如此看来,土地承包经营权没有必要改称为土地承包权。

二、土地承包经营权制度的修改涉及的适用难点问题

为土地承包经营权强权赋能,是《新农村土地承包法》的修改目的与重要内容。本次修改一方面强化了土地承包经营权的身份属性,另一方面赋予更加完善、丰富的权能,例如处分方式愈加多元,放宽转让条件,允许融资担保等。其中关涉司法适用的难点要点如下。

(一)土地承包经营权的期限延长

《新农村土地承包法》第 21 条增加第 2 款,其中规定:"前款规定的耕地承包期届满后再延长三十年,草地、林地承包期届满后依照前款规定相应延长。"对该款的理解与适用,主要注意以下两点。其一,本款规定的是承包期限的自动延长和法定期限,不允许当事人随意变更。承包期限的延长是由法律直接规定的,无须再签合同。根据该款,耕地的承包期再延长三十年;草地的承包期为三十年至五十年,林地的承包期为三十年至七十年,承包期届满后依法延长,延长期限与本轮承包的期限相同。如果当事人土地承包合同约定的承包期短于法律规定的期限,则承包方可以请求延长到相应的期限。当然,土地承包合同约定的承包期限也不得超过该期限,超过的部分无效。延长期限的起算点为本轮承包期限届满之时。

其二,关于流转期限超出剩余承包期的流转合同效力。一般认为,超出的部分无效,未超出的部分有效。[2] 《新农村土地承包法》第 38 条规定土地经营权"流转期限不得超过承包期的剩余期限",原因是在下轮承包期尚未发生之时,承包方尚未取得新一轮的土地承包经营权,便无法流转土地经营权。[3] 该规定的法理依据是承包方不能处分其没有的权利,否则构成无权处分。但是,《新农村土地承包法》对土地承包经营权承包期限进行延长,承包方在超出原剩余承包期限的延长期限内继续享有土地承包经营权,意即借助法定延长期限,承包方嗣后补全了处分权,此时,流转期限超出原剩余承包期的流转行为变为有权处分,应为有效。

(二)土地承包经营权的登记

《新农村土地承包法》第 24 条规定了土地承包经营权登记,其中第 2 款规定"土

---

〔1〕 参见高圣平:《农地三权分置改革与民法典物权编编纂——兼评〈民法典各分编(草案)〉物权编》,载《华东政法大学学报》2019 年第 2 期。

〔2〕 参见全国人大常委会法制工作委员会民法室编:《〈中华人民共和国物权法〉条文说明、立法理由及相关规定》,北京大学出版社 2017 年版,第 274 页。

〔3〕 参见黄薇主编:《中华人民共和国农村土地承包法释义》,法律出版社 2019 年版,第 166 页。

地承包经营权证或者林权证等证书应当将具有土地承包经营权的全部家庭成员列入"。本次修法之所以增加本款规定,主要是"为了平等保护农户内每位家庭成员,尤其是农户内妇女的土地承包权益"。[1] 家庭承包的承包方是本集体经济组织的农户。在实践中,与发包方签订承包合同的一般是农户的代表——户主,承包合同上往往不列明户内家庭成员。此种状况不利于主体明晰和家庭成员承包权利的保障。虽然农户作为承包方取得土地承包经营权,但是不得以"农户"的名义剥夺家庭成员实质上的土地承包经营权,特别是子女外嫁后在其他集体经济组织没有取得承包地的情况下,不能剥夺妇女的土地承包经营权和其他成员在土地征收补偿中的分配请求权。基于此原因,本条修改时特别增加,证书中应当将全部家庭成员列入,防止非法剥夺家庭成员的土地承包经营权和征收补偿权等。

该款规定为司法实践带来一些问题和困扰。例如,在登记簿、土地承包经营权证书的记载与真正权利人不符的情形下,如何认定土地承包经营权的真正权利人?如何判断登记簿、证书的效力?不动产登记簿将权利人和权利内容等准确、及时地向不特定主体公示,具有权利正确性推定效力。该款明令将全部家庭成员列入土地承包经营权证书,虽然在确权颁证的时点能够准确反映主体情况,但是随着时间的推移,极可能出现登记簿、证书上的记载因未及时变更,而与实际的农户家庭成员不符的情形。一方面,农户家庭成员具有变动性,例如出生、死亡、嫁娶等;另一方面,部分家庭成员户口迁入迁出,或纳入国家公务员序列或者城镇企业职工、居民社会保障体系等,是否属于家庭成员而列入土地承包经营权主体,尚存疑问。权利人应根据实际情况及时申请变更登记,登记簿、证书亦应作相应变更。但这在广大农村难以全部实现,且会大幅增加登记机关的工作负担。

司法实践中,法院应正确理解和把握土地承包经营权登记簿和证书的证据效力,结合《物权法》第 16 条的规定,综合具体情况和证据认定土地承包经营权的真正权利人,允许当事人依反证推翻登记簿和证书关于主体的记载。《物权法》第 16 条规定不动产登记簿是物权归属和内容的根据,主要源于我国不动产物权变动以登记生效为原则。在此基础上,一般认为不动产登记簿具有权威性和公信力,"是有效的表明权利人就不动产所享有的权利的源证明文件",具有很高的证明力。[2] 但不动产登记簿的权利推定效力可以被推翻,[3] 例如,《物权法解释(一)》第 2 条规定:"当

---

〔1〕 黄薇主编:《中华人民共和国农村土地承包法释义》,法律出版社 2019 年版,第 111 页。

〔2〕 参见最高人民法院物权法研究小组编著:《〈中华人民共和国物权法〉条文理解与适用》,人民法院出版社 2007 年版,第 93 页。

〔3〕 参见王利明等:《民法学》,法律出版社 2017 年版,第 349 页。

事人有证据证明不动产登记簿的记载与真实权利状态不符、其为该不动产物权的真实权利人,请求确认其享有物权的,应予支持。”《物权法》第17条明确不动产权属证书作为权利证明,与登记簿均具有证据能力,但证明力低于登记簿。〔1〕不动产权属证书的作用仅在于证明某一法律事实或法律行为曾经发生,证书的有无和记载内容不能直接决定实体法律关系,〔2〕因此,土地承包经营权证书的证明力亦低于登记簿。登记不是土地承包经营权的生效要件,也不是对抗要件。基于土地承包经营权登记簿和真正权利人不一致的可能性较大,登记簿对土地承包经营权权利状态的证明力、推定力亦应低于对采登记生效主义的其他物权的证明力、推定力。在司法实践中,认定土地承包经营权真正权利人,不能拘泥于登记簿和土地承包经营权证书。当事人有证据证明登记簿和土地承包经营权证书的记载与真实权利状态不符、其为真实权利人,请求确认其享有土地承包经营权的,人民法院应予支持。

(三)“流转”的含义变迁及其法律适用

“流转”一词并非严格的法律术语,在《物权法》《新农村土地承包法》《民法典》物权编之下,用于指称承包农户处分其土地承包经营权的各种行为,包括转包、出租、互换、转让、入股等。〔3〕在《新农村土地承包法》中,“流转”一词的含义发生了改变,并由此导致法律适用上的变化。

其一,“流转”标的和方式的变化。2014年11月,《土地经营权流转意见》中指出,“鼓励承包农户依法采取转包、出租、互换、转让及入股等方式流转承包地”,“流转”一词仍采广义,指向承包地(土地承包经营权)。2014年12月国务院办公厅《关于引导农村产权流转交易市场健康发展的意见》明确农户承包土地经营权“可以采取出租、入股等方式流转”,将流转方式限缩为出租、入股等方式,将标的由土地承包经营权转变为土地经营权。《新农村土地承包法》则在立法层面进行了修改:一方面,土地承包经营权仅限于以家庭承包方式取得,以其他方式承包集体土地取得的权利纳入土地经营权体系之中;另一方面,“流转”的标的由土地承包经营权变为土地经营权,方式包括出租(转包)、入股或者其他方式,转让、互换两种方式独立于“流转”之外,仅适用于土地承包经营权。由此,《新农村土地承包法》将原法中土地承包经营权的流转,拆分为“依法互换、转让土地承包经营权”和“依法流转土地经营权”。此种拆分是基于“三权”分置改革项下的法律效果区分:前者是对土地承包

---

〔1〕参见胡康生主编:《中华人民共和国物权法释义》,法律出版社2007年版,第55页。

〔2〕参见谢怀栻:《票据法概论》,法律出版社2006年版,第2页。

〔3〕参见陈小君:《我国农村土地法律制度变革的思路与框架——十八届三中全会〈决定〉相关内容解读》,载《法学研究》2014年第4期;高圣平:《新型农业经营体系下农地产权结构的法律逻辑》,载《法学研究》2014年第4期;朱广新:《土地承包权与经营权分离的政策意蕴与法制完善》,载《法学》2015年第11期。

经营权的物权性处分，发生物权变动的效果，但不派生土地经营权，不涉及“三权”分置；后者产生承包地的债权性移转效果，派生土地经营权，导致“三权”分置，故“流转的应当是土地经营权，而不是土地承包经营权”。[1]

其二，流转规则的准用。在本次修法中，“流转”被限缩为承包方处分土地承包经营权并派生土地经营权的情形，转让与互换不再属于流转的下位概念，流转方式中的“其他方式”也不包含此两者。与此同时，《新农村土地承包法》将原法“第五节‘土地承包经营权的流转’”中的详细规则，修改并放于第五节“土地经营权”中。其中，部分规则为原法所有流转方式共同适用的规则，例如，第 38 条、第 39 条和第 40 条，涉及流转所应遵循的原则、流转收益和流转合同的基本规定等。第五节“土地经营权”又不适用于土地承包经营权的转让、互换。在解释和适用上，这些规则应可以准用于土地承包经营权的转让和互换。就条文内容而言，第 38 条至第 40 条在原法中便调整转让、互换，在本次修法过程中虽然修改了少量表述，但不影响对转让、互换的准用。第 38 条中关于流转“依法、自愿、有偿”，不得改变土地所有权和农业用途等内容，第 39 条关于任何组织和个人不得擅自截留、扣缴流转收益，第 40 条关于合同形式和内容的规定，系属法律对农户利益的特殊保护或基于公共利益考量所作的强制性规定。承包农户转让、互换土地承包经营权在处分程度上强于流转土地经营权，举轻以明重，亦应受上述条款的调整与保护。

（四）土地承包经营权的转让

《新农村土地承包法》第 34 条在原法第 41 条的基础上完善了土地承包经营权的转让规则：其一，取消了承包方“有稳定的非农职业或者有稳定的收入来源”的限制；其二，将受让对象由“其他从事农业生产经营的农户”修改、限定为“本集体经济组织的其他农户”。在该条的理解与适用上，重点是“经发包方同意”的内涵与效力。

第一，《新农村土地承包法》取消了承包方“有稳定的非农职业或者有稳定的收入来源”的限制后，“经发包方同意”已失去实质意义。在原法第 41 条基础上，“发包方不同意转让土地承包经营权的法定理由是承包方不具有稳定的非农职业或者稳定的收入来源”，“发包人无法定理由不同意或者拖延表态，都不影响土地承包经营权转让合同的效力”。[2]《新农村土地承包法》删去了承包方具有稳定的非农职业或者稳定的收入来源这一要件，发包方不同意转让土地承包经营权的法定理由即

[1] 黄薇主编：《中华人民共和国农村土地承包法释义》，法律出版社 2019 年版，第 77 页。

[2] 《山东省高级人民法院关于印发全省民事审判工作会议纪要的通知》（2011 年 12 月 2 日，鲁高法〔2011〕297 号）。

不存在。[1] 至于受让人的主体资格限制,属转让的实质要件,已由《新农村土地承包法》第34条明确规定,无须发包方审查并同意。

第二,"经发包方同意"不是效力性强制性规定。《土地承包解释》第13条规定:"承包方未经发包方同意,采取转让方式流转其土地承包经营权的,转让合同无效。但发包方无法定理由不同意或者拖延表态的除外。"有观点认为这一规则明确了"发包方同意"是效力性强制性规定。[2] 但司法实践中,法院审查转让合同效力的重心在于转让人和受让人的主体资格等实质要件,在实质要件符合的情况下,即使未经发包方明示同意,亦认可转让合同效力,如"夏永辉与夏永军确认合同有效纠纷案"[3]"有妹介扒与张介东土地承包经营权转让合同纠纷案"[4]"孙贤友与陈仕坤确认合同无效纠纷案"[5]等。部分地区司法文件也在消解"经发包方同意"的形式限制,例如,广东省高级人民法院《关于审理农村土地承包合同纠纷案件若干问题的指导意见》指出:"发包方自承包方申请之日起两个月内不予表态的,视为发包方同意。""流转合同的受让人已实际耕作承包地两个月以上,且有证据证明发包方对此知道或应当知道,发包方自知道或应当知道之日起两个月内不予表态的,视为发包方同意。""承包方以转让方式流转土地承包经营权,虽没有证据证明发包方知道或者应当知道,但流转合同的受让人已实际耕作承包地一年以上,发包方未表示不同意见的,视为发包方同意。"解释上,在法律已对受让主体、土地用途等进行限制的前提下,承包方无须经他人同意,可依自主意思转让其土地承包经营权,这本属用益物权的应有效力。"经发包方同意"这一程序性要件是发包方履行公共管理职能的体现,不属于《民法总则》第153条第1款规定的效力性强制性规定,不影响土地承包经营权转让合同的效力。

(五)土地承包经营权的担保

我国《担保法》《物权法》上禁止"耕地……等集体所有的土地使用权"抵押,在解释上,(以家庭承包方式取得的)土地承包经营权即不能设定抵押权。《土地承包解释》第15条明确规定:"承包方以其土地承包经营权进行抵押或者抵偿债务的,应当认定无效。对因此造成的损失,当事人有过错的,应当承担相应的民事责任。"[6]

---

〔1〕 参见高圣平、王天雁、吴昭军:《〈中华人民共和国农村土地承包法〉条文理解与适用》,人民法院出版社2019年版,第199页。

〔2〕 参见武亦文、杨勇:《论土地承包经营权处分之限制性规范的科学配置——基于司法裁判文书的整理和分析》,载《中国农村观察》2017年第6期。

〔3〕 湖北省南漳县人民法院(2018)鄂0624民初1331号民事判决书。

〔4〕 云南省怒江傈僳族自治州中级人民法院(2016)云33民终65号民事判决书。

〔5〕 云南省昭通市中级人民法院(2017)云06民终2205号民事判决书。

〔6〕 经法释〔2020〕17号修正的《土地承包解释》已经删除了这一规定。

《新农村土地承包法》第47条在试点改革的基础上,对上述规定作了重大突破。该条第1款规定了两种主体可以两种财产分别展开融资担保:承包方——“承包地的土地经营权”;受让方——“通过流转取得的土地经营权”。对这一担保规则的理解与适用应注意以下两点。

其一,《新农村土地承包法》第47条第1款第一句是关于土地承包经营权抵押的规定。首先,该句中的“承包地的土地经营权”应理解为土地承包经营权。该表述沿用国务院《关于开展农村承包土地的经营权和农民住房财产权抵押贷款试点的指导意见》《农村承包土地的经营权抵押贷款试点暂行办法》等政策文件,“承包地的土地经营权”在文件中包含两层含义:“通过家庭承包方式依法取得的土地承包经营权”和“通过合法流转方式获得的承包土地的经营权”。第47条第1款显然将两者进行区分规定,第一句中的“承包地的土地经营权”指称的是土地承包经营权。其次,土地经营权是基于流转发生“三权”分置而派生,在承包地未流转的“两权”分离下,承包方并不享有“土地经营权”,其经营承包地的权利仅为土地承包经营权的权能。此时,承包方的担保工具仍是土地承包经营权而非土地经营权。有学者主张,承包农户可以为自己在土地承包经营权上设定土地经营权,再以土地经营权作为标的,为债权人设定抵押权。当承包农户不能清偿到期债务时,抵押权人可以就土地经营权的变价款优先受偿。[1] 此种观点固然逻辑精巧,但亦有缺陷:一方面,若循此逻辑,承包方须先进行土地承包经营权登记,然后进行土地经营权设立登记,再进行土地经营权抵押登记,程序烦琐,有违效率原则;另一方面,土地经营权是在他人承包地上的权利负担,若承包方在承包地上为自己设定土地经营权,徒增解释上的困难。最后,该句中的担保工具为土地承包经营权,为不动产用益物权,所谓“担保”应界定为抵押,自无疑义。

其二,《新农村土地承包法》第47条第3款规定了土地承包经营权抵押权实现的特殊方式。承包方以土地承包经营权设定抵押,债务人不履行到期债务或者发生当事人约定的情形时,若依照《物权法》第195条规定的折价、拍卖、变卖等处置方式,将会导致承包方丧失土地承包经营权。因此,土地承包经营权抵押权的实现不适用《物权法》第195条规定的方式。《新农村土地承包法》第47条第3款规定:“实现担保物权时,担保物权人有权就土地经营权优先受偿。”这一规则自应适用于土地承包经营权抵押权。也就是说,在土地承包经营权抵押权实现时,不能直接对土地承包经营权折价、拍卖、变卖,只能为他人派生土地经营权,抵押权人以土地经

---

〔1〕 参见蔡立东、姜楠:《承包权与经营权分置的法构造》,载《法学研究》2015年第3期。

营权的流转价款获得清偿。该款实际上新设了一种抵押权实现方式——强制管理。强制管理是指通过委托他人管理抵押财产,并对取得的收益优先受偿。[1] 该方式的特点在于不改变抵押财产的权属,仅对抵押财产的收益进行强制执行以清偿债务,契合现阶段保证承包方不失土地的政策目标。

三、土地经营权制度的增设涉及的适用难点问题

农地"三权"分置的政策意旨在于放活土地经营权,《新农村土地承包法》增设土地经营权这一权利类型,并将其塑造为不具有身份属性的市场化的财产权,能够依法在市场中流通,是对农村土地承包制度的重大变革。这一修改对司法实践也产生重要影响。

(一)土地经营权的性质与《民事案件案由规定》的修改

《新农村土地承包法》就农地"三权"分置之下承包地权利的调整,必然涉及2011年版《民事案件案由规定》的修改。2011年版《民事案件案由规定》就承包地的相关纠纷主要集中在两处:第一级案由"物权纠纷"部分,在第二级案由"用益物权纠纷"列第三级案由"土地承包经营权纠纷",下设3个第四级案由"土地承包经营权确认纠纷""承包地征收补偿费用分配纠纷""土地承包经营权继承纠纷";[2] 第一级案由"债权纠纷"部分,在第二级案由"合同纠纷"列第三级案由"农村土地承包合同纠纷",下设6个第四级案由"土地承包经营权转包合同纠纷""土地承包经营权转让合同纠纷""土地承包经营权互换合同纠纷""土地承包经营权入股合同纠纷""土地承包经营权抵押合同纠纷""土地承包经营权出租合同纠纷"。2011年版《民事案件案由规定》按照物权变动的原因和结果相区分的原则,区分物权纠纷和合同纠纷,对于裁判实践中准确适用法律具有重大意义。

农地"三权"分置之下新生的权利——土地经营权,是物权还是债权,相关纠纷案件的案由是置于物权纠纷还是债权纠纷?《新农村土地承包法》"以解决实践需要为出发点,只原则界定了土地经营权权利,淡化了土地经营权性质",[3] 这一立法政策增加了解释上的困难。从《新农村土地承包法》的条文内容来看,第36条规定,土地经营权可以出租(转包)、入股等方式而产生,而这些流转方式通常被认为是产生债权性的法律后果,一如承租人依租赁合同所取得的租赁权;[4] 第43条、第46

---

[1] 参见房绍坤:《论土地承包经营权抵押的制度构建》,载《法学家》2014年第2期。

[2] 此部分案由因土地承包经营权的性质(物权)并未发生改变,可以不作修改。

[3] 刘振伟:《巩固和完善农村基本经营制度》,载《农村工作通讯》2019年第1期。

[4] 参见陈小君、孙聪聪:《现行〈农村土地承包法〉体系解读与规范评注》,载《广西大学学报(哲学社会科学版)》2019年第1期;彭诚信、畅冰蕾:《"三权分置"中土地经营权的立法论思考》,载《河南社会科学》2018年第8期。

条、第47条规定,土地经营权人的改良行为、再流转其土地经营权、融资担保均须经承包方书面同意。由此可见,土地经营权的具体行使仍须承包方的积极协助,债权性质至为明显。[1] 如将土地经营权界定为物权,土地经营权人即可直接支配利用,土地经营权人的上述行为也就均无须承包方同意。值得注意的是,第41条赋予流转期限在5年以上的土地经营权以登记能力,但据此并不能得出"经登记的土地经营权是物权、未经登记的土地经营权"是债权的结论。在我国实定法上,尚未见某一民事权利既是物权又是债权的。[2] 赋予登记能力,仅表明为保障某些经营主体的经营预期,使其权利得到进一步的明确。[3] 我国法上具有登记能力的不动产权利,也不仅限于物权。据此,2011年版《民事案件案由规定》第二级案由"用益物权纠纷"之下的第三级案由可以不作修改,无须增加"土地经营权纠纷";在第二级案由"合同纠纷"部分,第三级案由"农村土地承包合同纠纷"之外增设"土地经营权流转合同纠纷""土地经营权再流转合同纠纷";"土地经营权流转合同纠纷"下设第四级案由"土地经营权出租合同纠纷""土地经营权转包合同纠纷""土地经营权入股合同纠纷""土地经营权抵押合同纠纷";相应地,删除第三级案由"农村土地承包合同纠纷"之下的第四级案由"土地承包经营权转包合同纠纷""土地承包经营权入股合同纠纷""土地承包经营权出租合同纠纷"。

(二)以其他承包方式取得的土地承包经营权的重新定位

《农村土地承包法》和《物权法》依承包方式的不同,将土地承包经营权区分为以家庭承包方式取得的土地承包经营权和以其他承包方式取得的土地承包经营权。《新农村土地承包法》取消了两种土地承包经营权的区分,将以其他承包方式取得的土地承包经营权重构为土地经营权。如此一来,土地经营权就包括两种类型,一是经承包地流转而产生的土地经营权;二是以其他方式承包取得的土地经营权。前者由土地承包经营权派生,后者则直接由集体土地所有权派生。就此类权利,《土地承包解释》第21条第2款明确规定:"承包方流转土地承包经营权,除法律或者本解释有特殊规定外,按照有关家庭承包土地承包经营权流转的规定处理。"[4] 但在权利重构之后,此类土地经营权是准用土地承包经营权的规定,还是准用自土地承包经

[1] 参见陈小君、孙聪聪:《现行〈农村土地承包法〉体系解读与规范评注》,载《广西大学学报(哲学社会科版)》2019年第1期;张素华、张雨晨:《〈农村土地承包法〉修订背景下土地经营权的法律内涵与制度供给》,载《广西大学学报(哲学社会科学版)》2019年第1期;单平基:《"三权分置"中土地经营权债权定性的证成》,载《法学》2018年第10期。

[2] 参见谭启平:《"三权分置"的中国民法典确认与表达》,载《北方法学》2018年第5期。

[3] 参见高圣平:《土地经营权制度与民法典物权编编纂——评〈民法典物权编(草案二次审议稿)〉》,载《现代法学》2019年第5期。

[4] 经法释〔2020〕17号修正的《土地承包解释》已经删除了这一规定。

营权派生的土地经营权的规定,不无疑问。

其一,关于此类土地经营权的成立。根据《新农村土地承包法》第 49 条的规定,此类土地经营权依承包合同而取得,此与第 40 条基于土地经营权流转合同而取得的土地经营权不同。因此,就承包合同,《新农村土地承包法》第三章“其他方式的承包”未作规定,且当事人未作约定的,自应准用第二章关于承包合同的规定。例如,关于承包的原则和程序、承包合同的方式和内容、发包方和承包方的权利和义务等。

其二,关于此类土地经营权的登记。《新农村土地承包法》第 49 条之下,此类土地经营权的取得并不以登记为生效或对抗要件。第 41 条规定了派生于土地承包经营权的土地经营权的登记。此类土地经营权的登记自应准用该规定。应当注意的是,派生于土地所有权的土地经营权和派生于土地承包经营权的土地经营权之间,在标的、制度功能上存在一定差异。前者是针对“不宜采取家庭承包方式的荒山、荒沟、荒丘、荒滩等农村土地”,由此而决定,基于投资回报周期的考虑,此类土地经营权的期限鲜少低于 5 年,准用第 41 条,应无障碍。

其三,关于此类土地经营权的再流转。根据《新农村土地承包法》第 53 条的规定,此类土地经营权,只有“经依法登记取得权属证书的”,才可以“依法采取出租、入股、抵押或者其他方式”再流转。此与土地经营权未经登记不得对抗善意第三人的规定相一致。这一规则与第 46 条就派生于土地承包经营权的土地经营权的再流转规则不同。该条指出:“经承包方书面同意,并向本集体经济组织备案,受让方可以再流转土地经营权。”在解释上,《新农村土地承包法》第 53 条规定的再流转方式应不仅限于“出租、入股、抵押”,至少还应包括转让。

其四,关于此类土地经营权的担保。《新农村土地承包法》第 53 条规定,此类土地经营权,只要“经依法登记取得权属证书的”,就可以依法抵押,但没有规定登记对于土地经营权抵押权的法律意义。如依《物权法》第 180 条第 1 款第 3 项和第 187 条的规定,系采登记生效主义(《新农村土地承包法》修正之前称为土地承包经营权);但《新农村土地承包法》第 47 条第 2 款中规定,“未经登记,不得对抗善意第三人”,明显就土地经营权抵押权采取登记对抗主义。如此一来,两类土地经营权的担保规则就存在差异。根据《新农村土地承包法》第 47 条的规定,受让方通过流转取得的土地经营权担保,在程序上应经承包方书面同意并向发包方备案;在融资主体上限定为金融机构;在登记规则上采取登记对抗主义。而根据《新农村土地承包法》第 53 条,立法未对以其他方式承包取得的土地经营权抵押进行限制或作特殊规定。仅从文义而言,《新农村土地承包法》第 47 条的土地经营权,并不涵盖“承包方通过承包合同取得的土地经营权”。因此,《新农村土地承包法》第 47 条并不能直接适用于此类派生于土地所有权的土地经营权,但是否可以准用,仍存疑问。如准用,则就土地经营权抵押权采取登记对抗主义(《新农村土地承包法》第 47 条第 2 款);如不准用,则采取登记生效主义(《物权法》第 187 条)。如此,尚须民法典物权编编纂时作出政策选择,但就《民法典》二审稿的内容来看,并未就此类土地经营权的抵押作出明确规定。[1] 这就需要司法实践中就此作出解释选择,宜由司法解释予以明确。

本书作者认为,两类土地经营权虽然在产生方式和权利来源上有所不同,但均属市场化的权利,其交易规则,尤其是土地经营权人处分其权利的规则,应当是统一的。虽然《新农村土地承包法》将两类土地经营权分别规定于不同的章节,但土地经营权的权利内容仍然彼此相通,在第三章未作明确规定的情况下,自可准用第二章关于土地经营权的相关交易规则。就此类土地经营权的抵押规则而言,在《民法典》付之阙如的情况下,自应准用《新农村土地承包法》第 47 条的规定,采取登记对抗主义。

(三)社会资本参与土地经营权流转的行政许可

《新农村土地承包法》第 45 条增设县级以上地方人民政府对工商企业等社会资本通过流转取得土地经营权的准入和监管规则,主要包括资格审查、项目审核和风险防范。该规定实质上增加了一项行政许可,对司法实践的影响主要是,若未经政府许可,工商企业等社会资本通过流转取得土地经营权的行为效力如何判定。

本次修法之所以增加该条,是基于农地“三权”分置下既要坚持土地集体所有权、稳定农户承包权,也要放活土地经营权,立法需要平衡各方主体及权利,防止一方权利损害他方权利。《深化农村改革综合性实施方案》指出,“把握好土地经营权流转、集中和规模经营的度,不片面追求超大规模经营,不搞大跃进,不搞强迫命令,不搞行政瞎指挥,使适度规模经营与农村劳动力转移、农业科技进步、农业社会化服务水平相适应”;“健全工商资本租赁农地的监管和风险防范机制。对工商资本租赁农户承包地作出明确规定,建立严格的资格审查、项目监管和定期督查机制,禁止以农业为名圈占土地从事非农建设,防止‘非粮化’现象蔓延。”在该条的理解上,资格审查主要针对社会资本是否具备农业经营能力或者相应资质,以确保其能够有效经营土地,实现利用效益最大化;项目审核主要针对具体开发项目的内容,重点在于是否违反土地用途管制,是否会严重损害土地或者严重破坏土地生态环境;风险防范

---

〔1〕 参见高圣平:《土地经营权制度与民法典物权编编纂——评〈民法典物权编(草案二次审议稿)〉》,载《现代法学》2019 年第 5 期。

主要强调政府的全程监管,避免损害农民权益等事项发生。[1] 基于此,该条设置行政许可的立法目的是防止土地过于集中和确保农地农用,兼顾公平与效率。

若工商企业等社会资本未经行政许可,通过流转取得土地经营权,该行为是否属于违反法律强制性规定而无效?依照《新农村土地承包法》第 45 条的规定,工商企业等社会资本通过流转取得土地经营权应经过行政许可。该行政许可关涉公共利益和农村政策,属于强制性规定,若社会资本未经过行政许可便从事该项法律行为,即违反了强制性规定。那么,判断法律行为效力需要进一步区分该行政许可属于效力性强制性规定还是管理性强制性规定,或者说是属于《民法总则》第 153 条第 1 款前半句中的强制性规定,还是后半句但书中的强制性规定。

效力性和管理性强制性规定的类型区分,属于民法问题中的价值判断问题。二者相较,效力性的强制性规定更高程度地限制了主体交易自由,因此,主张某一规定属于效力性强制性规定,需要承担充分论证的责任,不能充分论证的则应接受该强制性规定属管理性强制性规定。[2] 《新农村土地承包法》第 45 条所规定的行政许可是一种市场准入资格的限制,旨在禁止特定人通过流转取得土地经营权,而非禁止所有的工商企业等社会资本从事该行为。因此,法律禁止的是不符合法定资格、项目要求的特定主体,不是流转取得土地经营权这一行为本身。从立法目的上分析,该行政许可旨在通过资格和项目的审查,确保农地农用,防止土地过于集中,保证取得土地经营权的社会资本具备土地开发经营的能力,提高承包地利用效率,不是禁止土地经营权向社会资本流转。由此可见,该行政许可应当属于管理性的强制性规定,违反该强制性规定的流转土地经营权行为,效力不因此而受影响,但可能遭致公法上的责任。

有论者主张,不必、不能区分效力性和管理性强制性规定,而应遵循比例原则,结合个案对公私利益、事实判断和价值判断进行综合考量,最终认定法律行为效力。[3] 具体可根据合同本身的恶劣性、合同与社会公共利益的关联性、社会公共利益的重要性、合同无效的必要性、合同无效的实效性和均衡性等因素进行考察。[4] 若循此逻辑审视《新农村土地承包法》第 45 条规定的行政许可,依然可以推导出其属于《民法总则》第 153 条但书中"不导致该民事法律行为无效"的强制性规定的结论。首先,通过流转取得土地经营权这一行为本身不具有恶劣性。《新农村土地承

---

〔1〕 参见黄薇主编:《中华人民共和国农村土地承包法释义》,法律出版社 2019 年版,第 194 页。

〔2〕 参见王轶:《论商品房预售许可证明对合同效力的影响》,载《比较法研究》2018 年第 6 期。

〔3〕 参见孙鹏:《论违反强制性规定行为之效力——兼析〈中华人民共和国合同法〉第 52 条第 5 项的理解与适用》,载《法商研究》2006 年第 5 期。

〔4〕 参见黄忠:《比例原则下的无效合同判定之展开》,载《法制与社会发展》2012 年第 4 期。

包法》落实“三权”分置的重要意旨是加快放活土地经营权,培育新型经营主体,鼓励和支持创新农业经营体制。所以,社会资本通过流转取得土地经营权这一行为本身具有较低的或不具有社会危害性。其次,在私法上认定工商企业等未经行政许可通过流转取得土地经营权的行为无效没有必要。该项行政许可的设置目的可以通过其他手段实现,例如可以通过《土地管理法》等法律关于土地用途管制的规定,《新农村土地承包法》第 42 条、第 63 条、第 64 条等,确保农地农用和农田保护;可以通过《新农村土地承包法》第 64 条和市场竞争机制激励工商企业提高经营效率,避免弃耕抛荒。最后,国务院农业农村、林业和草原主管部门制定具体办法,县级以上人民政府建立的资格审查、项目审核等制度,可以对违反行政许可的工商企业等社会资本课以公法责任,实现维护市场秩序、保护公共利益的目的。故而,该项行政许可应属于《民法总则》第 153 条第 1 款但书中的强制性规定,即便违反,也不影响流转取得土地经营权的行为效力。

四、小结

《新农村土地承包法》的修改幅度较大、涉及条文数量众多,对司法实践的影响也极为巨大。因立法体例、立法语言和规则本身存在或多或少的问题,尚须对条文进行更为深入的解读和阐释,以求正确理解与适用。司法机关应根据《新农村土地承包法》,对相应的司法文件、裁判规则等进行调整,例如为贯彻农地“三权”分置政策和《新农村土地承包法》,及时总结裁判经验,修订《土地承包解释》,指导审判工作等。

附论四：民法典与农村土地权利体系：从归属到利用

在人与资源的关系日益紧张、追求物的价值最大化的呼声与日俱增的现代社会，物权秩序的重心也逐渐由“归属”走向“利用”，〔1〕农村土地物权的制度变迁亦然。《民法典》第205条规定：“本编调整因物的归属和利用产生的民事关系。”前者强调物的静态安全，旨在定分止争；后者强调物的动态使用，力促物尽其用。〔2〕就农村土地权利体系而言，集体土地所有权的归属与我国社会主义基本经济制度（《民法典》第206条）紧密相连，自党的十八大以来的农村土地制度改革的重心，也就置重于农村土地的利用关系。〔3〕一系列的改革政策经由试点已经取得了可复制、可推广的成果，并在《农村土地承包法》《土地管理法》修订中予以部分反映。作为调整民事法律关系的基本法律，《民法典》也应回应这些改革成果。在总结有关改革试点实践经验的基础上，结合前述两法修改的审议情况、各方面提出的意见和基层调研情况，《民法典》物权编对《物权法》的相关制度作了相应修改。〔4〕

〔1〕参见［日］我妻荣：《新订物权法》，申政武、封涛、郑芙蓉，中国法制出版社2008年版，第2页。

〔2〕参见谢鸿飞：《〈民法典〉物权配置的三重视角：公地悲剧、反公地悲剧与法定义务》，载《比较法研究》2020年第4期。

〔3〕值得注意的是，《民法典》物权编并不调整所有的农村土地利用关系。在土地利用关系的二元化格局之下，《民法典》物权编仅及于其中物权性的利用关系，而债权性利用关系则由《民法典》合同编予以调整。

〔4〕参见沈春耀（全国人大宪法和法律委员会副主任委员）：《关于〈民法典各分编（草案）〉的说明——2018年8月27日在第十三届全国人民代表大会常务委员会第五次会议上》，载《民法典立法背景与观点全集》编写组编：《民法典立法背景与观点全集》，法律出版社2020年版，第23页。

一、集体土地所有权规则：归属清晰的政策目标

集体所有制作为公有制的一部分，在《民法典》上的表达就是集体所有权。[1]《集体产权改革意见》提出的农村集体产权制度改革的基本原则之一就是坚守法律政策底线，“坚持农民集体所有不动摇，不能把集体经济改弱了、改小了、改垮了，防止集体资产流失”。在政治逻辑上，集体土地所有权是我国土地社会主义公有制的重要体现；在法权逻辑上，集体土地所有权是土地承包经营权、集体建设用地使用权、宅基地使用权等用益物权的“母权利”；在实践逻辑上，集体土地所有权是推进集体产权制度改革的权利基础，是实现承包地、宅基地和集体建设用地等相关制度改革的重要保障。

《民法典》第 260 条第 1 项规定，“法律规定属于集体所有的土地和森林、山岭、草原、荒地、滩涂”属于“集体所有的不动产和动产”。这里，“法律规定”，主要是指《宪法》第 10 条第 2 款和《土地管理法》第 9 条的规定。其中，前者指出：“农村和城市郊区的土地，除由法律规定属于国家所有的以外，属于集体所有；宅基地和自留地、自留山，也属于集体所有。”后者规定：“城市市区的土地属于国家所有。农村和城市郊区的土地，除由法律规定属于国家所有的以外，属于农民集体所有；宅基地和自留地、自留山，属于农民集体所有。”《民法典》第 261 条第 1 款进一步规定：“农民集体所有的不动产和动产，属于本集体成员集体所有。”从文义上看，集体土地所有权的主体是“集体”，而“集体”由“本集体成员”构成。这在一定程度上解决了农民集体所有权权利主体虚位以及农民集体成员权利保护不力的问题，但这并不表明集体成员就集体财产形成共有关系，集体成员不能独自对集体财产行使权利，离开集体时也不能请求分割集体财产。[2]

为解决集体土地所有权的行使问题，《物权法》第 60 条规定：“对于集体所有的土地和森林、山岭、草原、荒地、滩涂等，依照下列规定行使所有权：（一）属于村农民集体所有的，由村集体经济组织或者村民委员会代表集体行使所有权；（二）分别属于村内两个以上农民集体所有的，由村内各该集体经济组织或者村民小组代表集体行使所有权；（三）属于乡镇农民集体所有的，由乡镇集体经济组织代表集体行使所有权。”这里明确了由集体经济组织或村民委员会等代表集体行使土地所有权。如

---

〔1〕 参见黄薇主编：《中华人民共和国民法典物权编解读》，中国法制出版社 2020 年版，第 127 页。

〔2〕 参见黄薇主编：《中华人民共和国民法典物权编解读》，中国法制出版社 2020 年版，第 127～129 页；最高人民法院民法典贯彻实施工作领导小组主编：《中华人民共和国民法典物权编理解与适用》（上册），人民法院出版社 2020 年版，第 291 页。

此,在设立土地承包经营权、土地经营权、集体建设用地使用权之时,代表集体签订土地承包合同、土地经营合同、集体建设用地出让(出租)合同的就是集体经济组织或者村民委员会。但代表集体行使土地所有权的,究竟是集体经济组织,还是村民委员会(村民小组),《物权法》在两者之间使用的是“或者”,在解释上是两者均可。在实践中,代表集体与土地使用人签订集体建设用地出让合同的,既有集体经济组织,又有村民委员会,直接导致同一块上并存两个集体建设用地使用权。

针对这种情况,《集体产权改革意见》指出:“属于村农民集体所有的,由村集体经济组织代表集体行使所有权,未成立集体经济组织的由村民委员会代表集体行使所有权;分别属于村内两个以上农民集体所有的,由村内各该集体经济组织代表集体行使所有权,未成立集体经济组织的由村民小组代表集体行使所有权;属于乡镇农民集体所有的,由乡镇集体经济组织代表集体行使所有权。”这里将集体经济组织和村民委员会作了相应的区分。两者是《民法典》上的两类不同性质的法人,各有其职能和职责。代表集体行使土地所有权,应属经济职能,在解释上应由集体经济组织为之。但并非所有的集体均成立了集体经济组织,因此,在未成立集体经济组织的情形之下,由村民委员会或者村民小组代表集体行使所有权。如此一来,《物权法》第60条第1项和第2项中规定的“村集体经济组织或者村民委员会”“村内各该集体经济组织或者村民小组”之间就不存在自由选择关系,而有了顺序上的区分:成立了集体经济组织的,由集体经济组织代行集体所有权,仅在未成立集体经济组织的情形之下,才由村民委员会或者村民小组代行集体所有权。

为反映这一改革成果,《民法典》第262条规定:“对于集体所有的土地和森林、山岭、草原、荒地、滩涂等,依照下列规定行使所有权:(一)属于村农民集体所有的,由村集体经济组织或者村民委员会依法代表集体行使所有权;(二)分别属于村内两个以上农民集体所有的,由村内各该集体经济组织或者村民小组依法代表集体行使所有权;(三)属于乡镇农民集体所有的,由乡镇集体经济组织代表集体行使所有权。”与《物权法》第60条相比,《民法典》第262条第1项和第2项均增加了“依法”。这里的“依法”,目前是指《民法典》第101条第2款。该款规定:“未设立村集体经济组织的,村民委员会可以依法代行村集体经济组织的职能。”在解释上,未设立村内集体经济组织的,村民小组可以依法代行村集体经济组织的职能。在《民法典》之下,农村集体经济组织和村民委员会均为特别法人,其中,前者是指在乡镇人民政府管辖的区域,以村民小组、行政村、乡镇等社区为单位建立,管理集体资产、开发集体资源、发展集体经济和服务集体成员的经济组织,而后者则是村民自我管理、自我教育、自我服务的组织,负责办理本社区的公共事务和公益事业,同时担负一定的社会服务和联结人民政府与群众管理工作。[1] 在实践中，许多村没有成立集体经济组织，难以代行集体所有权，需要由行使自治权的村民委员会来代行集体所有权。[2] 因此，代表集体行使土地所有权的，原则上是村集体经济组织、村内集体经济组织、乡镇集体经济组织，未设立村集体经济组织或者村内集体经济组织的，是村民委员会或者村民小组。

由于民事立法上并没有规定"集体"这类民事主体，理论和实践中对于集体土地所有权的主体存在不同认识。一种观点认为，集体土地的所有权人应为农民集体，而不是农村集体经济组织；[3] 另一种观点则认为，集体不是民法上的主体，集体经济组织在法人化的背景下具有民事主体地位，是集体所有权的权利主体。[4] 集体经济组织法人是农民集体作为民事主体在法律上的表现形式。[5] 这一学说争议也体现在集体资产确权过程中。原国土资源部、财政部、原农业部《关于加快推进农村集体确权登记发证工作的通知》（国土资发〔2011〕60 号）以及《广东省农村集体经济组织管理规定》《湖北省农村集体"三资"管理办法》《浙江省农村集体资产管理条例》等地方规范明确集体经济组织为集体土地所有权主体，但原国土资源部、中央农村工作领导小组办公室、财政部、原农业部《关于农村集体土地确权登记发证的若干意见》（国土资发〔2011〕178 号）规定将集体土地所有权确认到农民集体，很多地方的确权实践也表明农民集体作为集体所有权人具备可操作性。浙江宁波、黑龙江哈尔滨、江西安乐等地在确权颁证工作中将集体土地所有权人一栏登记为"××村（组、乡）农民集体"。

本书作者认为，即使《民法典》将集体经济组织规定为特别法人，集体和集体经济组织之间也不具有同一性。农民集体的存在具有普遍性，而集体经济组织的存在具有或然性。在我国农村，一定地域范围内的农民个体集合形成集体，在该地域中农民集体是唯一且必然存在的。集体经济组织是否设立则在不同地区具有不同的表现，《民法典》第 101 条第 2 款"考虑到目前还有的地方并未设立农村集体经济组

---

〔1〕 参见谭启平：《特别法人》，载《民法总则专题讲义》编审组编著、张鸣起主编：《民法总则专题讲义》，法律出版社 2019 年版，第 276 页。

〔2〕 参见黄薇主编：《中华人民共和国民法典物权编解读》，中国法制出版社 2020 年版，第 133 页。

〔3〕 参见韩松：《论成员集体与集体成员——集体所有权的主体》，载《法学》2005 年第 8 期；管洪彦：《农民集体的现实困惑与改革路径》，载《政法论坛》2015 年第 5 期；姜红利：《农地三权分置之下土地所有权的法律表达》，载《法学家》2017 年第 5 期；吴昭军：《农村集体经济组织'代表集体行使所有权'的法权关系界定》，载《农业经济问题》2019 年第 7 期。

〔4〕 参见陈小君等：《我国农村集体经济有效实现的法律制度研究——理论奠基与制度构建》，法律出版社 2016 年版，第 216 页；高飞：《集体土地所有权主体制度研究》，法律出版社 2012 年版，第 122 页；陈甦主编：《民法总则评注》（上册），法律出版社 2017 年版，第 702 页。

〔5〕 参见李适时主编：《中华人民共和国民法总则释义》，法律出版社 2017 年版，第 311 ~ 312 页。

织,而是由村委会代行农村集体经济组织职责",[1]对未设立集体经济组织的情形作了针对性规定。此外,农民集体成员和集体经济组织成员也不同。农民集体成员是构成农民集体的组成部分,是集体所有制下占有、使用生产资料的劳动群众的体现。在高级社至人民公社时期,集体经济组织成员和农民集体成员具有高度重合性,同时基于当时严格的城乡区隔体制和户籍制度,两者与户籍亦具有高度重合性。但随着城乡人口流动,户籍制度松动,两者亦逐渐出现相互偏离。集体经济组织成员确认最初以户籍为标准,后来随着城乡格局变迁,各地在实践中不断探索集体经济组织成员资格确认的方式和标准,是否持有当地农业户籍、是否拥有承包地等不再被严格视为集体经济组织成员确认标准,是否享受城镇居民社会保障、是否长期稳定的在当地生活工作等因素则被作为界定集体经济组织成员资格的考量标准。可见,集体经济组织成员的范围已经较大程度上偏离了集体所有权形成时期的社员范围。在集体产权改革试点实践中,集体经济组织则开始了自治性、开放性的探索,成员资格可通过申请并由团体决议的方式获得。这也就意味着,在特别法人的制度构建下,非本集体的成员,甚至城镇居民或工商资本,可以通过出资等方式申请加入集体经济组织。

由此可见,从《民法典》相关规范的体系解释来看,农民集体不同于集体经济组织。集体土地所有权的主体是农民集体,而不是农村集体经济组织。集体经济组织仅仅只是集体所有权的行使代表。"'农民集体'不是指乡(镇)、村或村以内的农村集体经济组织,也不是指某级行政组织如乡(镇)政府或某级自治组织如村民委员会。"[2]在特别法人制度背景下,若集体经济组织就是农民集体,则意味着集体土地为该法人所有,形成法人的私有财产外观,与公有制有所背离。

对农民集体作为集体所有权的主体持否定观点的学者认为,农民集体作为农村土地所有权人是政治运动的产物,创设之初就没有遵循法律逻辑,[3]进而使农民集体所有成为"玄妙的法律概念",导致"权利真空",农民未能在"真正意义上享有土地所有权"。[4] 依传统民法理论,农民集体确实存在多种问题,但这不影响其在我国实证法上的集体所有权主体地位。立法上创制农民集体概念,并将其作为集体土

〔1〕 黄薇主编:《中华人民共和国民法典总则编解读》,中国法制出版社 2020 年版,第 297 页。

〔2〕 江必新主编:《最高人民法院关于审理涉及农村集体土地行政案件若干问题的规定理解与适用》,中国法制出版社 2013 年版,第 9 页。

〔3〕 参见陈小君等:《农村土地法律制度的现实考察与研究:中国十省调研报告书》,法律出版社 2010 年版,第 203 页。

〔4〕 参见余敬、唐欣瑜:《农民集体权利主体地位的追溯、缺陷与重塑》,载《海南大学学报(人文社会科学版)》2018 年第 1 期。

地所有权的主体，不是为了将其塑造为市场交易主体，而是"为实现理想而建立的，是通过行政力量建立的"，[1]是以社会主义公有制为基础，使集体财产为特定群体所共同分享、使用、收益。[2] 农民集体作为自然人群体的一种集合，因缺乏相应的组织形式和组织机构，而难以产生独立意志并执行意志，也就无法作为市场主体进行民商事活动，但这不妨碍其作为集体财产的持有者和受益者。同时，立法设置集体经济组织作为集体所有权行使主体，不是毫无意义的叠床架屋，而是对农民集体无法直接行使所有权的一种制度补充。

否认农民集体作为集体所有权主体的另一个主要理由，是认为农民集体是抽象的、没有法律人格的农民集合群体，[3]既缺乏清晰的边界与明确的主体范围，也没有完善的治理机制，不是法律与经济学意义上独立的、合格的产权主体。[4] 有论者认为，"农民集体"是传统公有制理论在政治经济上的表述，意指全体农民的集合，是一个抽象的、没有法律人格意义的集合群体，并不能成为法律关系的主体。[5] 本书作者认为，虽然农民集体与民法上其他主体存在差异，但仍具有法律上的确定性和实践上的可行性，是具有中国特色的一种民事主体。农民集体可以确定边界和范围。"集体所有是自然人作为民事主体享有民事权利的特殊形式。这种特殊性体现在它与单个自然人的不同，而是个人的集体。成员个人于集体之中享有集体的所有权，集体所有权由集体成员个人联合起来以集体的名义所享有"。[6] 因此，农民集体的主体确定仰赖于其成员的确定。"集体所有权的明确性不能以私人所有权的明确性为判断标准。我国已经明确了集体所有权的主体是本集体成员，因此要明确了特定的农民集体的集体成员资格，明确了成员集体的团体性及其形式，明确了集体所有权行使中的集体组织与集体成员的权利义务和行为规则，就明确了集体所有权的主体"。[7] 在实践中，可以将人民公社社员、户籍、是否分配承包地等作为依据，通过民主决议的方式确定农民集体成员身份。当然，在此需要区分农民集体成员和农村集体经济组织成员，虽然二者可能具有高度重合性，但仍应独立认定、建档、登

---

[1] 杨一介：《我们需要什么样的农村集体经济组织?》，载《中国农村观察》2015 年第 5 期。

[2] 参见陈晓敏：《论大陆法上的集体所有权——以欧洲近代私法学说为中心的考察》，载《法商研究》2014 年第 1 期。

[3] 参见胡君、莫守忠：《集体土地所有权主体的反思与重构》，载《行政与法（吉林省行政学院学报）》2005 年第 12 期。

[4] 参见成德宁、侯伟丽：《产权经济学视角下我国农村土地产权结构问题研究》，载《南都学坛》2013 年第 3 期。

[5] 参见胡君、莫守忠：《集体土地所有权主体的反思与重构》，载《行政与法（吉林省行政学院学报）》2005 年第 12 期。

[6] 韩松：《论成员集体与集体成员——集体所有权的主体》，载《法学》2005 年第 8 期。

[7] 韩松：《农民集体所有权主体的明确性探析》，载《政法论坛》2011 年第 1 期。

记名册。

二、农用地权利体系:基于“三权”分置的体系效应

我国现行法实行土地用途管制制度,对不同的土地类型(农用地、建设用地和未利用地)展开不同的管制政策。农用地是指直接用于农业生产的土地,包括耕地、林地、草地、农田水利用地、养殖水面等(《土地管理法》第4条第3款)。在“促进土地资源合理利用,构建新型农业经营体系,发展多种形式适度规模经营,提高土地产出率、劳动生产率和资源利用率,推动现代农业发展”[1]的总体政策目标之下,中央提出了“三权”分置的改革思想。所谓“三权”分置,就是要“要不断探索农村土地集体所有制的有效实现形式,落实集体所有权、稳定农户承包权、放活土地经营权”,[2]这一改革思想如何体现在法律上,学说上存在重大争议。[3]

《民法典》“土地承包经营权”章与现阶段农业生产关系相适应,同时反映“两权”分离和“三权”分置之下的农用地利用关系。与《物权法》相关规则相比,《民法典》新增调整“三权”分置之下农用地利用关系的规则,并基于这些规则对“两权”分离之下农用地利用关系的既有规则进行了相应修改。《民法典》关于农用地权利体系的规定,既是对“三权”分置改革成果的定型化,也是基于土地利用权的生成法理对试点政策作了部分矫正。

对于“三权”分置之下的农用地权利体系,《新农村土地承包法》第9条规定:“承包方承包土地后,享有土地承包经营权,可以自己经营,也可以保留土地承包权,流转其承包地的土地经营权,由他人经营。”据此,有观点认为,该条前段反映“两权”分离之下的农用地利用关系,此际的农用地权利结构为“土地所有权+土地承包经营权”;该条后段反映“三权”分置之下的农用地利用关系,此际的农用地权利结构为“土地所有权+土地承包权+土地经营权”。如此一来,同时反映“两权”分离和“三权”分置之下的农用地利用关系的权利体系就由“土地所有权+土地承包经营权+土地承包权+土地经营权”等“四权”构成。[4] 在这里,土地承包权,是指承

〔1〕 中共中央办公厅、国务院办公厅:《中共中央办公厅、国务院办公厅关于完善农村土地所有权承包权经营权分置办法的意见》,载《中华人民共和国国务院公报》2016年第32期。

〔2〕 习近平:《在中央农村工作会议上的讲话》,载中共中央文献研究室编:《习近平关于全面深化改革论述摘编》,中央文献出版社2014年版,第65页。

〔3〕 这些争议的介绍和评价,参见高圣平:《承包地三权分置的法律表达》,载《中国法学》2018年第4期;张素华、张雨晨:《〈农村土地承包法〉修订背景下土地经营权的法律内涵与制度供给》,载《广西大学学报(哲学社会科学版)》2019年第1期。

〔4〕 参见刘振伟:《巩固和完善农村基本经营制度》,载《农村工作通讯》2019年第1期。

包方取得土地承包经营权、流转土地经营权之后所享有的剩余权利。[1] 取得土地承包权有具备两个条件：具有本集体经济组织成员资格（成员属性）；与发包方签订了承包合同，获得了承包地（财产属性）。[2] 但《新农村土地承包法》尚未就土地承包权的性质和内容作出规定。

《民法典》如何回应学说上关于农用地权利体系的争议即成为编纂过程中的重大问题。如依上述观点，《民法典》"土地承包经营权"章既要规定"两权"分离之下的"土地承包经营权"，又要规定"三权"分置之下的"土地承包权"和"土地经营权"。最终，《民法典》没有采纳这一观点，仅规定了"土地承包经营权"和"土地经营权"，其中，"土地承包经营权"同时调整"两权"分离和"三权"分置之下承包农户和农民集体之间的农用地利用关系。

在物权法定原则（《民法典》第116条）之下，土地承包经营权同时受到类型强制和类型固定的约束。《民法典》第331条规定："土地承包经营权人依法对其承包经营的耕地、林地、草地等享有占有、使用和收益的权利，有权从事种植业、林业、畜牧业等农业生产。"由此可见，土地承包经营权的权利内容并无"承包"，而仅有"经营"。所谓"承包"仅仅只是表明土地承包经营权依土地承包合同而设立而已。从另外一个角度观察，土地承包经营权是承包农户利用农用地从事农业生产经营活动的用益物权，由此而决定，土地承包经营权和土地经营权都是利用农用地从事农业生产经营活动的权利，均有"经营"的内容，但并不表明承包农户在土地承包经营权之外还享有土地经营权，其就承包地享有的经营权利称为"土地承包经营权"。如此一来，土地承包经营权并不是由土地承包权和土地经营权而构成，也就无法分离、分解或分置为土地承包权和土地经营权。

依权利生成法理，从集体土地所有权派生出土地承包经营权之后，土地所有权仍然是土地所有权，仍然是物权法定原则之下浑然一体的权利，其名称和内容并未因派生出土地承包经营权而发生改变，只是集体土地所有权人行使其土地所有权受到了土地承包经营权的限制，一旦土地承包经营权因期限届满等而消灭，土地所有权即回复至其圆满状态。同理，土地承包经营权派生出土地经营权之后，土地承包经营权也仍然是土地承包经营权，仍然是物权法定原则之下浑然一体的权利，其名称和内容也不因派生出土地经营权而发生改变，只是承包农户行使其土地承包经营权受到了土地经营权的限制，一旦土地经营权因期限届满、合同解除等而消灭，土地承包经营权即回复至其圆满状态。正如在派生出土地承包经营权之后，土地所有权

---

[1] 参见刘锐：《〈民法典（草案）〉的土地经营权规定应实质性修改》，载《行政管理改革》2020年第2期。
[2] 参见刘振伟：《巩固和完善农村基本经营制度》，载《农村工作通讯》2019年第1期。

的权能虽然发生变化，但法律上无须就土地所有权的剩余权利单独规定其名称和内容一样，土地承包经营权派生出土地经营权之后，法律上同样无须就土地承包经营权的剩余权利单独规定其名称和内容。[1] 由此可见，“三权”分置，只是在“两权”分离所产生的土地承包经营权的基础上再派生出土地经营权，也就是说，“三权”分置只是在“土地所有权”和“土地承包经营权”之外增加了一个“土地经营权”，其农用地权利体系应当是“土地所有权→土地承包经营权→土地经营权”。如此可以反映“两权”分离和“三权”分置并存下的生产关系，在法律上只需确定新生的土地经营权的性质和内容即可。在解释上，《新农村土地承包法》第9条中出现的“土地承包权”，就是派生出土地经营权之后的土地承包经营权的便宜称谓，并不表明农用地权利体系中还存在一个“土地承包权”。[2] 正是依循这一逻辑，《民法典》“土地承包经营权”不再规定所谓的“土地承包权”。由此，《民法典》上的农用地权利体系由土地所有权、土地承包经营权和土地经营权三种权利构成。[3]

在《民法典》上的农用地权利体系中，与既有规则相比，变化最大的是土地承包经营权的相关规则。在《物权法》和《农村土地承包法》之下，虽然土地承包经营权也带有强烈的身份属性，但基于适度规模经营的需要，也有限地突破了这一限制。就土地承包经营权的设立（一级市场）而言，《物权法》和《农村土地承包法》规定了两种形式的土地承包经营权——以家庭承包方式取得的土地承包经营权和以招标、拍卖、公开协商等其他承包方式取得的土地承包经营权，其中，后者的权利主体“不仅仅局限于农村集体经济组织内部成员”，“非本集体经济组织的外村农户、其他组织等从事农业生产经营者”均可取得；[4] 就土地承包经营权的流转（二级市场）而言，《物权法》和《农村土地承包法》将土地承包经营权转让的对象规定为“其他从事农业生产经营的农户”（《农村土地承包法》第41条），出租的对象未作限制。“其他从事农业生产经营的农户”并不仅限于本集体经济组织内部。由此，土地承包经营权的取得和享有并不仅限于本集体经济组织的承包农户。基于此，《物权法》将土地承包经营权的主体明确界定为“土地承包经营权人”，“不仅高度概括了各类承包经营权的主体，也使得《物权法》的主体范畴更具有包容性。”[5]

---

〔1〕 参见高圣平：《承包地三权分置的法律表达》，载《中国法学》2018年第4期。

〔2〕 参见房绍坤：《〈农村土地承包法修正案〉的缺陷及其改进》，载《法学论坛》2019年第5期；高圣平：《农村土地承包法修改后的承包地法权配置》，载《法学研究》2019年第5期。

〔3〕 参见高圣平：《农地三权分置改革与民法典物权编编纂——兼评〈民法典各分编（草案）〉物权编》，载《华东政法大学学报》2019年第2期。

〔4〕 参见胡康生主编：《中华人民共和国农村土地承包法释义》，法律出版社2002年版，第107页。

〔5〕 王利明：《物权法研究》（下卷）（第4版），中国人民大学出版社2016年版，第807页。

但在“三权”分置之下,土地承包经营权是巩固和完善农村基本经营制度的基础,置重于农用地的社会保障功能,强调农用地在本集体成员之间的公平分配,其身份属性至为明显,仅有本集体经济组织的承包农户才能取得和享有。“农村集体土地应该由作为集体经济组织成员的农民家庭承包,其他任何主体都不能取代农民家庭的土地承包地位,不论承包经营权如何流转,集体土地承包权都属于农民家庭。”〔1〕土地经营权是承包农户和经营主体之间农用地权利的再次配置,释放承包地的财产功能,强调生产要素的市场化配置,由此,土地经营权成为市场化的财产权利,其权利主体除了具有农业生产经营能力之外,并无其他限制,其自由流转解决了承包地的抛荒、适度规模经营以及抵押融资等问题。〔2〕

“三权”分置之下的农用地权利体系必然影响到“两权”分离之下土地承包经营权的内容。在《民法典》所规定的“土地承包经营权”同时反映“两权”分离和“三权”分置之下的农用地利用关系的情形之下,更是如此,因为同一部法律中使用的同一法律术语应尽量维持同样的法律含义。此前关于土地承包经营权身份属性的有限突破,即失去了正当性。基于此,《民法典》和《新农村土地承包法》从以下几个方面纯化了土地承包经营权的身份属性:其一,就一级市场而言,《民法典》将“以招标、拍卖、公开协商等方式取得的土地承包经营权”重构为土地经营权。这种意义上的土地承包经营权已经属于市场化的权利,脱离了主体的身份属性,不能由《民法典》下的土地承包经营权所能涵盖,与“三权”分置之下新生的权利——土地经营权意义相当。〔3〕 如此一来,土地经营权的权源除了土地承包经营权之外,增加了土地所有权。不过,自集体土地所有权派生出土地经营权的情形仅限于“不宜采取家庭承包方式的荒山、荒沟、荒丘、荒滩等农村土地”。其二,就二级市场而言,《民法典》并没有将土地承包经营权流转中受流转方所取得的权利都界定为“土地经营权”,而是依其流转效果作了区分。其中,产生物权转让效果的,不再由“流转”概念涵盖,而是直接规定土地承包经营权转让、互换的交易规则,此际,出让人的土地承包经营权消灭,受让人取得土地承包经营权;产生债法效果的,规定为向经营主体“流转”土地经营权,并将其流转方式限定于“出租、入股或者其他方式”,这里,出让人仍然享有土地承包经营权,受让人仅取得土地经营权。其中,《新农村土地承包法》将土地承包经营权转让的对象规定为“本集体经济组织的其他农户”,严格限制通过二级市场

〔1〕 中共中央宣传部编:《习近平总书记系列重要讲话读本》,学习出版社、人民出版社 2016 年版,第 156 页。

〔2〕 参见宋志红:《中国农村土地制度改革研究:思路、难点与制度建设》,中国人民大学出版社 2017 年版。

〔3〕 参见高海:《论农用地“三权分置”中经营权的法律性质》,载《法学家》2016 年第 4 期;高圣平:《论农村土地权利结构的重构——以〈农村土地承包法〉的修改为中心》,载《法学》2018 年第 2 期。

取得土地承包经营权的主体范围。如此一来,《民法典》第 331 条所规定的“土地承包经营权人”应结合《新农村土地承包法》第 16 条第 1 款,限缩解释为“本集体经济组织的农户”。

完善农村基本经营制度的关键是“赋予经营主体更有保障的土地经营权”,“保障其(土地经营权人)有稳定的经营预期”,要“加强对土地经营权的保护,引导土地经营权流向种田能手和新型经营主体。支持新型经营主体提升地力、改善农业生产条件、依法依规开展土地经营权抵押融资。”[1]新型农业经营主体是否取得稳定的经营预期,取决于法律上对土地经营权的定性。《民法典》首先明确了土地经营权的权利内容:在约定的期限内占有农村土地,自主开展农业生产经营并取得收益(第 340 条)。与《民法典》第 331 条所规定的土地承包经营权的权利内容相比,两者之间并无多少差异。两者之间的差异主要体现在因是否具有身份属性带来的权利主体上的区别,以及由此引发的权利人处分其权利所受限制的不同。土地承包经营权的权利主体只能是承包农户,其转让对象仅限于本集体经济组织内部;土地经营权的权利主体不受限制,其处分方式和对象也不受限制,但应经出让方同意。

《民法典》第 341 条规定:“流转期限为五年以上的土地经营权,自流转合同生效时设立。当事人可以向登记机构申请土地经营权登记;未经登记,不得对抗善意第三人。”与《新农村土地承包法》第 41 条的规定“土地经营权流转期限为五年以上的,当事人可以向登记机构申请土地经营权登记。未经登记,不得对抗善意第三人”相比,《民法典》增加了“土地经营权,自流转合同生效时设立”的规定,在一定程度上似乎明确了“流转期限为五年以上的土地经营权”的权利性质。该表述与《民法典》有关登记对抗主义之下的物权相当。例如,《民法典》第 374 条规定:“地役权自地役权合同生效时设立。当事人要求登记的,可以向登记机构申请地役权登记;未经登记,不得对抗善意第三人。”第 403 条规定:“以动产抵押的,抵押权自抵押合同生效时设立;未经登记,不得对抗善意第三人。”在解释上,地役权和动产抵押权均属物权,只不过采行债权意思主义物权变动模式而已。[2] “流转期限为五年以上的土地经营权”似乎应作同样的解释,即在性质上属于物权,如已经登记,则可对抗第三人;如未登记,则不得对抗善意第三人,但可以对抗无担保债权人和恶意第三人。[3]

但这一解释方案使得土地经营权的性质和效力更为复杂,在一定程度上违反了

---

〔1〕 中共中央办公厅、国务院办公厅:《关于完善农村土地所有权承包权经营权分置办法的意见》,载《中华人民共和国国务院公报》2016 年第 32 期。

〔2〕 参见王利明:《物权法研究》(下卷)(第 4 版),中国人民大学出版社 2016 年版,第 228 页;崔建远:《物权:规范与学说——以中国物权法的解释论为中心》(上册)(第 2 版),清华大学出版社 2021 年版,第 98 页。

〔3〕 参见黄薇主编:《中华人民共和国民法典物权编解读》,中国法制出版社 2020 年版,第 439 ~ 441 页。

《民法典》第 116 条所规定的物权法定原则。这一解释方案形成了土地经营权的三种不同的效力层次:其一,流转期限为 5 年以下的土地经营权在性质上属于债权,其效力仅在土地经营权流转合同当事人之间发生;其二,流转期限为 5 年以上且已登记的土地经营权在性质上属于物权,其效力可以对抗所有第三人;其三,流转期限为 5 年以上但未登记的土地经营权在性质上属于物权,其效力仅可对抗部分第三人(无担保债权人、恶意第三人),不得对抗善意物权人。由此带来的体系冲突就是,在物权法定原则之下,物权的种类(名称)由法律规定,土地经营权既已界定为物权,所谓债权性的"土地经营权"就不能再称之为土地经营权。民法学基本理论上也不存在既属物权又属债权的民事权利。〔1〕

《民法典》和《新农村土地承包法》上以"土地经营权"一体反映非承包方的经营主体对农用地的利用关系,不宜作不同的定性。物权和债权的区分决定了立法者在规则设计上难以抽象出土地经营权统一的权利内容、效力、公示方法,同时也无法形成其他新型农业经营主体的信赖外观。〔2〕 在鼓励以多种形式进行土地经营权流转的背景下,农用地利用关系在各种形式之间的稳定性需求也就存在差异。《民法典》《新农村土地承包法》将这些流转形式定为明文——"出租(转包)、入股或者其他方式",鼓励土地经营权流转的创新实践,自无法统一确定其稳定性需求,将其定性为债权,更符合立法原意。从《新农村土地承包法》第二章第五节"土地经营权"的内容来看,土地经营权人投资改良土壤,建设农业生产附属、配套设施,再流转土地经营权,向金融机构融资担保,均需取得承包农户的同意或书面同意(第 43 条、第 46 条、第 47 条),债权性质至为明显。

从《民法典》第 341 条的内容看,该条主要是土地经营权设立时间和登记对抗效力的规定,并不涉及土地经营权性质之规定内容。"本条虽提及流转期限为 5 年以上的土地经营权之设立和登记对抗效力,主要在于引导土地经营权合同当事人基于自身利益考量作出民事法律行为,以保护当事人的权益。而对土地经营权性质的确定,以其是否进行登记而进行不同类别之划分,法理依据并不充分。"〔3〕"法律不宜简单规定土地经营权的性质,应当赋予当事人选择权:当事人希望获得长期稳定保障的,可以就土地经营权申请登记,登记后即可以对抗善意第三人;当事人不希望获得长期的土地经营权的,双方根据双方合同约定行使权利义务即可。"〔4〕赋予土地

〔1〕 参见谭启平:《"三权分置"的中国民法典确认与表达》,载《北方法学》2018 年第 5 期。

〔2〕 参见高圣平:《承包地三权分置的法律表达》,载《中国法学》2018 年第 4 期。

〔3〕 最高人民法院民法典贯彻实施工作领导小组主编:《中华人民共和国民法典物权编理解与适用》(下册),人民法院出版社 2020 年版,第 711 页。

〔4〕 黄薇主编:《中华人民共和国民法典物权编解读》,中国法制出版社 2020 年版,第 439 ~ 440 页。

经营权以登记能力,并不能得出登记的土地经营权即属物权、未登记的土地经营权即属债权的结论,也不能得出流转期限为5年以下的土地经营权属于债权、流转期限为5年以上的土地经营权属于物权的结论。并非所有登记在不动产登记簿上的不动产权利都是物权,[1]只要具有对抗效力的不动产权利均可赋予其登记能力。[2]赋予部分土地经营权以登记能力,仅仅只表明立法者意欲借由登记赋予此部分土地经营权以对抗效力,来稳定土地经营权人的经营预期,并使土地经营权人能够以其权利担保融资。

将土地经营权定性为债权,无法形成经营主体的稳定经营预期。经营主体取得稳定的经营预期的最为理想的模式,是将其取得的土地经营权定性为物权,因为物权性的农用地利用关系可以巩固当事人之间的法律关系,并可以对抗第三人。[3]但基于土地经营权主要反映的是农用地出租等债权性流转的事实,[4]以及土地经营权因租金年付制所具有的不稳定因素,[5]在法体系之下,不宜将其界定为物权。[6] 登记制度的引入提供了可供选择的技术路径。土地经营权在性质上虽然属于债权,但经由不动产登记簿的记载,自可明晰经营主体对于农村土地的利用关系,使得土地经营权确定化。第三人通过不动产登记簿即可查知特定农村土地之上的权利负担,从而做出理性的商业判断。由此可见,经登记的土地经营权不仅在当事人之间发生法律效力,而且还被赋予一定的支配和排他效力,[7]可以对抗第三人。

三、建设用地权利体系:基于用途管制的类型化

建设用地是指"建造建筑物、构筑物的土地,包括城乡住宅和公共设施用地、工矿用地、交通水利设施用地、旅游用地、军事设施用地等"(《土地管理法》第4条第3款)。民事主体利用建设用地建造建筑物、构筑物,无法取得土地所有权,而只能取得土地所有权之上所设立的建设用地利用权。《民法典》上为实现不同的管制目标,就建设用地利用权作了两种不同的类型区分:建设用地使用权和宅基地使用权,其

---

〔1〕 参见孙宪忠:《不动产登记基本范畴解析》,载《法学家》2014年第6期。

〔2〕 参见[德]鲍尔、[德]施蒂尔纳:《德国物权法》(上册),张双根译,法律出版社2004年版,第292页。

〔3〕 参见王泽鉴:《民法物权》(第2版),北京大学出版社2010年版,第272页。

〔4〕 目前,承包地流转实践中,出租和转包占到总流转面积的78.6%。参见孙中华:《关于农村土地"三权分置"有关政策法律性问题的思考》,载《农业部管理干部学院学报》2015年第1期。

〔5〕 参见汪险生、郭忠兴:《流转型土地经营权抵押贷款的运行机制及其改良研究——基于对重庆市江津区及江苏新沂市实践的分析》,载《经济体制改革》2017年第2期。

〔6〕 我国法上将承租人基于租赁合同所取得的权利定性为债权。

〔7〕 参见温世扬、吴昊:《集体土地"三权分置"的法律意蕴与制度供给》,载《华东政法大学学报》2017年第3期。

中,前者以利用他人土地建造并保有建筑物、构筑物为内容;后者以利用集体土地建造并保有住宅为特征。

(一)集体建设用地使用权

《民法典》“建设用地使用权”章第 344 条规定:“建设用地使用权人依法对国家所有的土地享有占有、使用和收益的权利,有权利用该土地建造建筑物、构筑物及其附属设施。”由此可见,建设用地使用权系在国有土地之上设定,似已排除集体土地之上设定建设用地使用权的可能。[1] 但在同一章的第 361 条规定:“集体所有的土地作为建设用地的,应当依照土地管理的法律规定办理。”[2] 如此即生解释上的疑问。有观点认为,第 361 条“无非是告诉人们集体土地用作建设用地适用土地管理法等法律的规定”,《民法典》上没有规定集体建设用地使用权。[3] 集体建设用地使用权属于《土地管理法》上广义的建设用地使用权,[4] 与国有建设用地使用权在取得方式、利用限制和价值取向上均存较大差异,不能由《民法典》建设用地使用权所涵盖。[5]

本书作者认为,从《民法典》第 361 条位于“建设用地使用权”章的体系位置上看,《民法典》已经将“集体建设用地使用权”确立为“建设用地使用权”的亚种类物权。该条的文义仅仅只是表明,这类特殊的建设用地使用权适用“土地管理的法律规定”。在解释上,《民法典》中关于建设用地使用权的规定属于一般规定,“土地管理的法律”(主要是指《土地管理法》《城市房地产管理法》等)中关于集体建设用地使用权的规定属于特别规定。按照《立法法》所确立的“特别规定优于一般规定”的法适用规则,“土地管理的法律”应当优先适用。在“土地管理的法律”没有特别规定且不违反特别管制目的的情形之下,如集体建设用地使用权的设立登记、变更和注销登记、“房地一体处分”、受让人的使用期限、地上建筑物所有权归属的推定等作出规定,自应适用或类推适用《民法典》关于建设用地使用权的一般规定。[6] 对此,《土地管理法》第 63 条第 4 款也规定,集体建设用地使用权的出让及其最高年限、转

---

〔1〕 参见温世扬:《集体经营性建设用地“同等入市”的法制革新》,载《中国法学》2015 年第 4 期。

〔2〕 这一衔接性规定主要是考虑到集体建设用地制度改革正在推进过程中,在作为民事基本法的《民法典》中不便作出明确规定。参见宋志红:《集体建设用地使用权设立的难点问题探讨——兼析〈民法典〉和〈土地管理法〉有关规则的理解与适用》,载《中外法学》2020 年第 4 期。

〔3〕 参见韩松:《论农村集体经营性建设用地使用权》,载《苏州大学学报(哲学社会科学版)》2014 年第 3 期。

〔4〕 参见刘保玉:《物权法学》,中国法制出版社 2007 年版,第 255 页。

〔5〕 参见温世扬主编:《物权法教程》,法律出版社 2009 年版,第 128 ~ 129 页。

〔6〕 参见最高人民法院民法典贯彻实施工作领导小组主编:《中华人民共和国民法典物权编理解与适用》(下册),人民法院出版社 2020 年版,第 711 页;高圣平:《论集体建设用地使用权的法律构造》,载《法学杂志》2019 年第 4 期。

让、互换、出资、赠与、抵押等,参照同类用途的国有建设用地执行。在“建立城乡统一的建设用地市场,在符合规划和用途管制前提下,允许农村集体经营性建设用地出让、租赁、入股,实行与国有土地同等入市、同权同价”[1]的政策目标之下,集体建设用地使用权和国有建设用地使用权的规则亦应尽量统一。

2019 年修正通过的《土地管理法》删除了原第 43 条关于“任何单位和个人进行建设,需要使用土地的,必须依法申请使用国有土地”的规定,为集体建设用地进入建设用地一级市场扫清了障碍。[2] 从《土地管理法》的内容来看,存在三种不同的集体建设用地使用权:乡镇企业用地使用权(第 59 条、第 62 条)、乡(镇)村公共设施和公益事业用地使用权(第 59 条、第 61 条)、集体经营性建设用地使用权(第 63 条)。其中,前两种应当符合乡(镇)土地利用总体规划和土地利用年度计划,并依照规定办理审批手续(第 59 条);后一种应当是土地利用总体规划、城乡规划确定为工业、商业等经营性用途,并经依法登记(第 63 条)。在解释上,农村集体经济组织使用乡(镇)土地利用总体规划确定的建设用地兴办企业或者与其他单位、个人以土地使用权入股、联营等形式共同举办企业,企业尚须取得集体建设用地使用权,亦属经营用途,理应由集体经营性建设用地使用权所涵盖,《土地管理法》上将其作为独立于集体经营性建设用地使用权的一类集体建设用地使用权,并采取不同的管制路径,只能归因于《土地管理法》的修正而非修订的立法路径,对原有制度并未进行体系化的整合。如此带来的后果是,乡镇企业用地使用权比起集体经营性建设用地使用权,受到了更多的管制。

就集体建设用地一级市场而言,《土地管理法》不再将集体经营性建设用地入市局限在存量建设用地,为统一建设用地市场提供了制度支撑。与《民法典》相比,《土地管理法》上规定了集体经营性建设用地进入一级市场的特别条件:

其一,符合规定的用途。《土地管理法》第 63 条第 1 款规定,“土地利用总体规划、城乡规划确定为工业、商业等经营性用途”的集体经营性建设用地方可进入建设用地一级市场,而《民法典》第 347 条第 2 款列举的经营性用地,包括“工业、商业、旅游、娱乐和商品住宅等”。这里,入市集体土地的用途仅限于“工业、商业等经营性用途”,“不属于上述用途的,不得入市流转”。[3] “经营性建设用地”并无准确的法律

---

[1] 《中共中央关于全面深化改革若干重大问题的决定(2013 年 11 月 12 日中国共产党第十八届中央委员会第三次全体会议通过)》,载《求是》2013 年第 22 期。

[2] 参见陆昊:《关于〈中华人民共和国土地管理法〉、〈中华人民共和国城市房地产管理法〉修正案(草案)的说明——2018 年 12 月 23 日在第十三届全国人民代表大会常务委员会第七次会议上》,载《全国人民代表大会常务委员会公报》2019 年第 5 期。

[3] 魏莉华等:《新〈土地管理法〉学习读本》,中国大地出版社 2019 年版,第 129 页。

界定。《招标拍卖挂牌出让国有建设用地使用权规定》将其例示为"工业、商业、旅游、娱乐和商品住宅等"；试点政策将其列举为"工矿仓储、商服等"；[1]2018年8月，原国土资源部、住建部已批准在北京、上海等13个城市开展利用集体建设用地建设租赁住房试点，进一步拓展了集体建设用地的用途空间。为使《土地管理法》既反映新一轮土地制度改革的成果，又为未来发展留下制度空间，宜将本款"工业、商业等经营性用途"中的"等"解释为"等外等"，亦即本款所列举的经营性用途并未穷尽集体建设用地的利用用途，随着土地制度改革的逐渐深入，自可不断探索集体建设用地的利用用途。例如目前北京试点利用集体建设用地兴建"两限"住房，亦可在《土地管理法》第63条第1款之下获得正当性。

其二，权属清晰。就国有建设用地使用权而言，其所依附的国家土地所有权的权属在解释上是清晰的，尤其是在经由建设用地规划许可的情形之下，《民法典》第209条第2款规定："依法属于国家所有的自然资源，所有权可以不登记。"与之相比，集体土地所有权的权利主体是"集体"，产权情况更为复杂，涉及的利益关系较多。[2] 因此，《土地管理法》第63条第1款规定，只有"经依法登记的集体经营性建设用地"方可进入建设用地一级市场。尚存疑问的是，本款中"经依法登记的集体建设用地"，指的是集体建设用地所有权登记还是集体建设用地使用权登记？按照现行登记规则，应是先有土地所有权人与用地者之间的出让、出租合同，基于合同再办理集体建设用地使用权设立登记，则这里"经依法登记的"应是集体建设用地的所有权。集体建设用地所有权的主体不具有唯一性，不同集体之间土地所有权存在借由登记明确其权属的必要。只有集体建设用地所有权先登记的情形之下，集体建设用地使用权作为集体建设用地所有权之上的权利负担才能登记，这是不动产登记法上先登记原则[3]的当然反映。[4]

其三，集体依法决策。《土地管理法》第63条第2款规定："前款规定的集体经营性建设用地出让、出租等，应当经本集体经济组织成员的村民会议三分之二以上成员或者三分之二以上村民代表的同意。"这一规定主要是为了保障本集体成员的知情权和决策权，并与《村民委员会组织法》规定的集体决策程序相衔接。[5] 但在

---

〔1〕 参见2014年12月31日中共中央办公厅、国务院办公厅《关于农村土地征收、集体经营性建设用地入市、宅基地制度改革试点工作的意见》。

〔2〕 参见魏莉华等：《新〈土地管理法〉学习读本》，中国大地出版社2019年版，第129页。

〔3〕 先登记原则是指不动产权利的各项变动均应以初始登记作为基础。参见孙宪忠：《不动产登记基本范畴解析》，载《法学家》2014年第6期。

〔4〕 参见高圣平：《论集体建设用地使用权的法律构造》，载《法学杂志》2019年第4期。

〔5〕 参见魏莉华等：《新〈土地管理法〉学习读本》，中国大地出版社2019年版，第129页。

解释上,出让、出租集体经营性建设用地使用权属于"土地所有权人"的权利(第63条第1款),这里的土地所有权人即为"集体"。根据《民法典》第261条第2款的规定,有关集体财产的重大事项应当依照法定程序经本集体成员决定。"出让、出租集体经营性建设用地使用权"即属该款第5项所定"法律规定的其他事项",如此,应由本集体成员决定。正如本文前述,在设立了集体经济组织的前提下,应由集体经济组织代行集体土地所有权,仅在未设立集体经济组织的前提下,才由村民委员会或者村民小组代行集体土地所有权。[1]《土地管理法》第63条第2款直接由村民委员会代表集体行使所有权,直接违背了《民法典》的规定。不过,在集体经济组织成员大会与村民大会的组成高度重合,且很多村组并未设立集体经济组织的情形之下,这一规则的适用不会影响实际结果。

就集体建设用地二级市场,《土地管理法》第63条第3款规定:"通过出让等方式取得的集体经营性建设用地使用权可以转让、互换、出资、赠与或者抵押,但法律、行政法规另有规定或者土地所有权人、土地使用权人签订的书面合同另有约定的除外。"第63条第4款规定:"集体经营性建设用地的……转让、互换、出资、赠与、抵押等,参照同类用途的国有建设用地执行。具体办法由国务院制定。"《民法典》第353条规定:"建设用地使用权人有权将建设用地使用权转让、互换、出资、赠与或者抵押,但是法律另有规定的除外。"这一规定改变了2004年版《土地管理法》第63条将集体建设用地二级市场局限在破产、兼并等情形下的规定,确认和扩展了权利人的处分权能,有利于充分实现集体土地的市场价值。与《民法典》相比,《土地管理法》就集体经营性建设用地使用权的流转方式与国有建设用地使用权相同,但除外中增加了两项"行政法规另有规定""土地所有权人、土地使用权人签订的书面合同另有约定"。其中前者为《土地管理法实施条例》和《集体经营性建设用地管理条例》作出例外规定提供上位法依据,后者在未登记的情况下应不能对抗善意第三人,否则有碍交易安全,并与促进该权利依法流转的立法目的不符。[2]

(二)宅基地使用权

宅基地使用权是《民法典》上规定的一类比较特殊的用益物权。其特殊性主要体现在:其一,宅基地使用权具有无偿取得、无期限限制的特点,不同于《民法典》上的其他用益物权。即使是同样具有无偿性的土地承包经营权,也有期限的限制。这

---

〔1〕 参见宋志红:《集体建设用地使用权设立的难点问题探讨——兼析〈民法典〉和〈土地管理法〉有关规则的理解与适用》,载《中外法学》2020年第4期。

〔2〕 参见最高人民法院民法典贯彻实施工作领导小组主编:《中华人民共和国民法典物权编理解与适用》(下册),人民法院出版社2020年版,第834~835页。

一特点与宅基地的居住保障功能直接相关。其二，宅基地使用权具有身份性，[1] 其取得和保有均以主体具有本集体经济组织成员身份为前提。本集体内部，成员平等，每个成员分配宅基地的权利也是平等的，亦即只要是本集体成员，均可公平地要求集体分配宅基地。在现行法律、政策框架下，宅基地使用权仅得在本集体经济组织内部随同住宅所有权一同流转，不得向本集体经济组织之外流转，也不得抵押。其三，宅基地使用权依申请—审批程序而取得，不采取不动产物权变动的基本模式，不存在宅基地使用权设立合同，也不以宅基地使用权登记为前提。

《民法典》第 362 条规定："宅基地使用权人依法对集体所有的土地享有占有和使用的权利，有权依法利用该土地建造住宅及其附属设施。"这里将宅基地使用权的主体规定为"宅基地使用权人"，属于开放式概念，身份属性并不明显。[2] 但结合《民法典》第 363 条、《土地管理法》第 62 条和国家有关规定，仅有"农村村民"才能在本集体取得宅基地使用权，其主体具有严格的身份属性。

就宅基地使用权的取得，《民法典》第 363 条规定："宅基地使用权的取得、行使和转让，适用土地管理的法律和国家有关规定。"这一转介条款将宅基地使用权的取得规则，指向了《土地管理法》及国家有关规定。这里的"国家有关规定"包括了除《土地管理法》等法律之外的行政法规，国务院有关通知、决定、意见等规范性文件，国务院各组成部门的规范性文件，地方性法规和其他规范性文件，以及试点改革文件。其中，新近的"国家有关规定"包括，中央农村工作领导小组办公室、农业农村部《关于进一步加强农村宅基地管理的通知》（中农发〔2019〕11 号）、农业农村部、自然资源部《关于规范农村宅基地审批管理的通知》（农经发〔2019〕6 号）。《土地管理法》第 62 条第 4 款规定："农村村民住宅用地，由乡（镇）人民政府审核批准；其中，涉及占用农用地的，依照本法第四十四条的规定办理审批手续。"由此确立了宅基地使用权的申请—审批制度。基于"放管服"改革的需要，《土地管理法》下放了宅基地审批权限，减少了审批环节，缩短了审批时间。[3] 在程序上，符合宅基地申请条件的农户，以户为单位向所在村民小组提出宅基地和建房（规划许可）书面申请。村民小组收到申请后，应提交村民小组会议讨论，并将申请理由、拟用地位置和面积、拟建房层高和面积等情况在本小组范围内公示。公示无异议或异议不成立的，村民小组将农户申请、村民小组会议记录等材料交村集体经济组织或村民委员

---

〔1〕 参见王利明：《物权法研究》（下卷）（第 4 版），中国人民大学出版社 2016 年版，第 186～187 页；陈小君等：《田野、实证与法理——中国农村土地制度体系构建》，北京大学出版社 2012 年版，第 128 页。

〔2〕 参见江晓华：《宅基地使用权转让的司法裁判立场研究》，载《法律科学（西北政法大学学报）》2017 年第 1 期。

〔3〕 参见魏莉华等：《新〈土地管理法〉学习读本》，中国大地出版社 2019 年版，第 129 页。

会审查。重点审查提交的材料是否真实有效、拟用地建房是否符合村庄规划、是否征求了用地建房相邻权利人意见等。审查通过的，由村级组织签署意见，报送乡镇政府。乡镇政府要及时组织农业农村、自然资源部门实地审查申请人是否符合条件、拟用地是否符合规划和地类等。根据各部门联审结果，由乡镇政府对农民宅基地申请进行审批，出具《农村宅基地批准书》。

除此之外，宅基地使用权的取得颇受限制。《土地管理法》第 62 条第 1 款规定："农村村民一户只能拥有一处宅基地，其宅基地的面积不得超过省、自治区、直辖市规定的标准。"这里，"一户一宅"指的是"农村居民一户只能申请一处符合规定面积标准的宅基地"。[1] 但在土地资源稀缺地区，受建设用地指标限制，很难提供足够的土地用于农民建房，"一户一宅"的农村住房保障形式难以为继。[2] 有鉴于此，《土地管理法》第 62 条第 2 款规定："人均土地少、不能保障一户拥有一处宅基地的地区，县级人民政府在充分尊重农村村民意愿的基础上，可以采取措施，按照省、自治区、直辖市规定的标准保障农村村民实现户有所居。"这就是说，"一户一宅"不再是"一户拥有一处宅基地"，而是"一户拥有一处住宅"；要以多种形式贯彻"一户一宅"政策，公平地实现宅基地的住房保障功能。

就宅基地使用权的流转，《土地管理法》第 62 条第 6 款规定："国家允许进城落户的农村村民依法自愿有偿退出宅基地，鼓励农村集体经济组织及其成员盘活利用闲置宅基地和闲置住宅。"2018 年中央一号文件提出了宅基地"三权"分置的改革思想，强调"适度放活宅基地和农民房屋使用权"，借助宅基地权利分置，在一定程度上破除宅基地使用权的身份属性，以此达到有效利用闲置宅基地和农房的目标。宅基地"三权"分置政策提出之后，"各有关方面对宅基地所有权、资格权、使用权的权利性质和边界认识还不一致，有待深入研究。"[3] 学界就此的观点也是众说纷纭。[4] 本书作者认为，虽然承包地和宅基地的性质和功能不一样，但权利分置的法理是一样的。在《新农村土地承包法》就农用地"三权"分置的法律表达已作政策选择的前

---

〔1〕 国土资源部《关于进一步完善农村宅基地管理制度切实维护农民权益的通知》(国土资发〔2010〕28 号)；岳永兵：《农村"一户一宅"制度探析》，载《中国土地》2016 年第 8 期。

〔2〕 参见岳永兵：《农村"一户一宅"制度探析》，载《中国土地》2016 年第 8 期；贺达水、高强：《农村宅基地制度改革研究》，载《理论探索》2018 年第 4 期。

〔3〕《国务院关于农村土地征收、集体经营性建设用地入市、宅基地制度改革试点情况的总结报告——2018 年 12 月 23 日在第十三届全国人民代表大会常务委员会第七次会议上》，载《中华人民共和国全国人民代表大会常务委员会公报》2019 年第 1 期。

〔4〕 参见宋志红：《宅基地"三权分置"的法律内涵和制度设计》，载《法学评论》2018 年第 4 期；温世扬、梅维佳：《宅基地"三权分置"的法律意蕴与制度实现》，载《法学》2018 年第 9 期；高海：《宅基地"三权分置"的法实现》，载《法学家》2019 年第 4 期。

提之下,宅基地"三权"分置亦可作类似处理。[1] 从宅基地用益物权权能完善的视角,应根据受让对象的不同实行有差别的交易规则:受让人为本集体经济组织成员之时,可以取得宅基地使用权,相应地,转让人丧失宅基地使用权;受让人非为本集体经济组织成员之时,仅取得宅基地使用权的租赁权,相应地,转让人并不丧失宅基地使用权。这一规则体现了宅基地"三权"分置的基本思想。宅基地使用权是宅基地所有权派生出来的财产权利,但只有本集体经济组织成员才能取得和享有,由此而决定,宅基地使用权并不是一种市场化的权利,这也限制了发挥其财产属性的途径和方法。在宅基地"三权"分置之下,通过从宅基地使用权派生出宅基地使用权的租赁权或利用权,将后者定性为市场化的权利,则宅基地使用权无论是抵押,还是转让,最终非本集体经济组织成员的受让人仅取得宅基地使用权的租赁权或利用权,宅基地使用权仍然由原集体经济组织成员享有。如此,虽然宅基地产权结构相较"两权"分离更为复杂,但却在一定程度上彰显了宅基地使用权的财产属性。[2]

四、小结

在《民法典》之下,集体土地所有权、土地承包经营权、集体建设用地使用权、宅基地使用权的归属相对清晰,各有其权利主体。但如何在此前提下提高农村土地的利用效率,促进适度规模经营的发展,构建更加完善的要素市场化配置体制机制,是摆在我们面前的重大命题。《民法典》在一定程度上反映了新一轮农村土地制度改革的成果,将其中可复制、可推广的成熟经验上升为法律。例如就土地经营权的规定,即巩固了"三权"分置改革的成果,为下一步提高农用地利用效率、促进农业现代化提供了法律支撑。但针对新一轮农村土地制度改革中尚未取得预期效果的,《民法典》则未作出具体、明确的规定,但也留下了进一步改革的空间。例如,就宅基地制度改革而言,农民住房财产权抵押贷款试点工作尚未达到既定的改革绩效,《民法典》中就没有放开宅基地使用权抵押;[3] 宅基地"三权"分置的改革政策于 2018 年刚刚提出,尚无法判断相关试点政策能否取得良好的社会、经济效益,《民法典》就此也没有规定,但明确"宅基地使用权的取得、行使和转让,适用土地管理的法律和国家有关规定",其中"国家有关规定"的高度涵盖性,足以囊括下一步宅基地"三权"

---

〔1〕 参见高圣平:《宅基地制度改革与民法典物权编编纂——兼评〈民法典物权编(草案二次审议稿)〉》,载《法学评论》2019 年第 4 期。

〔2〕 参见高圣平:《宅基地制度改革政策的演进与走向》,载《中国人民大学学报》2019 年第 1 期。

〔3〕 《国务院关于全国农村承包土地的经营权和农民住房财产权抵押贷款试点情况的总结报告——2018 年 12 月 23 日在第十三届全国人民代表大会常务委员会第七次会议上》,载《中华人民共和国全国人民代表大会常务委员会公报》2019 年第 1 期。

分置改革的试点文件。为破除阻碍要素自由流动的体制机制障碍,扩大要素市场化配置范围,健全要素市场体系,推进要素市场制度建设,《民法典》就集体建设用地使用权作出援引性规定,为城乡统一建设用地市场的建立健全、公平合理的集体经营性建设用地入市增值收益分配制度的探索留下了空间。

主要参考文献

一、著作(以作者姓氏拼音排序)

1. 陈建国、陈光国、韩俊主编:《中华人民共和国农民专业合作社法解读》,中国法制出版社 2018 年版。

2. 陈甦主编:《民法总则评注》(上册),法律出版社 2017 年版。

3. 陈少艺:《当代中国"三农"政策变动:基于"中央一号文件"的研究》,上海人民出版社 2016 年版。

4. 陈锡文:《中国农村改革》,知识产权出版社 2020 年版。

5. 陈锡文、罗丹、张征:《中国农村改革 40 年》,人民出版社 2018 年版。

6. 陈小君等撰稿:《我国农村集体经济有效实现的法律制度研究——理论奠基与制度构建》,法律出版社 2016 年版。

7. 陈小君等:《农村土地法律制度的现实考察与研究:中国十省调研报告书》,法律出版社 2010 年版。

8. 陈小君等:《农村土地法律制度研究——田野调查解读》,中国政法大学出版社 2004 年版。

9. 陈雨露、马勇:《中国农村金融论纲》,中国金融出版社 2010 年版。

10. 程啸:《不动产登记法研究》(第 2 版),中国人民大学出版社 2018 年版。

11. 崔建远:《物权:规范与学说——以中国物权法的解释论为中心》(第 2 版),清华大学出版社 2021 年版。

12. 丁关良:《土地承包经营权基本问题研究》,浙江大学出版社 2007 年版。

13. 丁关良、童日晖:《农村土地承包经营权流转制度立法研究》,中国农业出版社 2009 年版。

14. 杜润生:《杜润生自述:中国农村体制变革重大决策纪实》,人民出版社 2005 年版。

15. 房绍坤:《用益物权基本问题研究》,北京大学出版社 2006 年版。

16. 房绍坤:《物权法用益物权编》,中国人民大学出版社 2007 年版。

17. 房绍坤主编:《承包地"三权分置"的法律表达与实效考察》,中国人民大学出版社 2018 年版。

18. 高飞:《集体土地所有权主体制度研究》(第 2 版),中国政法大学出版社 2017 年版。

19. 高海:《农用地"三权分置"研究》,法律出版社 2017 年版。

20. 高海:《土地承包经营权入股合作社法律制度研究》,法律出版社 2014 年版。

21. 高圣平、王天雁、吴昭军:《〈中华人民共和国农村土地承包法〉条文理解与适用》,人民法院出版社 2019 年版。

22. 国土资源部政策法规司、国土资源部不动产登记中心:《不动产登记暂行条例释义》,中国法制出版社 2015 年版。

23. 韩长赋:《中国现代化进程中的"三农"问题》,中国农业出版社 2003 年版。

24. 韩松、张翔等编著:《物权法》,法律出版社 2015 年版。

25. 韩志才:《土地承包经营权研究》,安徽人民出版社 2007 年版。

26. 何宝玉主编:《〈中华人民共和国农村土地承包法〉释义》,中国民主法制出版社 2019 年版。

27. 胡康生主编:《中华人民共和国农村土地承包法释义》,法律出版社 2002 年版。

28. 胡吕银:《土地承包经营权的物权法分析》,复旦大学出版社 2004 年版。

29. 黄薇主编:《中华人民共和国农村土地承包法释义》,法律出版社 2019 年版。

30. 江平主编:《中国土地立法研究》,中国政法大学出版社 1999 年版。

31. 江必新主编:《最高人民法院关于审理涉及农村集体土地行政案件若干问题的规定理解与适用》,中国法制出版社 2013 年版。

32. 孔祥智等:《乡村振兴的九个维度》,广东人民出版社 2018 年版。

33. 孔繁金:《改革开放以来我国"三农"若干问题研究——基于 1982 年至 2017 年中央一号文件的分析》,江西人民出版社 2018 年版。

34. 李凤章等:《土地抵押融资的法律困境和制度创新》,立信会计出版社 2012

年版。

35. 梁慧星、陈华彬:《物权法》(第 7 版),法律出版社 2020 年版。

36. 刘保玉:《物权法学》(第 2 版),中国法制出版社 2022 年版。

37. 刘恒科:《承包地“三权分置”的权利结构和法律表达研究》,中国政法大学出版社 2018 年版。

38. 刘云生:《农村土地股权制改革:现实表达与法律应对》,中国法制出版社 2016 年版。

39. 刘振伟:《万世根本——乡村振兴法律制度》,中国民主法制出版社 2019 年版。

40. 罗剑朝等:《中国农地金融制度研究》,中国农业出版社 2005 年版。

41. 孟勤国、黄莹等撰稿:《中国农村土地流转问题研究》,法律出版社 2009 年版。

42. 农业部产业政策与法规司编:《中国农村政策法规调查与研究 2001—2002》,中国农业出版社 2003 年版。

43. 蒲坚:《解放土地:新一轮土地信托化改革》,中信出版社 2014 年版。

44. 屈茂辉:《用益物权制度研究》,中国方正出版社 2005 年版。

45. 全国人大常委会法制工作委员会民法室编:《中华人民共和国物权法条文说明、立法理由及相关规定》(第 2 版),北京大学出版社 2017 年版。

46. 全国人大农业与农村委员会法案室:《农村土地承包法律制度研究》,中国法制出版社 2017 年版。

47. 宋志红:《中国农村土地制度改革研究:思路、难点与制度建设》,中国人民大学出版社 2017 年版。

48. 谭贵华:《农村双层经营体制法律制度研究》,法律出版社 2015 年版。

49. 王崇敏:《宅基地使用权制度现代化构建》,法律出版社 2016 年版。

50. 王金堂:《土地承包经营权制度的困局与解破——兼论土地承包经营权的二次物权化》,法律出版社 2013 年版。

51. 王利明:《物权法研究》(第 4 版),中国人民大学出版社 2016 年版。

52. 王卫国:《中国土地权利研究》,中国政法大学出版社 1997 年版。

53. 王兴国主编:《惠农富农强农之策——改革开放以来涉农中央一号文件政策梳理与理论分析》,人民出版社 2018 年版。

54. 王宗非主编:《农村土地承包法释义与适用》,人民法院出版社 2002 年版。

55. 魏莉华等:《新〈土地管理法〉学习读本》,中国大地出版社 2019 年版。

56. 温铁军:《中国农村基本经济制度研究——“三农”问题的世纪反思》,中国经济出版社 2000 年版。

57. 温世扬主编:《物权法教程》,法律出版社 2009 年版。

58. 吴易风、关雪凌等:《产权理论与实践》,中国人民大学出版社 2010 年版。

59. 谢在全:《民法物权论》(第 5 版),中国政法大学出版社 2011 年版。

60. 徐超:《承包地“三权”运行制度研究》,法律出版社 2021 年版。

61. 徐卫:《信托受益人利益保障机制研究》,上海交通大学出版社 2011 年版。

62. 益阳市农村土地信托流转研究课题组编著:《农村土地信托流转实证研究》,湖南人民出版社 2013 年版。

63. 尹飞:《物权法 · 用益物权》,中国法制出版社 2005 年版。

64. 尹田:《物权法》(第 2 版),北京大学出版社 2017 年版。

65. 詹王镇:《马克思主义土地产权理论及其在中国的实践研究》,合肥工业大学出版社 2015 年版。

66. 张慧彦、姜爱茹:《农地“三权分置”下的土地流转法律制度研究》,九州出版社 2018 年版。

67. 张珂、张莹:《农地“三权分置”实施机制理论与实践研究》,黄河水利出版社 2018 年版。

68. 张乐天:《告别理想:人民公社制度研究》,上海人民出版社 2012 年版。

69. 张平华、李云波、张洪波:《土地承包经营权》,中国法制出版社 2007 年版。

70. 中共中央党校和文献研究室编:《习近平关于“三农”工作论述摘编》,中央文献出版社 2019 年版。

71. 中共中央宣传部编:《习近平总书记系列重要讲话读本》,学习出版社、人民出版社 2016 年版。

72. 中国社会科学院农村发展研究所宏观经济研究室编:《农村土地制度改革:国际比较研究》,社会科学文献出版社 2009 年版。

73. 庄斌:《土地承包权与经营权分置制度研究:改革逻辑与立法选择》,中国社会科学出版社 2018 年版。

74. 左良平:《农地抵押与农地金融立法问题》,湖南师范大学出版社 2012 年版。

75. 最高人民法院民法典贯彻实施工作领导小组主编:《中华人民共和国民法典物权编理解与适用》,人民法院出版社 2020 年版。

76. 最高人民法院民事审判第一庭编著:《最高人民法院农村土地承包纠纷案件司法解释理解与适用》,人民法院出版社 2005 年版。

77. 最高人民法院行政审判庭编著、江必新主编:《中华人民共和国行政诉讼法及司法解释条文理解与适用》，人民法院出版社 2015 年版。

78. 最高人民法院物权法研究小组编著：《〈中华人民共和国物权法〉条文理解与适用》，人民法院出版社 2007 年版。

二、论文（以作者姓氏拼音排序）

1. 蔡立东、姜楠：《承包权与经营权分置的法构造》，载《法学研究》2015 年第 3 期。

2. 蔡立东、姜楠：《农地三权分置的法实现》，载《中国社会科学》2017 年第 5 期。

3. 蔡立东、姜楠：《论土地承包经营权转让中的发包方同意》，载《吉林大学社会科学学报》2014 年第 4 期。

4. 蔡立东、王宇飞：《论土地承包经营权的变动模式》，载《当代法学》2011 年第 5 期。

5. 蔡立东：《从"权能分离"到"权利行使"》，载《中国社会科学》2021 年第 4 期。

6. 陈小君：《我国农村土地法律制度变革的思路与框架———十八届三中全会〈决定〉相关内容解读》，载《法学研究》2014 年第 4 期。

7. 陈小君：《〈农村土地承包法修正案（草案）〉要义评析》，载《中国土地科学》2018 年第 5 期。

8. 陈小君：《"三权分置"与中国农地法制变革》，载《甘肃政法学院学报》2018 年第 1 期。

9. 陈小君：《土地经营权的性质及其法制实现路径》，载《政治与法律》2018 年第 8 期。

10. 陈小君：《土地改革之"三权分置"入法及其实现障碍的解除——评〈农村土地承包法修正案〉》，载《学术月刊》2019 年第 1 期。

11. 陈小君：《农村土地制度的物权法规范解析——学习〈关于推进农村改革发展若干重大问题的决定〉后的思考》，载《法商研究》2009 年第 1 期。

12. 陈小君、孙聪聪：《现行〈农村土地承包法〉体系解读与规范评注》，载《广西大学学报（哲学社会科版）》2019 年第 1 期。

13. 陈朝兵：《农村土地"三权分置"：功能作用、权能划分与制度构建》，载《中国人口·资源与环境》2016 年第 4 期。

14. 崔建远：《民法分则物权编立法研究》，载《中国法学》2017 年第 2 期。

15. 丁关良：《巩固和完善农村基本经营制度》，载《中国党政干部论坛》2018 年第 9 期。

16. 丁关良、阮韦波:《农村集体土地产权“三权分离”论驳析——以土地承包经营权流转中“保留(土地)承包权、移转土地经营权(土地使用权)”视点为例》,载《山东农业大学学报(社会科学版)》2009年第4期。

17. 丁文:《论土地承包权与土地承包经营权的分离》,载《中国法学》2015年第3期。

18. 丁文:《论“三权分置”中的土地承包权》,载《法商研究》2017年第3期。

19. 丁文:《论“三权分置”中的土地经营权》,载《清华法学》2018年第1期。

20. 杜涛:《民法典物权编的主要制度与创新》,载《中国人大》2020年第14期。

21. 方志权:《农村集体经济组织特殊法人:理论研究和实践探索》,载《科学发展》2018年第1期。

22. 房绍坤:《论土地承包经营权抵押的制度构建》,载《法学家》2014年第2期。

23. 房绍坤:《民法典物权编用益物权的立法建议》,载《清华法学》2018年第2期。

24. 房绍坤:《〈农村土地承包法修正案〉的缺陷及其改进》,载《法学论坛》2019第5期。

25. 房绍坤、林广会:《解释论视角下的土地经营权融资担保》,载《吉林大学社会科学学报》2020年第1期。

26. 冯玉华、张文方:《论农村土地的“三权分离”》,载《经济纵横》1992年第9期。

27. 高帆:《农村土地承包关系长久不变的内涵、外延及实施条件》,载《南京社会科学》2015年第11期。

28. 高飞:《集体土地所有权主体制度完善的意义探析》,载《中国集体经济》2009年第7期。

29. 高飞:《农村土地“三权分置”的法理阐释与制度意蕴》,载《法学研究》2016年第3期。

30. 高飞:《土地承包权与土地经营权分设的法律反思及立法回应——兼评〈农村土地承包法修正案(草案)〉》,载《法商研究》2018年第3期。

31. 高飞:《寻找迷失的土地承包经营权制度——以农地“三权分置”政策的法律表达为线索》,载《当代法学》2018年第6期。

32. 高飞:《落实集体土地所有权的法制路径——以民法典物权编编纂为线索》,载《云南社会科学》2019年第1期。

33. 高飞:《〈民法典〉集体所有权立法的成功与不足》,载《河北法学》2021年第

4 期。

34. 高飞:《"三权分置"下土地经营权的性质定位及其实现研究》,载《法治现代化研究》2021 年第 6 期。

35. 高飞:《"三权分置"下土地承包权的性质定位及其实现研究》,载《广西大学学报(哲学社会科学版)》2022 年第 1 期。

36. 高富平:《农地"三权分置"改革的法理解析及制度意义》,载《社会科学辑刊》2016 年第 5 期。

37. 高海:《论农用地"三权分置"中经营权的法律性质》,载《法学家》2016 年第 4 期。

38. 高海:《土地承包经营权"两权"分离的论争与立法回应》,载《武汉大学学报(哲学社会科学版)》2016 年第 6 期。

39. 高海:《"三权"分置的法构造——以 2019 年〈农村土地承包法〉为分析对象》,载《南京农业大学学报(社会科学版)》2019 年第 1 期。

40. 高海:《〈民法典〉中两类土地经营权解释论》,载《中国农村观察》2022 年第 1 期。

41. 高小刚、谷昔伟:《"三权分置"中农地经营权融资担保功能之实现路径——基于新修订〈农村土地承包法〉的分析》,载《苏州大学学报(哲学社会科学版)》2019 年第 4 期。

42. 耿卓:《农地三权分置改革中土地经营权的法理反思与制度回应》,载《法学家》2017 年第 5 期。

43. 管洪彦、孔祥智:《"三权分置"中的承包权边界与立法表达》,载《改革》2017 年第 12 期。

44. 管洪彦、孔祥智:《农村土地"三权分置"的政策内涵与表达思路》,载《江汉论坛》2017 年第 4 期。

45. 郭明瑞:《土地承包经营权流转的根据、障碍与对策》,载《山东大学学报(哲学社会科学版)》2014 年第 4 期。

46. 郭继:《家庭土地承包经营权设立模式的立法选择——以法经济学和法社会学交叉为视角》,载《安徽大学学报(哲学社会科学版)》2010 年第 1 期。

47. 韩长赋:《关于深化农村改革的几个问题》,载《农村工作通讯》2014 年第 22 期。

48. 韩长赋:《土地"三权分置"是中国农村改革的又一次重大创新》,载《农村工作通讯》2016 年第 3 期。

49. 韩俊:《中国农村土地制度建设三题》,载《管理世界》1999 年第 3 期。

50. 韩俊、罗丹、程郁:《农村金融现状调查》,载《农村金融研究》2007 年第 9 期。

51. 韩松:《论成员集体与集体成员——集体所有权的主体》,载《法学》2005 年第 8 期。

52. 韩松:《农民集体所有权主体的明确性探析》,载《政法论坛》2011 年第 1 期。

53. 韩松:《论农民集体土地所有权的集体成员受益权能》,载《当代法学》2014 年第 1 期。

54. 韩松:《论农村集体经营性建设用地使用权》,载《苏州大学学报(哲学社会科学版)》2014 年第 3 期。

55. 韩松:《农民集体土地所有权的权能》,载《法学研究》2014 年第 6 期。

56. 韩松:《论农民集体土地所有权的管理权能》,载《中国法学》2016 年第 2 期。

57. 韩松:《论民法典物权编对土地承包经营权的规定——基于"三权分置"的政策背景》,载《清华法学》2018 年第 5 期。

58. 韩松:《坚持农村土地集体所有权》,载《法学家》2014 年第 2 期。

59. 韩松:《论农民集体所有权的成员集体所有与集体经济组织行使》,载《法商研究》2021 年第 5 期。

60. 韩学平:《"三权分置"下农村土地经营权有效实现的物权逻辑》,载《社会科学辑刊》2016 年第 5 期。

61. 胡君、莫守忠:《集体土地所有权主体的反思与重构》,载《行政与法(吉林省行政学院学报)》2005 年第 12 期。

62. 胡吕银:《土地承包经营权流转的法律问题新探》,载《甘肃政法学院学报》2004 年第 1 期。

63. 胡震、朱小庆吉:《农地"三权分置"的研究综述》,载《中国农业大学学报(社会科学版)》2017 年第 1 期。

64. 黄河、李军波:《试论农民集体土地所有权的本质、内容及其实现形式》,载《中国土地科学》2008 年第 5 期。

65. 黄少安、刘明宇:《公平与效率的冲突:承包制的困境与出路——〈农村土地承包法〉的法经济学解释》,载《经济社会体制比较》2008 年第 2 期。

66. 黄伟:《农地流转中的非农化与非粮化风险及其规避》,载《当代经济管理》2014 年第 8 期。

67. 黄延信、李伟毅:《城乡统筹背景下的农村金融改革创新——重庆市的实践与启示》,载《农业经济问题》2012 年第 5 期。

68. 黄祖辉、王朋:《农村土地流转:现状、问题及对策——兼论土地流转对现代农业发出的影响》,载《浙江大学学报(人文社会科学版)》2008 年第 2 期。

69. 姜红利:《农地三权分置之下土地所有权的法律表达》,载《法学家》2017 年第 5 期。

70. 姜红利、宋宗宇:《集体土地所有权归属主体的实践样态与规范解释》,载《中国农村观察》2017 年第 6 期。

71. 姜红利:《分类推进是实现农民集体所有权的基本理念》,载《农业经济问题》2019 年第 7 期。

72. 焦富民:《"三权分置"视域下承包土地的经营权抵押制度之构建》,载《政法论坛》2016 年第 5 期。

73. 康纪田、师军惠:《论土地承包经营权分置的产权结构关系》,载《辽宁师范大学学报(社会科学版)》2015 年第 5 期。

74. 孔祥智:《"三权分置"的重点是强化经营权》,载《中国特色社会主义研究》2017 年第 3 期。

75. 赖丽华:《基于三权分置的农村土地经营权二元法律制度构造》,载《西南民族大学学报(人文社科版)》2016 年第 11 期。

76. 李长健、兰馨:《农村土地经营权抵押的法律适用及运行保障——以〈农村土地承包法修正案(草案)〉为中心》,载《吉首大学学报(社会科学版)》2018 年第 5 期。

77. 李方方、许佳君:《农村土地"三权分置"政策的法理规制逻辑》,载《山东社会科学》2017 年第 7 期。

78. 李国强:《论农地流转中"三权分置"的法律关系》,载《法律科学(西北政法大学学报)》2015 年第 6 期。

79. 李敏飞、柳经纬:《农地承包经营权流转的制约性因素的法律分析和思考》,载《福州大学学报(哲学社会科学版)》2006 年第 3 期。

80. 李伟伟、张云华:《土地经营权流转的根本属性与权能演变》,载《改革》2015 年第 7 期。

81. 李文政:《"永佃理论"与农村土地制度改革》,载《中国海洋大学学报(社会科学版)》2008 年第 4 期。

82. 李永军:《集体经济组织法人的历史变迁与法律结构》,载《比较法研究》2017 年第 4 期。

83. 厉以宁:《论城乡二元体制改革》,载《北京大学学报(哲学社会科学版)》

2008 年第 2 期。

84. 廖洪乐:《农地“两权”分离和“三权”分置的经济学与法学逻辑》,载《南京农业大学学报(社会科学版)》2020 年第 5 期。

85. 刘恒科:《“三权分置”下集体土地所有权的功能转向与权能重构》,载《南京农业大学学报(社会科学版)》2017 年第 2 期。

86. 刘俊:《创新农地流转制度》,载《瞭望》2007 年第 44 期。

87. 刘俊:《农民专业合作社资本形成制度的设计与法律完善》,载《求索》2008 年第 11 期。

88. 刘锐:《〈民法典(草案)〉的土地经营权规定应实质性修改》,载《行政管理改革》2020 年第 2 期。

89. 刘守英:《从“乡土中国”到“城乡中国”》,载《中国乡村发现》2016 年第 6 期。

90. 刘守英:《土地流转与规模经营存在三大问题》,载《中国民商》2016 年第 3 期。

91. 刘守英、高圣平、王瑞民:《农地三权分置下的土地权利体系重构》,载《北京大学学报(哲学社会科学版)》2017 年第 5 期。

92. 刘禹涵:《“三权分置”下的土地经营权登记》,载《中国土地科学》2017 年第 1 期。

93. 刘先江:《农村土地经营权流转的政治学分析》,载《政治学研究》2014 年第 4 期。

94. 刘云生、吴昭军:《政策文本中的农地三权分置:路径审视与法权建构》,载《农业经济问题》2017 年第 6 期。

95. 刘征峰:《农地“三权分置”改革的私法逻辑》,载《西北农林科技大学学报(社会科学版)》2015 年第 5 期。

96. 刘振伟:《巩固和完善农村基本经营制度》,载《农村经营管理》2019 年第 1 期。

97. 刘振伟:《完善农村集体土地“三权”分置制度》,载《中国人大》2017 年第 21 期。

98. 吕庆明、陈捷:《农村土地承包经营权收益担保融资问题研究——以吉林省直补资金担保贷款和土地收益保证贷款为例》,载《吉林金融研究》2013 年第 11 期。

99. 马俊驹、丁晓强:《农村集体土地所有权的分解与保留——论农地“三权分置”的法律构造》，载《法律科学（西北政法大学学报）》2017 年第 3 期。

100. 马小勇、薛新娅：《中国农村社会保障制度改革：一种“以土地换保障”的方案》，载《宁夏社会科学》2004 年第 3 期。

101. 孟勤国：《论新时代农村土地产权制度》，载《甘肃政法学院学报》2018 年第 1 期。

102. 孟光辉：《承包土地经营权的抵押登记问题探析》，载《中国农村经济》2016 年第 10 期。

103. 米运生、罗必良、徐俊丽：《坚持、落实、完善：中国农地集体所有权的变革逻辑——演变、现状与展望》，载《经济学家》2020 年第 1 期。

104. 潘俊：《农村土地承包权和经营权分离的实现路径》，载《南京农业大学学报（社会科学版）》2015 年第 4 期。

105. 彭诚信、畅冰蕾：《“三权分置”中土地经营权的立法论思考》，载《河南社会科学》2018 年第 8 期。

106. 齐恩平：《“农地经营权”权能界定及体系化构造》，载《甘肃社会科学》2018 年第 2 期。

107. 屈茂辉：《民法典视野下土地经营权全部债权说驳议》，载《当代法学》2020 年第 6 期。

108. 屈茂辉：《类推适用的私法价值与司法运用》，载《法学研究》2005 年第 1 期。

109. 单平基：《“三权分置”理论反思与土地承包经营权困境的解决路径》，载《法学》2016 年第 9 期。

110. 单平基：《“三权分置”中土地经营权债权定性的证成》，载《法学》2018 年第 10 期。

111. 单平基：《〈民法典各分编（草案）〉之土地承包经营权的评析和完善》，载《山东社会科学》2019 年第 2 期。

112. 单平基：《土地经营权融资担保的法实现——以〈农村土地承包法〉为中心》，载《江西社会科学》2020 年第 2 期。

113. 单平基：《分解、舍弃抑或改造：〈民法典〉编纂中土地承包经营权的定位》，载《南京农业大学学报（社会科学版）》2020 年第 3 期。

114. 邵挺：《土地公有制的思想起源和“公权、私权”辨析》，载《中国发展观察》2014 年第 11 期。

115. 申惠文：《法学视角中的农村土地三权分离改革》，载《中国土地科学》2015

年第3期。

116. 申惠文、杜志勇：《稳定土地承包关系长久不变法律构建》，载《东南法学》2016年第2期。

117. 石冠彬：《土地承包经营权设立要件的理论与实证研究》，载《社会科学》2016年第11期。

118. 宋宗宇、何贞斌、陈丹：《农村土地经营权的确定化及其制度构建》，载《农村经济》2015年第7期。

119. 宋志红：《"三权分置"关键是土地经营权定性》，载《中国合作经济》2016年第10期。

120. 宋志红：《三权分置下农地流转权利体系重构研究》，载《中国法学》2018年第4期。

121. 宋志红：《论〈农村土地承包法〉中的土地承包权》，载《吉林大学社会科学学报》2020年第1期。

122. 宋志红：《再论土地经营权的性质——基于对〈农村土地承包法〉的目的解释》，载《东方法学》2020年第2期。

123. 宋志红：《民法典对土地承包经营制度的意义》，载《农村经营管理》2020年第11期。

124. 宋志红：《论农民集体与农村集体经济组织的关系》，载《中国法学》2021年第3期。

125. 宋志红、仲济香：《论"农民集体"的重塑》，载《中国土地科学》2011年第5期。

126. 孙宏臣：《论土地承包经营权的二元结构属性》，载《江西财经大学学报》2015年第5期。

127. 孙宪忠：《不动产登记基本范畴解析》，载《法学家》2014年第6期。

128. 孙宪忠：《中国农民"带地入城"的理论思考和实践调查》，载《苏州大学学报(哲学社会科学版)》2014年第3期。

129. 孙宪忠：《推进我国农村土地权利制度改革若干问题的思考》，载《比较法研究》2018年第1期。

130. 孙宪忠：《推进农地三权分置经营模式的立法研究》，载《中国社会科学》2016年第7期。

131. 孙中华：《关于深化农村土地制度改革的几个问题》，载《理论学刊》2016年第2期。

132. 孙中华:《关于农村土地"三权分置"有关政策法律性问题的思考》,载《农业部管理干部学院学报》2015 年第 1 期。

133. 谭启平:《"三权分置"的中国民法典确认与表达》,载《北方法学》2018 年第 5 期。

134. 唐忠:《中国农村土地制度:争议与思考》,载《世界农业》2015 年第 1 期。

135. 陶钟太朗、杨遂全:《农村土地经营权认知与物权塑造——从既有法制到未来立法》,载《南京农业大学学报(社会科学版)》2015 年第 2 期。

136. 陶钟太朗、杨环:《论"三权分置"的制度实现:权属定位及路径依赖》,载《南京农业大学学报(社会科学版)》2017 年第 3 期。

137. 陶钟太朗:《论土地经营权的物权设置:以〈农村土地承包法〉修订为落脚点》,载《中国土地科学》2018 年第 9 期。

138. 田则林、余义之、杨世友:《三权分离:农地代营——完善土地承包制、促进土地流转的新途径》,载《中国农村经济》1990 年第 2 期。

139. 童列春:《论中国农地集体所有权》,载《农业经济问题》2014 年第 10 期。

140. 汪青松:《土地承包经营权流转方式的制度效果分析——基于流转纠纷司法裁判文书数据挖掘的实证视角》,载《农业经济问题》2013 年第 7 期。

141. 汪洋:《罗马法"所有权"概念的演进及其对两大法系所有权制度的影响》,载《环球法律评论》2012 年第 4 期。

142. 汪洋:《明清时期地权秩序的构造及其启示》,载《法学研究》2017 年第 5 期。

143. 王辉:《论土地经营权的二元法律属性及其实践价值》,载《浙江学刊》2019 年第 3 期。

144. 王利明:《农村土地承包经营权的若干问题探讨》,载《中国人民大学学报》2001 年第 6 期。

145. 王立争、齐恩平:《"一地数包"的效力规则重构——兼评法释〔2005〕6 号第 20 条》,载《南京农业大学学报(社会科学版)》2010 年第 1 期。

146. 王小映:《"三权分置"产权结构下的土地登记》,载《农村经济》2016 年第 6 期。

147. 韦鸿、王琦玮:《农村集体土地"三权分置"的内涵、利益分割及其思考》,载《农村经济》2016 年第 3 期。

148. 温世扬、张永兵:《土地承包经营权入股之法律性质辨析》,载《河南财经政法大学学报》2014 年第 1 期。

149. 温世扬:《农地流转:困境与出路》,载《法商研究》2014 年第 2 期。

150. 温世扬、吴昊:《集体土地“三权分置”的法律意蕴与制度供给》,载《华东政法大学学报》2017 年第 3 期。

151. 温世扬、梅维佳:《宅基地“三权分置”的法律意蕴与制度实现》,载《法学》2018 年第 9 期。

152. 温世扬:《从〈物权法〉到“物权编”——我国用益物权制度的完善》,载《法律科学(西北政法大学学报)》2018 年第 6 期。

153. 吴国喆:《“三权分置”背景下耕作权的法律规则设计》,载《行政管理改革》2018 年第 4 期。

154. 吴兴国:《承包权与经营权分离框架下债权性流转经营权人权益保护研究》,载《江淮论坛》2014 年第 5 期。

155. 吴义龙:《“三权分置”论的法律逻辑、政策阐释及制度替代》,载《法学家》2016 年第 4 期。

156. 吴昭军:《农村集体经济组织“代表集体行使所有权”的法权关系界定》,载《农业经济问题》2019 年第 7 期。

157. 武亦文、杨勇:《论土地承包经营权处分之限制性规范的科学配置——基于司法裁判文书的整理和分析》,载《中国农村观察》2017 年第 6 期。

158. 肖鹏:《承包期届满的自动续期制度研究——“第二轮土地承包到期后再延长 30 年”的法律表达》,载《中国农业大学学报(社会科学版)》2018 年第 6 期。

159. 肖卫东、梁春梅:《农村土地“三权分置”的内涵、基本要义及权利关系》,载《中国农村经济》2016 年第 11 期。

160. 谢鸿飞:《〈民法典〉物权配置的三重视角:公地悲剧、反公地悲剧与法定义务》,载《比较法研究》2020 年第 4 期。

161. 辛正郁:《农村土地承包纠纷案件审判实践中的若干疑难问题》,载《法律适用》2010 年第 11 期。

162. 徐美银:《我国农地产权结构与市场化流转:理论与实证分析》,载《华南农业大学学报(社会科学版)》2012 年第 4 期。

163. 许明月:《农村承包地经营权抵押融资改革的立法跟进》,载《比较法研究》2016 年第 5 期。

164. 许中缘、夏沁:《农村集体土地“三权分置”中政策权利的法律归位》,载《烟台大学学报(哲学社会科学版)》2017 年第 4 期。

165. 杨青贵:《集体土地所有权实现的困境及其出路》,载《现代法学》2015 年第

5 期。

166. 杨青贵:《农村土地“三权分置”对集体所有权制度的冲击与调适》,载《求实》2017 年第 4 期。

167. 杨小凯:《经济改革和宪政转轨:回应》,载《经济学(季刊)》2003 年第 3 期。

168. 杨一介:《论“三权分置”背景下的家庭承包经营制度》,载《中国农村观察》2018 年第 5 期。

169. 姚洋:《集体决策下的诱导性制度变迁——中国农村地权稳定性演化的实证分析》,载《中国农村观察》2000 年第 2 期。

170. 姚洋:《中国农地制度:一个分析框架》,载《中国社会科学》2000 年第 2 期。

171. 叶兴庆:《新时代中国乡村振兴战略论纲》,载《改革》2018 年第 1 期。

172. 叶兴庆:《从“两权”分离到“三权分离”——我国农地产权制度的过去与未来》,载《中国党政干部论坛》2014 年第 6 期。

173. 叶兴庆:《集体所有制下农用地的产权重构》,载《毛泽东邓小平理论研究》2015 年第 2 期。

174. 尹成杰:《三权分置是农地制度的重大创新》,载《农村工作通讯》2015 年第 16 期。

175. 于浩:《农村土地承包法修改:保障农民土地权利不受侵害》,载《中国人大》2019 年第 1 期。

176. 于飞:《从农村土地承包法到民法典物权编:“三权分置”法律表达的完善》,载《法学杂志》2020 年第 2 期。

177. 于飞:《“农民集体”与“集体经济组织”:谁为集体所有权人?——风险界定视角下两者关系的再辨析》,载《财经法学》2016 年第 1 期。

178. 袁震:《农村土地承包经营权流转形式之法理分析》,载《河北法学》2011 年第 8 期。

179. 岳永兵:《农村“一户一宅”制度探析》,载《中国土地》2016 年第 8 期。

180. 曾大鹏:《土地承包经营权抵押的法律困境与现实出路》,载《中国农村观察》2017 年第 2 期。

181. 张红宇、刘玫、王晖:《农村土地使用制度变迁:阶段性、多样性与政策调整(二)》,载《农业经济问题》2002 年第 3 期。

182. 张红宇、李伟毅:《人地矛盾、“长久不变”与农地制度的创新》,载《经济研究参考》2011 年第 9 期。

183. 张红宇:《农村土地“三权分置”政策解读》,载《领导科学论坛》2017 年第 4 期。

184. 张洪波:《农地“三权分置”的法律表达:基于权能理论的分析》,载《烟台大学学报(哲学社会科学版)》2017 年第 4 期。

185. 张力、郑志峰:《推进农村土地承包权与经营权再分离的法制构造研究》,载《农业经济问题》2015 年第 1 期。

186. 张素华、张雨晨:《〈农村土地承包法〉修订背景下土地经营权的法律内涵与制度供给》,载《广西大学学报(哲学社会科学版)》2019 年第 1 期。

187. 张先贵:《农村集体土地所有权:有所为与有所不为》,载《西北农林科技大学学报(社会科学版)》2013 年第 4 期。

188. 张先贵:《究竟如何理解农村集体经济组织特别法人》,载《暨南学报(哲学社会科学版)》2021 年第 10 期。

189. 张旭鹏、卢新海、韩璟:《农地“三权分置”改革的制度背景、政策解读、理论争鸣与体系构建:一个文献评述》,载《中国土地科学》2017 年第 8 期。

190. 张毅、张红、毕宝德:《农地的“三权分置”及改革问题:政策轨迹、文本分析与产权重构》,载《中国软科学》2016 年第 3 期。

191. 章正璋:《土地经营权性质之辨析》,载《学术界》2022 年第 2 期。

192. 赵阳:《新形势下完善农村土地承包政策若干问题的认识》,载《经济社会体制比较》2014 年第 2 期。

193. 郑志峰:《当前我国农村土地承包权与经营权再分离的法制框架创新研究——以 2014 年中央一号文件为指导》,载《求实》2014 年第 10 期。

194. 朱道林、王健、林瑞瑞:《中国农村土地制度改革与探讨——中国土地政策与法律研究圆桌论坛(2014)观点综述》,载《中国土地科学》2014 年第 9 期。

195. 朱道林:《“三权分置”的理论实质与路径》,载《改革》2017 年第 10 期。

196. 朱广新:《土地承包关系长久稳定的制度建构》,载《河南财经政法大学学报》2013 年第 4 期。

197. 朱广新:《论土地承包经营权的主体、期限和继承》,载《吉林大学社会科学学报》2014 年第 4 期。

198. 朱广新:《土地承包权与经营权分离的政策意蕴与法制完善》,载《法学》2015 年第 11 期。

199. 朱虎:《土地承包经营权流转中的发包方同意——一种治理的视角》,载《中国法学》2010 年第 2 期。

200. 朱继胜:《论“三权分置”下的土地承包权》,载《河北法学》2016 年第 3 期。

201. 祝之舟:《农村土地承包经营权的功能转向、体系定位与法律保障——以新〈农村土地承包法〉为论证基础》,载《农业经济问题》2020 年第 3 期。

后　记

本书既是我所承接的研究阐释党的十九大精神国家社科基金重大专项项目“农地三权分置的实践探索与法律表达”(批准号:18VSJ061)的最终成果,也是我参与相关政策文件的制定、农村土地承包法修正立法和民法典编纂的心得体会,大抵反映了我对农村基本经营制度之下农地产权结构的一些思考,其中大部分观点已为相关立法所采纳。

从党的十七届三中全会至十九届三中全会,我的研究重心主要在于农村土地制度的立法论,其间发表了近30篇专论和调研报告,总字数已经超过80万字。在将这些成果统合编入本书之时,遇到了难以想象的困难。就农村土地制度的改革方向,除了部分观点之外(如所谓“三权”分置),我的观点几无变化。后期形成的文字大抵是为了回应既有成果的批评意见,无论是文字表述,还是论证展开,彼此之间多有重复。于是,结题成果的编辑也就集中于删除重复的文字。全书主文部分传达着我对于农地“三权”分置的立法论思考,借本书出版之机,我对这部分作了较为全面的订正,增加了解释论视角的观察。全书附论部分是我就农村土地承包法修正案草案和民法典物权编草案有关条文的立法建议,这一部分虽然与全书主文部分略有重复,但体现着自己参与相关立法活动的主要思路,保留于本书之中,有利于读者了解《新农村土地承包法》和《民法典》中相关规则的形成。

农地“三权”分置,就是要“在坚持农村土地集体所有的前提下,实现土地所有权、承包权、经营权分置”,体现着农地产权结构的理论创新。这一经济思想甫一提出,即引起了法学界的广泛争议。我也曾在《法学研究》上撰文对农地“三权”分置在法律上的表达提出疑问,主张在现有产权结构之下通过完善土地承包经营权制度即可达到农地“三权”分置的政策目标,从而避免强制性的制度变迁。但是,在2014年中央一号文件首次正式提出这一改革思想之后,中共中央办公厅、国务院办公厅一系列政策文件(如《土地经营权流转意见》《深化农村改革综合性实施方案》《三权分置意见》等),进一步强化了这一思想的重大意义,并具体化了其中内涵,农地“三权”分置已然成为新一轮农村土地制度改革的主要方向,并成为相关法律修改或者制定的重要理论基础。但农地“三权”分置毕竟只是经济理论上的创新观点,是政策文件中所明确的权利,依循权利分置的基本法理,将其上升为法律语言,已是摆在经济学界、法学界的共同话题。学界就此建言献策,见解纷呈,在一定程度上体现了立法论视角的研究的局限和困境。起初,我本拟不参与这一问题的争论,但在不同的专家论证会上听到不同领域的专家和领导的高见后,不得不应主事者的建议发表自己的浅见,并展开相对充分的论证。

农地“三权”分置政策最终在《新农村土地承包法》和《民法典》中得以确立。但正是由于立法上的“左右摇摆”,直接导致了相关条文在解释论上的分歧,并进而影响着农地经营实践的展开。例如,农地产权结构中是否存在“土地承包权”这一权利?尽管《民法典》所确立的规则体系中并未出现这一权利类型,《新农村土地承包法》本身的体例安排中也未专事规定这一权利,但是《新农村土地承包法》的第9条还是保留了“土地承包权”的提法。基于此,学者间仍然主张,农地“三权”分置的产权结构由“土地所有权 + 土地承包权 + 土地经营权”构成,《新农村土地承包法》和《民法典》公布后的政策文件之中,仍然使用上述提法的不在少数。此外,诸如土地经营权的性质、行政许可对于土地经营权流转的法律意义、农地融资担保的体系展开等,无不存在巨大的解释分歧,亟须学术界和实务界达成初步的共识。2021年中央一号文件指出,要“有序开展第二轮土地承包到期后再延长30年试点,保持农村土地承包关系稳定并长久不变,健全土地经营权流转服务体系”;2022年中央一号文件指出,要“开展第二轮土地承包到期后再延长30年整县试点”。这些举措无不端赖于农地“三权”分置理论的进一步深化。

就本书的形成,我要感谢研究阐释党的十九大精神国家社科基金重大专项项目立项和结项的各位评审专家,正是你们的厚爱,才使我有机会深入思考其中相关命题并完善结题成果;我要感谢各试点地区的领导和同仁,正是你们的大度,才使我有机会了解田野实践和创新,并使我的研究有了丰富的实证基础;我要感谢刊载本书相关内容的杂志社和各位编辑,正是你们的提携,才使我的观点为大家所了解,并使我有机会结合各种批评意见修正我的观点;我要感谢协助我校对文稿的各位学生,尤其是吴昭军、夏沁、范佳慧，正是你们的帮助，才使我有更多的时间去思考和写作。

本书还只是我研究农村土地制度的初步作品，其中绝大部分内容已经见诸报刊，也收到了理论家和实务家的批评意见。借课题结项和本书出版之机，我对其中部分批评意见给予了回应。但其中失当之处定然不少，尚祈大家进一步批评指正！

高圣平

2023 年 1 月

于中国人民大学法学院教授工作室